U0789738

普通高等教育“十一五”国家级规划教材
21 世纪高等医药院校实验教材

机能实验学

主　编　金春华
副主编　张　犁　徐江平　余林中

科学出版社
北　京

·版权所有　侵权必究·

举报电话:010-64030229;010-64034315;13501151303(打假办)

内　容　简　介

本书从培养医学生的实验能力出发,系统地介绍了基础医学实验中与生理学、病理生理学和药理学相关的实验知识、方法和动物实验操作技能,并增加了有我国特色的中医药理学实验内容。书中既包含了大量与医学理论课联系密切的验证性实验内容,又有强调对学生综合实验素质培养的综合性、探索性实验内容。特别是较系统地介绍了医学科研的基本知识和在器官系统水平上进行科学研究的有关技术与新进展,因而对拓展医学生的科学视野、培养其创新思维能力有一定帮助。

本书可作为医学院、中医药学院各专业学生的基础实验教材和相关专业的研究生和年轻教师的学习参考。

图书在版编目(CIP)数据

机能实验学/金春华主编.—北京:科学出版社,2006

ISBN 978-7-03-016893-1

Ⅰ.机…　Ⅱ.金…　Ⅲ.实验医学-医学院校-教材　Ⅳ.R-33

中国版本图书馆 CIP 数据核字(2006)第 010475 号

责任编辑:胡治国/责任校对:包志虹

责任印制:李　彤/封面设计:黄　超

版权所有,违者必究。未经本社许可,数字图书馆不得使用

科学出版社出版

北京东黄城根北街 16 号

邮政编码:100717

http://www.sciencep.com

北京九州迅驰传媒文化有限公司 印刷

科学出版社发行　各地新华书店经销

*

2006 年 3 月第　一　版　　开本:787×1092　1/16

2023 年 2 月第十六次印刷　　印张:28 1/2

字数:648 000

定价:98.00 元

(如有印装质量问题,我社负责调换)

《机能实验学》编委会

主　编　金春华

副主编　张　犁　徐江平　余林中

编　委　（按姓氏拼音排序）

安　靓　南方医科大学组织胚胎学教研室教授
白　岚　南方医科大学附属南方医院消化内科教授
曹世平　南方医科大学附属南方医院心内科副教授
胡德辉　南方医科大学生理学副教授
黄巧冰　南方医科大学病理生理学教授
金春华　南方医科大学医学基础实验教学中心教授
兰和魁　南方医科大学附属珠江医院儿科副教授
李　莉　南方医科大学医学基础实验教学中心实验师
李　明　南方医科大学医学基础实验教学中心助教
徐江平　南方医科大学药理学教研室教授
徐小元　南方医科大学医学基础实验教学中心实验师
于化鹏　南方医科大学附属珠江医院呼吸科教授
余林中　南方医科大学中药药理教研室教授
曾位森　南方医科大学细胞生物学副教授
张　犁　南方医科大学医学基础实验教学中心副教授
张　青　南方医科大学医学基础实验教学中心实验师
赵克森　南方医科大学病理生理学教授
钟世镇　南方医科大学解剖学教授，中国工程院院士
周　翔　南方医科大学病理生理学副教授
朱佐江　南方医科大学医学基础实验教学中心副教授
邹衍泰　南方医科大学附属南方医院肝胆外科副教授

序言

大学是系统教育的高级阶段，它传授高等知识，培养工作能力，为社会的现代化造就高级人才。然而仅有书本知识是不能为社会服务的，大学在培养人才的过程中，要使学生把接受的高等知识转化为专业技能，才能服务于社会。因此，实验、实习在大学教育中有重要的作用。它验证理论知识，加深对已知规律的认识和理解；它在实际操作中，提高分析综合和动手解决问题的能力；它在实践过程中启发创新思维，培育探索新规律的创新意识。在此过程中，一本有较强科学性、创新性、实用性的实验教材，对提高实验教学的质量起到关键作用。

南方医科大学(原第一军医大学)对基础医学的实验教学进行了多年的探索和改革，将原生理学、病理生理学和药理学课程中的实验内容进行了有机整合，提出一门新的实验课程体系，起名为“机能实验学”。经过5年多的教学实践，我们在原机能实验讲义的基础上进行了重新编写，新教材具有以下特点：首先，基础性实验项目中扩增了生理学、病理生理学和药理学的一些经典验证性实验内容，综合性实验项目数也有所增加；其次，强调和增加了对实验基本知识和技术的掌握；第三，增加了科研基本知识、医学实验研究方法进展以及器官功能研究方法等拓展学生科研思维的内容；第四，增加了有我国医学特色的中医药学实验内容。因此，它的内容更加丰富，也更为科学和适用。本实验教材符合认识规律、掌握规律、应用规律、探索新规律的知识传授过程；它既不忽视重要知识的验证性和认识性实验，又加强了应用性、综合性、探索性的实验内容；它通过实验教学，把机能实验技术和科研方法进展有机地结合起来，为培养开拓型人才打下了基础。

本书是医学教育改革中一个阶段性的产品，虽然各编者进行了认真撰写与审校，但必然还有许多不足之处。希望能得到各医学院校大力的支持，并提出宝贵的意见，以便再版时进一步完善，使基础医学的实验教学达到一个新水平。

国务院学位委员会学科评议组成员　　赵克森
南方医科大学病理生理教研室教授

2005年12月6日

目录

序言

第一部分　实验基本知识、技术和方法

第一章　机能实验学概述 …… (3)
第二章　实验基本知识 …… (8)
　第一节　实验动物特点与选择 …… (8)
　第二节　实验试剂及其配制方法 …… (10)
　第三节　溶液的混匀、转移与加热 …… (21)
　第四节　机能实验常用仪器设备简介 …… (23)
　第五节　PcLab 生物信号采集处理系统 …… (63)
　第六节　常用玻璃实验器皿的类型和用法 …… (73)
　第七节　移液器的正确使用方法 …… (76)
　第八节　天平的种类与使用方法 …… (77)
　第九节　普通离心机的使用方法 …… (80)
　第十节　普通显微镜的使用方法 …… (80)
第三章　实验动物的基本操作技术 …… (82)
　第一节　实验动物的捉拿与固定方法 …… (82)
　第二节　实验动物的编号方法 …… (85)
　第三节　实验动物的给药方法 …… (86)
　第四节　实验动物的麻醉方法 …… (90)
　第五节　实验动物的去毛方法 …… (93)
　第六节　实验动物的取血方法 …… (93)
　第七节　实验动物的处死方法 …… (97)
第四章　实验动物手术的基本方法 …… (99)
　第一节　常用手术器械简介 …… (99)
　第二节　手术插管技术 …… (100)
　第三节　止血与手术打结方法 …… (113)

第四节　手术缝合与拆线 ……………………………………………………………… (116)
第五章　标本制备技术 ……………………………………………………………………… (118)
第一节　微循环标本制备技术 …………………………………………………………… (118)
第二节　肌肉标本制备技术 ……………………………………………………………… (120)
第三节　离体心脏标本制备技术 ………………………………………………………… (121)
第四节　神经标本制备技术 ……………………………………………………………… (123)
第六章　人类疾病的动物模型复制方法及其进展 ……………………………………… (125)
第一节　人类疾病的动物模型概述 ……………………………………………………… (125)
第二节　高血压病的动物模型 …………………………………………………………… (130)
第三节　糖尿病动物模型 ………………………………………………………………… (132)
第四节　心肌梗死动物模型 ……………………………………………………………… (133)
第五节　肿瘤动物模型 …………………………………………………………………… (134)
第六节　转基因与敲基因动物模型 ……………………………………………………… (136)

第二部分　科研方法与研究技术进展

第七章　科研基本知识 ……………………………………………………………………… (143)
第一节　医学实验设计的原理与方法 …………………………………………………… (143)
第二节　医学文献检索方法 ……………………………………………………………… (147)
第三节　实验数据的记录与初步分析 …………………………………………………… (158)
第四节　实验科技论文与实验报告的撰写方法 ………………………………………… (169)
第八章　医学实验研究方法与进展 ………………………………………………………… (176)
第一节　生物电信号的采集 ……………………………………………………………… (176)
第二节　药理学研究的基本方法与新药研发的基本知识 ……………………………… (188)
第三节　细胞生物学新技术 ……………………………………………………………… (192)
第四节　转基因动物及其相关技术 ……………………………………………………… (208)
第五节　核酸和蛋白质的提取与纯化 …………………………………………………… (222)
第六节　中药药理学研究进展 …………………………………………………………… (231)
第九章　器官系统功能分析方法 …………………………………………………………… (237)
第一节　脑与神经功能研究的现代方法 ………………………………………………… (237)
第二节　心脏功能分析 …………………………………………………………………… (246)
第三节　微循环功能分析 ………………………………………………………………… (252)
第四节　肺功能检查的临床应用 ………………………………………………………… (259)
第五节　肾脏功能检查与分析 …………………………………………………………… (265)
第六节　肝功能的检查方法与评价 ……………………………………………………… (271)
第七节　胃肠功能及其常用的分析检测方法 …………………………………………… (283)
第八节　血液系统功能分析与检测 ……………………………………………………… (290)

第三部分　机能学实验项目

第十章　生理学基础性实验 ………………………………………………………………… (303)
实验一　肌肉收缩性质 …………………………………………………………………… (303)

实验二　神经干动作电位传导速度及兴奋性测定 ……………………………… (304)
实验三　血红蛋白含量及红细胞渗透脆性的测定 ……………………………… (307)
实验四　ABO 血型的鉴定 ……………………………………………………… (309)
实验五　期前收缩和代偿间歇 ………………………………………………… (311)
实验六　化学因素对离体心脏活动的调节 …………………………………… (313)
实验七　人体动脉血压的测定及其影响因素 ………………………………… (314)
实验八　人体心电图的描记 …………………………………………………… (316)
实验九　肺通气功能测定 ……………………………………………………… (318)
实验十　呼吸运动的调节 ……………………………………………………… (320)
实验十一　离体小肠平滑肌的生理特性 ……………………………………… (322)
实验十二　影响尿生成的因素 ………………………………………………… (323)
实验十三　豚鼠一侧迷路的破坏效应及耳蜗电位引导 ……………………… (325)
实验十四　视野、盲点测定 …………………………………………………… (327)
实验十五　反射弧分析及反射中枢活动的某些基本特征 …………………… (329)
第十一章　病理生理学基础性实验 …………………………………………… (332)
实验一　家兔实验性肺水肿 …………………………………………………… (332)
实验二　肝性脑病及其治疗 …………………………………………………… (333)
实验三　肝细胞性黄疸 ………………………………………………………… (335)
实验四　阻塞性黄疸 …………………………………………………………… (337)
实验五　急性肾衰时内生肌酐清除率与滤过钠排泄分数测定 ……………… (339)
实验六　家兔高钾血症 ………………………………………………………… (341)
实验七　不同类型缺氧 ………………………………………………………… (343)
实验八　各种因素对缺氧耐受性的影响 ……………………………………… (344)
实验九　家兔失血性休克及微循环变化 ……………………………………… (345)
第十二章　药理学基础性实验 ………………………………………………… (348)
实验一　体液 pH 对药物吸收的影响…………………………………………… (348)
实验二　全血水杨酸二室模型药物代谢动力学参数测定 …………………… (349)
实验三　药物半数致死量(LD_{50})的测定 ………………………………… (351)
实验四　药物拮抗性实验——放射配体-受体结合试验 ……………………… (353)
实验五　有机磷酸酯类中毒及解救 …………………………………………… (355)
实验六　不同剂型对药物作用的影响 ………………………………………… (358)
实验七　不同给药途径对药物作用的影响 …………………………………… (359)
实验八　药物的基本作用 ……………………………………………………… (360)
实验九　影响药物作用的因素 ………………………………………………… (362)
实验十　药物的镇痛实验(扭体法) …………………………………………… (364)
实验十一　药物的抗惊厥作用 ………………………………………………… (366)
实验十二　药物对动物学习和记忆的影响(小鼠跳台实验) ………………… (368)
实验十三　药物对动物学习和记忆的影响(大鼠穿梭实验) ………………… (370)
实验十四　药物对动物学习和记忆的影响(Morris 水迷宫实验) …………… (371)
实验十五　氢化可的松对二甲苯所致小鼠耳郭肿胀的作用 ………………… (373)

实验十六 地塞米松对实验性大鼠脚趾肿胀的抗炎作用 …………………………… (374)
实验十七 强心苷对心力衰竭心脏的作用 …………………………………………… (376)
实验十八 抗菌药物体外抑菌试验 …………………………………………………… (378)
实验十九 抗菌药物体内抗菌试验 …………………………………………………… (381)
第十三章 中医药学基础性实验 ……………………………………………………… (385)
实验一 麻黄桂枝合剂对大鼠足跖部汗液分泌的影响(着色法) ………………… (385)
实验二 柴胡注射液对发热家兔的解热作用 ……………………………………… (386)
实验三 生大黄、制大黄和大承气汤对小鼠排便时间和数量的影响(炭末法)…… (387)
实验四 大黄及与芒硝配伍对小鼠小肠运动的影响(炭末法) …………………… (389)
实验五 秦艽对二甲苯致小白鼠耳郭肿胀的影响 ………………………………… (390)
实验六 鱼腥草对小鼠腹腔毛细血管通透性的影响 ……………………………… (391)
实验七 金钱草对家兔的利尿作用(导尿管法) …………………………………… (392)
实验八 茵陈蒿汤对大鼠胆汁分泌的影响 ………………………………………… (393)
实验九 延胡索对大鼠实验性胃溃疡的影响(幽门结扎法) ……………………… (395)
实验十 血府逐瘀汤对小鼠耳郭微循环的影响 …………………………………… (396)
实验十一 紫菀对小白鼠的止咳作用(二氧化硫引咳法) ………………………… (398)
实验十二 远志对小白鼠的化痰作用(气管段酚红排泌法) ……………………… (399)
实验十三 三拗汤的平喘作用(喷雾致喘法) ……………………………………… (401)
实验十四 酸枣仁对小鼠的镇静作用(活动计数法) ……………………………… (402)
实验十五 天麻对小白鼠入睡个数的影响 ………………………………………… (403)
实验十六 人参对小鼠游泳时间的影响(抗疲劳试验) …………………………… (404)
实验十七 人参对小白鼠耐常压缺氧的影响 ……………………………………… (405)
第十四章 综合性实验 ………………………………………………………………… (407)
实验一 正常心血管功能调节和急性心力衰竭 …………………………………… (407)
实验二 家兔实验性气胸对呼吸、循环功能及酸碱平衡的影响 ………………… (410)
实验三 家兔急性弥散性血管内凝血 ……………………………………………… (412)
实验四 急性内毒素性休克 ………………………………………………………… (416)
实验五 家兔酸碱平衡紊乱及其实验性治疗 ……………………………………… (418)
实验六 肠缺血-再灌注损伤 ………………………………………………………… (421)
实验七 急性呼吸窘迫综合征及其药物治疗 ……………………………………… (424)
实验八 药物及生物活性物质对豚鼠离体气管条的作用 ………………………… (426)
实验九 多器官功能不全的动物模型复制 ………………………………………… (428)
实验十 磺胺类药物在正常与肾衰兔体内的药代动力学参数测算 ……………… (432)
第十五章 探索性实验 ………………………………………………………………… (435)

附录 ……………………………………………………………………………………… (438)

第一部分

实验基本知识、技术和方法

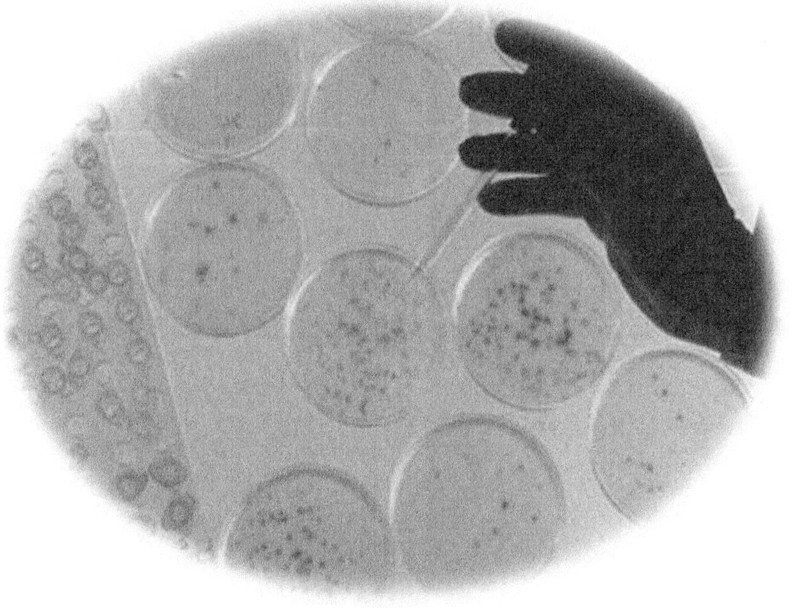

第一章　机能实验学概述

一、机能实验学的概念

机能实验学是一门主要研究机体功能变化规律的实验性科学。它是近几年来随着我国高校实验教学改革而新发展起来的一门医学基础实验课程。由于这门课程诞生不久，因而也无统一的概念，有的教材中将其定义为一门研究生物正常机能、疾病发生机制和药物作用规律的实验性科学。从这个定义中可以看出，这门医学基础实验课程，主要涉及生理学、病理生理学、药理学这三门课程的内容。

生理学研究的是生物机体各器官系统的正常功能及其变化规律，病理生理学则研究疾病或病理状态下生物机体的功能与代谢变化的规律，而药理学主要阐明药物的作用机制，即研究药物对正常及病理情况下机体功能代谢的影响与疗效。这三门学科从正常-病理状态-药物影响三个不同角度比较全面系统地观察和探讨了机体功能的变化规律。由于在研究方法上三者有很大的相似性，都是以观察器官功能变化的动物实验研究为主。因此，目前国内大多数医科院校在实验教学改革中，多数都是将生理学、病理生理学和药理学三门学科的实验内容进行有机整合而形成一门独立的《机能实验学》课程；但有的医科院校的《机能实验学》课程中还融合了医学免疫学和生物化学等学科的实验内容，进一步在细胞分子水平上探讨机体功能和代谢的变化规律。

考虑到实验教学方法和形式的关联性、相似性和可操作性，目前机能实验学课程内容主要包括两个方面，一是主要在器官系统水平上观察和探讨机体功能和代谢的变化规律，包括正常生理功能变化、疾病过程中和药物作用下对机体功能和代谢的影响。一般较少涉及组织细胞和分子水平的实验内容，主要是由于这些实验知识在生物化学和分子生物学等学科的实验中要另行讲授。二是比较系统全面地学习和掌握以生理实验技术为基础的各种动物实验知识和操作技能，这是医学实验研究的基本方法和技术。在医学发展历史进程中，动物实验研究对于人类认识和防治疾病、改善健康起了极其重要的作用。

二、机能实验中常用的动物技术方法

不论是在机能实验教学中，还是以后的科研工作中，常常要用到实验动物来做各种实验，通过动物实验来验证已学的医学理论，加深理解；并进一步研究和探讨未知的医学规律、解决临床面临的各种问题。动物实验方法在医学的各个领域虽有差别，但其基本方法都是相同的，如动物的选择、麻醉、脱毛、给药、取血和处死等，这些动物实验的基本操作方法，是医学研究工作者必须掌握的一项基本技能。

动物实验按实验的时间长短可分为急性实验（几天内）、亚急性实验（1 周以上）和慢性实验(几个月或更长时间)。急性动物实验是在较短时间内通过复制疾病和病理过程的动物模型,观察其机能和代谢变化。不需无菌操作,适用于某些病程较短的病理过程观察和分析,教学中多采用此类实验。慢性动物实验则需在无菌操作情况下,给动物施加短期或长期致病因素,当损害基本稳定、动物比较接近自然活动状态时再进行实验研究观察,可获得较为系统的实验资料。此外,机能学动物实验还可分为整体实验和离体实验两种形式。常用的机能学动物实验基本方法主要有以下几种:

(1) 动物的一般操作技术:包括动物的捕捉与固定方法,实验动物的编号方法,实验动物的去毛方法,实验动物的给药途径和方法,实验动物的麻醉方法,实验动物的取血和体液采集方法以及动物的处死方法等。这是进行动物实验最基本的方法技术,实验者必须掌握。

(2) 动物的手术方法:动物的手术方法与人体手术方法基本相同,其步骤包括动物的麻醉、手术区去毛,手术区消毒(教学实验常省略),手术区皮肤的切开,皮下组织的分离,止血方法,手术打结方法,以及手术缝合技术等。这是活体动物进行整体急性实验(如活体解剖、分离暴露器官、组织或进行一些手术制备等措施)时常要用到的技术方法,也是局部解剖学和外科学中要涉及的技术,因此,这项技术也应该认真学习和掌握。

(3) 各种插管技术:动物实验中常涉及取血、输血补液、体液收集和呼吸、血压和尿量测量等实验项目,要完成这些操作或测定,则常需要进行动脉、静脉、气管、输尿管、胆总管等的分离,并向这些管状结构内插入导管,以建立起液体进出通道。这些操作技术有较大的难度和需有一定的操作技巧,不宜掌握。因此在实验过程中,除了要熟悉插管部位的神经、血管等解剖层次结构,还需注意手术一定要轻巧,尽量钝性分离、少用刀剪等锋利器械,以减少出血和创伤。动脉插管还必须用线结扎牢固,否则导管易脱落而引起大出血。

(4) 动物模型复制方法:这是病理生理学动物实验中最常用的方法,是采用人工的方法给动物施加一定的致病因素(如,物理性的烧伤冻伤、药物毒物引起的化学损伤、微生物及毒素的生物性损害等)作用,造成动物的组织、器官或全身出现一定的损害,以复制出与人类疾病相似的动物疾病模型,用于研究各种疾病的发生、发展规律及防治方法。

(5) 动物离体组织器官标本制备技术:在观察神经肌肉的生物电反应(动作电位、肌肉收缩)时,需有制备离体肌肉或神经组织标本;观察血液微循环变化时需要制备微循环标本;利用离体肠管标本可观察药物对肠管动物、吸收、通透性、血流情况等的影响;制作离体胆囊标本可用来筛选引起胆囊舒缩的药物。通过制备离体标本,使得实验条件便于控制,实验现象易于观察记录。这种利用动物的离体组织、器官置于一定的存活条件下(如温度、营养成分、氧气、水、pH 等)进行实验观察的方法,是进行动物机能分析研究的重要手段之一,与用单个培养细胞进行的实验相比,更能反映出器官的不同组织之间、组织的不同细胞之间的内在社会联系。因此可以作为整体研究很好的补充和借鉴。

(6) 组织器官生化代谢分析:应用现代生物化学、分子生物学及免疫学等技术方法来分析测定动物组织器官在不同生理和病理状态时的代谢情况,从而分析其功能状况。可以通过采集血液、淋巴液、脑脊液、尿液以及组织细胞培养上清液等样本,测定其中的酶、蛋白质、代谢中间产物、细胞因子等分子的活性或含量变化,从分子水平来探讨机体的代谢功能变化。

(7) 组织形态学观察法：采用肉眼观察和光镜、电镜和免疫荧光等技术手段，来观察、分析动物正常及各种疾病时的组织学改变。从细胞和组织形态学的角度来探讨和分析疾病的发生和防治机理。

上述方法中前五种在机能实验中常用到，后两种在有些实验中也会涉及，故对此要有所了解。

三、动物实验的优点

医学研究越来越离不开使用实验动物。特别是医学科学从“经验医学”发展到“实验医学”阶段，动物实验就显得更加重要。虽然有大量的医学进展来自计算机模型和细胞培养技术，但动物实验研究仍然是医学进步最根本的手段。近年的医学诺贝尔医学奖项至少有十分之七与动物实验研究有关。这是由于动物实验研究有其独特的不可替代的优点。

(1) 实验动物是人的替难者，用动物可进行对人体有害或可能有害因素的研究。医学的宗旨是防病治病，增进健康。任何一种处理因素都不得有害于人的健康。因此临床上如果要使用任何一种新药物或新治疗方法，在未确切肯定其是否真正有益无害之前，是不应该和不允许在临床应用的。任何新的药物在临床应用前必须先通过动物实验，除了要确定其疗效、剂量外，还必须测定其有无毒副作用、有无致畸形、致突变和致癌作用，这些试验是不能用人来冒险的。而要研究各种有害因素（如细菌、病毒、毒素或烧伤等）的致病作用时，动物实验不仅是必不可缺的，而且常常是惟一的方法。

(2) 动物实验可以模拟人体的复杂性，这是组织细胞培养技术和计算机模拟技术所不能代替的。细胞培养和计算机模拟技术是当前除动物实验之外，研究和解决医学新问题的另两大重要手段，两者虽然对我们在细胞分子水平深入了解机体内在规律有极大帮助，但它们完全不能模拟我们机体的复杂性。这就是必须进行动物实验的关键。而且有些生物医学研究，如器官移植、心脏旁路手术等救命外科手术以及预防儿童传染性疾病的疫苗研究等，则是上两者无法进行研究的。

(3) 动物实验可以严格地控制实验条件，而对临床病患者的研究则很难对试验条件加以严格控制，有时连设置对照组都会遇到很大困难，给试验的进行和对结果的分析带来很大影响。但是在动物实验中，受试对象和整个实验进程都处于实验者的完全控制下，无论是动物的整体或离体实验中，都能比较容易地控制实验温度、光线、声音等，动物的性别、体重和健康状态、甚至遗传和微生物等方面也可以严加限制，可以把很多人体上非常复杂的问题简单化，这是临床研究难于做到的。

(4) 动物实验可以缩短研究周期。临床上很多疾病潜伏期或病程很长，研究周期也拖得很长，采用动物复制疾病模型可以大大缩短其潜伏期或病程。有些低发病率的疾病，如各种遗传病、癌症等基因突变相关性疾病，对这些病患群体的研究，很难观察到3代以上。而许多动物的生命周期很短，在实验室里能比较容易观察几代甚至几十代。在实验室里也比较容易诱发基因突变，从而观察到自然进化情况下需成千上万年才有概率出现的突变，从而有力地推动了人类疾病的病因学和发病机制的研究。

此外，动物实验可以容易获取较大数量的样本和资料；可以方便地进行药物的长期疗效观察；还可以进行一些临床上根本做不到的实验（如提取下丘脑及垂体的激素）等，因而广泛应用于医学、药学等生命科学研究的各个领域。

四、机能实验学的特点和学习目的

机能实验学综合了不同学科的知识，因此通过本课程的学习，除了加深对各相应学科的专业理论知识的理解和验证外，还进一步培养学生对不同学科知识的有机结合和灵活应用，形成对机体功能变化相关知识的立体网络结构。

机能实验学比较系统地介绍了以医学研究为基础的各种实验基本知识、动物实验基本方法和基本操作技能等方面的“三基”训练，系统地介绍了实验动物特点与选择、实验仪器原理与操作、实验试剂种类与配制方法、动物基本操作技术等基本实验知识，使同学们能打牢较坚实全面的实验基础，实验操作技能也能得到很好的培养。

在机能实验课程内容和知识点的设置上采取立体交叉、逐步递进原则。即先安排一些知识点比较单一的生理、病理生理和药理学等学科经典性基础性实验内容，使学生对专科相关实验知识和方法有初步的认识；然后再向多学科知识交叉融合、实验技术涉及面较广的综合性实验递进。综合性实验中既有正常生理功能测定，又有异常病理生理变化观察；既有器官功能的分析，又有药物干预机制的探讨；既包括典型的机能学知识，又增加了部分形态与生化代谢方面的实验内容，使同学们对实验研究有一个比较全面和立体的概念。

为了培养学生的科研素质和创新思维能力，使其具有严格、严谨、科学的实验研究态度与逻辑思维能力。在机能实验中增加了由学生自行设计、独立实施的探索性实验内容，整个过程按照“科研方法介绍—学生文献检索—课题选择—实验设计—课题论证答辩—实验实施—数据分析—科研论文形式写作实验报告”的流程进行。通过探索性实验的学习，使同学们对医学科学研究有初步的了解，科研能力得到初步的训练。

因此，机能实验学课程的目的，是使同学们掌握较扎实的实验基本知识和动物实验基本技能，培养良好的医学实验综合素质和创新思维能力，以适应新世纪医学发展对医学高素质人才的要求。

五、机能实验课的基本要求

（一）实验前

(1) 认真预习实验指导，了解实验目的和操作步骤。

(2) 复习相关理论知识，熟悉相关解剖结构。

(3) 检查实验器材和药品是否齐全。

(4) 小组成员之间做好分工与配合。

（二）实验中

(1) 每人应确立严谨、实事求是的科学态度，规范和准确地操作；认真仔细地观察实验现象;准确、及时、客观地做好实验记录。

(2) 熟悉整个实验过程,了解每个步骤的意义,清楚实验中易出差错的步骤。

(3) 尽量减少对实验动物的不必要损伤,爱护器材,节约药品。

(三) 实验后

(1) 洗净器械,清点仪器药品,放回原处,打扫实验室。

(2) 认真整理、分析实验结果,按时交实验(论文)报告。

(金春华)

第二章　实验基本知识

第一节　实验动物特点与选择

实验动物是指根据生物医学实验研究需要,在实验室条件经过科学育种、繁殖、饲养而获得的动物。其具有野生动物的共性,同时又有生物学特性明确、遗传背景清楚、表型均一、对刺激敏感性和反应性一致的特点。近几十年,它已发展成为一门独立、综合性的基础科学,即实验动物科学。实验动物学的教学内涵包括:实验动物育种学、实验动物医学、实验动物比较学、实验动物生态学和动物实验技术学等五方面。

(一) 实验动物学的作用与意义

实验动物可以作为研究机体正常生理生化反应的对象。人为改变实验动物的环境条件,可以使实验动物机体发生生理、生化、组织结构甚至基因表达的改变,利用动物机体的这些与人体有一定的共性的特点,人类可以从动物获得的实验资料为医学、药学研究提供丰富而有价值的参考。因此可以说实验动物是进行生命科学研究的基础和必备的条件。在医学领域内,一些科学的理论知识,来源于大量的动物实验研究;一些新发现的假说和初始阶段的理论上的认识,需要在实验动物身上重复论证研究;一些新药的药理学研究和治疗方法的确立,均需要在实验动物体内进行毒理实验的研究,然后逐渐过渡到临床上的应用。因此,实验动物是医学科技工作者进行生命科学研究的基础和必备的条件。

实验动物还是多种疾病的良好模型。对人类现有的疾病病谱(病种),均可以利用现代医学实验技术在实验动物体内准确地复制和模拟出相应的动物疾病模型。而且,利用实验动物进行各类医学试验研究,对提高人类健康状态和生存质量有着积极的作用。有学者统计,在生物医学领域中60%的医学研究课题需要借助实验动物,许多问题的研究如果离开了实验动物的帮助,就会寸步难行。因此有学者认为,在对人类的各种生理现象、病理机制和疾病预防等研究工作中,实验动物是人类的“替难者”。采用实验动物模拟人类疾病过程,观察药物及其他因素对生物体机能、形态等的影响,既方便、有效、可比性高,又易于管理和操作。在医学基础研究、药物研究及疾病发生与防治手段研究等领域均具有十分重要的意义。

实验动物是现代科学技术的重要组成部分。现代科学技术已由“经验医学”的时代向多元化的“实验医学”的时代转变。21世纪,在生物工程、微电子技术、新材料、新能源、新信息等领域内已出现了突飞猛进的发展趋势,人类将步入生命科学的新时代。进一步了解人类潜在功能,力求揭开生命的奥秘,掌握疾病遗传特征,预防主要疾病的发生发展已是医学科学工作的首要任务。但是,我们十分清楚地知道,不能用人体进行必要的科学研究,只有借助实验动物来探索人类生命的起源、疾病发生发展的规律、各类疾病的预防措施与方法。

因此说,实验动物是现代科学技术的重要组成部分。

(二) 实验动物的品系与特点

在医学基础研究、药物研究中,根据实验目的和要求选用不同的动物。常用的动物有狗(犬)、家兔、猫、豚鼠、大白鼠、小白鼠、青蛙和蟾蜍等。选择动物的根据是与人类疾病的相关性以及动物对人类疾病表达的稳定性两个方面。同时要注意选标准化实验动物同时符合精简节约、易得之的原则。

下面就实验用各种动物的特点说明如下:

狗 在基础医学领域是复制休克、DIC、动脉粥样硬化等动物模型首选的动物之一,也是常用于降压药、升压抗休克药的实验。具有喜近人,嗅、视、听觉极佳的特点。消化系统、循环系统、神经系统均发达,且与人类极为相似。适宜进行各类实验外科手术学的教学和临床科研工作。常用品种有杂种犬、比格犬等。

家兔 是医学实验教学中各类实验常选的动物之一,临床上常用该动物进行致热原的研究与鉴定;在基础医学实验教学中,各项实验内容均可以应用该动物进行实验教学。具有性情温顺、胆小、对温度感应敏锐的特点。常用品种有青紫蓝、中国白兔、新西兰白兔和大耳白兔等。

猫 在基础医学研究中,常用于心血管药和镇咳药的研究。具有血压稳定的特点。

豚鼠 实用于各类传染病、药理学、营养学实验研究,细菌、病毒诊断学研究,过敏、变态反应性的实验研究和内耳疾病的研究。不适宜用于各类缺氧性的研究;是典型急性肺水肿的动物模型之一。习性温顺,喜群居,嗅觉、听觉发达,对某些病毒反应敏锐,易引起变态反应。又名天竺鼠、荷兰猪、海猪。

大白鼠 在基础医学实验教学中,常用于水肿、休克、炎症、心功能不全、应激反应等各类实验。不适宜用于任何有关呕吐的实验学研究和有关心电学的实验学研究。具有抗病能力强、繁殖快、喜啃咬、性情凶猛、心血管反应敏锐等特征。常用品种有 Sprague-Dawley (SD)大白鼠、Wistar 大白鼠等。

小白鼠 广泛应用于各种药物的毒理实验、药物筛选实验、生物药效学实验、癌症研究实验、营养学实验、遗传、免疫性病研究实验。具有繁殖周期短、温顺易捉、体型小易于饲养等特性,是实验动物中培养品种系最多的一类动物。

青蛙、蟾蜍 蛙舌及肠系膜是观察炎症和微循环变化的良好标本。在水肿、肾功能不全的模型中常采用该类动物。其心脏离体后,仍可有节律地跳动,可应用于检验心功能的实验。

(三) 实验动物的性别鉴定

许多实验证明,不同性别动物对同一药物的敏感性差异较大,对各种刺激的反应也不尽一致,雌性动物性周期不同阶段和怀孕、哺乳时的机体反应性有较大的改变,因此,科研工作中一般优先选雄性动物或雌雄各半做实验。那么,如何判别动物的性别呢?一般来说青蛙、蟾蜍通过叫声来判别雌雄,雄蛙头部两侧各有一个鸣囊,是发声的共鸣器,雄蛙的叫声特别响亮。狗(犬)、家兔、猫、豚鼠、大白鼠、小白鼠等动物可通过其生殖器官来判别它的性别。

(四) 实验动物的选择

在开展基础医学研究的工作中，选择合适的动物是一门学问，也是一个关键的问题。一般情况下，当确立实验目标和方案后，一个重要的工作是如何选择动物，选择哪一类动物。除了要熟悉、了解上述内容外，还要掌握以下两方面的原则。

1. 与人类疾病的相关性原则 不同动物对同一疾病的刺激，是有不同的反应程度的。比如在进行过敏反应或变态反应时，应首选豚鼠，而其他动物的排列序列应是：家兔、狗、小鼠、猫、青蛙。又如，确立进行致热源物质的实验研究时，应首选家兔，而不应考虑其他动物（例如狗）。另外，大鼠、狗、家兔常用于高血压的研究，小鼠则易进行各类肿瘤的实验学研究。这是由于不同种类动物的生理特性均与人类的某些生理特性较为相似或基本一致，因此对人类疾病的表达形式也有一定的相关性。

2. 与人类疾病的相关性动物对人类疾病表达的稳定性原则 实验动物对人类疾病的表达，除了动物自身的生理的特性外，还有一个重要的因素就是动物实验前体内条件的变化。例如，动物是否处在饥饿、睡眠不足、发情期、怀孕、患有疾病等状态，是否有性别差别和不同年龄上的差别。另外，实验室工作环境中光线的强弱、温度、湿度等诸多因素的变化，均会直接影响动物在接受特定病原刺激后，对预期疾病表达的稳定性。如何控制这些条件变化的因素？①饲养管理人员在严格控制饲养条件下，更应该掌握的一个原则就是，不合格动物严禁外售使用。②实施实验的组织者，也必须对一些情况做出判断。要从实验条件、方法、试剂上的诸多因素中，分析因果关系，确立其掌握的方法是否得当和关键技术运用的是否准确。当排除实验条件不准确、不标准、不统一、不一致等诸多因素外，如果同一类别、同一类型的动物，不能稳定地表达出某一种疾病的特征，或出现时有、时无的表达的现象时，就应该立即终止实验，重新选择合适的实验动物。

(五) 实验动物健康状态的标准

掌握判断实验动物是否处于一种健康状态的一些技巧，是实验得以成功的基本保障，对于初学者应掌握如下原则。

1. 一般情况 发育良好，眼睛有神，反应灵活，运动自如，食欲良好。眼睛球结合膜无充血，瞳孔等圆清晰，鼻黏膜处无分泌物，无鼻翼煽动、打喷嚏、抓耳挠腮等情况。

2. 皮毛颜色 动物的皮毛清洁柔软有光泽，无脱毛、蓬乱和真菌感染的现象。

3. 腹部呼吸 动物腹部呼吸均匀，腹部无膨大隆起的现象。

4. 外生殖器 动物外生殖器无损伤、无脓痂、无异味黏性分泌物。

5. 爪趾特征 动物无咬伤、无溃疡、无结痂等。

第二节 实验试剂及其配制方法

实验用试剂及溶液的正确配制是保证实验质量的重要环节之一。所以在配制时，不仅要求严格遵守各项操作规程，做到含量准确，质量合格。同时，也应熟悉和掌握试剂配制的一些基本理论和基本技术。

一、试剂的分类

根据化学试剂的纯度,按杂质含量的多少可分为四级:

一级试剂为优质纯试剂,通常用 G·R 表示;

二级试剂为分析纯试剂,通常用 A·R 表示;

三级试剂为化学纯试剂,通常用C·R表示;

四级试剂为实验或工业试剂,通常用 L·R 表示。

此外,根据特殊的工作目的,还有一些特殊的纯度标准,例如光谱纯、荧光纯、半导体纯等。使用时应按不同的实验要求,选用不同规格的试剂。

二、试剂的包装与保存

固体试剂一般装在带有胶木盖的广口瓶中,液体试剂则盛在细口瓶(或滴瓶)中,见光易分解的试剂如硝酸银,应装在棕色的试剂瓶中。每一种试剂都应贴有标签以表明试剂的名称、浓度和纯度等。

三、固体试剂的称量

基本质量单位有克(g)、毫克(mg)、微克(μg)、纳克(ng)及皮克(pg)。

换算关系:$1g = 10^3 mg = 10^6 \mu g = 10^9 ng = 10^{12} pg$。

称重试剂的仪器统称为天平。一般是以其精确度来分类的。实验室常用的天平有托盘天平、分析天平、电子天平。实验教学中,配制常规试剂,常使用托盘天平,其感量为0.1g。电子天平与其他类型的天平相比较,具有精度高、称量范围广、操作简便的特点,并已成为现代实验室常用的称量仪器。

在进行固体药物称重时,如有遇空气易潮解的药物,可取玻璃纸垫于天平称盘上并应快速称取。

四、固体试剂的溶解

固体的颗粒较大时,在溶解前,应该先粉碎固体。固体的粉碎是在洗净和干燥的研钵中进行的。研钵中所盛固体的量不要超过研钵总容量的三分之一。

溶解固体时,常用搅拌、加热等方法来加快溶解速度。搅拌液体应手持搅拌棒并转动手腕,转动速度不要太快,也不要使搅拌棒碰在器壁上。搅拌试管中的液体时,搅拌棒可以转动,也可轻轻上下搅动,但不要用力过大,以免将试管弄破。还可用振荡试管的方法代替搅拌。

加热以加速固体溶解的方法与加热液体时相同,即一般有直接加热方法和水浴加热方法等。要视被加热物质的稳定性,而选用不同的加热方法。另外还要注意在容器上盖表面皿,以防止液体蒸发。

五、液体试剂的量取

液体试剂量取的基本容量单位是毫升(ml)和微升(μl),有时也会用到升(L),换算关系为:$1L = 10^3ml = 10^6\mu l$。

实验室常用的量器有:

(1) 量筒与量杯:量筒在量取的精确度方面较量杯准确。如需配制少量液体并且药液量取准确度要求较高时,应使用量筒量取。量杯在溶解药物时具有搅拌和倾倒较为方便的特点,在实际操作中,也常采用量杯。量取液体读数时,因液体具有表面张力,使液面呈弯月状,所以应将视线平视读取弯月面底部与刻度线相切处,避免产生误差。

(2) 烧杯:是常用的溶液配制量器之一,它具有广口、易搅拌、可加热的特点,一般用于精确度要求不高的溶液配制,或用于精确度要求高的溶液的初配。

(3) 容量瓶:如需配制具有准确浓度的溶液常选择使用容量瓶。将称好的溶质置于烧杯中加入所配药液总体积的1/2~2/3的溶剂,用玻棒搅拌溶解后,将此溶液沿玻棒缓缓倒入容量瓶中。用少量溶剂将烧杯洗涤后将此液移入瓶中。再用滴管慢慢加水至刻度,应使弯月面的底部恰与刻度线相切。最后塞紧瓶塞,倒转,充分振摇使溶液均匀,此过程称为定容。容量瓶在使用前应以清洁液浸泡少许时间,随后,依次用自来水,蒸馏水冲洗,直至瓶壁不挂水,再将其干燥备用。

(4) 吸管:吸管是用来量取一定体积的液体并将其转移至另一器皿中。吸管分为两种:移液管和刻度管。移液管专为吸取一定体积用。刻度管为直形、上有刻度。吸管取液时,先用洗耳球自管顶吸取溶液,待液面上升至刻度线以上时,以食指按紧管顶,用滤纸擦干下端,微启食指,使管中液体流至弯月面底部与刻度线相切处,然后将吸管移至容器口,垂直,使管的下端紧靠倾斜着的容器内壁,翘起食指使液体沿壁流下,液体流完后,再静置15秒钟,注意留在管尖的少量液体不可吹出,因为吸管的容量是根据自由流出的液体计算,残留的少量液体不计在内。吸管的洗涤方法与容量瓶相似,先用清洁液浸泡少许时间,取出后用自来水、蒸馏水依次冲洗,插入移液管架上晾干备用。

六、溶液浓度的表示法

(一) 百分浓度(%)

(1) 质量/体积(W/V):表示100ml溶液中含有溶质的克数。

$$\text{百分浓度\%}(W/V)=\frac{\text{溶质重量}(g)}{\text{溶液体积}(ml)}\times 100\%$$

(2) 质量/质量(W/W):表示100g溶液中含有溶质的克数。

$$\text{百分浓度\%}(W/W)=\frac{\text{溶质质量}(g)}{\text{溶液质量}(g)}\times 100\%$$

（二）摩尔浓度

摩尔/升（mol/L）：表示1L溶液中所含溶质的克分子数。如0.1mol/L NaCl溶液即是表示1L溶液中含有0.1克分子即5.844g NaCl（NaCl分子量58.44）。

$$\text{摩尔浓度(mol/L)}=\frac{\text{溶质摩尔数}}{\text{溶液体积(L)}}=\frac{\text{溶质质量/溶质摩尔量}}{\text{溶液体积(L)}}$$

（三）比例浓度

比例浓度指用1份溶质质量（或体积）与溶液体积份数的比例式来表示的溶液浓度。以1∶x表示（x表示溶液体积）。例如：1∶5000的高锰酸钾洗胃液即是指5000ml高锰酸钾溶液中含有1g高锰酸钾。

（四）克当量浓度（N）

克当量浓度指1L溶液中含有溶质的克当量数称为该溶液的克当量浓度。使用毫克当量数时，称为毫当量浓度，用MEq/L表示。

如1N H_2SO_4表示1L溶液中含有49g H_2SO_4（H_2SO_4分子量为98）。

$$\text{当量浓度 N}=\frac{\text{溶质克当量数}}{\text{溶液体积(L)}}$$

七、溶液配制的有关计算

（一）百分浓度的计算

例1　配制0.9%氯化钠溶液500ml，需要氯化钠多少克？

解：已知0.9%氯化钠溶液100ml中含氯化钠0.9g

设0.9%氯化钠溶液500ml中含氯化钠量为xg

则　100∶0.9 = 500∶x

所以　$x=\frac{0.9\times500}{100}=4.5\text{g}$

即配制0.9%氯化钠溶液500ml，需要氯化钠4.5g。

例2　将10g葡萄糖溶解于40g水中，此葡萄糖溶液的百分浓度是多少？

解：先将溶质的质量和水的质量相加，求得溶液的质量为10g+40g= 50g

因为50g溶液中含葡萄糖10g，故设100g溶液中含葡萄糖量为xg

则　50∶10=100∶x

所以　$x=\frac{10\times100}{50}=20\text{g}$

即10g葡萄糖溶解于40g水中，所得溶液的百分浓度是20%（W/W）。

（二）含结晶水药物的计算

配制溶液时，应注意的是许多固体药物中含有结晶水，需要进行换算。

设　W＝无水物质的质量　　　　X＝含结晶水物质的质量

　　M＝无水物质的分子量　　　M_{H_2O}＝含结晶水物质的分子量

公式：

$$W : X = M : M_{H_2O}$$

依据此公式可将无水物质的量换算为含结晶水物质的量。

(三) 溶液的稀释

稀释是指向浓溶液中加入溶剂使其变成稀溶液的过程。稀释后,溶质的量未变:

$$溶质的量 = C_{浓} \times V_{浓} = C_{稀} \times V_{稀}$$

式中,C 为浓度,V 为体积,即浓度与体积成反比关系。

(四) 溶液的混合

两种溶液混合后,溶液中溶质的量应等于混合前两溶液中溶质的量之和。

$$C_1V_1 + C_2V_2 = C_{混}V_{混}$$

(五) 溶液浓度的换算

(1) 当量浓度与摩尔浓度的换算

当量浓度 = 摩尔浓度×化合价

(2) 百分浓度(g/ml)与当量浓度的换算

$$当量浓度 = \frac{百分浓度 \times 10 \times 化合价}{分子量}$$

$$毫当量浓度 = \frac{毫克百分浓度 \times 10 \times 化合价}{分子量}$$

八、试剂配制的注意事项

(1) 称量试剂的天平应保持清洁、干燥,避免潮湿及腐蚀性气体的侵蚀。在进行称量操作时,被称取的试剂应置于称量纸上或其他器皿内,不可在盘中直接称量。

(2) 在配制强酸、强碱溶液或接触有毒性药物时,应严格按操作规程进行。如稀释硫酸时,应谨慎的将浓硫酸缓缓倾注水中,切不可把水倒入浓硫酸中。

(3) 在配制药物溶液时,某种动物注入药液的最大容量决定所配药物溶液的浓度。如静脉注射药液容量过大,可影响其循环系统的正常功能。故静脉注射容量最好在体重的1/100以下;静脉外(皮下、肌肉及腹腔)注射容量最好在体重的 1/40 以下;因此,可根据动物的体重,选择所配药物溶液的适当浓度。

(4) 在配制药物溶液时,应考虑到实验动物内环境的稳定性以及动物离体器官或组织在实验条件下的正常功能。应力求达到与血液及体液呈等渗与等张以及等 pH 和离子平衡状态,应使用生理盐水配制(温血动物用 0.9%NaCl,冷血动物用 0.6%NaCl)。离体器官灌流液或营养液因用量大,应严格计算渗透压、pH 与各种离子浓度,有时还要考虑营养成分如葡萄糖的含量等,根据动物离体器官的不同而使用不同的生理溶液。

九、常用试剂的配制方法

(一) 各种生理盐溶液配制及用法

(1) 生理盐水:即与血清等渗之 NaCl 溶液。在冷血动物应用 0.6%~0.65%,在温血动物应用 0.85%~0.9%。

(2) 任氏溶液(林格液):用于青蛙及其他冷血动物。

(3) 乐氏溶液(洛克液):用于温血动物之心脏、子宫及其他离体脏器。用作灌注液者须于用前通入氧气泡 15 分钟。低钙乐氏液(含无水氯化钙 0.05g)用于离体小肠及豚鼠的离体支气管灌注。

(4) 台氏溶液(蒂罗德液):用于温血动物之离体小肠。

详细配制方法见表 2-1。

表 2-1 常用生理溶液成分表

成分	任氏液(两栖类用)	乐氏液(哺乳类用)	台氏液(哺乳类用)	生理盐水	
				两栖类	哺乳类
NaCl	6.5	9.0	8.0	6.5~7.0	9.0
KCl	0.14	0.42	0.2	—	—
$NaHCO_3$	0.20	0.1~0.3	1.0	—	—
NaH_2PO_4	0.01	—	0.05	—	—
$MgCl_2$	—	—	0.1	—	—
葡萄糖	2.0	1.0~2.5	1.0	—	—
$CaCl_2$	0.12	0.24	0.2	—	—
加蒸馏水至(ml)	1000	1000	1000	1000	1000
pH	7.2	7.3~7.4	7.3~7.4		

注:表内各药物均以 g 为单位,$CaCl_2$ 要在其他试剂溶解之后加入,防止 Ca^{2+} 与 HCO_3^- 产生沉淀。

(二) 常用血液抗凝剂的配制及用法

1. 肝素(heparin) 肝素的抗凝血作用很强,常用来作为全身抗凝剂,特别是在进行微循环方面动物实验时的肝素应用更有重要意义。

纯的肝素 10mg 能抗凝 100ml 血液(按 1mg 等于 100 个国际单位,10 个国际单位能抗凝 1ml 血液计)。如果肝素的纯度不高,或过期,所用的剂量应增大 2~3 倍。用于试管内抗凝时,一般可配成 1% 肝素生理盐水溶液,取 0.1ml 加入试管内,加热 80℃ 烘干,每管能使 5~10ml血液不凝固。

作全身抗凝时,一般剂量为:大鼠 2.5~3mg · (200~300g 体重)$^{-1}$,兔或猫 10mg · kg^{-1},狗 5~10mg · kg^{-1}。如果肝素的纯度不高,或过期,所用的剂量应增大2~3倍。

2. 草酸盐合剂

配方：草酸铵　　1.2g

草酸钾　　0.8g

10%甲醛溶液(福尔马林)　　1.0ml

蒸馏水加至　　100ml

配成2%溶液，每1ml血加草酸盐2mg(相当于草酸铵1.2mg，草酸钾0.8mg)。用前根据取血量将计算好的量加入玻璃容器内烤干备用。如取0.5ml于试管中，烘干后每管可使5ml血不凝固。此抗凝剂量适于作红细胞比容测定。能使血凝过程中所必须的钙离子沉淀达到抗凝的目的。

3. 枸橼酸钠　常配成3%~8%水溶液，也可直接用粉剂。

枸橼酸钠可使钙失去活性，故能防止血凝。但其抗凝作用较差，其碱性较强，不适作化学检验之用。一般用1∶9(即1份溶液，9份血)用于红细胞沉降和动物急性血压实验(用于连接血压计时的抗凝)。不同动物，其浓度也不同：狗为6%，猫为2%+硫酸钠25%，兔为5%。

4. 草酸钾　每1ml血需加1~2mg草酸钾。如配制10%水溶液，每管加0.1ml则可使5~10ml血液不凝固。

(三) 常用缓冲液的配制

1. 磷酸缓冲液(phosphate buffer, PB)　按照表2-2所给定的体积，混合1mol/L的磷酸二氢钠(A液)和1mol/L磷酸氢二钠(B液)储液，获得所需pH的磷酸缓冲液。

A液配制：溶解138g于足量水中，使终体积为1L。

B液配制：溶解142g于足量水中，使终体积为1L。

表2-2　磷酸缓冲液配制

A液(ml)	B液(ml)	最终pH
877	123	6.0
850	150	6.1
815	185	6.2
775	225	6.3
735	265	6.4
685	315	6.5
625	375	6.6
565	435	6.7
510	490	6.8
450	550	6.9
390	610	7.0
330	670	7.1
280	720	7.2

2. 0.01mol/L PBS(磷酸盐缓冲液,phosphate buffer saline,PBS),pH7.2

(1) 0.2mol/L 磷酸氢二钠液(甲液):

$Na_2HPO_4 \cdot 12H_2O$　　35.814g

双蒸水　　加至 500ml

(2) 0.2mol/L 磷酸二氢钠液(乙液):

$NaH_2PO_4 \cdot 12H_2O$　　15.601g

双蒸水　　加至 500ml

取甲液 36ml,乙液 14ml 和 NaCl 8.2g,加双蒸水至 1000ml。混匀待完全溶解分装,经高压灭菌后保存于 4℃冰箱备用。

3. Tris 缓冲液(Tris-HCl buffer)　将 121g 的 Tris 碱溶解于约 0.9L 水中,再根据表2-3加一定量的浓盐酸调整至所要求的 pH(25℃下),最后用水调整终体积至 1L。

表 2-3　Tris-HCl 配制

浓盐酸的体积(ml)	pH	浓盐酸的体积(ml)	pH
8.6	9.0	46	8.0
14	8.8	56	7.8
21	8.6	66	7.6
28.5	8.4	71.3	7.4
38	8.2	76	7.2

(四) 常用酸碱溶液的配制

1. 常用碱溶液的配制(表 2-4)

表 2-4　常用碱溶液的配制

碱的名称	比重(20℃)	重量百分比	当量浓度(约数)	配制方法
浓氢氧化铵(NH_4OH)	0.90	25%~27%NH_3	15N	
稀氢氧化铵(NH_4OH)	—	10%	6N	浓 NH_4OH 溶液 400ml 加水稀释至 1L
氢氧化钠(NaOH)	1.22	19.7	6N	溶 250gNaOH 于水中,稀释至 1L
氢氧化钾(KOH)	—	—	2N	溶 122gKOH 于水中,稀释至 1L

注:容器中应用先放蒸馏水,再缓慢加入碱溶液。

2. 常用酸溶液的配制(表 2-5)

表 2-5　常用酸溶液的配制

酸的名称	比重(20 ℃)	重量百分比	当量浓度(约数)	配制方法
浓盐酸(HCl)	1.19	37.23	12N	
稀盐酸(HCl)	1.10	20.00	6N	浓盐酸 469ml 与水 500ml 混合
稀盐酸(HCl)	1.10	7.15	2N	浓盐酸 167ml 与水 733ml 混合
浓硝酸(HNO_3)	1.42	69.80	16N	
稀硝酸(HNO_3)	1.20	32.36	6N	浓硝酸 381ml 与水 619 ml 混合
浓硫酸(H_2SO_4)	1.84	95.60	36N	

续表

酸的名称	比重(20 ℃)	重量百分比	当量浓度(约数)	配制方法
稀硫酸(H_2SO_4)	1.18	24.80	6N	浓硫酸 167ml 慢慢加入 833ml 水中,并不断搅拌
浓醋酸(CH_3COOH)	1.05	99.50	17N	
稀醋酸(CH_3COOH)	—	35.00	6N	浓醋酸 350ml 与水 650ml 混合

注:容器中应用先放蒸馏水,再缓慢加入酸溶液。

(五) 常用培养基配制

1. LB 培养基 将表 2-6 组分溶解在 0.9L 水中。如果需要,用 1mol/L NaOH(~1ml)调整 pH 至 7.0,再补足水至 1L。

2. SOB 培养基 将表 2-7 组分溶解在 0.9L 水中,用水补足体积到 1L。分成 100ml 的小份,高压灭菌。培养基冷却到室温后,再在每 100ml 的小份中加 1ml 灭过菌的 1mol/L 氯化镁。

表 2-6 LB 培养基成分

蛋白胨	10g
酵母提取物	5g
氯化钠	10g

注:琼脂平板需添加琼脂粉 12g/L,上层琼脂平板添加琼脂粉 7g/L。

表 2-7 SOB 培养基成分

蛋白胨	20g
酵母提取物	5g
氯化钠	0.5g
1 mol/L 氯化钾	2.5ml

3. SOC 培养基 成分、方法同 SOB 培养基的配制,只是在培养基冷却到室温后,除了在每 100ml 的小份中加 1ml 灭菌的 1mol/L 氯化镁外,再加 2ml 灭菌的 1mol/L 葡萄糖(18g 葡萄糖溶于足够水中,再用水补足到 100ml,用 0.22μm 的滤膜过滤除菌)。

4. TB 培养基 将表 2-8 组分溶解在 0.9L 水中,各组分溶解后高压灭菌。冷却到 60℃,再加 100ml 灭菌的 170mmol/L KH_2PO_4-0.72mol/L K_2HPO_4 的溶液(2.31g 的 KH_2PO_4 和 12.54g K_2HPO_4 溶在足量的水中,使终体积为 100ml,高压灭菌或用 0.22μm 的滤膜过滤除菌)。

表 2-8 TB 培养基成分

蛋白胨	12g
酵母提取物	24g
甘油	4ml

(六) 常用消毒剂配制

1. 酒精 70%的乙醇杀菌力最强,它能使蛋白质脱水和变性,在 3~5 分钟内杀死细菌。因此,它用于消毒和防腐,适用于皮肤和器械、塑料制品等的消毒。高浓度的乙醇(95%~100%)能引起菌体表层蛋白质凝固,形成保护层,使乙醇分子不易透入,因此杀菌能力反而弱。

2. 高锰酸钾 高锰酸钾是强氧化剂,有很强的杀菌作用。0.1%水溶液用作皮肤消毒,2%~5%水溶液能在 24 小时内杀死细菌芽孢。因溶液在空气中容易分解,失去氧化能力,故要现用现配。

3. 苯酚(石炭酸)　石炭酸是有效的常用杀菌剂,1%水溶液能杀死大多数的菌体,通常用3%~5%水溶液作接种室喷雾消毒或器皿的消毒,5%以上溶液对皮肤有刺激性。在生物制品中,加入0.5%石炭酸可作防腐剂。

4. 苯扎溴铵(新洁尔灭)　新洁尔灭是常用的消毒剂,主要用于皮肤、医疗器械、器皿、接种室空气等的消毒灭菌,对许多非芽孢型病原菌、革兰阳性菌和阴性菌经几分钟接触即灭菌,尤其对革兰阳性菌杀菌力更大。本品原液的浓度是5%,通常用0.1%~0.25%水溶液。用新洁尔灭消毒金属器械时,要在1L溶液中加入5g亚硝酸钠,以防生锈。

(七) 常用洗涤液的配制方法及用途

1. 肥皂和水　为乳化剂,能除污垢,是常用的洗液,但须注意肥皂质量,以不含砂质为佳。

2. 重铬酸钾硫酸洗液　通常称为洗洁液或洗液,其成分主要为重铬酸钾与硫酸,是强氧化剂。因其有很强的氧化能力,一般有机物如血、尿、油脂等可被清洗干净。将溶液稍微加热,效力更强。新鲜洗液为棕红色,若使用的次数过多,重铬酸钾就被还原为绿色的铬酸盐,效力减小,此时可加热浓缩或补加重铬酸钾,仍可继续使用。

配方:稀洗液	重铬酸钾	10g
	粗浓硫酸	200ml
	水	100ml
浓洗液	重铬酸钾	20g
	粗浓硫酸	350ml
	水	40ml

配法:先取粗制重铬酸钾20g,放于大烧杯内,加普通水100ml使重铬酸钾溶解(必要时可加热溶解)。再将粗制浓硫酸(200ml)缓缓沿边缘加入上述重铬酸钾溶液中即成。加浓硫酸时须用玻璃棒不断搅拌,并注意防止液体外溢。若用瓷桶大量配制,注意瓷桶内面必须没有掉瓷,以免强酸烧坏瓷桶。配时切记,不能把水加于硫酸内(将因硫酸遇水瞬间产生大量的热量使水沸腾,体积膨胀而发生爆溅)。

使用时先将玻皿用肥皂水洗刷1~2次,再用清水冲洗干净并晾干,然后放入洗液中浸泡约2小时,有时还需加热,提高清洁效率。经洗液浸泡的玻皿,可先用自来水冲洗多次,然后再用蒸馏水冲洗1~2次即可。

附有蛋白质类或血液较多的玻皿,切勿用洗液,因易使其凝固,更不可对有酒精、乙醚的容器用洗液洗涤。

洗液对皮肤、衣物等均有腐蚀作用,故应妥善保存。使用时带保护手套。为防止吸收空气中的水分而变质,洗液储存时应加盖。

(八) 其他常用试剂配制

1. 细胞稀释液配制　用于红细胞、白细胞及血小板的计数。

(1) 红细胞稀释液:0.9%的氯化钠(生理盐水)。

(2) 白细胞稀释液:

冰乙酸	2ml
H_2O	98ml
1%亚甲蓝	3 滴

（3）血小板稀释液（红细胞裂解液）：

Tris	0. 21g
NH_4Cl	0. 75g
KCl	0. 24g
加水至	100ml（pH7. 4）

2. 0. 3%台盼蓝染液 称取台盼蓝（Trypan blue）粉 0. 3g，溶于 100ml 生理盐水中，加热使之完全溶解，用滤纸过滤除渣，装入瓶内室温保存。

3. 0. 5%酚红指示剂

酚红	0. 5g
0. 1N（0. 4%）NaOH	15ml
双蒸水	85ml

将 0. 5g 酚红置研钵中，缓漫滴加 0. 1N NaOH 溶液边加边磨，并不断吸出已溶解的酚红液，直至全部溶解，然后加入 85ml 双蒸水，颜色为深红，经粗滤纸过滤后使用，室温保存。

4. 0. 2%次甲基蓝染液 称次甲基蓝（Methylene blue）0. 2g，加蒸馏水 100ml，室温保存。

5. 1%亚甲蓝染液 取 1g 亚甲蓝，溶解于 100ml 蒸馏水中，即成 1%亚甲蓝染液。

6. 人造海水

氯化钠	24. 72g
氯化钾	0. 67g
氯化钙	1. 36g
氯化镁	4. 66g
硫酸镁	6. 29g
碳酸氢钠	0. 18g
蒸馏水	加到 1L

把上述各种盐溶解在少量蒸馏水中，再加入碳酸氢钠，最后用蒸馏水稀释到 1000ml。

7. 5%$NaHCO_3$ 溶液 称 $NaHCO_3$5g，溶于 100ml 蒸馏水中，室温保存即可（如需要也可 10 磅 15 分钟高压灭菌，4℃冰箱保存）。

8. 20%葡萄糖溶液 称 20g 葡萄糖溶于 70ml 左右蒸馏水中，补充体积至 100ml。

（九）特殊试剂的配制与保存方法

1. 氯化乙酰胆碱 本试剂在一般水溶液中易水解失效，但在 pH 为 4 的溶液中则比较稳定。如以 5%（4. 2mol · L^{-1}）的 NaH_2PO_2溶液配成 0. 1%（6. 1mol · L^{-1}）左右的氯化乙酰胆碱溶液储存，用瓶分装，密封后存放在冰箱中，可保持药效约 1 年。临用前用生理盐水稀释至所需浓度。

2. 盐酸肾上腺素 肾上腺素为白色或类白色结晶性粉末，具有强烈的还原性，尤其在碱性液体中，极易氧化失效，只能以生理盐水稀释，不能以任氏液或台氏液稀释。盐酸肾上腺素的稀溶液一般只能存放数小时。如在溶液中添加微量（10mmol·L^{-1}）抗坏血酸（维生素C），则其稳定性可显著提高。肾上腺素与空气接触或受日光照射，易氧化变质，应贮藏在遮光、阴凉、减压环境中。

3. 磷酸组胺 本品为无色长菱形的结晶，在日光下易变质，在酸性溶液中较稳定。可以仿照氯化乙酰胆碱的贮存方法贮存，临用前以生理盐水稀释至所需浓度。

4. 缩宫素（催产素）及垂体后叶素 在水溶液中也易变质失效。但如以0.25%（0.4mol·L^{-1}）的醋（盐）酸溶液配制成每1ml含催产素或垂体后叶素1U的储存液，用小瓶分装，灌封后置冰箱中保存（4℃左右，不宜冰冻），约可保持药效3个月。临用前用生理盐水稀释至适当浓度。如发现催产素或垂体后叶素的溶液中出现沉淀，不可使用。

5. 胰岛素 本品在pH为3时较稳定，如需稀释，亦可用0.4mol·L^{-1}盐酸溶液做稀释液。

（李明）

第三节 溶液的混匀、转移与加热

一、溶液的混匀

欲使一个化学反应充分进行，必须使参与反应的各物质迅速地相互接触，常常需要用机械的方法使参与反应的各物质充分混匀，以增加它们接触的机会。混匀不仅是促进化学反应速度的一个重要环节，也是物质溶解和溶液稀释过程中的必经操作步骤。混匀操作必须根据容器的大小和形状及所盛溶液的多少和性质而采用不同的方法。

（1）玻璃棒搅拌混匀：适用于烧杯内容物的混匀，如固体试剂的溶剂和混匀。搅拌使用的玻璃棒，必须两头都烧圆滑，其粗细长短必须与容器都大小和所配制溶液都多少呈适当比例关系，不能用长而粗的玻璃棒去搅拌小离心管中的少量溶液。

（2）旋转混匀：适用于未盛满溶液的锥形瓶、试管和小口容器等内容物的混匀。操作是手持容器上端，以手腕、肘或肩作轴旋转容器底部，不应上下振动。

（3）弹打混匀：适用于锥形离心管、小试管和小塑料离心管等内容物的混匀。操作是手持容器上端，用右手指弹动或拨动容器下部，使容器内作漩涡状运动。

（4）倒转混匀：适用于具塞的容器，如容量瓶、具塞量筒和具塞离心管等内容物的混匀。操作是将容器反复倒转，如是容量瓶，由于瓶颈细小，液量太多，不容易混匀，每倒转一次，还要将容量瓶底部旋转摇动数次；如是不具塞试管，并且液量较多，可用聚乙烯等薄膜封口，再用大拇指按住管口反复倒转混匀。

（5）吸量管混匀：适用于样品不同浓度等级稀释混匀。操作是先用吸量管吸取溶液，吸量管嘴提离液面少许，再把吸量管中的液体用劲吹回溶液。反复吸、吹数次，使溶液充分混匀。

（6）转动混匀：适用于黏稠性大的溶液的混匀，但液量不可太满，以占容器容积的1/3～2/3为宜。操作是手持容器上部，使容器底部在桌面上作快速圆周运动。

（7）倾倒混匀：适用于液量多、内径小的容器中溶液的混匀。操作是用两个洁净的容器，将溶液来回倾倒数次，以达到混匀的目的。

（8）甩动混匀：右手持试管上部，轻轻甩动振摇，即可混匀。

（9）振荡器混匀：利用振荡器使容器中的内容物振荡，达到混匀的目的。

（10）电磁搅拌混匀：适用于酸碱自动滴定、pH梯度滴定等。操作是把装有待混匀溶液的烧杯放在电磁搅拌器上，在烧杯内放入封闭于玻璃或塑料管中的小铁棒，利用电磁力使小铁棒旋转，以达到混匀烧杯中溶液的目的。

二、溶液的转移

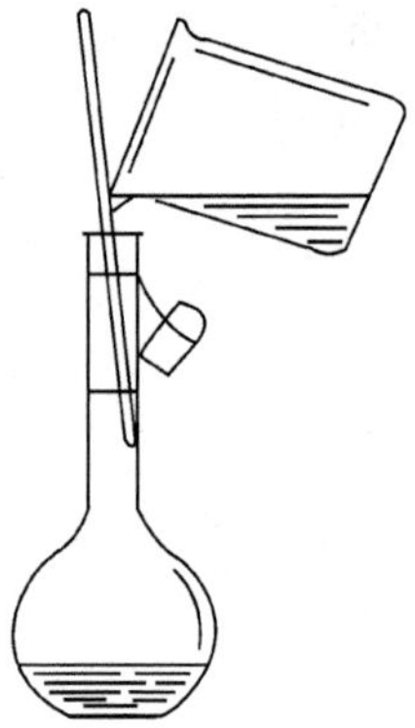
图 2-1　向容量瓶中转移溶液

在将烧杯中的液体沿玻璃棒小心地注入容量瓶时，不要让溶液洒在容量瓶外，也不要让溶液在刻度线上面沿瓶壁流下。

向烧杯中注入10ml溶液（这里可用水代替），然后将烧杯中的水转移到容量瓶中（如图2-1所示）。用少量水洗涤烧杯2～3次，把洗涤液也转移到容量瓶中。然后向容量瓶中缓慢地注入水到刻度线以下1～2cm处，改用滴管滴加水到刻度（小心操作，切勿超过刻度）。

三、溶液的加热

1. 试管中的溶液

（1）通过烧杯嘴给试管加水，水量不超过试管的1/3。

（2）用拇指捏开试管夹短柄，从试管下部向上套至上1/3处，夹好试管，放到试管架上。

（3）点燃酒精灯。

（4）手握试管夹长柄（拇指不可触及短柄），拿起试管，用外焰给试管均匀加热后，集中给试管下端加热。

（5）加热时，试管倾斜45°，管口不可向着别人和自己。

（6）加热完毕，将试管放回试管架，取下试管夹。

（7）熄灭酒精灯。

2. 烧瓶、烧杯中的液体　使用烧杯、烧瓶加热液体时，应采用方座支架，烧杯、烧瓶置于方座支架的铁环上，底部要垫有石棉网，使火焰不直接作用于烧杯、烧瓶上，并使加热均匀。

3. 坩埚、蒸发皿中的液体　使用坩埚或蒸发皿加热时，首先将坩埚或蒸发皿置于干硬的泥三角上，再放置于三角架或方座支架的铁环上。加热结束，移取坩埚或蒸发皿时，应采用坩锅钳，以防止烫伤。

通常在实验室进行加热，都要求均匀。所以在加热液体过程中，应不断用玻璃棒进行搅拌。搅拌时，应使玻璃棒在液体中均匀缓慢转动，并尽可能避免玻璃棒与容器壁碰撞。

被加热的仪器外壁不能有水，加热前擦干，以免容器炸裂；加热时玻璃仪器的底部不能触及酒精灯的灯芯，以免容器破裂。烧得很热的容器不能立即用冷水冲洗，也不能立即放在桌面上，应放在石棉网上。

（张青）

第四节　机能实验常用仪器设备简介

设备一　pH 测试仪

一、基本原理

pH 测试仪又称 pH 计，由电极和电计两部分组成。目前实验室使用的电极都是复合电极。pH 计因电计设计的不同而类型很多，其操作步骤各有不同，因而 pH 计的操作应严格按照其使用说明书正确进行。下文就 inolab pH level1 实验室台式 pH 测试仪做一介绍。

二、基本组件

此 pH 测试仪的主要组件包括：pH 电极、温度探头、参比电极、pH 电计（指示器）。酸度计的级别是按其指示器（简称电计）的分度值（分辨率或最小显示值）表示的，例如：分度为 0.1pH 的仪器称为 0.1 级仪器；最小显示值为 0.001pH 的仪器称为 0.001 级仪器。本仪器为 0.001 级仪器。

三、操作步骤

（一）开机

1. 按开/关机键，仪器先进行显示屏测试，持续时间很短，然后进入上一次测试状态中。
2. 把 pH 电极连上主机，仪器处于测试状态。

（二）测试

1. 准备工作

（1）接上电极。

（2）如果没有温度探头，则要调节标准液或待测液的温度或测试当前温度。

（3）校正，检验电极。

（4）按 M 键选择测试模式。

2. 测试 pH

(1) 用蒸馏水彻底漂洗电极,并用滤纸吸干。

(2) 把 pH 电极插入待测样品,重复按 M 键,直到显示 pH。

(3) AR 自动读数(AR 检验测试信号的稳定性,信号稳定性对测试数值的再现性有很大影响。)

a. 按 AR 键开始自动读数,当前显示的数值保持不变。

b. 按 RUN/ENTER 键开始自动读数,当前数值闪烁,直到达到稳定。

c. 必要时,可再按 RUN/ENTER 键,开始下一个自动读数。

d. 按 AR 键,关闭自动读数功能。

(4) 用蒸馏水彻底漂洗电极,并用滤纸吸干。

(5) 同样方法测量下一种待测样品。

3. 测试 ORP 电位 仪器连上 ORP 电极如 SenTixORP 后便可测试 ORP 电位(mV)。

(1) 用蒸馏水彻底漂洗电极,并用滤纸吸干。

(2) 把 ORP 电极浸入待测样品中。

(3) 重复按 M 键,直到状态栏显示 U,此时样品的电位值显示在屏幕上。等待数值达到稳定。

(4) 用蒸馏水彻底漂洗电极,并用滤纸吸干。

(5) 同样方法测量下一种待测样品。

(三) 仪器校正(用户要定时校正)

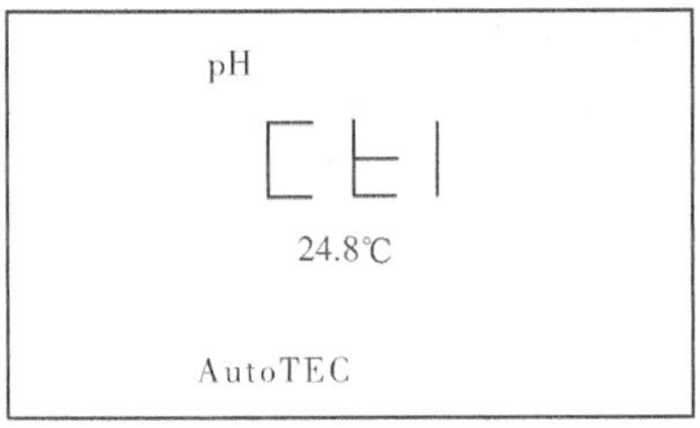

(1) 准备工作。

(2) 开机。

(3) 连接 pH 电极。

(4) 准备好标准液。

(5) 如果没有温度探头,则要调节溶液温度,待温度稳定后,再测试当前溶液温度。

(6) AutoCal TEC 校正法:用任意两种 WTW 标准液,次序可升,可降。

1) 重复按 Cal 键,直到屏幕显示 AutoCal TEC。

2) 用上下键输入第一种标准液温度。

3) 把 pH 电极浸入到第一种标准液。

4) 按 RUN/ENTER 键,AR 闪烁,屏幕显示 mV 值。数值稳定后,显示 Ct2。

5) 用蒸馏水彻底漂洗电极。

6) 用上下键输入第二种标准液温度。

7) 把 pH 电极浸入到第二种标准液中。

8) 按 RUN/ENTER 键,AR 闪烁,屏幕显示 mV 值。数值稳定后,AR 消失。校正完成后显示电极符号,屏幕显示电极斜率(mV/pH)。

9) 按 RUN/ENTER 键,屏幕显示零点电位 ASY(mV)。

10）按 M 键，返回测试状态。

（四）设置温度单位（温度单位不合适时进行）

（1）关机。
（2）按住 M 键。
（3）按一下开机键。
（4）用上下键切换℃或 H。
（5）用 RUN/ENTER 确认。仪器进入测试状态。

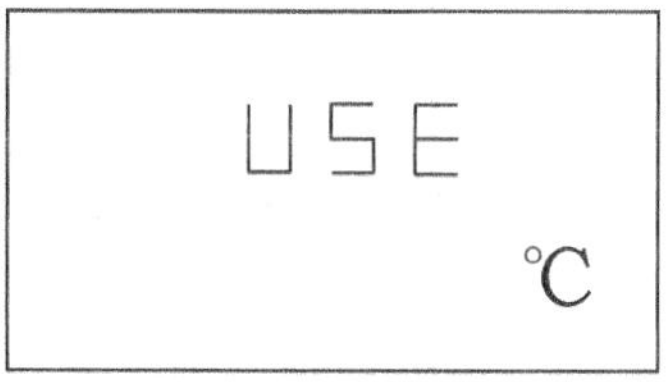

（五）设置分辨率（分辨率需调整时进行）

（1）按住 RUN/ENTER 键。
（2）同时按下 M 键。测试值为高分辨率显示，如 pH=4.012。
（3）再同时按一下 RUN/ENTER 键和 M 键。测试值为低分辨率显示，如 pH=4.01。

四、注意事项

（1）新电极或久置不用的电极在使用前，必须在蒸馏水中浸泡数小时。使电极不对称电位降低达到稳定，降低电极内阻。

（2）使用前，检查玻璃电极前端的球泡。正常情况下，电极应该透明而无裂纹；球泡内要充满溶液，不能有气泡存在。测量时，电极球泡应全部浸入被测溶液中。

（3）测量浓度较大的溶液时，尽量缩短测量时间，用后仔细清洗，防止被测液粘附在电极上而污染电极。

（4）清洗电极后，不要用滤纸擦拭玻璃膜，而应用滤纸吸干，避免损坏玻璃薄膜、防止交叉污染，影响测量精度。

（5）电极不能用于强酸、强碱或其他腐蚀性溶液。

（6）严禁在脱水性介质如无水乙醇、重铬酸钾等中使用。

（7）复合电极不用时，可充分浸泡 3M 氯化钾溶液中。切忌用洗涤液或其他吸水性试剂浸洗。应该经常添加氯化钾盐桥溶液，保持液面高于银/氯化银丝。

（8）pH 标准物质应保存在干燥的地方，如混合磷酸盐 pH 标准物质在空气湿度较大时就会发生潮解，一旦出现潮解，pH 标准物质即不可使用。

（9）配制 pH 标准溶液应使用二次蒸馏水或者是去离子水。如果是用于 0.1 级 pH 计测量，则可以用普通蒸馏水。

（10）配制 pH 标准溶液应使用较小的烧杯来稀释，以减少沾在烧杯壁上的 pH 标准液。存放 pH 标准物质的塑料袋或其他容器，除了应倒干净以外，还应用蒸馏水多次冲洗，然后将其倒入配制的 pH 标准溶液中，以保证配制的 pH 标准溶液准确无误。

（11）配制好的标准缓冲溶液一般可保存 2~3 个月，如发现有浑浊、发霉或沉淀等现象时，不能继续使用。

设备二 离 心 机

一、基本原理

利用强大的离心力将物理性质(如质量、浮力、沉降系数等)不同的悬浮液内微粒进行分离、浓缩的技术称离心技术。离心技术特别适用于溶液量较小或沉淀黏稠的生物样品的分离。能产生这种强大离心力的机械装置就是离心机。

二、结 构

离心机的结构包括:转头;控制装置:显示转速、离心力、时间和温度的仪表、电源等;附加装置:包括真空、制冷、烘烤系统等;安全装置:比如快速制动。

三、分 类

根据转速可将离心机分为:低速(<6000r/min);高速(6000~25 000r/min);超高速(>30 000r/min)离心机。

四、使用方法

下面以三种类型的离心机为例,介绍其使用方法。

(一) GL-20G-Ⅱ型高速冷冻离心机

该型号离心机最高转速达20 000r/min,具有3个转头,各转头的极限转速分别为:5ml×12转头,<20 000r/min;10ml×12转头,<16 000r/min;50ml×6转头,<14 000r/min。温度范围-5~30℃。该机尤其适用于放射免疫、生物制品、血液制品、激素、病毒等温度要求低、分离要求高的分离,同时可以满足较大容量的要求。

使用方法如下:

(1) 插上电源插座,待机指示灯亮。

(2) 打开中间电源开关,左侧温度控制系统数码管显示此时离心机腔内温度;右侧转速和运转时间控制系统的数码管显示的闪烁数字为设定的工作频率(实际转速值需×60)。

(3) 根据需要设定机器的工作参数(工作温度、时间、转速等)(详见后)。

(4) 按左侧温控开关ON,离心机开始降温;到达所需工作温度时,按离心机右侧面上按钮打开离心机盖,放入已平衡好的离心管,合上机盖。

(5) 按右侧运转键,离心机开始运转。

(6) 离心结束后开盖,取出离心管,合上离心机盖。

(7) 按右侧停止键,数码管显示 dcdt,数秒后即显示闪烁的转速值,这时机器已准备好下一次工作。

【附】离心温度、运转时间和工作转速设定

1. 设定温度　按左侧[FUNC]键一次,显示值为离心机设定的上限工作温度,数码管上向上的指示灯亮[▲▽],按[FUNC]一次或数次至需要调整的数据位数(呈闪烁状态),再利用向上▲或向下▼的箭头进行调节。

再按[FUNC]一次,数码管上向下的指示灯亮[△▼],显示离心机设定的下限工作温度值;再按上述方法进行温度调节。调节完成后再按[FUNC]一次,显示离心腔的温度。按左侧 ON 键,离心机则按设定的工作温度开始进行自动控温。

2. 设定运转速度　设定的转速不能超过各转头所对应的极限转速。各转头的极限转速分别为,5ml×12 转头,<20 000r/min;10ml×12 转头,<16 000r/min;50ml×6 转头,<14 000r/min。转速和频率的对应关系为:转速=频率×60。

操作步骤为:

按右侧[FUNC]一次,显示 cd00,通过按[△▼]及向上▲和向下▼的箭头设定功能码为 cd47。再按[FUNC]一次,显示离心机上次设定的工作转速。通过向左、向上▲及向下▼的箭头调节为需要的频率(如需设转速为 3000r/min,则调节数值为 50.00)。设定完成后,按记忆键储存设定值。

3. 设定运转时间　运转时间的功能码为 cd59,具体操作方法同上述转速设定。设定运转时间时,数码管显示 0.20 表示运转时间为 20 分钟,显示 1.20 表示 1 小时 20 分钟。设定完成后,按记忆键储存设定值。注意:离心机一次运行时间最好不要超过 60 分钟。

(二) TDL-5 型低速台式大容量离心机

该型号离心机最大容量为 1000ml,最高转速 5000r/min。离心效率高,可满足医院、临床试验、实验室等大容量离心工作。

使用方法如下:

(1) 接通电源,打开电源开关(前面)。

(2) 按[停止键]打开离心机外盖,再打开内盖。

(3) 取出离心套管,放入离心管,平衡后对称放好。

(4) 盖上离心机内、外盖。

(5) 按[选择键],根据光标位置设定转速与时间。

(6) 按方向键调整数字至所需数值。

(7) 按[记忆键]保存设置。

(8) 按[选择键],使光标回到实测位置。

(9) 按[离心键],机器自动离心、自动停止。

(10) 按[停止键]开盖,再打开内盖,取出离心样品。

(11) 全部结束后,关闭电源。

(12) 擦干净离心机内壁。

(三) TGL-16G 台式高速离心机

该型号离心机具有两个转头:5ml×6 转头;1.5ml×12 转头。调速范围在 3000～16 500r/min。该型离心机广泛用于生物、医学、农业科学及临床医学研究,特别适用于样品量小,操作步骤繁多,要求离心力大的实验室工作。

使用方法如下:

(1) 使用前轻压机箱,使机组底的橡胶吸盘吸住台面。

(2) 打开电源开关。打开离心机盖,对称放入样品。

(3) 将"定时"旋钮旋至所需时间,工作指示灯亮,显示绿色。

(4) 然后将"调速"旋钮旋至所需转速,转速表上指针显示转速。离心机开始运行。

(5) 离心机工作时间满后,"定时"开关自动切断工作电源,工作指示灯灭。离心机停止工作,转子减速,"转速表"上指针处于"0"时,开盖取出样品。

五、注意事项

(1) 离心机应放置在平稳的地面或台面。

(2) 离心前样品需平衡,放入离心机中应对称放入。放入之前应检查腔内有无样品或破碎试管残渣等,以免影响转子平衡。

(3) 取放样品时,切记首先切断电源,等待转子停转之后再开盖。

(4) 离心时间不要超过离心机的最适离心时间。一般不要超过 30 分钟。

(5) 保持离心腔清洁,使用前后均应用软布擦净。

设备三 光学显微镜的应用

一、概述

光学显微镜是精密的光学仪器,用于观察组织结构。光学显微镜操作技术是指在光学显微镜下对生命有机体的微观世界进行定性观察(例如辨别有机体颜色、形状、质地等)、定量描述(比如对有机体进行测量、计数和绘图等)以及细微结构的解剖等技术的总称。掌握好光学显微镜操作技术是医科院校学生的最基本要求之一。

光学显微镜其型号各异,种类甚多。除常规生物光学显微镜外,还有各种功能的显微镜,如暗视野显微镜、相差显微镜、荧光显微镜、偏振光显微镜、倒置显微镜、体视显微镜等。下文介绍两种功能显微镜。

二、倒置显微镜

倒置式生物显微镜供医疗卫生单位、高等院校、研究所用于微生物、细胞、细菌、组织培养、悬浮体、沉淀物等的观察,可连续观察细胞、细菌等在培养液中繁殖分裂的过程,并可将此过程中的任一形态拍摄下来。在细胞学、寄生虫学、肿瘤学、免疫学、遗传工程学、工业微生物学、植物学等领域中应用广泛。

使用方法如下:

(1) 将亮度调节柄调至最小位置,接通电源,再将亮度调节手柄调至适中位置。

(2) 将标本置于载物台上,利用低位同轴手轮调节载物台的位置,使所观察的物体位于通光孔的中央。

(3) 转动转换器将低倍物镜置于光路,通过目镜观察,使用粗微调焦手轮调节焦距,使物像清晰。

(4) 接着将高倍物镜置于光路,用右目镜观察,使用微动手轮调节焦距,使物像清晰。

(5) 双手握左右目镜筒相对转动,调节双目筒距与观察者筒距一致。

(6) 换用所需倍数的物镜,插入活动聚光镜片,拨动视场光栏拨杆将视场光栏关小;调节聚光器升降手轮,使视场光栏成像清晰;调整聚光镜调节螺钉,使视场光栏像与目镜视场光栏同心,并将视场光栏打开至其像在视场中刚好消失为止。

(7) 取下目镜直接从目镜筒中观察,用孔径光栏拨杆调整孔径光栏大小,使其像充满物镜出瞳(后光孔)的80%左右,能得到较好的衬度。通常更换物镜时都应作此项调整。

(8) 调整并列的三个灯源调节手柄,使灯丝成像于孔径光栏正中(可临时放一张白纸片在聚光镜保护玻璃上观察)。

(9) 滤色片选择:转动转盘到定位位置,则转盘侧面标记的滤色片进入光路。

(10) 相衬观察

1) 将环板片插入聚光器相应插孔中。

2) 孔径光栏开至最大。

3) 相应放大倍数的相衬物镜置入光路。

4) 在一个目镜筒中换用对中目镜观察,调节对中目镜的视度调节圈,并稍微调节聚光器升降手轮,使环板上的亮圈和相板上的暗环成像同时清晰。

5) 转动环板座调节螺钉,使环板和相板的中心重合。

6) 取下对中目镜,换上广角目镜,即可进行相衬观察。

(11) 摄相

1）胶卷装入相机背板内，装上快门线，将摄影拉杆拉出到指定位置，放下相机里的反光镜，取景器中便能看到标本像。

2）10×分划目镜插入目镜筒内，调整分划目镜视度圈及粗微动调焦手轮，使分划板与标本同时成像清晰。

3）选择适当亮度和曝光时间，将相机中的反光镜提起，即可按下快门拍摄。

三、体视显微镜

体视显微镜又称实体显微镜，它在观察物体时能产生正立的三维空间影像。立体感强，成像清晰和宽阔，又具有长工作距离，并可根据观察物的特点选用不同的反射和透射光照明，是适用范围非常广泛的常规显微镜。

使用方法如下：

（1）打开电源开关，并选择照明方式。

（2）松开调焦滑座上的紧固螺钉，调节镜体的高度，目测工作距离在 80mm 左右，用调焦手轮寻找像面，使其与所选用的物镜放大倍数大体一致的工作距离，调好后，锁紧托架，将安全环紧靠调焦托架并锁紧。

（3）调好瞳距，当使用者通过两个目镜观察视场时，若不是一个圆形视场时，应扳动两棱镜箱，改变目镜筒的出瞳距离，使之达到能观察到一个完全重合的圆形视场（说明瞳距已调好）。

（4）观察标本（对标本调焦）

1）将标本置于载物台上。

2）应用光源调节螺栓，调节入射光的方向，使之照亮标本。

3）转动调焦手轮对标本调焦，直至标本的像清晰。

（5）结束观察时，应将光源亮度旋钮调至最小（对有亮度调节点的机型），关掉电源，移走标本，用防尘罩将显微镜严密罩盖。

设备四　分光光度计操作技术

一、基 本 原 理

分光光度计是指能从含有各种波长的混合光中将每一单色光分离出来并可测量其强度的仪器。其基本原理依据 Beer-Lambert 定律：是说明物质对单色光吸收的强弱与吸光物质的浓度和厚度间关系的定律。Beer 定律说明吸光与浓度的关系；Lambert 定律说明吸光与厚度间的关系。数学表达如下：

$$I=I_0 10^{-\varepsilon LC}$$

其中：I 是光透过一个厚度为 1cm，内含浓度为 1mol/L 溶液的吸收池后的浓度；I_0 为入射光强度；ε 是摩尔消光系数，单位为 L/(cm · mol)，表示物质对光的吸收特性，因物质不同而异；L(cm)表示液层的厚度；C(mol/L)表示溶液的浓度。

二、结构简介

分光光度计由下列几部分组成：光源、单色器、狭缝、吸收池、检测器系统。

1. 光源　可见光区的光源一般是钨灯(250～320nm)，紫外区主要采用氢灯或氘灯(165～350nm)。两者均需要专用的电源装置。

2. 单色器(分光系统)　单色器是指从混合光波中分解出所需单一波长光的装置，由棱镜或光栅构成。

用玻璃制成的棱镜色散强，但只能在可见光区工作。石英棱镜工作波长范围为 185～4000nm，在紫外区有较好的分辨力，适用于可见光区和近红外区。棱镜的特点是波长越短，色散程度越好，越向长波一侧越差。

有的分光系统是衍射光栅，即在石英或玻璃的表面上刻划许多平行线，刻线处不透光。通过光的干涉和衍射现象，出现较长的光波偏折的角度大，较短的光波偏折的角度小，因而形成光谱。

3. 狭缝　狭缝宽度直接影响分光质量，狭缝过宽，单色光不纯，可使吸光度改变；狭缝太窄，光通量少而降低灵敏度。若增大放大倍数而使噪音增大，则影响准确度，所以狭缝宽度要恰当。一般以减少狭缝宽度时样品吸光度不再改变的宽度为合适。

4. 吸收池　也称吸收池。可见光区用玻璃吸收池，紫外区用石英吸收池。用作盛空白溶液的吸收池应与盛试样溶液的吸收池互相匹配，即有相同的厚度与相同的透光性。在测定吸光系数或利用吸光系数进行定量测定时，还要求吸收池有准确的厚度(光程)，或用同一只吸收池。吸收池两光面易损蚀，应注意保护。

5. 光敏检测器　是测量透过吸收池光能量的装置，其中最主要的元件是能产生光电效应的光敏器件，产生光电流随强度增加成正比例的增加。

采用的光电检测器有光电管和光电倍增管，光电管因敏感的光谱范围不同而分为紫敏(210～625nm)和红敏(625～1000nm)两种。光电倍增管比普通光电管更灵敏，因此可使用较窄的单色器狭缝，从而对光谱的精细结构有较好的分辨能力。

三、分光光度技术的应用

(一) 测定溶液中物质的含量

可见或紫外分光光度法都可用于测定溶液中物质的浓度。测定标准样品(浓度已知的溶液)和待测样品(浓度未知的溶液)的吸光度，用下式进行比较，可计算出溶液中物质的含量：

$$\frac{A_x}{A_S}=\frac{KC_xL}{KC_SL}=\frac{C_x}{C_S}，即\ C_x=\frac{A_x}{A_S}\times C_S$$

式中，C_x 代表未知液的浓度，C_S 代表已知液的浓度，A_x 和 A_S 分别代表未知液和已知液所测得的吸光度，式中只有 C_x 是未知的，可由上式计算得之。

也可以先测出不同浓度的标准液的吸光度,绘制出标准曲线,在选定的浓度范围内标准曲线应该是一条直线,然后测定出未知液的吸光度,即可从标准曲线上察到其相对应的浓度。

由于紫外线吸收光谱的灵敏度较高,故可用来鉴定某些杂质的存在。在检验某一化合物中是否含有杂质时,可根据其光谱特征的不同来判断。如当某一化合物在一定波长范围内无吸收,而杂质显示出特征吸收,那么由杂质吸收带的特征就可检验该化合物中是否含有杂质。当某化合物与杂质均在同一波长范围内产生吸收时,则可根据它们各自吸收光谱特征的不同和该化合物的吸收曲线是否改变,从而确定有无杂质的存在。

含量测定时所用波长通常要选择被测物质的最大吸收波长,这样做有两个好处:①灵敏度大,物质在含量上的稍许变化将引起较大的吸光度差异;②可以避免其他物质的干扰。

(二) 用紫外光谱鉴定化合物

各种物质有它自己一定的吸收光谱曲线,用分光光度计可以绘制吸收光谱曲线。方法是用各种波长不同的单色光分别通过某一浓度的溶液,测定此溶液对每一种单色的吸光度,然后以波长为横坐标,吸光度为纵坐标绘制吸光度-波长曲线,即吸收光谱曲线。用吸收光谱曲线图可以进行物质种类的鉴定。当一种未知物质的吸收光谱曲线和某一已知物质的吸收光谱曲线形状一样时,则很可能它们是同一物质。如果两者吸收光谱曲线形状不一样,则肯定它们不是同一种物质。一种物质在不同浓度时,其吸收光谱曲线中峰值的大小不同,但形状相似,即吸收峰的波长值是不变的。

紫外光吸收是由不饱和的结构造成的,分子中含有发色团、助色团的化合物都能表现出吸收峰。紫外吸收光谱比较简单,同一种物质的紫外吸收光谱应完全一致,但具有相同吸收光谱的化合物其结构不一定相同。除特殊情况外,单独依靠紫外吸收光谱不能决定一个未知物结构,必须与其他方法配合。紫外吸收光谱分析主要用于已知物质的定量分析和纯度分析,还可用来研究分子结构。

四、国产分光光度计的使用

(一) 721 型分光光度计

这是一种在可见光区进行一般比色分析用的精密仪器。其波长范围为 360~800nm,但在 410~710nm 之间的灵敏度较好。

使用方法如下:

(1) 打开电源开关,使仪器预热 20 分钟。

(2) 根据实验要求,转动波长选择钮,选用所需的波长。

(3) 调节“0”点,轻轻旋动“0 电位钮”,使表头指针读数恰好在透光度为“0”处(此时比色杯暗箱盖是打开的)。

(4) 将盛空白溶液的比色杯放入比色杯架中的第一格内,把比色杯暗箱盖子轻轻盖上,转动光量调节器,使表头指针指在透光度为“100”处。

(5) 将盛有待测溶液的比色杯放入比色杯架中的其他格内,盖上暗箱盖,拉动比色杯架的拉杆,使测定杯进入光路,此时表头指针所示即为该待测溶液的吸光度 A。读数后,打开比色杯暗箱盖切断光路。

重复上述测定操作 1~2 次,读取相应的吸光度,取其平均值。

(6) 比色完毕后,关上电源开关,取出比色杯,将比色杯暗箱盖好,清洗比色杯并晾干。

(二) 751 型分光光度计

这是一种可供在紫外到红外区(200~1000nm)测量吸收光谱的较高级分光光度计。在波长 320~1000nm 范围内,用钨丝白炽灯泡作光源,在波长 200~320nm 范围内,用氢灯作光源。此型分光光度计操作较复杂,操作时务必按操作规程进行,防止损坏仪器。

使用方法如下:

1. 准备

(1) 通电前,将光门关闭。

(2) 将选择开关放在“校正”位置后,打开电源开关(稳压电源总开关后)。

(3) 将波长刻度盘转到所需波长部位上。

(4) 选择适当的光电管,光电管选择拉杆推入为紫敏光电管(200~625nm);拉杆拉出为红敏光电管(625~1000nm),使之与选用的波长和光源相一致(为减少杂散光,可将滤光片推入光路,一般无此必要)。

(5) 根据使用波长选择比色杯。测定物波长为 350nm 以上用玻璃比色杯,350nm 以下用石英杯。并将比色杯放入比色槽中,比色杯中分别放空白溶液和待测溶液,而后将试样室盖盖好。

2. 调节透光度的零点

(1) 调节暗电流,使电表指针指到“0”位。为了得到较高的准确度,每测量一次应随时进行调整,使指针指向“0”位。

(2) 顺时针转动灵敏度钮三圈左右,此时透光度改变 1%,电表指针可偏转三小格。

3. 调节透光度 100%点

(1) 拉动换样拉杆,使空白溶液移入光路之中。

(2) 旋转读数钮,使测量读数盘指到透光度 100%处。

4. 测量

(1) 扳动选择开关到“×1”位置。

(2) 拉开光门,使单色光通过样品后射到光电管上。

(3) 旋转狭缝选择钮,使电表指针指向“0”位,并用灵敏度钮细调,使指针准确指到“0”位上。狭缝调好后,测量时就不要随意变动。

(4) 拉动换样拉杆,将待测溶液移入光路之中。此时电表指针会偏离“0”位。

(5) 旋转读数钮,使电表指针重新指向“0”位。此时,从读数盘上便可读出透光度和吸光度数值。

(6) 如选择开关放在“×1”位置时,透光度的范围是从 0~100%,相应的吸光度值范围为∞ ~0,此时数据可直接从刻度盘上读取。如果样品过浓,透光度<10%,吸光度>1 时,可将选择开关放到"×0.1"位置。此时,当电表指针重新移到零位时,读取盘上的透光度值必须×0.1,吸光度值+1,才是真实的数据。

(7) 在测定中,如需反复校准仪器的透光度的 100%时,仪器选择开关的校正档便相当于读数盘上 100%的位置。所以需调 100%时,可以将选择开关扳回"校正"档,用灵敏度钮调电表"0"位即可,不必要放置刻度盘到 100%位置上。

(8) 测量完毕,应将各种开关置于"关"的位置,狭缝钮置于 0.01mm 处,波长调在 625nm 附近,透光度置于 100%。然后切断电源,洗净比色杯并用干净、柔软的绸布将水吸干。

五、注意事项

(1) 使用仪器时要认真、谨慎,严格按照操作要求进行。

(2) 分光光度计必须放置在固定且不受震动的仪器台上,不得随意挪动。严防震动、潮湿和强光直射。进行测量、校正样品溶液时,严禁随意打开暗箱盖。

(3) 比色杯盛液量以达到容积的 2/3 左右为宜。若不慎使溶液流出比色杯外,必须先用滤纸吸干,再用擦镜纸或绸布擦净才能放入比色杯槽内。移动比色杯架要轻,以防溶液溅出,腐蚀机件。

(4) 一般制成的溶液浓度应尽量使吸光度值在 0.1~0.7 值的范围以内进行测定。这样所测得的读数误差较小。如吸光度不在此范围内,可调节比色液浓度,适当稀释或加浓,使其在仪器准确度较高的范围内进行测定。

(5) 用完比色杯后应立即用自来水冲洗,再用蒸馏水洗净。若上法洗不净时,用 5%的中性皂溶液或洗衣粉稀溶液浸泡,也可用新配制的重铬酸钾-硫酸液短时间浸泡,立即用水冲洗干净。洗涤后比色杯倒置晾干或用滤纸将水吸去,再用擦镜纸轻轻揩干。

(6) 严禁用手拿比色杯光学面,不能用毛刷等物摩擦比色杯的光滑面。

(7) 仪器连续使用时间不超过 2 小时,每次使用后需要间歇半小时以上才能再用。

(8) 暂停测试或读取数据时应及时关闭光电管闸门,以保护光电管免受强光或长时间照射而损坏。

(9) 每套分光光度计上的比色杯及比色杯槽不得随意更换。

(10) 分光光度计内放有硅胶干燥袋,需定期更换。

设备五　EasyBloodGas 血气分析仪

一、基本原理

EasyBloodGas 血气分析仪为临床实验室专门设计,它利用采样电极选择性技术直接测量注射器或毛细管全血样本中的 pH(氢离子的活性)、PCO_2(二氧化碳分压)及 PO_2(氧分压)。pH 和 PCO_2 离子选择性电极测量电压的变化(电位测量)。PO_2 电极测量电流的变化(安培计测量)。然后,这些变化与已知的化学测量进行比较,从而得出血气结果。

二、基本组件

(一)测量原理

1. pH 电极 pH 电极使用电位方法测量电压变化。一个由未知标本获得的电压与一个已知标准获得的电压比较。在某一温度下,测量电压与氢离子浓度的关系表达为一个修改的斯特方程:

$$E=E^0+2.303(RT/nF)\log(C)$$

式中,E=被测量的标本电位;E^0=标准溶液的电位;RT/nF=一个温度常数;log=执行对数功能=溶液中氢离子的活性系数;C=溶液中氢离子的浓度。

斯特方程也可以表达为:

$$E_{(samp)}-E_{(CalA)}=S\log(C_{(samp)}/C_{(CalA)})$$

pH 定义为:$pH=-\log C$ 这样,公式变为:

$$pH_{(samp)}=pH_{(CalA)}+(E_{(samp)}-E_{(CalA)})/S$$

式中,$E_{(samp)}$= 标本电位;$E_{(CalA)}$= A 标电位;S=定标过程中计算的电极斜率;$pH_{(samp)}$=标本的 pH;$pH_{(CalA)}$= A 标的 pH。

首先,仪器测量标本的相应电极的电位。然后,A 标被抽到电极测量位置。两个电位的不同与标本中的 pH 有关。由已知电位的差别可以推算标本与 A 标的 pH 差别。已知 pH 电极的斜率,同时已知 A 标 pH,这样,仪器内部的计算器就会自动计算标本溶液中的 pH。

2. PCO_2 电极 PCO_2 电极是一个修改的 pH 电极。样品抽到被内充液(重碳酸盐溶液)包围的、CO_2 能渗透的电极膜位置,内充液与 pH 敏感玻璃以及一个镀银的氯电极末端连接。氯电极是一个内部参考电极。当 CO_2 从电极膜渗透过去后,碳酸盐溶液中立即发生化学变化。此反应产生氯离子并导致碳酸盐溶液中的 pH 发生变化。pH 的变化与 PCO_2 的变化成正比,由此产生一个电压变化,经过仪器转化,最后得出 PCO_2 的结果。

3. PO_2 电极 PO_2 电极采用 Clark 电极技术。一个带正电荷的镀银电极被当作阳极,一个带负电荷的镀银电极被当作阴极。测量是通过内充液在阴阳极之间提供一个电压,当标本被抽到 O_2 能渗透的电极膜位置时,O_2 穿过电极膜到达阴极。这将导致一个反应,引起电流的变化。电流变化与标本中 PO_2 成正比。最终使用电极斜率、标本的电流变化、A 标的电流变化三项参数计算结果。

4. 温度修正 测量的结果往往需要根据病人的体温进行修正。修正的结果能更精确地反映体外诊断的状态。EasyBloodGas 血气分析仪根据下列公式计算结果:

$$\Delta pH/\Delta T=0.0065(7.4-pH)-0.0147$$

$$(\Delta \log PCO_2)/\Delta T=0.019$$

$$(\Delta \log PO_2)/\Delta T=(5.49\times10^{-11}\ PO_2^{3.38}+0.071)/(9.72\times10^{-9}PO_2^{3.38}+2.30)$$

式中,ΔT 表示为℃, PCO_2、PO_2表示为 mmHg,pH 表示为 pH 单位。

(二) 仪器面板介绍(见图 2-2)

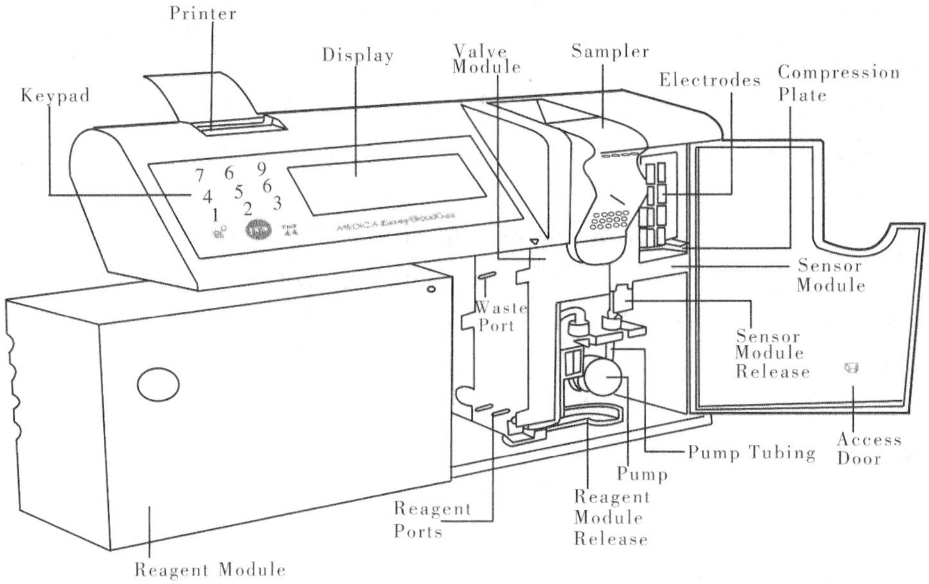

Keypad 键盘	Printer 打印机
Display 显示器	Valve Module 阀组件
Sampler 取样器	Electrodes 电极
Pump泵	Access Door 进出门
Reagent Ports 试剂接口	Reagent Module 试剂包
Waste Port 废液口	Compression Plate 压簧板
Sensor Module 传感器模块	Pump Tubing 泵管
Sensor Module Release 传感器模块释放块	Reagent Module Realease 试剂包释放杆

图 2-2　血气分析仪前视图

三、操 作 步 骤

(一) 启动电源

当仪器通电后,屏幕首先显示 * * * $pH/PCO_2/PO_2$ * * * 。

（二）日期调整

显示＊＊＊$pH/PCO_2/PO_2$＊＊＊几秒钟之后即提示

2005-10-25
确定吗?

按 YES 键接受此日期;按 NO 键并结合数字键调整日期,最后仍然按 YES 键确定日期。

（三）预热

确定日期之后,屏幕将显示“预热中……”预热时间大约需要 30 分钟。

（四）定标

血气分析仪安装预热以后要求进行一次两点定标。仪器会自动进行两点定标,取决于预先设定的定标间隔。此设置位于设置菜单章节中系统配置菜单定标频率选项。仪器可以根据命令进行两点定标。如果仪器为定标或定标未通过。主菜单仅显示第 3,4,5 项。

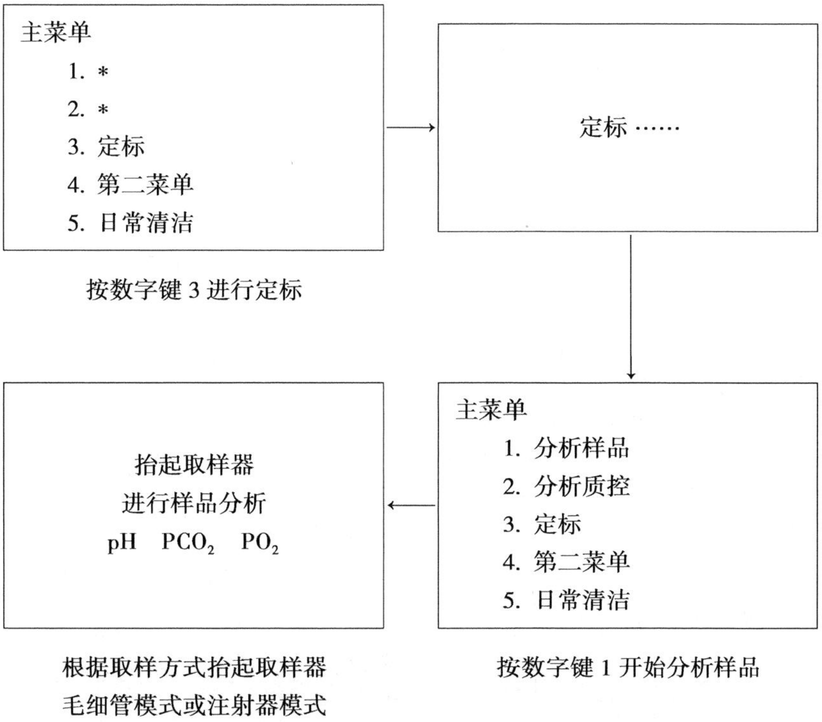

（五）样品分析

主菜单
1. 分析样品
2. 分析质控
3. 定标
4. 第二菜单
5. 日常清洁

↓ 选择数字键 1

抬起取样器
进行样品分析
pH　PCO_2　PO_2

↓ 抬起取样器

样品针插入样品中

↓ 将样品针插入毛细管或注射器样品，稍等

吸样 ……

↓

分析样品 ……

↓

移走样品
关闭取样器

↓ 移走样品，擦拭吸样针外壁，关闭取样器

分析结果
样品顺序号 * * * *
pH　* * * *
PCO_2　* * * mmHg
PO_2　* * * mmHg

↓ 显示分析结果及计算值，并打印

计算值屏幕 ……

↓ 打印完毕，显示下图，准备测量下一样品

抬起取样器
进行样品分析
pH　PCO_2　PO_2

（六）日常清洁

样品测量完毕后，按键盘面板上的“0”键返回主菜单并选择 5 进行日常清洁。按要求将取样器处于注射器模式，吸液针插入清洁液瓶中，仪器开始清洁。清洁完毕按提示移走样品，关闭取样器。

四、标本收集与处理

（一）注射器标本

（1）将血抽到预先用肝素处理过的注射器中。大约 0.05ml 液体肝素抗凝 1ml 血。过量的肝素会改变血气参数。在使用密封帽密封注射器之前，必须确认血液中是否有气泡。

（2）颠倒注射器数次，轻轻地将标本混匀。注意不要摇晃！

（3）标本要在收集后 5 分钟之内进行分析，如果不进行测量，可将注射器浸没在冰水中保存。要获得准确的结果，标本最多只能在 1~5°C 冰水中保存 2 小时。

（二）毛细管标本

（1）收集 75μl（至少）血放入肝素化的毛细管中。

（2）在毛细管的开口端放入一根金属搅拌棒，用密封盖盖紧。在毛细管的旁边放置一块磁铁。顺着毛细管的方向来回移动磁铁。使肝素与血样充分混匀。血样分析前，使用磁铁将搅拌棒移出并丢掉。用密封盖将开口端密封。

（3）立即将标本放进冰水中，或尽快进行分析。

（4）准备分析标本之前，取下密封盖。

五、注意事项

（1）确认标本体积足够（注射器模式 100μl，毛细管模式 5μl），否则仪器会显示标本中存在空气而无法正常工作。

（2）打印机时间一经确定后，不能随意调整，如果调整时间之后超过试剂包的使用期限（30 天），则会造成试剂包无效。

设备六 电解质分析仪操作技术

一、概 述

在基础医学实验中，通常采用的测量血液中钾离子浓度的火焰光度法，对溶液中离子浓度的测量精度不高，而905电解质分析仪采用先进的离子选择性电极测量技术，能精确地测量出样品溶液中的钠（Na^+）、钾（K^+）、氯（Cl^-）、钙（Ca^{2+}）、氢（H^+）离子浓度，而且可以直接测量生物样品（如血清、血浆、全血或其他生物体液），具有测量快速、操作简便的特点。同时测量结果可以直接显示在LCD液晶显示器上，并可用内置打印机打印出测量结果，因此，电解质分析仪广泛应用于临床、科研工作中。

二、仪器的基本原理与组件

电解质分析仪是采用离子选择性电极测量技术，直接测量生物样品中的离子含量的一种测量仪器。现我们以DSI-905型钠、钾、氯、钙、pH分析仪为例阐述仪器的基本原理与组件。

（一）测量原理

DSI-905型电解质分析仪采用比较法，测量样品溶液中的钠（Na^+）、钾（K^+）、氯（Cl^-）、钙（Ca^{2+}）、氢（H^+）离子浓度，采用离子选择性电极的测量原理来测量溶液中的Na^+、K^+、Cl^-、Ca^{2+}、nCa^{2+}（标准化离子钙）和pH。离子选择性电极是一种化学传感器，它能将溶液中某种特定离子的活度转变成电位信号，然后通过仪器测量。用Nernst方程来表示电极电位随测量溶液中离子活度变化的关系：

$$E=E_0+\frac{2.303RT}{nF}\log a_x f_x$$

式中：E＝离子选择电极在测量溶液中的电位；E_0＝离子选择性电极的标准电极电位；R＝气体常数[8.314J/(K·mol]；T＝绝对温度（273+t℃）；F＝法拉第常数（96 487c/mol）；a_x＝被测离子活度；f_x＝被测离子活度系数。

分析仪首先测量两个已知浓度的标准液中Na^+、K^+、Cl^-、Ca^{2+}和H^+的电极电位，在仪器自己的程序中建立一条校准曲线，然后再测量样品溶液中的Na^+、K^+、Cl^-、Ca^{2+}和H^+的电极电位，从已建立的校准曲线上计算出样品溶液中的Na^+、K^+、Cl^-、Ca^{2+}和H^+的离子浓度（mmol/L）。测量数据直接在LCD液晶显示器上显示或用内置打印机打印出测量结果。

（二）仪器组件

1. 电极系统 共由钠、钾、氯、钙、pH和参考等6个电极组成。

2. 微机系统 由内置微机及固化程序组成。

3. 打印系统 由内置打印机、打印机在离线控制件组成。

4. 显示系统 由LCD液晶显示器组成。

5. 电源系统 为整机提供不同的合适稳压电源。

6. 液流系统 包括由试剂瓶、蠕动泵、电磁阀、废液槽、废液瓶、进样针和连接管组成。

7. 检测系统 由Na^+、K^+、Cl^-、Ca^{2+}、pH测量电极和Ag/AgCl参考电极组成。

（三）仪器面板介绍（见图2-3）

在正式操作分析仪之前，有必要熟悉仪器面板上的基本按键及掌握仪器面板基本说明。

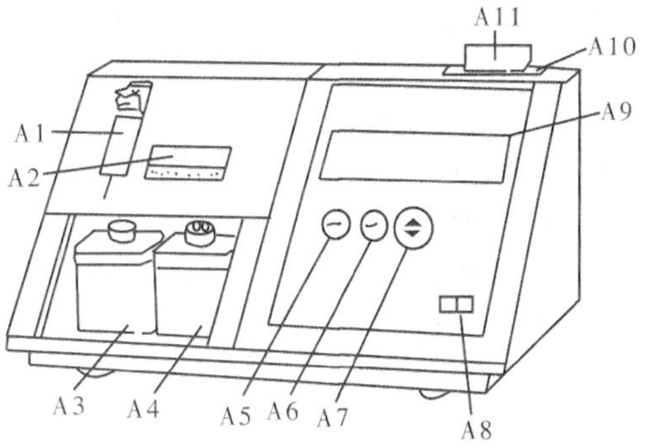

图 2-3　电解质分析仪面板前视图

A1 吸样针:用于吸取样品溶液。　A2 电极室:内置 6 个电极,从左到右分别为钾、钠、钙、pH、氯、参考电极。A3 废液瓶:用于收集测量后废弃的标准液、清洗液和样品液。　A4 试剂瓶:用于装定标/冲洗液(即定标1 溶液)。A5 YES 键:确认中文提示的项目和调整的数据。　A6 NO 键:否认中文提示的项目。　A7 ▲▼键:调整日期、时间、质控值的数据和寻找显示存储测量值的数据。　▲键为数据增加,▼键为数据减少。　A8 电源指示灯(双色):红绿双色指示灯都亮表示电源接通,打印机在线。若此时按仪器后面板的 SEL 键,红灯灭,表示打印机处于离线状态。再按 SEL 键,打印机恢复在线状态。　A9 液晶显示器(LCD):上部用于显示日期、时间和样品编号等;中部用于显示各电极 MV 值,测量的 mmol/L 浓度值;下部为操作仪器的中文提示。A10 打印机盖:用于更换打印机色带和打印纸。　A11 打印纸。

三、操 作 步 骤

(一) 开机

通电源后,仪器前面板右下角的电源指示灯亮,则表示仪器电源已接通。

(二) 日期调整

接通电源后,仪器前面板右下角的电源指示灯亮,仪器液晶屏幕上显示如下:

1997-09-18 调整日期吗?

如果不需要调整日期按 NO 键,反之按 YES 键,仪器液晶屏幕上显示如下:

1997-09-18 ▲▼键调整日期　Y 键确认

此时屏幕上年份 1997 几个字不断闪烁,通过调节▲键或▼键改变年份(▲键为年份增加,▼键为年份减少),如果认为正确,按 YES 键则屏幕上月份开始闪烁,调整方法如年份的调整方法。若日期调整有误,则在调整日的时候按 NO 键,仪器重新返回到日期的调整,直至日期调整正确。

日期调整结束后,按 YES 键,仪器液晶屏幕上显示如下:

1999-03-20	8:30
调整时间吗?	

不需调整时间按 NO 键;需调整时间按 YES 键,仪器液晶屏幕显示如下:

1999-03-20	8:30
▲▼键调整时间	Y 键确认

此时屏幕上小时数在闪烁,调整方法同日期调整。时间调整完毕后,仪器液晶屏幕显示如下:

1999-03-20	8:30
正在进行冲洗	

如果时间调整有误,则在进行调整分钟的时候按 NO 键,仪器重新返回到时间的调整,直至调整正确。

(三) 定标 1

仪器自动冲洗结束,仪器液晶屏幕显示如下:

1999-03-20	8:31
正在进行定标 1	

仪器自动吸入定标 1 后,约 6 秒钟,液晶屏幕显示如下:

1999-03-20		8:32
K:3.99	Na:140.0	Cl:100.0
Ca:1.25	nCa:1.26	pH:7.38
正在进行定标 1		

待数据稳定后,仪器液晶屏幕显示如下:

1999-03-20		8:32
K:4.00	Na:140.0	Cl:100.0
Ca:1.25	nCa ——	pH:7.38
测量结束正在进行冲洗		

仪器自动进行冲洗,冲洗结束,把定标 1 数值修正到理论值之后,仪器再自动进行第二次定标 1,以确保测量结果的准确。其过程同上。如果定标 1 数据未获通过,则仪器液晶屏幕显示如下:

1999-03-20		8:34
K:4.00	Na:140.0	Cl:100.0
Ca:1.25	nCa ——	pH:7.38
进行定标 1 吗?		

按 YES 键,仪器再次进行定标 1,若定标 1 获通过,仪器液晶屏幕显示如下:

（四）定标 2

1999-03-20		8:35
K:4.00	Na:140.0	Cl:100.0
Ca:1.25	nCa ——	pH:7.38
	进行定标 2 吗?	

此时若没有打开进样针，按 YES 键，仪器液晶屏幕显示如下：

1999-03-20		8:36
K:4.00	Na:140.0	Cl:100.0
Ca:1.25	nCa ——	pH:7.38
	打开进样针	

仪器提示操作者打开进样针，如果错误地按下 YES 键，则进样针仍打不开，按下 NO 键取消上次操作，仪器显示如前图提示。打开进样针后，仪器液晶屏幕显示：

1999-03-20		8:38
K:4.00	Na:140.0	Cl:100.0
Ca:1.25	nCa ——	pH:7.38
	放好定标液 2 按 Y 键	

仪器提示操作者把进样针插入定标 2 中，并按 YES 键，仪器自动将定标 2 溶液吸入电极管道，完成后，仪器内置喇叭声响，操作者把进样针还原，仪器液晶屏幕显示：

1999-03-20	8:42
正在进行定标 2	

如果定标 1 通过，仪器提示使用者进行定标 2（斜率定标），此时先打开吸样针，然后插进定标液 2 中，按 YES 键，仪器自动吸入定标液 2。仪器液晶屏幕显示：

1999-03-20		8:44
K:8.20	Na:109.7	Cl:70.5
Ca:2.53	nCa 2.23	pH:6.84
	正在进行定标 2	

待数据稳定后，仪器自动修正到理论定标值，仪器液晶屏幕显示：

1999-03-20		8:45
K:8.00	Na:110.0	Cl:70.0
Ca:2.50	nCa 2.20	pH:6.84
	测量结束正在进行冲洗	

仪器自动冲洗结束后，仪器液晶屏幕显示：

1999-03-20		8:47
K:8.00	Na:110.0	Cl:70.0
Ca:2.50	nCa ——	pH:6.84
	测量结束正在进行冲洗	

（五）样品测量

仪器进入测量状态后，按 NO 键，仪器则提示操作者是否进行定标 1，不需，按 NO 键，仪器提示"进行质控测量吗？"，若不需，再按 NO 键，仪器提示"显示存储测量值吗？"，不需，按 NO 键，程序又回到"进行测量（样品）吗？"。在测量状态时，闪烁的样品号是本次将要测量的样品号，若此时要更改样品测量号，可用▲▼键调整，按▲键增大样品数号，按▼键减小样品数号。

如果进行样品测量，先打开进样针插入到样品溶液中，按 YES 键，仪器自动吸入样品液，听到仪器喇叭提示声，移去样品液，推回进样针。如果样品测量时进样针没打开，此时按下 YES 键，具体操作方法同定标 2。仪器液晶屏幕显示：

No. 000001	1999-03-20	8:50
	正在进行测量	

约 8 秒，仪器液晶屏幕显示测量结果

No. 000001	1999-03-20	8:51
K:4.12	Na:140.8	Cl:99.0
Ca:1.00	nCa 1.14	pH:7.67
	正在进行测量	

待数据稳定后，仪器液晶屏幕显示测量结果：

No. 000001	1999-03-20	8:51
K:4.10	Na:140.5	Cl:100.0
Ca:1.02	nCa 1.17	pH:7.68
	测量结束正在进行冲洗	

与此同时，内置打印机自动打出测量结果，同时自动进行管道冲洗。

DSI——905	
DATE	1999-03-20
TIME	8:51
SAMPLE	000001
K:4.10	mmol/L
Na:140.5	mmol/L
Cl:100.0	mmol/L
Ca:1.02	mmol/L
nCa 1.17	mmol/L
pH:7.68	

冲洗结束，仪器液晶屏幕显示：

No. 000001	1999-03-20	8:53
K:4.10	Na:140.5	Cl:100.0
Ca:1.02	nCa 1.17	pH:7.68
	进行测量吗？	

如需继续进行样品测量,方法同前。

(六) 检察电极 MV 值

按仪器后面面板上的 MV 键,蠕动泵转动,自动把定标 1 溶液吸入电极管道,仪器液晶屏幕将显示:

1999-03-20	8:56
正在 MV 值测量	

定标 1 溶液吸入完毕,仪器液晶屏幕将显示:

1999-03-20		8:57
K:61	Na:80	Cl:70
Ca:64	nCa ——	pH:50
	正在 MV 值测量	

电极 MV 值检察完毕,再按一下 MV 键,仪器自动进入定标 1。如需继续进行定标 1,方法同前。

(七) 显示存储测量值

每次进行样品检测后 905 电解质分析仪都会自动进行样品测量值储存,仪器可以保留 200 个样品测量值,测量次数大于 200 后,仪器将自动放弃最前面的测量值而只保留最近的 200 次测量值。存储的样品测量值掉电后都不丢失。仪器进入“显示存储测量值”程序。

样品测量结束后,仪器提示“进行测量吗?”,此时连续按 NO 键直至出现仪器提示“显示存储测量值吗?”,按 NO 键仪器返回“进行测量吗?”程序,按 YES 键仪器则显示(此时显示的样品号,日期,时间为最近一次的样品测量值):

No. 000012	1999-03-20	8:56
	▲▼键寻找 Y 键确认	

按▲键向前寻找样品测量号、日期和时间,按▼键向后寻找样品测量号、日期和时间,按 YES 键仪器液晶屏幕显示你所需的样品测量值的所有数据如下:

No. 000012	1999-03-20	8:58
K:4. 14	Na:140. 8	Cl:99. 0
Ca:1. 00	nCa 1. 12	pH:7. 66
	显示存储测量值吗?	

如果此时内置打印机在线,则打印机自动打印出显示的测量值。按 YES 键再次进入“▲▼键寻找 Y 键确认”程序,此时显示的样品测量号、日期和时间为当前显示的样品测量值,按 NO 键仪器返回“进行测量吗?”程序。如果要消除仪器中的样品测量值数据,必须在仪器上电前按 YES 键,同时接通电源 0. 5 秒“嘟”声后放开 YES 键。

四、注 意 事 项

(1) 按要求,905 电解质分析仪需 24 小时开机处于等待状态,如关机进行日常维护,必须在开机后有 30 分钟的仪器稳定时间。

(2) 每天必须检察定标/冲洗液是否够用,及时更换;安装废液瓶时确保废液槽口在瓶口内,及时清倒废液瓶,保证废液瓶中的废液不溢出瓶外。

(3) 进行样品测量时,确保在样品测量管道中不能存有气泡,若有气泡则会造成测量结果的不真或不稳定,在这种情况下,有必要重复进行一次样品测量。

(4) 进行定标时,确保定标冲洗液进入样品测量管道时不能存有气泡,若有,要按住"PRIME"键直至气泡排出为止。若经常有气泡出现,则应该检察各电极及管道连接部位的密封圈是否压紧。

(5) 进行样品测量时,必须保证样品采集后在一个小时内进行测量;所有样品应在室温下保存,不要冷冻;使用肝素作抗凝剂时浓度不要太高(肝素浓度应小于 50 个单位),不能使用 EDTA、枸橼酸盐和草酸盐等抗凝剂,否则,会影响测量结果。

(6) 测量环境温度要求相对稳定。如果环境温度的变化达到 10℃,那么就需要进行斜率定标。如果每日的环境温度变化在 10℃以上,此时必须进行 8 小时一次的斜率定标。

(7) 更换定标/冲洗联用液时,需同时将废液瓶倒空,并冲洗干净。

(8) 应严格按要求对仪器进行保养与维护(维护分每天维护、每周维护、每月维护和三月维护,具体维护工作由仪器专门管理人员参考使用手册进行)。

设备七 血液黏度仪

一、基 本 原 理

R-80A 血液黏度仪采用国际先进的锥/板式测量方法,该产品通过一个低惯性的转矩马达对被测试流体施加一个受控应力,驱动轴由一个低阻力的红宝石轴承保持在中心位置,它将施加的应力传递到被测流体上,其测试头为锥板式。整个测量过程由计算机控制自动进行。切变率可在 1-200s-1 之间任意设置,并可实时描记切变率与黏度二维曲线。其测定原理是依据牛顿黏性定理,即理想流体在层流条件下服从下列关系:

$$\tau = \eta\gamma..$$

式中:γ=为切变率,s^{-1};η=为流体的黏度系数,Pa · s;τ=为切应力,Pa

如果流体的黏度系数 η 不随切变率及相应的切应力变化,即维持一个常数,则该流体为牛顿流体。与此相反,如果液体的黏度与切变率有关,即在不同切变率下为不同数值则该液体为非牛顿流体。血液的黏度表现为在低切变率下相当高,随切变率的上升而逐渐降低;当切变率高到一定程度(例如 $200s^{-1}$之上)之后,它逐渐达到一个较低的稳定数值。

下文对 R-80 全自动血流变仪的功能及应用作一介绍。

二、基本组件

1. 测试仪主机　主要结构为超薄的浅环形同心圆测试器和恒温控制系统。

2. 计算机(显示器和主机)　提供软件操作系统。

3. 打印机　打印实验数据+图形+分析报告。

4. 水平仪　放置在转盘固定位置的平台上,用于观察测试机芯的水平状况。

5. 防尘罩　防止黏度仪转盘及测试样品进入灰尘或异物。

6. 排水泵盒和清洗筒　用于仪器自动清洗。

三、操作步骤

(一) 开机

开启计算机主机、显示器及测试仪主机电源。计算机显示器显示测试系统主界面。测试仪温度显示开始从室温加温至 37.0℃。

(二) 测试

1. 选择测试类型　温度升至 37.0℃后即可进行测试。"← →"选择主界面中"血样测试"项,此项字体颜色变为白色,按回车键确认,进入血样测试界面。根据测试样品,利用键盘向上、向下键选择"全血测试"或"血浆测试",选中项字体颜色变白色。

2. 加样　例如选择"全血测试",根据界面右下角文字提示,将约 0.8ml 全血沿测试盘壁缓慢加入测试盘中,预温 1~3 分钟。

3. 输入检测号与测试　加样预温后,按回车键,系统提示输入样品检测号。标准的检验号为 11 位数字,头 4 位为年,接着 2 位为月份,之后 2 位为日期,最后 3 位为检测序号。如 20051106001。本软件可从计算机内部时钟提取当前的年月日,因此只需输入"001"即等同于输入"20051106001"。输入之后,按回车键,开始测试。测试开始时屏幕先后弹出信息"正在加速……"、"正在逐点测量……"。在"正在逐点测量……"过程中,屏幕实时显示每个测试点,测试完毕后,屏幕显示一条红色曲线及一条绿色竖线。红色曲线为测出的全血黏度曲线;切变率范围在 1~200s^{-1},黏度范围 0~30mPa · s;绿色竖线为切变率选择线;右方框显示测试选择的切变率及对应的测试结果,共 9 项。

(三) 清洗

按"ESC"键退出,可将测试数据存储并退回血样测试状态。退出测试状态时,系统会提示"是否进行冲洗?"选择"Y"冲洗,选择"N"则不冲洗。

(四) 查询与打印测试结果

在主界面中选择"数据管理",回车键进入,再选择"报表打印",回车键进入。有四种打印方式选择：

“日报表”：按测试日期打印一天所有病人的病历报表。

“月报表”：按月份打印本月所有病人的病例报表。

“自定报表”：输入起始日期和终止日期，打印这一时间段的所有病人病历。

“病历报表”：根据临床病种打印相关病人的病历报表。

根据需要选择并打印。

四、注意事项

（1）仪器定标由公司人员完成，用户不得私自进行定标。定标前，应先利用水平仪调整仪器测试机芯的水平位置。定标完成后，用户不要随意移动仪器位置。不得随意变动标样参数值。

（2）测试血样需抗凝。一般在室温（15～25℃）可放置4小时，特殊情况血样必须延长存放时间时，应放入4℃冰箱中，可保存12小时，不能在0℃以下保存。

（3）加样前，应使测试系统、测试盘保持清洁干燥，并将血样再试管内充分混匀，以免造成测试结果偏差。

（4）为使测试结果准确，加样尽量使用加样器。加样时，让血样沿测试盘内壁缓慢滑入，切忌速度过快，以免产生气泡，影响结果。

（5）样品加入后，不宜立即进行测试，否则测试结果偏高，应预温1～3分钟左右再开始测试。

（6）防止样品中的血凝块堵塞测试孔。

设备八　全自动生化分析仪

一、基本原理

生化分析仪是临床检验血常规、心肌酶谱、血糖、血脂、肝功能等指标的重要分析仪器。所谓全自动生化分析仪，就是把分析过程中的取样、加试剂、混匀、保温反应、检测、结果计算和显示以及清洗等步骤进行自动化的仪器。全自动生化分析仪涉及光学、精密机械、自动控制、电子电路、热工学、生物化学、分析化学等学科，且要求高精度、高可靠性，是一个十分复杂的系统。

全自动生化分析仪属于光学式分析仪器，它基于物质对光的选择性吸收，即分光光度法，其测量原理如图2-4所示。单色器将光源发出的复色光分成单色光，特定波长的单色光通过盛有样品溶液的比色池，光电转换器将透射光转换为电信号后送入信号处理系统进行分析。

BTS-370是西班牙生物系统公司于1997年推出的全自动生化分析系统，该仪器设计新颖、结构紧凑、操作简单，采用WINDOWS界面，使系统具有良好的人机对话功能和强大的管理功能,可以完成:临床生化、免疫生化,由于仪器可以进行多方式的定标且可以进行双试剂测试,故还可以完成抗原、特殊蛋白、药物分析等测定。下文以此生化分析仪为例,介绍其功能和应用。

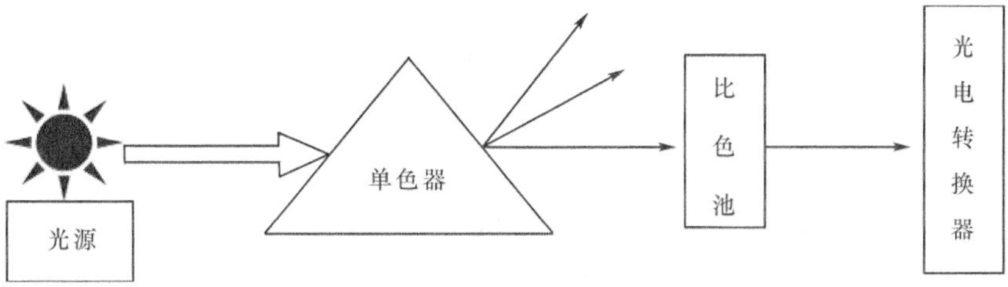

图 2-4　分光光度法测量原理

二、基本组件

全自动生化分析仪是在传统的分光光度计的基础上发展来的。从结构上来说,它包含分光光度计的主要组成部分,如:光源、单色器(色散装置)、比色池、检测器等;另外,它还包括生化分析所需的特有部分,如:加样系统、清洗系统、温控系统、软件系统等。

(一) 光学检测系统

1. 光源　卤素灯(12V/20W)。

2. 单色器　干涉滤光片单色器。波长范围:340~700nm;波长选择:滤光片轮,自动;滤光片:340-405-420-505-578-670nm,另有两个空位。

3. 比色池　流动比色池容量:18μL。

4. 检测器　硅光电二极管。

(二) 加样系统

1. 样品盘　60 个位置,可任意指定样本、质控和标准位,可同时编制两个工作表(120 个样本);样本杯最大 2. 0ml;样本加样范围:3~200μl,为 1μl 步进。

2. 试剂盘　16 个试剂位,可放置 15ml 或 45ml 的试剂瓶,每个工作表可编制三个试剂工作盘(48 种试剂项目);试剂 1 和试剂 2 加样范围分别为 300~800μl 和 0~800μl,为 1μl 步进。

3. 反应槽　共有 204 个反应杯(六组扇形反应槽,每组 34 个反应杯),反应杯最大容积为 800μl。

(三) 液路系统

微量流动比色池,内腔仅 18μl,自动校正泵因素。

(四) 温控系统

PELTIER 温控原理,加样臂前端、反应杯和比色池均有温控,精度为 37℃±0. 2℃。

（五）清洗系统

采用机内清洗反应杯方式，反应杯是反复使用的。清洗过程包括吸干反应液、注入酸性清洗剂、吸干酸性清洗剂、注入碱性清洗剂、吸干碱性清洗剂、注入去离子水（可能有多次）、干燥反应杯等步骤。

（六）软件系统

软件的功能主要包括三个方面：一是为用户提供操作仪器的界面；二是控制仪器各个部分工作，实现各种生化分析方法及一些辅助功能；三是数据的分析处理与计算。

三、操作步骤

（一）开机调校

（1）开启电脑，开启生化仪（自检）。

（2）点击电脑桌面上“快捷方式 Bts370”图标，进入主程序。

（3）灌注：点击“操作”菜单→“灌注管道”，按下生化仪上的“ENTER”键，进行管道灌注。

（4）校正蠕动泵：完成管道灌注后，点击“操作”菜单→“校正蠕动泵”，将装有生理盐水的试剂瓶（取盖）放在试剂盘 16 号位后，按下生化仪上的“ENTER”键，进行蠕动泵校准。

（二）编程

1. 测试参数设置 点击“编程”菜单→“测试”，在“测试管理”窗口中点击选中要修改的项目→点击“浏览”，进入参数设置窗口。

如：“编程”→“测试”→“测试管理”，选中“Cr”→“浏览”。

（1）测试标识设置

1）“测试名称”写上测试物名称，如：“Cr”。

2）“浓度单位”写上测试物浓度单位，如：“mmol/L”。

3）“分析模式”根据试剂盒上标明的测试方法选定，如：Cr、BUN 选用“固定时间两点法”；ALT 选用“速率法”；TB、DB 选用“终点法”。

4）“反应速率”按默认值。

5）“重复次数”一般为一次。

6）“描述”下测试物名称（用英文缩写）。

（2）定标参数设置

1）采用固定时间两点法和终点法测试样品，在第一次测试时需要进行定标。

A. 在“系数”和“定标物”单选框中单选“定标物”。

B. 在“多项目定标物”和“单项目定标物”单选框中，根据试剂盒说明为准。

C. “定标次数”一般为“1”。

D. “重复次数”一般为“1”。

E. “小数点位数”根据试剂盒说明为准。

F. “浓度”写入标准品浓度。

G. 在用标准品进行一次定标后，返回在“系数”和“定标物”单选框，单选“系数”，这时系数框中会出现一个系数，注意不要改动。（在1～2个月内一般情况下不需重新定标。）

2）采用速率法测试样品，不需要进行定标，只需在系数框中写入试剂盒上写明的系数。

（3）其他参数设置

1）“读数方式”、“波长”根据试剂盒说明为准。

2）“容量”也根据试剂盒说明为准，但可适当按比例减少用量，如：试剂盒上标明样品0.1ml，试剂1ml，可以调整为样品50μl，试剂500μl。

3）“孵育时间”根据试剂盒说明为准。

（4）完成上述步骤后，点击“选择”进入第二级设置

1）选中“分析范围”，框中填入试剂盒所标明的数据。

2）选中“正常值范围”，框中填入试剂盒所标明的数据。

3）“清洗”框中填写4ml。

2. 工作表制定

（1）点击“工作表”菜单→“工作表1”→“编辑”→“样品”，进入工作表界面。

（2）单击“1”，根据“1”号样品孔中样品所需检测项目，将“测试框”中列出的检测项选中后拖至“待测项目框”，点击“接收”这时“1”由黄变红说明选择项目成功。

（3）再选择“2”，选择测试项目，依次类推，所有样品测试选择完成后，点击“关闭”，完成样品项目编辑。

（4）如在待测项目中有需要重新定标的项目，则点击“定标物”，在工作界面中，点击放标准品位置的号码，如“30”，选定对应的标准品后，点击“接收”，号码由黄变蓝，点击“关闭”，完成定标物编辑。

（5）点击“空白”→“全部新的”。

（6）点击“试剂”注意试剂盘位置的摆放，试剂瓶中试剂量，点击“接收”。

（7）在所有编辑工作完成后，点击“终止编辑”（注意：点击“终止编辑”后工作表就无法修改，只能删除），点击“关闭”。

四、测　　试

在样品位以工作表编制的顺序放置待测样品瓶，将6个干净反应盒放置于反应盒位，并以正确顺序放置试剂瓶后，点击电脑“操作”→“传送工作表”→“传送”→“关闭”，完成工作表的传送。

此时生化仪液晶屏上会出现“Ready To Work”字样，按下生化仪上“ENTER”按钮，进行测试。测试过程中需要暂停按“STOP”，继续开始按“CONTINUE”。

五、结果分析

(1) 测试完成后,生化仪会发出提示音,再次按下“ENTER”按钮。

(2) 在电脑上点击“操作”→“接收结果”,将生化仪中数据接收到电脑中。

(3) 分析数据时,点击“报告”→“历史档案”→“结果”→“按工作表查询”,选择本次测试的工作表,点击“看工作表”,并打印数据。

六、清洗仪器

(1) 取出所有样品瓶,倒去剩余样品,洗净,晾干。

(2) 取出已使用反应盒,倒去反应液,洗净,晾干。

(3) 取出试剂瓶,盖好盖子后,放于4℃冰箱。

(4) 单击“操作”→“清洗管道”,将装有清洗液的试剂瓶放于试剂盘16号位,按下“ENTER”键,完成清洗工作。

(5) 最后用卫生纸小心擦拭探头,关闭生化仪,电脑、电源。

七、注意事项

(1) 注意仪器的定时保养。蠕动泵在长时间不用时应取出,以免老化。

(2) 试剂盘中放入试剂瓶时一定要取盖,以免损伤探头。

(3) 反应试剂一定要足量。

(4) 每次使用前检查清洗瓶中清洗液(去离子水)的量。不足时及时补充。

设备九　SMG-2水迷宫程序自动控制仪

一、基本原理

水迷宫实验是研究小鼠学习记忆功能的长期实验方法之一,采用水迷宫实验,可观察动物多次成绩,记忆获得和长时记忆功能。SMG-2水迷宫程序自动控制仪即是根据水迷宫实验而设计的控制仪器。

二、仪器组件

1. 实验设备　水迷宫是检测动物行为的场所,由一黑色有机玻璃长方体水槽(73cm×42cm×20cm)组成,其中有若干隔板组成迷宫,如图2-5所示,其中1、2、3、4为盲端,迷宫的一角有一组台阶为终点。水迷宫中还装有传感系统,可将动物的行为信号接受并传送到计算机。

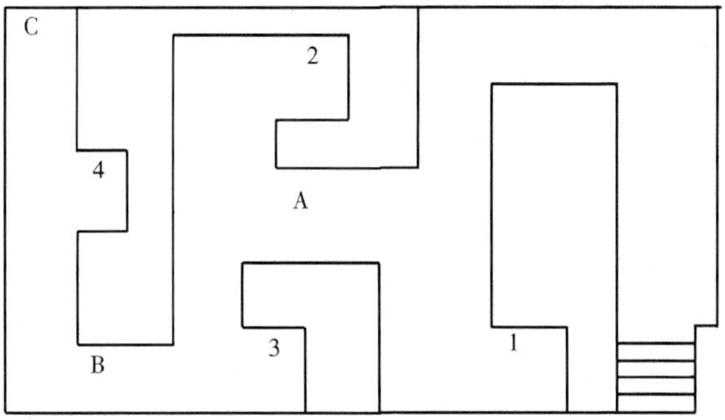

图 2-5　水迷宫结构示意图

2. 软件系统　主要包括实验程序的设置，程序的执行，信号的采集，显示和输出。

三、实验方法

1. 实验分组　SPF 昆明种老年雄性小鼠 64 只，随机分 5 组，正常老年对照组，X 组（12.5mg/kg、25mg/kg 和 50mg/kg），Y 组（500mg/kg），并加—SPF 昆明种小鼠正常年青对照组。正常老年和年青对照组灌服水。其余经口灌服给药，给药第 11 天到第 15 天进行小鼠水迷宫训练。

2. 实验前　迷宫中灌水，水深 10cm，水温 24±1℃。

3. 软件使用介绍

（1）打开程序，左键点击文件，选择“实验开始”，弹出记录窗口，开始记录第一只小鼠的行为（进入盲端的错误次数及潜伏时间）。当小鼠游至台阶上时，记录自动停止，时间锁定。点击窗口中“完成”，则实验结果被详细列出。

（2）第二只小鼠准备好之后，重复上述操作。

（3）在实验过程中，“ESC”键可强行结束实验，且此次实验结果不被记录，重新开始实验时，继续记录此次实验。

4. 实验训练　训练第 1 天用隔板将 A 点与 B 点的通道阻断，小鼠 m 被置于台阶上 10 秒，使其了解此安全区域的存在，然后将小鼠放于起点 A，让其自由游泳，记录其进入盲端 1 的次数（即错误次数）以及爬上安全台阶的时间（即潜伏期），如果在训练时间 2 分钟内尚未找到台阶者，将会被引导到安全台阶处，其潜伏期被记为 2 分钟。第一次训练后休息片刻按同样方法训练第二次。依次训练其他小鼠。

在训练的第 2 天，将隔板置于 B 点，小鼠的游泳起点为 B 点，分别记录 2 分钟内小鼠进入盲端 1、2、3 的错误次数，爬上安全台阶的潜伏期，每只小鼠连续训练 2 次。如果在 2 分钟内找不到台阶者，将被引导到终点，其潜伏期被记为 2 分钟。

训练第 3 到第 5 天小鼠的游泳起点 C 点，记录 2 分钟内小鼠进入盲端 1、2、3、4 的错误次数，找到安全台阶的潜伏期，每只小鼠连续训练 2 次。

5. 结果分析　实验结果进行统计并比较各组小鼠找到安全台阶的潜伏期及进入盲端

的次数即错误次数。结果见表 2-9：

表 2-9 X 在小鼠水迷宫实验中对抗自然衰老引起的记忆获得障碍的作用

组别	剂量	潜伏期(秒)			
		第一天	第二天	第三天	第四天
正常对照组		50.7±37.8	86.5±41.2	79.3±43.9	53.6±43.3
自然衰老组		26.3±23.0	88.2±31.9	91.8±36.0	55.0±40.4
Y 组	500mg/kg	23.4±23.2	66.9±35.7 *	71.7±43.3 *	53.6±43.3
OX	12.5mg/kg	20.6±9.7	65.6±43.5 *	75.5±43.8	51.6±39.0
X	25mg/kg	17.3±11.2	77.7±42.2	65.4±44.4 *	35.6±27.3
X	50mg/kg	14.0±12.9	71.8±43.7	71.0±44.6 *	57.0±46.3

注：与自然衰老组比较 * $P<0.05$，* * $P<0.01$

从以上结果可以看出与自然衰老组相比，在小鼠水迷宫实验中，X 低剂量(12.5mg/kg)组在实验的第 2 天，中剂量(25mg/kg)组在实验的第 1、3、4 天以及高剂量(50mg/kg)组在实验的第 1、3 天的均能显著性减少寻找安全台阶的潜伏期，说明 X 在小鼠水迷宫有一定的对抗自然衰老引起的记忆获得障碍作用。

设备十 YLS-1A 多功能小鼠自主活动记录仪

一、基 本 原 理

小鼠自主活动记录仪是通过检测(大)小鼠自发的水平运动或直立运动的频度，从而评价小鼠自主活动的能力。YLS-1A 型多功能小鼠自主活动记录仪应用了微电极技术，增加了数据打印功能，在小鼠自发活动计数上使用了最新的热释电技术，在测定时间里可设定打印的次数，便于观察小鼠在各段时间内的活动情况。该仪器还具有进行电刺激、电惊厥和电激怒的功能，是生理、药理实验的理想仪器。下文对其功能及应用作一介绍。

二、操 作 步 骤

1. 时钟设定 每按动“时钟”键一下，切换年、月、日、时、分、秒和退出时钟设定。显示年、月、日，没有分隔符“：”，显示时、分、秒之间有分隔符“：”。利用“+”、“-”键可调整闪动项的数据。当按住“+”、“-”键超过 0.8 秒以后，进入快速调整状态，松开按键后停止调整。设定完成后按动“时钟”键退出时钟设定程序。

2. 计数定时设定(自主活动计时，记录时间) 按住“定时”键，使时钟显示屏上最后两位出现 2 个“- -”，再按动“+”、“-”键进行调节。调整好之后按动“定时”键回到时钟状态，完成记录时间的设定。计数时间设定后开始工作即进入倒计时状态，倒计时结束后锁定所有数据。

3. 打印间隔时间设定 按动“定时”键,使时钟显示屏上最后一位出现 1 个“-”,再按动“+”、“-”键进行调节。调整好之后按动“定时”键回到时钟状态,完成打印间隔时间的设定。每次记录时间内的打印次数不得超过 20 次,例如,实验时间为 60 分钟,需打印20 次,则设定打印间隔时间为 3 分钟。打印间隔时间设定为“零”时,只打印最终结果。

4. 自主活动记录功能 记录时间和打印间隔时间设定好之后,将仪器后侧的黑箱提出,箱内放置少许木屑(便于小鼠活动和卫生清理,同时减少“前任者效应”:前一只动物的气味影响后一只动物的行为),小鼠按编号放入箱内,盖上盖后将箱放回原位,注意箱上有椭圆形孔的一侧向前,放置好后,按动“计数”键,计数指示灯亮。此时:

(1) 时钟显示屏:显示计数倒计时。

(2) 右侧活动计数:显示屏显示活动计数。

(3) 计数室显示屏:指示计数室。

(4) “轮询”键:按动后可随意观察某个计数室的活动计数,按住“轮询”键 1.5 秒以上,指示灯亮,进入自动轮询状态,每 3 秒切换一次,轮番显示各室数据。退出此状态,继续按住“轮询”键 1.5 秒以上,指示灯灭,回到手动状态。

(5) “暂停”键:在计数状态下按“暂停”键,暂停指示灯亮,这时计数过程暂停,活动不被记录,计数倒计时也暂停。此功能用于对小鼠作临时性处理时防止干扰信号被记录。

当倒计时到 0 时 0 分 0 秒时计数自动结束,数据保留。计数过程中按“结束”键也可强行结束实验,最终数据保留。如果再按动一次“计数”键,则数据归“0”重新开始。

实验结束后,将后箱提出,把小鼠移走,将箱内清洗干净晾干后放回原处。

5. 打印 计数结束后,按动“打印”键,即可按原设定的时间次数打印记录数据。

6. 电刺激功能(方波输出功能)

(1) 方波输出延时时间设定:按动“定时”键,使时钟显示屏上第一位出现⎍符号,再按动“+”、“-”键进行调节。调整好之后按动“定时”键回到时钟状态,完成方波输出延时时间的设定。如果不使用方波延时功能,则将方波延时时间全部设定为“0”,此时可用手控开关开启、关闭方波输出。

(2) 方波输出参数设定:按动“设置”键,可按顺序切换设置方波电压、方波限制电流、方波脉冲宽度、方波周期、方波倒相时间、方波间隙输出时间(工作时间)、方波输出间隙时间(占空时间)和退出方波参数设置。当前设置的参数由显示窗口右侧对应的指示灯闪动来指示。如电压指示灯闪动表示当前设置电压。下面举例小鼠电激怒的参数设定。

电压:60~100V	设置范围:0~225V
电流:0.5mA	设置范围:0~25.5mA
波宽:5ms	设置范围:0~999.9ms
周期:100ms	设置范围:0~65535ms
工作时间:⎍ 0.5s	设置范围:0~25.5s
方波倒相时间:┘ 无	设置范围:0~25.5s
占空时间:＿ 0.5s	设置范围:0~6553.5s
方波输出时间:3 分钟	设置范围:1~3599s(60 分钟)

设置的参数超过最大参数限定值时，当进入下一参数设定时，原设置的参数自动修正为仪器允许的最大值。

(3) 电刺激与自主活动记录：将方波输出线和手控开关线插头连在方波信号输出插座上，方波输出线另一端夹在动物刺激部位，将动物按前面方法放入计数箱内，按“输出”键，输出指示灯亮，再按动手控开关脉冲指示灯亮。此时即有方波信号输出。按“连续”键，连续指示灯亮，输出连续脉冲。如果连续指示灯灭，输出单脉冲，此时方波周期参数无效，每按动一下手控开关输出一个定电压、电流、波宽的方波。手控开关可以开启和关闭方波输出。

按前面方法记录电刺激后小鼠的自主活动情况。

(4) 打印实验结果。

三、注意事项

(1) 在计数过程中，要对小鼠进行操作时，应按“暂停”键暂停自主活动计数，避免干扰信号被记录。

(2) 放入小鼠之前，计数箱内应放入少许木屑便于小鼠活动、卫生清理，同时减少“前任者效应”(前一只动物的气味影响后一只动物的行为)。

(3) 参数设置时，注意仪器允许的最大范围。

(4) 计数过程中打印次数最多为 20 次，因此注意打印时间间隔的设置。

设备十一　YLS-6B 智能热板仪

一、基本原理

智能热板仪是根据热板法而设计的一种仪器。热板法是镇痛药物筛选、检测中常用的一种方法。具体方法是将实验动物(大、小鼠、豚鼠)足底接触热板，动物受热刺激后产生疼痛反应，以产生疼痛反应所需的时间(潜伏期)为痛阈值，通过测量给药动物阈值的改变(潜伏期的长短)而反映药物的镇痛作用。YLS-6B 智能热板仪是目前国内外热板仪中较先进的一种，使用简便，指标明确，痛反应潜伏期较长，便于观察测出药物之间的较小差异，有利于比较药物镇痛作用的强弱、快慢以及持续时间，同时可打印出原始测试数据。下文就其功能及应用作一介绍。

二、技术指标

1. 温度显示方式　数码显示。

2. 温度设定范围 +20℃～+80℃。

3. 温度控制误差 <±0.2℃。

4. 时间控制方式 面板按键、手控开关。

5. 时间显示范围 0.01s～999.9s。

6. 时间显示误差 <0.02‰。

7. 升温时间 <10分钟(环境温度20℃升至55℃时)。

8. 使用环境温度 25℃±10℃。

9. 内置式时钟 连续运行10年。

10. 时间误差 0.083秒/小时。

11. 打印方式 即时打印和存储打印。

12. 最大内存数据 10组。

13. 输入功率 70W。

三、操作步骤

1. 开机 打开后面板上的电源开关,时间显示屏显示“0.00”,温度显示屏显示当前环境温度并开始向设定温度升温,仪器进入工作准备状态。

2. 时钟设定 按住“计时”“T”键不松手5秒之后,进入时间设定程序,时间显示屏显示年(闪动),再按“T”键,时间屏显示月、日,温度屏显示时、分,按动“T”键切换位置,闪动项可用“升温”“降温”键调整。设定完成后按“T”键结束设定。

如果时钟先前已设定好,直接按“T”键结束设定。

3. 温度设定 按动“升温”或“降温”键,温度显示屏内的数字闪动,再按“升温”或“降温”键调整至实验要求温度。每按动一下,调整0.1℃。若按住“升温”或“降温”键超过2秒钟,温度快速调整,松开后自动停止。设定完成后显示窗内数字闪动5秒后自动转换成显示当前温度。

如果温度不需调整,直接进入下一步。

4. 升温 温度设定好后自动升温,达到设定值时,即可进行实验。

5. 打印机准备

(1) 即时打印:每测完一只动物,打印机即按序号打印出一个测试数据。

操作方法:按住“打印”键“P”,使“打印机”指示灯处于闪烁状态,进入即时打印程序。

(2) 存储打印:测试完一组或几组后自行选择打印。

1) 方法1:按动打印机上的“SEL”键,“SEL”灯灭,仪器上打印机指示灯也熄灭。

2) 方法2:按住“P”键,打印机指示灯由闪烁变为常亮。

6. 测试

(1) 按一下“分组”键“G”之后,拿掉热板仪上的有机玻璃罩,一手捉拿动物如大鼠,一手将其后足贴于热板,同时按动手控计时按钮,当感觉大鼠有明显的后抽动逃避动作时,再按动计时按钮,时间显示屏显示时间间隔。取两次平均值即为给药前的痛阈值(两次测试间隔应大于15分钟)。

（2）同样方法测定给药后的痛阈值。

7. 打印

（1）即时打印：每次完一个数据，按一下“分组”键准备测下一个数据时，打印机即按序号打印出此测试数据。

（2）存储打印：

1）方法1：测完一组后，可按动“SEL”键，仪器上打印机指示灯亮，再按动“打印”键“P”就可打出这一组数据。也可测试完几组数据后再打印，按动“P”时，时间屏显示 P1，再按“升温”或“降温”键显示 P2，P3，……，P1 为最后一次测试组，P2 为上次组，P3 为上次组，依次类推。根据需要选定组别，按动“P”键打印。

2）方法2：测试完需打印时，按“P”键，时间显示屏显示 P1，按“升温”或“降温”键选择组别，进行打印。如数据超过10组，后来的将把前面的数据挤掉。

四、注意事项

（1）清洗鼠粪尿时不要用水冲洗避免渗漏到仪器内部造成损坏。

（2）仪器温度较高时，避免烫伤。避免动物长时间置于温度高的热板上。

设备十二　YLS-7A 足趾容积测量仪

一、基本原理

解热、抗炎药物筛选鉴定最常用、最具代表性的实验方法是测量大鼠足趾致炎肿胀后的消肿过程。YLS-7A 足趾容量测量仪即是根据此实验方法设计的高精度测量仪器。它是以水为测量介质，利用排水容积法测量大鼠足趾肿胀前和肿胀后的消肿过程。下文对其功能及应用作一介绍。

二、技术指标

1. 最大测量容积　7.5ml。

2. 测量误差　每 1ml≤±0.025ml。

3. 分辨率　0.001ml。

4. 校零误差　≤±0.005ml。

5. 测量桶内径　20mm（石英玻璃纳米处理）。

6. 内置式时钟运行　10 年。

7. 时钟误差　<0.083 秒/小时。

8. 配液面反光观察镜。

9. 配脚踏开关。

10. 配大鼠固定桶架。

11. 功率　20W。

三、操作步骤

1. 实验动物的准备　测试前,可将被测大鼠盛装到大鼠固定架的固定桶内,进行足趾致炎剂的注射,及足外踝处描划测量标线。

2. 开机　打开电源开关,仪器显示“--------”进入自检状态,结束后显示当前时间,时、分。

3. 时钟设置　按动“时钟”键,仪器循环显示年、月、日、时、分,某一项闪动时利用“+”“-”键进行调整。按住时间超过1.5秒后,可进入快速调整。设定好后,只有秒点闪动。

4. 加水运行　去掉测量桶上的塑料盖,用烧杯盛约50ml一蒸水,将仪器右侧的进出水管插入水中,按住“补水”键,约30秒水加至测量桶的上刻线,然后按住“放水”键,将水位降至上下刻线的2/3处,即为合适的测量水位。按动“运行”键,运行指示灯亮,仪器显示屏显示“--------”,开始校零,校零结束,校零灯亮,显示屏显示0.000,仪器处于待测状态。

5. 打印机准备

(1) 即时打印:测试之前,按住“打印”键3秒以上,打印指示灯亮,仪器进入即时打印程序。即每测一只动物打印一个数据。

(2) 存储打印:测试之前,按住“打印”键3秒以上,使打印指示灯熄灭,仪器进入存储打印程序。即每测完一组或几组后再自行选择打印。

6. 分组与测量　按动“分组”键,显示“OH”表示已经分组(最多可分20组,多于20组,将挤掉最前面的一组),即可进行测量。左手握住大鼠的前下肢,右手捉住大鼠后足膝关节处使其后腿伸直,缓缓放入测量桶内,当水平面与鼠足上的测量标线重叠时,稍停1秒钟后,踏动脚踏开关,读数指示灯亮,显示屏显示足趾容积。提出鼠足3秒钟后,按动“校零”键,校零灯亮,可进行下一个测量。

观察鼠足上的测量标线与水平线的重合情况时,可利用反光观察镜,以提高操作的精确度和实验的准确性,反光观察镜可进行三维度的调整,根据实验人员所处的位置、高度和操作习惯,将镜面调整到一个最佳位置,反光观察镜的两面分别为平面反光镜和凹面反光镜,凹面反光镜有一定的放大作用,但失真也大,实验时可根据需要选用。

7. 打印

(1) 即时打印:测试完成后,还有四条数据挡在打印机内,这时关掉打印机上的联机键(绿灯键),打印机指示灯(绿灯)熄灭,再按走纸键(红灯键),即可打出这四条数据。

(2) 存储打印:测试完成后,按动“打印”键,显示屏显示P1,为最后测试的一组数据,按动“+”或“-”选择不同测试组,再按动“打印”键,即可将此组数据打印出来。仪器共可存储250个数据,在20组中随意分配,多于250个数据时,最前面一组的数据将被挤掉。

四、注意事项

(1) 足容仪是一种高精度测量仪器,是以水为介质,所以水平面受到振动时将影响测量精度。所以仪器应放置在平稳的实验台上，并远离振动源如离心机、摇床等，以保证测量准确度。

(2) 对鼠足进行测量时，应首先清洗干净，可用清水洗刷后擦干。避免鼠足上粘有的粪便、木屑等带入测量池造成液体浑浊、脏物沉积、量孔阻塞、阀体关闭不严等问题。

(3) 在测试过程中仪器无需每次补水。如果仪器显示 E_2，表示水位低于水位线，此时按住“补水”键补水；显示 E_3，表示放入被测物后水位高于上水位线，此时应按住“放水”键，放掉一些水。每次补、放水后应停 10 秒使水位平静后，再按“校零”键进行测试。

(4) 测量过程中，如果未按“校零”键，就踏动开关进行测试，仪器将长鸣提示，并显示 E_2，重校后可正常测试。当显示屏显示 E_1 时，表示仪器自检未通过，可关闭电源后重新启动。

(5) 测量时，将鼠足放入测量池对准足上的标线后，应稍停 1 秒钟再踏下脚踏开关，这样可给传感器一个跟踪时间使测量更准确；仪器测完一个数据，将鼠足提出测量池后，应停顿 3~5 秒，使动荡的水平面静下来，再按“校零”键，以保证实验的精确度。

(6) 测量时要删除错误数据，可按动“-”键，显示屏显示 OH，该项数据就被删除。

(7) 仪器应保持清洁，使用完毕后应及时用湿布沾清洗剂擦拭，不可用有机溶剂。仪器的测量筒是经过纳米技术处理的，应避免接触油脂类物质，如有污物，用软布沾清洗剂擦拭并用清水冲洗干净。

(8) 仪器长时间不用时应放掉水，放在通风干燥处。

设备十三　动物人工呼吸机

一、概　　述

动物人工呼吸机广泛应用于医学实验室，如病理、生理、药理、肺心病研究、外科等实验室，可对动物进行机控呼吸。DW-2000 型动物人工呼吸机具有体积小、重量轻、噪声低、耗电省等优点，在科研及教学实验中使用方便，适用于大白鼠、豚鼠、兔、猫、猴等小动物。下文对其功能及使用方法作一介绍。

二、技术性能

1. 呼吸容量　0~150ml，连续可调。

2. 呼吸频率　20、30、40、50、60、70、80、90、100 次/分，共九档。

3. 通气管　进气、出气、回气、排气共四个。

4. 最大功耗　60W。

5. 连续工作　12 小时。

6. 工作电源　220V、50Hz。

三、使用方法

(1) 电源插入200V交流电源,开启电源开关,电压表0~220V,电流表0~3A。

(2) 通气管使用

1) 进:表示进气管。不接橡皮管,由管口进入自然空气。

2) 排:表示排气管。不接橡皮管。

3) 出:表示出气管。用橡皮管连接“Y”型气管插管的一端,向肺内吹气。

4) 回:在闭路式人工呼吸时使用。使用时将橡皮管连接“Y”型气管插管的另一端,这时气体从人工呼吸机的出气管入动物肺内,肺内气体经回气管后排气管排出。

(3) 开机前,首先将面板上的防脱档保险销的小手柄拨直,保险销即拔出,再将频率调节杆向外拔出,转动呼吸容量摇柄选好所需呼吸容量,呼吸频率,再将防脱档保险销的小手柄放倒,即销插入轴孔内,即可开机进行人工呼吸。

设备十四 PCR 仪

一、基本原理

PCR仪又称基因扩增仪、DNA扩增仪或热循环仪等,是进行聚合酶链式反应(polymerase chain reaction,PCR)一种体外酶促合成特异DNA片断的专用仪器。它是在人工合成引物介导下反复进行“热变性-退火-延伸”而扩增DNA的循环过程。PCR仪主要分PCR扩增仪和实时荧光PCR仪两大类。下文以美国MJ Research公司的PTC-100型PCR仪为例,介绍其功能及应用。

二、面板介绍

控制面板包括启动键、显示程序及仪器状态的显示屏、条形指示灯、输入字符和供操作的键盘。

1. 选择▷◁键 用于选择显示器上出现的菜单、程序、字符等。

2. Proceed;确认执行或输入,相当于计算机中的“Enter”键,也用于菜单或程序换页。

3. Cancel 取消键,编辑时取消当前输入或退回至前页菜单,运行时停止程序运行。

4. Pause 暂停程序运行,这时计时停止。

5. Stop 停止程序运行,此时仪器退回初始状态,仪器将停止升降温,样品基座自然回到室温。

6. 数字值(0~9) 用于输入字符。

7. Instant 独立的、可设定温度的恒温功能按键,可用作孵育。

8. Power light 电源指示灯，PTC-100 接通电源时，红灯亮。

9. LED bar graph 条形指示灯，仪器升温时上半部分的红灯亮，降温时下半部分的绿灯亮。

10. 液晶显示屏。

三、操 作 步 骤

1. 打开或关闭热盖

(1) 推盖子前中间的蓝色按钮，并向上打开盖子。

(2) 向下关闭盖子，注意热盖（蓝色旋钮）位置是否调节正确。

2. 开机仪器自检 显示“SELF TEST”，并在其下有“+”符号连续伸延出现，约 10 秒钟结束，此时若仪器不正常，则会显示故障信息，自检正常后，仪器进入初始菜单界面；

注意：若环境温度不在基座的温度范围内（18～32℃），基座与环境温差大于 4℃，开机后不会进入自检状态，而是自动进入初始菜单。

3. 菜单简介

(1) Proceed：确认执行或输入，相当于计算机中的“Enter”键，也用于菜单或程序换页。

(2) Cancel：取消键，编辑时取消当前输入或退回至前页菜单，运行时停止程序运行。

(3) Option 功能简介：编程时选择 Option 后出现 3 个附属功能 Extend，Increment 和 Beep，是用于循环程序时，每一次循环按一定的规律作时间、温度或时间温度同时变化。

1) Extend：用于每个循环过程中保持时间随循环次数延伸或缩短。

2) Increment：用于每个循环过程中保持温度随循环次数升高或降低。

3) Beep：设定到达某一步时鸣叫提示。

4. 编程举例

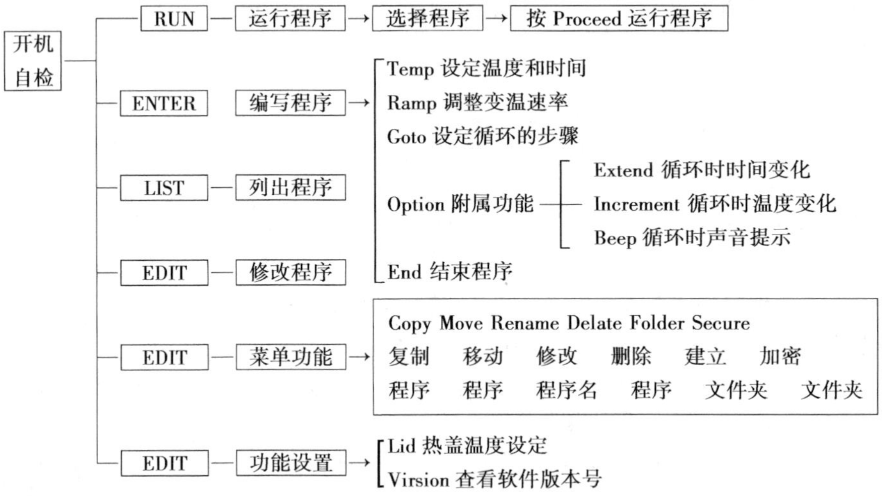

假设要编写下列程序

(1) 94℃ 5min。

(2) 94℃ 40sec。

(3) 8℃　30sec。

(4) 72℃　40sec。

(5) Goto 2,29 cycle(注:30 个循环,此处需输入 29)。

(6) 2℃　10min。

(7) 2℃　Forever(注:为了延长半导体加热制冷块的寿命,请用 12℃保存)。

(8) END。

则编程过程如下(注意下划线"_"位置即为当前选项,按选择键"<",">"来改变当前选项):

(1) 主菜单中选择 Enter。

(2) 程序起名字(按选择键"<",">"改变字母)。

(3) 在 Step1 中选择 TEMP,然后输入 94,在下一个界面中输入时间 5:00。

(4) Step2 中选择 TEMP,输入 94,再输入时间 0:40。

(5) 在 Step3 中选择 TEMP,输入 58,再输入时间 0:30。

(6) 在 Step4 中选择 TEMP,输入 72,再输入时间 0:40。

(7) 在 Step5 中选择 Goto,输入 2,再输入循环数 29。

(8) 在 Step6 中选择 TEMP,输入 72,再输入时间 10:00。

(9) 在 Step7 中选择 TEMP,输入 12,再输入时间 0(输入 0 即为 Forever)。

(10) 在 Step8 中选择 End 结束。

如果用户已经创建了文件夹,则选择"End"并确认后,程序会询问保存在哪个文件夹(folder)中,选择相应文件夹后,程序会自动保存并退回主菜单。如果没有创建过文件夹,则程序会直接退回主菜单。

四、注意事项

(1) 使用时不得堵塞仪器两侧及底部的通风口,并应远离热源,及时清理散热窗上黏附的灰尘。

(2) 尽量避免使用 4°C 过夜,以免影响仪器的寿命,建议使用 10~15℃过夜。

(3) 基座应经常清理,基座孔穴内一旦存积一些反应物残渣,将影响温度响应,可用棉布蘸中性肥皂水定期擦洗,并避免液体进入机器内部。

(4) 本机在运行程序过程中,禁止用切断电源的方法结束实验。电源切断后,风机停转,元件散热不畅,易积热损坏。

(李明)

第五节　PcLab 生物信号采集处理系统

一、PcLab 概述

近 20 年来,计算机在医疗、医学研究和基础医学教学中得到普及,计算机的引入,提高了医疗诊断水平，加速了医学研究的进程，提高了教学质量。计算机辅助医学实验教学中的主要应用之一是作为科学仪器的一部分，进行生物信号的采集和处理，实现多道生物信号的实时采集、记录和分析等功能，代替传统的实验设备（如示波器、二道记录仪、刺激器等），避免了传统的电生理实验中多种仪器的连接，以及由此造成的干扰。而且对信号可以进行及时处理和存储，特别是进行实验后的各种实验结果的分析处理，显得尤为突出。

一般来说，进行基础医学实验的生物电信号处理系统，由前置放大器、程控刺激器、数据采集卡、计算机及相应的系统软件包等部件组成。计算机生物信号处理系统的工作流程大致是：换能装置（如血压换能器、张力换能器等）将生物信号转换成电信号（如果采集的信号本身就是电信号，则不需要换能装置），该信号由前置放大器加以放大后送往数据采集卡，数据采集卡将采集到的模拟信号转换成能被计算机识别的数字信号，软件系统对这些数字信号（也即数字量）进行处理，然后在屏幕上及时以类似模拟信号的形式显示出来，同时程控刺激器还可以输出一个刺激信号，刺激那些可兴奋组织标本，诱发这些可兴奋组织产生兴奋（即我们所需要的生物信号）。计算机还可将采集到的信号通过处理后将其输送到打印机上进行打印。

PcLab 生物信号采集处理系统的硬件是由 3802 型内置四通道生物信号放大器（内含刺激器）与 NSA4 型数据采集卡两部分组成。生物信号放大器是独立四通道、高输入阻抗、高共模抑制比、双端输入、DC-10kHz 带宽的高性能直流放大器。既可以满足电生理实验中对高频神经放电记录的要求，也可以满足对低频心电及含有直流成分经传感器转换的生物信号记录的要求。四通道可依实验要求任意选择、组合，并且都提供传感器桥路供电，十分方便、灵活。每通道放大倍数都可独立程控，从 5～80 000 倍实时可调。为方便实验，放大器中还集成了一个由单片 CPU 程控的刺激器，有多种刺激模式可选，刺激器参数可实时调整，刺激波形与结果可同时观察，清晰、直观，适合完成如不应期测定，强直收缩等，对刺激器工作方式要求较高的实验。

PcLab 生物信号采集处理系统应用软件是标准的 WINDOWS 图形操作界面，好学、易用，安装、卸载简单，对硬件无特殊要求，不占用 PC 机特殊资源。用户不必进行微机端口调整等复杂操作，因而使用方便。特别是与其他 WINDOWS 应用程序资源，如 ACCESS、EXCEL、WORD 等，可以共享数据，使数据处理工作真正从复杂、大量的劳动中得到解放。长时程记录，边采样边存盘，无最大文件长度和时间限制。支持中文长文件名，可任意为自己的文件命名。

二、系统安装指南

1. 系统安装的硬件要求 最低 PC 机配置：CPU:586/166MHz、内存 32MB、显示卡内存 2MB、硬盘 500MB，显示方式 640×480、256 色、至少一个 ISA 槽，2 个光驱安装位置。目前低档 PC 机都远超该配置要求。

2. 系统安装的软件要求

（1）安装中文 WINDOWS95/98 操作系统，新版本支持 WIN-XP 系统。

(2) 建议安装中文 OFFICE 办公软件。

3. 硬件安装

(1) 关闭 PC 机电源,打开外壳。

(2) 在主板上找一个空闲的 ISA 插槽(黑色的),将 NSA4 数据采集卡平稳插入槽内(注意插到底)。

(3) 将采集卡端头挡片与 PC 机外壳用螺钉固定好。

(4) 在采集卡上插好信号传输线(注意插头方向,切勿插反)。

(5) 在 PC 机箱可安装光驱的空闲位置处,将 3802 型生物信号放大器输入端向外,并用两边四个螺钉固定在机箱上。再将 PC 机内空闲的电源插头与来自采集卡的信号传输线在放大器后部插入固定好。(注意:不要插反,否则会损坏部件。)

(6) 盖好机箱,并为 PC 外壳接好地线(如电源插座中有地线,则不必外壳接地)。

4. 软件的安装与卸载

(1) 软件安装:打开 PC 机电源,启动 WINDOWS。将 PcLab 安装光盘插入光驱。打开"我的电脑"(或"资源管理器")中"光驱"图标,显示光盘中的目录"PcLab"。打开 PcLab 目录,双击 SETUP. EXE 安装执行程序,启动系统安装软件,根据界面提示,即可安装。

(2) 软件的卸载:进入"我的电脑"或"资源管理器"里,在控制面板中找到"添加/删除"程序图标,双击此图标,显示当前系统所有安装注册的应用程序,从中找到 PCLAB,单击选中,然后点击"删除",以下按屏幕提示操作,即可删除应用程序。

三、PcLab 的基本操作与使用方法

(一) 3802 内置式生物信号放大器使用介绍

放大器面板外观及说明如图 2-6:

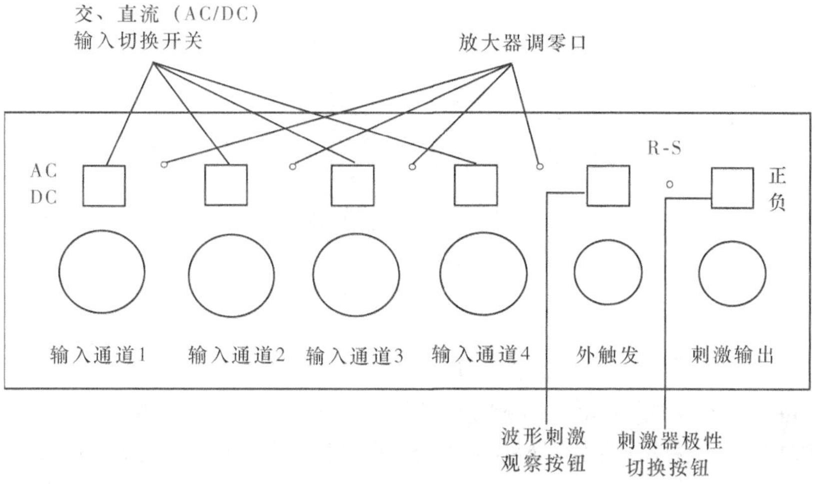

图 2-6　PcLab 生物信号放大器面板图

(1) 输入通道1~4:为生物信号输入的端口,传感器可直接插入。生物电信号由专用电缆直接接入。(注意:第四通道为两用通道——当“刺激波形观察按键”按下时,此时第四通道不能输入外部信号,只显示当前的刺激波形。此按键抬起时,恢复显示输入信号波形。)

(2) 交、直流(AC/DC)输入切换开关:当所测信号为压力与张力时抬起此开关,即为DC(直流状态),此时不但可以测出信号的动态变化而且可以测出信号中的直流成分,其余输入信号无需变换此开关。

(3) 放大器调零孔:当放大器零点发生较大偏差,软件无法调零时,或当外接传感器无调零装置,而零点变化较大时,可以左右调动小孔中的可变电阻器,使放大器归零。(一般出厂时此零点已经调好,无需调整。)

(4) 刺激器输出极性转换开关:用来转换刺激器输出波形的正负,一般无需切换。

(5) 外触发输入端口:用来接入外刺激器的同步触发信号的端口(一般情况下不用)。

(二) PcLab应用软件的窗口界面

PcLab软件首次运行打开窗口如图2-7:

该界面自上而下为:

(1) 标题栏:用于提示实验名称、存盘文件路径、文件名等信息。

(2) 菜单栏:用于按操作功能不同,分类选择操作。菜单名称按顺序依次为:

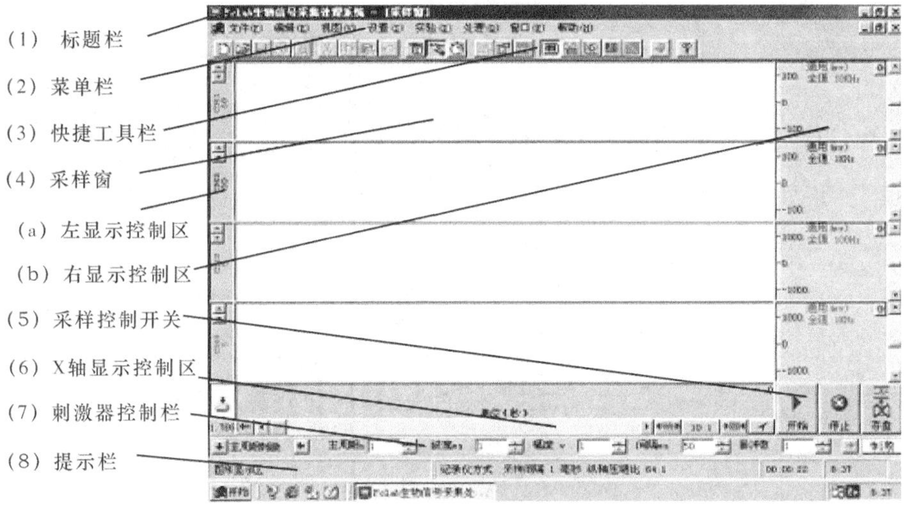

图2-7 PcLab标准配置时的运行界面

1) 文件:包括所有的文件操作。如打开、存盘、打印、退出等。

2) 编辑:包括所有对信号图形的编辑功能。如剪切、拷贝、粘贴等。

3) 视图:对界面上主要可视部分显示与否进行切换。有“√”标志为显选项,否则为隐选项,通过鼠标左键选择。

4) 设置:对系统运行有关的设置功能进行选择。

5）实验：对已完成定制实验配置的具体教学与科研实验项目进行选择。

6）处理：对信号图形的采样后处理功能。如 FFT 运算、直方图、数字滤波等。

7）窗口：提供一些有关窗口操作的功能。

8）帮助：包括在线帮助，版权信息与公司网址链接。

（3）快捷工具栏：提供 7 组 22 个最常用的快捷工具按钮，只要鼠标箭头指向该按钮，单击鼠标左键，即可进入操作。从左至右它们分别是：

1）5 个文件操作按钮：新建、打开、存盘、打印、打印预览。

2）4 个编辑操作按钮：剪切、拷贝、粘贴、撤销。

3）3 个设置操作按钮：采样条件设置、刺激器参数调整栏显示开关、计时器清零。

4）3 个计算操作按钮：观察、测量、数据入表。

5）4 个处理操作按钮：采样窗切换开关，处理窗、数据窗、Excel 开关。

6）个画图操作按钮：打开画图栏。

7）1 个帮助操作按钮：打开在线帮助窗。

（4）采样窗：这 4 个相同采样窗分别为通道 1（CH1）、通道 2（CH2）、通道 3（CH3）、通道 4（CH4）、分别对应放大器上的输入 1、输入 2、输入 3、输入 4。

（5）X 轴显示控制区：用来动态显示采样时间（X 轴），打标记，波形曲线的 X 轴拖动控制，X 轴方向波形压缩、扩展控制。

（6）采样控制开关：用于开始采样，停止采样，及采样存盘控制。

（7）刺激器控制栏：用于选择刺激器发出刺激的模式，刺激启动开关及刺激参数的时实调整。

（8）最下部为提示栏：从左至右为：鼠标指向提示区，当前状态提示区，及相对时间，绝对时间（系统时间）提示区。

（三）PcLab 软件的具体设置与操作

用 PcLab 生物信号采集处理系统做机能实验的第一步，就是在开始实验前要做好该软件的参数设置工作。具体操作如下：

第一步：选择实验项目

在“菜单栏”中，点击“实验”项，出现下拉菜单，如图 2-8。

在六类实验子菜单下分别有多种具体实验项目。实验人员按实验分类，选中要进行的实验项目，显示该实验的 PcLab 运行窗口。其参数通常已设置好，一般不需改动即可开始实验。如果参数需要调整，则进入以下步骤。

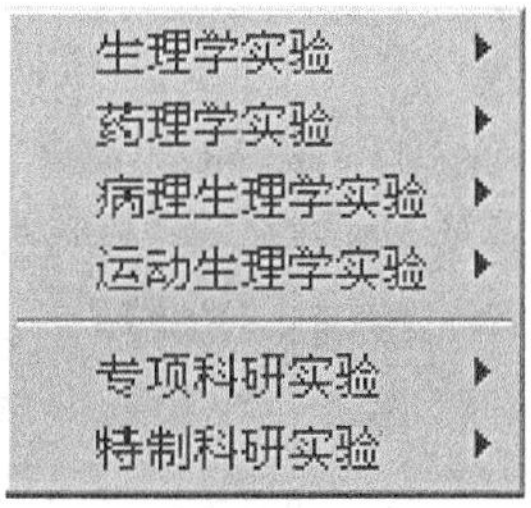

图 2-8　“实验”项目下拉菜单

第二步：选择记录通道及记录模式

点击“菜单栏”中“设置”项，在其下拉子菜单中选择“采样条件设置”，出现采样条件设置窗，见图 2-9。

（1）首先在“采样通道选择”下，打钩“√”选择要使用的通道号。不需要的通道则鼠标单击去掉对勾。4 个通道的性能大致相同。通道选择的大体原则是：

1 通道：最小放大倍数为 50 倍，上限频率为 10K。推荐做神经放电类实验(如:减压神经、膈神经放电)。

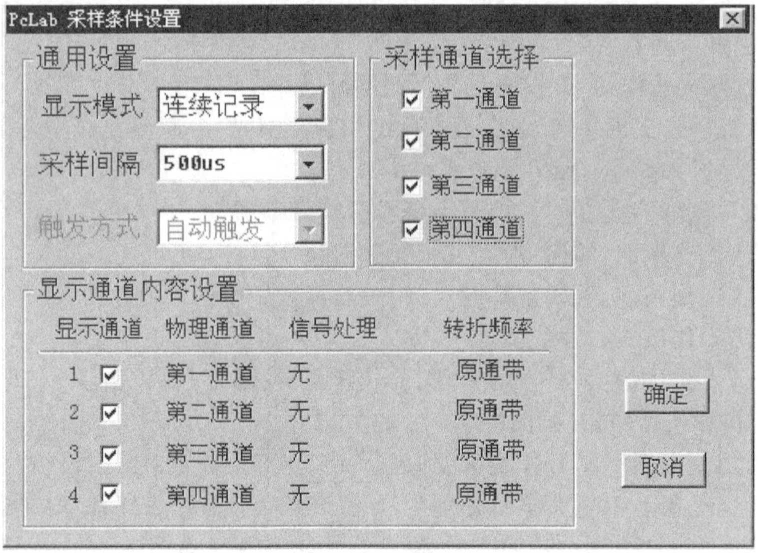

图 2-9　采样条件设置

2 和 4 通道:最小放大倍数为 50 倍与 5 倍,上限频率为 1K。推荐做动作电位类实验(如:神经干动作电位的引导、AP 传导速度的测定等。)

3 通道:最小放大倍数为 5 倍,上限频率为 100Hz。推荐做心电类实验。

(2) 然后在“通用设置”栏中选择:显示模式,采样间隔和触发方式。

“显示模式”有三个设置选项:记忆示波,连续记录,慢扫描示波。

1) “记忆示波”方式:用来记录变化快,频率高的生物信号。如:电生理实验中的神经干动作电位,AP 传导速度,心室肌动作电位等。扫描线的方向是由左至右,一屏一屏的记录,与传统示波器相一致。它的采样间隔选项从最快 1ms 至 10 μs,6 档可选。触发方式的选择取决于实验中有否刺激并是否要求刺激与采样同步工作。若无刺激或有刺激并不要求同步记录,则选“自动触发”(即无触发,自动采样)。否则应选“刺激器触发”。

2) “连续记录”方式:用来记录变化较慢,频率较低的生物信号。如电生理实验中的血压,呼吸,心电、张力等,扫描线的方向是由右向左,连续滚动,与传统仪器的二导记录仪相一致。它的采样间隔从最慢 50ms 至最快 10μs,12 档可选。(注意:在 10μs 档即 100kHz 采样频率只允许单窗口运行。)一般上述典型实验选在 1ms 到 10ms 之间即可。此时无触发方式选择。

3) “慢扫描示波”方式:这种记录方式非常灵活,可以从最慢 50ms 到最快 10μs 记录各种生物信号。扫描线是从左向右,按屏幕刷新,其特点是与传统的监护仪相一致,当某些实验无法确定用何种显示模式时,可以选慢扫描示波方式。此时无触发方式选择。

用鼠标箭头移至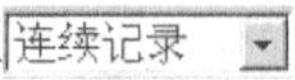

处,单击左键选择所需方式。

采样间隔是指计算机在模/数(A/D)转换时,以多少时间间隔进行采样,采样间隔的大小视信号的变化频率来定,快信号采样间隔要小(如:采集神经干动作电位应选用 25μs 或

50μs 采样间隔)，而慢信号采样间隔则可大一些(如：呼吸波用 10ms 采样间隔，可在波形不失真的情况下减少数据量，节省硬盘空间)。

触发方式有自动触发，信号触发，刺激器触发，外触发，触发叠加等选项。使用者可根据具体情况自己选择。

第三步：定义通道采样内容

将鼠标箭头移至要定义的通道的“右显示控制区”，在显示“通用(mv)”处鼠标箭头变成“小手”时，单击鼠标左键出现下拉菜单，如图 2-10。

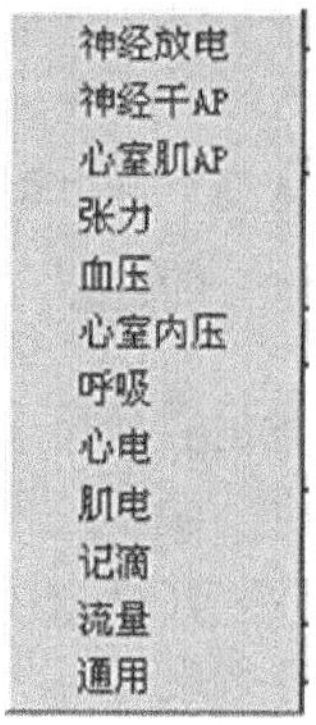

图 2-10　通道采样内容

拖动鼠标至要选择的内容上，单击鼠标左键一次，采样通道内容标签则由“通用(mv)”改成所选内容，如：“血压”或“心电”等。

第四步：量纲测量参数选择

系统提供 4~12 个基本量纲测量参数，用来分析波形曲线。点击“测量”快捷工具按钮，打开“测量”窗，图 2-11。

选择被测通道数，点击“条目数”栏的选择要测量的参数个数，然后用鼠标选中一段波形曲线，每一参数栏中的测量值 i 即显示出来，改选波形曲线的其他部分，参数值即发生新的变化。全部参数名称说明如下：

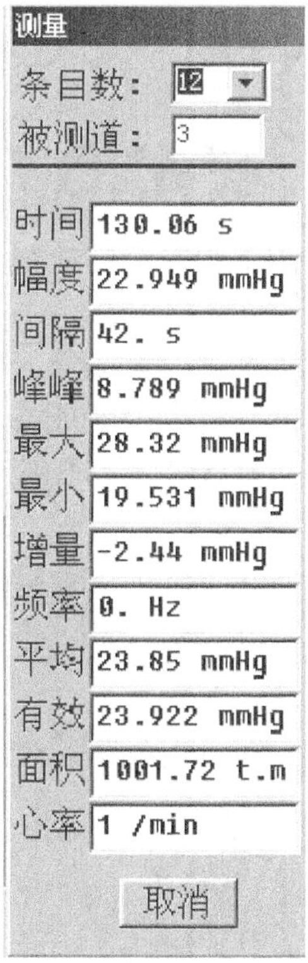

图 2-11　量纲测量参数

1）时间：指被选波形曲线段的 X 轴起、止时刻值。(注意：拖动开始时时间栏中的值为 X 轴起时刻值，拖动结束后时间栏中的值则为 X 轴止时刻值。)

2）幅度：指被选波形曲线段右侧终止点的 Y 轴测量值。

3）间隔：指被选波形曲线段在 X 轴上的时间间隔值(即：止时刻值至起时刻值)。

4）峰峰：指被选波形曲线段内 Y 轴的最大峰值到最小峰值的绝对值之和(即：最大峰值至最小峰值)。

5）最大：指被选波形曲线段内 Y 轴最大幅度值。

6）最小：指被选波形曲线段内 Y 轴最小幅度值。

7）增量：指被选波形曲线段起、止幅度值之差(即：止点幅度值至起点幅度值)。

8）频率：指以被选波形曲线段时间间隔为一个周期，计算出的频率值(即：频率 = 1/周期)。

9）平均：(起点幅度值减止点幅度值/2)。

10）有效值：指被选波形曲线段起点幅度值与止点幅度值的均方根。

11）面积：指被选波形曲线段下至零线的面积值(即：曲线积分值)。

12）心率：指被选波形曲线段中按每分钟计算的波动数值。

按“取消”按钮，退出“测量”窗。

第五步：零点设置

本功能用于将单个通道(或多通道)采样曲线基线调至零点线。

操作方法如下:在采样停止后,进入"菜单栏"的"设置"项,选择"零点设置"子菜单。系统会提示:"重新设置零点吗?"按"是(Y)"按钮,系统各通道基线全部自动调至零点线。注意:本功能属于计算机数字调零,因此幅度不宜过大。

第六步:刺激器的设置

PcLab 系统内置了一个由软件程控的刺激器,该刺激器所提供的功能,性能指标,完全满足实验要求,且工作稳定、可靠。恒压源设计,刺激电压不因被刺激对象阻抗变化而变化。刺激效果十分理想。

在进行神经、肌肉兴奋性测定的电生理实验中,在对采样条件设置完成后,需对刺激器进行设置,以便实现实验要求,步骤如下:

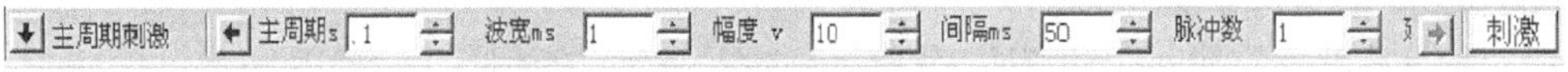

图 2-12　刺激栏菜单

(1) 将鼠标箭头移至刺激栏最左侧的向下箭头按钮(图 2-12),单击鼠标左键(不放开)拉出刺激模式显示菜单(图 2-13),包括单刺激、串刺激、主周期刺激、自动间隔调节,自动幅度调节,自动波宽调节、自动频率调节等模式。(其中"记忆示波"显示方式可以使用所有刺激模式,而记录仪和"慢扫描示波"只能选择其中几项。)选择其中一种刺激模式,放开鼠标左键,完成选择。

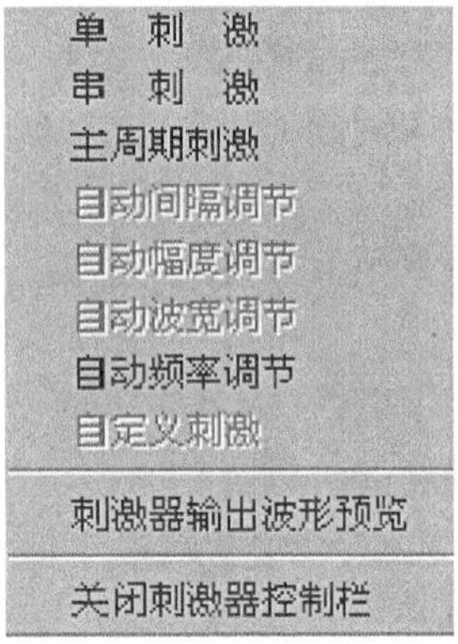

图 2-13　刺激模式菜单

(2) 启动采样:按下刺激按钮,刺激信号由放大器刺激输出端输出。如是刺激器触发模式,只要按下刺激按钮,采样自己开始。如不是刺激器触发模式,则应先按下"开始"按钮启动采样,需要刺激时再按下刺激按钮,启动刺激。

(3) 实时调整刺激参数:一种方法是用鼠标点击参数项的上下箭头,增大或减小参数使之适合实验需要。另一种方法是直接用键盘改变参数,好处是快速直接。以达到刺激最佳效果。有关几种刺激信号的调节说明:

单刺激——可以做神经干动作电位、AP 传导速度的测定等实验。

串刺激——同上。

主周期刺激——同上。

自动间隔调节——可以做不应测定等实验。

自动幅度调节。

自动波宽调节——可以做阈值测定等实验。

自动频率调节——可以做阈值收缩等实验。

结束刺激时再单击"刺激"按钮或"停止"按钮,系统停止刺激或采样刺激同时停止。

第七步:开始采样

将鼠标箭头移至右下"开始" 

按钮,单击鼠标左键,PcLab 开始采样或回放波形曲线,采样窗中即有扫描线出现,并随外部信号变化,显示起伏波形。

按下“停止”

按钮,PcLab 停止采样或停止回放波形曲线。

按下“存盘”按钮, PcLab 开始以系统自定义序列文件名存盘。

第八步:实时调整采样参数

为使采样波形达到最好,即最有利于观察的状态,可以在采样过程中按以下步骤实时调节各部分:

(1) 点击 X 轴压缩或扩展按钮,使扫描线滚动速度适合观察。

在观察与测量波形曲线时,有时需要在水平方向上扩展或压缩波形曲线,此时用鼠标点击按钮,波形曲线在水平方向上扩展;点击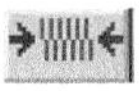按钮,波形曲线则在水平方向上压缩,压缩比显示在中间的显示区。

(2) 点击各通道放大器增益按钮,将信号幅度放大至适当程度。

采样窗左侧的“左控制显示区”,其中上下箭头是用来控制程控放大器的放大倍数的按钮。可以一边采样一边操作,实现实时控制放大倍数。其中数值为通道号显示与放大倍数值显示。

(3) 同时配合 Y 轴压缩或扩展,使图形大小适中。

在采样窗“右显示控制区”,鼠标箭头移到数据刻度的不同位置有不同变化:

1) 图形扩展,如图: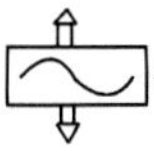每单击鼠标左键一次,Y 轴图形按比例扩大一次。

2) 图形压缩,如图:每单击鼠标左键一次,Y 轴图形按比例缩小一次。

(4) 波形曲线移动:单击“右显示控制区”垂直滚动条上空白或下空白处,波形曲线向上或向下移动。

(5) 若采样曲线中有干扰出现,如 50Hz 或其他干扰信号,可将鼠标箭头移至当前要操作的通道右“显示控制区”中:“全通”位置处,按下 PC 机键盘的“CTRL”键,同时单击鼠标右键,依次出现:低通滤波——“上限 40Hz”,平滑滤波——“3 点平滑”,全通——无滤波,三种模式。按需要选定后,放开键盘“CTRL”键。

选定滤波模式后按下述办法改变滤波参数:单击鼠标左键:低通滤波的转折频率值由最低 10Hz 依次上升至最高 1kHz。平滑滤波的平滑点数由最低 3 点到最高 10 点。对于低通滤波,适合于滤除含有某种固定频率的周期性干扰信号。例如:50Hz 干扰应选低通滤波转折频率为 40Hz。对于平滑滤波,适合于滤除那些无固定频率的非周期性高频干扰。调整后所采信号波形应越来越好,即达到实验观测的目的。

第九步:采样数据的处理

(1) 数据区域的选择:在停止采样并准备处理图形数据时,将鼠标箭头移至要选图形的左部,按下鼠标左键不放开,并向右拖至要选图形的右部,放开鼠标左键,所选部分变为蓝色,表示该段波形图被选中,系统会将此部分的图形数据按要求进行一定的处理。

注意:若要几个通道一起选,只需将鼠标箭头移至 X 轴时间显示区,拖动选出即可。

(2) 数据的导出:为了方便用户数据处理,将结果转化为更通用的 ASCⅡ或二进制数据格式,PcLab 提供了数据处理结果导出的功能,使用户可更自由、更随意地对数据进行处理,做到了数据的完全的开放。具体操作如下：

1）拖动鼠标选择一段要处理的波形曲线段。

2）点击快捷工具栏上的“处理窗”按钮，进入“处理窗”。窗口界面中显示出分析的数据结果及图形（见图 2-14）。

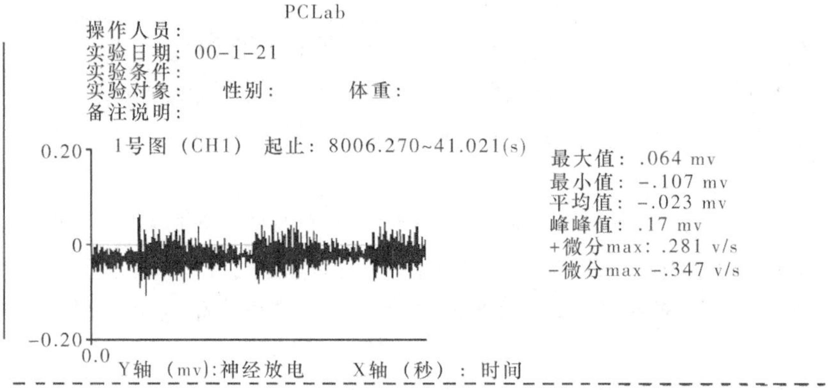

图 2-14　处理窗口的数据分析结果

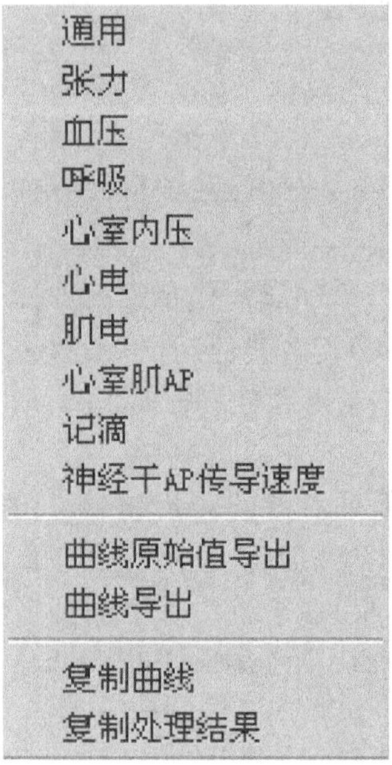

图 2-15　数据导出窗口选项

3）将鼠标箭头移至窗内图形部分上，先单击左键，图形框四周出现一些小方块。再单击鼠标右键，出现下拉菜单，如右图 2-15。拖动鼠标选中“曲线原始值导出”，即可打开“数据导出”窗口。根据需要点击选择窗中的各项，“确定”后，再次打开“文件存盘”对话框，输入文件名，确定后以选定格式存盘。以后需要时再进入该存盘目录，调出指定格式数据即可。

（四）PcLab 软件的其他功能与设置项

1. 基线调零　按下调零 0 按钮，单击垂直滚动条上空白或下空白处。

波形曲线基线可调至与零线重合。（注意：调动幅度不应过大，否则使放大器不平衡，基线与零线相差太大时应配合调整放大器面板的调零。）

2. 通道窗口大小调整　采样通道可以通过鼠标拖动改变大小。方法是将鼠标箭头移至通道分隔处，变为上下双箭头时，压住左键，向上或向下拖动，则可改变采样通道的大小。

3. X 轴显示控制区说明　用来显示 X 轴时间刻度，控制 X 轴扩展与压缩、打标记，与波形曲线在 X 轴方向上不同位置显示的控制。

（1）硬盘空间显示：当按下“存盘”按钮时，PcLab 开始为波形曲线存盘，此时 X 轴控制区最左侧小红箭头图标上下移动，表示存盘开始。下部硬盘空间值则随时间加长而逐渐变小，至最后 10M 时 PcLab 提示硬盘空间不够，停止采样。

(2) 时间刻度显示区:用于显示采样的时间序列刻度及标记放置位置,如图 2-16:

图 2-16　X 轴显示控制区示意图

(3) 点击标记按钮:可在数据曲线中添加标记符号,以实现实验不同处理的准确时间与数据位置。

4. 计时器清零　PcLab 系统设置了一个计时器,记录从打开 PcLab 开始后的相对时间。如果需要把计时器清零,从头开始计时,进入菜单"设置"项下拉菜单,选择"计时器清零"即可。

5. 恢复标准配置　设置本功能的目的是帮助实验人员在调整 PcLab 通道时,一旦发生混乱,可以借助本功能恢复到标准配置,然后重新调整配置。具体操作方法是:进入菜单"设置"项下拉菜单,选择"标准配置"子菜单,系统提示,"重新进行标准配置吗?"按"是(Y)"按钮,系统自动调整至标准配置。

PcLab 系统软件不仅具有采样,显示计算处理等一般功能,它提供了一些特别有用的功能,如:定制实验、回放波形曲线、实验标记编辑、采样波形叠加及数据导入 EXECL 表等。大家在熟悉 PcLab 的一般操作之后,可以进一步摸索和开发利用这些特殊功能。

(徐小元)

第六节　常用玻璃实验器皿的类型和用法

一、常用玻璃实验器皿类型

1. 试管　试管是一种实验室常用的玻璃器皿,是由玻璃构成的如同手指形状的管子,顶端开口,通常是光滑的,底部呈"U"形。试管的长度从几厘米到 20 厘米不等,直径在几毫米到数厘米之间。试管被设计为能通过控制火焰对样品进行简易加热的产品,所以通常由膨胀率大的玻璃制成,像硼硅酸玻璃。当多种微量化学或生物样品需要操作或贮藏时,试管通常比烧杯更好用。在生物和化学实验中,试管的使用是非常普遍的,因此试管与烧瓶和烧杯一起,成为了科学实验的同义词,成为了科学进步的标志。

2. 烧杯　烧杯是一种常见的实验室玻璃器皿,通常由玻璃、塑料或者耐热玻璃制成。烧杯呈圆柱形,顶部的一侧开有一个槽口,便于倾倒液体。有些烧杯外壁还标有刻度,可以粗略地估计烧杯中液体的体积。烧杯一般都可以加热,在加热时应该均匀加热,最好不要烧干。烧杯经常用来配置溶液和作为较大量的试剂的反应容器。在操作时,经常会用玻璃棒或者磁力搅拌器来进行搅拌。常见的烧杯规格有:10ml,15ml,25ml,50ml,100ml,250ml,400ml,500ml,600ml,1000ml,2000ml。

3. 烧瓶 烧瓶通常具有圆肚细颈的外观，与烧杯明显不同。它的窄口是用来防止溶液溅出或是减少溶液的蒸发，并可配合橡皮塞的使用，来连接其他的玻璃器材。当溶液需要长时间地反应或是加热回流时，一般都会选择使用烧瓶作为容器。烧瓶的开口没有像烧杯般的突出槽口，倾倒溶液时更易沿外壁流下，所以通常都会用玻棒轻触瓶口以防止溶液沿外壁流下。烧瓶因瓶口很窄，不适用玻棒搅拌，若需要搅拌时，可以手握瓶口微转手腕即可顺利搅拌混匀。若加热回流时，则可于瓶内放入磁性搅拌子，以加热搅拌器加以搅拌。烧瓶随着其外观的不同可分平底烧瓶和圆底烧瓶两种。通常平底烧瓶用在室温下的反应，而圆底烧瓶则用在较高温的反应。这是因为圆底烧瓶的玻璃厚薄较均匀，可承受较大的温度变化。

4. 容量瓶 容量瓶主要用于准确地配制一定浓度的溶液。它是一种细长颈、梨形的平底玻璃瓶，配有磨口塞。瓶颈上刻有标线，当瓶内液体在所指定温度下达到标线处时，其体积即为瓶上所注明的容积数。一种规格的容量瓶只能量取一个量。常用的容量瓶有100、250、500ml等多种规格。

使用容量瓶配制溶液的方法是：

(1) 使用前检查瓶塞处是否漏水。具体操作方法是：在容量瓶内装入半瓶水，塞紧瓶塞，用右手食指顶住瓶塞，另一只手五指托住容量瓶底，将其倒立（瓶口朝下），观察容量瓶是否漏水。若不漏水，将瓶正立且将瓶塞旋转180°后，再次倒立，检查是否漏水，若两次操作，容量瓶瓶塞周围皆无水漏出，即表明容量瓶不漏水。经检查不漏水的容量瓶才能使用。

(2) 把准确称量好的固体溶质放在烧杯中，用少量溶剂溶解。然后把溶液转移到容量瓶里。为保证溶质能全部转移到容量瓶中，要用溶剂多次洗涤烧杯，并把洗涤溶液全部转移到容量瓶里。转移时要用玻璃棒引流。方法是将玻璃棒一端靠在容量瓶颈内壁上，注意不要让玻璃棒其他部位触及容量瓶口，防止液体流到容量瓶外壁上。

(3) 向容量瓶内加入的液体液面离标线1cm左右时，应改用滴管小心滴加，最后使液体的弯月面与标线正好相切。若加水超过刻度线，则需重新配制。

(4) 盖紧瓶塞，用倒转和摇动的方法使瓶内的液体混合均匀。静置后如果发现液面低于刻度线，这是因为容量瓶内极少量溶液在瓶颈处润湿所损耗，所以并不影响所配制溶液的浓度，故不要在瓶内添水，否则，会使所配制的溶液浓度降低。

使用容量瓶时应注意以下几点：

(1) 容量瓶的容积是特定的，刻度不连续，所以一种型号的容量瓶只能配制同一体积的溶液。在配制溶液前，先要弄清楚需要配制的溶液的体积，然后再选用相同规格的容量瓶。

(2) 不能在容量瓶里进行溶质的溶解，应将溶质在烧杯中溶解后转移到容量瓶里。

(3) 用于洗涤烧杯的溶剂总量不能超过容量瓶的标线。

(4) 容量瓶不能进行加热。如果溶质在溶解过程中放热，要待溶液冷却后再进行转移，因为一般的容量瓶是在20℃的温度下标定的，若将温度较高或较低的溶液注入容量瓶，容量瓶则会热胀冷缩，所量体积就会不准确，导致所配制的溶液浓度不准确。

(5) 容量瓶只能用于配制溶液，不能储存溶液，因为溶液可能会对瓶体进行腐蚀，从而使容量瓶的精度受到影响。

(6) 容量瓶用毕应及时洗涤干净,塞上瓶塞,并在塞子与瓶口之间夹一条纸条,防止瓶塞与瓶口粘连。

5. 量筒 量筒是用于量取液体体积的玻璃仪器,外壁上有刻度。常用量筒的规格有5,10,20,25,50,100,200ml等。使用量筒量液时,应把量筒放在水平的桌面上,使眼的视线和液体凹液面的最低点在同一水平面上,读取和凹面相切的刻度即可。不可用手举起量筒看刻度。量取指定体积的液体时,应先倒入接近所需体积的液体,然后改用胶头滴管滴加。使用量筒时应注意:用量筒量取液体体积是一种粗略的计量法,所以在使用中必须选用合适的规格,不要用大量筒计量小体积,也不要用小量筒多次量取大体积的液体,否则都会引起较大的误差。量筒是厚壁容器,绝不能用来加热或量取热的液体,也不能在其中溶解物质、稀释和混合液体,更不能用做反应容器。

注意事项:

(1) 不能用量筒配制溶液或进行化学反应。

(2) 不能加热,也不能盛装热溶液以免炸裂。

(3) 量取液体时应在室温下时行。

(4) 读数时,视线应与液凹液面最低点水平相切。

(5) 量取已知体积的液体,应选择比已知体积稍大的量筒,否则会造成误差过大。如量取15ml的液体,应选用容量为20ml的量筒,不能选用容量为50ml或100ml的量筒。

二、玻璃器皿的清洁方法

清洁玻璃器皿的方法很多,应根据实验的要求、污物性质和污染的程度来选用。普通黏附在仪器上的污物,有可溶性物质,也有不溶性物质和尘土,还有油污和有机物质。针对各种情况,可以分别采用下列洗涤方法。

1. 能用毛刷刷洗的玻璃器皿的清洗 能用毛刷刷洗的玻璃器皿有试管、烧杯、试剂瓶、锥形瓶、量筒等广口玻璃仪器,其清洗方法如下:

(1) 用水洗:根据要洗涤的玻璃仪器的性状选择合适的毛刷,如试管刷、烧杯刷、平刷、滴定管刷等。用毛刷蘸水洗刷,可使溶性物质溶去,也可使附着在玻璃仪器上的尘土和不溶物脱落下来,但往往洗不去油污和有机物质。

(2) 用洗涤剂洗:蘸取洗涤剂(如洗衣粉),仔细刷洗玻璃仪器内外壁(特别是内壁)。为了提高洗涤效率,可将洗涤剂配成1%~5%的水溶液,加温浸泡要洗的玻璃仪器片刻后,再用毛刷反复刷洗。对污物黏附较紧的玻璃仪器,可在上述洗涤液中加入适量去污粉。刷洗后用自来水冲洗干净。若仍有油污,可用铬酸洗液来浸泡,使用时先将要洗涤玻璃器皿内的水液倒尽,再将铬酸洗液倒入欲洗涤的玻璃器皿中浸泡数分钟至数十分钟,如将洗液预先温热,则收效更好。刷洗后的玻璃器皿和铬酸洗液浸泡后的玻璃器皿用自来水反复冲洗,彻底冲洗干净洗涤剂(如果洗涤剂没有洗净,装水后弯月面变平),再用蒸馏水或去离子水漱洗2~3次。将漱洗后的玻璃器皿置于器具架上自然沥干,或置100~130℃的烤箱中烘干。

2. 不能用毛刷刷洗的玻璃器皿的清洗

(1) 吸量管、移液管、容量瓶等小口玻璃量器,使用后应立即浸泡于凉水中,勿使沾污物质干涸。工作完毕后用流水冲洗，初步除去附着的试剂、蛋白质等物质。晾干后浸泡于铬酸洗液中4~6小时或过夜，然后用自来水充分冲洗干净，再用蒸馏水或去离子水漱洗2~3次，置于量器架上自然干燥。急用时可置烤箱中在80℃以下烘干，或于量器中加入少量无水乙醇或甲醇、乙醚之类溶剂，慢慢转动使其布满整个容器内壁，然后倒出，再吹干或加负压抽干，即可达到快速干燥的目的。

(2) 分光光度计用的比色皿，用毕应用自来水反复冲洗干净。如洗不干净时可采取以下方法：

1) 可用3.5mol/L HNO_3(20%)溶液或稀盐酸冲洗，再用自来水、蒸馏水冲洗干净。

2) 浸泡于溶液Ⅰ[0.2mol/L Na_2CO_3(2%)溶液+少量离子表面活性剂]后水洗，再浸泡溶液Ⅱ[HNO_3(1∶5)+少许 H_2O_2]，用自来水、蒸馏水冲洗干净。

3) 玷污有颜色的有机物质时，浸泡于浓盐酸:95%乙醇 = 1∶2(V/V)的溶液后，用自来水、蒸馏水冲洗干净。切记勿用毛刷刷洗或用粗糙的布或纸擦拭，以免损坏比色皿的透光度，亦应避免用较强的碱液或强氧化剂清洗。洗净后倒置晾干备用。

(3) 可调定量移液器，使用完毕后，如长期不使用，必须将加液器在蒸馏水内连续抽打数次，把管内活塞洗净，以免活塞卡死，特别是使用容易结晶的碱性液体后，除了要在自来水、蒸馏水清洗外，还要抽出捏手进行清洗，然后自然晾干或置烤箱在80℃以下烘干，装好保存。

3. 新玻璃器皿的清洗 新玻璃器皿的表面常附着有游离的碱性物质，可先用热合成洗液或肥皂水刷洗，流水冲洗，再用0.3~0.6mol/L HCl (1%~2%)溶液浸泡4小时以上，以除去游离碱，再用流水冲洗干净。对容量较大的容器，洗净后，注入少量浓盐酸，慢慢转动，使浓盐酸布满整个容器内壁，数分钟后倾出浓盐酸，用流水冲洗干净，然后用蒸馏水漱洗2~3次，自然晾干或置烤箱烘干备用。

4. 油污玻璃器皿的清洗 被石蜡、凡士林或其他油脂类玷污的玻璃器皿，要单独洗涤，防止油脂污染其他玻璃器皿，增加洗涤困难。洗涤时，首先除去油脂，将油污玻璃器皿倒立于铺有吸水力强的厚纸的铁丝筐内，置100℃烤箱中烘烤半小时(小心失火)，使油脂熔化被厚纸吸收，再置碱性洗液中煮沸，趁热洗刷，可除去油脂。然后再按上述1或2的方法清洗。

生化实验对玻璃器皿的要求是以化学清洁的标准来衡量的，即玻璃器皿表面不应黏附有任何杂质。经自来水洗净的玻璃器皿，其表面往往还留有 Ca^{2+}、Mg^{2+}、Cl^- 等离子，所以应用蒸馏水或去离子水2~3次，把它们洗去。使用蒸馏水或去离子水的目的，只是洗去附着在仪器表面的自来水，所以应采用少量多次的原则。清洁的玻璃器皿，如用蒸馏水漱洗后，其内壁应能被水均匀湿润且无条纹及水珠，十分明亮光洁。

第七节　移液器的正确使用方法

移液器是生化与分子生物学实验室常用的小件精密设备，移液器能否正确使用，直接关系到实验的准确性与重复性，同时关系到移液器的使用寿命，下面以连续可调的移液器为例说明移液器的使用方法：

移液器由连续可调的机械装置和可替换的吸头组成，不同型号的移液器吸头有所不同,实验室常用的移液器根据最大吸用量有 2μl, 10μl, 20μl, 200μl, 1ml, 5ml, 10ml 等规格。

移液器的正确使用包括以下几个方面:

(1) 根据实验精度选用正确量程的移液器(使用可根据移液器生产厂家提供的吸量误差表确定)。当取用体积与量程不一致时,可通过稀释液体,增加吸量体积来减少误差。

(2) 移液器的吸量体积调节:移液器调整时,首先调至取用体积的 1/3 处,然后慢慢调至所需的刻度,调整过程中动作要轻缓,切勿超过最大或最小量程。

(3) 吸量:将吸头套在移液器的吸杆上,有必要时可用手辅助套紧,但要防止由此可能带来的污染;然后将吸量按钮按至第一挡(first stop),将吸嘴垂直插入待取液体中,深度以刚浸没吸头尖端为宜,然后慢慢释放吸量按钮以吸取液体;释放所吸液体时,先将吸头垂直接触在受液容器壁上,慢慢按压吸量按钮至第一档,停留 1~2 秒后,按至第二档(second stop)以排出所有液体。

(4) 吸头的更换:性能优良的移液器具有卸载吸头的机械装置,轻轻按卸载按钮,吸头就会自动脱落。

注意事项:

(1) 连续可调移液器的取用体积调节要轻缓,严禁超过最大或最小量程。

(2) 在移液器吸头中含有液体时禁止将移液器水平放置,平时不用时置移液器于架上。

(3) 吸取液体时,动作应轻缓,防止液体随气流进入移液器的上部。

(4) 在吸取不同的液体时,要更换吸头。

(5) 移液器要进行定期校准,一般由专业人员来进行。

第八节 天平的种类与使用方法

天平的种类有很多,实验室常用的有托盘天平、分析天平和电子天平。

(一) 托盘天平

托盘天平(粗天平),也有称其为普通药物天平,感量一般在 0.1~0.2g,载量 200g,最大有载量 5000g 的,一般用于称量要求不严格的条件,如配制百分比浓度溶液,或生产控制分析等方面。

托盘天平主要有台秤座和横梁二部分组成,横梁以一个支点架在台秤座上,左右各有一个盘子,中部有指针和刻度盘,根据指针在刻度前的摆动情况,可以看出托盘的平衡状态,使用托盘天平称量时,可按下列步骤进行:

1. 零点调整 在称量前,将砝码游标拨到游码尺的"0"位处,检查台秤指针是否停在刻度盘上中间的位置。如果不在中间位置,可通过调节托盘下的螺丝,使指针正好停在刻度盘的中间位置。

2. 物品称量

(1) 若是带游码标尺的托盘天平,称量物品应放在左盘,砝码放在右盘。

(2) 先加大砝码,再加小砝码最后由游码(或更小的砝码)调节至台秤指针正好指向中间位置(或指针在刻度尺左右摇摆的距离几乎相等)为止。

(3) 记下砝码或游码的数值,至台秤最小称量的位数(如最小称量为 0.1g,则记准至小数点后 1 位),即为所称物品重量。

(4) 称量后应将砝码放回砝码盒,游码退回刻度为“0”处,取出盘中物品。

(5) 注意:不能用手拿取砝码,应用镊子摄取。不能将药品直接放在称量盘中,应放在称量纸或干净的玻璃容器中。不能称量热的物品。

(6) 应保持托盘天平的整洁,药品撒在托盘天平上后应立即清除。

(二) 分析天平

分析天平,也叫灵敏天平,感量在 0.0004g(阻尼天平)~0.0001g(电光分析天平),用于化学分析及溶液标定等方面。此外尚有单臂天平、微量天平(感量在 1/10 万 g)等等。按照我国标准,按感量可分 10 级,一般出厂时都附有技术说明书,说明其等级。

1. 分析天平的使用规则 分析天平有其特定的计量性能,为了保证分析天平的精度,获得准确的称量结果,应严格遵守分析天平的使用规则。

(1) 开关天平侧门,取放被称物、加减砝码或圈码时,动作应轻、缓、稳。避免用力过大,损坏天平部件。

(2) 样品不能直接放在秤盘上称量。吸湿性和挥发性强的物体必须放在密闭的容器内进行称量,以免腐蚀天平部件。

(3) 不能将过热或过冷的物体放在天平内称量,应使物体的温度与天平室内温度一致后,方可称量。

(4) 被称物及砝码应放在秤盘正中。称量重量不得超过天平的最大载荷。

(5) 保持砝码的清洁和完整,砝码除了放在砝码盒内或使用时放在秤盘上外,不得放在其他任何地方。

(6) 开启天平后,绝对不能在天平上取放被称物,加减砝码或圈码,以免吊耳脱落、横梁倾斜、玛瑙刀口损坏。

(7) 调整零点、记录称量读数后,应随即关闭天平。

(8) 称量完毕,应将天平复原。

2. 分析天平的称量方法 使用分析天平称量,可根据被称物的不同性质,采用相应的称量方法。常用的称量方法有直接称量法、固定量称量法及减量称量法。

(1) 直接称量法:直接称量法适用于称量洁净干燥的器皿、块状的金属及不易潮解或升华的整块固体试样。

调整天平零点后,将被称物放在秤盘上,直接称量其重量。

称量时不得用手直接取放被称物,可戴干净的手套。用纸条包住或用镊子取放。

(2) 固定称量法(增量法):当需要称取某一准确重量的试样时,可用增量法称量。

用金属镊子将清洁干燥的容器(如小烧杯,小表面皿等)放到秤盘上,准确称其重量,记下读数。然后把所需称取试样量的砝码加上(对于单盘天平则是减去砝码),此时砝码的总数是容器加试样的总重量。再用小牛角勺在容器中逐渐加试样,至接近所需称量的试样量时,半开天平,进行称量。直到所加试样只差极小量即达到平衡时,再全开天平,极小心地添加试样（用左手持盛有试样的牛角勺，在容器上方约2～3cm处，用左手拇指中指及掌心拿稳牛角勺，以食指轻轻敲牛角勺柄，使勺内的试样缓慢地抖入容器中）。这时既要注意牛角勺，又要观察投影屏中标尺的移动。待标尺刻线正好移至所需要的数值时，立即停止抖入试样，即此称量完毕。

若不慎抖落的试样过量，则只能关闭天平，用牛角勺取出过量的试样，再按上述操作直至符合指定重量为止。

此法适于称取不易吸湿、在空气中性质稳定的粉末状物质。在分析化学实验中，当需要用直接配制法配制指定浓度的标准溶液时，通常用此法来称取基准物。

（3）减量称量法：减量称量法称取试样的量是由两次称量之差求得的。

用此法称量的试样，应盛放在称量瓶内。称量瓶是具有磨口玻璃塞的容器。使用前必须洗净烘干，在干燥器内冷却至室温。洗净烘干后的称量瓶不能直接用手拿取，不能放在不干净的地方，以免沾污称量瓶。取出称量瓶后，将适量试样（应比所需称取的试样量稍多些）装入称量瓶内，盖上瓶盖，用干净的纸折成纸条套住称量瓶，将称量瓶放在秤盘上，称出称量瓶加试样的准确重量，记下称量的数值 W_1g，仍用纸条套住称量瓶，将其从秤盘上取出，右手用一洁净小纸片包住瓶盖柄，在接收容器（如锥形瓶，烧杯）上方打开瓶盖，慢慢倾斜称量瓶身，用瓶盖轻轻敲瓶口上部，使试样缓缓落入容器中。直到倒出的试样接近所需要的试样量时，边敲边慢慢竖起称量瓶，使黏附在瓶口的试样落入容器或落回称量瓶中，再盖好瓶盖。把称量瓶放回秤盘上，准确称量其重量为 W_2g，记下第二次称量值。两次称量差值，就是所称取的试样重量，重复以上操作，可称得 W_3g、W_4g、……，这样可连续称取多份试样。

第1份试样重量(g) = $W_1 - W_2$

第2份试样重量(g) = $W_2 - W_3$

称量时注意：若第一次倒出的试样量不够时，可重复上述操作，再倒出适量试样，至符合称量范围。但称取一份试样，最好在一、二次内倒出所需量，若倒出次数过多，因试样吸潮，容易引起误差。如倒出的试样大大超过所需数量时，只能弃去，重新称量。

此法适于称量易吸湿、易氧化和易与 CO_2 反应的物质。称量时不必调整零点，称量快速、准确。在分析化学实验中，常用来称取基准物和待测样品，是最常用的一种称量方法。但此法不宜称取指定重量的样品。

（三）电子天平

电子天平结构紧凑，性能优良，最大载荷200g，感量0.1mg，自动计量，数字显示，操作简便。清除键可方便去皮，适于累计连续称量。

1. 使用方法

（1）使用天平前，首先清洁称量盘，检查、调整天平的水平。

（2）接通电源。当天平出现“OFF”时，自检结束。

（3）单击“On”键，天平显示自检。当天平回零时，显示屏上出现“0.0000”。如果空载时有读数，按一下清除键“-O/T-”回零。

（4）称量：推开天平右侧门，将干燥的称量瓶或小烧杯轻轻放在称量盘中心，关上天平门，待显示平衡后按消除键扣除皮重并显示零点。然后推开天平门往容器中缓缓加入待称量物并观察显示屏,显示平衡后即可记录所称取试样的净重。

(5) 称量完毕,取下被称物。

(6) 如果称量后较长时间内不再使用天平,应拔下电源插头,盖好防尘罩。

2. 注意事项

(1) 被称量物的温度应与室温相同,不得称量过热或有挥发性的试剂,尽量消除引起天平显示值变动的因素,如空气流动、温度波动、容器潮湿、振动及操作过猛等。

(2) 开、关天平的停动手钮,开、关侧门,放、取被称物等操作,其动作都要轻、缓,不可用力过猛。

(3) 调零点和读数时必须关闭两个侧门,并完全开启天平。

(4) 使用中和发现天平异常,应及时报告指导老师或实验工作人员,不得自行拆卸修理。

(5) 称量完毕,应随手关闭天平,并做好天平内外的清洁工作。

第九节 普通离心机的使用方法

欲使沉淀与母液分开,过滤和离心都可达到目的。但当沉淀黏稠,或颗粒大小能通过过滤纸,液体总容量太少又需定量测定时,使用离心沉淀法比过滤法要好,离心分离以减少损失。

使用离心机前,应先检查:①调速旋钮是否处在零位;②试管与离心管是否相配,套管底部是否铺有橡皮或棉花等软垫,是否有玻璃碎片或漏空;③转动状态是否平稳。

使用方法:①检查合格后,将样品装至离心管中(不超过 2/3 体积),并将离心管放入套管中,然后用空离心管加水连套管一起至药物天平以平衡(不平衡不允许离心),禁止向较轻的一侧离心管与套管之间加水平衡;②将已平衡的放有离心管的套管分置离心机中的对称位置(切不可置相邻位置);③将离心机中没有经过平衡的所有其他不用的套管全部取出,盖上离心机盖;④将定时旋钮旋至比实际离心所需时间多 1~2 分钟,接通电源,开启开关,逐步地扭大调速旋钮,缓慢增加离心机转速,直至达到所需转速,转速稳定后开始计时;⑤离心完毕,将调速旋钮旋回原位,关闭电源,待离心机自动停止后方可打开机盖,取出离心管。

离心注意事项:①离心过程中,若听到特殊响声或有振动,可能是离心管破碎或相对位置上的两管重量不平衡,应立即关机停用;若管已破碎应将玻璃碴全部倒出(玻璃碴不可倒入下水道),然后换管重新平衡离心;若管未破裂也要重新平衡后再离心;②离心完毕,禁止用手或其他物品迫使离心机停转;③如离心酚等有机溶剂要用特制的塑料离心管。

第十节 普通显微镜的使用方法

1. 低倍镜观察 先将低倍物镜的位置固定好,然后放置标本片,转动反光镜,调好光线,将物镜提高,向下调至看到标本,再用细调对准焦距进行观察。除少数显微镜外,聚光镜的位置都要放在最高点。如果视野中出现外界物体的图像,可以将聚光镜稍微下降,图像就可以消失。聚光镜下的虹彩光圈应调到适当的大小,以控制射入光线的量,增加明暗差。

2. 高倍镜观察　显微镜的设计一般是共焦点的。低倍镜对准焦点后,转换到高倍镜基本上也对准焦点,只要稍微转动微调即可。有些简易的显微镜不是共焦点,或者是由于物镜的更换而达不到共焦点,就要采取将高倍物镜下移,再向上调准焦点的方法。虹彩光圈要放大,使之能形成足够的光锥角度。稍微上下移动聚光镜,观察图像是否清晰。

3. 油浸镜观察　油浸镜的工作距离很小,所以要防止载玻片和物镜上的透镜损坏。使用时,一般是经低倍、高倍到油浸镜。当高倍物镜对准标本后,再加油浸镜观察。载玻片标本也可以不经过低倍和高倍物镜,直接用油浸镜观察。显微镜有自动升降装置的,载玻片上加油以后,将油浸镜下移到油滴中,到停止下降为止,然后用微调向上调准焦点。没有自动止降装置的,对准焦点的方法是从显微镜的侧面观察,将油浸镜下移到与载玻片稍微接触为止,然后再微调。

显微镜是精密贵重的仪器,必须很好地保养。显微镜用完后要放回原来的镜箱或镜柜中,同时要注意下列事项:

(1) 观察完后,移去观察的载玻片标本。

(2) 用过油浸镜的,应先用擦镜纸将镜头上的油擦去,再用擦镜纸蘸着二甲苯擦拭2~3次,最后再用擦镜纸将二甲苯擦去。

(3) 转动物镜转换器,放在低倍镜的位置。

(4) 将镜身下降到最低位置,调节好镜台上标本移动器的位置,罩上防尘套。

镜头的保护最为重要。镜头要保持清洁,只能用软而没有短绒毛的擦镜纸擦拭。擦镜纸要放在纸盒中,以防沾染灰尘。切勿用手绢或纱布等擦镜头。物镜在必要时可以用溶剂清洗,但要注意防止溶解固定透镜的胶固剂。根据不同的胶固剂,可选用不同的溶剂,如酒精、丙酮和二甲苯等,其中最安全的是二甲苯。方法是用脱脂棉花团蘸取少量的二甲苯,轻擦,并立即用擦镜纸将二甲苯擦去,然后用洗耳球吹去可能残留的短绒。目镜是否清洁可以在显微镜下检视。转动目镜,如果视野中可以看到污点随着转动,则说明目镜已沾有污物,可用擦镜纸擦拭接目的透镜。如果还不能除去,再擦拭下面的透镜,擦过后用洗耳球将短绒吹去。在擦拭目镜或由于其他原因需要取下目镜时,都要用擦镜纸将镜筒的口盖好,以防灰尘进入镜筒内,落在镜筒下面的物镜上。

(张青)

第三章 实验动物的基本操作技术

在医学教学、科研和医疗工作中,掌握正确的实验动物的基本操作技术,是实验人员必须具备的能力之一。针对机能实验教学的基本要求,我们列举如下几种最为基本的操作技术。这些操作技术,对完成综合性实验及其他科学实验研究均有重要作用。

第一节 实验动物的捉拿与固定方法

捉拿与固定动物是为了更好地进行实验。在捉拿动物时应尽量使动物免受不必要的刺激和损伤,同时也要防止实验者被动物咬伤抓伤。在固定动物时一定要牢固又要减少动物的痛苦,维持动物的正常生理活动,从而不影响实验观察结果。

一、实验动物的捉拿与固定方法

捉拿固定实验动物前,必须对各种动物的一般习性有所了解,捉拿固定时既要小心仔细,不能粗暴,又要大胆敏捷,确实达到正确捉拿固定动物的目的。在基础医学实验中,最常用的动物有犬、家兔、豚鼠、大鼠、小鼠、青蛙和蟾蜍,现分别就其捉拿与固定方法依次予以说明。

1. 犬 未经训练用于实验的犬性凶恶,能咬人,因此进行实验时第一个步骤就是要绑住犬嘴。驯服的犬绑嘴时可从侧面靠近轻轻抚摸其颈背部皮毛,然后迅速用布带缚住其嘴。抓取犬时,需要用特制的长柄钳夹夹住其颈部,套上犬链,然后根据不同的实验要求将其固定。犬嘴的捆绑方法:取一圆形铁柱管(直径约 1cm,长 25cm,可用万能支架上的铁柱管代替)横贯置于犬齿后部的上下颌之间,用较宽的纱布从下颌绕到上颌打第 1 个结扣后,纱布的两端在铁柱管的两端靠犬的头部绕 2 圈固定。待固定牢靠后,纱布再绕向下颌打第 2 个结扣,在铁柱管的两端靠犬的头部绕 2 圈固定,最后再绕到头颈后打第 3 个结扣。固定好后,可用手试着拉动或移动铁柱管,如铁柱管牢固,则证明犬嘴捆绑正确,否则重新捆绑。如实验需要静脉注射时,可先使动物麻醉后再取下长柄夹,解绑,把动物放在实验台上,按实验要求固定(图 3-1)。

图 3-1 犬嘴的固定

2. 家兔　家兔较驯服,不易咬人,但脚爪尖锐,在捉拿时应避免抓伤。实验家兔多数饲养在笼内,所以抓取较为方便。一般用右手把两耳轻轻地压于手心内,同时抓住颈部的被毛与皮肤。用左手托住其臀部或腹部,使其躯干的重量大部分集中在左手上,然后按实验要求固定(图 3-2)。

图 3-2　家兔的捉拿方法

A,B,C 均为错误的方法(A. 可伤两肾;B. 可造成皮下出血;C. 可伤两耳);

D,E 为正确,以 D 常用(颈后部的皮厚可以抓,并用手托住兔体)

做家兔耳血管注射或取血时,可用家兔盒固定。做各种手术时,可将家兔麻醉后固定在手术台上。方法为:将兔仰卧,四肢用粗线绳一端缚扎于前后肢的踝关节以上部位,两前肢线绳在背后交叉穿过,分别固定在兔台两侧;两后肢左右分开,固定在兔台尾端,头用家兔头固定夹固定或用棉线钩住家兔门齿后再固定在家兔台头端铁柱上;进行头颅部手术时,多采用仰卧位固定配合马蹄形固定器进行固定。先剪去两侧眼眶下部的一小块皮毛,将马蹄铁两侧的尖头金属棒嵌在小孔中,左右对称旋紧固定金属棒的螺丝;前端中间的金属棒尖端嵌在两上门齿的齿缝之间,旋紧固定金属棒的螺丝。此时兔头被三点固定法牢固的固定在马蹄铁上,若想使头部上仰或下俯,可上下调节前端中间的金属棒(图 3-3)。

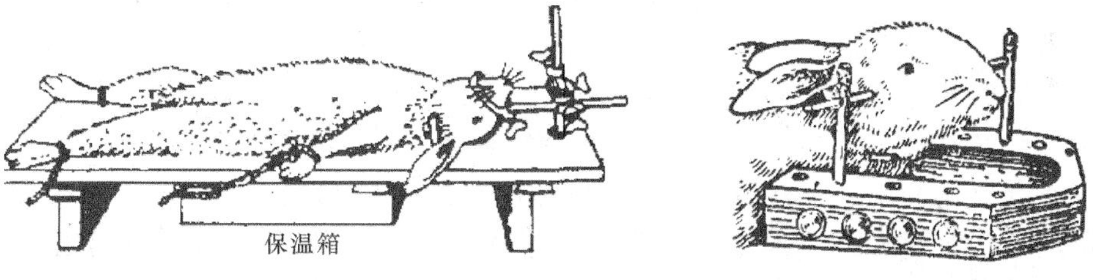

图 3-3　家兔的固定

3. 豚鼠　豚鼠具有胆小易惊的特性,不宜强烈刺激和惊吓。因此,抓取时要求快、稳、准。一般方法是:先用右手掌迅速、轻轻地扣住豚鼠背部,抓住其肩胛上方,以拇指和食指环握颈部,对于体型较大或怀孕的豚鼠,可用另一只手托住臀部(图 3-4)。

4. 大鼠　大鼠比小鼠牙尖性猛,不易用袭击方式抓取,否则会被咬伤手指,捉拿时为避免咬伤,可带上帆布手套。用右手将鼠尾抓住提起,放在较粗糙的台面或鼠笼上,抓住鼠尾向后轻拉,左手紧抓两耳和头颈部皮肤,余下三指紧捏鼠背部皮肤,如果大鼠后肢挣扎厉害,可将鼠尾放在小指和无名指之间夹住,将整个鼠固定在左手中,右手进行操作(图 3-5)。若进行手术或解剖,则应事先麻醉或处死,然后用棉线活结缚四肢,用棉线固定门齿,背卧位固定在大鼠固定板上。需取尾血及尾静脉注射时,可将其固定在大鼠固定盒里,将鼠尾留在外面供实验操作。

图 3-4 豚鼠的捉拿固定方法

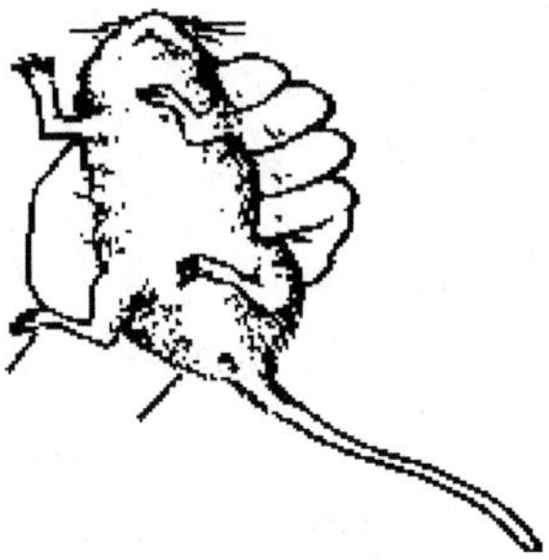

图 3-5 大鼠的捉拿方法

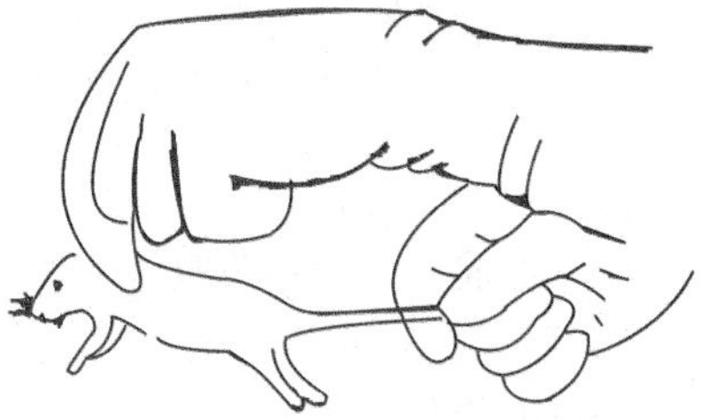

图 3-6 小鼠的捉拿方法

5. 小鼠 小鼠温顺,一般不会咬人。抓取时,先用右手将鼠尾抓住提起,放在较粗糙的台面或鼠笼上,在其向前爬行时,右手向后拉尾,用左手拇指和食指抓住小鼠的两耳和头颈部皮肤,将其置于左手心中,拉直四肢并用左手无名指压紧鼠尾和后肢,右手即可做注射或其他实验操作(图 3-6)。有经验者直接用左手小指钩起鼠尾,迅速以拇指和食指、中指捏住其耳后颈背部皮肤亦可。这种在手中固定方式,能进行实验动物的灌胃、皮下、肌肉和腹腔注射以及其他实验操作。如进行解剖、手术、心脏采血和尾静脉注射时,则需将小鼠做一定形式的固定,解剖手术和心脏采血等均可使动物先取背卧位(必要时先行麻醉),再用大头针将鼠前后肢依次固定在手术板上。尾静脉注射时,可用小鼠尾静脉注射架固定,先根据动物大小选择好合适的固定架,并打开鼠筒盖,手提鼠尾巴,让动物头对准鼠筒口并送入筒内,调节鼠筒长短合适后,露出尾巴,固定筒盖即可进行尾静脉注射或尾静脉采血等操作。

6. 青蛙和蟾蜍 为变温动物,皮肤光滑湿润,有腺体而无鳞片。蛙类抓取方法宜用左手将动物背部贴紧手掌固定,以左手中指、无名指、小指压住其左腹侧和后肢,拇指和食指分别压住左、右前肢(图 3-7),右手进行操作。实验如需长时间观察,可破坏其脑脊髓(观察神经系统反应时不应破坏脑脊髓)或麻醉后用大头针固定在蛙板上(图 3-8)。依实验需要采取俯卧位或仰卧位固定。抓取蟾蜍时,禁忌挤压其两侧耳部突起之毒腺,以免毒液射入眼中。

图 3-7　蛙、蟾蜍捉拿固定方法

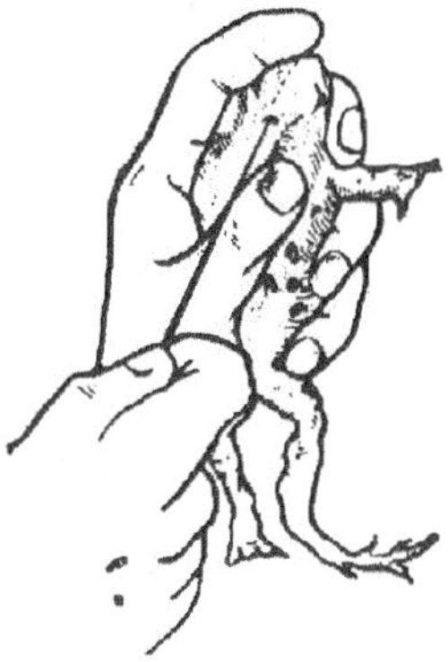

图 3-8　破坏蛙、蟾蜍脑脊髓的方法

二、注意事项

（1）捉拿动物过程中要以规范性的方法抓取和固定动物，要避免因动作粗暴而造成动物的损伤。例如家兔这样的动物，不能采用抓双耳或抓提腹部的错误捉拿方法。

（2）大鼠牙齿锋利，为避免咬伤，捉拿动作要轻，不可鲁莽，如果大鼠过于凶猛，可待其安静后，再捉拿或用卵圆钳夹鼠颈部抓取。

（3）抓取大鼠或小鼠尾部时动作要轻，防止拉断鼠尾。不可提起动物玩耍！提起动物后，应迅速放在粗糙台面上。

（4）捉拿动物过程中，应防止被动物咬伤，若不慎被动物咬伤、抓伤，应及时用碘酒、酒精消毒，随后到有关医疗机构诊治。

第二节　实验动物的编号方法

实验时，为了分组和辨别的方便，常需事先为实验动物进行编号。根据实验目的、动物种类和具备的条件选用，一般编号应具有清晰易辨、简便耐久的特点。较大的实验动物，如犬，一般在实验中用量少，只记录它们的外表特征即可。而小鼠、大鼠等小动物，用量较多，外表又不易区别，故需采用特殊的标记方法。良好的标记方法，应满足标号清晰、耐久、简便和适用的要求。常用的编号标记方法有：

1. 染色法　染色法用有色化学试剂在动物身体明显处如被毛、四肢等不同部位处进行涂染或用不同颜色来区别各组动物，是实验中最常用、最容易掌握的方法。使用的编号标记液应对动物无害，有如下几种：3%～5%的苦味酸溶液（黄色），2%硝酸银溶液（咖啡色），0.5%中性红或品红溶液（红色）和煤焦油酒精溶液（黑色）。

编号的一般原则是“先左后右，从前到后”。一般把涂在左前腿上的记为 1 号，左侧腹部记为 2 号，左后腿记为 3 号，头顶部记为 4 号，腰背部记为 5 号，尾基部记为 6 号，右前腿上记为 7 号，右侧腰部记为 8 号，右后腿记为 9 号，不标色记为 10 号。若动物编号超过 10 或更大数字，可使用上述两种不同颜色的溶液，即把一种颜色作为个位数，另一种颜色作为十位数，这种交互使用可编到 99 号。例如把红色记为十位数，黄色记为个位数，那么，左前腿红色,左侧腹部黄色,则表示是 12 号,其余类推(图 3-9)。

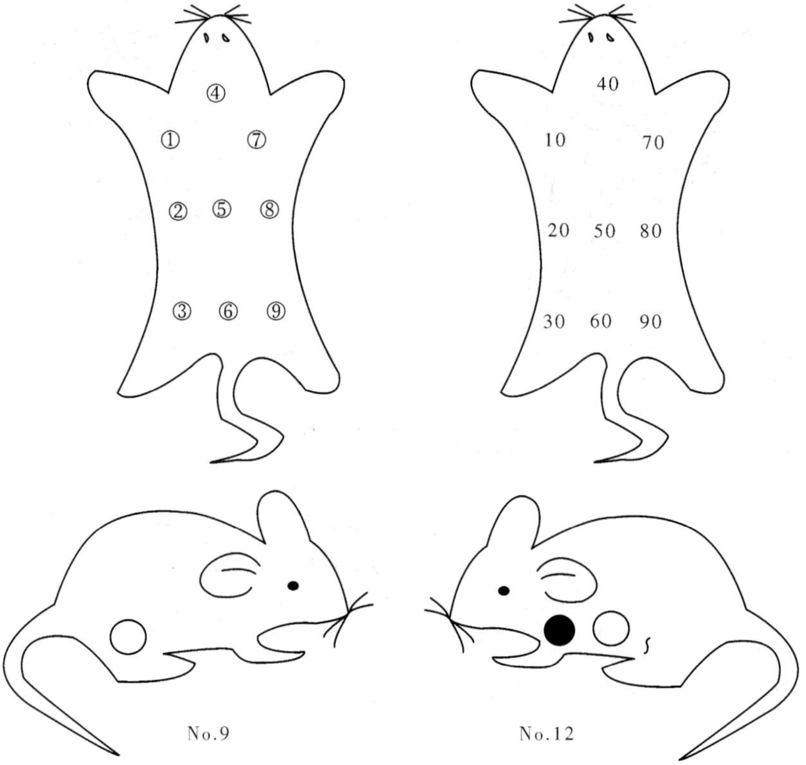

图 3-9 小鼠的编号方法

2. 耳缘剪孔法 用专门的打孔器在动物耳朵的不同部位打孔或缺口来表示一定号码,打孔后用消毒滑石粉抹于局部,以利愈合后辨认。此法是小鼠常用的标记方法之一。

3. 挂牌法 挂牌法是将标有编号的金属制号码牌固定在实验动物的耳部皮肤上,大动物可挂在颈上或笼箱上。

4. 烙印法 烙印法是把编号烙压在动物无体毛或明显部位上(如耳,面鼻部和四肢等部位)。如犬可将号码烙在被毛上,其他动物可用刺数钳在耳上刺上号码,然后用棉签蘸着有乙醇的黑墨汁在编号上涂抹。烙印前,最好对烙印部位预先用 75% 乙醇消毒,以免造成皮肤局部感染。

第三节 实验动物的给药方法

可根据实验目的、所选用实验动物种类和药物剂型、剂量等不同情况,确定对实验动物实施不同的给药方法。本节主要介绍在基础医学实验学教学中常用的一些给药方法。

较常见的给药方法有:注射法给药、摄入法给药、涂布法给药和吸入法给药,其中前两种方法较为常用。一般而言,对同一方剂而言,不同的给药途径吸收速度和生物利用度顺序如下:静脉>吸入>肌肉>皮下>直肠或舌下>口服>皮肤。

一、注射法给药

1. 皮下注射　对大多数实验动物来说，皮下注射最适宜的部位是颈背、腋下、侧腹或后腿肢体、臀部等。小鼠、大鼠、沙鼠和豚鼠一般用手固定，家兔、犬则固定于实验台上。不同实验动物的注射部位有所不同，犬、猫多在大腿外侧，豚鼠在后大腿内侧或小腹部，大鼠可在左侧下腹部，兔在背部或耳根部注射，蛙可在脊背部淋巴腔注射。其操作方法是：用左手轻轻抓起皮肤，右手把注射器针头插入皮肤皱褶的基底部，沿身体纵向将注射器推进5～10mm，并将针头轻轻左右摆动，易于摆动表明已刺入皮下。再轻轻抽吸，若无回流液体或血液时即可缓慢注入药液。注射完毕拔出针头，用手指轻压注射部位，以防药液外漏。

2. 皮内注射　皮内注射是将药液注入皮肤的表层与真皮之间。可用于观察皮肤血管通透性变化或皮内反应，多用于接种、过敏实验等。操作时先剪去注射部位的被毛，消毒局部，然后用左手将皮肤捏成皱襞，右手持针头，将针头与皮肤呈30°角，沿表层刺入皮内，慢慢注入一定量的药液。此时会感到有很大的阻力，并且注射部位皮肤表面马上呈小丘疹状隆起，皮肤表面的毛孔极明显。如无以上表现，则药液可能注入皮下，应更换部位重新注射。注射后5分钟再拔针，以免药液从针孔漏出。

3. 肌肉注射　肌肉注射主要用于注射不溶于水而悬于油或其他剂型中的药物。肌肉注射应选择肌肉发达、血管丰富的部位，一般多选臀部。如大鼠、小鼠和豚鼠的大腿外侧缘；家兔、猫、犬、猴的臀部或股部。注射时固定动物，剪去注射部位被毛，与肌肉层组织接触面呈60°角刺入注射器针头，回抽针栓无回血后注入药液（小动物可免回抽针栓）。注射完毕后用手轻轻按摩注射部位，促进药液吸收。

4. 腹腔注射　此注射方法是啮齿类动物常用的给药方法。注射部位应是腹部的左、右下侧外1/4的部位，因为此处无重要器官。其中家兔在腹部近腹白线约1cm处，犬在脐后腹白线侧缘1～2cm处注射。给大鼠、小鼠注射时，左手抓拿动物，使腹部向上，头部略低于尾部，右手持注射器将针头平行刺入达皮下，再向前进针3～5mm，针头能自由活动则说明刺到皮下。然后注射器以45°角斜刺入腹肌，进入腹腔。进入腹腔时可有落空感，回抽注射器，若无回流血液或尿液时即表示未伤及肝脏和膀胱，可以按一定的速度慢慢注入药液（图3-10）。

5. 静脉注射　静脉注射应根据动物的种类选择注射的血管。大鼠和小鼠多选用尾静脉，家兔多选用耳缘静脉，犬多选用后肢小隐静脉，豚鼠多选用耳缘静脉或后肢小隐静脉注射。因为静脉注射是通过血管给药，所以只限于液体药物。如果是混悬液，可能会因悬浮粒子较大而引起血管栓塞。

（1）耳缘静脉注射：将动物固定于实验台上，剪去耳缘部位的被毛，用乙醇轻轻擦拭，耳缘静脉即清晰可见。可用左手食指和中指夹住静脉近心端，拇指和小指夹住耳缘部位，以左手无名指和小指放在耳下作垫，

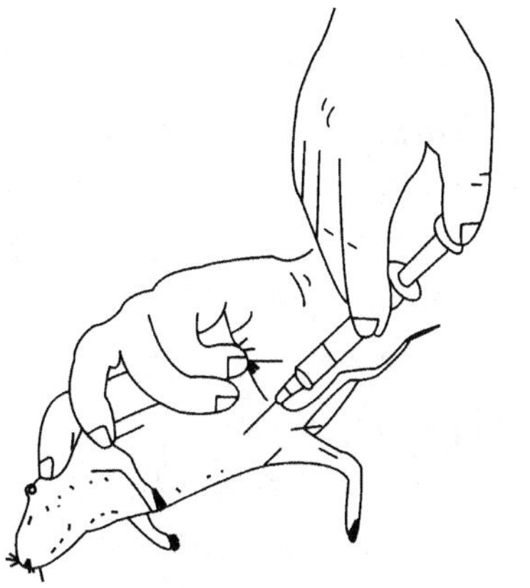

图3-10　小鼠腹腔注射方法

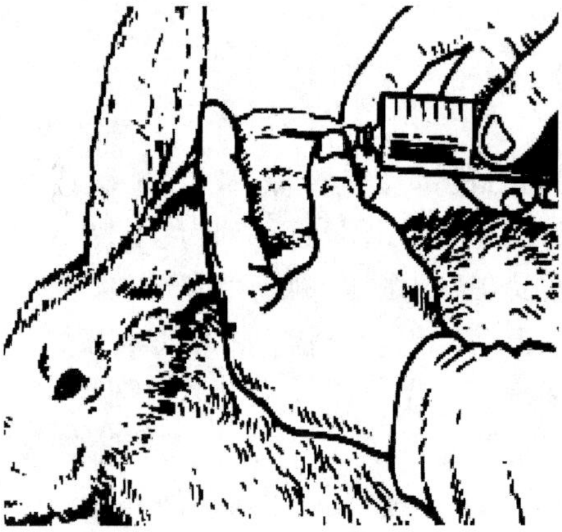

图 3-11　家兔耳缘静脉注射方法

待静脉充盈后,右手持注射器使针头尽量由静脉末端刺入,顺血管方向平行、向心端刺入约 1cm。回抽注射器针栓,有血液回流,即可将药物缓慢注入(图 3-11)。注射完毕抽出针头,用棉球压迫注射部位数分钟,以免出血。此方法适用于体型较大的动物,如猿、犬和家兔。

(2) 尾静脉注射:尾静脉注射主要用于大鼠和小鼠。鼠尾静脉有 3 根,两侧及背部各 1 根,左、右两侧尾静脉较易固定,应优先选择。注射时,先将鼠固定在鼠筒内或扣在烧杯中,露出尾部组织,用 45~50℃温水浸泡鼠尾 1~2 分钟或用酒精反复擦拭,以达到消毒、扩张血管和软化表皮角质的目的。选择尾静脉下 1/3 处,用细针头沿血管方向平行、向心端进针。注意药液推入静脉时是否通畅,若阻力较大,注射部位皮下发白,表示针头未刺入静脉内,应换部位重新注射;若推入药液顺利无阻,则表明已刺入静脉内,应把针头和鼠尾固定好,不要晃动,缓缓将药液推入,注射完毕,用棉球在注射部位轻轻揉压,使血液及药液不致回流而漏出(图 3-12)。

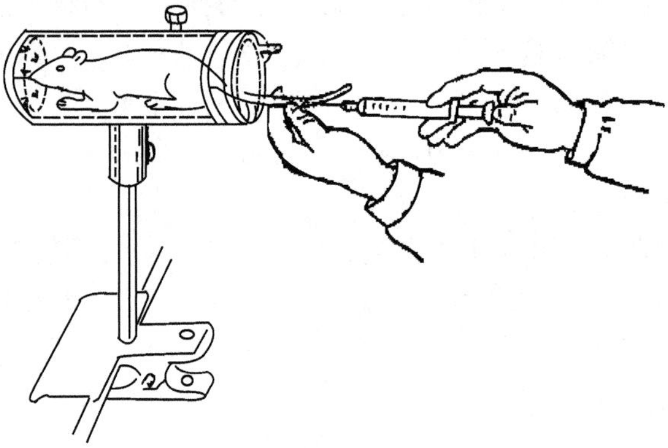

图 3-12　小鼠尾静脉注射方法

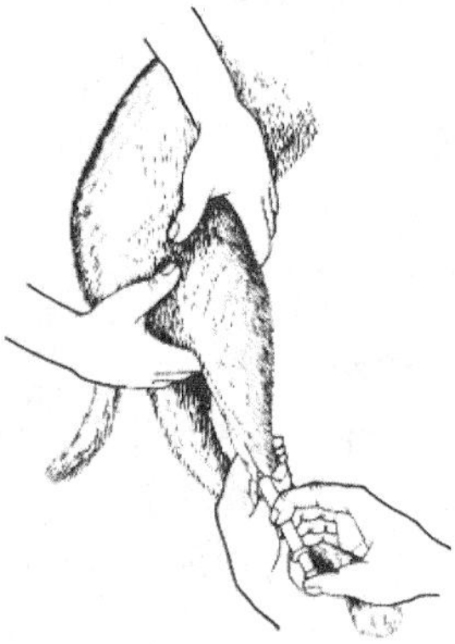

图 3-13　犬后肢小隐静脉注射方法

(3) 前肢内侧头静脉或后肢小隐静脉注射:注射时应先剪去注射部位的被毛,用碘酒和酒精消毒皮肤,在静脉近心端用橡皮胶带绑紧或用手捏紧,使血管充盈,针头自远心端向心刺入血管,待回抽有血后,放松静脉近心端,尽量缓缓地注入药液(图 3-13)。

(4) 腹静脉注射:主要用于蛙和蟾蜍。将蛙或蟾蜍脑脊髓破坏后,仰卧固定于蛙板上,沿腹部中线稍左剪开腹肌并翻转,可见腹静脉沿腹壁肌肉下行,注射时用左手拇指和食指捏住腹壁肌肉,稍向外拉,用中指在下顶起腹壁肌肉,右手持注射器,将针头沿血管平行方向刺入即可。

(5) 浅背侧足中静脉注射:很少用,可用于大鼠、小鼠和豚鼠等。

(6) 股静脉或颈外静脉注射:有时用于大鼠和犬,但必须在麻醉状态下进行。方法是切开皮肤,使用注射器、血管插管等技术,直接对动物实施股静脉或颈静脉的注射给药。

此外，还有脑内注射、椎管内注射、椎动脉注射和关节腔内注射等其他较特殊的药物注射方法。

二、摄入法给药

摄入法是经消化道给药，有自动口服给药、强制灌胃给药和经直肠给药3种方式。

1. 自动口服给药　将药物放入饲料或溶于饮水中，由动物自动摄入体内。此法的优点是：操作简便，不会因操作失误而致动物死亡。不足的是由于动物状态和饮食嗜好的不同，饮水和摄取食量的不同，不能保证用药后的药效分析的准确性。同时，放入饲料或溶于饮水中的药物容易分解，难以做到平均添加。因此，该方法适用于动物疾病的防治、药物毒性观测、某些与食物有关的人类疾病动物模型的复制等。

2. 强制灌胃给药　强制灌胃给药能准确掌握给药量、给药时间，发现和记录症状出现时间及经过。但每天强制性操作和定时给药会对动物造成一定程度的机械损伤和心理影响。为减少不良影响，必须充分掌握灌胃技术。方法如下：

操作前，将胃管接在注射器上，大致测试一下从口腔至胃（最后一根肋骨后缘）的长度，以估计胃管插入深度。成年动物插管深度一般是：小鼠3cm，大鼠5cm，家兔15cm，犬20cm。操作时，动物取直立或平卧体位，固定动物头部，强迫张口，胃管压在舌根部顺上腭缓缓插入至所需深度。插管时注意动物的反应，若动物反应激烈，应拔出胃管，检查食管是否有损伤，并重新操作。插管完成后应注意检查胃管是否准确插入食管内，以防将药物注入气管。给家兔、犬等中型动物灌胃时，应配合使用开口器，以免动物咬坏胃导管（图3-14）。

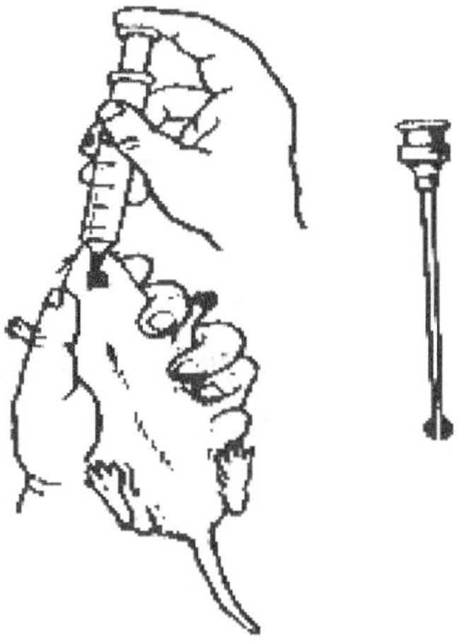

小鼠的灌胃方法

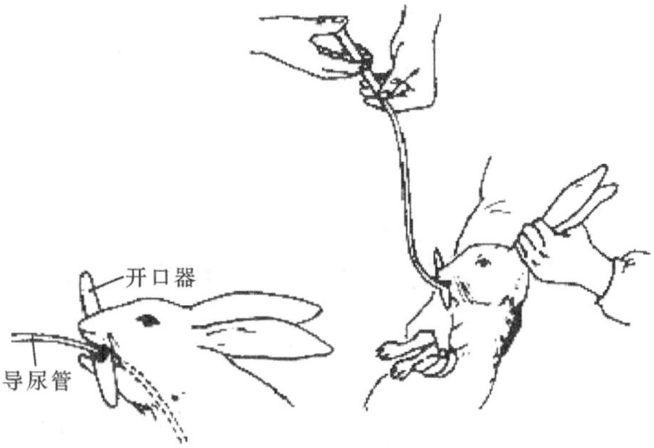

家兔的灌胃方法

图3-14　强制灌胃给药法

除使用胃管灌药外，有时还可以让动物在人工辅助下自行吞咽药物，如实验者把药物放在豚鼠舌根部，让其闭口咽下。

3. 经直肠给药　根据动物大小选择不同的导尿管，在导尿管的头部涂上凡士林，使动物去蹲位，助手以左臂及左腋轻轻按住动物的头部及前肢，以左手拉住动物尾巴露出肛门，右手轻握后肢。实验者将导尿管缓慢送入肛门。切记不能粗暴用力，插管深度以7~9cm为宜。药物灌入后,应抽取生理盐水将导尿管内的药物全部冲入直肠内,然后将导尿管在肛门内保留一会再拔出。

三、涂布法给药

涂布皮肤方法给药主要用于鉴定药物经皮肤的吸收作用、局部作用、致敏作用和光感作用等。药液与皮肤接触的时间可根据药物性质和实验要求而定。

大鼠、小鼠可采用浸尾方式经尾部组织给药,主要目的是定性地判断药物经皮肤的吸收作用。先将动物放入特制的固定盒内,露出尾部组织,再将尾部组织通过小试管软木塞小孔,插入装有药液或受检液体的试管内,浸泡2~6小时,并观察其中毒症状。如果是毒物,实验时要特别注意,避免人员因吸入受检液所形成的有毒蒸气而中毒。为此,要将试管的软木塞塞紧,必要时可将受检液表面加上一层液状石蜡。为了完全排除吸入的可能性,可在通风橱的壁上钻一小洞,将受检液置于通风橱内,动物尾部组织通过小孔进行浸尾实验,而身体部分仍留在通风橱以外。

家兔及豚鼠经皮肤给药的部位常选用脊柱两侧的背侧部皮肤。选定部位后,用脱毛剂脱去被毛,洗净脱毛剂后,放回笼内,至少待24小时后才可使用。脱毛过程中应特别注意不要损伤皮肤。次日仔细检查处理过的皮肤是否有刀伤或过度腐蚀的创口,以及有无炎症、过敏等现象。如有,应暂缓使用,待动物完全恢复。若皮肤准备合乎要求,便可将动物固定好,在脱毛区覆盖一面积相仿的钟形玻璃罩,罩底用凡士林胶布固定封严。用移液管沿罩柄上开口处,加入待试药物,使受检液与皮肤充分接触并完全吸收后解开(一般2~6小时),然后将皮肤表面仔细洗净。观察时间视实验需要而定。如果是一般的药物,如软膏和各种化妆品,可直接涂抹在皮肤上。药物与皮肤接触的时间根据药物性质和实验要求而定。

第四节　实验动物的麻醉方法

在动物实验中,掌握正确的麻醉技术和采用恰当的麻醉药物和剂量,是获得准确实验结果的保证。根据实验目的,对于不同种类的动物采用恰当的麻醉药物和剂量,是麻醉成功的保证。

一、麻醉药品的分类

麻醉药品可分为两类:吸入性麻醉剂和非吸入性麻醉剂。

1. 吸入性麻醉药物　乙醚是最常用的吸入性麻醉剂,一般适用于实验动物的全身麻醉。具有无色透明、极易挥发、具刺激气味的特性。其作用机制为抑制中枢神经系统,使肌肉松弛。具有应用范围广、适合于各种动物、麻醉安全系数较大、麻醉深度易于掌握等优点。缺点为对上呼吸道黏膜有较强的刺激作用,使分泌物增加,易发生呼吸道阻塞。因此,使用中应注意和观察动物呼吸道是否通畅。

其他吸入性麻醉药物包括三氟乙烷、氯仿等,在教学实验中应用较少。

2. 非吸入性麻醉药物

(1) 巴比妥类药物：具有镇静及催眠效应。根据其作用时限可分为长、中、短、超短时作用4类。其作用机制主要是阻止神经冲动传入大脑皮质，从而达到对中枢神经系统产生抑制作用。

(2) 氯胺酮：主要阻断大脑联络径路和丘脑反射到大脑皮质各部分的径路，选择性地阻断痛感，是一种具有镇痛效应的麻醉剂。注射后，可使整个中枢神经系统出现短暂的、自浅向深的轻微抑制，称为浅麻醉。

(3) 氨基甲酸乙酯(乌拉坦)：多数实验动物都可以使用，尤其适用于小动物。一般使用20%氨基甲酸乙酯进行麻醉。麻醉机制尚待进一步研究和证实。

(4) 水合氯醛：为乙醛的三氯衍生物，对中枢神经系统的抑制作用类似于巴比妥类药物。

二、常用麻醉药物的选择与方法

在机能实验学的动物实验中，常用麻醉药物和剂量的选择原则可以大体上归纳为表3-1的内容。

表3-1 实验动物常用麻醉药物的作用特点与用药剂量

药 名	动 物	给药途径	常配浓度(%)	给药量(ml/kg体重)	麻醉维持时间
戊巴比妥钠	大、小鼠	腹腔	2	2.3	3~5小时
	豚鼠	腹腔	2	2.0~2.5	
	犬、家兔	静脉	3	1	
巴比妥钠	犬	静脉	2.5~3	1	2~4小时
	大鼠	腹腔	1	0.3~0.4ml/100g	
氨基甲酸乙酯	犬、家兔	静脉	20	3~5	2~4小时
(乌拉坦)	大、小鼠	腹腔	10	1.5ml/100g	
氯醛糖	大鼠	腹腔	13.3	0.6ml/100g	8小时
		肌肉	1	0.6ml/100g	8小时
氯胺酮	家兔、犬	静脉	1	0.3~0.5	30分钟
	大鼠	肌肉		0.6ml/100g	
	豚鼠	腹腔	1	0.8ml/100g	
普鲁卡因	各种动物	脊髓黏膜	1~2	视情况而定	30分钟

三、麻醉技巧

由于动物的个体差异以及对麻醉药物的耐受性不同，因此，在给动物施行麻醉的过程中，控制麻醉深度和掌握麻醉技巧十分重要。

1. 麻醉的基本原则

不同麻醉药物的麻醉作用机制、起效时间、维持时间和药物的毒性作用均不相同。用药前，应详细了解各种麻醉药物的作用机制和特点。同时，根据实验目的及动物种类、品系、年龄、性别、健康状况选择适当的麻醉药物也是不可忽视的因素之一。如对大鼠实施麻醉时，有两种方法可供选择，一是腹腔注射方法，二是肌肉注射方法。如果确认用乌拉坦进行麻醉手术时，腹腔注射的方法麻醉效果出现得较快，但是极易出现呼吸、心律不规则的变化；而肌肉注射方法尽管效果出现得较慢，但是安全系数较大，不易出现呼吸、心律异常的改变。如果以乌拉坦与氯醛糖合用，则麻醉效果更佳。

2. 麻醉的基本技巧

(1) 给药途径：选择给药途径的原则是：可腹腔注射的药物不必通过静脉给药，可肌肉注射的药物也应避免腹腔注射。其给药途径应按肌肉、腹腔、静脉的顺序。

(2) 给药速度：静脉注射麻醉药物时，开始给药的速度可略为快些，即先给予总量的1/3，以求动物能顺利、快速地度过兴奋期。后2/3剂量的给入速度宜慢，且边注射边观察动物的生命体征的变化(心跳、呼吸等)。当确定已达到麻醉效果时，即可停止给药，不必急于将剩余的麻醉药物全部推入。

(3) 动物麻醉效果的判断：动物达到麻醉的基本状态是：肢体肌肉松弛，呼吸节律呈现深而慢的改变，角膜反射存在，较为迟钝，躯体呈现自然倒下，此时为最佳麻醉效果。若麻醉剂量已给足，动物仍有挣扎、兴奋等表现时，应观察一段时间，确认动物是否已度过兴奋期，切不可盲目追加麻醉药物。避免因麻醉过深，抑制心跳呼吸中枢而导致动物死亡。

3. 麻醉意外问题的处理

(1) 麻醉过量：麻醉过量时，实验动物会出现两种情况，一是呼吸、心搏骤停或间断等情况；二是动物全身皮肤颜色青紫，呼吸运动浅而慢。这时，要密切观察动物生命体征的变化，做好实施各项抢救工作的准备。另外，可根据不同情况采取相应的急救处理措施，如实施人工呼吸，注射苏醒剂(肾上腺素、尼可刹米、咖啡因)等，也可静脉注射5%的葡萄糖溶液。待动物恢复自主呼吸后，再进行后续操作。

(2) 麻醉过浅：麻醉过浅动物会出现挣扎、尖叫等表现，需要及时地追加麻醉药物，但一次不宜超过总量的1/3，并密切观察动物是否已达到麻醉的基本状态。当计算总量已用尽，而动物仍无法进入最佳的麻醉状态，且影响手术操作时，可慎重追加麻醉药物，但不能以快速给药的方式由静脉途径补充麻醉药物，此时选择腹腔或肌肉注射的方式更为妥当。

四、麻醉注意事项

(1) 乙醚是挥发性很强的液体，易燃易爆，使用时应远离火源。平时应装在棕色玻璃瓶中，储存于阴凉干燥处，不宜放在冰箱内，以免遇到电火花时引起爆炸。

(2) 动物麻醉后可使体温下降，要注意保温。在寒冷季节，注射前应将麻醉剂加热至与动物体温相一致的水平。

(3) 犬、猫或灵长类动物，手术前8~12小时应禁食，避免麻醉或手术过程中发生呕吐。家兔或啮齿类动物无呕吐反射，术前无需禁食。

(4) 静脉麻醉时,应注意给药速度,密切观察动物生命体征的变化,出现呼吸节律不整和心动过缓时,应立即停止给药。

第五节 实验动物的去毛方法

实验动物的被毛常能影响实验操作和观察结果,因此常需去除或剪短动物的被毛。除毛的方法有剪毛、剃毛、刮毛、拔毛和脱毛等几种方法。

1. 剪毛 固定动物后,用粗剪刀剪去所需部位的被毛。剪毛时要把剪刀贴近皮肤,不能用手提起被毛,以免剪破皮肤。

2. 拔毛 给兔耳缘静脉等部位注射、取血时,应将局部被毛拔除,以便于操作。

3. 脱毛 脱毛系指用化学药品脱去动物的被毛,适用于无菌手术野的准备以及观察动物局部皮肤血液循环和病理变化。常用脱毛剂配方有下列三种:

(1) 硫化钠 3g,肥皂粉 1g,淀粉 7g,加水适量调成糊状。

(2) 淀粉 7g,糖 4g,甘油 5g,硼砂 1g,加水 75ml。

(3) 硫化钠 8g,溶于 100ml 水中。

以上脱毛剂配方可用于家兔、大白鼠和小白鼠等小动物。

4. 剃毛 用电动或手动的理发用推剪,剃去手术区被毛。

5. 刮毛 用肥皂水湿润手术区的被毛,然后用剃须刀等锋利刀片轻轻刮除手术区的被毛。小心割破皮肤。

第六节 实验动物的取血方法

实验研究中,经常要采集实验动物的血液进行常规检查或某些生物化学分析,故必须掌握血液的正确采集、分离和保存的操作技术。

采血方法的选择,主要决定于实验的目的所需血量以及动物种类。凡用血量较少的检验如红、白细胞计数,血红蛋白的测定,血液涂片以及酶活性微量分析法等,可刺破组织取毛细血管的血。当需血量较多时可做静脉采血。静脉采血时,若需反复多次,应自远离心脏端开始,以免发生栓塞而影响整条静脉。例如,研究毒物对肺功能的影响、血液酸碱平衡、水盐代谢紊乱,需要比较动、静脉血氧分压、二氧化碳分压和血液 pH 以及 K^+、Na^+、Cl^- 离子浓度,必须采取动脉血液。

采血时要注意:①采血场所有充足的光线;室温夏季最好保持在 25~28℃,冬季,15~20℃为宜;②采血用具及采血部位一般需要进行消毒;③采血用的注射器和试管必须保持清洁干燥;④若需抗凝全血,在注射器或试管内需预先加入抗凝剂。现将采用血方法按动物和部位分别加以介绍。

(一) 兔采血法

1. 耳缘静脉采血 本法为最常用的取血法之一,常作多次反复取血用,因此,保护耳缘静脉,防止发生栓塞特别重要。

将兔放入仅露出头部及两耳的固定盒中，或由助手以手扶住。选耳缘静脉清晰的耳朵，将耳缘静脉部位的毛拔去，用酒精局部消毒，待干。用手指轻轻摩擦兔耳，使静脉扩张，用连有 5(1/2) 号针头的注射器在耳缘静脉末端刺破血管待血液漏出取血或将针头逆血流方向刺入耳缘静脉取血，取血完毕用棉球压迫止血，此种采血法一次最多可采血 5～10ml。

2. 耳中央动脉采血 将兔置于兔固定筒内，在兔耳的中央有一条较粗、颜色较鲜红的中央动脉，用左手固定兔耳，右手取注射器，在中央动脉的末端，沿着动脉平行地向心方向刺入动脉，即可见动脉血进入针筒，取血完毕后注意止血。此法一次抽血可达 15ml。但抽血时应注意，由于兔耳中央动脉容易发生痉挛性收缩，因此抽血前，必须先让兔耳充分充血，当动脉扩张，未发生痉挛性收缩之前立即进行抽血，如果等待时间过长，动脉经常会发生较长时间的痉挛性收缩。取血用的针头一般用 6 号针头，不要太细。针刺部位从中央动脉末端开始。不要在近耳根部取血，因耳根部软组织厚，血管位置略深，易刺透血管造成皮下出血。

3. 心脏取血 将家兔仰卧固定，在第三肋间胸骨左缘 3mm 处注射针垂直刺入心脏，血液随即进入针管。注意事项有：①动作宜迅速，以缩短在心脏内的留针时间和防止血液凝固。②如针头已进入心脏但抽不出血时，应将针头稍微后退一点。③在胸腔内针头不应左右摆动以防止伤及心、肺，一次可取血 20～25ml。

4. 后肢胫部皮下静脉取血 将兔仰卧固定于兔固定板上，或由一人将兔固定好。拔去胫部被毛，在胫部上端股部扎以橡皮管，则在胫部外侧浅表皮下，可清楚见到皮下静脉。用左手两指固定好静脉，右手取带有 5(1/2) 号针头的注射器内皮下静脉平行方向刺入血管，抽一下针栓，如血进入注射器，表示针头已刺入血管，即可取血。一次可取 2～5ml。取完后必须用棉球压迫取血部位止血，时间要略长些，因此处不易止血。如止血不妥，可造成皮下血肿，影响连续多次取血。

5. 股静脉、颈静脉取血 先做股静脉和颈静脉暴露分离手术。

(1) 股静脉取血：注射器平行于血管，从股静脉下端向心方向刺入，徐徐抽动针栓即可取血。抽血完毕后要注意止血。股静脉较易止血，用于纱布轻压取血部位即可。若连续多次取血，取血部位宜尽量选择靠离心端。

(2) 颈静脉取血：注射器由近心端(距颈静脉分支 2～3cm 处)向头侧远心端方向顺血管平行刺入，将注射针一直引深至颈静脉分支叉处，即可取血。此处血管较粗，很容易取血，取血量也较多，一次可取 10ml 以上。取血完毕，拔出针头，用干纱布轻轻压迫取血部位也易止血。兔急性实验的静脉取血，用此法较方便。

(二) 小鼠、大鼠采血法

1. 割(剪)尾采血 当所需血量很少时采用本法。固定动物并露出鼠尾。将尾部毛剪去后消毒，然后浸在 45℃ 左右的温水中数分钟，使尾部血管充盈。再将尾擦干，用锐器(刀或剪刀)割去尾尖 0.3～0.5cm，让血液自由滴入盛器或用血红蛋白吸管吸取，采血结束，伤口消毒并压迫止血。也可在尾部做一横切口，割破尾动脉或静脉，收集血液的方法同上。每鼠一般可采血 10 余次以上。小鼠每次可取血 0.1ml，大鼠 0.3～0.5ml。

2. 鼠尾刺血法　大鼠用血量不多时(仅做白细胞计数或血红蛋白检查),可采用本法。先将鼠尾用温水擦拭,再用酒精消毒和擦拭,使鼠尾充血。用7号或8号注射针头,刺入鼠尾静脉,拔出针头时即有血滴出,一次可采集10~50mm^3。如果长期反复取血,应先靠近鼠尾末端穿刺,以后再逐渐向近心端穿刺。

3. 眼眶静脉丛采血　采血者的左手拇食两指从背部较紧地握住小鼠或大鼠的颈部(大鼠采血需带上纱手套),应防止动物窒息。当取血时左手拇指及食指轻轻压迫动物的颈部两侧,使眶后静脉丛充血。右手持续接7号针头的1ml注射器或长颈(3~4cm)硬质玻璃滴管(毛细管内径0.5~1.0mm),使采血器与鼠面成45°的夹角,由眼内角刺入,针头斜面先向眼球,刺入后再转180°使斜面对着眼眶后界。刺入深度,小鼠约2~3mm,大鼠约4~5mm。当感到有阻力时即停止推进,同时,将针退出约0.1~0.5mm,边退边抽。若穿刺适当血液能自然流入毛细管中,当得到所需的血量后,即除去加于颈部的压力,同时,将采血器拔出,以防止术后穿刺孔出血。

若技术熟练,用本法短期内可重复采血均无多大困难。左右两眼轮换更好。体重20~25g的小鼠每次可采血0.2~0.3ml;体重200~300g大鼠每次可采血0.5~1.0ml,可适用于某些生物化学项目的检验。

4. 断头取血　采血者的左手拇指和食指以背部较紧地握住大(小)鼠的颈部皮肤,并做动物头朝下倾的姿势。右手用剪刀猛剪鼠颈,约1/2~4/5的颈部前剪断,让血自由滴入盛器。小鼠可采血约0.8~1.2ml,大鼠约5~10ml。

5. 心脏采血　鼠类的心脏较小,且心率较快,心脏采血比较困难,故少用。活体采血方法与豚鼠相同。若做开胸一次死亡采血,先将动物做深麻醉,打开胸腔,暴露心脏,用针头刺入右心室,吸取血液。小鼠约0.5~0.6ml;大鼠约0.8~1.2ml。

6. 颈动、静脉采血　先将动物仰位固定,切开颈部皮肤,分离皮下结缔组织,使颈静脉充分暴露,可用注射器吸出血液。或在气管两侧分离出颈动脉,远心端结扎,近心端剪口将血滴入试管内。

7. 腹主动脉采血　最好先将动物麻醉,仰卧固定在手术架上,从腹正中线皮肤切开腹腔,使腹主动脉清楚暴露。用注射器吸出血液,防止溶血。或用无齿镊子剥离结缔组织,夹住动脉近心端,用尖头手术剪刀,剪断动脉,使血液喷入盛器。

8. 股动(静)脉采血　先由助手握住动物,采血者左手拉直动物下肢,使静脉充盈。或者以搏动为指标,右手用注射器刺入血管。体重15~20g小鼠采血约0.2~0.8ml,大鼠约0.4~0.6ml。

(三)豚鼠采血法

1. 耳缘剪口采血　将耳消毒后,用锐器(刀或刀片)割破耳缘,在切口边缘涂抹20%枸橼酸钠溶液,阻止血凝,则血可自切口自动流出,进入盛器。操作时,使耳充血效果较好。此法能采血0.5ml左右。

2. 心脏采血　取血前应探明心脏搏动最强部位,通常在胸骨左缘的正中,选心跳最明显的部位作穿刺。针头宜稍细长些,以免发生手术后穿刺孔出血,其操作手法详见兔心脏采血。因豚鼠身体较小,一般可不必将动物固定在解剖台上,而可由助手握住前后肢进行采血即可。成年豚鼠每周采血应不超过 10ml 为宜。

3. 股动脉采血 将动脉仰位固定在手术台上，剪去腹股沟区的毛，麻醉后，局部用碘酒消毒。切开长约 2~3cm 的皮肤，使股动脉暴露及分离。然后，用镊子提起股动脉，远心端结扎，近心端用止血钳夹住，在动脉中央剪一小孔，用无菌玻璃小导管或聚乙烯、聚四氟乙烯管插入，放开止血钳，血液即从导管口流出。一次可采血 10~20ml。

4. 背中足静脉取血 助手固定动物，将其右或左右膝关节伸直提到术者面前。术者将动物脚背面用酒精消毒，找出背中足静脉后，以左手的拇指和食指拉住豚鼠的趾端，右手拿注射针刺入静脉。拔针后立即出血，呈半球状隆起。采血后，用纱布或脱脂棉压迫止血。反复采血时，两后肢交替使用。

（四）犬、猫采血法

1. 后肢外侧小隐静脉和前肢内侧下头静脉采血 此法最常用，且方便。后肢外侧小隐静脉在后肢胫部下 1/3 的外侧浅表的皮下，由前侧方向后行走。抽血前，将犬固定在犬架上或使犬侧卧，由助手将犬固定好。将抽血部位的毛剪去，碘酒-酒精消毒皮肤。采血者左手拇指和食指握紧剪毛区上部，使下肢静脉充盈，右手用连有 6 号或 7 号针头的消毒器迅速穿刺入静脉，左手放松将针固定，以适当速度抽血（以无气泡为宜）。或将胶皮带绑在犬股部，或由助手握紧股部，即可，若仅需少量血液，可以不用注射器抽取，只需用针头直接刺入静脉，待血从针孔自然滴出，放入盛器或作涂片。采集前肢内侧皮下的头静脉血时，操作方法基本与上述相同。一只犬一般采 10~20ml 血并不困难。

2. 股动脉采血 本法为采取犬动脉血最常用的方法。操作也较简便。稍加以训练的犬，在清醒状态下将犬卧位固定于犬解剖台上。伸展后肢向外伸直，暴露腹股沟三角动脉搏动的部位，剪去毛。用碘酒消毒。左手中指、食指探摸股动脉跳动部位，并固定好血管，右手取连有 5(1/2) 号针头的注射器，针头由动脉跳动处直接刺入血管，若刺入动脉一般可见鲜红血液流入注射器，有时还需微微转动一下针头或上下移动一下针头，方见鲜血流入。有时，往往刺入静脉，必须重抽之。待抽血完毕，迅速拔出针头，用干药棉压迫止血 2~3 分钟。

3. 心脏采血 本法最好在麻醉下进行，驯服的犬不麻醉也行。将固定在手术台上，前肢向背侧方向固定，暴露胸部，将左侧第 3~5 肋间的被毛剪去，用碘酒-酒精消毒皮肤。采血者用左手触摸左侧 3~5 肋间处，选择心跳最明显处穿刺。一般选择胸骨左缘外 1cm 第 4 肋间处。取连有 6(1/2) 号针头的注射器，由上述部位进针，并向动物背侧方向垂直刺入心脏。采血者可随针接触心跳的感觉，随时调整刺入方向和浓度，摆动的角度尽量小，避免损伤心肌过重，或造成胸腔大出血。当针头正确刺入心脏时，血即可进入抽射器，可抽取多量血液。

4. 耳缘静脉采血 本法宜取少量血液作血常规或微量酶活力检查等。有训练的犬不必绑嘴，剪去耳尖部短毛，即可见耳缘静脉，手法基本与兔相同。

5. 颈静脉 犬不需麻醉，经训练的犬不需固定，未经训练的犬应予固定。取侧卧位，剪去颈部被毛约 $10\times3cm^2$ 范围，用碘酒、酒精消毒皮肤。将犬颈部拉直，头尽量后仰。用左手拇指压住颈静脉入胸部位的皮肤。使颈静脉怒张，右手取连有 6(1/2) 号针头的注射器。针头沿血管平行方向向心端刺往前血管。由于此静脉在皮下易滑动，针刺时除用左手固定好血管外,刺入要准确。取血后注意压迫止血。采用此法一次可取较多量的血。猫的采血法基本与犬相同。常采用前肢皮下头静脉、后肢的股静脉、耳缘静脉取血。需大量血液时可从颈静脉取血,方法见前述。

第七节 实验动物的处死方法

1. 蛙类 常用金属探针插入枕骨大孔,破坏脑脊椎的方法处死。将蛙用温布包住,露出头部,左手执蛙,并且用食指按压其头部前端,拇指按压背部,使头前俯;右手持金属探针由头前端沿线向尾方刺触,触及凹陷处即枕骨大孔所在。将探针由凹陷处垂直刺入,刺破皮肤即入枕骨大孔。这时将探针尖端转向头方,向前探入颅腔,然后向各方搅动,以捣毁脑组织,如探针确在颅腔内,实验者可觉出针在四面皆壁的腔内。脑组织捣毁后,将探针退出,再由枕骨大孔刺入,并转向尾方,与脊柱平行刺入椎管,以破坏脊髓。脑和脊髓是否被完全破坏,可检查动物四肢肌肉的紧张性是否完全消失。拔出探针后,用一小干棉球将针孔堵住,以防止其出血。

操作过程中要防止毒腺分泌物射入实验者眼内。如被射入时,即需立即用生理盐水冲洗眼睛。

2. 大鼠和小鼠

(1) 脊椎脱臼法:右手抓住鼠尾用力向后拉,同时左手拇指与食指用力向下按住鼠头,将脊髓与脑髓拉断,鼠便立即死亡。

(2) 断头法:实验者戴上棉手套,用右手握住大鼠头部,左手握住背部,露出颈部,助手用剪刀在鼠颈部将鼠头剪掉。小鼠处死法相同。

(3) 击打法:右手抓住鼠尾,提起,用力摔击其头部,鼠痉挛后立即死亡。用小木锤用力击打鼠头部也可致死。

(4) 急性大失血法:可采用鼠眼眶动脉和静脉急性大量失血方法使鼠立即死亡。

(5) 化学致死法:吸入一氧化碳,大、小鼠在一氧化碳浓度为0.2%~0.5%环境中即可致死。皮下注射士的宁,吸入乙醚、氨仿,均可致死。士的宁注射量,小鼠为0.76~2.0mg/kg体重,大鼠3.0~3.5ml/kg体重。氯化钾处死大鼠剂量:25%溶液0.6ml/只静脉注入。

3. 犬、猫、兔、豚鼠

(1) 空气栓塞法:向动物静脉内注入一定量的空气,使之发生栓塞而死。当空气注入静脉后,可在右心随着心脏的跳动使空气与血液相混致血液成泡沫状,随血液循环到全身。如进入肺动脉,可梗阻其分支,进入心脏冠状动脉,造成冠状动脉阻塞,发生严重的血液循环障碍,动物很快致死。一般兔、猫等静脉内注入20~40ml空气即可致死。每条犬由前肢或后肢皮下静脉注入80~150ml空气,可很快致死。

(2) 急性失血法:先使动物轻度麻醉,如犬可按每千克体重静脉注射硫喷妥纳20~30mg,动物即很快入睡。暴露股三角区,用锋利的杀犬刀在股三角区做一个约10cm的横切口,把股动、静脉全切断,立即喷出血液。用一块湿纱布不断擦去股动脉切口处的血液和血凝块,同时不断地用自来水冲洗流血,使股动脉切口处保持畅通,动物3~5分钟内即可致死。采用此种方法,动物十分安静,对脏器无损伤,对活杀采集病理切片标本是一种较好的方法。

(3) 破坏延脑法:如果急性实验后,脑已暴露,可用器具将延髓破坏,导致动物死亡。对家兔也可用木锤用力锤击其后脑部,损坏延脑,造成死亡。

(4) 开放性气胸法:将动物开胸,造成开放性气胸。这时胸膜腔的压力与大气压力相等,肺脏因受大气压缩发生肺萎陷,纵隔摆动,动物窒息而死。

(5) 化学药物致死法:静脉内注入一定量的氯化钾溶液,使动物心肌失去收缩能力,心脏急性扩张,致心脏弛缓性停跳而死亡。每只成年兔由兔耳缘静脉注入 10%氯化钾溶液 5~10ml;每条成年犬由犬前肢或后肢下静脉注入 20~30ml。即可致死。

静脉内注入一定量的福尔马林溶液,使血液内蛋白凝固,动物由于全身血液循环严重障碍和缺氧而死。每条成年犬静脉注入 10%福尔马林溶液 20ml 即可致死。也可将福尔马林与酒精按一定比例配成动物致死液应用。

皮下注射士的宁致死:豚鼠剂量为 3. 0~4. 4mg/kg 体重,兔 0. 5~0. 5mg/kg 体重,犬 0. 3~0. 42mg/kg 体重,猫 1. 0~2. 0mg/kg 体重。

经口或注射 DDT 致死(LD50):豚鼠:经口 0. 4g/kg 体重,皮下 0. 9g/kg 体重。兔:经口 0. 3g/kg 体重,皮下 0. 25g/kg 体重;静脉 0. 043g/kg 体重。犬:静脉 0. 067g/kg 体重。

(徐小元 洪天国)

第四章　实验动物手术的基本方法

第一节　常用手术器械简介

各类机能实验所需手术器械基本一致，分为一般手术器械和显微手术器械。在此主要介绍各类型手术器械的正规持握方法和正确使用方法。

1. 手术刀　由刀片和刀柄组成，可分为大、中、小号不同类型。大号手术刀主要用于切开皮肤；中号手术刀用于脏器组织的切割手术；小号手术刀主要用于特殊部位的组织切割。安装刀片时，先用直型止血钳夹刀片，按刀片上的空隙对准刀柄上的槽隙，顺其惯性推入即可。手术刀的基本使用方法有两种：①持弓手法：类似于拉小提琴的持弓手法，其右手中指、无名指按压在手术刀柄的外侧缘，拇指放在刀柄的内侧缘，食指按压在刀片后 1/3 处。使用过程中，以中指、无名指和拇指的力量控制切开组织的方向，以示指的按压力控制切开组织的深度。这种持刀法适于切开皮肤。②执笔手法：以持笔的手法握住刀柄，适于小范围内的组织切开，具有很大的随意性，既可做垂直切割，又可做水平切割。切忌"满把抓"。

2. 组织镊　可分为组织镊和眼科组织镊。组织镊在实验操作中的主要作用是钳夹组织及分离组织和筋膜。眼科组织镊在机能学实验中一般用于分离血管。组织镊分为大、中、小三种不同规格，眼科组织镊又分为直、弯型两种规格。临床上使用的组织镊还包括显微外科组织镊，主要应用在对血管的缝合上。正确使用组织镊的手法是：以示指、中指放于器械的外侧缘，拇指放于内侧缘，集三指的力量实施操作动作，而且适用于左右手同时操作。

3. 止血钳　主要用于止血和分离组织。其本结构包括止血钳的头部、关节活动部、柄部和套扣四部分。有大、中、小三种不同规格，每一规格的止血钳中又分为直、弯两种类型。使用方法：以拇指、中指（或无名指）分别套入止血钳的套扣内，控制止血钳展开的力度，以示指放于止血钳的关节部位，控制止血钳的方向和钳夹组织部位的准确性。切忌两手合力。

4. 组织钳　包括皮肤钳、敷料钳。皮肤钳主要用于切开皮肤后的外翻式固定皮肤。敷料钳主要用于钳夹敷料和各种导管。使用方法：组织钳的基本构件与止血钳大致相同，使用方法基本一致。只是皮肤钳的头部较平，而且宽大，便于牢固地钳夹皮肤组织。敷料钳头部呈圆形结构，钳夹敷料时接触面积大，不易脱落。

5. 持针器　持针器是专门咬合缝合针的一种器械。使用方法：持针器的基本构件与止血钳大致相同，使用方法基本一致。

6. 缝合针　有圆针和角针两种，有大、中、小号的区别。使用方法：圆针用于缝合皮下软组织结构；角针边缘锋利，除具有穿刺功能外，还具有切割的作用，由于缝合比较坚硬的皮肤组织。缝合针需配合持针器同时使用。切忌以手代替持针器。

7. 探针 有金属探针和玻璃分针两种。使用方法:主要应用于对精细部位和组织的分离和游离等操作。有时,在实施血管插管技术时,切开血管壁后往往借助于金属探针先将切口挑起,然后插入导管。

8. 实验板 针对不同大小的实验动物或不同的实验要求,每一位操作者均可自行设计各自所需的动物实验板。在基础医学实验课程中,常用的动物实验板有犬实验台、家兔实验台板、大鼠实验板。

第二节 手术插管技术

一、插管技术简介

1. 插管技术意义 插管技术是指借助一定的手术器械,将导管插入机体预定管腔内的一种实验技术。动物试验常常以静脉注射、放血等为试验方法,以血压、呼吸和尿量等为观察指标,不可避免地涉及各种插管技术,正确实施各种插管技术对提高实验成功率、结果可信度和数据的准确性方面均有重要意义。

2. 插管技术种类 目前对插管技术的分类并不明确,大多以器官来划分,还有以导管质地、借助仪器不同划分。其中:

(1) 按器官划分可将插管技术分为:心导管插管术、动静脉插管术、气管插管术、输尿管插管术和胃管插管术等。

(2) 按导管质地、借助仪器不同可分为:纤维导管插管术(如纤维胃镜插管术、纤维直肠镜插管术、支气管镜插管术等)和一般导管插管术(如动静脉插管术、输尿管插管术等)。

3. 基本步骤 每一项导管插管术的基本步骤大体相同。

(1) 动物的麻醉固定。

(2) 插管部位皮肤去毛与消毒。

(3) 皮肤切开。

(4) 皮下组织结构的分离。

(5) 目标器官或组织结构的游离。

(6) 导管插入和固定。

4. 基本要求

(1) 要求正规操作,认真细致,动作轻柔;强调钝性分离,尽量减少失血。一般情况下,除切开皮肤和筋膜外,所有分离肌肉和血管过程均应用止血钳和眼科镊钝性分离。

(2) 选择合适导管:导管选择时应根据动物体形大小和组织解剖学特征而定。选导管时应注意导管的质地、管径和管口是否光滑等。导管太软不易固定和长距离插入、导管太硬易刺破管壁。一般静脉插管应选择较软的导管,而动脉插管则选择稍硬的导管。

(3) 熟悉手术部位的解剖学特征,是插管成功的前提条件,可以减少不必要的操作和手术损伤刺激,保证相对正常的实验条件。

(4) 血管插管前应进行导管肝素化。将导管充满肝素盐水,可防止导管局部凝血。

(5) 导管固定要牢固。一般采用双线固定。即在导管插入管腔后,在插管入口处上下两端,分别用两根缝线将管腔壁与导管一并结扎,形成双固定,以保证结扎牢固。动脉插管时尤其要注意结扎牢固,以防血管压力高将导管推出脱落。

二、各种插管技术的操作方法

在动物实验中开展的各项插管实验技术,不管是大动物还是小动物,其实际应用范围、方法步骤和基本条件都大致相同。现以家兔为例分别加以介绍。

(一) 气管插管术

气管插管技术即人为地将玻璃或铁制的"Y"形导管插到气管的特定部位,具有清除气管内异物、维持动物正常呼吸和便于收集呼出气体进行实验分析等作用,是一项常用的应急性的抢救措施。同时可用于测量呼吸流量、给予动物不同气体刺激来影响呼吸运动的研究。

1. 实验器材 哺乳动物手术器械1套、家兔手术台、"Y"形气管插管、注射器(10ml、20ml各1只)、4号手术线、医用纱布。

2. 药品 20%氨基甲酸乙酯(乌拉坦)、0.9%生理盐水。

3. 实验步骤

(1) 麻醉动物:以20%氨基甲酸乙酯(乌拉坦5ml/kg体重),耳缘静脉缓慢注射,待麻醉体征(动物的肢体会呈现软弱无力,角膜反射、疼痛反射消失,呼吸平稳)出现即可。

(2) 固定动物:待动物麻醉后,将动物四肢套上绑绳,以仰卧位方式将动物固定于兔手术台上。

(3) 备皮:用剪刀紧贴颈部皮肤,依次剪去手术所需部位的被毛。不可用手提起被毛,以免剪破皮肤。

(4) 沿颈部下颌至锁骨上缘,做一正中线、长约5cm的皮肤切口,分离皮下筋膜,暴露胸骨舌骨肌。

(5) 用止血钳插入左右二侧胸骨舌骨肌之间,做钝性分离。将两条肌肉向两外侧缘牵拉并固定,以便充分暴露气管。用弯型止血钳将气管与背侧面的结缔组织分开,游离气管约5cm,在其下面穿线备用(穿线时应注意将气管与大血管和神经分开)(图4-1)。

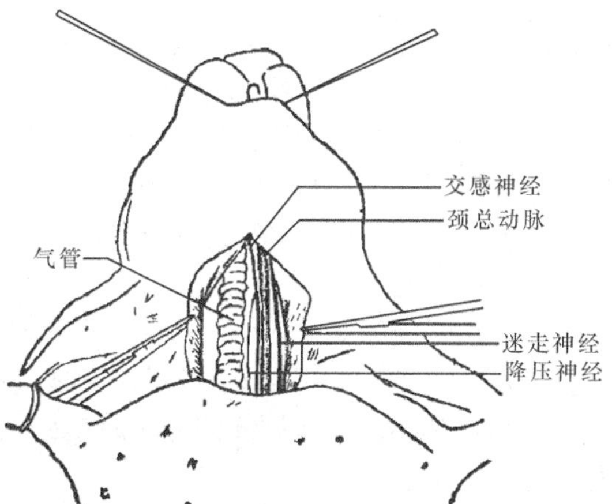

图4-1 家兔颈部解剖

(6) 用手术刀或手术剪在甲状软骨下1cm处的气管两软骨环之间做一倒"T"形切口,气管上的切口不宜大于气管直径的1/3。

(7) 如气管内有血液或分泌物先用棉球揩尽,用组织镊夹住气管切口的一角,将气管插管,由切口处向胸腔部位插入气管腔内,用备用线结扎导管，并固定于侧管分叉处，以免“Y”形导管脱落。

4. 注意事项

(1) 注意动物麻醉的深浅度，首次进针应从耳缘静脉的耳尖部开始，麻药的前1/3可稍快，后2/3稍慢。给药的同时密切观察动物的麻醉体征。

(2) 术中注意及时止血，若出现渗血，可用温湿生理盐水纱布压迫止血。少量涌血时，可用止血钳夹闭出血点。大血管出血时，应立即结扎出血血管。

(3) 切颈部皮肤时，最好一刀切开，以保持切口边缘平整。

(4) 插管前，如气管内有血液或分泌物要用棉球吸净，以保证呼吸道通畅。

(5) 止血钳分离皮下结缔组织和肌肉组织时，分离方向应顺肌纤维方向，分离范围应与皮肤切口的长度范围一致，以便充分暴露组织器官。

(6) 如果动物气道内有“呼噜”声，或伴有呼吸困难体征时，可用连有细胶管的注射器进行抽吸，排除多余的分泌物后，再重新插管，保证气道通畅。

(二) 颈动脉插管术

颈动脉插管技术是一项常用的实验学技术，能否顺利地完成此项技术，对机能学实验是否成功有较大的影响。

1. 实验器材 哺乳动物手术器械1套、家兔手术台、注射器(1ml、10ml、20ml各1只)、动脉插管、40KPa压力换能器1套、计算机及PcLab生物信号处理系统、4号手术线、医用纱布。

2. 药品 20%氨基甲酸乙酯(乌拉坦)、0.9%生理盐水、0.3%肝素溶液。

3. 方法与步骤

(1) 麻醉动物：以20%氨基甲酸乙酯(乌拉坦5ml/kg体重)，耳缘静脉缓慢注射，待麻醉体征(动物的肢体会呈现软弱无力，角膜反射、疼痛反射消失，呼吸平稳)出现即可。

(2) 固定动物：动物麻醉后，观察动物腹式呼吸，待动物呼吸平稳，将动物四肢套上绑绳，以仰卧位方式将动物固定于兔手术台上。

(3) 插管前准备：以0.3%肝素溶液(2ml/kg体重)耳缘静脉缓慢注射，动物全身肝素化。用1ml注射器连接三通管、动脉插管。调试三通管阀门的位置，致使动脉插管与注射器相通。反复抽取肝素溶液，使导管和三通管内无气泡存在为止。调置三通管的阀门至导管与注射器不相通的刻度位置备用。由血压换能器头端调节三通管阀门，使换能器处于与外界相通状态，并反复抽取0.9%生理盐水，确保其中无气泡后，关闭三通管阀门，备用。

(4) 选择手术视野、备皮：在家兔下额至锁骨处的范围内，紧贴动物颈部皮肤(切记：不可采用提起动物毛发的方法进行剪毛)，小心地剪去动物被毛。

(5) 切开颈部皮肤：第一、第二术者手持组织镊，轻轻提起两侧皮肤，沿离下颌3cm至锁骨上1cm处的手术视野内，剪开皮肤约1cm的小口。随后用止血钳贴紧皮下向上钝性分离皮下筋膜3~4cm。用同样的方法向下分离皮下筋膜，剪开皮肤约3~4cm，注意要及时止血、结扎出血点。

(6) 分离颈部皮下筋膜：用止血钳钳夹左、右侧缘皮肤切口向外牵拉，以便充分暴露手术视野。用纹式止血钳或剪刀钝性分离皮下筋膜，或在筋膜上无大血管的情况下，剪开皮下筋膜，暴露肌肉层组织结构。注意剪开或切开的皮下筋膜，应与皮肤切口的大小一致。

（7）分离肌肉层组织：待剪开皮下筋膜后，用止血钳夹住皮下筋膜，并与皮肤固定在一起向外牵拉，充分暴露肌肉层组织特征。仔细地寻找颈部组织解剖学的特殊体征（图 4-2）。在气管的表面有两条肌肉组织的走向。一条与气管走向一致、紧贴且覆盖与气管表面上的胸骨舌骨肌，另一条肌肉即是向侧面斜行的胸锁乳突肌。在这两条肌肉组织的汇集点插入弯止血钳，以上下左右的分离方式，分离肌肉组织若干次后，即可清晰地暴露出深部组织内的颈动脉血管鞘结构。

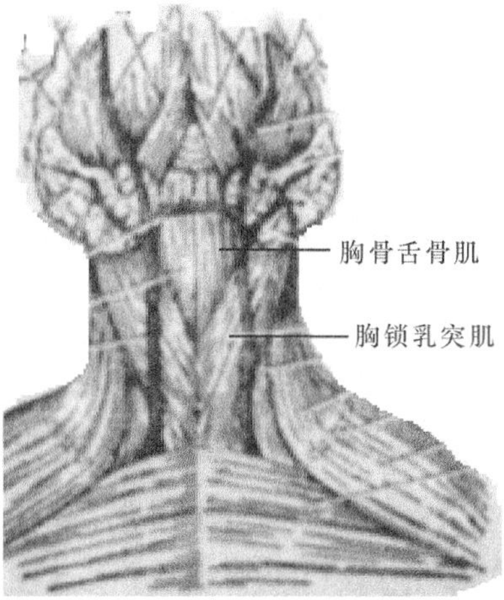

图 4-2 兔颈部肌肉解剖学的特征

（8）游离颈总动脉血管：细心分离血管鞘膜、游离与颈动脉伴随的各种神经纤维。在靠近锁骨端，分离出约 3~4cm 长度的颈总动脉血管，并在其下面穿入两根手术线备用。当确定游离的颈总动脉有足够的长度时，结扎远心端的血管，待血管内血液充分充盈后，在近心端的先用动脉夹夹住颈总动脉血管，以便准备实施插入导管的手术。

（9）颈总动脉插管：靠近颈动脉血管的远心端血管处，用医用眼科直剪，呈 45°角，剪开血管直径的 1/3。（注意，血管切口面一定要呈斜切面，不能呈垂直面。）用弯型眼科组织镊的弯钩，插入到血管腔内，轻轻挑起血管。此时可见到颈总动脉的血管腔呈现一小“三角口”，迅速沿着此切口，准确地插入血管导管约 2cm 后，在近心端结扎血管、放开动脉夹。

（10）动脉插管固定：利用远心端的结扎线再次结扎插管导管固定。

4. 注意事项

（1）注意动物麻醉的深浅度，首次进针应从耳缘静脉的耳尖部开始，麻药的前 1/3 可稍快，后 2/3 稍慢。给药的同时密切观察动物的麻醉体征。

（2）分离胸锁乳突肌和胸骨舌骨肌时止血钳不可插入得太深，以免损伤气管和颈部深层血管。

（3）术中注意及时止血，及时纱布压迫止血或用止血钳夹闭出血点或立即结扎出血血管，同时要确定是否给动物补液。

（4）动脉插管和动脉血管远心端结扎要紧，动脉插管固定要牢靠。

（三）颈静脉插管术

颈静脉插管技术是基础医学实验技术中的一项基本实验操作技术。如通过颈外静脉插管，可对动物实施静脉注射各种药物、输血补液、收集静脉血样本；也可以用于检测中心静脉压。

1. 实验器材 哺乳动物手术器械 1 套、家兔手术台、注射器（1ml、10ml、20ml 各 1 只）、静脉插管、10kPa 压力换能器 1 套、计算机及 PcLab 生物信号处理系统、4 号手术线、医用纱布。

2. 药品 20%氨基甲酸乙酯（乌拉坦）、0.9%生理盐水、0.3%肝素溶液。

3. 方法与步骤

(1) 麻醉动物：以20%氨基甲酸乙酯(乌拉坦5ml/kg体重)，耳缘静脉缓慢注射，待麻醉体征(动物的肢体会呈现软弱无力，角膜反射、疼痛反射消失，呼吸平稳)出现即可。

(2) 固定动物：动物麻醉后，观察动物腹式呼吸，待动物呼吸平稳，将动物四肢套上绑绳，以仰卧位方式将动物固定于兔手术台上。

(3) 插管前准备：以0.3%肝素溶液(2ml/kg体重)耳缘静脉缓慢注射，动物全身肝素化。用1ml注射器连接三通管、静脉插管。调试三通管阀门的位置，使静脉插管与注射器相通，反复抽取肝素溶液，使导管和三通管内充满肝素溶液无气泡存在为止。置三通管的阀门至导管与注射器不相通的刻度位置，备用。

(4) 选择手术视野、备皮：在家兔下额至锁骨处的范围内，紧贴动物颈部皮肤(切记：不可采用提起动物被毛的方法进行剪毛)，小心地剪去动物被毛。

(5) 切开颈部皮肤：第一、第二术者手持组织镊，轻轻提起两侧皮肤，沿离下颌3cm至锁骨上1cm处的手术视野内，剪开皮肤约1cm的小口。然后用止血钳贴紧皮下向上钝性分离皮下筋膜3~4cm，再用医用直剪剪开皮肤。用同样的方法向下分离皮下筋膜、剪开皮肤约3~4cm，及时止血、结扎出血点。

(6) 暴露颈总静脉：颈外静脉较浅，位于颈部皮下。当切开颈部正中皮肤组织后，只要轻轻提起左侧缘皮肤，用手指从皮肤外将一侧部组织外转翻起，即可在胸锁乳突肌外缘处清晰见到粗而明显的颈总静脉。沿血管走向，用蚊式止血钳钝性分离皮下筋膜，暴露颈总静脉约3~5cm，穿两根4号手术线备用。在靠近锁骨端，用动脉夹夹闭颈总静脉的近心端；待血管内血液充分充盈后，结扎颈总静脉的远心端。

(7) 颈总静脉插管：靠近血管远心端处，用医用眼科直剪，呈45°角，剪开血管直径的1/3，用弯型眼科组织镊的弯钩，插入到血管内，轻轻挑起血管。此时可见到颈总静脉血管腔，插入静脉插管约2.5cm。如果要进行中心静脉压测量，先要用静脉插管量取远心端结扎处到右心房或大腔静脉的距离，并在插管上作上标记，插管插入标记处，然后结扎。一般来说，插入深度约6~7cm。

(8) 静脉插管固定：导管插入静脉血管后，在近心端结扎血管导管，然后在静脉插管距血管剪开部位1.5cm处打结固定在插管上，确认结扎、固定牢靠后，放开动脉夹。

4. 注意事项

(1) 分离血管动作要轻柔，不得使用锐利器具，以免损伤血管、神经。同时，静脉上的筋膜尽可能分离干净，这样便于插管。

(2) 切口不能大于血管口径的一半，避免因操作不慎，造成血管断裂。

(3) 静脉插管的尖端要光滑，不宜制备得太尖，以免进行静脉插管时，刺破血管壁或插入管壁黏膜层中。插管时不可用力过猛，当插管插至锁骨下遇到阻力时可将插管稍稍后退，轻轻提起颈部皮肤再插入。

(4) 结扎血管、固定静脉插管十分重要，不能有丝毫的马虎。如果结扎、固定不牢靠的话，容易造成渗血，甚至插管脱落，将直接影响实验的顺利进行。

(5) 术前调试好计算机生物信号处理系统。如进行中心静脉压测量，待静脉插管后，再调试软件，不仅拖延实验时间，同时不利于导管位置的确定。

（6）进行血压测量时，应保持血压换能器与动物心脏呈水平状态，以便保证测量血压数据的准确性。

（7）每次调节三通管时，一定要先确认调节方向，避免因错误操作，而损坏压力换能器。

（四）股动脉插管术

1. 实验器材　哺乳动物手术器械1套、家兔手术台、注射器（1ml、10ml、20ml各1只）、动脉插管、40kPa压力换能器1套、计算机及生物信号处理系统、4号手术线、医用纱布。

2. 药品　20%氨基甲酸乙酯（乌拉坦）、0.9%生理盐水、0.3%肝素溶液。

3. 方法与步骤

（1）麻醉动物：以20%氨基甲酸乙酯（乌拉坦5ml/kg体重），耳缘静脉缓慢注射，待麻醉体征（动物的肢体会呈现软弱无力，角膜反射、疼痛反射消失，呼吸平稳）出现即可。

（2）固定动物：动物麻醉后，观察动物腹式呼吸，待动物呼吸平稳，将动物四肢套上绑绳，以仰卧位方式将动物固定于兔手术台上。

（3）插管前准备：以0.3%肝素溶液（2ml/kg体重）耳缘静脉缓慢注射，动物全身肝素化。用1ml注射器连接三通管、血管导管。调试三通管阀门的位置，致使血管导管与注射器相通。反复抽取肝素生理盐水液，使导管和三通管内无空气气泡存在为止。调置三通管的阀门至导管与注射器不相通的刻度位置，放置导管，以备使用。由血压换能器头端调节三通管阀门，使换能器处于与外界相通状态，并反复抽取0.9%生理盐水，确保其中无气泡后，关闭三通管阀门。

（4）选择手术视野、备皮：动物的下肢股部三角处范围内，紧贴动物皮肤（切记：不可采用提起动物毛发的方法进行剪毛），剪去局部被毛，并用生理盐水纱布清理手术范围。

（5）切开股部皮肤：第一、第二术者，手持组织镊，轻轻提起两侧皮肤，沿股三角内动脉波动的走行方向，剪开皮肤约4cm。

（6）分离股部皮下筋膜：家兔的股部皮下筋膜较薄，用弯型止血钳，撑开筋膜一至二次，即可暴露肌肉层的股三角（图4-3）。股三角解剖学特征是：上侧面以腹股沟韧带为界，外侧面以缝匠肌的内侧缘为界，内侧面以长收肌的内侧缘为界，所形成一个局部三角形结构的区域。在此区域内包括了股动、静脉和神经，三者的位置序列为（由外向内的方向分为），股神经、股动脉、股静脉。

（7）游离股动脉血管：借助小号蚊式止血钳和眼科镊，分离股部血管鞘膜和分离血管间的结缔组织，游离股动脉表面的神经。在靠近血管近心端的区域，分离出约2~4cm长度的动脉血管，并在其下面穿入两根手术线备用。当确定游离的股动脉有足够的长度时，结扎远心端的血管，待血管内血液充分充盈后，在近心端先用动脉夹夹闭股动脉血管。

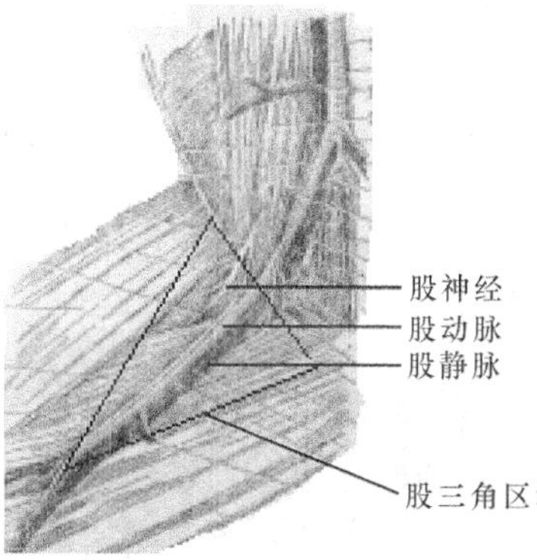

图4-3　股三角解剖学特征

（8）股动脉插管：靠近远心端血管0.3cm处，用医用眼科直剪，呈45°角，剪开血管直径的1/3。注意，血管切口面一定要呈倒“V”样的斜切面，不能呈垂直面。用弯型眼科镊的弯钩，或特制的血管探针，准确地插入到血管腔内，并轻轻挑起血管。此时可见到动脉血管切口呈现一小“三角口”，迅速沿着此切口，准确地插入血管导管约2～3cm(大动物)后，在近心端结扎血管导管、放开动脉夹。

(9) 动脉插管固定：利用远心端的结扎线再次结扎固定插管导管，观察血管局部无出血或渗血等情况后，用三角针连续缝合结扎皮肤切口，剪断缝线，即可结束股动脉血管插管手术。

4. 注意事项

(1) 注意动物麻醉的深浅度，首次进针应从耳缘静脉的耳尖部开始，麻药的前1/3可稍快，后2/3稍慢。给药的同时密切观察动物的麻醉体征。

(2) 如有渗血或出血的情况，需要及时止血。出血过多要及时给动物补液。

(3) 插管和动脉血管远心端结扎要紧，动脉插管固定要牢靠。

(五) 股静脉插管术

股静脉插管技术是一项十分常用的实验学技术。主要用于采取静脉血样本，做静脉血各种体液因子变化的生物化学检测。同时用于输血补液或输入各种药物。

1. 实验器材 哺乳动物手术器械1套、家兔手术台、注射器(10ml、20ml各1只)、静脉插管、4号手术线、医用纱布。

2. 药品 20%氨基甲酸乙酯(乌拉酯)、0.9%生理盐水、0.3%肝素溶液。

3. 方法与步骤

(1) 麻醉动物：以20%氨基甲酸乙酯(乌拉坦5ml/kg体重)，耳缘静脉缓慢注射，待麻醉体征(动物的肢体会呈现软弱无力，角膜反射、疼痛反射消失，呼吸平稳)出现即可。

(2) 固定动物：动物麻醉后，观察动物腹式呼吸，待动物呼吸平稳，将动物四肢套上绑绳，以仰卧位方式将动物固定于兔手术台上。

(3) 插管前准备：以0.3%肝素溶液(2ml/kg体重)耳缘静脉缓慢注射，动物全身肝素化。

(4) 选择手术视野、备皮：动物的下肢股部三角处范围内，紧贴动物皮肤(切记：不可采用提起动物毛发的方法进行剪毛)，剪去局部毛发，并用生理盐水纱布清理手术范围。

(5) 切开股部皮肤：第一、第二术者，手持组织镊，轻轻提起两侧皮肤，沿股三角内动脉波动的走行方向，剪开皮肤约4cm。如有渗血或出血的情况，需要及时止血。

(6) 分离股部皮下筋膜：家兔的股部皮下筋膜较薄，只要用弯型止血钳，采取不断撑开筋膜的方法一至两次，即可暴露肌肉层的股三角解剖学的特征。股三角解剖学特征所提示的是，上侧面以腹股沟韧带为界，外侧面以缝匠肌的内侧缘为界，内侧面以长收肌的内侧缘为界，所形成一个局部三角形结构的区域。在此区域内包括了股动、静脉和神经，三者的位置序列为(由外向内的方向分为)，股神经、股动脉、股静脉。

(7) 游离股静脉：静脉血管看似单薄、无扑动感。借助小号蚊式止血钳和配合眼科镊，分离股部血管鞘膜和分离血管间的结缔组织，游离股静脉表面的神经。直至在靠近远心端的区域，分离出约2～4cm长度的静脉血管，并在其下面穿入两根手术线备用。当确定游离的股静脉有足够的长度时，用动脉夹夹注近心端的血管，待静脉血管内血液充分充盈后，结扎远心端血管。

(8) 股静脉插管:靠近远心端血管 0.3cm 处,用医用眼科直剪,呈 45°角,剪开血管直径的 1/3。注意,血管切口面一定要呈斜切面,不能呈垂直面。用弯型眼科组织镊的弯钩,或特制的血管探针,准确地插入到血管腔内,并轻轻挑起血管。此时可见到静脉血管切口呈现一小“三角口”,迅速沿着此切口,准确地插入血管导管约 1.5~2.5cm(大动物),在近心端结扎血管导管、放开动脉夹。

(9) 静脉插管固定:利用远心端的结扎线再次结扎插管导管,观察血管局部无出血或渗血等情况后,用三角针连续缝合结扎皮肤切口,剪断缝线,即可结束股静脉血管插管手术。

4. 注意事项

(1) 静脉血管看似单薄、无扑动感,因此分离血管动作要轻柔,不得使用锐利器具,以免损伤血管。同时,静脉上的筋膜尽可能分离干净,这样便于插管。

(2) 切口不能大于血管口径的一半,避免因操作不慎,造成血管断裂。

(3) 静脉插管的尖端要光滑,不宜制备得太尖,以免进行静脉插管时,刺破血管壁或插入管壁黏膜层中。

(六) 输尿管插管术

输尿管插管术是收集尿液样本的常用方法之一,也是实验中最为基本的操作技术。目的有三:①用于收集尿液和观察尿生成的变化规律;②对收集的尿样本进行理化检测分析;③分析判断肾脏泌尿功能改变的规律。

1. 实验器材　哺乳动物手术器械 1 套、家兔手术台、注射器(10ml、20ml 各 1 只)、4 号手术线、医用纱布、输尿管导管。

2. 药品　20%氨基甲酸乙酯(乌拉坦)、0.9%生理盐水、0.3%肝素溶液。

3. 方法与步骤

(1) 麻醉动物:以 20%氨基甲酸乙酯(乌拉坦 5ml/kg 体重),耳缘静脉缓慢注射,待麻醉体征(动物的肢体会呈现软弱无力,角膜反射、疼痛反射消失,呼吸平稳)出现即可。

(2) 固定动物:动物麻醉后,观察动物腹式呼吸,待动物呼吸平稳,将动物四肢套上绑绳,以仰卧位方式将动物固定于兔手术台上。

(3) 剪去耻骨联合以上腹部的部分被毛。在耻骨联合上缘约 0.5cm 处,沿腹白线切开腹壁肌肉层组织,注意勿伤腹腔内脏器官。基本方法是,沿腹白线切开腹壁约 0.5cm 小口,用止血钳夹住切口边缘并提起。用手术刀柄上下划动腹壁数次(分离腹腔脏器),然后向上、向下切开腹腔层组织约 3~4cm。

(4) 寻找膀胱(如膀胱充盈,可用 50ml 的注射器将尿液抽出),将其向上翻移至腹外,辨认清楚输尿管进入膀胱背侧的部位(即膀胱三角)后,细心地用玻璃分针分离出一侧输尿管。

(5) 在输尿管靠近膀胱处用丝线扣一松结备用,离此约 2cm 处的输尿管正下方穿一根线,用弯眼科镊或小拇指托起输尿管,持眼科剪使其与输尿管表面呈 45°角,剪开输尿管(约输尿管管径的 1/2),用镊子夹住切口的一角,向肾脏方向插入输尿管导管(事先充满生理盐水),用丝线在切口处前后结扎固定,防止导管滑脱,平放输尿管导管,直至见导管出口处有尿液慢慢流出。同样方法插入另一侧输尿管导管。

(6) 手术完毕后,用温热的(38℃左右)生理盐水纱布覆盖腹部切口,以保持腹腔的温度。如果需要长时间地收集尿样本,则需关闭腹腔。可用皮肤钳夹住腹腔切口(双侧)关闭腹腔,或者采用缝合方式关闭腹腔。

4. 注意事项

(1) 打开腹腔时勿伤其内脏。

(2) 输尿管导管内应事先充满生理盐水,不能有气泡,不能扭曲,以免导尿不畅。输尿管导管要准确地插入输尿管管腔内,防止将导管插入管壁与黏膜之间。

(3) 插管时,掌握轻、准、快的原则。手术操作除掌握轻巧、快速的原则外,更应注意不能过度牵拉输尿管,防止输尿管痉挛导致尿液排除受阻。

(4) 手术结束后,及时用温热生理盐水纱布覆盖手术部位,保持腹腔温度与湿度。

(5) 如长时间内无法收集预期的尿液样本时,及时检察输尿管有无扭曲或严重痉挛的现象。对扭曲现象的处理方法是,可用医用胶皮双层固定输尿管导管的方法给予纠正;对输尿管严重痉挛现象的处理,可在局部滴入数滴2%普鲁卡因。

(6) 因输尿管插管手术的难度较大,且输尿管易被血凝块堵塞或被扭曲而阻断尿液的流通,所以,实验过程中应保持输尿管的通畅。

(七) 心导管插管术

心导管插管技术的实际意义是测试心脏功能。它是医学基础实验和临床实验中应用较为广泛的一种技术。依据医学实验目的的不同,可将心导管插入到心脏腔室内的不同部位,利用不同仪器设备,检测心脏的功能。例如,可通过静脉血管将心导管插入到右心房、右心室和肺动脉入口处,检测右心功能和肺动脉楔入压。又如,也可通过动脉血管,将心导管插入到左心房、左心室和主动脉入口处,检测左心功能和主动脉内压。要指出的是,心导管插入到肺动脉入口处和主动脉入口处,是要借助特殊的仪器设备条件,并需在特制的X机的检测及指导下方可进行的一项导管插管技术。

1. 实验器材 哺乳动物手术器械1套、家兔手术台、PE-50聚乙烯心导管、三通管、玻璃分针、注射器(1ml、5ml、20ml各1只)、医用纱布、4号手术线、计算机及生物信号处理系统、压力换能器。

2. 药品 20%氨基甲酸乙酯(乌拉坦)溶液、0.3%肝素(或5%枸橼酸钠)溶液、0.9%生理盐水、液状石蜡。

3. 方法与步骤 心导管插管通常有两种方法,即右心导管插管术和左心导管插管术。经静脉插入导管至右心腔,称为右心导管插管术;经动脉逆行插入导管至左心腔,称为左心导管插管术。现对右心导管插管技术和左心导管插管技术分别予以介绍如下。

方法1. 右心导管插管技术

(1) 麻醉与固定动物:以20%氨基甲酸乙酯(乌拉坦5ml/kg体重),耳缘静脉缓慢注射,待麻醉体征(动物的肢体会呈现软弱无力,角膜反射、疼痛反射消失,呼吸平稳)出现即可。在麻醉药物缓慢注入的过程中,动物会由站立体态转变为半卧位体态,此时麻醉者可用手牵拉动物的肢体,如果动物肢体呈现软弱无力,且动物出现角膜反射消失,说明给予麻醉药物的剂量较为合适或麻醉较为适度,应停止给药。略等待几分钟,观察动物腹式呼吸,待动物呼吸平稳后,将动物四肢套上细绳,呈仰卧位方式固定于实验板上。

(2) 术前准备:

1) 追加部分剩余麻药,用组织镊反复地钳夹动物皮肤时,动物出现挣扎、躁动反应,可以少量地、依据具体情况追加麻醉药物。

2) 用1ml注射器连接三通管、心导管,调节三通管阀门至心导管与注射器相通的位置。反复抽取肝素生理盐水至心导管和三通管内无空气气泡为止,调节三通管的阀门至心导管与注射器不相通的位置。

3) 插管前需要对导管进行肝素化处理,防止导管内的凝血。

4) 在血压换能器上选择与外界相通的接口(即斜侧接口),在此接口上套入1ml注射器。将三通管阀门调节到与外界相通的位置。反复抽取0.9%的生理盐水,确保压力换能器腔内无气泡后,锁定三通管阀门。

5) 用液状石蜡湿润心导管表面,降低插管时心导管与血管间的摩擦阻力。

(3) 分离颈总静脉:

1) 选择手术视野:在家兔下颔至锁骨上缘处范围内,剪去动物被毛,用生理盐水纱布清理手术范围。

2) 切开颈部皮肤:手持组织镊,轻轻提起两侧皮肤,沿离下颌2cm至锁骨上1cm处,剪开皮肤约1cm的小口后,用止血钳贴紧皮下向上钝性分离皮下筋膜3~4cm,再用医用剪刀剪开皮肤。用同样的方法向下分离皮下筋膜、剪开皮肤约3~4cm,及时止血或结扎出血点。

3) 暴露颈总静脉:轻轻提起左侧缘皮肤切口,在胸锁乳突肌外缘处可清晰见到颈总静脉的走向。沿血管走向,用蚊式止血钳钝性分离皮下筋膜,暴露颈总静脉约3~5cm。在靠近锁骨端,用动脉夹夹闭近心端颈总静脉;在血管的远心端,穿4号手术线,待血管内血液充分充盈后,用手术线结扎颈总静脉的远心端。

(4) 颈总静脉插管:测量切口到心脏的距离,并在心导管上作好标记,作为插入导管长度的参考。靠近远心端血管处,用医用眼科剪,呈45°角剪开血管直径的1/3,用弯型眼科组织镊的弯钩,插入到血管内,轻轻挑起血管。此时可见到颈总静脉血管腔,迅速插入心导管约2.5cm后,在近心端结扎血管、放开动脉夹。注意:此时结扎血管的原则是,既要保证血管切口处无渗血的现象,又要保证心导管可以继续顺利的插入。

(5) 心导管的插入:当将心导管插入到颈静脉时,需要平行地继续推送导管约5~6cm。此时会遇到(接触锁骨的)阻力,应将心导管提起呈45°的角度,后退约0.5cm,再继续插入导管约至心导管上所作一标记,插管时出现一种"扑空"的感觉,表示心导管已进入到右心房。此时应借助监视器上图形的变化,证实心导管是否已进入右心房。

(6) 心导管的固定:在近心端处重新牢固地结扎血管。在远心端处,将结扎血管的手术线,再结扎到导管上,起到加固的作用。清理手术视野,缝合皮肤。

(7) 心导管位置的判断:将血压换能器与三通管连接好,并确认连接牢靠,然后打开三通管的阀门,依据电脑屏幕显示的图像和波幅的变化,区别心导管所处在的位置(图4-4)。

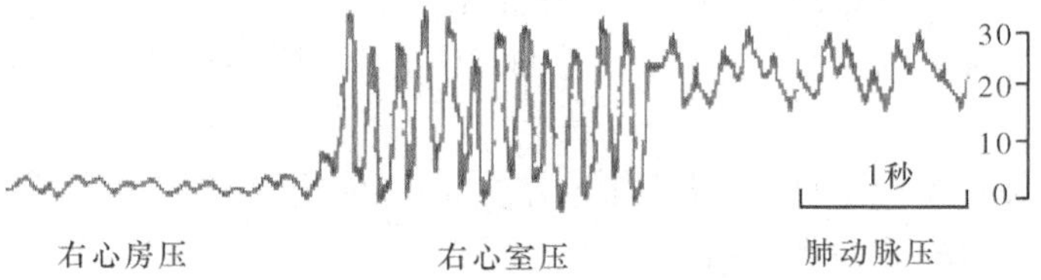

图 4-4 右心各部位血压波形图

方法 2. 左心导管插管技术

(1) 固定动物:同右心导管插管技术。

(2) 术前准备:同右心导管插管技术。

(3) 分离颈总动脉:

1) 选择手术视野:同右心导管插管技术。

2) 切开颈部皮肤:同右心导管插管技术。

3) 游离颈总动脉:在颈部肌肉层组织中,寻找胸骨舌骨肌(上、下走行)和胸锁乳突肌(由锁骨向外的走行)。在这两条肌肉相互交接处,用止血钳将胸骨舌骨肌与胸锁乳突肌分开,即可找到颈动脉鞘。用手术器械固定颈部皮肤和牵拉颈部肌肉群,暴露血管鞘内呈粉红色、有搏动的粗大血管,即是颈总动脉。右手持玻璃分针顺着血管走向钝性分离颈总动脉约 3~4cm,穿两根 4 号手术线,结扎远心端,近心端用动脉夹夹住,另根手术线打一松结备用。

(4) 颈总动脉插管:在靠近远心端血管结扎处,用左手拇指及中指拉住远心端线头,食指从血管背后轻托血管,右手持锐利医用眼科直剪,与血管呈 45°角,剪开血管直径的 1/3。测量切口到心脏的距离,在心导管上作一标记,作为插入导管距离的参考依据。用弯型眼科组织镊的弯钩,插入到血管腔内,轻轻挑起血管,此时可见到颈总动脉血管腔。右手持心导管,以其尖端斜面与动脉平行地向心方向插入动脉内,插入心导管约 2. 5cm 后,用手轻轻捏住血管切口部位,放开动脉夹,防止出血或渗血。

(5) 心导管的插入:操作者一手需捏住血管切口处,另一手则需将心导管继续、平行地推送到预定部位。及时打开三通管阀门,保持心导管与血压换能器处于相通的状态。在电脑屏幕上可以看到平均动脉压的曲线图形变化。当心导管到达主动脉入口处时,即可触及脉搏搏动的感觉,继续推进心导管。当遇到较大阻力,切勿强行推入,此时可将心导管略微提起少许,呈 45°的角度,再顺势向前推进。如此数次,最终可在主动脉瓣开放时,使心导管进入心室。插管时出现的一种“扑空”的感觉。同时,在电脑屏幕也即可出现心室脉动波形,表示心导管已进入到心室部位。

(6) 心导管的固定:在近心端处重新牢固地结扎血管。在远心端处,将结扎血管的手术线,再结扎到导管上,起到加固的作用。清理手术视野,缝合皮肤。

(7) 心导管位置的判断:将血压换能器与三通管连接好,并确认连接牢靠,打开三通管的阀门,从电脑屏幕上可以看到,若心导管进入心室,波幅将突然下降,脉压差则明显加大(图 4-5,图 4-6)。

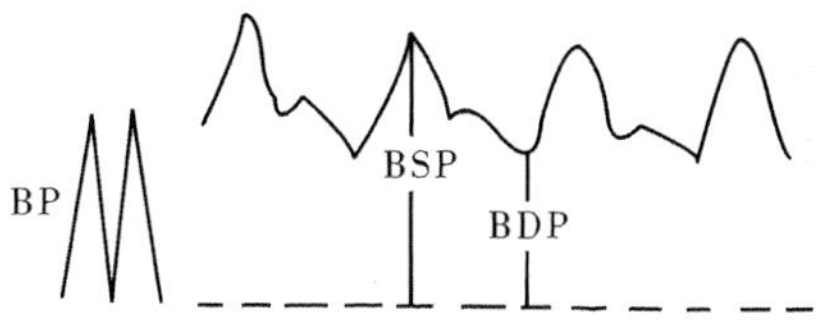

图 4-5　动脉血压波
BP:动脉血压　BSP:动脉收缩压
BDP:动脉舒张压

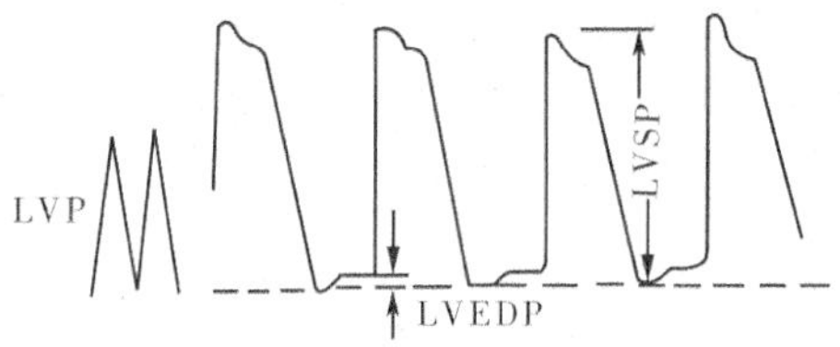

图 4-6　左心室压力波
LVP:左心室压力　LVSP:左室收缩压
LVEDP:左室舒张末压

4. 注意事项

(1) 要求动物麻醉适度。麻醉过度,易造成动物死亡。麻醉过浅,常会因动物躁动而影响顺利插管。静脉麻醉时,推药的速度要缓慢,随时观察动物生命体征变化,掌握宁少勿多、随时补充、缓慢注入的原则。

(2) 手术前注意心导管的肝素化,防止导管内的凝血。

(3) 分离血管动作要轻,不可盲目。严禁用剪刀等锐利器械分离血管,以防损伤血管。血管切口的大小一般占血管管径的 1/3,切口过大,容易造成血管断裂;切口过小,导管不易插入。

(4) 心导管的尖端部位的表面必须光滑,不宜制备得太尖,以免进行心导管插管时,刺破血管壁或插入管壁黏膜层中。

(5) 心导管的插入有若干步骤,必须按要求一步一步地完成。

(6) 进行右心导管手术时,必须轻柔地向心脏部位的方向缓慢插入,遇到阻力时,需要退回或改变角度重插,切不可硬性插入导管(这样容易插破静脉进入胸腔)。直至达到导管上的距离标记,即说明心导管已达预定的部位。

(7) 进行心导管插管的过程中,如果动物出现呼吸困难,应及时行气管切开手术,以便保证动物呼吸道的畅通,以免造成动物窒息死亡。如果动物出现心律失常,则要暂时停止手术,待恢复后再进行手术。

(8) 固定心导管插管是一项十分重要的过程,不能有丝毫的马虎。否则将直接影响实验的结果。

(9) 术前调试好电脑软件,对协助心导管插管时位置的判断是十分重要的。应避免在心导管插管时,再调试软件,这样会延误实验时间。

(10) 进行血压测量时,应保持血压换能器与动物心脏呈水平状态,这样才能保证测量血压的准确性。

(八) 胃管插管术

胃插管技术是将药物由胃导管送入动物的体内的一种常用实验技术。在实验动物中,为了观察某些药物对机体机能、代谢及形态变化,通过胃管插管术将药物给入动物体内。此种方法用处较多,如某些药物采取其他注射方法效果不佳,而采用此法反而效果好。又如观察动物消化道功能状态等,可将造影剂硫酸钡灌入胃内,用小型 X 线机透视,可观察消化系统运动的情况如胃排空的时间、进入各肠段的时间、排出体外的时间等;同时也可用带色的食料，配成稀浆灌入动物胃内，根据实验需要，隔一定时间将动物杀死后，解剖腹腔，观察带色食料所进入的部位，从而可知消化系统的运动情况。

1. 实验器材 实验台、张口器、0.3cm×30cm 硅胶管、14 号导尿管、金属胃导管、注射器、烧杯。

2. 药品 灌胃溶液。

3. 方法与步骤

（1）小鼠胃导管插管：用左手拇指和食指抓紧鼠两耳朵和头部皮肤，用无名指和小指将小鼠尾巴压在手掌间，使动物腹部朝上，头部向上有一个倾斜度，使口腔和食道成一直线后，右手把灌胃器（由 2ml 注射器连接钝化的直径为 1mm 的注射器针头构成）从右口角处插入口腔沿上腭徐徐进入食道，在稍有抵抗感觉（此为相当于食道的膈部）时，即可注入药液。灌时如很通畅，则表示针头已进入胃内，如不通畅，动物常表现有呕吐动作或强烈挣扎，则针头未插入胃内，必须拔出，按上述方法重新操作。小鼠实施胃内灌注法，一次最大投药量为 1ml。

（2）大鼠胃导管插管：大鼠的胃导管插管技术基本上与小鼠相同，但有几点区别：①灌胃器由 5～10ml 注射器连接钝化的直径为 1.2mm 的注射器针头构成；②大鼠实施胃导管插管技术时，需两人相互配合操作；③一次最大投药量为 2ml。

（3）兔胃导管插管：兔灌胃用的管子一般可用导尿管来代替，并配以张口器（用木制成一个纺锤状木片，两头细，中间大，并在正中开一个小孔）。实施胃导管插管时，需两人协作进行。一人取坐位，将兔体夹于两腿之间，左手紧握双耳，固定头部，右手抓住前肢。另一人将张口器横贯于兔口中，并使兔舌压在张口器之下，然后取适宜粗细的导尿管（14 号），由张口器中央小孔慢慢沿上腭插入食道 16～20cm。导管插入后，将其外侧端入口部位，放入到含清水的烧杯内。如有气泡出现，表明导管插入气管内，应拔出重插；如无气泡出现表明导尿管在胃内，即可将药液注入胃内，并再注入少量空气，使管内的药液充分进入胃内，然后拔出导管，取下张口器。一次最大投药量为 3ml。

（4）狗胃导管插管：将狗固定在实验台上，同时将其头部固定牢固。嘴部可用纱带绑住（如较驯服的狗可不用绑嘴），实验者用左手抓住狗嘴，右手取胃导管（一般可用 12 号十二指肠管或导尿管代替。也可用一根内径 0.3cm，长为 30cm 的软硅胶管，此种管比导尿管要好，插管时对动物咽喉壁刺激较小）。用温水湿润，右手中指将狗右侧嘴角轻轻翻开，摸到最后一对大臼齿，中间有一空隙，中指固定在这空隙下，不要移动，然后用右手拇指和食指将胃管插入此空隙，并将胃管顺动物食道方向不断送入，如胃管送入不顺或动物剧烈挣扎时，不要急于送入导管。如很顺利，则当胃管插入约有 20cm 时，表示已进入食道下段或胃内。先用装有温水的注射器，由胃导管口试注一下，看注射的水溶液是否能通畅的经食道进入胃内。如无液体从狗嘴流出，注射时又很通畅，即可将药液经胃导管慢慢灌入胃内。药液一次灌入量不能超过 200ml，不然常会引起动物恶心呕吐将药吐出。

4. 注意事项

（1）大鼠、小鼠灌胃时固定动物要牢靠，不能随意变动动物的体位；动物的头部和颈部应保持在一条直线的位置；进针方向要正确，一般是沿着右口角进针，再顺着食道的方向插入胃内，决不可盲目进针，更不能硬性将导管推入。防止由此将导管送入到肺内，造成动物死亡。

(2) 固定动物的手法和姿势均十分重要。

(3) 插管时决不可以在进针不顺时,硬性、盲目地继续进行导管插入术。应及时分析原因,防止将导管插入到其他脏器内。

(4) 一次注入药液量是有一定限度的。

第三节　止血与手术打结方法

(一) 止血

组织切开、分离过程中常会造成细小血管损伤破裂而出血。出血一方面造成手术视野模糊,细微结构看不清楚;另一方面,如果出血量较大,还会对机体功能造成严重影响。因此必须及时止血。常用的止血方法有压迫止血法、钳夹止血法、结扎止血法、药物止血法和烧烙止血法等。

1. 止血器械

(1) 止血钳:在能够看清楚出血点的前提下,止血钳钳夹小出血点是安全和有效的方法。但禁止用止血钳钳夹动物粗的主干血管以及在出血部位不明确时盲目钳夹出血组织。盲目钳夹将引起更多组织血管损伤。上钳及松钳时不要摇晃或撕扯组织,特别是管壁菲薄的静脉,处理不当往往将增加出血的概率。对于出血量大的血管点,可在钳夹出血点后再用线进行结扎。

(2) 电凝器:电凝是一种快速、有效的止血方法。电刀头通过接触钳夹血管的金属器械烧灼出血点以达到止血的目的,如使用镊子和血管钳夹住血管电凝能更有效地控制出血。正确的手法是用温热生理盐水浸泡过的纱布按住出血点,将电刀紧候其后方以保持与血管的最短距离,在掀开纱布时,电刀头迅速点向血管出血点。此类止血方法效率高,对周围组织的灼伤程度小。错误的做法是将所有血染的地方都盲目地烧灼一遍,增加了组织损伤。若血管直径>2~3mm 则不适合用电凝止血。不要肆无忌惮地大面积地烧灼组织。特别是脂肪组织导电性差,过度电凝将广泛地灼烧损伤,并导致切口感染。

(3) 氩气刀:将氩气通过电刀头喷向组织,RF 电流通过导电的氩气束传导到组织上,加热组织使蛋白凝固而止血。优点是固体器械不直接触出血点而由气体导电,从而避免止血作用的组织焦痂和器械粘连。此类止血方法处理渗血的创面效果较好。

(4) 超声刀:利用超声波使组织中的水分子振动加热和凝固组织,达到切开组织和止血的目的。中心温度低(<100℃) 周边热传导距离短,因此对周围组织损伤小。能安全地离断血管或较大一些的血管(如胃短动脉、直肠侧动脉),较电凝更安全。

(5) 结扎速:是新近开发的钳状双极电凝器,止血的效果较好。可以闭塞直径 5~7mm 的血管。

2. 物理化学方法

(1) 纱布填压:温热生理盐水纱布常用于压迫静脉渗血,但是移去纱布时组织往往会再出血。动物小手术引起的皮下小量出血,用纱布压迫效果较好。

(2) 局部止血剂:大多数止血剂为胶原或纤维素诱导作为基质,促使血凝块形成。众所周知局部止血剂(比如:胶原蛋白止血海绵)在干燥的创面上效果最好,因此止血剂对渗血有效而对血管活性出血无效。止血剂可以在渗血表面形成一层薄膜,在上面压上纱布垫,10~15 分钟后移除纱布,使形成的凝结膜仍黏附在组织表面。使用这些止血剂时切忌接触任何潮湿的器械或手套,否则将导致其黏附在器械上面。

3. 动物实验中控制出血的方法

(1) 微血管渗血:可用温热生理盐水纱布轻轻按压止血(干纱布只用于创面吸血,不可揩擦组织,以防损伤组织和使血凝块脱落)。

(2) 较大血管出血:需先用止血钳将出血点及其周围的小部分组织一并夹住,然后用线结扎;如果血管虽不很大,但出血点较多且比较集中(如肌肉的横断面),最好用针线缝过局部组织,进行贯穿结扎,以免结扎线松脱。

(3) 大动脉破裂出血时,切不可用有齿的镊子或血管钳直接夹住管壁,而应先用纱布压住出血部位,吸干血后,小心打开纱布,观察出血点位置,迅速用动脉夹夹住血管回血端,再做进一步处理。

(4) 在开颅过程中,如果出现颅骨出血,可用湿纱布吸去血液后,迅速用骨蜡涂抹止血。如遇硬脑膜上的血管出血,可结扎血管断端,或用烧灼器封口。

(5) 如果是软脑膜出血,应该轻轻压上止血海绵。

(二) 手术打结方法

手术打结是局部解剖学和外科学必须掌握的基本功,也是动物实验中常用到的技术。对初学者来说,首先必须掌握正确的打结方法,学会方结和外科结的打法,避免打成不牢固的假结或滑结(图 4-7)。再经过不断练习和实践,使打结技术变得熟练和手势流畅优美。具体的打结手法有器械打结和徒手打结两种方式。而徒手打结又可根据个人习惯分成左手、右手或者双手打结几种手法。下面分别加以介绍。

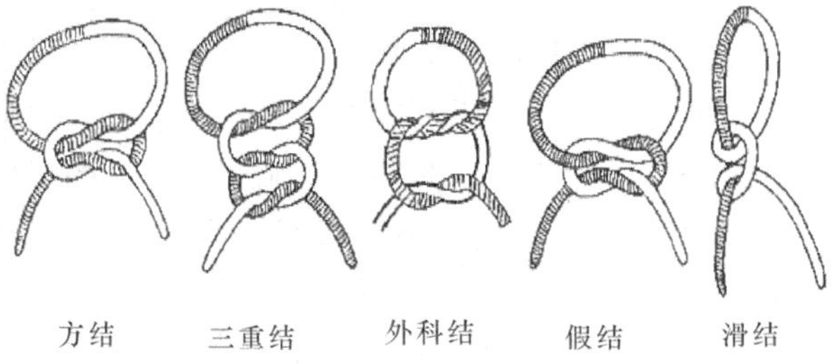

图 4-7 手术结的种类

1. 打结方法

(1) 徒手打结方法(以右手手法为例,见图 4-8)。

(2) 器械打结方法(用止血钳打结,见图 4-9)。

2. 影响打结质量的因素

(1) 打结时注意线的张力:滑结、假结的可靠性较方结差。造成滑结的原因往往是一

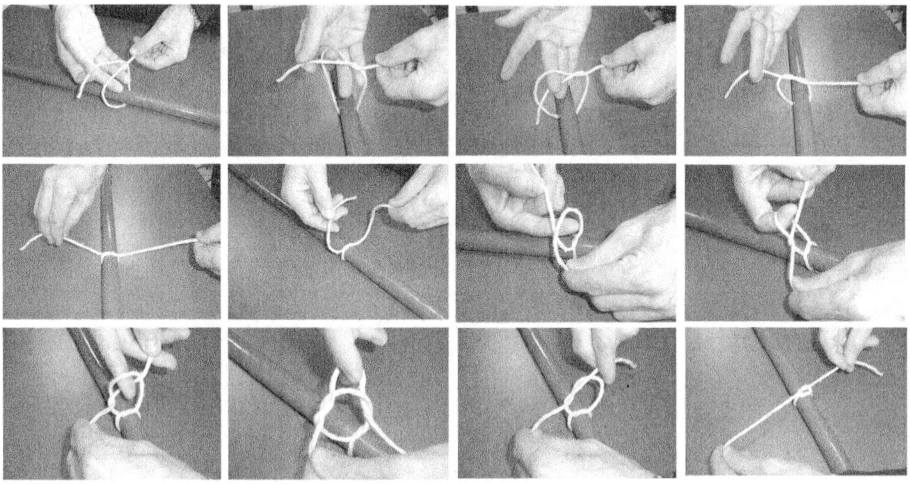

图 4-8　右手打结手法

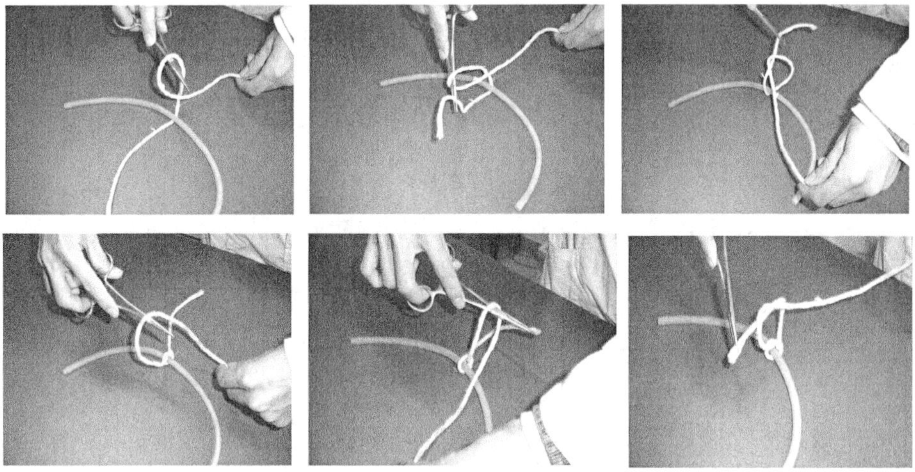

图 4-9　器械打结手法

手线拉得过紧,而另一头线又过松。打结时双手用力要均匀、保持线的适当张力才能打出方结。注意被结扎的组织不应被过度牵拉和撕扯,以免周围组织损伤。打结整个过程中线始终都应保持恰当的张力,这样结就不容易松,又能控制打结的方向和落结点。

(2) 注意打结时线的走向:手术打结时,线的走向非常重要。如果走向不对,常常会形成假结,特别在打第二个单结时尤其要注意,线的走向要与第一个单结相反才对,不要在线绕圈后又拉回最初方向。

(3) 注意打结时手用力的方向:打结时应注意原位结扎,着力点应该落在被结扎组织平面。而最常见的错误是向主势手指用力方向移位和向上方移动(力点在结扎组织的上方),不但影响结的质量,有时还会损伤被结扎的组织。

要保证原位结扎,应该使用"三点一线"技术,左手绷紧结扎线的一端,右手绷紧另一端,和结扎的组织成一直线。必要时双手打结,两手用力要均匀,着力点应该落在被结扎组织平面。如果线的三点成角，则组织被向角的相反方向牵拉。器械带线套过组织时，应该以较大的角度绕过组织抽线，而不应急转弯、小角度绕过组织，这样线和组织的接触面大，阻力大，提拉线时有“涩感”，组织容易受到牵拉。缝合结扎时用力的方向也很重要，手指应向结扎组织靠拢，而不是组织向手指靠拢；移动度大的组织向固定的组织靠拢，强韧的组织向脆弱的组织靠拢。

3. 平时加强打结练习

（1）打结速度练习：尽可能快地打结，训练手的灵敏度。尽可能利用手指尖来打结，缩小动作的幅度，提高速率。每分钟 60 个单结方及格。一般要求在每分钟 80 个单结以上。有的外科医生通过训练甚至达到每分钟 100 个结以上。

（2）原位打结练习：在桌面上的茶杯柄上练习，以杯子不移动为好。开始杯中盛满水，以后酌情逐渐减少，直到空杯时仍不动，功夫也就快到了。当然如果能在茶杯盖上打结就更胜一筹。

（3）深部打结练习：用图钉钉在抽屉深部，然后在图钉上打结，体会和训练绕线，手指推线的感觉，保持打结时手指不要从线上滑下来。并注意打方结和原位结。

第四节 手术缝合与拆线

（一）缝合

1. 方法步骤 常用缝合方法有间断缝合、褥式缝合、连续缝合、“8”字缝合等多种方式（图 4-10）。皮肤、皮下组织、黏膜或筋膜缝合最常用间断缝合法。

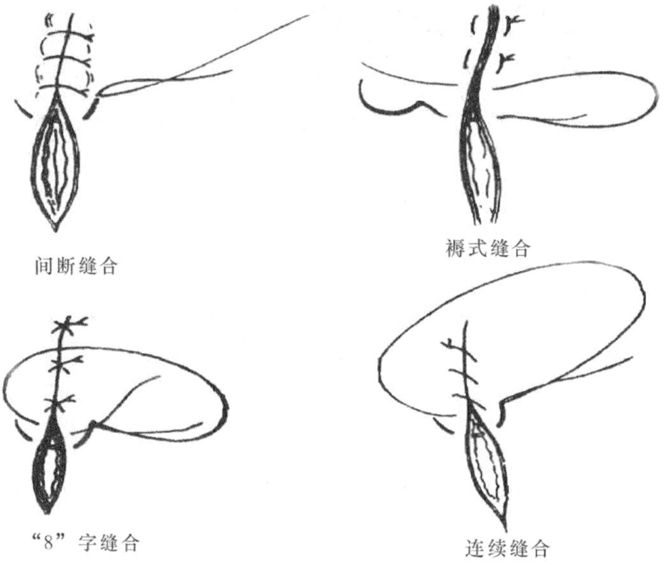

图 4-10 缝合方式

2. 注意事项

（1）缝合前要彻底止血，并清除缝合口内的血凝块和游离组织。

(2) 缝合针应垂直组织表面穿进穿出。

(3) 入孔和出孔距皮肤切口边缘要有 0.5~1.0cm,筋膜和其他组织约 0.2~0.5cm。

(4) 缝合皮肤要对合好,以免影响愈合。

(5) 在实验间歇期间,应将创口暂时缝合,并用温热生理盐水纱布覆盖,以防组织干燥和体内热量散失。

(二) 拆线

1. 方法步骤

拆线是指拆除皮肤上的缝线,拆线时间一般在术后 8~12 天,腹下和四肢等张力较大的部位拆线时间应稍长。小动物的手术有时可不拆线,待线头自行脱落。拆线方法是先将线结和周围皮肤消毒,然后用有齿镊提夹线结向上稍向对侧提拉,使组织内缝线外露一段,再用尖剪刀间断一边缝线,拉出线结。最后消毒缝线孔,盖上敷料。

2. 注意事项

(1) 拆线时不要让外露部分穿过深部组织,以免造成感染。

(2) 有些动物换药时难以配合,往往需要在麻醉下进行。

(3) 换药时若发现有感染、引流不畅或引流管脱落,应进行引流或重新插管等处理。

(徐小元　陈煜)

第五章　标本制备技术

第一节　微循环标本制备技术

微循环是指直接参与机体组织、细胞物质交换的体液循环。微循环观察已广泛应用于各类型休克、心血管疾病、高黏血症和血液流变学等疾病的临床、基础研究,对探讨其发病机制和疾病演变规律。根据实验教学的需要,我们重点介绍家兔和大鼠等动物肠系膜微循环标本的制备和大鼠肌肉微循环标本的制备。

一、活体微循环标本的分类

目前,对微循环标本分类的方法较多。有依据部位分为:硬脑膜微循环、肠系膜微循环等;也有依据其组织结构分为:肌肉微循环、肝脏微循环、肾脏微循环等。但从实验技术方法分类上,一般将活体微循环标本分为两大类,即创伤性和非创伤性活体微循环。

1. 创伤性微循环标本　即通过特定手术技术处理,制备出来的、可供医学研究使用的活体微循环标本。创伤性微循环标本包括动物耳窗、肠系膜、脊斜肌、提睾肌、硬脑膜等部位微循环标本的制备。这类活体微循环标本,通过专项实验技术的处理后,只要借助恒定的温度、离子浓度,均等滴水速度等仪器设备,可以持续地灌流标本,使微循环标本具有相对稳定、血管清晰、易于取证、数据可信度高、可连续使用时间长等特征。但是,如果实验技术掌握得不熟练,或手术过程造成的损伤过度时,均会影响实验结果的观察和数据采集的准确度和可信度。

2. 非创伤性微循环标本　即不通过特定手术技术处理,在原有组织结构的基础上,进行的活体微循环观察的方法。它包括:兔耳透明窗微循环、眼球结合膜微循环、舌尖微循环和部分黏膜微循环。此类微循环标本的特点是,没有增加患者或受试对象的痛苦,不需要特殊的实验技术,只要具备一定的仪器设备即可采取实验数据。但是,普遍存在着微循环标本不易固定,造成采取的实验数据不准确;易受室温、体温等外界环境因素变化的影响;同时目前对此类微循环观察所使用的仪器设备的质量,也不十分过关。

二、肠系膜微循环标本的制备

本章节将着重介绍家兔、大鼠和蛙类等动物肠系膜微循环标本的制备。

(一)家兔肠系膜微循环标本的制备

1. 仪器设备　微循环观察盒、显微手术器械一套、体视显微镜、恒温灌流装置、恒温灌流液速度调节器。

2. 药品　20%氨基甲酸乙酯(乌拉坦)、0.2%肝素溶液、克氏液。

3. 实验步骤

(1) 麻醉动物:20%氨基甲酸乙酯(乌拉坦)5ml/kg体重,耳缘静脉缓慢注入即可。

(2) 固定动物:将动物呈仰卧位方式固定于实验台上。

(3) 切开腹腔:在剑突下1.5~2.5cm处,切开皮肤约3~5cm,钝性分离皮下筋膜,沿腹白线做一长约3cm的切口。

(4) 寻找小肠肠襻:切开腹腔后,用食指轻轻地将肝脏向胸腔部位推移,暴露胃体脏器。寻找到幽门部位与十二指肠连接处后,沿十二指肠与小肠交界处后约5cm的部位,轻轻地牵拉出一段肠襻较长、而且游离度较大的小肠,置于微循环观察台上。开启液体灌流器,用克氏灌流液保持微循环标本的湿度、温度。

(5) 寻找微循环观察部位:在低倍镜下,调试显微镜各旋钮和推动微循环观察盒,选择微循环观察用的视野,分清各种血管的标志。一个理想的微循环观察视野是,镜下范围内肠襻血管中包括动脉、静脉和毛细血管。定出血管标记,固定镜下观察范围。观察血管血流速度(线流、线粒流、粒流),血管口径的大小和毛细血管的根数。

(二) 大鼠肠系膜微循环标本的制备

1. 仪器设备　微循环观察盒、显微手术器械一套、体视显微镜、恒温灌流装置、恒温灌流液速度调节器。

2. 药品　20%氨基甲酸乙酯(乌拉坦)、0.2%肝素溶液、克氏液。

3. 实验步骤

(1) 麻醉动物:20%氨基甲酸乙酯(乌拉坦)1.5ml/100g体重,在靠近下腹部外侧,提起皮肤、垂直进针方法刺入动物腹腔,注入麻醉药物即可。

(2) 固定动物:将动物呈仰卧位方式固定于实验台上。

(3) 切开腹腔:在剑突下1.5~2.5cm处,切开皮肤约3~5cm,钝性分离皮下筋膜,沿腹白线做一长约3cm的切口。

(4) 寻找小肠肠襻:切开腹腔后,用食指轻轻地将肝脏向胸腔部位推移,暴露胃体脏器。寻找到幽门部位与十二指肠连接处后,沿十二指肠与小肠交界处后约5cm的部位,轻轻地牵拉出一段肠襻较长、而且游离度较大的小肠,置于微循环观察台上。开启液体灌流器,用克氏灌流液保持微循环标本的湿度、温度。

(5) 寻找微循环观察部位:在低倍镜下,调试显微镜各旋钮和推动微循环观察盒,选择微循环观察用的视野,分清各种血管的标志。一个理想的微循环观察视野是,镜下范围内肠襻血管中包括动脉、静脉和毛细血管。定出血管标记,固定镜下观察范围。观察血管血流速度(线流、线粒流、粒流),血管口径的大小和毛细血管的根数。

(三) 蛙类动物肠系膜微循环标本制备技术

1. 实验器材　蛙手术器械一套(粗剪刀、直剪刀和眼科剪刀各1把,大、小镊子各1把),刺蛙针1根,锌铜叉1只,玻璃分针2根,蛙板1块,大、小烧杯各1个,滴管1只,0号手术线。

2. 实验药品 一般不需要进行麻醉手术。如确实需要时,可用2%普鲁卡因皮下麻醉。

3. 实验步骤

(1) 仰卧位固定动物,剪开皮肤、切开腹腔。轻轻地牵拉出一段肠襻较长的小肠。迅速反转动物呈俯卧位固定动物。平展动物肠系膜微循环标本,用大头针固定微循环标本于蛙类微循环观察台上。

(2) 寻找微循环观察部位:在低倍镜下,调试显微镜各旋钮和推动微循环观察盒,选择微循环观察用的视野,分清各种血管的标志。镜下范围内肠襻血管中包括动脉、静脉和毛细血管。定出血管特性标记,固定镜下观察范围,观察血管血流速度(线流、线粒流、粒流)、血管口径的大小和毛细血管的根数。

(3) 用克氏灌流微循环标本:一般采用克氏溶液,借助注射器间断性滴入的方法,或用启动恒温灌流仪的方法,灌流活体微循环均可。

第二节 肌肉标本制备技术

两栖类动物的一些基本生理功能和生命活动与哺乳类动物相近,但其离体组织所需的基本生活条件比较简单,且易于控制和掌握。因此,在生理学和药理学实验中常常用蛙和蟾蜍的离体组织或器官作为实验标本。如蛙和蟾蜍坐骨神经腓肠肌标本,可以用来观察研究肌肉组织细胞的兴奋性、兴奋过程、刺激的规律以及肌肉收缩的特点等。

(一) 器材与药品

1. 器材 蛙手术器械一套(粗剪刀、直剪刀和眼科剪刀各1把,大、小镊子各1把),刺蛙针1根,锌铜叉1只,玻璃分针2根,蛙板1块,大、小烧杯各1个,滴管1只,0号手术线。

2. 药品 任氏液。

(二) 动物的选择

动物的选择以蛙或蟾蜍为例。

(三) 方法与步骤

本实验主要介绍坐骨神经腓肠肌标本的制备方法。

1. 破坏脑脊髓 左手握蛙,用食指下压吻端,拇指按压背部,其余三指紧贴腹部。找到枕骨大孔将刺蛙针由此垂直刺入皮肤约1~2mm,再将针折向前方插入颅腔并左右搅动刺蛙针以破坏脑组织。然后将针退出至刺入点皮下,针尖倒向后方,插入脊椎管(插进椎管时可感觉到一种一格一格渐进的感觉,同时还有一种空旷的感觉),捣毁脊髓。四肢(特别是下肢)肌紧张消失或伴有尿失禁,表示脑和脊髓已完全破坏。

2. 剪除躯干上部及内脏 在骶髂关节水平上1cm处用粗剪刀剪断脊柱。左手倒提蟾蜍,使其内脏自然下垂,然后将其头、前肢和内脏一并剪除,仅保留腰背部脊柱及后肢。此时可以看到脊柱两旁的坐骨神经,用任氏液小心冲洗坐骨神经及其周围组织上的血液。

3. 剥皮 先剪去尾骨,然后用左手捏住脊柱断端,右手捏住断端边缘皮肤,向下剥掉全部背部和后肢皮肤，将标本放在盛有任氏液的烧杯中。将手及所用过的器械洗净，以免粘在手及器械上的蟾蜍分泌物刺激组织标本。

4. 游离坐骨神经 沿脊柱正中到耻骨联合处将标本剪开，分成两部分（注意避免剪断坐骨神经），腓肠肌朝上，用图钉固定一半标本于蛙板上。沿脊柱两侧用玻璃分针分离坐骨神经，并于靠近脊柱处穿线、结扎（或在脊柱的坐骨神经发源部剪下一块脊骨）。用玻璃分针划开梨状肌及其附近的结缔组织，分离大腿区域内的坐骨神经支干，用玻璃分针将腹部的坐骨神经小心游离出来，用眼科剪剪断坐骨神经的所有分支至膝关节。

5. 制成坐骨神经腓肠肌标本 剪断膝关节周围所有大腿肌肉，并用粗剪刀刮干净股骨，剪断股骨（保留约 1cm 长的股骨）。在腓肠肌跟腱处以线结扎、剪断并游离腓肠肌至膝关节，将膝关节以下小腿部分全部剪去，剩下即为坐骨神经腓肠肌标本。

6. 标本检验 用锌铜叉轻轻接触坐骨神经，如果腓肠肌立即收缩且收缩有力，即表示标本兴奋性良好。将标本放在盛有任氏液的烧杯中待其兴奋性稳定后以备后继实验使用。

（四）注意事项

（1）抓取蟾蜍时，小心毒液射入眼内（蟾蜍毒腺在双侧耳部）。若因毒液不慎射入眼中，必须马上用清水冲洗眼部。

（2）分离神经时一定要用玻璃分针，不可用剪刀等锐利器械分离神经肌肉。更不可以过度地牵拉神经肌肉，以免造成不必要的损伤。

（3）游离神经时，应由中枢端向远端分离。这样可以减少对神经的不必要损伤。

（4）一旦暴露皮肤后，除用任氏液外不能用自来水等其他液体冲洗标本。

（5）标本制备过程中，应经常用任氏液湿润标本，保持神经肌肉湿润，防止神经肌肉干燥，其兴奋性降低。

（6）标本的制备是后继实验成功的关键，整个标本制备过程一定要细致，不可损伤神经肌肉。

（7）在标本制备过程中，要注意不同剪刀的使用范围。

第三节 离体心脏标本制备技术

离体心脏标本是指用特殊手术技术将动物心脏完整无损地分离出来并放置在特定实验环境下，以血液代用溶液进行灌流，保持离体心脏标本氧气及各种营养物质的正常供应，维持正常状态下心肌细胞的收缩、舒张功能的一种实验技术。通过改变代用溶液的理化特性或溶液中离子浓度等实验手段，模拟人类疾病模型，收集心脏标本的各种实验数据，进行发病机理分析与药物研究，是机能学各领域较常用的一种实验技术。

（一）基本器材与药品

1. 器材 蛙手术器械一套（粗剪刀、直剪刀和眼科剪刀各一把，大、小镊子各一把），刺蛙针 1 根，玻璃分针 2 根，蛙板 1 块，大、小烧杯各 1 个，滴管 1 只，蛙心夹 1 只，蛙心套管 1 个，0 号手术线。

2. 药品 任氏液。

(二) 选择动物

动物的选择:一般采用蛙或蟾蜍进行离体心脏标本的制备。

(三) 方法与步骤

一般我们用蟾蜍作为实验动物,进行离体心脏标本制备。

1. 破坏脑脊髓 左手握蛙,用食指下压蛙的吻端部位,拇指按压背部。找到枕骨大孔(头和躯干的连接部的中央的凹陷),将刺蛙针由此垂直刺入皮肤约 1~2mm,再将针折向前方插入颅腔,左右搅动刺蛙针,以破坏脑组织。然后将针退出至枕骨大孔,针尖倒向后方,插入脊椎管捣毁脊髓。待四肢肌肉僵直消失,即表示脑和脊髓完全破坏。

2. 暴露心脏 将蟾蜍仰卧固定于蛙板上。约在肩胸骨下方 1~2cm 处用镊子夹起腹部皮肤,用直剪刀将皮肤剪去一顶端向下的倒三角形。用镊子夹住后胸骨,沿中线剪断胸骨(此时剪刀尖紧贴胸骨,以免损伤血管和内脏),拉开左右前肢,用图钉重新固定蟾蜍,暴露心脏。

3. 识别心脏 用镊子夹起心包膜,沿心轴小心剪开心包膜,用玻璃分针拨动心脏,改变其位置,认真识别左右心房、心室(蟾蜍只有一个心室)、动脉圆锥、腹侧主动脉干及其左右分支、静脉窦、前后腔静脉等重要组织结构,观察心室在收缩时容积的变化。

4. 分离动脉 在动脉主干的分支处、稍上方的部位穿一条手术线留作固定插管用。再在左侧分支下穿一条手术线,结扎之。在心室舒张时用蛙心夹夹住心尖(约 1mm,否则容易损伤心脏),用眼科剪在左侧分支靠近动脉圆锥处剪一斜切口(注意要剪破血管内膜,但不要将血管剪断)。

5. 蛙心插管 取一支大小适宜的蛙心套管,注入适量任氏液(任氏液约占蛙心套管容积的 1/2,用胶泥封住套管大口,以防任氏液流出),左手用小镊子夹住切口缘,轻轻向上提(以使切口扩大)。右手持蛙心套管,自切口插入动脉干内。然后左手持左侧分支上的结扎绳向后拉,右手轻轻推送蛙心套管,使之进入动脉圆锥,左手放松结扎线,轻轻向右提起蛙心夹上的连线,使心室和动脉圆锥成一直线,当心室收缩时向前并略向左推动蛙心套管,使之较顺利地插入心室。

6. 固定心脏 如果蛙心套管已确实插入心室内,每当心室收缩舒张时即可观察到,套管中的任氏液液面会呈现上下搏动。最后结扎套管并将结扎线固定于套管侧的小沟上,防止标本脱落。

7. 分离心脏 去除封口的胶泥,提起套管,剪断左右侧动脉分支、前后腔静脉等血管。(注意千万不能损伤静脉窦及两侧心房壁。)将心脏轻轻托出,用任氏液反复冲洗套管以免凝血,至套管内任氏液完全呈现出无色样液体为止。

(四) 注意事项

(1) 分离血管动作要轻,不可用剪刀等锐利器械直接分离血管。

(2) 注意剪断左右侧分支、前后腔静脉时,禁忌损伤静脉窦及两心房。如已损伤了这两部分组织时，应弃除心脏标本。

(3) 在动脉干分支剪口时，务必剪破动脉内膜，以免将蛙心套管插入动脉圆锥的夹层中，导致插管失败。

(4) 推动蛙心套管前，使心室和动脉圆锥成一直线，在心室收缩时向前并略向左推动蛙心套管，使之较顺利地插入心室。

第四节　神经标本制备技术

通过游离坐骨神经，用于研究神经动作电位的产生和电兴奋的传导，将其视为神经兴奋性的客观标志。在基础医学实验中，常常用坐骨神经标本来研究神经兴奋传导速度和神经干兴奋不应期的测定。

(一) 基本器材与药品

1. 器材　蛙手术器械一套，刺蛙针 1 根，玻璃分针 2 根，蛙板各 1 块，大、小烧杯各 1 个，滴管 1 只，0 号手术线。

2. 药品　任氏液。

(二) 动物的选择

蛙或蟾蜍。

(三) 方法与步骤

1. 破坏脑脊髓　左手握蛙，用食指下压吻端，拇指按压背部，其余三指紧贴腹部。将刺蛙针循枕骨大孔垂直刺入皮肤约 1～2mm 后将针尖折向前方插入颅腔，左右搅动刺蛙针以破坏脑组织。然后将针退出至刺入点皮下，针尖倒向后方，插入脊椎管捣毁脊髓。待四肢肌肉僵直消失，即表示脑和脊髓完全破坏。

2. 去除躯干上部及内脏　在骶髂关节水平上 1cm 处用粗剪刀剪断脊柱。左手倒提蟾蜍，使其内脏自然下垂，将其头、前肢和内脏一并剪除，仅保留腰背部脊柱及后肢。

3. 剥皮　先剪去尾骨，然后用左手捏住脊柱断端，右手捏住断端边缘皮肤，向下剥掉全部后肢皮肤。将标本放在盛有任氏液的烧杯中。将手及所用过的器械冲洗干净，以免粘在手及器械上的蟾蜍分泌物刺激组织标本。

4. 游离坐骨神经　沿脊柱正中到耻骨联合处将标本剪开分为两部分，腓肠肌朝上，用图钉固定其中一半于蛙板上。沿脊柱两侧用玻璃分针分离坐骨神经，并于靠近脊柱处穿线、结扎。用玻璃分针轻轻划开梨状肌及其附近的结缔组织，沿坐骨神经沟找出坐骨神经的大腿部分，用玻璃分针将腹部的坐骨神经小心游离出来，剪断坐骨神经的所有分支至膝关节。

5. 坐骨神经干标本的制备　在胫腓神经处结扎，制成坐骨神经干标本。若坐骨神经干长度较短或实验要求神经必须较长时，可不在胫腓神经处结扎，而是继续剥离神经，在腓肠肌两侧肌沟内找到胫神经和腓神经，剪去其中一支，分离另一支直至足趾，用线结扎，并剪断远端，制成坐骨神经胫神经或腓神经标本。将标本放在盛有任氏液的烧杯中以备后继实验使用。

（四）注意事项

（1）抓取蟾蜍时，小心毒液射入眼中（蟾蜍毒腺在双侧耳部）。若毒液不慎射入眼中，必须立即用清水冲洗眼部。

（2）分离神经时一定要用玻璃分针，不可以过度地牵拉神经，以免造成不必要的损伤。

（3）游离神经时，应由中枢端向远端分离，这样可以减少对神经的损伤。

（4）神经标本要剥离干净，但不能损伤神经主干。

（5）标本制备过程中，应用任氏液湿润标本，防止神经干燥。

（6）结扎前手术线须在任氏液中浸泡过。

（7）在标本制备过程中，要注意不同剪刀的使用范围。

（徐小元）

第六章　人类疾病的动物模型复制方法及其进展

第一节　人类疾病的动物模型概述

人类疾病的动物模型(animal model of human disease)是指各种生物医学科学研究中建立的具有人类疾病模拟表现的动物。使用动物模型是现代生物医学研究中一个极为重要的实验方法和手段,有助于更方便、更有效地认识人类疾病的发生发展规律,研究防治措施。

动物疾病模型主要用于实验生理学、实验病理学、实验药理学和实验治疗学(包括新药筛选)研究,是生物比较医学的应用,研究人员可利用各种动物的生物特征和疾病特点与人类疾病进行比较研究。长期以来研究者发现以人本身作为实验对象来深入探讨疾病发生机制不仅在时间和空间上都存在局限性,而且许多实验在道义上和方法上也受到限制。而借助于动物模型的间接研究,可以有意识地改变那些在自然条件下不可能或不易排除的因素,以便更准确地观察模型的实验结果并与人类疾病进行比较研究,更加深入探讨其发病机制、发展规律和治疗效果。

一、人类疾病动物模型的优越性

1. 避免了在人身上进行实验所带来的风险　临床上对外伤、中毒、肿痛病因等研究是有一定困难的,甚至是不可能的,如急性和慢性呼吸系统疾病研究很难重复环境污染的作用。辐射对机体的损伤也不可能在人身上反复实验。而动物可以作为人类的替难者,在人为设计的实验条件下反复观察和研究。因此,应用动物模型,除了能克服在人类研究中经常会遇到的理论和社会限制外,还容许采用某些不能应用于人类的方法学途径,甚至为了研究需要可以损伤动物组织、器官或处死动物。

2. 可复制性　临床上一些疾病不常见,如放射病、毒气中毒、烈性传染病、外伤、肿瘤等。还有一些如遗传性、免疫性、代谢性和内分泌、血液等疾病,发生发展缓慢、潜伏期长,病程也长,可能几年或几十年,在人体很难进行3个世代以上的连续观察。人们可有意选用动物种群中发病率高的动物,通过不同手段复制出各种模型,在人为设计的实验条件下反复观察和研究,甚至可进行几十世代的观察,同时也避免了人体实验造成的伤害。

3. 可比性　一般疾病多为零散发生,在同一时期内,很难获得一定数量的定性材料,而模型动物不仅在群体数量上容易得到满足,而且可以在方法学上严格控制实验条件,在对饲养条件及遗传、微生物、营养等因素严格控制的情况下,通过物理、化学或生物因素的作用,限制实验的可变因子,并排除研究过程中其他因素的影响,取得条件一致的、数量较大的模型材料，从而提高实验结果的可比性和重复性，使所得到的成果更准确更深入。

4. 可以简化实验操作和样品收集 动物模型作为人类疾病的“缩影”，便于研究者按实验目的需要随时采取各种样品，甚至及时处死动物收集样本，这在临床是难以办到的。实验动物向小型化的发展趋势更有利于实验者的日常管理和实验操作。

5. 有助于更全面地认识疾病的本质 临床研究未免带有一定的局限性。已知很多病原体除感染人以外也能引起多种动物感染，其表现可能各有特点。通过对人畜共患病的比较研究，可以充分认识同一病原体（或病因）对不同机体带来的各种损害。因此从某种意义上说，可以使研究工作上升到立体的水平来揭示某种疾病的本质，从而更有利于解释在人体上所发生的一切病理变化。

因此，一个好的疾病模型应具有以下特点：①再现性好，应再现所要研究的人类疾病，动物疾病表现应与人类疾病相似。②动物背景资料完整，生命周期满足实验需要。③复制率高。④专一性好，即一种方法只能复制出一种模型。应该指出，任何一种动物模型都不能全部复制出人类疾病的所有表现，动物毕竟不是人体，模型实验只是一种间接性研究，只可能在一个局部或一个方面与人类疾病相似。所以，模型实验结论的正确性是相对的，最终还必须在人体上得到验证。复制过程中一旦发现与人类疾病不同的现象，必须分析差异的性质和程度，找出异同点，以正确评估。

二、人类疾病动物模型的分类

1. 自发性动物模型（naturally occuring or spontaneous animal models） 是取自动物自然发生的疾病，或由于基因突变的异常表现通过定向培育而保留下来的疾病模型。包括突变系的遗传疾病和近交系的肿瘤疾病模型。

突变系的遗传疾病很多，可分为代谢性疾病、分子疾病和特种蛋白质合成异常性疾病。如B淋巴细胞缺陷疾病模型，临床常表现为免疫球蛋白缺失，细胞免疫正常。CBA/N小鼠，起源于CBA/H品系，为X-染色体隐性遗传，其基因符号为xid；T淋巴细胞缺陷动物疾病模型，胸腺分泌淋巴细胞缺陷导致细胞免疫功能丧失，临床表现为毛发缺乏和胸腺发育不全。如裸小鼠、裸大鼠、裸豚鼠和遗传性无脾症小鼠动物模型；T、B淋巴细胞联合免疫缺陷动物疾病模型，这是最严重的免疫缺陷疾病，动物临床表现为低γ球蛋白血症、低淋巴细胞血症，如SCID小鼠。它们为生物医学研究提供了许多有价值的动物模型。

近交系的肿瘤模型随实验动物种属、品系的不同，其肿瘤的发生类型和发病率有很大差异。利用高发病率品系动物来研究自发性肿瘤疾病，更接近人群发病情况。小鼠乳腺癌在C3H、A/He、DBA/1、DBA/2发病率较高，在C3H雌性动物年龄超过9个月后，乳腺肿瘤发病率可高达100%；血管内皮瘤在HK、BALB/c等发病率较高，在实际工作中应进行针对性选择。

自发性动物模型在研究人类疾病时具有重要的价值，利用这类动物疾病模型来研究人类疾病的最大优点，就是疾病的发生、发展与人类相应的疾病很相似，均是在自然条件下发生的疾病，其应用价值就很高。

2. 诱发性动物模型（experimental artificial or induced animal models） 是通过物理、生

物、化学等致病因素的作用，人为诱发出的具有类似人类疾病特征的动物模型。如用化学致癌剂、放射线、致癌病毒诱发动物的肿瘤等。

诱发性动物模型制作方法简便，具有能在短时间内复制出大量疾病模型，并能严格控制各种条件使复制出的疾病模型适合研究目的需要等特点，广泛用于药物筛选、毒理、传染病、肿瘤、病理机制的研究。但诱发性动物模型是通过人为限定方式而产生的，多数情况下与临床所见自然发生的疾病有一定差异，况且许多人类疾病目前还不能用人工诱发的方法复制，因而又有一定的局限性。因此在设计诱发性动物模型要尽量克服其不足，发挥其特点。

3. 按系统范围分类　可分为疾病的基本病理过程动物模型：如发热、缺氧、水肿、炎症、休克、弥散性血管内凝血、电解质紊乱、酸碱平衡障碍等；各系统疾病动物模型：如心血管、呼吸、消化、内分泌、神经、运动等系统疾病模型；模型种类分类：整体动物、离体器官和组织、细胞株模型等。

三、动物模型的设计原则和注意事项

生物医学研究设计中常要考虑如何建立动物模型的问题，因为许多阐明疾病及疗效机制的实验不可能或不允许在病人身上进行。常要依赖于复制动物模型，设计时要遵循下列一些原则。

（一）设计原则

1. 相似性　在动物身上复制人类疾病模型。目的在于从中找出可以推广（外推）应用于病人的有关规律。外推法（extrapolation）要冒风险，因为动物与人到底不是一种生物。例如在动物身上无效的药物不等于临床无效，反之亦然。因此，设计动物疾病模型的一个重要原则是，所复制的模型应尽可能近似于人类疾病的情况。

能够找到与人类疾病相同的动物自发性疾病当然最好。例如日本人找到的大白鼠原发性高血压就是研究人类原发性高血压的理想模型，老母猪自发性冠状动脉粥样硬化是研究人类冠心病的理想模型；自发性狗类风湿性关节炎与人类幼年型类风湿性关节炎十分相似，也是一种理想模型，等等。

与人类完全相同的动物自发性疾病模型毕竟不可多得，往往需要人工加以复制。为了尽量做到与人类疾病相似，首先要注意动物的选择。例如，小鸡最适宜做高脂血症的模型，因为它的血浆三酰甘油、胆固醇以及游离脂肪酸水平与人十分相似，低密度和极低密度脂蛋白的脂质构成也与人相似。其次，为了尽可能做到模型与人类相似，还要在实践中对方法不断加以改进。例如结扎兔阑尾血管，固然可能使阑尾坏死穿孔并导致腹膜炎，但这与人类急性梗阻性阑尾炎合并穿孔和腹膜不一样，如果给兔结扎阑尾基部而保留原来的血液供应，由此而引起的阑尾穿孔及腹膜炎就与人的情况相似，因而是一种比较理想的方法。

如果动物模型与临床情况不相似，在动物身上有效的治疗方案就不一定能用于临床，反之亦然。例如，动物内毒素性休克（endotoxin shock，单纯给动物静脉输入细菌及其毒素所致的休克）与临床感染性（脓毒性）休克（septic shock）就不完全一样，因此对动物内毒素性休克有效的疗法长期以来不能被临床医生所采用。现在有人改向结扎胆囊动脉和胆管的动物胆囊中注入细菌,复制人类感染性休克的模型,认为这样动物既有感染又有内毒素中毒,就与临床感染性休克相似。

为了判定所复制的模型是否与人相似,需要进行一系列的检查。例如有人检查了动物动脉压、心率、静脉压、呼吸频率、动脉血 pH、动脉氧分压和二氧化碳分压、静脉血乳酸盐浓度以及血容量等指标,发现一次定量放血法造成的休克模型与临床出血性休克十分相似,因此认为此法复制的模型是一种较理想的模型。同理,按中医理论用大黄喂小鼠使其出现类似人的"脾虚症",如果又按中医理论用四君子汤把它治好,那么就有理由把它看成人类"脾虚症"的动物模型。

2. 重复性　理想的动物模型应该是可重复的,甚至是可以标准化的。例如用一次定量放血法可百分之百造成出血性休克,百分之百死亡,这就符合可重复性和达到了标准化要求。又如用狗做心肌梗死模型照理很合适,因为它的冠状动脉循环与人相似,而且在实验动物中它最适宜做暴露心脏的剖胸手术,但狗结扎冠状动脉的后果差异太大,不同狗同一动脉同一部位的结扎,其后果很不一致,无法预测,无法标准化。相反,大小白鼠、地鼠和豚鼠结扎冠脉的后果就比较稳定一致,可以预测,因而可以标准化。

为了增强动物模型复制时的重复性,必须在动物品种、品系、年龄、性别、体重、健康情况、饲养管理;实验及环境条件,季节、昼夜节律、应激、室温、湿度、气压、消毒灭菌;实验方法步骤;药品生产厂家、批号、纯度规格、给药剂型、剂量、途径、方法;麻醉、镇静、镇痛等用药情况;仪器型号、灵敏度、精确度;实验者操作技术熟练程度等方面保持一致,因为一致性是重现性的可靠保证。

3. 可靠性　复制的动物模型应该力求可靠地反映人类疾病,即可特异地、可靠地反映某种疾病或某种机能、代谢、结构变化,应具备该种疾病的主要症状和体征,经化验或 X 线照片、心电图、病理切片等证实。若易自发地出现某些相应病变的动物,就不应加以选用,易产生与复制疾病相混淆的疾病者也不宜选用。例如铅中毒可用大白鼠做模型,但有缺点,因为它本身容易患动物地方性肺炎及进行性肾病,后者容易与铅中毒所致的肾病相混淆,不易确定该肾病是铅中毒所致还是它本身的疾病所致。用蒙古沙土鼠就比较容易确定,因为一般只有铅中毒才会使它出现相应的肾病变。

4. 适用性和可控性　供医学实验研究用的动物模型,在复制时,应尽量考虑到今后临床应用和便于控制其疾病的发展,以利于研究的开展。如雌激素能终止大鼠和小鼠的早期妊娠,但不能终止人的妊娠。因此,选用雌激素复制大鼠和小鼠终止早期妊娠的模型是不适用的,因为在大鼠和小鼠筛选带有雌激素活性的药物时,常常会发现这些药物能终止妊娠,似乎可能是有效的避孕药,但一旦用于人则并不成功。所以,如果知道一个化合物具有雌激素活性,用这个化合物在大鼠或小鼠观察终止妊娠的作用是没有意义的。又如选用大、小鼠做实验性腹膜炎就不适用,因为它们对革兰阴性细菌具有较高的抵抗力,很不容易造成腹膜炎。有的动物对某致病因子特别敏感,极易死亡,也不适用。如狗腹腔注射粪便滤液引起腹膜炎很快死亡(80%24 小时内死亡),来不及做实验治疗观察,而且粪便剂量及细菌菌株不好控制,因此不能准确重复实验结果。

5. 易行性和经济性　在复制动物模型时,所采用的方法应尽量做到容易执行和合乎经济原则。灵长类动物与人最近似,复制的疾病模型相似性好,但稀少昂贵,即使猕猴也不可多得,更不用说猩猩、长臂猿。幸好很多小动物如大小鼠、地鼠、豚鼠等也可以复制出十分近似的人类疾病模型。它们容易做到遗传背景明确,体内微生物可加控制,模型性显著且稳定,年龄、性别、体重等可任意选择,而且价廉易得、便于饲养管理,因此可尽量采用。除非不得已或一些特殊疾病(如痢疾、脊髓灰白质炎等)研究需要外,尽量不用灵长类动物。除了在动物选择上要考虑易行性和经济性原则外,而且在模型复制的方法上、指标的观察上也都要注意这一原则。

(二)注意事项

1. 注意模型要尽可能再现所要求的人类疾病 复制模型时必须强调从研究目的出发,熟悉诱发条件、宿主特征、疾病表现和发病机制,即充分了解所需动物模型的全部信息,分析是否能得到预期的结果。例如诱发动脉粥样硬化时,草食类动物兔需要的胆固醇剂量比人高得多,而且病变部位并不出现在主动脉弓。病理表现为纤维组织和平滑肌增生为主,可有大量泡沫样细胞形成斑块,这与人类的情况差距较大。因此要求研究者懂得,各种动物所需的诱发剂量、宿主年龄、性别和遗传性状等对实验的影响,以及动物疾病在组织学、生化学、病理学等方面与人类疾病之间的差异。要避免选用与人类对应器官相似性很小的动物疾病作为模型材料。为了增加所复制动物疾病模型与人类疾病的相似性,应尽量选用各种敏感动物与人类疾病相应的动物模型,可参考中国实验动物信息网(www.lascn.net)上的文章《各种敏感动物与人类相似的疾病模型》。

2. 注意所选用动物的实用价值 模型应适用于多数研究者使用,容易复制,实验中便于操作和采集各种标本。同时应该首选一般饲养员较熟悉而便于饲养的动物作研究对象,这样,就无需特殊的饲养设施和转运条件,经济上和技术上容易得到保证。

此外,动物来源必须充足,选用多胎分娩的动物对扩大样本和重复实验是有益的。尤其对慢性疾病模型来说,动物须有一定的生存期,便于长期观察使用,以免模型完成时动物已濒于死亡或毙于并发症。

野生动物在自然环境中观察有助于正确评价自然发病率和死亡率。但记录困难,在实验条件下维持有一定难度,且对人和家畜有直接和间接的威胁,使用时要特别加以注意。因此,复制模型时必须注意动物种群的选择,要了解各类动物种群的特点和对复制动物的影响。

用于生物医学研究的动物种群,可按其遗传成分和其环境被研究人员控制的程度,分为三种基本类型:①实验室类型,它们可提供最大限度的遗传和环境操作。②家养类型,不论是乡村或城市饲养的,人类对其干扰的程度不同,且动物环境与人类环境可能极为接近。③自然生态类型,几乎没有人为的干扰。可能某种动物(啮齿目、食肉目、兔形目)可按所有三类类型进行研究,这就增加了对环境和遗传因素做比较研究的可能性。

3. 注意环境因素对模型动物的影响 复制模型的成败往往与环境的改变有密切关系。拥挤、饮食改变、过度光照、噪音、屏障系统的破坏等,任何一项被忽视都可能给模型动物带来严重影响。除此以外,复制过程中固定、出血、麻醉、手术、药物和并发症等处理不当,同样会产生难以估量的恶果。因此,要求尽可能使模型动物处于最小的变动和最少的干扰之中。

4. 不能盲目地使用近交系动物,不然会导致不能控制的因素进入实验 例如自发性糖尿病大鼠(BB、Wistar)除具有糖尿病临床特征外,还发现多种病理变化(外周神经系统严重病变、睾丸萎缩、甲状腺炎、胃溃疡、恶性淋巴瘤等)。因此要有目的地选择。半个世纪以来,近交系的开发不断提供着新的动物模型材料,大、小鼠疾病作为模型在医学使用量已高达70%~90%。利用近交系作动物模型时还必须认识到:

(1) 动物形成亚系后不应该再视为同一品系。要充分了解新品系的特征和背景材料。

(2) 即使作为已形成模型的品系,由于不适当的育种方法和环境改变,还可发生新的基因突变和遗传漂变,即存在着变种甚至断种的危险。

(3) 国外经常取用两种近交系的杂交一代(F1)作为模型。其个体之间均一性好,对实验的耐受性强,又多少克服了近交系的缺点。但盲目引进F1代动物对复制所要求的模型是缺乏意义的。

5. 动物进化的高级程度并不意味着所有器官和功能接近于人的程度 复制动物模型时,在条件允许的情况下,应尽量考虑选用与人相似、进化程度高的动物做模型。但不能因此就认为进化程度越高等的动物其所有器官和功能越接近于人。例如,非人类灵长类诱发动脉粥样硬化时,病变部位经常在小动脉,即使出现在大动脉也与人类分布不同。据报道用鸽(white gameau pigeon)做这类模型时,胸主动脉出现的黄斑面积可达10%,镜下变化与人也比较相似,因此也广泛被研究者使用。

6. 正确地评估动物疾病模型 应该懂得没有一种动物模型能完全复制人类疾病真实情况,动物毕竟不是人体的缩影。模型实验只是一种间接性研究,只可能在一个局部或几个方面与人类疾病相似。因此,模型实验结论的正确性只是相对的,最终必须在人体身上得到验证。复制过程中一旦出现与人类疾病不同的情况,必须分析其分歧范围和程度,找到相平行的共同点,正确评估哪些是有价值的。

第二节 高血压病的动物模型

1934年,Goldblatt曾证实,狭窄狗肾动脉可产生持续性高血压,这一实验研究引起了人们的普遍重视。随后,世界各地相继开展了高血压病的动物实验研究,建立了不同的高血压动物模型,并提出了各种有关高血压病病原的学说。急性实验性高血压模型,常选用的动物有狗、猫、大白鼠、家兔和猴等。复制的方法很多,如直接刺激中枢神经系统,通过神经反射、外源性儿茶酚胺类或其他体液加压物质注射等。这类模型造成的高血压时间短,不适于长时间的研究。应复制慢性实验性高血压模型。除遗传性高血压动物模型较能模拟人类高血压病的自然过程外,其他各类慢性实验性高血压动物模型(如神经原型、肾型、内分泌型和饮食型等),大多要经过一定的手术、药物或其他附加因素处理,与人类高血压病的临床不完全一致,但是对于筛选有效降压药仍然是十分重要的实验手段。实验中常用的动物为大白鼠和狗,猴来源不易,家兔血压升高不够显著,故后两种动物较少应用。

一、慢性实验性高血压类型

此种高血压指遗传性高血压,家兔和大白鼠遗传性高血压均属多基因遗传。选择收缩压高于160mmHg的家兔,进行同系近亲繁殖,可使半数仔兔出现高血压。目前培育成功的遗传性高血压大白鼠鼠种甚多,如由 Okamoto 等培育成功的京都种大白鼠 SHR,由 Smirk 等培育成功的新西兰种大白鼠 GHR,由 Bianchi 等培育成功的米兰种大白鼠 MHS,由 Dahl 等培育成功的 Brookhaven 种高血压敏感大白鼠 HSR。此外,Okamoto 还培育了一些亚种。遗传性高血压大白鼠寿命明显缩短。

二、听源性高血压模型

1. 造模机制 大灰鼠长期处于噪音或钥匙丁当响声刺激造成听源性紧张情况下,可诱发听源性高血压模型。

2. 方法 采用大白鼠与家鼠杂交生的大灰鼠(比纯种大白鼠较易诱发成功),4 月龄,放入隔音室内笼养,噪音刺激可由电铃或扬声器发出,发音器是一个音频振荡器,连接一个 20W 高音扬声器。噪音刺激应经常在 700~1000 周/秒中变换,噪音刺激每 30 秒一次,亦可每隔 1 分钟刺激 30 秒。可随时变换勿须恒定,但噪音干扰须日夜不止,连续数月。噪音刺激连续 3 个月后血压普遍升高,大灰鼠正常平均收缩压为(113±8)mmHg,此时可升高到 130~140mmHg,有 40%动物收缩压可高达 160mmHg。此种高血压动物模型与人的高血压病相类似,适用于降压药物的筛选。

三、肾动脉狭窄性高血压模型

1. 造模机制 狭窄肾动脉可造成肾脏缺血,引起肾小球旁器分泌肾素增多。肾素能使血管中 α_2-球蛋白(血管紧张素原)变为血管紧张素Ⅰ,后者又经转换酶(主要存在于肺)的作用变为能使血管收缩的血管紧张素Ⅱ的参与,加重了全身小动脉的痉挛,血压也快速、持久地升高,形成恒定、持久的高血压。

2. 方法 将狗或家兔麻醉后,俯卧位,从脊柱旁 1.5~2cm 处开始,右侧顺肋骨缘,左侧在离肋骨缘约两指宽的地方做 4cm 长的皮肤切口,分离皮下组织和腰背筋膜,切开内斜肌盘膜,推开背长肌,暴露肾并小心地钝性分离出一段肾动脉,选用一定直径的银夹或银环(6~8kg 狗所用的环直径为 0.8~1.2mm,家兔用的环直径为 0.5~0.8mm)套在肾动脉上造成肾动脉狭窄。如一侧肾动脉狭窄,则应将另一侧肾摘除,后一手术在间隔 10~12 天后进行。手术后几天,血压开始升高,1~3 月后血压升达高峰,并可长期维持下去。例如家兔手术前血压平均值为 100mmHg,手术后 2 周升到 125mmHg,1 个月后升到 135mmHg,2 个月后可升达 140~194mmHg。国内有主张从腹中线做切口,一次手术使两侧肾动脉狭窄。血压升高速度和程度取决于肾动脉狭窄的程度,当肾动脉过度狭窄时,会造成恶性高血压,并使动脉迅速死亡。一般狭窄血管口经的 1/4~1/3 为宜。此种肾型高血压模型与临床高血压病的改变相同,对降压药效果也与临床病人相等。

四、肾外包扎性高血压模型

1. 造模机制 肾外异物包扎,可致肾周围炎,在肾外形成一层纤维素性鞘膜,压迫肾实质造成肾组织缺血,使肾素形成增加,血压上升。

2. 方法 选用120~150g大白鼠,麻醉后,皮肤消毒,从第10胸椎到第3腰椎处沿脊椎中线切开皮肤,在左侧季肋下1.5~2cm和距脊椎1cm处用小血管钳分开肌肉,用两指从腹下部将肾脏自创口中挤出,小心地将肾脏与周围组织剥离,将自制的双层乳胶薄膜剪成"X"形,绕肾门将肾脏交叉包扎,然后在相对侧切开,取出右肾,分离后切除,分别缝合肌肉和皮肤创口。皮下注射1~2万单位青霉素G。术后可加饮1%氯化钠溶液作为促进因素,约经20天,有70%以上的大白鼠出现高血压。收缩压一般可升高50%以上。

第三节 糖尿病动物模型

糖尿病(diabetes)是一组以血糖增高(高血糖症)为特征的疾病群,其原因主要与胰岛素产生和作用异常有关。在欧美国家大约6.2%的人群患糖尿病。是西方国家肾功能衰竭致盲和截肢的首位原因,也是心血管疾病、中风和新生儿出生缺陷的最主要致病因素。在我国随着人们生活水平的提高,糖尿病的发病率逐年增高,建立相应的动物模型已成为人类研究糖尿病的重要和必需手段之一。

现在常用的糖尿病动物模型有实验性糖尿病动物模型和自发性糖尿病动物模型。自发性模型应用价值较高,但因价格昂贵,饲养、繁殖条件要求严格,而不能得到广泛应用。实验性模型则应用比较广泛,常用的诱导方法有①注射致高血糖因子,如生长激素、糖皮质激素、儿茶酚胺类激素。②注射化学药物引起胰岛细胞的损伤,如链脲佐菌素(streptozotocin,STZ)、四氧嘧啶等。③注射生物及生物制品引起细胞的破坏,如鼠脑炎、心肌炎(EMC)病毒M型变异可诱发若干品系的成年小鼠糖尿病。④手术切除胰腺的部分或全部,并给予高糖饮食刺激,引起继发性永久性糖尿病。

一、病毒诱发糖尿病模型

选用DBA/2雌性小鼠,皮下接种脑炎、心肌炎(EMC)病毒M型变异株4~7天可出现明显的高血糖,并伴有血中、胰腺中胰岛素含量降低。模型特点为特发性、低胰岛素血症。

二、化学诱发糖尿病模型

1. 链脲佐菌素(STZ)法 将大鼠禁食12小时,按60mg/kg体重腹腔注射STZ,每日1次,连续2次,成功制备1型糖尿病大鼠模型,并且该模型具有高血糖、体重减轻、多饮多食多尿的特点,与临床1型糖尿病吻合;但在此实验中,若造模组每只腹腔注射STZ一次,并给予高热量饲料饲养12周,则可制备2型糖尿病动物模型,且按该法制备出的模型具有超重、糖耐量减低、血脂升高、血清胰岛素升高及胰岛素受体结合力降低伴胰岛素抵抗的特点,类似于2型糖尿病病人的临床特征。1型糖尿病与2型糖尿病动物模型的制备可能与STZ注射的剂量有关系:大剂量(常为120mg/kg体重)注射时,由于直接引起胰岛B细胞的广泛破坏,可造成1型糖尿病模型;而注射较少量STZ时,由于只是破坏一部分胰岛B细胞的功能,造成外周组织对胰岛素不敏感,同时给予高热量饲料喂养,两者结合便诱导出病理、生理改变都接近于人类2型糖尿病的动物模型。

2. 四氧嘧啶法 选用Wistar大鼠190~220g左右,脂肪乳灌胃10天。大鼠禁食不禁水12小时后腹腔注射四氧嘧啶120mg/kg体重,15分钟后腹腔注射胰岛素0.4U,并分别于给四氧嘧啶后2.5小时和5小时灌胃给25%葡萄糖10ml/kg体重。第二次给药法的程序为1次给药法的操作程序连续2天进行操作,剂量为100mg/kg体重。即可建立2型糖尿病动物模型。

【附】 脂肪乳的制备

猪油20g,甲基硫氧嘧啶1g,胆固醇5g,谷氨酸钠1g,蔗糖5g,果糖5g,吐温80 20ml,丙二醇30ml,加水定容至100ml,配成脂肪乳。

第四节 心肌梗死动物模型

急性心肌梗死(acute myocardial infarction)是由于冠状动脉粥样硬化伴有粥样斑块出血、血栓形成,或冠状动脉痉挛导致管腔急性闭塞、血流中断,局部心肌缺血,坏死。在动物实验中,结扎冠状动脉造成心肌缺血,梗死形成,而后在预定的时间内重新开放血液使心肌得以再灌注。用这种方法可以模拟人类心肌梗死及溶栓再通治疗,但需注意缺血时间的长短,侧支循环的形成情况以及对氧的需求程度,避免再灌注损伤(reperfusion injury)出现。目前常用的造模方法有结扎法、药物法、微珠或气囊堵塞法。

一、结 扎 法

利用结扎法可成功复制成左心室前壁心肌梗死,观察到急性心肌梗死时一系列典型变化,如结扎后心肌梗死区局部呈现紫色,膨突,收缩力降低或消失;心电图S—T段抬高,Q波出现和加深,冠状动脉型T波倒置;以及血清谷草转氨酶、磷酸肌酸激酶升高等变化。它能确切闭塞冠脉造成了局部心肌缺血,这种缺血的部位和表现很类似人类发病情况。结扎法复制的模型主要用于研究急性心肌梗死的发展和转归;心源性休克;心律失常;局部心肌代谢、血流、心电变化;心肌微循环和血液流变学的缺血改变等。

1. 左冠状动脉缺血再灌注损伤模型制作 选用2kg左右家兔,20%氨基甲酸乙酯(乌拉坦)5ml/kg耳缘静脉注入麻醉,仰卧位固定于手术台上,胸部去毛,常规消毒,气管切开备用(连接动物呼吸机),切开胸部左侧皮肤,切断第3~5肋骨,暴露心脏,剪开心包,用0~4号丝线结扎左冠状动脉前降支,结扎后用盐水棉球在结扎局部轻压片刻,无活动性出血后,依次缝合,关闭胸腔。术中用动物人工呼吸机维持人工呼吸。

此模型方法,需要气管插管,呼吸机人工呼吸、给氧,操作时间长,损伤大。

2. 房室结缺血再灌注损伤模型的制作 选用2kg左右家兔麻醉成功后,固定实验动物兔于手术台上,沿胸骨中线切开皮肤,暴露胸骨,沿胸骨右缘剪断2~4肋软骨,向两侧撑开胸腔。右肺萎缩,可见心包及搏动之心脏。提起心包膜,剪开心包膜前部,用长镊向外拉右心耳,暴露右房室间沟,在距右房室间沟约5mm处右心室壁上可见一隐约搏动、红色的动脉即右冠状动脉。持小圆针于右缘支远侧处穿0~4号丝线环绕右冠状动脉,迅速将双股丝线从自制细皮管内穿出留于体外,观察无异常,关胸。从自制细皮管中抽气,使右肺膨胀,观察呼吸、心律正常,抽紧环绕丝线造成右冠状动脉缺血,30分钟后放松丝线,再灌注240分钟后处死动物。取出心脏留置右冠状动脉环绕线,于主动脉右窦插入右冠状动脉一细塑料管,检查环绕线是否结扎右冠状动脉。

房室结缺血再灌注损伤模型进行了如下改良:①不做气管切开、插管,未用人工呼吸机,缩短了手术时间,简化了手术步骤,使动物接近生理状态。②采用右胸腔入路,距手术目的点较近。③结扎线从自制细皮管内引出体外,收紧缺血,放松再灌注,避免了二次开胸。④因右冠状动脉变异较大,再灌注后留置结扎线,术后取出心脏从右窦口插入右冠状动脉一细塑料管检查是否结扎右冠状动脉,对没结扎者剔除,使试验最终成功率达100%,降低了假阳性率。

二、药 物 法

选用2kg左右家兔,以异丙基肾上腺素(针剂,0.5mg/ml)加入100ml生理盐水中,4小时内由耳缘静脉滴入,剂量为1mg/kg体重、10mg/kg体重和30mg/kg体重。也可由腹腔注入给药,以异丙基肾上腺素分别上下午分2次直接注入腹腔,剂量为10mg/kg体重和20mg/kg体重。

静脉持续给异丙基肾上腺素可造成明显的心肌损害。用药量越大越明显,异丙基肾上腺素所致家兔实验性心肌损害多为弥漫性,且以心内膜下病变为主。

第五节 肿瘤动物模型

肿瘤动物模型(animal model of malignant tumor)制作对研究动物体内肿瘤发生和发展规律,并寻求切实有效的预防和治疗措施,具有重大意义。模型制作要求方法简便,重复性好,成瘤率稳定,取材方便,肿瘤的部位、形态结构、组织学特点和人类肿瘤相似。肿瘤模型分为自发肿瘤模型、诱发肿瘤模型及移植肿瘤模型。但是没有一种模型能完全满足研究者的需要。研究者只能根据实验目的的不同,选择与实验要求近似的动物模型进行研究。

一、自发肿瘤模型

实验动物种群中不经有意识的人工实验处置而自然发生的一类肿瘤称之为自发性肿瘤。自发肿瘤的产生与动物的系别、肿瘤类型、年龄及性别都有关系。环境中的有害物质、射线辐射能促进自发肿瘤的产生。致病体一旦消除,则不能产生自发瘤。自发性肿瘤模型与人类肿瘤发生相似,涉及遗传和环境等因素,理论上讲是很理想的动物模型,但该模型对动物品系要求高,成瘤周期长,很难定时做对比研究,用动物量多,耗资大,不适合一般实验室使用。这种模型可用于肿瘤发生学的研究。

二、诱发肿瘤模型

诱发肿瘤模型是指致癌物在动物一定部位和器官直接或间接接触，使靶器官产生肿瘤。该类型肿瘤生长较慢，瘤细胞增殖比率低，倍增时间长，所以主要用于研究癌变过程、肿瘤发生的病因等。

1. 肝癌　二乙基亚硝胺(DEN)诱发大白鼠肝癌：取体重250g左右的封闭群大白鼠，雌雄不拘。按性别分笼饲养。除给普通食物外，饲以致癌物，即用0.25%DEN水溶液灌胃，剂量为10mg/kg体重，每周一次，其余5天用0.025%DEN水溶液放入水瓶中，任其自由饮用。共约4个月可诱发成肝癌。或单用0.005%掺入饮水中口吸服8个月诱发肝癌。4-2甲基氨基氮苯(DBA)诱发大鼠肝癌：用含0.06%DBA的饲料喂养大鼠，饲料中维生素B_2不应超过1.5～2mg/kg体重，4～6月就有大量的肝癌诱发成功。2-乙酰氨基酸(2AAF)诱发小鼠、狗、猫、鸡、兔肝癌：给成年大鼠含0.03%2AAF标准饲料。每日每只平均2～3mg2AAF(也可将2AAF混于油中灌喂)，3～4月后有80%～90%动物产生肝肿瘤。二乙基亚硝胺诱发大鼠肝癌：用剂量为每日0.3～14mg/kg体重，混于饲料或饮水中给予，6～9个月后255/300只大鼠发生了肝癌。亚胺基偶氮甲苯(OAAT)诱发小鼠肝癌：用1%OAAF苯溶液(约0.1ml含1mg)涂在动物的两肩胛间皮肤上，隔日一次，每次2～3滴，一般涂100次。实验后7～8周即出现第一个肝肿瘤，7个月以上可诱发小鼠肝肿瘤约55%。或用2.5mgOAAT溶于葵瓜子油中，给C3H小鼠皮下注射4次，每次间隔10天，也可诱发成肝癌。黄曲霉素诱发大鼠肝癌：每日饲料中含0.001～0.015ppm，混入饲料中喂6个月后，肝癌诱发率达80%。

2. 胃癌　甲基胆蒽(MC)诱发小鼠胃癌：取20g左右的小鼠，无菌手术下，在腺胃黏膜面穿挂含甲基胆蒽(MC)线结。含MC的线结是用普通细线，在一端打结后，将线结置于盛有MC小玻璃试管内，在酒精灯上微微加温，使MC液化渗入线结。MC浓度为0.05～0.1g 20-甲基胆蒽内浸入10～20根线。手术埋线后4～8个月可诱发成功胃癌。用不对称亚硝胺，剂量为0.25ml/kg体重，3个月后全部动物发生前胃乳头状癌，7～8个月后有85%～100%发生前胃癌。昆明种最敏感。A系次之，615系小鼠敏感性最差。此外还可用甲基亚硝基醋酸尿素给BD大鼠饮水中加2mg/kg体重，每周5次饮用，520天后全部大鼠均发生了腺胃癌。

三、移植肿瘤模型

移植肿瘤模型是把动物或人的肿瘤移植到同系、同种或异种动物，经传代后，组织类型和生长特性已趋稳定，并能在受体动物中继续传代。其具有特性明确、生长一致性好、实验周期短、瘤株分布广泛、可反复复制等优点，在肿瘤机制研究和抗肿瘤药物筛选中应用广泛。实验中常用腹水瘤和实体瘤两种方式进行移植。对于会产生腹水的肿瘤，可将其一定数量的细胞注入受体动物腹腔形成腹水瘤或产生腹水。实体瘤移植也是在无菌条件下，把实体瘤切成2～3mm小块，植于受体动物皮下。

1. 人肝癌、胰腺癌的原位移植动物模型 将患者无菌新鲜癌组织手术标本，置于ROMI-1640培养基中，眼科剪剪成2～3mm^{3}小块备用。选取3～5周龄，体重18～20g的裸鼠，用硫喷妥钠腹腔麻醉(30mg/kg体重)，取左侧卧位，酒精消毒皮肤，在右肋缘下行长1cm斜切口，打开腹腔，暴露肝脏和胰腺，将准备好的人癌组织块植入，缝合止血，消毒。当原位移植瘤长到1～2cm^{2}时，无菌取出肿瘤，同样方法在裸鼠体内传代移植。

建立的人肝癌、胰腺癌裸鼠原位移植瘤，呈圆形、椭圆形或分叶形状，少数移植瘤有完整的泡膜形成，大多数移植瘤与周围组织粘连，无完整的泡膜形成，瘤体周围血管丰富。功能上保持分泌人甲胎蛋白和CEA因子不变，较客观地模拟了人肝癌、胰腺癌的临床规律。

2. 人卵巢癌原位移植动物模型 方法如下：

(1) 细胞培养：SW626(人卵巢囊腺癌)采用Leibovitz's L-15培养基，10%小牛血清培养，2天换液1次。

(2) 皮下移植瘤模型的建立：取鼠龄6～8周，体重20～25g雌性裸鼠10只，于肩胛区皮下注射瘤细胞，浓度为10^6～10^7/100μl，注射后每天观察瘤体生长情况。

(3) 原位移植瘤模型的建立：无菌条件下，取1只皮下移植瘤成瘤小鼠，取瘤后处死。选择活力好的瘤组织浸入4℃的无菌生理盐水中漂洗，并切成1mm^{3}组织块待用。巴比妥钠(0.1mg/kg)麻醉裸鼠后，取腹部正中纵切口，暴露一侧卵巢，在解剖显微镜下剪开卵巢白膜，用5号可吸收缝线将1块移植瘤组织缝入卵巢，缝合包膜，逐层关腹(卵巢癌原位移植瘤裸鼠)，术后继续饲养。从第3～12周，对卵巢癌原位移植瘤裸鼠行系统解剖，称瘤体重量，并观察肿瘤浸润邻近器官和转移情况，瘤组织行石蜡切片，卵巢肿瘤标志物CA125免疫组织化学(免疫组化)染色。

此模型首先建立皮下移植瘤，将瘤细胞悬液转变为组织，然后再行移植，在保证模型真实性的同时，提高了建模型的效率。解剖学发现卵巢原发瘤灶、局部浸润、对侧卵巢转移、腹腔大网膜和脏器表面的种植、盆腔淋巴结转移(髂内、髂外、髂总、腹主动脉)、腹水形成完全具有人卵巢癌生物学特征。光镜下见癌细胞高度异型性，呈多边形，核大、浓染，核浆比例失调，核分裂象多见。癌细胞呈团状排列，偶见腺管样结构，间质较少。功能上移植瘤癌细胞仍保持母系细胞株的遗传性状，呈人类肿瘤染色体特点，属超二倍体，移植瘤CA125与母系细胞株肿瘤标志物表达均呈阳性，并且程度无变化。卵巢癌模型更客观、真实地反映了人卵巢癌的临床发展过程，用于卵巢癌病因学和治疗学研究。

第六节 转基因与敲基因动物模型

一、转基因动物模型

1. 概念与原理 转基因动物(transgenic animals)是指用基因工程技术，将外源目的基因经由生殖细胞或早期胚胎导入动物胚胎细胞染色体基因组内，使之稳定整合并能传给下一代的动物。其由于"外源DNA"导入(包括同一物种的DNA)动物的基因组而产生了可以遗传的改变。这些可以遗传的改变包括：①外源DNA片段至少整合到一条染色体上；②由于外源 DNA 的插入使任何一个基因发生改变;③由于外源 DNA 的插入或内源基因的删除使染色体发生重排;④有意识地导入可以持久存在的遗传实体。例如,一条人工染色体或者可以自我复制并传递给子细胞的非染色体 DNA 元件。

转基因动物的基本原理是将改建后的目的基因(或基因组片段)用显微注射等方法注入实验动物的受精卵(或着床前胚胎细胞),然后将此受精卵(或着床前胚胎细胞)再植入受体动物的输卵管或子宫中,使其发育成携带有外源基因的转基因动物,然后通过分析转基因和动物表型的关系,从而研究外源基因的功能,也可以通过转入外源基因培育优良品种的工程动物。转基因动物有将分子、细胞、动物整体结合起来的优点,其应用越来越广泛。

1981 年,Brinster 和 Palmiter 第一次成功地将外源基因 TK 导入小鼠胚胎中,获得转基因小鼠,TK 基因在肝脏中表达比正常小鼠大 100 倍。次年又将 GH 融合基因注射到正常小鼠的单细胞胚胎中,获得的转基因小鼠比正常小鼠大一倍,因而被称为"超级小鼠"。这一结果在《science》发表后引起世界轰动。以后相继在 10 年间报道过转基因兔、绵羊、猪、鱼、昆虫、牛、鸡、山羊、大鼠等转基因动物的成功。

2. 转基因动物的基本方法　向动物体内转移外源基因工程的目的,是使转基因动物的所有体细胞和性细胞都有被转移的外源基因,仅此只有在动物胚胎发育早期将外源基因导入,才能实现转基因的目标。目前动物转基因的方法有以下几种,详见本书第八章第四节内容。

(1) 原核显微注射法。

(2) 病毒载体法。

(3) 胚胎干细胞介导法。

(4) 精子介导法。

3. 转基因动物应用

(1) 改良动物品种:传统育种只能在同种或亲缘关系很近的物种之间进行,且自发性突变作为选种的前提,其发生几率相对低,转基因技术则克服上述问题成功地应用在提高动物个体的生长速度、改良家畜的生产品质和增强抗逆、抵御疾病的能力。Dwvlin 等将鱼生长激素基因导入鲑鱼体内,所得到的转基因鱼平均体重为普通鱼的 11 倍。说明了转基因技术在改良动物品种方面有一定的应用价值。

(2) 转基因动物与遗传病研究:转基因动物在遗传病的研究中具有重要的应用价值,被认为是遗传学研究中继连锁分析、体细胞遗传和基因克隆技术之后的第四代技术。在人类遗传病的研究中,适当的动物模型对研究基因突变在遗传病中的作用是必不可少的。这种动物模型过去只能靠自然突变或人工诱导的方法获得。自然突变的机会极其难得,人工诱导的方法不易控制,因此都不能满足日益发展的遗传病研究工作的需要。Nage 等建立的人血红蛋白 β 键突变基因小鼠,出现了镰状红细胞贫血病人同样的红细胞形态改变。另外,高胆固醇血症、囊性纤维化构建了相应的转基因模型,为深入研究发病机制以及基因治疗创造了前所未有的条件。

(3) 转基因与高血压病的研究:高血压病发病率高且病因复杂。临床研究发现其具有明显的家族倾向性,因而可能与遗传因素有关。从基因水平研究高血压病的发病机制是揭示这一疾病病因的根本途径。现已发现若干基因与发病有关,如肾素基因、血管紧张素转换酶基因、血管紧张素原基因、心房利钠因子基因等。其中肾素-血管紧张素系统基因似乎在血压调节中起重要作用。用小鼠肾素22(Ren22)基因转入大鼠体内构建的转基因大鼠可使血压明显升高,用人的肾素基因和血管紧张素基因分别构建的转基因小鼠血压均不升高。而用这两种基因构建的转基因双基因小鼠则血压升高,说明两种基因的相互影响在发病中起一定作用。

(4)转基因动物与肿瘤研究:随着基因工程技术的迅速发展,已有越来越多的转基因鼠模型用于肿瘤形成的研究。这些模型能很好地模拟体内的生理、病理环境,与所要研究肿瘤的发生过程具有较好的一致性,而且可模拟部分癌前病变。目前,用于肿瘤血管形成的转基因鼠模型主要有3种:①RIP2Tag转基因鼠,系胰岛β细胞肿瘤,由癌基因SV40Tag诱导,受胰岛素基因调控区控制;②BPV1.69转基因鼠,系皮肤纤维肉瘤,由乳头状瘤病毒基因组诱导;③K142HP V16转基因鼠,系表皮鳞癌,源于基底角质细胞,主要表达人乳头状瘤病毒16型癌基因,由角蛋白14基因调控区控制。通过对这3种不同的转基因鼠模型的研究显示,在体内高水平的bFGF及VEGF等细胞激活因子的表达刺激下,多种肿瘤细胞株肿瘤血管形成在实体瘤开始出现之前就已开始启动。

(5)转基因动物与异种移植:随着外科学的发展以及免疫抑制剂的应用,器官移植的成功率越来越高,因而出现了同种异体移植器官短缺的现象。为了解决这一难题,异种器官的移植开始引起人们的重视。用实验动物的组织和器官代替人类的器官有以下优点:动物器官取之不尽;动物器官比人造器官更具自然性和生物性;动物器官随用随取,可克服使用人体器官存在的各种伦理及法律问题。异种器官移植首先遇到的障碍是移植后出现的超急排斥反应(hyperacute rejection)。引起超急排斥反应的原因主要有两个,一是受体体内存在的针对异种抗原的天然抗体(NA);另一个是补体系统的活化。目前消除异种移植后免疫排斥反应策略主要包括两条途径:一是针对受者(比如抗体或补体的消耗或抑制、耐受诱导等),另一条则是针对供者,转基因修饰表达人类补体调节蛋白(CRPs)和去除或代替galagal抗原位点的动物。当然在克服了超急排斥反应以后,与同种器官移植一样还需要克服急性与慢性排斥反应。而且异种器官的功能在人体内的作用也是一个相当复杂的问题,但就某些器官来说,转基因动物器官用于人体移植应该是具有一定价值的。后者利用基因工程技术,拥有前者无法比拟的优点,已成为世界范围研究开发异种移植物的主要手段。

(6)用转基因动物生产药用蛋白:随着转基因技术的不断发展,利用转基因动物生产药用蛋白质即转基因动物制药的研究也取得了突破性进展。高产值、高效率的基因工程药物的出现给药物的生产带来了一场革命,推动了整个医药产业的发展。乳腺生物反应器法的优越性主要体现在:①动物的乳腺组织有能力对表达的蛋白进行大规模复杂而专一的翻译后修饰,并且可正确折叠成有功能的构象,所以生产出的药用蛋白与天然蛋白质的活性完全一致。②动物的乳腺可以大量、持续地表达外源蛋白,而且可维持所表达蛋白的稳定。一般奶牛每年产奶10吨,而每升乳中获得的药用蛋白产量比细菌发酵高100~1000倍。③生产成本极低,根据有关专家分析,利用哺乳动物细胞株生产1g药用蛋白,成本需800~5000美元,而采用转基因动物生产只需0.02~0.5美元。④药物的分离纯化简单,乳汁内源成分简单,一般的纯化工艺就能获得纯度高达99%的产品,且不污染环境。利用转基因动物-乳腺生物反应器生产药物蛋白，好比在动物身上建“药厂”，可以从动物乳汁中源源不断地获得具有稳定生物活性的基因产品。这是一种全新的药物生产模式，具有投资成本低，药物研制周期短和经济效益高等优点，它已成为生物技术领域发展的重要方向。

二、基因敲除动物模型

1. 基因敲除技术概述　基因敲除技术又称定向基因转移技术、基因打靶技术（gene targeting），是指对一个结构已知但功能未知的基因，从分子水平上设计实验，将该基因敲除（gene knock out），或用其他顺序相近基因取代（gene knock in），然后从整体观察实验动物，推测相应基因的功能。它有三个重要特征：第一是它的直接性，直接作用于靶基因，不涉及基因组的其他地方。第二是它的准确性，可以将事先设计好的DNA序列插入选定的目标基因座或用事先设计好的DNA序列去取代基因座中相应的DNA序列。第三是它的有效性，在技术上有实施的可能，具有实用意义。

此技术首先被选择在酵母中进行研究。后来又在哺乳动物细胞中实验。当胚胎干细胞（ES细胞）被选择为基因重组的发生地时，就使体外细胞水平的遗传操作与整体动物水平的表型效应相结合成为可能，也为制备正常基因缺陷引起的遗传病的动物模型找到了最可靠的方法。这种胚胎干细胞（ES细胞）是一种来源于小鼠胚囊的内层细胞团，经体外培养增殖而不分化，维持在体内有的多向分化潜能。ES细胞首先分别被英国科学家于1981年同年分离。其后，ES细胞被证实具有发育成胚系各种组织细胞的能力。

2. 基因敲除主要的应用领域

（1）基因敲除动物模型在人类疾病机制研究中应用：人类几乎所有的疾病都与基因有关，基因敲除动物模型的建立，为研究人类疾病提供了一个崭新方法，尤其是遗传性疾病。OA1（眼球白化症）是一种基因紊乱遗传性疾病，能引起视力严重下降，斜视、光恐怖、眼球震颤。Incerti通过敲除法去除小鼠OA1基因，雌鼠能够繁殖，眼科检查显示眼球底部黑色素不足，症状表现与人的临床相似，从而来研究OA1的发病机理。Patel敲除小鼠LDL（低密度脂蛋白）接受器基因，这种基因的缺乏导致人在临床上早期易患心脏病，血浆中LDL和胆固醇的浓度升高，当基因敲除小鼠饲喂与人的营养水平相似的饲料时，引起与人临床相似的症状。p53基因最初被认为是一种细胞的原致癌基因，后来被证明是一个肿瘤抑制基因。Donehower和他的同事们研究出了第一只敲除p53的小鼠，无p53等位基因的杂合小鼠对于研究人类的与癌症因素有关的遗传疾病可能是一个有用的模型。

（2）基因敲除在器官移植方面的应用：人类器官移植在人类疾病治疗中起举足轻重的作用，但有两大问题一直未得到解决，一是器官来源，目前器官来源主要是尸体，受到时间和运输等条件的限制，在有些地方还涉及宗教的问题；二是器官移植的排斥反应，目前要找到与受体血清型完全相匹配的器官可能性很小，临床上只能靠药物来抑止排斥反应。基因敲除动物模型可能会解决这两个难题。英国PPL公司采用基因敲除法，将引起超急性排斥反应的糖基化酶基因敲除，并加入两个最大限度减少器官移植所产生的“迟发”和“长期”的排斥反应，用此方法培育的动物的器官可以移植到人体而无排斥反应，PPL公司已成功培育了五头猪，虽然还有许多问题需要解决，但使人类看到了希望。

(3) 改造动物基因型，鉴定新基因和/或其新功能，研究发育生物学：深入研究基因敲除小鼠在胚胎发育及生命各期的表现，可以得到详细的有关该基因在生长发育中的作用，为研究基因的功能和生物效应提供模式。例如，目前人类基因组研究多由新基因序列的筛选检测入手，进而用基因敲除法在小鼠上观察该基因缺失引起的表型变化。目前已报道了多种学习、记忆以及 LTP、LTD 有缺陷的基因敲除动物，发现多种基因在学习、记忆的形成过程中必不可少。

（李莉）

第二部分

科研方法与研究技术进展

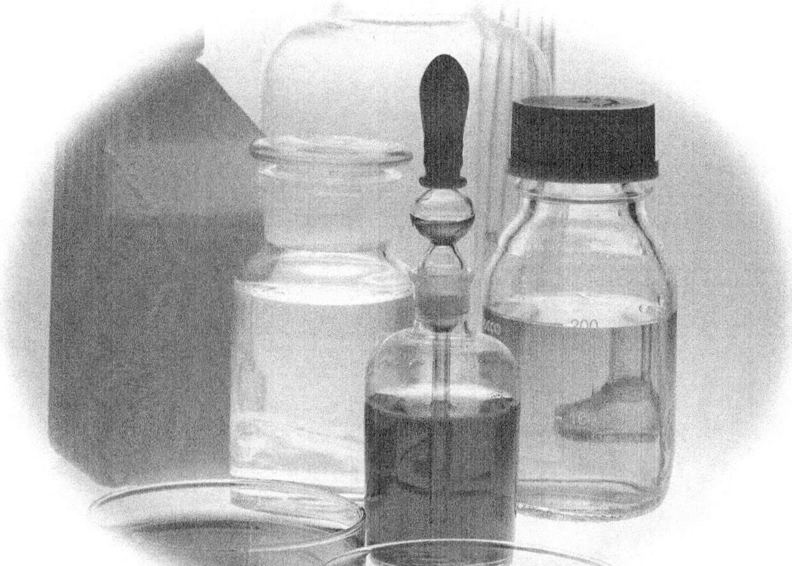

第七章　科研基本知识

第一节　医学实验设计的原理与方法

一、实验研究的基本程序

实验设计是通过学生自行设计实验，了解机能实验学研究的基本过程，使学生具有一定的实验研究能力。它对理解课堂讲授的已知规律和应用已知规律去探讨、开创新的未知世界有重要的作用。因此完成一个好的实验设计对培养开拓型人才有重要的意义。

实验研究的基本程序包括立题、设计、预试验和正式实验、实验资料的收集、整理和统计分析、总结和完成论文。

立题在实验设计中具有第一位重要性，立题时需要注意科学性、先进性、可行性和实用性。科学性指选题有充分的科学依据；先进性指选题对已知的规律有所发现和创新；可行性指立题时考虑已具备的主、客观条件；实用性指立题有明确的目的和意义。

立题的过程是一个创造性思维的过程。它需要查阅大量的文献资料及实践资料，了解本课题近年来已取得的成果和存在的问题；找出要探索的课题关键所在，提出新的构思或假说，从而确定研究的课题。

实验设计是根据立题而提出的实验方法和实验步骤，它是完成课题的实施方案。它包括实验材料和对象、实验的例数和分组、技术路线和观察指标、数据的收集和处理方法等。

二、实验设计的三大要素

实验设计包括3个基本要素，即实验对象，处理因素，观察指标。

（一）实验对象的选择

机能学实验的对象包括人和动物。为了避免实验给人带来损害或痛苦，除了一些简单的观察，如血压、脉搏、呼吸、尿量的实验可以在人体进行以外，主要的实验对象应当是动物，选择合适的实验动物对实验的成功有重要的意义，选择的条件如下：

1. 要选择接近于人类而又经济的动物　灵长类动物最接近人，但价格昂贵，但有时实验需用大动物完成，可选用犬、羊、猴。一般常选择的实验动物为家兔、大鼠、小鼠，它们比较接近于人类而价格又比较便宜。

2. 根据实验要求选择动物的品种和纯度　其中以纯种动物为佳，且应是健康和营养良好的动物。

3. 动物年龄、体重、性别最好一致　一般选择发育成熟的年幼动物，对性别要求不高的动物可雌雄混用,但分组时应雌雄搭配。与性别有关的实验,只能用某种性别的动物。

(二) 处理因素

处理因素是指对实验对象施加的某种外部干预。给实验动物以各种处理包括接种细菌、毒素等生物病菌;给予化学制剂或药物;进行创伤、烧伤等物理刺激等。处理实验对象的目的有两个方面,一是复制人类疾病的动物模型,观察其发病机制;二是进行实验治疗,观察药物或其他治疗手段的疗效。

1. 人类疾病模型的复制 人类疾病的动物模型包括整体动物、离体器官、组织细胞、以至教学模型。在复制动物模型时,一般遵守以下原则:

(1) 相似性原则:即复制的模型尽可能近似人类疾病。最好是找到与人类疾病相似的动物自发性疾病。如有一种大鼠会自发产生高血压,称为原发性高血压病大鼠(SHR),猪有自发性动脉硬化,用它们来研究人类的高血压或动脉硬化则比较理想。但动物与人相似的自发性疾病模型不多见,往往需要人为地在动物身上复制,需注意相似性原则。

(2) 重复性原则:即复制模型的方法要标准化,使疾病模型可以重复复制。为此,选择的动物、实验方法、使用的仪器和环境因素应力求一致,即有一个标准化的模型复制方法。

(3) 实用性原则:即复制的方法尽量做到经济易行。如灵长类动物在相似性上最好,但价格昂贵;如果能用中小动物(家兔,大、小鼠)复制出类似人类疾病模型,则更为实用可行。

2. 疾病处理和实验治疗 给予药物治疗和观察治疗效果是综合性机能实验的一个重要方面。在设计时可分为两类。

(1) 单因素设计:指给一种处理因素(如药物),观察处理前后的变化,它便于分析,但花费较大。

(2) 多因素设计:指给几种处理因素同时观察,用析因分析法进行设计,它能节省经费和时间。

(三) 观察指标

设计一些好的观察指标是体现实验的先进性和创新性的重要环节。观察指标是反映实验对象在经过处理前后发生生理或病理变化的标志。它包括计数指标(定性指标)和计量指标(定量指标),主观指标和客观指标等。指标的选定需符合以下原则:

1. 特异性 指标能特异地反映观察现象的本质,不会与其他现象相混淆。如高血压中的血压(尤其是舒张压)可作为高血压病的特异指标;血气分析中的血氧分压和二氧化碳分压可作为呼吸衰竭的特异指标。

2. 客观性 最好选用各种仪器检测的客观指标,如心电图、脑电图、血气分析、生化检测等。由仪器报告定量的数据,不受主观因素影响。而主观指标(如肝、脾触诊)易受主观因素影响,造成较大误差。

3. 重现性 在相同条件下指标所测的结果可以重现。重现性高的指标一般意味着偏性小,误差小,能较真实地反映实际情况。为提高重现性,需注意仪器的稳定性,减少操作的误差，控制动物的机能状态和实验环境条件。在注意到上述条件的情况下，重现性仍然很小，说明这个指标不稳定，不宜采用。

4. 灵敏性　指标反映处理因素带来的变化的灵敏程度，最好选用灵敏性高的指标。它是由实验方法和仪器的灵敏度共同决定的。如果灵敏性差，对已经发生的变化不能及时检测出，或往往得到假阴性结果，这种指标应该放弃。

三、实验设计的三大原则

实现实验设计的科学性，除了对实验对象、处理因素、观测指标做出合理的安排以外，还必须遵循实验设计的3个原则，即对照、随机、重复。

（一）对照原则

设置对照是为了使观察指标通过对比发现其特异变化。要具有可比性，在比较的各组之间，除处理因素不同外，其他非处理因素尽量保持相同，从而根据处理与不处理之间的差异，了解处理因素带来的特殊效应。通常实验应当有实验组和对照组。对照组与实验组有同等重要意义。因为在实验中难免有非处理因素干扰造成的误差，如动物个体差异、实验环境的作用等。如果设立一个对照组，应选择同一种属和体重、性别相近的动物，在同一实验环境下进行实验，仅仅是不给特殊的实验处理，由于实验组与对照组的非处理因素处于相同状态，两者对比可消除非处理因素带来的误差。对照有多种形式，可根据实验目的加以选择。

（1）空白对照：亦称正常对照，对照组不加任何处理因素。如观察某降压药的作用时，实验组动物服用降压药，对照组动物不服用药物或服用安慰剂。

（2）自身对照：对照与实验均在同一受试动物身上进行。例如用药前、后的对比，先用A药后用B药的对比，均为自身对照。

（3）相互对照：又称组间对照。不专门设立对照组，而是几个实验组之间相互对照。例如用几种药物治疗同一疾病，对比这几种药物的效果，即为相互对照。

（4）标准对照：不设立对照组，实验结果与标准值或正常值进行对比。如果是药物疗效观察，用已知有效的阳性药物作为标准对照组，对新的实验组的药物效应与已知阳性药物作用进行对比观察。

（二）随机原则

随机是指实验对象的实验顺序和分组进行随机处理。随机分配指实验对象分配至各实验组或对照组时，它们的机会是均等的。如果在同一实验中存在数个处理因素（如先后观察数种药物的作用），则各处理因素施加顺序的机会也是均等的。通过随机化，一是尽量使抽取的样本能够代表总体，减少抽样误差；二是使各组样本的条件尽量一致，消除或减小组间人为的误差，从而使处理因素产生的效应更加客观，便于得出正确的实验结果。例如进行一个药物疗效的实验，观察某种新的抗休克药物对失血性休克的治疗效果，实验组和对照组复制同一程度的失血性休克模型，然后给予实验组抗休克新药，对照组给予等量生理盐水。如果动物的分配不是随机进行，把营养状态好和体格健壮的动物均放在实验组，把营养和体格不好的动物放在盐水对照组，最后得到的阳性实验结果并不能真正反映药物的疗效，很可能是动物体格差异所致。

随机化的方法很多，如抽签法、随机数字表法、随机化分组表法等，具体可参阅医学统计学。

（三）重复原则

重复是保证科学研究结果可靠性的重要措施。由于实验动物的个体差异等原因，一次实验结果往往不够确实可靠，需要多次重复实验方能获得可靠的结果。重复有两个重要的作用：

一是可以估计抽样误差的大小，因为抽样误差（即标准误）大小与重复次数成反比。二是可以保证实验的可重复性（即再现性）。实验需重复的次数（即实验样本的大小），对于动物实验而言（指实验动物的数量）取决于实验的性质、内容及实验资料的离散度。一般而言，计量资料的样本数每组不少于 5 例，以 10～20 例为好。计数资料的样本数则需每组不少于 30 例。

四、实验设计大纲

把前面谈到的实验设计要求和原则综合起来，实验设计大纲包括以下内容。

（一）立题

根据学生们在生理、病理生理、药理所学的知识，自由选题。选题时注意科学性、先进性、可行性和实用性。

（二）实验动物选择和分组

根据与人类疾病尽可能相似的原则，选择经济实用的动物。根据研究的目的和处理的方式进行分组：如果是单因素设计，只有一种处理因素而无非处理因素者用完全随机设计分组法；如果有一种处理因素和一种非处理因素，则采用配伍设计分组；如果有一种处理因素和两种非处理因素，则用拉丁方设计；在多因素设计时，即实验安排两种以上处理因素时，则采用析因设计法（详见医学统计学）。

（三）动物处理

包括疾病模型复制和实验治疗两部分，注意模型相似性、重复性与实用性原则。须写明动物麻醉、固定、疾病模型复制、给药治疗（时间、剂量、途径）等具体的方法。

（四）观察指标

指标测定的具体步骤，包括标本采集（时间、样本量）、样本处理、测定方法和使用仪器等。

注意指标的特异性、客观性、重现性和灵敏性。

(五) 数据记录与分析(详见本章第三节)

(六) 论文和报告的撰写(详见本章第四节)

(赵克森)

第二节　医学文献检索方法

一、文献与文献检索

文献是用文字、符号或图形等方式记录人类生产和科学技术活动或知识的一种信息载体,是人类脑力劳动成果的一种表现形式,是人类物质文明和精神文明不断发展的产物。"文献"一词最早见于《论语·八佾》中,宋代朱熹作注说:"文,典籍也;献,贤也。"这就是说,文献原指典籍与宿贤。随着社会的发展,文献的内涵也发生了变化。1983年国家标准局批准颁布的《检索期刊编辑总则》(GB3468-83)中,称"文献"为"记录有知识的一切载体"。《文献情报术语国际标准(草案)》(ISO/DIS5127)的定义为,"为了把人类知识传播开来和继承下去,人们用文字、图形、符号、声频、视频等手段将其记录下来,或写在纸上,或晒在蓝图上,或摄制在感光片上,或录到唱片上,或存储在磁盘上。这种附着在各种载体上的记录统称为文献。"

文献由三个基本要素构成:载体(媒介:纸介质、缩微胶片、视听盘带、电子介质等),知识(信息),文字(包括图像、符号等)。文献检索则是指从文献集合中,迅速、准确地查找出所需文献或文献中包含的信息内容的过程。

现代医学科技发展非常迅速,医学文献增长快、数量多,医学专业期刊种类日益增多,文献资源分布很分散。因此,要从浩如烟海的文献中找到自己所需要的科技文献是有一定的难度。但是,由于医学文献资料在医学科研过程中起着十分重要的作用。因而每个医学生都必须学会和掌握医学文献检索的方法,这也是每个医学科研工作者必须具备的业务素质。

二、文献检索的目的及在科研中的作用

文献是人们获取知识的重要途径,它一方面大大开阔了人们的视野,使人们超越了时间和空间的限制,有可能去认识古代的和国外的事物。另一方面,文献又使得人类知识的储存、积累和传播不再受到个体生命的限制,从而大大促进了科学的进步。对科学研究活动来说,查阅文献资料是科学研究工作中必不可少的重要步骤,因而具有十分重要的意义和作用。

首先,查阅文献有助于医学研究者选定课题,避免重复性的无效劳动。科学研究的本质特点是创新。我们在选题过程中,就需要了解所选课题的创新性如何,要了解前人是否做过这方面的工作,还有哪些没有做,从而避免完全重复性的研究,防止无效的劳动,减少无为的人力、物力浪费;此外,还需了解该课题别人用了哪些方法技术,目前研究进展到什么程度,还有哪些问题有待进一步研究探索,从而明确自己所选课题的价值及研究要从哪里寻找突破口。要达到上述目的,必须查阅有关文献,收集现有的与研究相关的背景资料。

其次,文献检索有助于研究者搞好研究设计。查阅文献的过程是总结过去相关研究工作的过程。研究者若能广泛参考前人研究的方法手段,吸取别人成功的经验或失败的教训,避免自己在研究中走弯路、出差错等,并完善自己的研究思路或设计框架,则有可能使自己的研究超越前人的水平,取得较好成果。如果仅靠个人冥思苦想,研究是难以有所提高和突破的。因此,我们在进行具体研究设计时,一定要做好文献查阅,从整体上把握所研究领域的发展历史与现状。

第三,在科研实施过程中,也需要经常检索和阅读有关的研究文献,及时了解与课题有关研究的进展情况,从而调整自己的研究计划。

第四,有助于研究者解释研究结果、撰写科研论文。在解释研究结果时,我们不仅要从自己研究所得到的具体数据出发,而且还要依据一定的理论,引用他人有关的研究数据或研究成果来阐述自己的研究结果。这就需要大量阅读有关文献。对有关背景资料了解的越多,对自己研究结果的解释、分析和所下的结论就越恰当,就越容易看到自己研究结果的理论价值。自然,在此基础上撰写出来的论文或研究报告,其质量、科学性和理论价值都会有很大的提高。

三、医学文献的种类

1. 图书 图书的内容一般是总结性的,出版周期比较长。一般有书名、作者、版次、出版地、出版社、出版年等项目。图书又包括以下几种类别:

(1) 教科书:为学习某一学科知识而编写的具有严格科学性、系统性和逻辑性的教材。

(2) 专著:针对某一个专题,结合自身科研成果进行系统、深入论述的一种著作。

(3) 百科全书:对本学科知识进行标准或权威论述的经典参考书。

2. 期刊文献 期刊是连续出版物,有统一刊名,有连续的年、卷、期次编号。期刊比图书的出版周期短,刊载文献速度快,数量多,内容新,能及时反映有关科技水平。

3. 技术报告 也称科技报告、研究报告。技术报告多数是课题研究进展情况的总结记录,反映某项研究的阶段成果或最后的总结报告。其中包括研究方案的选择与比较,成果与失败的记录,常常还附有大量图表及原始数据等。现在世界各国每年都出版大量的科技报告。目前以美国政府出版的 AD、PB、NASA、DOE 四大报告最为著名。

4. 专利文献 专利是为了促进技术上发明创造的一种法律制度。它规定在符合专利法的范围内,凡属技术上的发明、创造和革新,经发明人申请并审查属实,由政府公布予以保护,在一定期限内只准发明人专营获利,不准他人抄袭仿造,故称之为专利。专利文献的主体是专利说明书。

5. 会议论文集　专题学术会议上报告和讨论的论文汇编。会议是科技交流的重要渠道,会议资料很受科技人员的重视。会议论文集中的论文往往是近期研究的成果,内容很新,一般都未发表过。

6. 研究进展　汇集某一学科在一定时期内的进展和成就的综述性论文。

7. 学位论文　指为了获得学位而撰写的硕士论文和博士论文,内容新,一般不出版发行。

四、文献的级别

根据文献的性质、加工程度和用途,可以把文献分成一次文献、二次文献和三次文献。

1. 一次文献　是作者以自己的科研成果为基本素材而创作或撰写的原始文献。如专著、研究报告、会议文献、档案等。文献检索的最终目的就是把最适用的具体的一次文献查找出来。

2. 二次文献　是对一次文献进行整理、加工、提炼和压缩之后所形成的文摘。如各种目录、索引、文摘等形式的检索工具。我们学习文献检索的方法主要是学习二次文献的利用方法。

3. 三次文献　是指在利用二次文献的基础上,对一次文献进行筛选、综合、分析、浓缩的出版物。如年鉴、大全、手册、综述等。

五、查阅文献的方法

文献资料的查找根据检索途径的不同一般分为两大类,即手工检索和计算机检索。

(一) 手工检索

手工检索是指用手工方式来查找文献资料,费用较低,但是速度较慢。

1. 查阅学校或当地图书馆可提供的文献　包括各种专业期刊杂志、专著或教材等。其特点:可获全文,较方便。

2. 利用检索工具书　特点是:文献全,速度较快,数量大。如SCI、ISTP、EI数据库就是图书情报界常说的国外三大检索工具。国外医学类检索工具主要有美国《医学索引》、荷兰《医学文摘》、美国《生物学文摘》、美国《化学文摘》和SCI等。我国也编辑出版了一些医药学检索工具书。下面分别做一简介:

(1) 国内的医学检索工具主要有:

1)《中文科技资料目录》(医药卫生):由中国医学科学院医学情报研究所编辑、出版、发行,月刊。收录的文献范围包括国内医学及医学相关的期刊、汇编和学术会议资料,以题录形式报道。编排结构大体可分为编辑说明、分类目次、正文(题录)、主题索引及附表5个部分。检索途径有两种:一是以课题有关文献在学科分类中的类目为检索标志,利用分类目次查找所需文献;另一是以课题的主题内容确定的主题词为检索标志,利用主题索引查找所需文献。

2)《中文科技资料目录》(中草药):由国家医药管理局中草药情报中心站、国家医药管理局天津药物研究院编辑出版,季刊。收录的文献范围包括国内公开和内部发行的期刊、汇编、学术会议资料等,以题录的形式报道。编排方法以学科分类为主,主题索引为辅;结构主要为分类类目、正文(题录)、和主题索引3个部分。检索方法和途径与《中文科技资料目录》(医药卫生)基本相同。

3)《全国报刊索引》(科技版):由上海图书馆编辑出版,月刊。内容包括自然科学和社会科学的各个领域,以题录形式报道国内公开和内部发行的中文期刊及报纸文献。编排结构主要为编辑说明,分类目录和分类题录。检索方法是从分类途径入手,在分类目录中找到所查课题的所属类目,根据类目后的页码到正文中筛选题录,然后再从题录指示的出处获取原始文献。

4)《医学论文累积索引(1949~1979)》:由南京医学院图书馆、中国医学科学院情报研究所编辑出版,简称《30年索引》。该索引收集了1949~1979年国内公开及内部出版的医学期刊以及自然科学期刊中有关医药卫生的主要中文医学文献,共20多万篇。属题录式的索引,分为卫生、基础医学、诊断学、护理学、中医学、内儿科学、外科学、妇产科学、肿瘤、五官科学、皮肤病学、药学及总索引等分册。各分册仅以主题途径提供检索,在总索引中增加分类辅助索引。

5)《国外科技资料目录》(医药卫生):由中国医学科学院医学情报研究所编辑出版,是《国外科技资料目录》刊物34个分册中的一个分册,月刊。是我国出版的用中文查出国外医学文献主要的题录性检索工具,收录英、法、德、日、俄文医学期刊500余种,包括WHO出版物10种及其推荐的核心期刊200种,每年的第一期附有供稿单位名单和收录的国外期刊目录,每年的最后一期为主题年度累积索引。编辑结构主要包括分类索引(分类类名索引、分类目次)、正文和主题索引(主题索引首字目次、主题索引)3部分。检索途径有分类和主题2种。

6)《中国医学文摘》:由中国科技情报编译出版委员会批准出版的国内医学文献检索体系,为报道性质的医学文献的文摘类检索刊物,因分册不同,有月刊、双月刊和季刊。目前已有内科学、内科学(英文版)、外科学、中医、肿瘤学、基础医学等18个分册。检索时,选择相应分册,再按分类、主题、著者途径检索。

7)《中国药学文摘》:由中药资料电脑检索中心、国家医药管理局科学技术情报所编辑出版,双月刊,是以中药为主的国内药学文摘的检索性刊物。检索途径有分类、主题、英文药名。

8)《国外医学》:《国外医学》系列以综述、译文、文摘"三合一"的形式报道英、日、俄、法、德等文种医学专业的新动态、新技术和新进展,现已出版中医中药、心血管疾病、分子生物学、药学等44个分册,因分册不同,有月刊、双月刊、季刊。可由分类途径、主题途径检索文献。

(2) 国外手工检索工具书主要有:

1) 美国《医学索引》(index medicus,IM):IM由美国国立医学图书馆(NLM)编辑出版,为世界上一种最常用的综合性医学文献检索工具。收录5000多种医学期刊,每期摘录题目数十万条。月刊,全年12期,共13本(第一期有Part1和Part2两部分)。《IM》第一期的Part2为《医学主题词表》。该刊于1964年建成以电子计算机处理的《医学索引》——《医学文献分析和检索系统》(medical literature analysis and retrieval system,简称 MEDLARS)。检索途径主要有著者索引、主题索引。

2) 荷兰《医学文摘》(excerpta medica,EM):EM 由荷兰的医学文摘基金会编辑出版,1947 年创刊,现有 48 个分册,收集 3500 种期刊,成为国际上使用最广泛的权威性医学文献检索工具之一。检索系统由分类目次、主题索引、著者索引 3 部分组成。特点:起文摘和索引双重作用,原文较多,文摘质量很高,但出版周期长(12 月)。

3) 美国《生物学文摘》(biological abstracts,BA):1926 年由《细菌学文摘》与《植物学文摘》合并而成,现由设在费城的美国生物科学情报服务社(BIOSIS)出版。收摘范围遍及生命科学的各个领域,为查阅生命科学文献的全球性权威性检索工具刊,设有著者索引、生物分类索引、属类索引和主题索引。美国《生物学文摘》的姐妹刊——美国《生物学文献/报告、评述、会议录》(简称《BA/RRM》),是 BIOSIS 出版的另一种大型生命科学二次文献刊,是对《BA》必要的补充,同样设有著者、生物分类、属类、主题四种索引。

4) 美国《化学文摘》(chemical abstracts,CA):CA 是由美国化学会所属的化学文摘社(CAS)编辑出版的一种用英文发表的文摘性刊物,它收录文献量大而广,报道快速及时,索引体系完备,成为当今世界用途最广泛的权威性检索工具。《CA》的索引体系包括期索引(关键词索引、专利索引、著者索引)、卷索引(著者索引、化学物质索引、普通主题索引、分子式索引、环系索引、专利索引)、累积索引和工具索引(索引指南、资料来源索引等);具有分类途径、著者途径、主题途径、分子式途径、专利号途径等多种检索途径。

5) SCI:即《科学引文索引》,是自然科学领域基础理论学科方面的重要期刊文摘索引数据库。它创建于 1961 年,创始人为美国科学情报研究所所长 Eugene Garfield(1925.9.15)。SCI 收录全世界出版的数、理、化、农、林、医、生命科学、天文、地理、环境、材料、工程技术等自然科学各学科的核心期刊约 3500 种。美国科学情报研究所通过它严格的选刊标准和评估程序挑选刊源,而且每年略有增减,从而做到 SCI 收录的文献能全面覆盖全世界最重要和最有影响力的研究成果。SCI 还被国内外学术界当做制定学科发展规划和进行学术排名的重要依据。

SCI 一反其他检索工具通过主题或分类途径检索文献的常规做法,而设置了独特的“引文索引”(citation index)。即通过先期的文献被当前文献的引用,来说明文献之间的相关性及先前文献对当前文献的影响力。SCI 以上做法上的特点,使得 SCI 不仅作为一部文献检索工具使用,而且成为科研评价和的一种依据。科研机构被 SCI 收录的论文总量,反映整个机构的科研、尤其是基础研究的水平;个人的论文被 SCI 收录的数量及被引用次数,反映他的研究能力与学术水平。

6) ISTP:即《科学技术会议录索引》,创刊于 1978 年,由美国科学情报研究所编制,主要收录国际上著名的科技会议文献。它所收录的数据包括农业、环境科学、生物化学、分子生物学、生物技术、医学、工程、计算机科学、化学、物理学等学科。从 1990~2003 年间,ISTP 和ISSHP(后文将要讲到 ISSHP)共收录了 60 000 个会议的近 300 万篇论文的信息。

7) EI:即《工程索引》,创刊于 1884 年,由 Elsevier Engineering Information Inc. 编辑出版。主要收录工程技术领域的论文(主要为科技期刊和会议录论文),数据覆盖了核技术、生物工程、交通运输、化学和工艺工程、照明和光学技术、农业工程和食品技术、计算机和数据处理、应用物理、电子和通信、控制工程、土木工程、机械工程、材料工程、石油、宇航、汽车工程等学科领域。

3. 引文查找法 指以现有的与研究课题有关的文献资料(论文或专著)为依据,以其中引用和附录的文献为线索来查找所需文献的方法。这是一种比较实用的"滚雪球"式的方法。采用这种方法可以目的比较集中地迅速查找到有关文献,同时不断扩大查找范围,有助于收集相关领域中重要的原始资料。不过,这种方法的查找范围有一定局限性,而且文献的新意可能不足。

(二) 计算机检索

通过计算机进行的文献信息检索称为计算机检索。由于计算机检索具有速度快、效率高,数据内容新、范围广、数量大,操作简便,检索时不受国家和地理位置的限制等特点,目前已成为人们获取信息的主要手段之一。

现在常用的计算机检索工具主要是:图书馆数据库检索系统、光盘检索系统以及英特网文献检索。

1. 图书馆数据库检索系统 目前,许多图书馆开展了基于互联网的读者服务项目。主要内容有:通过互联网进行馆藏书目查询,建成数字图书馆提供读者查询,提供电子文献供读者下载,提供数据库供读者联网检索等。利用图书馆提供的检索条件,可以很方便地从各种专业数据库中查找所需的中英文文献。例如,南方医科大学图书馆提供检索的数据库主要有以下几种:

- 中国期刊网(广东网络图书馆)
- 中文生物医学期刊文献数据库(CMCC)
- 中国生物医学文献数据库(CBM) Web 版
- 中文生物医学期刊引文数据库(CMCI)
- EBSCO 全文数据库
- ProQuest 全文数据库
- SpringerLINK 全文数据库
- 外文全文数据库统一检索平台
- MEDLINE
- BIOSIS Previews
- Ei Compendex
- 书生之家数字图书馆
- 网上电子期刊

2. 光盘检索系统 光盘检索系统即利用光盘驱动器和光盘数据库及其检索软件,结合计算机建立起来的信息检索系统。目前,在我国主要的光盘出版物有:清华大学出版的《中国学术期刊光盘版》;中国人民大学书报资料中心出版的复印报刊系列数据光盘,如《专题目录索引光盘》、《复印报刊资料全文数据光盘》和《中文报刊资料摘要光盘》等。光盘检索可以从多个角度进行检索,使检索者灵活地选择检索学科的范围,提高检索效率和查全、查准率。如《中国学术期刊光盘版》可以整刊检索、分类检索、篇名检索、关键词检索、作者检索、机构检索、中文摘要检索、英文摘要检索、引文检索、全文检索等。南方医科大学有非常丰富的医学光盘数据库可供查询，检索很方便、快捷。其光盘数据库目录如下：

	南方医科大学光盘数据库名称	收录年限
(1-1)	MEDLINE on SilverPlatter(1997～)	1997～
(1-2)	MEDLINE on SilverPlatter(1985～1996)	1985～1996
(2)	HealthSTAR	1975～
(3)	TOXLINE	1966～
(4)	CancerLit	1996～
(5)	BioethicsLine Plus	1973～
(6)	AIDSLine	1980～
(7)	POPLine	1970～
(8)	Life Sciences Collection	1986～
(9)	Derwent Biotechnology Abstracts	1982～
(10-1)	Ei Compendex (2000～) (New Edition)	2000～
(10-2)	Ei Compendex (1995～2002)	1995～2002
(11)	中国学术期刊全文数据库	1994～
(12)	中国生物医学文献数据库(CBMDISC)	1980～
(13)	中文生物医学期刊数据库(CMCC)	1994～
(14)	全国报刊索引数据库(科技版)	2000～
(15)	全国报刊索引数据库(社科版)	2000～
(16)	全军西文生物医学期刊联合目录数据库	1991～
(17)	全国中西日俄文期刊联合目录	1949～

3. 网上检索　在网上查找医学文献资料，主要有以下几种途径：

(1) 利用医学专业搜索引擎：国外有不少机构提供免费的专业搜索引擎，供大家检索专业文献。其中医学专业的搜索引擎主要有以下几种。

1) PubMed(http://www.ncbi.nlm.nih.gov/)：美国国家医学图书馆提供的医学搜索引擎，免费进入，可检索到1950年以来的生物医学文献。文献来自MEDLINE和各种生命科学杂志。检索非常方便、快捷和全面。

2) Medical Matrix(http://www.medmatrix.org/)：由美国医学信息学会主办，是目前最重要的医学专业搜索引擎。它是一个可免费进入的Internet临床医学数据库，提供了关键词搜索和分类目录搜索，最适合临床医师使用。分类目录搜索是它的主要特色，按各种医学信息分为专业(specialties)、疾病种类(diseases)、临床应用(clinical practice)、文献(literature)、教育(education)、健康和职业(healthcare and professionals)、医学计算机和Internet技术(medical computing, internet and technology)、市场(marketplace)等八大类。每一大类下再根据内容的性质分为新闻(news)、全文和多媒体(full text/multimedia)、摘要(abstracts)、参考书(textbooks)、主要网址(major sites/home pages)、操作手册(procedures)、实用指南(practice guidelines/FAQS)、病例(cases)、影像学和病理切片(images、path/clinical)、患者教育(patient education)、教育资源(educational materials)等亚类。对每一内容均有简明扼要的评论，并且对链接的网址按一到五个星进行分级。

Medical Matrix收集的内容专业、全面，而且对每一内容有评论和分级，便于使用者事先决定是否进入其网页进一步阅读,以节省时间,这一点对我国的使用者尤为有用,是首选的医学专业搜索引擎。Medical Matrix 的使用方法与其他 Internet 信息检索工具的使用方法基本相同,有分类检索和关键词检索两种检索方式。它的特点是提供免费 Mailing Lists,只要订阅了它的 Mailing Lists,即可定期收到网上新增医学节点的通知。

3) Medscape(http://www.medscape.com/):提供根据疾病名称、所属学科和内容性质(会议报告、杂志文章的全文或摘要等)的英文首个字母的分类检索(the medscape index)。在主页的首页可直接进入临床管理系列(clinical management series)、杂志全文(journals)、实用指南(practice guidelines)、指南进展、杂志扫描、会议摘要和时间表、专家提问和讨论、临床挑战等栏目。通过 Medline 项也可免费检索全世界 3900 多种医学杂志发表的 9 500 000 多万篇文章的摘要,或直接查阅《Merriam-Webster's》医学词典中 55 000 条目的内容,另外利用 Internet 上最大的药物数据库,可以直接查询其中 200 000 种药物的使用剂量、毒副作用、使用注意事项等内容,还可免费阅读 Medscape 收集的 25 000 多篇世界上各著名医学杂志发表的文章。Medscape 的内容更新快,内容极为丰富,还可以根据你个人的需要定制个人独特的 Medscape 的界面。

4) Medical world Search(http://www.mwsearch.com/):这是 1997 年建立的一个医学专业搜索引擎,它采用的是美国国立医学图书馆发展建立的统一医学语言系统(unified medical language,UMLS),可以使用 500 000 多个的医学术语,包括各种同义词进行检索,搜索的准确性很高。对注册的使用者能自动记住最近的十次检索和最近通过 Medical world Search 进入的十个网页,以供随时调用。

5) HONcode(http://www.hon.ch/HONcode/index_t.html):这是瑞士日内瓦的非盈利性组织"健康网络基金会"1996 年建立的一个医学搜索引擎,专为医学工作者使用。在网址上提供了完整的医学主题词表(MeSH)供使用,同时提供国际上即将举行的医学会议的详细信息。

6) Health Web(http://healthweb.org/):Health Web 是美国中西部各医学中心的医学信息专家管理的一个搜索引擎,是一个基于分类目录的医学专业搜索引擎,目的是为健康工作者和健康消费者提供各种医学信息资源。它根据疾病所属学科的头个字母进行分类,同时提供了各种医学专业搜索引擎如 MedExporer、MedFinder、MedHunt、Medical World Search 和各种通用搜索引擎如 AtaVista、Excite、HotBot、Infoseek、Lycos 的链接,还提供了对 Internet 上的医学信息进行评估的网址。

7) Health A to Z(http://www.healthatoz.com/):为医学工作者和健康消费者提供搜索医学信息的网站,它提供了 50 000 多个的 Internet 上的健康和医学相关网址,可根据主题词进行检索,或疾病名的首个字母进行检索。Health AtoZ 是一个功能强大的 Internet 医学信息资源搜寻器。它能对与医学有关的信息进行准确、有效地搜寻。它所收集的信息均经过医学专业人员的人工编排,以保证搜寻的准确性及方便性。所收集的内容每周均进行更新。可按分类及关键词的方式进行检索。

8) Mdchoice(http://www.mdchoice.com/):是一个由专家手工编制的医学专业搜索引擎,可按主题词进行检索,也可按提供的分类进行检索,其特点是影像学方面的内容特别丰富,该网站提供了大量的病理切片、ECG、CT、MRI、核医学、超声医学方面的内容,其形式包括各种图片、照片、视频和动画。

9）中国健康网（http://www.healthoo.com/）：健康网网上药店有上千个品种，包括常用药品、新特药、保健品、妇女儿童药品及医疗器械等八大类，品种齐全。有关药品的详细介绍被制作成网页，放在健康网数据库内。通过输入药品名称或疾病名称，可以方便地查到所需的信息。健康网电子商务平台利用网络的优势，加强企业间的交流与合作，构筑企业间的“B to B”模式，实现无纸贸易。

10）中国医药网（http://www.pharmnet.com.cn/）：浙江省医药管理局所开设的医药专业搜索引擎。数据库有三种检索选项，根据需要选择其中的一项：按产品查询，可以检索某产品的生产厂家；按公司查询，可以检索到某公司的电话、传真、Email 以及网址；按原料查询，可以检索某产品的需求商或厂家。内容有求购信息、供应信息、国际求购、产品检索和医药 yahoo。

（2）利用通用网络搜索引擎：互联网上有一些不分专业的通用网络搜索引擎，可以检索各种不同类别的信息。它提供关键词搜索和主题搜索。关键词搜索是以选定检索主题中的关键词为出发点的检索方法。主题搜索是指搜索引擎把所有信息分成各种类别，研究者根据自己的研究专题逐步深入查找。

国外主要通用搜索引擎有：

1）Google：Google 是一个搜索引擎，利用链接的普及程度作为排列网站的主要手段。对于普通搜索，例如“汽车”和“旅游”，它有助于发现好的网站，因为用户往往通过链接选举好的网站。Google 具有高度相关的搜索功能，受到高度好评。Google 还具有巨大的索引，提供 Yahoo 和 Netscape Search 的搜索结果。

2）Yahoo：Yahoo 提供最受欢迎的网上搜索服务，帮助人们找到信息，具有很好的声誉。它是最大的人工编辑的网上指南，有 150 名编辑做网上分类。Yahoo 收集了 100 多万个网址。它还用 Google 补充搜索结果（起始于 2000 年 7 月）。如果在 Yahoo 搜索不到匹配的信息，来自 Google 的匹配信息可被显示出来。Yahoo 匹配信息显示后，Google 匹配信息也会显示。Yahoo 是最早的主要网站，1994 年末建成。

3）AltaVista：AltaVista 是最大的网上搜索引擎之一，由于其覆盖范围广和强大的搜索功能，受到人们的喜爱。它还为新用户设计了“Ask AltaVista”，以及目录信息。AltaVista 于 1995 年 12 月开始启用。先是由 Digital 拥有，后由 Compaq 经营，然后成为一个独立的公司，现由 CMGI 控股。

4）Excite：Excite 是最常用的网上搜索引擎之一。它提供大量索引，并整合非网上资料，例如公司信息和体育比赛分数。Excite 于 1995 年末启用，发展迅速，并购了两个竞争对手，即 1996 年 7 月并购了 Magellan，11 月并购了 WebCrawler。这些公司仍独立地提供服务。

国内常用的中文搜索引擎有：

http://www.sohu.com	搜狐搜索
http://www.baidu.com	百度搜索
http://cn.yahoo.com	雅虎中国
http://www.infojump.com	杂志和报纸文章的专门搜索引擎

(3) 利用各专业杂志网站本身提供的文献检索服务:各专业杂志一般都有自己的网站,并提供针对自身杂志所发表的文献的检索服务,一般都是免费进入检索,并可下载文献的摘要。有部分期刊和网站(如,http://www.freemedical journals.com/)还提供免费全文下载。下面为部分可提供全文的医学期刊:

- Acta Anatomica
- Analytical Biochemistry
- Archives of Biochemistry and Biophysics
- Biochemical and Biophysical Research Communications
- Biochemical Journal
- Biochemistry (ACS)
- BioMechanics
- Blood Cells, Molecules, and Diseases
- Cell
- Clinical Immunology and Immunopathology
- Computers and Biomedical Research
- Cytokine
- Developmental Biology
- Drug Safety
- Drugs
- European Journal of Human Genetics
- Experimental Cell Research
- Frontiers in Bioscience
- Frontiers in Neuroendocrinology
- Genomics
- Gynecologic Oncology
- Hormones and Behavior
- Immunity
- Journal of Adolescence
- Journal of Applied Physiology
- Journal of Autoimmunity
- Journal of Biological Chemistry
- Journal of Cell Biology
- Journal of Clinical Investigation
- Journal of Experimental Biology
- Journal of Experimental Medicine
- Journal of Molecular Biology
- Journal of Neuroscience
- Journal of Nutrition
- Journal of Surgical Research
- Methods
- Microvascular Research
- Neuron
- New England Journal of Medicine
- Nucleic Acids Research
- Pediatrics
- Plasmid
- Preventive Medicine
- Proceedings of the National Academy of Sciences (USA)
- Protein Expression and Purification
- Science
- Seminars in Immunology
- Virology

(4)利用网络上的提供的专业资源库:在互联网上有许多机构建立了专门的文献数据库,为教育科研提供服务。用户可连接至该数据库进行论文或专著的全文或摘要检索。如果是全文,用户可以选择存盘或打印;如果是摘要,用户可以根据摘要提供的作者和出版单位的信息获得相应的论文或专著,也可以和该数据库的文献服务部门联系以得到该论文或专著的全文。国内的有影响的医学相关专业数据库主要有:

1) 万方数据资源系统(http://www.wanfangdata.com.cn/default.asp? system=kjxx):是以科技信息为主,及经济、金融、社会、人文信息为一体的信息资源系统。分为科技信息子系统、商务信息子系统和数字化期刊子系统。其中的“数字化期刊子系统”是国家“九五”重点科技攻关项目,也是万方数据资源系统的重要组成部分。自 1998 年开发运作以来,已经集纳了2500多种科技期刊的全文内容,其中绝大部分是进入科技部科技论文统计源的核心期刊。

数字化期刊子系统主要有三种检索途径:①刊物查询:以期刊刊名入手查找该刊上的论文;②论文查询:从主题概念入手查找与该主题有关的论文;③引文查询:查询某篇论文或某位作者的论文被引用的情况。阅读全文前必须下载和安装软件:Acrobat Reader。

2)中文科技期刊全文数据库(重庆维普):收录1989~1999年出版期刊7000种,2000年后出版期刊12 000种。学科范围覆盖理、工、农、医以及社会科学各专业。阅读全文前必须下载和安装软件:维普浏览器。

国外一些重要的医学专业数据库主要有:

- Medline 世界上最著名的医学文献检索系统之一。
- AIDS Databases 有关艾滋病临床、药物研制及文献。
- CANCERLIT 癌症数据库。
- CHID online 综合卫生信息数据库,提供有关卫生、卫生教育、文摘等信息。
- ClinicalTrials.gov 向医患人员提供的临床实验信息数据库。
- 药物信息库 包含有9000余种美国处方与非处方药物信息。
- HSTAT 包括有健康指南、评价和消费者指南信息的全文数据库。
- Chemical Abstract 覆盖化学、化工、医学、生物学、食品等多学科的科技文献系统。
- Dialog 联机检索系统 世界上最大的文献检索系统。
- Biomedicine 荷兰医学文摘,世界权威性的医药文献数据库。
- 医药信息网 有药品数据库、疾病数据库、新药数据库等主要数据库。
- MEDLINE Search 最权威的生物医学文献数据库,可获取全球范围内的4300种期刊的文献。
- NLM's PubMed Medline 应用最广泛的免费MEDLINE检索节点,可以全文的方式提供检索到的文件。
- Consensus Statements 提供对医生、患者有重要意义的有争议医学问题一致性见解。
- Cancer net Database 综合癌症信息数据库。
- Rare Diseases Database 罕见疾病临床研究数据库。
- TOXNET Databases 毒理学数据库,将有关毒理和有害物质信息分为八个文档。
- FDA 最新的有关食品、药物、生物制剂、美容品、医学装置等通过、调整等信息。
- Guideline Clearinghouse 提供临床医疗指南,汇总美国各权威协会和学术机构制定的各种指南性文件。
- CLINIWEB 医学信息检索系统,帮助医生从WEB上查询有用的医学信息。
- Medguide 收录了网上大部分生物医学资源,支持多词逻辑检索。

- MedAll List　　哈佛大学收集医药网点的列表，有大量网上医学院校和图书馆的链接。
- MEL health resources　　将INTERNET 上医药信息按学科分类进行整理，提供关键词查找。
- Medical Virtual library　　是一个分布式的资源系统，提供关键词查找，并有按字序排列的列表。
- Doctor's Guide　　向医生和患者提供信息和服务，特色服务是新闻和会议消息。

此外，还可以进入一些个人或单位(如一些医学研究机构或医科大学等)建立的医学信息网站，他们往往也收集了大量的医学文献。例如下述网站也是不错的，进去看看往往也会有意想不到的收获。

- 生物谷　　http://www.bioon.com/
- 丁香园　　http://www.jiansuo.net/portal/index.html
- 生命经纬　　http://www.biox.cn/
- 中国医学生物信息网　　http://cmbi.bjmu.edu.cn/
- 分子生物学信息网　　http://www.37c.com.cn/topic/004/00401.asp
- 中文分子生物学个人交流网　http://www.biolover.com/main.asp

(金春华)

第三节　实验数据的记录与初步分析

在科学研究中，一切发现与进展都来源于对实验结果的科学分析。实验结果的好坏，关键在于实验设计的巧妙与严谨和实验操作过程的准确与仔细。只有实验设计合理、操作无误，才能得到真实可靠的实验数据。只有对高质量的实验数据进行合理的统计分析才能得出科学的结论。本文将主要介绍一些关于实验数据收集记录、数据质量评价与初步分析处理的基本知识。对数据的深入分析可参考一些统计学书籍。

一、实验数据的类型与度量

在统计分析中，一般习惯于将实验数据资料分为计数资料、等级资料和计量资料 3 种类型。数据的分类形式主要根据对数据的不同度量，一般将数据的度量精度分为 4 个等级，按由低到高顺序依次为定性度量、等级度量、等差区间度量和等比例度量。定性度量所获得的数据资料经整理后称为计数资料；等级度量所获得的数据资料经整理后称为等级资料。但一般不将等差区间度量与等比例度量予以严格区分，而是将两种度量方法所获得的数据资料统称为计量资料。有时，亦将计数资料和等级资料合称为分类资料；需要区分时，将前者称为无序分类资料，将后者称为有序分类资料。

1. 定性度量　度量的最低级形式是定性度量，系指将研究对象按某种属性进行归类记录。例如,细菌培养结果的阳性和阴性,人类4种血型A、B、AB、O型之分,男性与女性,生存与死亡,患病与未患病等。

定性度量有如下特点:

(1)数据分类相互排斥,即每一测试对象只可能属于某一个类别,如一个人只可能为4种血型中的某一种血型。

(2)数据分类无逻辑顺序,如4种血型并不存在任何优先顺序。

2. 等级度量 系指将研究对象按某种属性的等级进行归类记录。例如,将检查肝功能的麝香草酚浊度实验结果划分为 -、+、++、+++、++++等不同等级;出院病人的转归划分为治愈、好转、无效、死亡等不同等级等。

等级度量有以下特点:

(1) 数据分类相互排斥。

(2) 数据分类有一定的逻辑顺序。

(3) 数据的分类等级具有定量含义。如麝香草酚浊度实验记录结果“+++”比“++”意味着肝功能的损害程度更严重。

3. 等差区间度量 它除了具有等级度量的全部特点外,还具有等标度差等量的特性。例如在温度测量方面,39℃与38℃之差和37℃与36℃之差是相同的,均为1℃。对于该度量形式,0只是标尺上的一个点而已,并不具有起始的含义或其他特殊含义。

4. 等比例度量 最高级形式,它除了具有等级度量的全部特点及等标度差等量的特性外,还有等标度比等量的特性。例如,在体重测量方面,100kg与50kg之差和75kg与25kg之差是相同的,均为50kg。与此同时,我们还可以说100kg比50kg重1倍。但相比较而言,如果说等差区间度量中20℃比10℃热1倍就令人难以接受了。该度量形式的另一个特性是,0为一个特殊的数值,意味着无,意味着起始点(如0kg)。相对而言,等差区间度量中0℃则无此特性。

二、实验数据的记录方法

为保证获取高质量的数据,有必要规范实验数据的记录方法。这样,一则可以保持记录数据的整洁和有序,便于日后的数据分析与整理存档;二则有利于数据的核查与监察,保证数据的真实性。

实验数据的记录至少应包括以下内容:

(1) 实验对象编号:便于日后核对原始记录。如果是病人,还应列出姓名和病案号等信息。

(2) 分组:实验对象的分组应在实验开始前,根据实验设计模型,通过随机化处理(有时亦采用非随机化处理)而确定。

(3) 观察指标:亦称之为观察变量,用以描述观察对象的一些基本特征,如性别、年龄、体重等,以及表达实验的效应,如评价降压药物时的血压记录,评价疗效时的住院天数记录,评价肺功能时的多项血气指标记录,心功能的等级记录,细菌培养是否阳性等。根据不同研究目的,观察指标可以少至一个,也可以多至上百个。

(4) 记录时间:由于绝大多数实验研究都要经历一个较长的过程,因此,每个实验数据的获取时间有必要记录在案,一则可以由此反映实验的全过程和运行轨迹;再则可以为分析某些可疑的实验结果提供参考线索。原则上,每个实验数据都应有相应的时间记录。若每个实验对象的所有观察指标可以在同一天内获得,记录纸上列出一列记录时间即可;若每个实验对象的所有观察指标不能在同一天内获得,甚至间隔数天或更长时间,则应多列出一列或多列记录时间,或在数据后用括号注明记录时间。

(5) 记录人和审核人:每页记录纸底端应留有记录人和审核人的签名处,不但记录人要对所记录实验数据的真实性和完整性负责,审核人还要对记录人的工作和行为负责。审核人应是记录人的业务主管,一般由项目负责人、项目监督人、研究生导师或毕业生指导教师等担任。

三、实验数据收集的原则

研究结论来源于对实验数据的分析。恰当、可靠的数据分析则是建立在完整的、准确的实验数据基础之上的。只有高质量的数据,才谈得上高质量的实验研究。所以,保证实验数据的完整性和准确性是对实验研究的最根本要求,也是研究人员收集数据时应遵循的基本原则。

1. 数据的完整性 系指按照设计要求收集所有的实验数据。如果因一些意外原因或不能人为控制的因素而引致部分实验数据的缺失,应尽可能地补充这部分实验并获取数据。对于不可补救的实验(或因实验材料短缺,或因资金不足等),应科学地处理缺失数据。

数据完整性的另一方面系指应将所有实验数据用于分析过程,不能因某些数据与研究者预期的结果有较大差距而随意剔除,或不引入分析过程。如果某些数据确有特异之处,除非有确凿的引致原因(如操作不当所致),否则应依靠统计学方法进行科学判断,以确定这些数据是否属于极端值(extreme value)或特别值(outlier),并决定取舍与否。

2. 数据的准确性 系指实验数据的记录应准确无误。一方面,应避免数据收集过程中出现任何过失误差,如点错小数点,抄错数字,弄错度量衡单位,换算错误等。消除此类误差的办法是:在数据记录过程中,除观测者认真记录外,还应有专门的复核者进行审核,以确保数据的准确。另一方面,应杜绝研究者根据个人意愿对数据做任何篡改或杜撰。这一现象虽不多见,但其危害极大,应为所有科研工作者所戒。

3. 实验数据的记数法和有效数字 实验中所使用的测量仪器的量程是有一定的精度范围的,因此实验检测得到的数据或经数学运算后得出的数据结果,其数值的有效位数不能超出实验仪器所标定、允许的精度范围。

有效数字只能具有一位可疑值。例如:用精度为 1g 的药物天平称量试剂的重量,如果称量得到:10.5g,则最后一位数可能是估算的,有效数字应是二位;而用精度为 0.1g 的天平称量得到 10.5g,则有效数字为三位。取不同称量单位时,如 10 500mg、0.0105kg,其精确度是相同的。但由于使用的单位不同,小数点的位置就不同,表示的有效位数可能就不同。应注意非零数字前面零和后面的零意思是有差别的,0.0105kg 前面的两个零不是有效数字,它与所用的单位有关。非零数字后面的零是否为有效数字,取决于最后的零是否用于精度定位,如 10 500mg 后面两个零,相对于上述仪器来说,不是有效数字。

对于数据运算也应注意保留合理的有效数字,一般规则是:

(1) 有效数字进行加、减法运算时,各数字小数点后所取的位数与其中位数最小的相同。

(2) 两个量相乘(相除)的积(商),其有效数字位数与各因子中有效数字位数最少的相同。

(3) 乘方、开方运算,其结果可比原数多保留一位有效数字。

(4) 对数运算的有效数字的位数应与其真数相同。

在所有计算式中,常数 π,e 的数值的有效数字位数,认为无限制,需要几位就取几位。表示精度时,一般取一位有效数字,最多取两位有效数字。

用计算工具计算数据时,可不考虑中间数据位数的取舍,而以最后得出的数据进行取舍。

四、实验数据的误差分析与质量评价

实验研究遵循重复性原则,实验指标一般要做多次重复测量,而每次相同的测定得到的数据大多有细微的差别。这些有差异的数据是否真实可靠,我们须对这些实验数据的质量进行分析评价。因为数据质量直接影响到研究结果的科学性和可靠性。下面对数据质量的评价指标和方法做一简要介绍。

(一) 误差分析

在实验研究工作中,必须将测得的数据加以整理归纳、科学地分析,但在实验之前必须对实验过程中可能引起数据误差的因素有个基本了解。通过误差分析,寻找最恰当的实验方法和实验条件,才能使实验数据的质量有保证。

1. 误差概念　通过实验方法测定机体的功能代谢等指标,得出的实际测量值与机体真实值(真值)之间存在的差别,称为误差:$\Delta=|测量值-真值|$。

当样本数或测量次数足够多时,根据正负误差出现的概率相等的误差分布定律,在不存在系统误差的情况下,它们的平均值极为接近真实值。但实际测定的次数总是有限的,由有限次数求出的平均值,只能近似地接近于真值,可称此平均值为最佳值(或可靠值)。因此,实验前应合理确定实验的次数及样本的例数。

2. 误差的类别与产生的原因

(1) 系统误差:系统误差是由某些固定不变的因素引起的,这些因素影响的结果永远朝一个方向偏移,其大小及符号在同一组实验测量中完全相同。当实验条件一经确定,系统误差就是一个客观上的恒定值,多次测量的平均值也不能减弱它的影响。误差随实验条件的改变按一定规律变化。

产生系统误差的原因有以下几方面:

1) 测量仪器方面的因素:如仪器设计缺陷、刻度不准、未进行校正或安装不正确等。

2) 环境因素:如外界温度、湿度、压力等引起的误差。

3) 测量方法因素:如近似的测量方法或近似的计算公式等引起的误差。

4) 测量人员的习惯和偏向或动态测量时的滞后现象等,如读数偏高或偏低所引起的误差。

针对以上情况,可采取改进仪器和实验方法,以及提高实验技能,对系统误差予以解决。

(2) 随机误差:在相同条件下做多次测量,其误差数值是不确定的,时大时小,时正时负,没有确定的规律,这类误差称为随机误差或偶然误差。这类误差产生原因不明,由某些不易控制的因素造成的,因而无法控制和补偿。

若对某一量值进行足够多次的等精度测量,就会发现随机误差服从统计规律,这种规律可用正态分布曲线表示。随着测量次数的增加,随机误差的算术平均值趋近于零,所以多次测量结果的算术平均值将接近于真值。

(3) 过失误差:过失误差是一种与实际事实明显不符的误差,过失误差明显地歪曲实验结果。误差值可能很大,且无一定的规律。

它主要是由于实验人员粗心大意、操作不当造成的,如读错数据,记错或计算错误操作失误等。

在测量或实验时,只要认真负责是可以避免这类误差的。存在过失误差的观测值在实验数据整理时应该剔除。

此外,根据表示方法的不同,误差还可分为绝对误差和相对误差。

(1) 绝对误差:绝对误差是指实测值与被测之量的真值之差。绝对误差能表示测量的数值是偏大还是偏小以及偏离程度,但不能确切地表示测量所达到的准确程度。

(2) 相对误差:相对误差是指绝对误差与被测真值(或实际值)的比值。相对误差=绝对误差/真值×100%。相对误差不仅表示测量的绝对误差,而且能反映出测量时所达到的精度。

(二) 数据的准确度与精确度

1. 准确度(accuracy,又称效度) 是指测量值与真值的接近程度,它反映了测量中所有系统误差和随机误差的综合,主要用以度量测量数据系统误差(systematic error)的大小。一般采用回收实验中的回收率指标(计算公式如下)进行评价,即回收率愈接近100%,准确度愈高;当回收率偏离100%较远时,表示测量方法存在系统误差。回收率可以大于100%。

$$回收率(\%)=\frac{实测量-原有量}{加入量}\times 100\%$$

2. 精确度(precision,精密度,又称之为信度) 是指同一观察对象多次重复测量结果之间的吻合程度,用于度量随机误差(random error)的大小。随机误差小,则精确度高。常用标准差、变异系数或组内相关系数(interclass correlation coefficient)、κ 系数(kappa coefficient)等指标度量。前两者愈小,或后两者愈大,表示随机误差愈小,或吻合程度愈高,亦说明测量数据的重现性愈好,数据的可靠程度愈高(图7-1)。

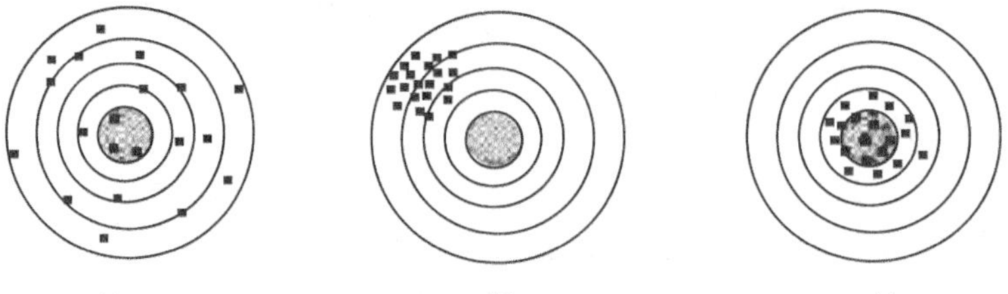

(a) (b) (c)

图7-1 精确度、准确度与系统误差、随机误差的关系

(a) 说明系统误差小,随机误差大,精密度、准确度都不好;(b) 说明系统误差大,随机误差小,精密度很好,但准确度不好;(c) 说明系统误差和随机误差都很小,精密度和准确度都很好

五、异常或缺失数据的处理

1. 实验数据的逻辑检查　通过实验而获得的数据资料，在进行统计分析前应作整理，使之系统化、条理化，以利于分析，并对错误、遗漏的资料进行修正和补充。在数据分析开始时，应首先对数据进行认真的检查，主要是逻辑检查，看看数据间有无矛盾，是否符合逻辑，以保证数据至少不会出现大的偏差。这些偏差可能来自原始数据，可能来自数据录入过程，也可能来自数据转换过程。偶然性的实验记录错误对结论影响小，有时容易发现；而由于实验者对记录要求作了错误理解引起的一贯性错误，则对结论影响较大，且不易发现。数据检查是减少错误的一个重要步骤。逻辑检查最简单的方法是根据最大值和最小值判断。例如，当某资料身高变量的最大值显示为 17. 8m 时，很可能原始数据为 1. 78m，在记录或录入过程中点错了小数点而导致出错。

2. 偏离数据（异常值）的判断和处理　个体数据偏离其所属群体数据较大，且经证实确为实验所得时，被称为偏离数据。实验数据中，有时会出现一个或几个数值特别大或特别小的偏离数据，对这种异常数据除根据专业知识寻找原因决定取舍外，还应进行统计分析，切不可随意丢弃。根据统计学原理上常态分布规律，估计该数值出现的概率有多大。如果该数值出现的可能性非常小，则可视为“异常数据”舍去。如果概率较大，则说明有“抽样”得来的可能性较大，应予保留。

偏离数据有两种简单的划分形式，即极端值（extreme value）和奇异值（outlier）。个体数据>第 75 百分位数（*P*75 表示全部观察值中有 25%的观察值比它大，为上四分位数）或<第 25 百分位数（*P*25 表示有 25%观察值比它小，为下四分位数）超过 3 倍的四分位间距时被定义为极端值。个体数据>第 75 百分位数或<第 25 百分位数的值在 1. 5～3 倍的四分位间距时被定义为奇异值。

对偏离数据的判断有以下几种常用的方法。

（1）极差估算法：先求出全部观察值的均数 $\bar{x}$，然后求极差 R（=最大值−最小值）。再计算 T_i 值，$T_i = |x_i - \bar{x}|/R$（x_i 为异常偏离数据）。查 T_i 表，若计算 T_i 值>表中 T_i 值，则舍弃该数据，反之则保留。

T_i 值表（极差分析法）

n 例数	3	4	5	6	7	8	9	10	11	12	13	14	15	20
T_i 值	1. 53	1. 05	0. 86	0. 76	0. 69	0. 64	0. 60	0. 58	0. 56	0. 54	0. 52	0. 51	0. 50	0. 46

（2）标准差估算法：介绍 Smirnov 法和 Grubbs（格拉布斯）法，都要求数据服从正态分布。两者计算过程相同。但 Smirnov 法要求数据符合下列两个条件：①数据服从正态分布；②异常值不是由于实验中的错误产生的。然后按下列公式求 T_i 值。

$T_i = |x_i - \bar{x}|/s$　（x_i 为异常值，$\bar{x}$ 为含有 x_i 的均数，s 为标准差）

根据显著性（或称错误率、危险率）水平 α（5%或 1%）和例数 n 查 T_i 表，比较其与 T_i 值的大小，若 T_i 值大于表中对应数值，则异常值可舍弃。

例如，8 名健康人脉搏（次/分）分别为 58，70，72，72，74，75，76，78。其中 58 过小，是否要舍弃？

经计算得：均数 $\bar{x}=71.875$，标准差 $s=6.151$，极差 $R=20$

极差估算法：$T_i=0.69>T_i$ 表中值 0.64。结论：该数据可舍弃。

标准差估算法：查 T_i 表，$n=8$，5%显著性水平为 2.172（Smirnov 法）或 2.03（Grubbs 法）

$$T_i=|x_i-\bar{x}|/s=|58-71.875|/6.151=2.256>2.172\text{，也}>2.03$$

结论：58 可舍弃

（3）拉依达法：当试验次数较多时，可简单地用 3 倍标准偏差（3S）作为确定可疑数据取舍的标准。当某一测量数据（x_i）与其测量结果的算术平均值（$\bar{x}$）之差大于 3 倍标准偏差时，则该数据应舍弃。用公式表示为：

$$|x_i-\bar{x}|>3s$$

拉依达法是以 3 倍标准偏差作为判别标准，所以亦称 3 倍标准偏差法，简称 $3s$ 法。简单方便，不需查表。但要求较宽，当试验检测次数较多或要求不高时可以应用。当试验检测次数较少时（如 $n<10$），在一组测量数据中即使混有可疑异常值，也不能舍弃。

取 $3s$ 的理由是：根据随机变量的正态分布规律，在多次试验中，测量值落在 $\bar{x}-3s$ 与 $\bar{x}+3s$ 之间的概率为 99.73%，出现在此范围之外的概率仅为 0.27%，也就是在近 400 次试验中才能遇到一次，这种事件为小概率事件，出现的可能性很小，几乎是不可能。因而在实际试验中，一旦出现，就认为该测量数据是不可靠的，应将其舍弃。

但当测量值与平均值之差大于 2 倍标准偏差（$>2s$）时，则该测量值应保留，但需存疑。

3. 缺失数据的处理 处理缺失数据的最简单方法是剔除缺失数据所属的观察单位，但该方法浪费信息严重，特别是在变量较多的情况下。为避免浪费信息，采用的方法是仅剔除分析过程所涉及的缺失数据。例如，在做 10 个变量的两两相关分析时，某一个变量的缺失数据只在该变量与其他变量的相关分析中被剔除，而其他变量之间的相关分析并不失去该缺失数据所属的观察单位。处理缺失数据的最复杂方法是估计缺失数据，该方法的优点是充分利用了信息，但操作难度较大。

【附】

T_i 值表

n	Smirnov 法		Grubbs 法	
	$\alpha=0.05$	$\alpha=0.01$	$\alpha=0.05$	$\alpha=0.01$
3	1.412	1.414	1.15	1.15
4	1.689	1.723	1.46	1.49
5	1.869	1.955	1.67	1.75
6	1.996	2.130	1.82	1.94
7	2.093	2.265	1.94	2.10
8	2.172	2.374	2.03	2.22
9	2.237	2.464	2.11	2.32
10	2.294	2.540	2.18	2.41

续表

n	Smirnov 法		Grubbs 法	
	α=0.05	α=0.01	α=0.05	α=0.01
11	2.343	2.606	2.23	2.48
12	2.387	2.663	2.29	2.55
13	2.429	2.714	2.33	2.61
14	2.461	2.759	2.37	2.66
15	2.493	2.800	2.41	2.71
16	2.523	2.837	2.44	2.75
17	2.551	2.871	2.47	2.79
18	2.577	2.903	2.50	2.82
19	2.600	2.932	2.53	2.85
20	2.623	2.959	2.56	2.88
21	2.644	2.984	2.58	2.91
22	2.664	3.008	2.60	2.94
23	2.683	3.030	2.62	2.96
24	2.701	3.051	2.64	2.99
25	2.717	3.071	2.66	3.01
30			2.74	3.10
35			2.82	
40			2.87	3.24
45			2.92	
50			2.96	3.34
60			3.03	3.41
70			3.09	
80			3.14	
90			3.18	
100			3.21	3.60

六、实验数据的初步分析

(一) 数据的统计分析思路

分析数据的首要前提是能够正确地识别资料类型，在此基础上，结合统计方法的适用条件，最后选择恰当的统计方法进行分析。

统计资料可分为单变量资料和多变量资料两大类，因后者统计方法较复杂，这里只介绍前者的统计分析方法思路。

单变量资料又分为计量资料、计数资料和等级资料3类。不同的资料类型对应有不同的统计分析方法。

定量资料的统计分析方法基本可以分为两大类，即参数统计和非参数统计。若原始数据满足正态性分布和方差齐性要求，可用参数方法。数据的正态分布指数据虽然有大有小,但中间值居多,集中分布在均数附近,特别大或特别小的数据很少。数据的分布可形成一个高峰位于中间(均数所在处)。两侧均匀对称的钟形曲线(正态曲线)。在多数情况下,一组计量数据的分布情况是符合正态规律的,因而参数统计方法是重要的常规分析方法。

在统计分析中,也会遇到一些数据资料不符合正态分布而符合其他分布,或有时分布情况不能确定。在这种情况下,除有时可以通过数据转换的方法转为正态分布(或其他分布)来应用相应的参数分析方法外,这时应采用非参数统计方法。即数据不满足正态性分布和方差齐性要求要选择非参数方法。

非参数统计法适用于下列几种情况:①数据有偏态;②数据离散度较大;③方差不齐;④观察指标不能定量;⑤药效筛选中的初步分析。需强调的是,如果资料满足参数方法的条件,就不选用非参数方法处理,以避免降低检验效率和损失信息。

对于等级资料,建议使用秩和检验方法,虽然也有文献介绍用 χ^2 检验处理,但 χ^2 检验只能说明两组或多组之间的分布有无差异,而不能说明两组或多组之间量方面的差异。等级资料又称单向有序列联表资料,在应用秩和检验公式时,一律用校正公式。

对于计数资料,多个样本率或构成比比较有显著性差异时,两两间的比较用描述方法即可。具体统计方法的正确选择,可参考专业统计书籍。

(二) EXCEL 软件在实验数据分析中的应用简介

EXCEL 是美国微软(Microsoft)公司的一种办公系列软件, EXCEL 有友好的用户界面,卓越的数据处理和数据分析能力,它预装的各种函数多达 245 个,单是统计函数就有 80 个,用户还可以自行编辑各种公式,或将各个函数组合使用,各种图标化的提示与仅用鼠标就可进行的操作使一般人可以很快掌握基本的操作,无须经过培训。方便的智能型复制功能,极大地减轻了计算工作量,并使大部分结果可以自动生成。

用 EXCEL 进行统计分析有四种方法来实现:

(1) 直接应用 EXCEL 统计函数公式。

(2) 应用 EXCEL 分析工具库。

(3) 应用 EXCEL 电子表格和函数编制应用程序。

(4) 应用 EXCEL 统计宏。

因后两种方法略复杂一些,这里仅介绍前两种方法。

1. EXCEL 常用的统计函数公式的应用 首先运行 EXCEL 软件,在其工作表的单元格中输入要进行分析的数据。单击欲放置计算结果的单元格。然后在[插入]菜单中选择[fx 函数],弹出函数选择菜单(图 7-2),选择[统计]函数类别,从下拉菜单中选定所需函数,输入引用数据的单元格范围,点击[确定],即可得出数据的处理结果。

应用上述方法可对实验数据进行简单的统计分析处理。机能实验中常用到的统计函数有:

(1) 求和:调用统计函数 SUM,确定引用的数据所在单元格位置范围,确认即可。

(2) 求平均值:调用统计函数中的 AVERAGE,确定引用数据的范围,点击[确定]即可。应用“复制”和“粘贴”命令,可将所有的结果都自动求出。

(3) 求标准差:调用统计函数 STDEV,确定引用的数据范围,确认即可。

(4) 求变异系数 CV:根据公式 CV=标准差/平均数,并将此公式输入单元格中即得。

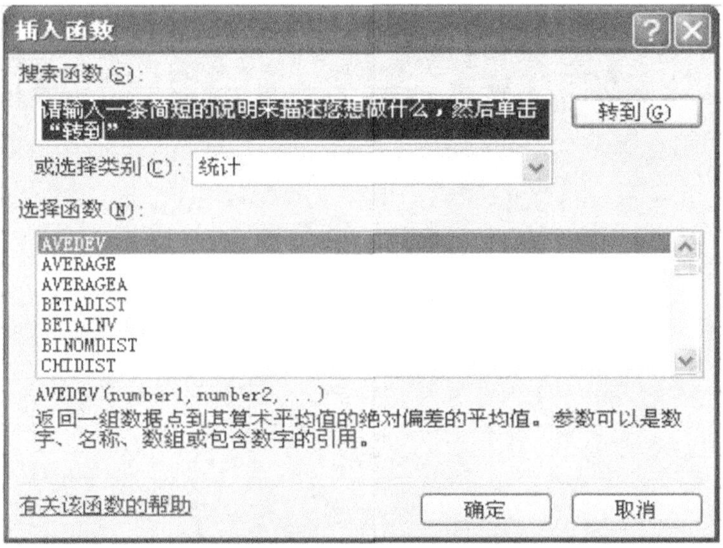

图 7-2　EXCEL 统计函数对话框

(5) 求相关系数：调用统计函数 CORREL，在 Array1 和 Array2 中分别输入两组数据引用的数据范围，确认即可得出两种参数间的相关程度。

(6) 求直线的截距：调用统计函数 INTERCEPT，在 Known_y's 和 Known_x's 中分别输入因变量和自变量数据引用的范围，再点击[确认]即可求出直线拟合方程的截距。

(7) 求直线斜率：调用统计函数 SLOPE，在 Known_y's 和 Known_x's 中分别输入因变量和自变量数据引用的范围，再点击[确认]即可求出直线拟合方程的斜率。

(8) 求直线回归方程和作图：求出上述的直线截距和斜率可以得出拟合的方程式。另外一种实用的方法是通过作图同时自动显示出直线方程式。方法是在 EXCEL 表中选用“插入”菜单命令中的“图表”，选中 XY 散点图类型，在弹出的图表向导中按向导的要求一步一步地操作，如有错误可以返回去重来或在以后修改。适当修饰图的轴数值刻度比例大小、标题字体大小，调整或删除图例和网格线等，使图美观，最后得到直线图。鼠标右键点击 XY 图中数据点，在弹出的右键菜单中选择[添加趋势线]，在选项栏中，选择[显示公式]，点击[确定]后，即可显示带有方程式的直线回归图。例如，在机能实验项目“磺胺药代动力学参数测定”的数据分析时，就可通过上述方法作图并求出直线回归方程。具体结果见图 7-3。

此外，还有许多实用的统计函数，如：求频数分布的统计函数 FREQUENCY(data_array, bins_array)，求正态分布的统计函数 NORMDIST (x, mean, standard_dev, cumulative)，求总体均数估计和假设检验的统计函数 TTEST(array1, array2, tails, type)，方差分析的统计函数 FTEST(array1, array2)，X^2 检验的统计函数 CHIDIST (x, degrees_freedom)，秩和检验的统计函数 RANK(number, ref, order)等，具体使用方法请见统计函数的帮助文件。

上面所有的引用参数都以单元格的地址引用而不用具体的数字，这样如果原始数据有错或要作修改时，相应的结果都会自动改正，不用再重新计算。大量应用复制命令，使相同的计算一次自动完成，只输入一次原始数据，无需重复输入。

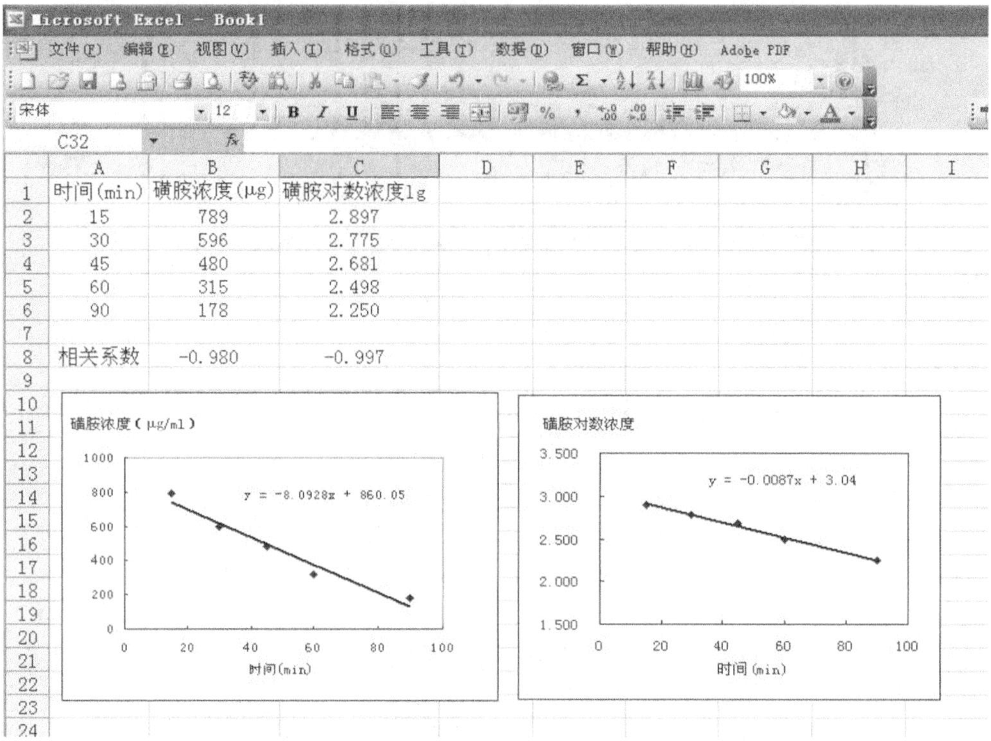

图 7-3 磺胺药物代谢的直线回归图

2. EXCEL 分析工具库的使用 EXCEL 中提供了一个数据分析工具库,工具库中有 19 个模块,可分别进行一个完整的统计分析过程。这些模块包括描述统计、方差分析、F 检验、t 检验、回归、傅立叶分析等。调用这些工具进行数据处理非常方便,可返回大量的信息。EXCEL 一般未安装“分析工具库”,在[工具]菜单中没有[数据分析]命令项,可通过加载宏命令来安装“分析工具库”。具体做法是:单击[工具]菜单 → “加载宏”→ 弹出“加载宏”对话框,在显示的列表框中,选中“分析工具库”→ 单击[确定]按钮即可。

分析工具库的使用方法:

(1) 建立需要分析的数据工作表。

(2) 单击[工具]菜单,选择[数据分析]命令,出现数据分析对话框。

(3) 从分析工具列表中,选择欲使用的分析工具。

(4) 根据显示的分析工具对话框,输入数据的范围和参数。

(5) 选择输出位置,单击[确定]按钮,既可显示相应的数据分析结果。

例如,高钾血症实验中,学生测定的家兔血钾浓度值如下:5.9,6.3,5.6,6.3,5.7,6.9,7.1,6.5,6.2,7.3,6.8,6.5。选择“分析工具库”中的“描述统计”进行分析,可得出图 7-4 的分析结果。

在使用分析工具前,应对相应的统计学知识有基本的了解,这样才能正确、方便地使用 EXCEL 提供的各种分析工具。

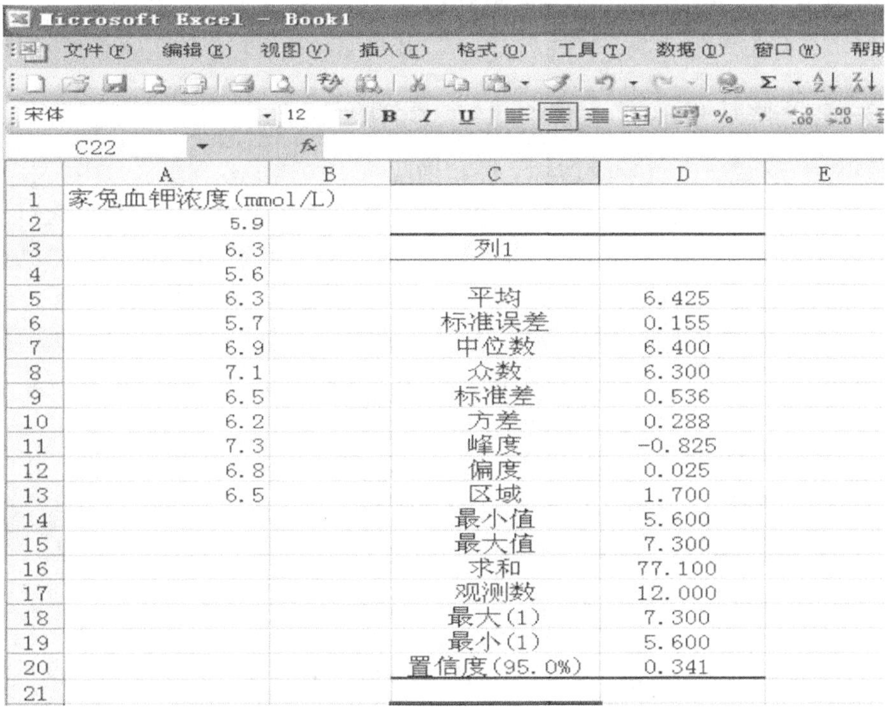

	A	B	C	D	E
1	家兔血钾浓度(mmol/L)				
2	5.9				
3	6.3		列1		
4	5.6				
5	6.3		平均	6.425	
6	5.7		标准误差	0.155	
7	6.9		中位数	6.400	
8	7.1		众数	6.300	
9	6.5		标准差	0.536	
10	6.2		方差	0.288	
11	7.3		峰度	-0.825	
12	6.8		偏度	0.025	
13	6.5		区域	1.700	
14			最小值	5.600	
15			最大值	7.300	
16			求和	77.100	
17			观测数	12.000	
18			最大(1)	7.300	
19			最小(1)	5.600	
20			置信度(95.0%)	0.341	
21					

图 7-4　分析工具库中“描述统计”模块处理数据的结果

（金春华）

第四节　实验科技论文与实验报告的撰写方法

一、实验科技论文的撰写

医学科技论文是公布研究成果、交流学术信息、启迪学术思想、发挥社会效益的主要形式。科学成果的首创权，多以公开发表的学术论文或书籍为依据，一般新闻报道不能得到正式的承认。

科技论文的写作，首要的是内容的科学性、创新性和先进性。为此，科研的选题立项、材料方法、实验观察、资料收集等环节是论文写作的基础。没有翔实的科研资料，有如“巧妇难为无米之炊”，不可能在论文撰写环节中，弥补此类“先天性”缺陷。另一方面，也应看到科技论文的写作有很大的灵活性和技巧性，同样的研究资料和研究结果，可因写作水平的不同，得出质量相差悬殊的科技论文。为此，论文写作也是科研基本功中重要的一环，需善于学习，匠心设计，还要遵守期刊标准化和规范化的有关规定。

科技论文的基本结构有一种相对固定的格式，通常包括 4 大部分，一般称之为“四段式”结构，即“前言”、“材料与方法”、“结果”、“讨论和结论”。这几个部分并不是绝对的、不变的，可以根据不同情况或分或合，灵活运用，但这几部分所包含的内容是不可缺少的。因为这几部分内容,是要说明论文"准备研究什么"、"如何进行研究"、"得到什么结果"、"怎样评价这些结果和主要结论"。

(一)医学科技论文主要部分应注意的问题

科技论文的价值所在,首要的是科学性和创新性。要尊重客观事实,有所发展,有所前进。也必须言之有物,言之有据,经得起实践检验,是能够重复的可信结果。在写作技巧方面,还应当有可读性,力戒冗长,能提出新问题,有新见解,争取像郑板桥诗句"删繁就简三秋树,领异标新二月花"那样的情景。文章的组织,切忌面面俱到,"文似看山不许平",论文应当有自己的特色,观点鲜明,重点突出,有一定的理论深度。质量不高的论文,通病之一是罗列现象多,揭示本质、规律少。现将论文各主要组成部分的写作要点和应注意的问题简述于下。

1. 前言 前言是提出"准备研究什么",通常概要地回顾有关的历史背景,本领域已经取得的成绩,尚存在的不足,准备研究解决的问题和意义。前言又称引言、导言或序言,既然只是序幕,故所占篇幅不宜过大。不要在介绍历史和现状时变成"文献综述",也不要将与本论文关系不大的内容予以赘述。更不要自我评价,忌用"首创"、"未见报道"、"国内外领先"、"填补了空白"等词语。

2. 材料和方法 这一部分是说明"如何进行研究",让读者知道论文的结果是用什么材料和方法做出来的。重要的仪器设备,应写明制造厂商、型号、主要性能、精度、出厂日期。介绍药品和试剂时,应写明成分、纯度、浓度、剂量、厂商、出厂时间、批号等。介绍实验动物时应写明种系、级别、性别、体重、遗传特性等。介绍尸体材料时应写明性别、年龄、死亡诊断等。介绍临床病例时,应写明病案有关重要项目。

研究方法若为常用的、众所周知的,可以从略;若借鉴他人的有关方法,也不必详述,仅说明文献出处即可;若在参阅他人的基础上有所改进,要着重详述改进之处。作者自己创新建立的方法,则必须详尽写明工序过程及操作要点,令其他读者按照论文介绍的方法,能够重复出来。"可重复性原则",是检验研究方法是否具有科学性的重要原则。

3. 结果 "得到什么结果"是全文的中心内容。但这些结果,不能将所收集到的研究原始材料简单地搬出来。要先将观察、实验、调查收集所得到的原始资料,认真加以剪裁与筛选,数据须经统计学处理,然后通过文字、表格、图像加以表达。但应注意,文、表、图三者不要重复表达。

每项研究工作的结果资料都很多,要有选择地将能说明论文目的的资料加工整理。对以往文献已有的内容可一带而过,对能说明论文创新点和可支持新见解的资料详加介绍。结果是作者自己实验或观察所得,不宜引用文献,也不必展开分析与议论,以免与讨论部分重复。但结果的整理和撰写有很强的针对性,必须为讨论部分准备提出的创新点、关键点、新见解、新方案提供翔实的材料和充分的依据。

4. 讨论和结论 讨论栏,是科技论文中最灵活多样的一栏,是显示作者学术思路和才华的用武之地,但也是较难写好的一栏。凡是作者认为有必要讨论的内容,均可在此展开。讨论栏是发挥作者学术见解的讲坛,对论文的核心要素,要着力泼墨,赋予重彩,但立论必须严谨。在阐述自己的新发现、新认识时,允许作适当推理,但必须言之有物、言之有据、言之有理。

讨论要有明确的目的性，决不可面面俱到、主次不分，更不能下笔千言、离题万里。讨论允许评价他人观点、成果，但必须尊重客观事实，以理服人，按“百家争鸣，百花齐放”原则，用友善的态度交换学术见解。或者将自己的结果、推理罗列出来，不下更多的评述性语言，让读者去比较、鉴别、分析判断。讨论栏允许适当地引用其他作者的成果，但目的是为了印证和比较自己的结论，切忌写成与立题无关的文献综述。

结论或小结，是本研究工作结论性、概要性意见，可单列一栏，也可在讨论中提出，格式不拘。

（二）医学科技论文有关内容的说明

在说明论文有关内容的写作时，准备按医学期刊编排格式有关的标准化和规范化要求，作一简要的介绍。

1. 文题　文题是论文内容的高度概括。在科技文献浩如烟海的时代，检索文献的学者，往往是先采用“跑马看花”的方法扫视文题，然后再考虑是否进一步查阅。确切、简练、醒目的文题，可以提示和吸引读者；而冗长、空泛、晦涩、平淡的文题，常使读者望而却步。精妙的文题可以起“画龙点睛”的作用。

文题应注意：①题名尽量简单明了；②避免使用不常见的缩略语、字符、代号和公式等；③得到研究基金支持的课题论文，应注明基金支持来源。

2. 作者与作者单位　作者署名表示作者要对论文负责，也表示作者的研究成绩。署名者必须是研究工作的主要参加者和部分参加者，对论文内容应能负责并进行答辩。不是所有参加工作的人员都要署名，对全文不能了解、答辩，仅参加部分工作者，也可以在文末加以致谢。署名排列，按对论文贡献大小排序，第一作者应负主要责任，本单位业务负责人确实参加工作或指导过工作，可列为作者之一，一般不宜另列“指导者”，这一点与须署“指导教师”的研究生学位论文有所不同。所有署名人、被致谢人，必须获得本人同意。集体署名一般不宜采用，只在确为集体协作、人数较多、难分主次的情况下才酌情采用，而且必须标明论文执笔人（整理人）姓名。

作者单位，应署论文研究工作完成期间的学术单位，不能因第一作者调至新单位后，签署不是论文研究实际完成单位的名称，但可注明作者现在的工作单位名称和地址。第一作者尚应标示其所在单位地址、邮政编码等，便于读者联系、咨询。

3. 摘要

（1）摘要的一般格式：①摘要以提供文献内容梗概为目的，不加评论和补充解释，科研论文的摘要绝大多数属于报道性摘要（或称信息摘要）；②一般中文摘要 200～300 字，外文摘要 250 个左右实词；③摘要有目的、方法、结果和结论四要素。

（2）摘要撰写注意事项：①要客观、如实地反映文章的内容，摘要不应是正文的补充、注释，也不可加进文章内容以外的解释或评论；②要着重反映文章的新内容、结论和要强调的观点；③众所周知的专用术语等，尽量用简称或缩写，有些不大常用的术语，在第一次出现时可以用全称和注释，以后出现时用缩写。

4. 主题词　表达主题的词有多种形式，目前在科技期刊上标注的只有其中的两种，即叙词和关键词。叙词和关键词都是一些词和词组,从取词的方式看,两者是有区别的。叙词取自于词表,是经过规范化处理的词,表达同一主题的叙词在任何情况下都是完全一致的字面形式。关键词则不然,它直接从文章的文题和正文中抽取,这个词在文章中是什么自然字面形式,它就是什么字面形式。因此,表达同一主题的关键词往往呈现多种字面形式。

标注关键词比标注叙词要简单些,目前多数期刊采用关键词标注。中文期刊在标注的关键词前注明为[关键词],外文注明为[Key Words],也有笼统地注明为[主题词]或[Subject Terms]。

5. 正文的编排

(1) 正文的结构:应符合逻辑,条理清楚。由于研究工作涉及的学科、专业、选题、研究方法不同,结果表达方式等有很大的差异,对正文内容结构不作统一的规定,但一般常可分为前言、材料与方法、结果、讨论和结论。

(2) 标题层次:根据内容需要和分量轻重,安排适当的标题层次。在正文中要求各项标题层次分明,各级标题包含相应的内容,前后尽量统一。对不同内容和字数的文章,可根据具体情况,灵活选用不同的标题层次。通常最好的办法是“入乡随俗”,撰稿人先查阅论文投寄期刊的“投稿须知”或“稿约”中的规定。

6. 表格 现代科技书刊中表格的运用较多,由于表格能使表达内容的逻辑性和准确性增强,故表格常与插图一起作为文章的两个翅膀,成为现代科技文献不可缺少的表述手段。使用合适的表格,使文章的篇幅紧凑,论述清晰,可读性强,给人以强烈的对比效果,设计编排得当,还能起到美化版面的作用。

7. 插图 插图不仅可以使某些内容的描述简洁、清晰,而且具有活跃和美化版面的功能。据统计,现代科技书刊中,平均每1000字就有一幅插图。因此,插图被誉为“形象语言”、“视觉文字”,与文字和表格一样是用来作为表达作者意图的有效工具。

(1) 图序和图题:图序用阿拉伯数字按顺序标注。图序和图题之间空一格,不用标点。图题应简洁明确,具有自明性,但也要防止为了简洁而使用过于泛指的名称。

(2) 标目:函数图通常由物理量及相应符号和单位组成。国家标准规定:物理量应以斜体拉丁化字母标注;单位用正体书写的国际通用单位符号标注。量与单位之间用斜线“/”隔开,如:长度 l/m;压力 P/P;时间 t/s。标目应与被标注的坐标轴平行,排在坐标轴和标值的外侧。非定量的一两个字母标注的简单标目,如 X,y 等可直接放在坐标轴顶端和外侧。

(3) 标值:标值应防止标注过分密集。标值的数字应尽可能不超过3位数,或小数点后不超过1个“0”。要防止选用不完整的标值。

(4) 插图的说明文字:应力求简洁准确。除物理量和单位的表示必须按国家规定外,所选用的名词术语一定要与正文中所使用的相一致。插图上的注字应规范、清晰,一般可采用照相或植字,不用手写体。

8. 法定计量单位 法定计量单位是我国政府以法令形式规定的在国内允许使用的计量单位,执行法定计量单位具有强制性,各行各业概莫能外。使用法定计量单位,是科技期刊标准化、规范化的一个极其重要的内容。

(1) 量的符号:有关量的符号一般原则是:①一般为单个拉丁字母或希腊字母;②无例外地采用斜体字母;③矢量、张量符号一律用黑斜体;④应采用国际标准中规定的量的符号,在不致混淆又确有需要时,量符号的大小写字母可以相互代替;⑤量符号上可以根据需要附加其他符号。

(2) 单位的符号:单位符号有中文符号和国际通用符号两种。在国家标准中,只推荐国际符号,未列出中文符号。国际符号是国际上通用的拉丁字母或希腊字母表示的单位符号,也称为标准化符号。符号的一般原则是:①无例外地采用正体。例如,kg 字母为正体;②一般单位符号为小写体,只有来源于人名的单位字母用大写。例如:时间单位“秒”的符号是 s 正体小写字母;电导单位“西门子”的符号是 S 正体大写字母。

9. 数字用法　在科技期刊中,数字(特别是阿拉伯数字)使用的频率是很高的。因此,数字用法正确与否,是衡量期刊标准化、规范化的一个重要方面。

(1) 阿拉伯数字的用法:总的原则是:凡是可以使用阿拉伯数字而且又很得体的地方,均应使用阿拉伯数字。

1) 年、月、日要用阿拉伯字,年份必须用全称。例如,1999-06-21。

2) 科学计量和具有统计意义的数字要用阿拉伯数字,几处在计量单位和计数单位前面的数字,包括 9 以下的个位数,均应使用阿拉伯数字。①小数,如 0.5,18.8;②整数,如 30 年,3 个人;③分数,如 1/3,7/10 (不能写成 3,10); ④百分数,如 3.5%,16%。

3) 序数词和编号中的数字用阿拉伯数字。例如,第 1 卷、第 1 组等。

4) 用阿拉伯数字表示的多位数不能拆开移行。

(2) 汉字数字的用法:

1) 数字作为词素构成定型词、词组、惯用语、缩略语或具有修辞色彩的语句时,要用汉字。例如,二元二次方程、二倍体、十字接头、四化建设等等。

2) 农历和我国清代以前的历史纪年用汉字。例如,辛亥年六月二十日。

3) 相邻的两个数字并列连用表示概数时用汉字,连用的两个数字间不应用顿号隔开。例如:七八公里、三十七八摄氏度等。

4) 古籍文献标注中的卷次、页码等要用汉字。

5) 其他使用汉字数字的场合:星期几,形容词前面的数字,名词前面的数字等,必须用汉字。

(3) 参数和偏差范围的表示:

1) 数字范围号有“—”和“~”两种。科技期刊中多用“~”。不管用哪种,应统一,切忌时而用“—”,时而用“~”

2) 单位相同的参数范围,只需写出最后一个参数的单位。例如,3.2~5.4 cm。

3) 百分数的范围,前一个参数的百分号“%”不能省略。例如,43.2%~68.4%,不能写作 43.2~68.4 %。

4) 参数与其偏差的单位相同时,只需将单位写在偏差后面。例如,25.3±0.1mm,不能写成 25.3mm±0.1mm。

5) 一系列数值的计量单位相同时,可仅在最末一个数字后面写出单位符号。例如,6.4,6.8,7.8cm,不必写成 6.4cm,6.8cm,7.8cm。

10. 参考文献　参考文献是科技论文的一个重要组成部分。它的重要性在于明确地标引他人的学术思想、理论、成果和数据部分,并给出其来源,以体现科学的继承性和对他人劳动的尊重,又表明了科学的严肃性,言之有据。如果不这样做,在论文中,前人的成果和作者自己的创造分不清，就难免有抄袭剽窃之嫌，因而有损于作者的品德，甚至违反版权保护条例。

国家标准 GB7714-87《文后参考文献著录规则》中规定：引用的文献标注方法有两种，即顺序编码制（numeric references method）和“著者-出版年”制（first element and data method，又称 harvard system）。医学类期刊多采用顺序编码制，现将顺序编码制著录格式介绍如下。

（1）顺序编码制文内编排格式：顺序编码制文内书写的要求是：按引用文献在文内出现的先后顺序连续编码，将序号置于文内引用处右上角方括号内标记，引文如写出原著者序号，放在著者姓名的右上角；如未写出著者姓名，序号应放在引文之后；如参考文献序号作为文句的组成部分，则不作角码排印。引用多篇文献时，只需将各篇文献的序号在方括号内全部列出，各序之间用“，”，如遇连续序号，可标注起止序号，中间加“～”或“—”。略去中间的序号，例如，[1—4]。

（2）文后参考文献表编排格式：在文后参考文献一栏中，各条文献按文内的序号顺序排列。

（3）著录项目：

1）期刊：序号（序号编码不加括号，也不加“.”或“。”）著者（3 位著者以内均列出，中间加“，”；3 位著者以上，只列出前 3 名，后加“等”或“et al”）. 文题名 . 期刊名（中文期刊全名；外文期刊用标准缩写，不加缩写点），年，卷（期）：起始页

2）专著：序号　作者 . 书名 . 版次（第 1 版可不注录）. 出版地（多个出版地只注一处）：出版者（国外出版单位可用标准缩写，不加缩写点），出版年 . 起页～止页

（钟世镇）

二、实验报告的撰写

实验报告是学生完成一次实验后，对实验工作给予简单扼要的文字小结，大致包括如下内容。

（一）实验报告内容和项目要求

1. 一般情况的说明　包括进行实验时，主要工作者的姓名、年级、班组（或第几实验室）、实验日期（年、月、日），实验室内的温度和湿度。

2. 实验名称　例如：急性失血性休克、神经干动作电位实验、儿茶酚胺对离体心脏收缩功能的影响等均可作为该实验的名称。

3. 实验目的　各学科的教学实验目的、要求不完全一样，目前尚无统一的标准。实验目的大致包括如下内容：①进行哪一类型的实验研究；②用什么方法、什么动物、什么实验技术进行实验动物模型的复制；③确立的主要观察指标或项目；④实验预期目的等。

例如：在进行“高钾血症实验”时，其实验目的是：①学习掌握家兔高钾血症实验模型复制的方法；②观察高钾血症动物心电图、血钾浓度的改变特征；③观察葡萄糖胰岛素治疗家兔高钾血症的效果。

4. 实验动物 对实验动物的描写应注意交代选用动物的种属、年龄、性别、体重、毛色、名称。

（二）实验方法和步骤

简要写明主要实验方法、实验技术，详细说明实验技术路线（即实验步骤）、观察指标的内容和实验数据的采集方法。对这一问题的交代要简明、扼要、清晰，条块状（纲目式）。

（三）实验结果

根据实验目的，对原始记录进行系统化、条理化的整理、归类和统计学处理。其表达方式，一般有以下三种。

1. 叙述式 用文字将观察到的、与实验目的有关的现象客观地加以描述。描述时需要有时间概念和顺序上的先后层次。

2. 表格式 能较为清楚地反映观察内容，有利于相互对比。每一表格应说明一定的中心问题，应有表题和计量单位。

3. 简图式 实验中描记的血压、呼吸等可用曲线图表示；也可取其不同的时相点，用直线图表示。

在优秀的实验报告与论文中，常是文字、表格和简图三种形式并用，可以得到最佳的分析效果。

（四）实验结果的分析与讨论

实验结果的分析与讨论，应包括以下基本内容。

(1) 以专业知识的理论解释、说明实验结果。

(2) 重点阐明实验中出现的一般性规律与特殊性规律之间的关系。

(3) 用实验结果来回答进行研究的目的是否已达到。

(4) 用实验结果提出进一步研究的依据和必要性。

(5) 用实验结果说明本实验存在的问题或不足。

(6) 实验结果提示了哪些新问题，如果出现“异常现象”，应加以分析。

这里要特别强调的是，要合理、综合性地运用专业知识分析和讨论实验结果，紧扣实验结果和现象设置讨论点，防止不切实际的空泛议论和漫无边际的发挥。

（五）结论

实验结论是从实验结果中归纳出的一般的概括性判断，结论应回答实验提出的主要问题，同时应注意简短，并符合逻辑。

实验报告内容力求简练，全部内容一般应控制在1000字以内。

（朱佐江）

第八章 医学实验研究方法与进展

第一节 生物电信号的采集

一、概 述

生物体进行生命活动时，会产生多种生物信息。通过不同手段可将这些信息引导出来，通过进一步的放大和处理后可用于显示和反映生物体功能变化。这些信息便是机能实验学研究、了解生物功能的各种观察指标。实验观察指标的分类没有一个固定的和一致的规范性条文，只是人们的一种习惯性的或依据观察内容的属性范围，确立的一些不够规范、不够全面的分类方法。本书将这些观察指标分为生物电信号观察指标、非生物电信号观察指标和代谢性观察指标三类。

1. 生物电信号观察指标 机能实验学研究中，采集各类生物电信号的指标，积极研究疾病时器官的功能、大脑神经功能、神经递质效应均有十分重要和不可替代的作用。在医学测量信号中，有心电、肌电、脑电、眼电、视网膜电流、皮肤电、胃电和神经电位等生物电信号，对这些生物电信号的描记有心电图（ECG）、肌电图（EMG）、脑电图（EEG）、眼电图（EOG）、视网膜电流图（ERG）、皮肤电反射（GSR）、胃电图（EGG）。

2. 非生物电信号观察指标 这类观察指标以机体整体功能或以某一器官功能为主，设立实验中观察项目，并进行定量、定性分析。包括有体温、血压、呼吸、心率、肌肉张力、流量等。

3. 代谢性观察指标 代谢性观察指标是指用生物化学方法，检测机体中某些代谢产物、体液因子。包括有血液中红白细胞检测、血尿中肌酐浓度、血浆纤维蛋白原、凝血因子、白介素、K^+、Na^+、Cl^-、HCO_3^-、pH、$PaCO_2$等约百余种。

这一类观察指标的实际意义是，一项指标只能单一方面地说明一个问题的实质，多个或若干项的指标综合起来，分析一个特定的问题时，其参考价值就十分有意义了。

选择准确、恰当的观察指标，对实验结果进行定性、定量地分析说明，是实验研究工作中不可忽视的大问题，它直接影响实验工作的质量。

体内各细胞的生命活动自始至终都伴随着电现象，这种电现象称为生物电，它是生命活动的基本属性。生物电现象的各种表现，主要是由于某些带电离子在细胞膜两侧的不均衡分布，以及细胞膜在不同情况下对这些离子的通透性（实际上相当于导电性）发生改变造成的。通过膜片钳技术，可以记录和观察单个离子通道的功能活动（即离子通透性或膜电导的改变）。

在医学测量信号中，有心电、肌电、脑电、眼电、视网膜电流、皮肤电、胃电和神经电位等生物电信号，还有血压、呼吸、心音、脉搏等非生物电信号。本节主要介绍心电、肌电、脑电等生物电信号的采集，对于血压、呼吸、心音、脉搏等非生物电信号，只要配以适当的换能器，就可以将这些非生物电信号转化成电信号从而被相应仪器采集到。

我们对生物电信号拾取与分析的目的：①科研上是为了获得某些机制研究的数据，并综合利用各方面知识进行结构和功能分析；②在临床就是为了获得与医疗、保健有关的诊断根据，从而指导对病因、发病机制进行深入的研究和对疾病的诊断。

二、采集技术

要了解生物电信号如何拾取，如何分析处理，首先必须了解单个细胞的生物电现象，了解生物电信号如何传导，了解各种生物电信号的形成及特征。

1. 细胞的生物电现象 通过前期生理学理论课的学习，知道了细胞水平的生物电现象主要有两种表现形式——安静时具有的静息电位和受到刺激时产生的动作电位。体内各种器官或多细胞结构所表现的多种形式的生物电现象，大都可以根据细胞水平的这些基本电现象来解释。静息电位是指平时在未受到刺激时存在于细胞膜内外两侧的电位差，在所有被研究的动物细胞中，静息电位都表现为膜内较膜外为负，只要细胞不受到外界的刺激且保持正常的新陈代谢，静息电位就稳定在某一相对恒定的水平。如果细胞受到一定的刺激使静息电位的数值向膜内负值加大的方向变化，称为膜的超极化；相反，如果膜内电位向负值减少的方向变化，称为去极化或除极；细胞先发生去极化，然后再向正常安静时膜内所处的负值恢复，则称为复极化。细胞膜内外离子的通透性发生的一连串变化形成了去极化和复极化过程，这一过程所表现出来的扩布性电位，形成了动作电位。动作电位的除极过程主要是由 Na^+ 内流形成的；动作电位的复极过程主要是由 K^+ 外流形成的。

2. 生物电的传导 可兴奋细胞任何一处的膜产生的动作电位都可沿着细胞膜向周围传播，使整个细胞都经历一次类似于被刺激部位的离子电导的改变，实际表现为动作电位沿整个细胞膜传导。在已兴奋神经段和未兴奋神经段之间存在局部电流，当局部电流的出现使邻接的未兴奋细胞膜去极化到阈电位时，会使该段也出现动作电位。所谓动作电位的传导，实际上是已兴奋的膜部分通过局部电流“刺激”了未兴奋的膜部分，使之出现动作电位，这个过程在膜表面连续进行下去，就表现为兴奋在整个细胞的传导。如果一条神经纤维在其中间部受到一个刺激，动作电位将会由中间迅速向神经纤维两端传送。

3. 生物电信号的采集 生物电信号的处理，就是利用生物医学工程领域知识，以电子技术为基础，把机体的各种信号转换成电信号进行采集，然后将采集到的信号进行分析处理。生物电信号具有变化非常微弱的特点(一般为毫伏级或微伏级)，观察和记录生物电信号必须先将其放大，并在示波器或记录仪上显示或表达出来。目前，人们已借助计算机的功能，处理各种生物电信号。例如，将采集的生物电信号输入到计算机内，通过数模转换，将生物电信号转换成计算机可以识别的数字信号，并依据实验目的进行各种数据处理。以下概略地谈一下几种生物电信号的采集，详细的采集方法可参阅有关专门资料。

（一）心电采集技术

1. 心电的形成过程 心电产生是心肌细胞兴奋时产生的电流综合的结果，心肌细胞最基本的电活动是除极化与复极化的全过程。心肌细胞在静息状态下，细胞膜外带正电荷，细胞膜内带等量负电荷，细胞膜内的电位低于细胞膜外的电位。若以细胞膜外的电位为零，则细胞膜内的电位为-90mV，称之为静息电位。细胞膜外各点无电位差，这种分布状态称为极化状态。心肌细胞的极化状态不是永远静止的，而是进行周期性的除极（失去极化状态）和复极（恢复极化状态）活动。心肌细胞除极与复极过程中，不仅发生细胞内的电位变化，而且对细胞外周围电位也发生很大影响。在若干心肌细胞紧密相连的情况下，一个细胞产生的动作电位可激动紧密相连的另一个细胞，这样细胞与细胞之间也有电流形成。

2. 导联 人体是一个容积导体，将两个电极置于人体表面上两个不同的特定部位，并用导线与心电图机相连，即可构成闭合电路以描记心电图，此种装置称为导联。电极板放在人体的不同部位可构成不同导联，其描记出来的波形也不同，这样可以从不同角度记录出心电电位变化。常用心导联有以下几种。

（1）标准导联：也称双极肢体导联，它反映两个肢体之间的电位差。

Ⅰ导联：心电图机阳极连接在左上肢，阴极连接在右上肢。

Ⅱ导联：心电图机阳极连接在左下肢，阴极连接在右上肢。

Ⅲ导联：心电图机阳极连接在左下肢，阴极连接在左上肢。

（2）加压单极导联：反映探察电极这一部位的电位变化，又分加压单极肢体导联和单极胸部导联。

加压单极肢体导联有三个导联：

1）加压右上肢单极导联（aVR）：阳极接在右上肢。

2）加压左上肢单极导联（aVL）：阳极接在左上肢。

3）加压左下肢单极导联（aVF）：阳极接在左下肢。

单极胸部导联用来探察电极放在胸部以下各点部位，共有13个导联：

1）V_1导联：电极放在胸骨右缘第4肋间。

2）V_2导联：电极放在胸骨左缘第4肋间。

3）V_3导联：电极放在V_2与V_4胸导连线的中间点。

4）V_4导联：电极放在左锁骨中线第5肋间处。

5）V_5导联：电极放在左腋前线第5肋间水平处。

6）V_6导联：电极放在左腋中线与V_4同一水平处。

7）V_7导联：电极放在左腋后线与V_4同一水平线上。

8）V_8导联：电极放在左肩胛线与V_4同一水平线上。

9）V_9导联：电极放在后正中线与V_4同一水平线上。

10）V_{3R}、V_{4R}、V_{5R}、V_{6R}导联：电极放在右前胸与V_3、V_4、V_5、V_6导联相对称的位置上，常规用V_1、V_3、V_5三个导联。

3. 电极 一般采用扁平夹电极（主要用于肢体导联，采集肢体心电）和吸球电极（主要用于胸部导联，采集胸部心电）。对于小动物，可采用针电极，直接将电极插在肢体上进行心电的采集。

4. 常规心电记录的基本仪器 心电来自心肌细胞的生物电变化，我们常说的心电图描记，即是把测量电极放在生物体表面的某一特定部位，再用导线与心电图机连接起来，把通过心脏周围的导电物质反映到体表的心电信号采集、放大最后描记出来。在基础医学实验和临床上,记录心电图的基本仪器设备:心电图记录仪或计算机生物信号处理系统,电极。

(二) 肌电采集技术

1. 肌电的形成过程 肌电是通过肌纤维(或叫肌细胞)去极化、电位扩散及一系列的生物物理和生物化学变化过程形成的,是个较为复杂的过程。当运动神经无兴奋时,肌肉是静息的,此时肌膜内外的离子趋于平衡状态,无动作电位产生;当运动神经兴奋时,通过神经末梢的突触将外来刺激或中枢神经的信息引起的神经冲动传递到运动终板的肌膜,使肌膜对离子的通透性增加,从而使得肌细胞膜内外的离子平衡发生变化,产生终板电位,引发了肌细胞的动作电位,最后引起肌肉收缩。

2. 被检测者体位及受检部位 要记录肌肉的生物电活动形成的电位,进行常规的肌电图检查首先必须确定被检查者的体位及受检部位。通常体位采用卧位,需要时也采用坐位(采用坐位检查时,被检查者的坐椅与双脚应与地绝缘),但有一点必须注意,不管何种体位都要保证被检查者舒适,并有利于受检部位肌肉处于完全松弛状态。根据病情决定受检部位,对较大的受检肌肉应选取5个以上的测试点,分别对不同的深度进行检查。

3. 常规肌电图的检查程序

(1) 插入状态:观察插针、弹击或移动针电极时肌电图变化。

(2) 松弛状态:被检查者不能紧张,被测部位要处于完全松弛状态,观察有无自发电位并记录波形。

(3) 轻收缩状态:让被检查者轻轻收缩被测肌肉,使肌电图出现一个或几个能单独看得清楚的运动单位动作电位,记录波形,分析波形、时程、波幅等。

(4) 重收缩状态:让被检查者用最大力量收缩被测肌肉,测试者可以对受测肌肉施加一定阻力,使受测者能用最大气力,在此情况下观察肌电图的变化,记录波形,分析波形、时程、波幅等。

(5) 诱发肌电图检查:对于某些病况,必须对被检查者描记诱发肌电图,以便进行运动神经传导速度的测定、H反射的检查以及感觉神经的检查。

4. 电极 按用途电极分为记录电极、刺激电极、人体接地电极三种。记录电极放在受检肌肉部位,通过导联线将肌电信号引入放大器(肌电图机或计算机生物信号处理系统)。记录电极又有表面电极和针形电极,针形电极又分单芯同轴针电极和双芯针电极。刺激电极也有表面电极和针形电极两种,较常用的是表面刺激电极,它把刺激器发生的刺激信号施加到受检查的神经上。接地电极一般为表面电极,它将身体与大地相连,可以减少不必要的电信号干扰。

进行肌电信号采集时,如果是测定运动单位动作电位和尺神经电位,一定要采用针形电极,通常用单芯同轴针电极;如果是测定神经传导速度,记录电极也可用表面电极;刺激电极一般采用表面刺激电极。

5. 常规肌电图的记录的基本仪器 肌电活动是一种快速的电变化,基础医学实验中,记录肌电信号通常是将针电极插到要记录的肌肉上,利用放大器、示波器、刺激器、放音器等器材将肌电信号记录下来(或用生物电信号处理系统代替传统的电生理仪器对肌电信号进行记录)。临床上,采用肌电图机和各种电极记录肌电图。

(三) 脑电采集技术

1. 脑电的形成 大脑皮层表面的电位变化主要是由大量皮层神经元同时发生突触后电位变化形成的,也就是说由神经元胞体和树突的电位变化形成的。大脑皮层的神经元具有自发生物电活动,故大脑皮层经常具有持续的节律性电位改变,这种现象我们称之为自发脑电活动。用刺激的方法能够引起大脑皮层局部区域电活动,这称为大脑皮层诱发电位。

2. 脑电的记录 基础医学实验中常采取进行脑外科手术,将颅骨打开,直接在大脑皮质表面用电极引导电位变化,一般称为脑皮质电图(electrocorticogram,ECOG)。这种由大脑皮质记录到的波动电位,代表着各种活动神经元的电流发生器所产生的容积导体电场的叠加。

临床上则采用在头皮上用双极或单极记录法来记录和观察皮层的电位变化,一般称为脑电图。

在基础医学实验中通常是在与刺激感觉通路相对应的感知部位进行检测。大脑皮质诱发电位是用于寻找感觉投射部位的重要方法,在研究皮层功能定位方面起着重要作用。临床上应用于外周神经、中枢疾病的诊断。

3. 电极 电极一般有扁平盘形电极或杯形电极(常为金质或银质),每个电极都有一根导联线同电极板相连,将脑电信号传至电极板上的一个特定的接合处。每个电极接收的电活动又从电极板上的一根粗大的电缆线传送到脑电图机(或放大器或计算机生物信号处理系统)。有时也用针形电极,针形电极主要用于昏迷病人或进行基础医学实验。

4. 电极安放位置 采用国际 10-20 系统电极放置法(每个电极与邻近电极保持 10%或20%的距离)。电极各有名称:位于左侧的为奇数,右侧的为偶数。接近中线的用较小的数字,较外侧的用较大的数字。电极名称还包括电极所在头部分区的第一个英文字母。基础医学研究中常采用将针形电极放置在要记录的头皮部位。

5. 常规脑电图的记录的基本仪器 基础医学实验中常常利用示波器、刺激器、放大器等电生理仪器记录和观察大脑皮层诱发电位,随着科学技术的发展,计算机生物信号处理系统代替了传统电生理记录系统。临床上利用脑电图机和记录电极进行脑电图的记录和观察。

(四) 神经干动作电位采集技术

神经纤维的兴奋表现为动作电位的产生和传导,神经纤维上传导的动作电位通常称为神经冲动。神经动作电位在基础医学研究中常作为神经兴奋的标记。用电生理学方法可以引导出动作电位。在基础医学实验教学中,常常选用蟾蜍坐骨神经干标本来引导动作电位。采集神经干动作电位的一般方法是:

(1) 将制备好的蟾蜍坐骨神经干标本放在标本盒中,连接好刺激和记录导线。

(2) 用刺激电极刺激标本一端,用引导(记录)电极在另一端记录坐骨神经干的复合动作电位信号,将记录到的复合动作电位信号输送到前置放大器加以放大,然后将放大后的生物信号在示波器上显示出来,或送入计算机进行处理后在计算机屏幕上显示出来,并可通过 A/D 接口将生物信号在打印机上打印出来(生物信号在计算机中的处理参考本书"PcLab 生物信号采集处理系统"一节)。

(五) 神经元的单位放电采集技术

神经元的单位放电即神经元活动时出现的脉冲性电位变化,它代表神经元的活动。我们用细胞外微电极可从中枢神经系统内引导出单位放电,根据单位放电的频率,可在细胞水平上分析神经系统的机能状态。神经元的单位放电的采集必需的仪器有微电极放大器、微电极操纵器、玻璃微电极(电阻为 5~10MΩ)、前置放大器、监听器和常用电生理仪器等。神经元的单位放电的采集的一般方法是:

(1) 将仪器连线连接好,标本固定,通过微电极操纵器把微电极调节到标本的记录部位(如延髓闩部,脑薄片),并使微电极尖端与其表面接触,记下此时电极架上的标记刻度,将此作为零点(这一过程称为定位)。

(2) 根据实验要求,用微电极操纵器的粗调旋钮将微电极调节到所要记录的组织标本的上面,使微电极尖端刚与标本表面接触,然后改用微电极操纵器的细调旋钮每次以数微米距离计缓慢推进微电极插入标本,每推进一步,稍停顿几秒钟,然后再向深部推进。

(3) 在推进过程中,要注意监视器屏幕和监听器,观察有无脉冲性(即节律性)电位变化,一旦微电极尖端接近一个自发放电神经细胞(或在该自发放电神经细胞电场范围之内),即可引导出一定电压幅度(200μV 至 1mV)的脉冲,同时,通过监听器可以听到与放电频率一致的"啪啪"声,这就是神经元的单位放电。在正常情况下,只要标本状况良好,信号引导系统稳定,可以持续观察一个神经元的单位放电达几分钟甚至几十分钟之久。

(4) 将采集到的神经元单位放电信号输入计算机中,进行直方图处理,以便分析讨论。

(5) 在引导神经元的单位放电的实验中,必须保证仪器接地良好,同时玻璃微电极的尖端要细(即玻璃微电极的电阻要大,一般要求在 5~10MΩ 之间)。

三、各类生物电信号的基本图形及意义

将采集到的生物电信号(即波形)进行分析和处理,以便得到实验研究结论。下面就某些生物电波形作一些分析说明。

(一) 心电图(electrocardiogram,ECG)

把测量电极放在生物体表面的某一特定部位,所记录到心脏的电活动变化的曲线图,即为常规心电图。

正常心脏器官是由窦房结发出兴奋冲动,依次向心房和心室扩布,最后引起整个心脏的兴奋。在每一心动周期中,心脏各部位的兴奋过程中均出现相应的电变化活动。这种电活动在其方向、途径、次序和时间均有一定的规律。这种生物电变化也可通过心脏周围的导电物质反映到体表,借助心电图机这一仪器,将体表特定部位的这种心电活动准确地记

录下来,供医务人员及研究者参考。

1. 正常心电波形 心电图反映的是心脏兴奋的产生、传导和恢复过程中的生物电变化,反映的是一次心动周期中整个心脏的生物电综合变化的基本图形。它与心脏的机械收缩活动无直接的关系,因电极放置的位置的不同,记录到的心电图曲线也不相同。正常的心电波形如图 8-1。

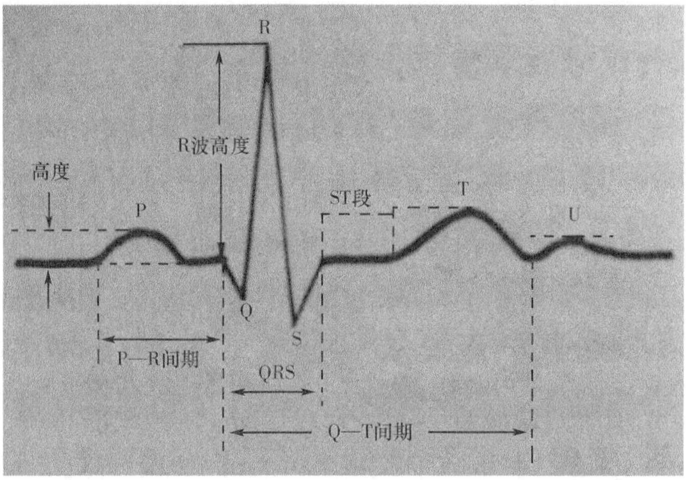

图 8-1 正常的心电波形

正常心电图的每一心动周期有一个 P 波、一个 QRS 波群和一个 T 波(有时在 T 波后面出现一个小 U 波),这些波形的幅值和时间间隔均有一定的范围(对于人和不同的动物的心电图的波形正常值,可参考有关资料)。依时间间隔又分为几个间期和波段。

2. 波形说明

(1) P 波:反映左右心房去极化过程。P 波波形小而圆钝,波宽历时 0.08~0.11s,波幅不超过 0.25mV。一般情况下,可借助 P 波的波宽、波向和幅值等变化来辅助诊断心房疾病。

(2) QRS 波群:反映左右心室去极化过程的电位变化。典型的 QRS 波群包括三个电位波动(第一个向下的波为 Q 波,紧接的第二个是高而尖峭的向上的 R 波,第三是一个向下的 S 波),但在不同的导联中,这三个波不一定都出现。正常的 QRS 波群波宽历时 0.06~0.10s,代表心室肌兴奋扩布所需的时间,各波波幅在不同导联中变化较大。可通过 QRS 波的波宽、波向和幅值来辅助诊断左右心室疾病。

(3) T 波:反映心室复极过程中的电位变化。波宽历时 0.05~0.25s,波幅一般为0.1~0.8mV。在 R 波较高的导联中 T 波不应低于 R 波的 1/10。可通过 QRS 波、S 波、ST 段以及 T 波的显著改变来辅助诊断心室肌病变、心肌梗死、梗死前兆和病变部位的定位等。

(4) U 波:是 T 波后 0.02~0.04s 可能出现的一个低而宽的波,方向一般与 T 波一致。波宽约 0.1~0.3s,波幅大多在 0.05mV 以下。目前对 U 波的意义和成因均不十分清楚。

(5) P—R 间期(或 P—Q 间期):是指从 P 波起点到 QRS 波起点之间的时程,一般为 0.12~0.20s。P—R 间期代表由窦房结产生的兴奋经心房房室交界和房室束到达心室,并引起心室开始兴奋所需时间,故也称为房室传导时间,在房室传导阻滞时 PR 间期延长。

（6）P—R 段：是指从 P 波终点到 QRS 波群起点之间的曲线，通常与基线同一水平。P—R 段形成的原因是由于兴奋冲动通过心房之后在向心室传导过程中，要通过房室交界区，兴奋通过此区时非常缓慢，形成的电位变化也非常微弱，一般记录不到电位的变化，故在 P 波之后，曲线又回到基线水平，成为 P—R 段。

（7）Q—T 间期：从 QRS 波群起点到 T 波终点的时程，它代表心室开始兴奋、去极，最后到完全复极到静息状态的时间。

（8）ST 段：是指从 QRS 波群终了到 T 波起点之间的与基线平齐的线段，它代表心室各部分心肌细胞均处于动作电位的平台期(2 期)，各部分之间没有电位差存在，曲线又恢复到基线的水平。

3. 心电图描记意义　既然心电图反映心脏在兴奋与恢复的整个过程中的电现象，反过来，我们也可以从这些电现象中分析和推断机体的生理和病理状态。通过分析心电图各波形，结合其他临床资料，诊断心脏疾病。有时在进行一些重要手术时，还可根据心电图的临床监测，指导手术的进行。

4. 案例分析

案例：高血钾症心电如图 8-2。

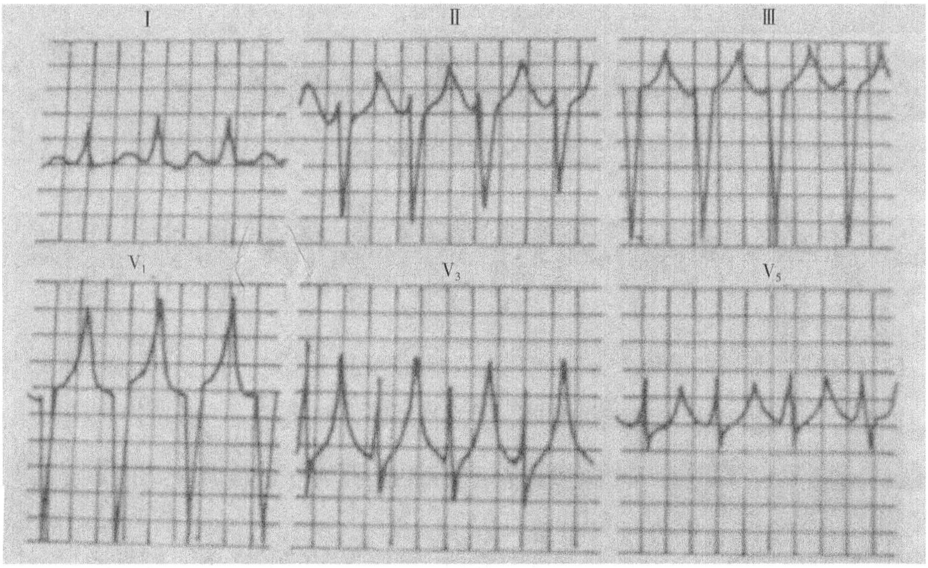

图 8-2　高血钾症心电图的变化

波形特点：

（1）当血钾升高至 5. 5~6. 9mmol/L 时：

1）T 波振幅增高，基底部变窄，呈现高而尖的图形。

2）P 波振幅减小。

3）QRS 波群时程增宽，S 波加深。

（2）当血钾升高至 7. 0~9. 9mmol/L 时：

1）随血钾升高，P 波振幅逐渐降平甚至消失。

2）QRS 波群时程进一步增宽，出现所谓的“窦-室节律”。

（3）当血钾升高至 10.0mmol/L 以上时：QRS 波群变得更宽，QRS—T 融合在一起，难以区分。

（二）肌电图（electromyogram，EMG）

肌肉的生物电活动形成的电位随时间变化的曲线称为肌电图。

1. 正常波形 正常肌电图，在插入针电极或移动电极时产生的电位爆发，称为插入电位，持续时间很短，电极移动一旦停止，插入电位立即消失。当针电极插入到运动终板或其附近时，肌电图机的屏幕上观察到，基线出现不规则的高频低电压，称为终板噪声（有时误认为放大器的噪声）。移动电极离开运动终板或其附近区域，终板噪声即可消失。终板噪声的出现说明电极位于终板区域。当肌肉随意收缩时，由于用力程度不同，参加收缩的运动单元（single motor unit，SMU）的数目和发放频率也不同，因而出现不同的波形，如图 8-3 所示。

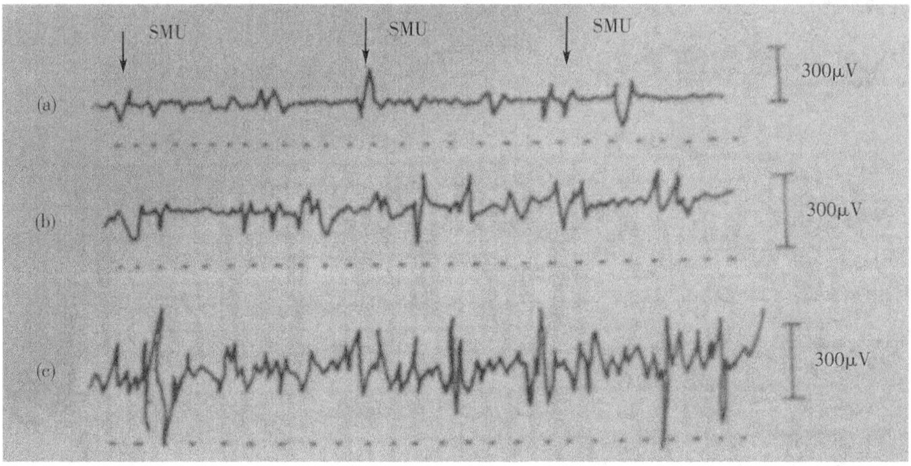

图 8-3 背侧骨间肌运动单元肌电波型图

（图中时间标尺：每小点代表 10ms）

2. 波形说明 在图 8-3 中，a：为肌肉轻度收缩时，只有一个或几个运动单元参加收缩，肌电图上出现孤立的单个运动单元电位，称为单纯相，时程 4～12ms，波幅为 200～2000μV，放电频率通常为 6～30Hz。b：为肌肉中度收缩时，参加收缩的运动单元数目增加，发放频率也增加，肌电图上有些区域电位密集，不能分离出单个电位，而有些区域仍可见单个运动单元电位，此时称为混合相。c：当肌肉做最大收缩时，参加收缩的运动单元数量多，发放频率高，运动单元电位重叠在一起，无法分离单个电位，此时称为干扰相。

肌电图的波幅在 20μV 到几个毫伏，频率为 2Hz 至 10kHz（临床应用上限 5kHz 就足够了）。

3. 肌电图描记意义 肌电图可以对骨骼肌及其神经支配神经递质传递的生理状况提供重要信息，根据神经肌肉电活动的变化可以确定病损来自哪个系统或部位，对病理过程不同的疾病作出区别，结合临床症状进行诊断；在药理学实验中，可以确认一些药物对肌肉的作用，并对其药用机制做进一步研究；在基础医学研究中，可以将肌电图作为研究某些机制的观察指标，比如，我们将针电极插入到膈肌上，可以通过生理记录系统记录到膈肌的肌电图(一个与呼吸同步的群集性放电),作为观察呼吸运动的一个指标,研究呼吸节律起源,研究影响呼吸运动的因素。

4. 案例分析

案例:运动神经元病,肌电图如图 8-4。

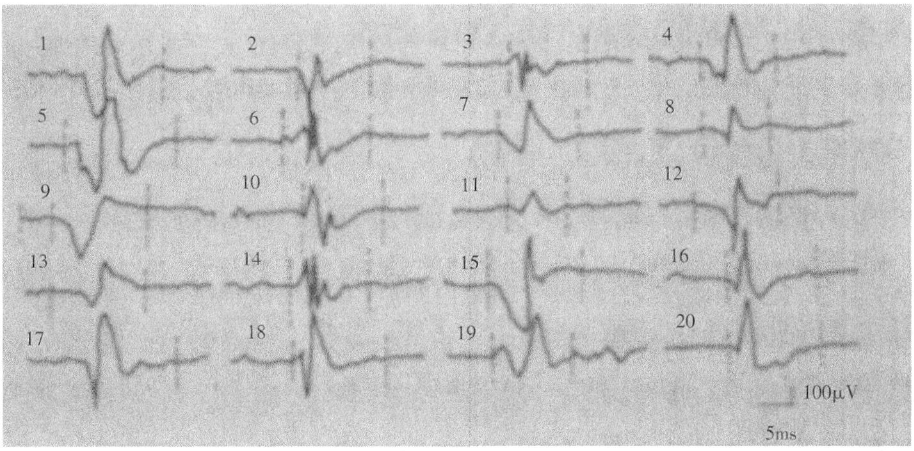

图 8-4　运动神经元患者的肱二头肌肌电图

波形特点:时程和波幅增大,多相波增多,有晚成分出现。在肌电图上呈现纤颤电位,持续时间在 5ms 以下,大部分在 0.5~2ms,振幅较大,大都小于 300μV,波形以双向最为常见,那么,可以推测是周围神经及脊髓前角细胞病变,肌肉失去神经支配后,出现肌肉纤维颤动,这种颤动肉眼不能察觉,而在肌电图上呈现纤颤电位。通常伴随纤颤电位还出现波形比较恒定的正相电位,有起始的正相波和其后跟随的缓慢变化的负相波,持续期较长,一般超过 10ms,振幅与纤颤电位大致相同,发放频率为 4~11Hz。

(三) 脑电图(electroencephalogram,EEG)

大脑皮层的神经元具有自发生物电活动,故大脑皮层经常具有持续的节律性电位改变,这种现象我们称之为自发脑电活动。我们在头皮上用双极或单极记录法来观察皮层的电位变化,记录到的脑电波称为脑电图。

1. 正常波形　正常的脑电波各种波形图如图 8-5。

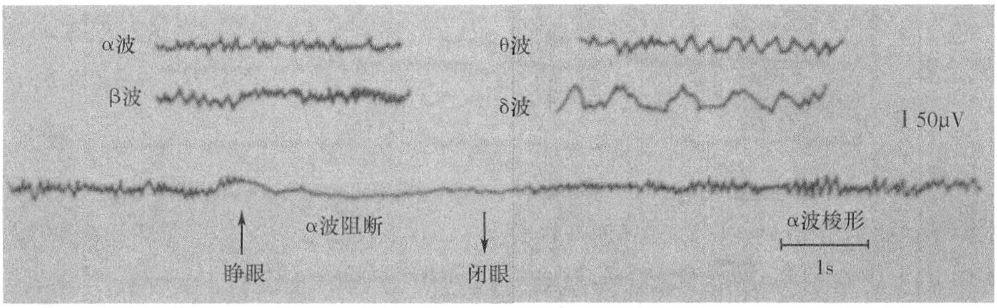

图 8-5　正常的脑电波的各种波形

2. 波形说明 脑电波的波形是一种近似于正弦波的电位变化,其与神经干上见到的动作电位不一样。人们根据脑电图频率的不同来对其进行分类,在不同条件下根据波形频率的快慢将每秒0.5~3次的波称为δ波,每秒4~7次的波称为θ波,每秒8~13次的波称为α波,每秒14~30次的波称为β波。成年人头皮电极获得的δ波的幅度为20~200μV,α波的幅度为20~100μV,β波的幅度仅为5~20μV。

α波一般在人类清醒、安静、闭眼并停止思维时即可出现;θ波一般在困倦时出现;成人清醒状态下几乎没有δ波的出现,但在睡眠期间皮层脑电可出现δ波,如将睡眠者唤醒,δ波即转成快波。快波是皮层处在紧张活动状态时的主要脑电活动表现,α波是皮层处在安静状态时的主要表现,慢波是睡眠状态下的主要表现,清醒描记时,成人是不应有θ或δ波的,如果出现,则称之为慢波异常。在幼儿时期,脑电波频率比成人慢,一般常见到θ波,到10岁后才出现明显的δ波。成年人在极度疲劳或麻醉状态下也可能出现δ波。

一般来说,频率慢的波,其波幅较大;频率快的波,其波幅较小;成人阶段的脑电波比幼儿时期快,幼儿时期脑电波快于婴儿时期。

3. 脑电图描记意义 临床上可以借助脑电波改变的特点,并结合临床资料来诊断癫痫或探查肿瘤的所在部位,神经外科可通过皮层电极记录确定癫痫病灶,从而较准确地切除生理上异常的组织。脑电图能显示大脑的功能状态,因此愈来愈广泛地应用于现代心血管外科手术过程中的监测。

4. 案例分析

案例:Lennox-Gastaut 综合征。

正常成年人脑电图如图8-6, Lennox-Gastaut 综合征脑电图如图8-7。

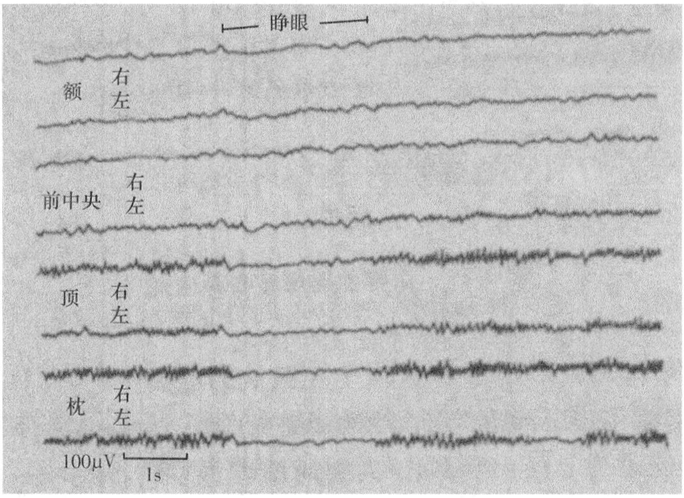

图8-6 正常成年人脑电图

波形特点:普遍性高波幅,2C/S 棘慢综合波。

对于癫痫患者,脑电图可出现棘波、尖波、棘慢综合波等。棘波的时程在80ms以下,幅度为50~150μV。尖波的时程在80~200ms以下,幅度为100~200μV。棘慢综合波指的是棘波后跟随出现的慢波,慢波时程在200~500ms;一般棘慢综合波出现时,多数为每秒3次

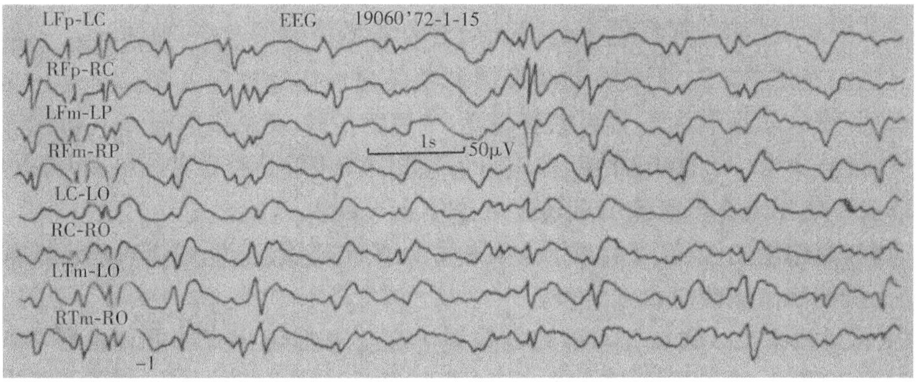

图 8-7 Lennox-Gastaut 综合征脑电图

左右。在皮层具有占位性病变(肿瘤等)的区域,即使病人处于清醒状态时,亦可出现 θ 波或 δ 波。因此,临床上可以借助这些脑电波改变的特点并结合其他临床资料,可诊断出癫痫或探查肿瘤的所在部位。

(四) 神经干动作电位

正常的蟾蜍神经干动作电位图如图 8-8。

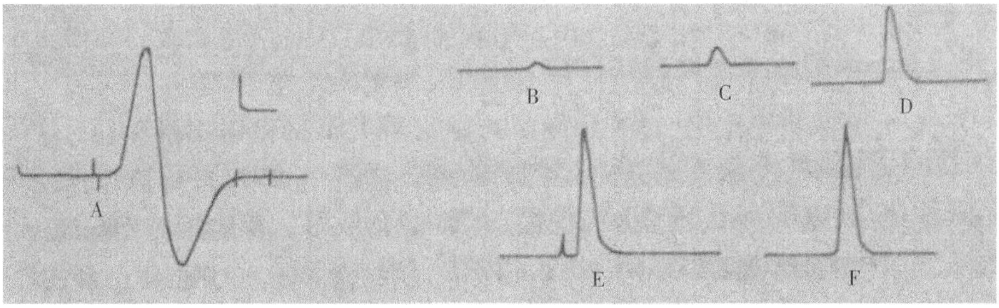

图 8-8 蟾蜍神经干双向动作电位和单向动作电位

A 图示双向动作电位;B~F 图示动作电位幅值与刺激强度的关系:B 为阈刺激(0.08V),C 和 D 为阈上刺激(分别为 0.1V 和 0.12V),E 为最大刺激(0.28V),F 为超过最大刺激的刺激(1.2V)

从图中可以看出,随着刺激强度的增加,动作电位的幅值增加,但到最大刺激后,无论刺激强度如何增加,动作电位的幅值都不再增大,只是刺激伪迹有可能增大。学习生理学理论知识时知道,动作电位的产生是“全或无”的,当刺激强度达到一定的刺激阈值时动作电位就会产生,而后并不随刺激强度的增大而增加,这一理论是针对单细胞或单神经纤维而言。而神经干是由很多不同神经纤维复合而成,不同的神经纤维的阈刺激强度不同,当刺激达到某一强度时,只有部分神经纤维产生动作电位,随着刺激强度的增大更多的神经纤维产生动作电位,这些动作电位叠加在一起,使得动作电位的幅值越来越大,当刺激强度达到最大阈刺激时,所有的神经纤维都产生动作电位,于是动作电位不再随刺激强度的增大而递增。

(徐小元)

第二节 药理学研究的基本方法与新药研发的基本知识

一、药理学研究是发现新药的重要手段

药理学是一门实验性科学,其研究是发现新药的重要手段,也是验证及研制新药的核心内容。对药物的研究可在整体、器官、组织、细胞、亚细胞和分子水平进行。现代药理学广泛吸取医学各学科相关的知识和研究方法,并广泛运用数学和计算机应用等学科进行药理学研究,使药理学研究的手段和技术迅速发展,形成了许多重要的分支。下面简要介绍药理学研究的基本方法和一些新药研发的基本知识。

(一) 基础药理学研究与临床药理学研究

根据研究阶段、对象和目的不同可将药理学研究分为基础药理学研究与临床药理学研究。基础药理学(basic pharmacology)研究以动物为实验对象,研究药物与动物相互作用的规律,包括:①实验药理学,以健康动物(包括清醒动物和麻醉动物)、正常器官、组织、细胞、亚细胞和受体分子为实验对象。②实验治疗学,以病理模型动物或组织器官为实验对象,观察药物对疾病模型的影响。③药代动力学研究,研究药物在动物体内的转运(吸收、分布、排泄)、转化(代谢)和血药浓度随时间变化的规律。

临床药理学(clinic pharmacology)研究主要以人为实验对象,实验对象为健康志愿者或病人,研究药物与人体相互作用的规律,阐明药物的临床疗效、不良反应、体内过程及新药的临床评价等。一般来说,新药研究先是由基础药理学研究起始,用动物实验证实新药比临床现用药物具有药效学或药动学方面的优点,如具有效应高、毒性低或效应快、维持时间长等特点, 然后才进入临床药理学研究,在人体进行进一步的研究印证。

(二) 药理学研究的整体和离体实验

1. 整体实验(in vivo) 可观察药物对机体的总体效应,临床用药也是整体性的,所以无论药物的研究起始于哪个水平,其作用及效应最终都需要进行整体实验的研究或印证。因此, 整体实验乃是药理学研究方法中最重要的一环。

2. 离体器官实验(in vitro) 可在人为设定的无神经、体液反馈调节条件下研究药物的效应,如药物与器官组织的初始作用,或激动药量效曲线以及拮抗药与激动药的相互作用,获得药物亲和力和内在活性的数据。

3. 细胞水平与分子水平的研究实验 实际上,细胞、亚细胞和分子水平的实验也属于离体实验的范畴,仅是使用的实验对象的不同,研究的深度也逐步深入,常用于研究药理作用机制。

(三) 药理学研究的测定方法

1. 行为学方法(praxiology method) 是一种通过观察药物对整体实验动物行为及反射

的影响(例如镇静、催眠、麻醉、镇痛、肌肉松弛、抗惊厥、条件反射等)来研究药物的作用的方法。常用于研究药物对神经系统的作用、学习与记忆和精神神经类药物的效应。

2. 电生理学方法(electrophysiology method) 是用电生理仪器、微电极、电压钳(voltage clamp)及膜片钳(patch clamp)技术等记录或测定整体动物或离体器官组织、神经和细胞离子通道等的膜电位改变、传导速度和离子通道的活动的方法。常用于在屏蔽干扰的环境中精确地测定包括各种器官的自发性电活动(如心电、脑电、神经电)、诱发电位(evoked potential)和离子通道开放和关闭的等电活动。

3. 形态学方法(morphology method) 包括各种光镜、电镜技术(electron microscope)、免疫组织化学(immuno histochemistry)和组织放射自显影术(autoradiography)等观察、测定方法。可应用于观察各种组织局部的形态学变化、检测特殊物质和受体分布等。

4. 生物学鉴定法(bioassay) 是应用生物学活性反应鉴定药物的活性或相对含量的方法。生物鉴定的特点是设备简单,但灵敏度、特异性和可靠性高,早期神经递质 ACh 的发现即是使用此类方法。此后,英国科学家 Vane 在此类方法基础上,首创了不同器官级联式表面灌流方法(cascade super fusion),在前列环素的发现和机制研究中发挥了关键作用。

5. 生物化学方法(biochemistry method) 包括荧光分光光度法(fluorospectrophotometry)、气相层析(gas chromatography)与质谱联用、高效液相、放射免疫分析法(radio-immunity analysis)及放射配体结合法(radio-ligand binding assay)等。可应用于检测活性物质本身、前体及其代谢产物的化学结构或含量,以及测定受体亲和力、亚型分析及第二信使浓度等。

6. 分子生物学方法(molecular biology method) 包括 DNA 克隆技术、DNA 聚合酶链式反应(PCR)、蛋白质表达和转基因技术等。可应用于研究药物与生物体大分子物质如 DNA、蛋白质和细胞因子等的相互作用,以及用于制备其他方法不能生产的基因工程药物。分子生物学是近年来发展和应用最迅速的领域,其理论和研究手段推动了药理学研究的发展。

二、新药的发现及其开发研究

在我国,新药系指未曾在中国境内上市销售的药品。已生产的药品改变剂型、改变给药途径、增加新的适应证或制成新的复方制剂,亦按新药管理。新药的研究与开发是科技含量高、投资多、周期长、风险大和效益高的原创性的工作和系统工程。

一种药物从发现到获准生产并供临床应用,一般要经过创新和开发两个阶段。在创新阶段,要在大量定向合成的有机化合物或分离提纯天然产物中筛选有效成分,先进行一般的初步的生物活性筛选实验,然后在疾病模型上进行随机对照试验印证,从众多化合物中发现具有进一步开发价值的先导化合物(lead compound)。发现先导化合物是新药研究的基础。在开发阶段,进一步研究先导化合物的构效关系和量效关系等以确定所开发的新药,并按国家关于新药审批办法的有关规定进行工艺学研究、制剂研究、质量控制、药效学评价、安全性评价和临床药理研究等。

在新药研究中,药理学与临床药理学的研究属于先后两个阶段。首先要进行药理学的有效物质和动物实验的研究，然后根据新药的生物活性及其适应证而进行临床药理学研究。因此，药理学研究亦称临床前药理学研究，其研究内容涉及新药的主要药效学研究和一般药理学研究，还包括毒理学和药代动力学等内容。各个国家都有法规明文规定，在进行新药临床研究(即临床药理研究)之前必须向药品行政管理部门提出申请，经批准后在指定的医院进行。

新药临床研究的目的是评价其对于人的安全性和有效性，以人为主要研究对象，但必要时也进行某些体外研究或动物实验，研究剂量、血药浓度与毒性之间相互关系。此外，在进行新药临床试验前，医院的研究人员应仔细阅读研制单位的临床前药理与毒理资料，必要时还要重复某些关键的药效与毒性实验，确定剂量与药效、毒性的关系，设计Ⅰ期耐受性试验和Ⅱ期早期临床试验的给药方案。

三、新药的研究方案和临床药理研究内容

新药的研究过程一般要经过三个药理学阶段，即实验药理、临床前药理和临床药理。在许多国家，新药上市都必须呈报临床前药理、毒理和临床药理研究资料。我国从1985年7月1日起，按卫生部《新药审批办法》规定，各类新药的呈报资料中必须有临床药理研究结果。1999年9月由国家药品监督与管理局颁布试行药品临床试验管理规范(good clinical practice, GCP)。《药品注册管理办法》自2002年12月1日起施行。新药的临床药理研究的主要内容为新药临床试验，分四期进行。

Ⅰ期临床试验 以健康志愿者为受试对象，一般为20~30例，研究新药人体耐受性与药代动力学，为Ⅱ期临床试验提供安全有效的合理试验方案。

Ⅱ期临床试验 以病人为试验对象，一般10~100例，进行新药与对照药的随机对照临床试验，详细考察新药的疗效、适应证、不良反应，对其安全有效性做出确切评价。本期结束后，即可将临床试验结果及临床前药理研究结果汇总，向药政主管部门办理审批手续。

Ⅲ期临床试验 为扩大范围的临床试验，病例数一般不少于300例，在多家医院或全国范围内进行，有的在国际范围内进行。目的是在较大范围内对新药的疗效、适应证、不良反应、药物相互作用等进行评价。

Ⅳ期临床试验 为上市后临床试验或称上市后药物监测，目的是对已在临床上广泛应用的新药进行社会性考察，发现推广应用后可能出现的毒副反应和发现新的治疗用途，重点是新药的不良反应监测。

此外，还包括未能在上市前进行的某些特殊病人的安全有效性考察，如新药在老年人、幼儿、孕妇、肝肾功能异常等病人的临床试验应在肯定新药安全有效并已批准上市后进行(专用于老人、小儿或终止妊娠等新药除外)。

四、上市药物再评价及药物不良反应监测

新药上市前的研究规模和时间很有限，因此在新药推广进入临床大规模应用之后是充分显示和再次评价其效应和不良反应的时机。上市药物再评价包括两类：①针对上市药品

所存在的问题(如疗效差或毒性较大等)进行临床对比研究,也可先做实验对比研究,然后再进行临床对比验证。②进行流行病学调研,对再评价品种的安全有效性进行评价。药品再评价是临床药理研究的经常性工作,随着安全有效的新品种不断上市,对同类药物有必要进行对比研究和再评价,为药品研制、管理及使用部门决定继续使用或减量生产或淘汰这些品种提供科学依据。比如,经过广泛深入研究,我国近年来淘汰了数以百计的各类药物。经常对市场上常用药物与新药之间进行各种对比研究,可发现药物之间的优缺点和价格差别,提出符合药物经济学(drug economics)的合理治疗方案。

药物不良反应(adverse drug reaction,ADR)监测　据报道,药物不良反应在综合医院住院病人中的发生率达1%,监护病房则高达3%,因此,药物不良反应监测是临床药理研究的一项经常性任务。如美国糖尿病研究组从1961年开始到1966年,在参与协作的12所大学共征集1027名病人来观察预防糖尿病发展过程中血管合并症,结果发现服甲苯磺丁脲(tolbutamide)组的病人发生心血管病死率明显高于其他用药组,于是1969年停止使用tolbutamide。由于ADR的危害具有国际性,1967年开始建立了ADR国际监测系统,进行研究工作并指导各国ADR监测系统。每年根据ADR监测系统所获得的资料,经电脑分析处理,可及时发现ADR发生率高和程度严重的药物,并控制或淘汰,保证用药者的安全。比如,在英国ADR监测实行黄卡系统,全国医务人员或其他有关人员发现药物不良反应立即填写黄卡向英国医药安全委员会报告。如镇痛药异丁芬酸(ibufenac)就是根据黄卡系统所获得的资料,由于其肝毒性明显而被淘汰。我国是ADR国际监测系统的成员,广大医药工作者应该遵照相关法规的要求,做好此项有益于全人类健康的大事。创新药物的发展战略见图8-9。

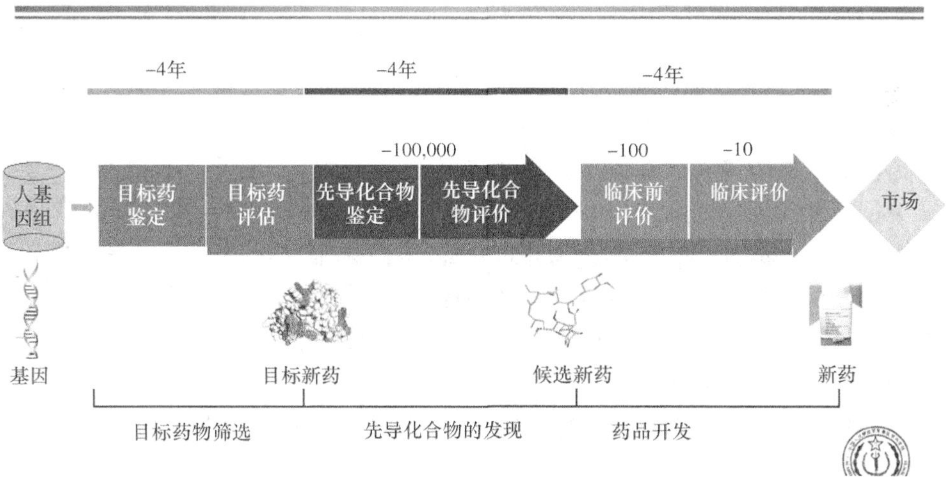

图8-9　创新药物的发展战略

参　考　文　献

Drews J.2000.Drug Discovery: A Historical Perspective.Science, 287: 1960~1964

复习思考题

1. 试述新药研究中基础 pharmacology 研究的内容与方法。
2. 试述新药研究中临床试验(clinic trials)的分期。

(徐江平)

第三节 细胞生物学新技术

细胞生物学是研究细胞和细胞器的形态结构和功能以及细胞整体活动的科学。细胞生物学技术是细胞生物学研究中所使用的技术,这些技术大体上可以归纳成两类,一类是观察分析细胞、细胞器和细胞内成分——主要是大分子的技术,另一类是操作细胞和细胞内大分子的技术。前者主要有光学和电子显微镜技术、细胞化学技术、固定式和流动式分析细胞学技术;后者主要有细胞培养技术、细胞工程、细胞器分部离心技术、蛋白质化学分析技术(其中又包括层析、电泳、质谱技术等)、分子生物学技术(其中又包括重组 DNA、PCR、分子杂交、测序技术等)。实际应用中各种技术的用途有互相交叉,如激光共聚焦显微镜和流式细胞仪都是既能观察分析细胞又能对细胞进行操作的技术。通常情况下,操作和分析大分子的技术,即生化和分子生物学技术不列入细胞生物学技术。这里仅介绍 3 种新的细胞生物学技术。

(一) 激光扫描共聚焦显微术(laser scanning confocal microtechnic, LSCM)

在细胞生物学发展的历史过程中,显微镜长期以来是重要的研究工具。LSCM 是集多种高、精、尖细胞分析及工程技术于一体的新技术。是目前最先进的分子细胞生物学分析方法。它是在荧光显微镜成像基础上加装了激光扫描装置,利用计算机进行图像处理,使用紫外或可见光激发荧光探针,从而得到细胞或组织内部微细结构的荧光图像,可在亚细胞水平上观察生理电信号,细胞形态等指标。又被人们称为“细胞 CT”。LCSM 具有高分辨率、高灵敏度、能层析扫描并观察样品的三维图像且无需制作繁琐的电镜切片等优点,是生物、医学研究领域新一代强有力的研究工具,有着广阔的应用前景。

1. 激光扫描共聚焦显微术的原理 普通光学显微镜使用的卤素灯光源为混合光,光谱范围宽,成像时样品上每个照光点均会受到色差影响以及由照射光引起的散射和衍射的干扰,影响成像质量,LSCM 结构上采用双针孔(pinhole)装置,形成物像共轭的独特设计,激光经物镜焦平面上针孔形成点光源对样品扫描,于测量透镜焦平面的探测针孔处经空间滤波后,有效地抑制同焦平面上非测量光点形成的杂散荧光和样品不同焦平面发射来的干扰荧光。这是因为光学系统物像共轭,只有物镜焦平面上的点经针孔空间滤波才能形成光点图像,扫描后可得到信噪比极高的光学横断面,分辨率比普通光学显微镜提高 1.4 倍。LSCM 的光源为激光,单色性好,基本消色差,成像聚焦后焦深小,纵向分辨率高,可无损伤地对样品做不同深度的层扫描和荧光强度测量,不同焦平面的光学切片经三维重建后能得到样品的三维立体结构，这种功能被形象的称为“显微CT”（图8-10）。

2. 激光扫描共聚焦显微镜的基本结构

（1）激光光源：LSCM使用的激光光源有单激光和多激光系统。氪氩离子激光器是可见光范围内使用的多光谱激光，发射波长488nm、568nm和647nm，分别为蓝光、绿光和红光；大功率氩离子激光器是紫外和可见光混合激光器，发射波长为351~364nm、488nm和514nm，分别为紫外光、蓝光和绿光，单个激光优点是安装方便，光路简单，但价格较贵并存在不同激光之间的光谱竞争和色差校正问题。多激光器系统在可见光范围使用氩离子激光器，发射波长为488nm和514nm的蓝绿光，氦氖激光器发射波长为633nm的红光，紫外光选用氩离子激光器，波长为351~364nm。其优点是各谱线激光单独发射，不存在谱线竞争的干扰，调节方便，但光路复杂，光学系统共轴准直调试要求高。1996年新型双光子激光器问世，利用双光子倍频效应，使用可见光激光来代替紫外激光作激发光源达到检测紫外探针的目的。双光子激光能使活体细胞荧光损伤减少，成像质量改善，增强对样品深层的观察能力。通过计算机控制的声光调制器可进行各波长光谱之间高速切换以及迅速改变激光光斑、强度和照明时间。

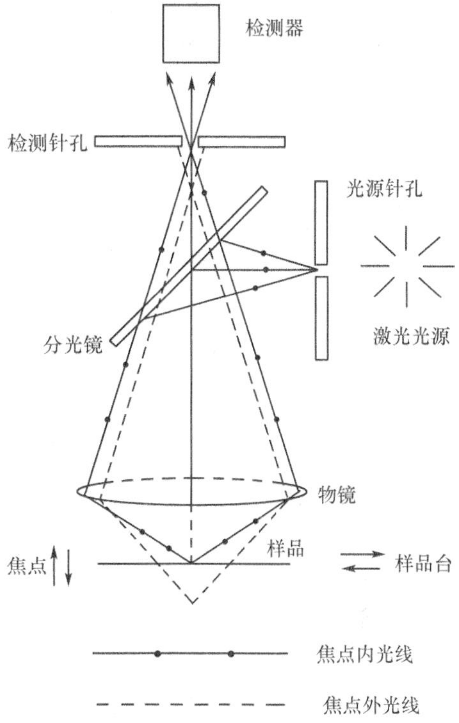

图8-10　激光共聚焦显微镜原理示意图

（2）显微镜光学系统：显微镜是LSCM的主要组件，它关系到系统的成像质量。通常有倒置和正置两种形式，前者在活细胞检测等生物医学应用中使用更广泛。显微镜光路以无限远光学系统为佳，可方便地在其中插入光学选件而不影响成像质量和测量精度。物镜应选取大数值孔径平场复消色差物镜为好，有利于荧光的采集和成像的清晰。物镜组的转换，滤色片组的选取，载物台的移动调节，焦平面的记忆锁定都应由计算机自动控制。

（3）扫描装置：LSCM使用的扫描装置有两类，台扫描系统和镜扫描系统。现在也有两者结合使用的仪器。台扫描通过步进马达驱动载物台，位移精度可达0.1μm，能够有效地消除成像点横向像差，使样品信号强度不受探测位置的影响，可准确定位定量地扫描检测视野中每一物点的光强度，缺点是载物台机械移动、图像采集速度较慢。镜扫描有双镜扫描和单镜扫描两种，通过转镜完成对样品的扫描。由于转镜只需偏转很小角度就能涉及很大的扫描范围，图像采集速度大大提高，512dpi×512dpi画面每秒可达4帧以上，有利于那些寿命短的离子作荧光测定，但因光路略有偏转会对通光效率和像差有所影响。扫描系统的工作程序由计算机自动控制。

（4）检测系统：LSCM为多通道荧光采集系统，光路上要求至少有三个荧光通道和一个透射光通道，如有第四荧光通道更好，可对物体进行多谱线激光激发，样品发射荧光的探测器为感光灵敏度高的光电倍增管 PMT,配有高速 12 位 A/D 转换器,可以做光子计数。每个 PMT 前设置单独的针孔,由计算机软件调节针孔大小,光路中设有能自动切换的滤色片组,满足不同测量的需要。通过在线视频打印机或数字照相机可以实时拷贝图像和制作幻灯。

(5)电子计算机:整套仪器由计算机控制,各部件之间的操作切换都可在计算机操作平台界面中方便灵活地进行。

3. 激光扫描共聚焦显微术的优点

(1) 对比度高:通常的光学显微镜,由于偏离焦点部分的反射光会发生干扰,它与焦点成像部分发生重叠,从而造成图像对比度的降低。共聚焦光学系统中,焦点以外的散乱光以及物镜内部的散乱光几乎完全被去除掉,因而可以获得对比度非常高的图像。

(2) 分辨率高:由于激光束的波长较短,光束很细,所以共焦激光扫描显微镜有较高的分辨力,大约是普通光学显微镜的 3 倍。

(3) 灵敏度高。

(4) 放大率高。

(5) 荧光检测信噪比高。

(6) 扫描速度快。

(7) 扫描范围大。

(8) 图像存取方便。

(9) 可进行光切片的观察。

(10) 可进行定量荧光分析。

4. 激光扫描共聚焦显微术的功能

(1) 组织光学切片:快速镜扫描或台阶扫描对样品逐点扫描成像,由于样品中不同的扫描点始终在物镜和会聚透镜的光轴上,因而它以相同的信噪比扫描整个样品,扫描精度达 0.1μm,扫描面积最大的为 10cm×8cm,当激光逐点扫描样品时,针孔后的光电倍增管也逐点获得对应光点的共聚焦图像,并将之转化为数字信号传输至计算机,最终在屏幕上聚合成清晰的整个焦平面的共聚焦图像。一个微动步进马达控制载物台的升降,使焦平面依次位于标本的不同层面上,可以逐层获得标本相应的光学横断面的图像。这称为“光学切片”。再利用计算机的图像处理及三维重建软件。可以得到高清晰度来表现标本的外形剖面,十分灵活、直观地进行形态学观察。

(2) 三维图像重建:普通荧光显微镜分辨率低,显示的图像结构为多层面的图像叠加,结构不够清晰。LSCM 能以 0.1μm 的步距沿轴向对细胞进行分层扫描,得到一组光学切片,经 A/D 转换后作为二维数组储存。这些数组通过计算机进行不同的三维重建算法,可做单色或双色图像处理,组合成细胞真实的三维结构。旋转不同角度可观察各侧面的表面形态,也可从不同的断面观察细胞内部结构,测量细胞的长宽高、体积和断层面积等形态学参数。通过模拟荧光处理算法,可以产生在不同照明角度形成的阴影效果,突出立体感。通过角度旋转和细胞位置变化可产生三维动画效果。LSCM 的三维重建广泛用于各类细胞骨架和形态学分析、染色体分析、细胞程序化死亡的观察、细胞内细胞质和细胞器的结构变化的分析和探测等方面。

(3) 荧光的定量与定位分析：显微荧光光度计由于显微镜和激发光源的限制成像模糊，只能测定细胞内的荧光总量，有一定的误差。LSCM 以激光为光源，对细胞分层扫描，单独测定，经积分后能得到细胞荧光的准确定量，重复性极佳。它适于活细胞的定量分析，可测定细胞内溶酶体、线粒体、DNA 含量、RNA 含量、酶和结构性蛋白质等物质含量和分布，常用于原位分子杂交、肿瘤细胞识别、单个活细胞水平的 DNA 损伤及修复的定量分析。它适于快速高灵敏度测量，减少光淬灭的影响，在定量免疫荧光测定方面应用广泛，如作各种肿瘤组织切片抗原表达的定量分析，监测肿瘤相关抗原表达的定位定量信息，监测药物对肌体免疫功能的作用，监测自身免疫性疾病的多种抗原及药物对肌体免疫功能的作用，监测细胞结合和杀伤的形态特征并作定量分析等。

(4) Ca^{2+}、pH 及其他细胞内离子的实时定量测定：通过一些专用荧光探针，可对细胞内钙离子、钠离子及 pH 等作荧光标记，并对它们进行比率值和浓度梯度变化测定。细胞内钙离子为传递信息的第二信使，对细胞生长分化起着重要作用，通过单标记或双标记对细胞内钙离子和其他离子的荧光强度和分布精确测定，测定样品可达到毫秒级的快速变化。借助光学切片功能可以测量样品深层的荧光分布以及细胞光学切片的生物化学特性的变化。通过不同时间段的检测可测定细胞内离子的扩散速率，了解它对肿瘤启动因子、生长因子等刺激的反应。细胞内离子测量广泛用于肿瘤研究、组织胚胎学、细胞生物学和药理学等领域。

(5) 黏附细胞分选：对培养皿底的黏附细胞有两种分选方法：①光刀切割法，首先将细胞贴壁培养在特制培养皿上，然后用高能量激光将欲选细胞四周切割成八角形几何形状，而非选择细胞则因在八角形之外而被去除，该分选方式特别适用于选择数量较少诸如突变细胞、转移细胞和杂交瘤细胞，即使百万分之一几率的也非常理想。②激光消除法，该方法亦基于细胞形态及荧光特性，用高能量激光自动杀灭不需要的细胞，留下完整活细胞亚群继续培养，此方法特别适于对数量较多细胞的选择。

通过这两种方式可以总体扫描细胞群，进行细胞物理和生化特性的选择。能对百万分之一几率发生突变的细胞作筛选，能不改变细胞类型、形态和活性而克隆细胞，能分离细胞亚群并进行定量荧光检测，能存储细胞位置对特定细胞重复测定。这种细胞分选方式效率和精确度都很高。

(6) 激光细胞显微外科及光陷阱技术：将激光当作“光子刀”使用，借此来完成诸如细胞膜瞬间穿孔、切除线粒体、溶酶体等细胞器、染色体切割、神经元突起切除等一系列细胞外科手术。

激光光陷阱技术(optical trap)又称为光摄技术，就是利用光学梯度力形成的光陷阱，产生具有传统机械镊子挟持和操纵微小物体的功能。当微米级范围的颗粒落入一个非均匀光场中，它将趋于特定的平衡位置，如果没有外界强有力的干扰，物体不会偏离光学中心。由于外界作用和粒子自身运动等原因产生的中心偏离也会很快恢复原位，光造成一个势能较低的陷阱区域，当物体的动能不能克服周围势垒时，它将留在陷阱内。这种固定是光子动量的结果，与照明强度和波长直接有关。较大物体比较小的物体需要更多的陷阱能量。光摄可以在保持处在生长环境中的细胞仍可与外界沟通的条件下，对目标细胞进行非接触式的捕获与固定，并进行精确的操作，克服了以往单细胞操作中细胞难以固定和易产生机械损伤的弱点。这项新技术广泛应用于染色体移动,细胞器移动,细胞骨架弹性测量,细胞周期和调控研究及分子动力原研究等方面,尤其是在探测植物细胞骨架时,光陷阱是目前能探测其弹性和流变性的惟一技术。

(7) 荧光光漂白技术(FRAP):活细胞的动力学参数是指,将待测细胞的表面用荧光物质标记,借助高强脉冲式激光照射某一区域,从而造成该区域荧光分子的光淬灭,通过低强度激光扫描,可以探测到该区域周围的非淬灭荧光分子向受照射区域扩散的速率。由于光漂白过程是不可逆的,荧光恢复过程可反映荧光标记物质及其结合物的运动,可测量分子扩散率、恢复速度,研究细胞间隙连接通讯的快慢,并由此而揭示细胞结构及相关的机制。

(8) 细胞间通讯的研究:动物细胞中由缝隙连接介导的胞间通讯被认为在细胞增殖和分化中起非常重要的作用。LSCM 可测量由细胞缝隙连接介导的分子转移,研究肿瘤启动因子和生长因子对缝隙连接介导的胞间通讯的抑制作用,以及胞内 Ca^{2+}、pH 和 cAMP 水平对缝隙连接的调节作用,并监测环境毒素和药物在细胞增殖和分化中所起到的作用。选定经荧光染色后的细胞,借助于光漂白作用或光损伤作用使细胞部分或整体不发荧光,实时观察检测荧光的恢复过程,可直接反映细胞胞间通信结果。

(9) 细胞膜流动性研究:荧光膜探针受到极化光线激发后,其发射光极性依赖于荧光分子的旋转,而这种有序的运动自由度依赖于荧光分子周围的膜流动性,因此极性测量间接反映细胞膜流动性。这种膜流动性测定在膜的磷脂酸组成分析、药物效应和作用位点,温度反应测定和物种比较等方面有重要作用。

(10) 光活化技术:许多重要的生活物质都有其笼锁化合物,在处于笼锁状态时,其功能被封闭,而一旦被特异波长的瞬间光照射后,光活化解笼锁,使其恢复原有活性和功能,在细胞的增殖、分化等生物代谢过程中发挥功能。利用 LSCM 可以人为控制这种瞬间光的照射波长和时间,从而达到人为控制多种生物活性产物和其他化合物在生物代谢中发挥功能的时间和空间作用。

5. 样品制备要求

(1) 经荧光探针标记(单标、双标、三标)。

(2) 固定的或活的组织:各种染色,非染色、荧光标记的组织(包括活组织)、培养细胞、黏附细胞、细胞涂片、石蜡切片、冷冻切片。

(3) 固定的或活的贴壁培养细胞应培养在 Confocal 专用小培养皿或盖玻片上。

(4) 悬浮细胞,甩片或滴片后,用盖玻片封片。

6. 荧光探针的选择 根据现有的仪器选择荧光探针 Indo-1、Fluo-2、Fluo-3、Calcium green、SNARF etc。

7. 激光扫描共聚焦显微术的应用

(1) 细胞生物学:细胞结构,细胞骨架,细胞膜结构、流动性、受体,细胞器结构和分布变化,细胞凋亡,黏附细胞分选功能,动态荧光测量,FRAP 技术,显微操作与光陷阱功能,三维重建功能。

(2) 生物化学:酶、核酸、FISH(荧光原位杂交)、受体分析。

(3) 药理学:药物对细胞的作用及其动力学。

(4) 生理学:膜受体,离子通道,细胞内离子含量、分布、动态分析。

(5) 遗传学和胚胎学:细胞生长、分化、成熟变化,细胞组织的三维结构甚至再多维的结构,染色体分析,基因表达,基因诊断。

(6) 神经生物学:神经细胞结构,神经递质的成分、运输和传递,递质受体,离子内外流,神经组织(如大脑皮质)结构、细胞分布。

(7)微生物学和寄生虫学:细菌、寄生虫形态结构(表面和内部结构)。

(8) 病理学及病理学临床应用:活检标本的快速诊断,肿瘤诊断,自身免疫性疾病的诊断,HIV,宫颈上皮细胞涂片诊断。

(9) 生物学,免疫学,环境医学和营养学。

(10) 耳鼻咽喉科学中的应用:内耳毛细胞亚细胞结构,测定内耳各种细胞的游离钙,在嗅觉中的应用。

(11) LSCM 在肿瘤学研究中的应用:对肿瘤细胞的抗原表达、细胞结构特征、抗肿瘤药物的作用及机制等方面的定量测定与分析。如 p53 肿瘤相关抗原的定位、定性与定量分析。定量测定胞质中 Ca^{2+},了解肿瘤启动因子,化学因子,生长因子及激素对肿瘤细胞的刺激反应。

综上所述,激光扫描共聚焦显微镜由于其高分辨率、高灵敏度、高放大率等特点,在细胞水平上可做多种功能测量和分析,成为分析细胞学的一项重要研究手段。激光扫描共聚焦显微镜是普通光学显微镜上的质的飞跃,是电子显微镜的一个补充。随着 LSCM 设备和应用技术的不断完善,它在生物医学和生命科学领域里将起到更重要的作用。

(二) 原子力显微镜 (atomic force microscopy, AFM)

原子力显微镜(AFM)是 20 世纪 80 年代初问世的扫描探针显微镜(scanning probe microscope,SPM)的一种,为近十几年来表面成像技术中最重要的进展之一。这种显微镜的放大倍数远远超过以往的任何显微镜:光学显微镜的放大倍数一般都超不过 1000 倍;电子显微镜的放大倍数极限为 100 万倍;而原子力显微镜的放大倍数能高达 10 亿倍,比电子显微镜分辨率高 1000 倍,可以直接观察物质的分子和原子,这为人类对微观世界的进一步探索提供了理想的工具。

1. 原子力显微镜的原理 原子力显微镜(AFM)通常使用氮化硅作为一个灵敏的弹性微悬臂,在其尖端有一个很尖的探针用来在样品上扫描。利用微小探针与待测物之间相互作用力(范德华力,Van Der Waals Force),从而呈现待测物的表面物理特性。假设两个原子中,一个是在悬臂(cantilever)的探针尖端,另一个是在样本的表面,它们之间的作用力会随距离的改变而变化,其作用力与距离的关系如"图 8-11" 所示,当原子与原子很接近时,彼此电子云斥力的作用大于原子核与电子云之间的吸引力作用,所以整个合力表现为斥力的作用,反之若两原子分开有一定距离时,其电子云斥力的作用小于彼此原子核与电子云之间的吸引力作用,故整个合力表现为引力的作用(图 8-11)。

如果控制这种力在扫描过程中保持恒定,则微悬臂将在垂直于样品表面的方向上起伏运动,利用激光二极管发出一束激光照射悬臂末端,经反射后,反射光束也随之偏移。因而,通过光电二极管检测光斑位置的变化,就能获得被测样品表面形貌的信息。

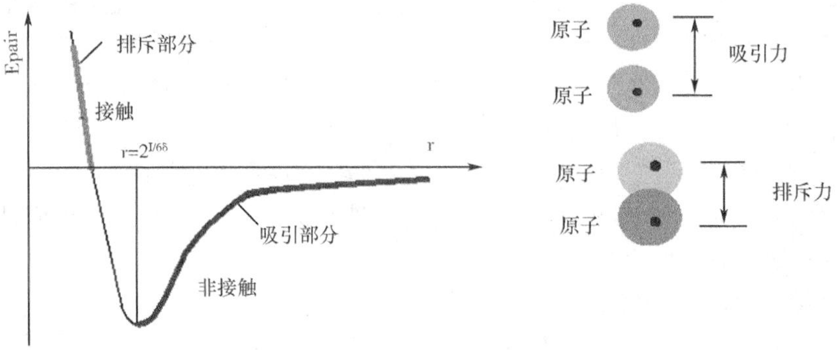

图 8-11 原子与原子之间的交互作用力因为彼此之间的距离的不同而有所不同，其之间的能量也会不同

2. 原子力显微镜的硬件架构 在原子力显微镜（Atomic Force Microscopy，AFM）的系统中，可分成三个部分：力检测部分、位置检测部分、反馈系统（图 8-12）。

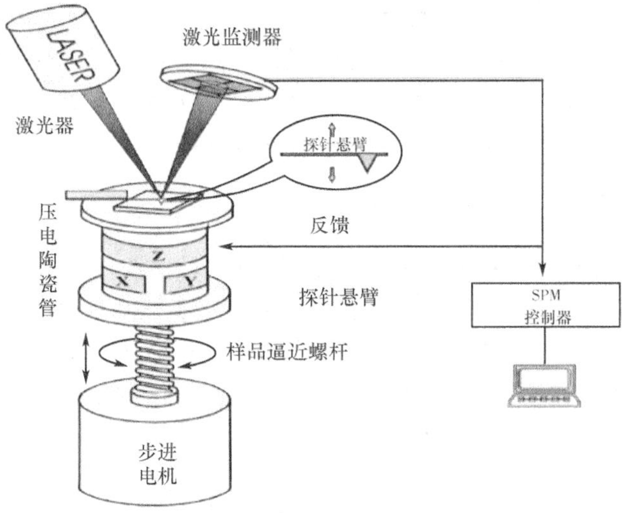

图 8-12 原子力显微镜的硬件架构

（1）力检测部分：在原子力显微镜（AFM）的系统中，所要检测的力是原子与原子之间的范德华力。所以在本系统中是使用微小悬臂（cantilever）来检测原子之间力的变化量。这微小悬臂有一定的规格，例如：长度、宽度、弹性系数以及针尖的形状，而这些规格的选择是依照样品的特性，以及操作模式的不同，而选择不同类型的探针。

（2）位置检测部分：在原子力显微镜（AFM）的系统中，当针尖与样品之间有了交互作用之后，会使得悬臂 cantilever 摆动，所以当激光照射在 cantilever 的末端时，其反射光的位置也会因为 cantilever 摆动而有所改变，这就造成偏移量的产生。在整个系统中是依靠激光光斑位置检测器将偏移量记录下并转换成电的信号，以供 SPM 控制器作信号处理。

（3）反馈系统：在原子力显微镜（AFM）的系统中，将信号经由激光检测器取入之后，在反馈系统中会将此信号当作反馈信号，作为内部的调整信号，并驱使通常由压电陶瓷管制作的扫描器做适当的移动，以保持样品与针尖保持合适的作用力。

原子力显微镜（AFM）便是结合以上三个部分来将样品的表面特性呈现出来的：在原子力显微镜（AFM）的系统中，使用微小悬臂（cantilever）来感测针尖与样品之间的交互作用，这作用力会使 cantilever 摆动，再利用激光将光照射在 cantilever 的末端，当摆动形成时，会使反射光的位置改变而造成偏移量，此时激光检测器会记录此偏移量，也会把此时的信号给反馈系统，以利于系统做适当的调整，最后再将样品的表面特性以影像的方式给呈现出来。

3. 原子力显微镜的工作模式（分类）

（1）接触式：当原子与原子很接近时，彼此电子云斥力的作用大于原子核与电子云之间的吸引力作用，所以整个合力表现为斥力的作用。利用原子斥力的变化而产生表面轮廓为接触式原子力显微镜（contact AFM），探针与试片的距离约数个 Å。

这种接触模式适合于对硬表面的观察，并可达到较高的分辨率，但这种接触模式与样品表面相互作用较强，对于生物样品，由于它相对于云母、石墨及金等固体材料具有较大的柔软性，目前对其观察还没有达到足够高的分辨率，在针尖扫描时，有时还会造成样品表面的损伤。而对于吸附在坚硬表面的样品（通常为生物大分子），在探针的作用下有时会被移动而不利于成像。对于生物材料，由于其表面较软，如果采用接触模式，在不降低其分辨率的情况下，应尽量降低针尖与样品的作用力，以免造成表面损伤。

（2）非接触式：利用原子吸引力的变化而产生表面轮廓为非接触式原子力显微镜（non-contact AFM），探针与试片的距离约数十个 Å 到数百个 Å。

这种模式适合于对细胞类等柔性生物样品的观察，由于针尖距样品较远，与样品表面的相互作用较小，因此对样品造成破坏或发生移动的可能性较小。但同时由于针尖距样品较远的原因，导致以此模式工作的 AFM 图像横向分辨率降低，达不到原子级水平，一般为纳米级水平。

（3）轻敲模式：轻敲模式（tapping mode，TM）成像技术用于原子力显微镜（AFM）观察柔软、粘连、易碎的样品是一个关键性进步。TM-AFM 在空气中扫描时，探针通常以 50 000～500 000 次/秒的频率交替接触和离开表面。由于针尖接触表面造成能量损失，悬臂振荡减弱，这种振幅的减小可以用来鉴别、测量表面状态。当针尖通过表面隆起部分时，悬臂在较小空间内振荡，振荡的振幅同时变小；相反，当针尖通过凹陷处时，悬臂在较大范围振荡，振幅变大。数字反馈回路用来调整针尖-样品间距以维持恒定的振幅和作用于样品上的力。TM-AFM 在液体媒质中扫描时，为了避免使整个液体细胞在悬臂振荡驱使下进入上下运动状态，必须选择一个合适的振荡频率（通常在 5000～40 000 次/秒的范围内）。这种方法的特点是：当针尖沿 X 方向进行扫描时，周期性的使针尖在 Z 方向上撤离样品表面然后再接近，并保持每次撤离的距离相等，如果针尖撤离足够远，那么针尖对样品的横向作用力就不会被累积，从而可减少针尖对样品的破坏作用。TM-AFM 成像的优点在于，它既可以防止针尖与表面粘连和扫描过程中造成的样品破坏，又能接触表面并获得高分辨图像。而且 TM-AFM 成像具有广阔的线性范围，允许常规样品的重复测试。

4. 原子力显微镜（AFM）**的优点**

（1）原子力显微镜（AFM）技术的样品制备简单，无需对样品进行特殊处理，因此，其破坏性较其他生物学常用技术(如电子显微镜)要小得多。

(2) 原子力显微镜(AFM)能在多种环境(包括空气、液体和真空)中运作,生物分子可在生理条件下直接成像,也可对活细胞进行实时动态观察。

(3) 原子力显微镜(AFM)能提供生物分子和生物表面的分子/亚分子分辨率的三维图像。

(4) 原子力显微镜(AFM)能以纳米尺度的分辨率观察局部的电荷密度和物理特性,测量分子间(如受体和配体)的相互作用力。

(5) 原子力显微镜(AFM)能对单个生物分子进行操纵。

(6) 原子力显微镜(AFM)获得的信息还能与其他的分析技术和显微镜技术互补。

(7) 原子力显微镜(AFM)还具有对标本的分子或原子进行加工的能力,例如,可搬移原子,切割染色体,在细胞膜上打孔等。

5. 生物样品的制备要求

(1) 表面要求平整,高度起伏大约要求≤20μm 之间。

(2) 表面要求有一定的硬度;基底面要求平滑, 如新鲜解离的云母片等;对于较大的颗粒、细胞,可用如盖玻片, 塑料片等。

(3) 样品在基底表面要求相对均匀分散等。

6. 原子力显微镜在生命科学领域中的应用

(1) 原子力显微镜(AFM)在细胞生物学中的应用:应用原子力显微镜(AFM)可研究活细胞或固定细胞如红细胞、白细胞、细菌、血小板、心肌细胞、活肾上皮细胞及神经胶质细胞的动态行为。

原子力显微镜(AFM)细胞成像如:用原子力显微镜(AFM)研究活肾上皮细胞,可在浆膜小斑上以 50nm 的分辨率观察细胞骨架元素、浆膜浅凹和膜结合丝。用原子力显微镜(AFM)观察血小板的运动,可看到微丝结构、颗粒传输到细胞质外侧及活化中细胞成分的再分配。游走上皮细胞的浆膜可用原子力显微镜(AFM)实时成像。用原子力显微镜(AFM)以 50nm 的分辨率可观察水中活的或固定的哺乳动物细胞表面骨架结构,在活细胞中可及时跟踪细胞构形的变化,引入药物(秋水仙碱)导致的细胞骨架结构表面受体交联(通过 IgE 抗体与 IgE 受体结合)等,还可描述细胞骨架力的变化。Parpura 等用原子力显微镜(AFM)观察神经元和神经胶质细胞在活体状态下质膜下微丝的运动,由于图像具有直观、实时、动态的特点,从而提出了纳米外科学的概念,即对细胞进行纳米级的人工操作,以达到对病理细胞进行"手术"的目的。

大多数生物反应过程相当快速,原子力显微镜(AFM)时间分辨率的提高有助于这些过程的观察。高分辨率是原子力显微镜(AFM)的优势。其分辨率在理论上能达到原子水平,但目前还没有实现,如何做出更细的针尖将有助于其分辨率的进一步提高。而随着样品制备技术的完善,原子力显微镜(AFM)必将成为生物学领域中一种常规的研究工具。

(2) 使用原子力显微镜(AFM)观察生化过程:随着样品处理技术在液体中成像技术的改善,应用原子力显微镜(AFM)观察复杂的生化过程成为可能。转录过程是基因表达的中心环节,利用原子力显微镜(AFM)可观察到 RNAP(RNA 聚合酶)沿着 DNA 滑动,且能在不同的 DNA 片段间转移。原子力显微镜(AFM)还能对转录的过程进行实时观察,在加入核苷酸后，沉积到云母上的延长复合物沿着 DNA 模板单向移动。两个对照实验证实 RNAP 与 DNA 的相对移动与转录的实际情况相符。在一个对照中，以没有终止子的微环 DNA 作为模板，在云母上进行转录。在干燥后通过原子力显微镜（AFM）可观察到合成的 RNA 长链。在第二个对照中，DNA 在相同的条件下，在云母上进行转录。不同的是加入的核苷酸用 ^{32}P 标记。通过 SDS-PAGE 对反应产物进行分析，结果显示与云母结合的复合物具有活性，而且转录的速度与用原子力显微镜（AFM）测得的近似生物分子的构象改变也是原子力显微镜（AFM）的重要观察内容。

将尿素酶沉积到云母上并用原子力显微镜（AFM）扫描，在液池中加入尿素后发现，悬臂的垂直波动明显增加，这提示由酶活动引起的构象改变能直接通过原子力显微镜（AFM）记录下来。

革兰阴性菌的外膜是其保护屏障，它由规则组装的蛋白质通道构成。其中研究较多的是 Deinococcusradiodurans 的六角形组装中间体（hexago nallypacked intermediate，HPI）蛋白。HPI 被认为与营养的摄入和代谢物的排出有关。HPI 的原子力显微镜（AFM）图像显示了规则的六角形及中央的孔样结构。在液体中成像则发现 HPI 呈现出“开”和“关”两种不同的构象。意义虽不清，但这却显示出原子力显微镜（AFM）在液体中成像的优势。

（3）原子力显微镜（AFM）在研究分子识别中的应用：分子间的相互作用在生物学领域中相当普遍，例如受体和配体的结合，抗原和抗体的结合，信息传递分子间的结合等，是生物体中信息传递的基础。原子力显微镜（AFM）可作为一种力传感器来研究分子间的相互作用。这是由于原子力显微镜（AFM）理论上能感应 10～14N 的作用力，能感应 0.01nm 的位移，而接触面积可小到 $10nm^2$。因此，原子力显微镜（AFM）被用于研究互补的 DNA 链间、细胞黏附分子间及配体-受体间的相互作用力。生物素（biotin）和抗生物素蛋白链菌素（streptavidin）间有高亲和力，其相互作用的热力学数据也较为清楚。因而，生物素和抗生物素蛋白链菌素是原子力显微镜（AFM）测定特异相互作用力的良好典型。在一经典实验中，用生物素化的小牛血清白蛋白（biotinlated bovine serum albumin，BBSA）包裹微球，而微球连在悬臂上形成 BBSA 功能化探针。然后在有生物素阻断和无生物素阻断的抗生物素蛋白链菌素溶液中测量 BBSA 功能化探针和 BBSA 包裹云母间的黏附力。结果显示，无生物素阻断的抗生物素蛋白链菌素溶液中需要较大的力才能将 BBSA 功能化探针与云母表面分离，力的大小为（0.257±0.025）nN，与分离配体-受体所需的力相符。而在此基础上可推算出其有效的断裂距离为（0.95±0.10）nm。因此，当针尖包裹了特定的分子（如生物素）后，通过针尖和样品间的相互作用可用于辨认表面的相应分子（如抗生物素蛋白链菌素）的位置。现在已出现了商用的修饰探针，这些探针包裹了不同的分子，可用于不同用途的分子识别。因而原子力显微镜将发挥更广泛的作用。

（4）原子力显微镜（AFM）在物质超微结构研究中的应用：原子力显微镜（AFM）可以直接观察到表面缺陷、表面重构、表面吸附体的形态和位置以及由表面吸附体引起的表面重构等。原子力显微镜（AFM）可以观察许多不同材料的原子级平坦结构，例如，可以用原子力显微镜（AFM）对 DL-亮氨酸晶体进行研究，可观察到表面晶体分子的有序排列，其晶格间距与 X 射线衍射数据相符。另外原子力显微镜（AFM）还成功地用于观察吸附在基底上的有机分子和生物样品，如三梨酸、DNA 和蛋白质的表面。海藻酸聚赖氨酸海藻酸（Alginate

Poly L-Lysine Alginate,简称 APA)胶囊薄膜具有半渗透性,可以阻止人体免疫系统的成分进入,从而使得胶囊内的物质免受免疫系统的侵害。因此,可采用该薄膜胶囊保护人体内移植的组织,延长其在人体内的存活时间。同时,对药物具有缓释效应。APA 薄膜的半渗透性同其表面的超微结构有着密切的联系,研究其表面的超微结构对其半渗透性的研究具有重要的意义。已有文献报道了关于采用原子力显微镜(AFM)对 APA 薄膜的表面结构进行研究的内容,发现了 APA 表面的特殊结构,从而揭示了 APA 表面超微结构对半渗透性的重要意义。目前,利用原子力显微镜(AFM)已获得了 DNA、透析薄膜、烷烃分子、脂肪酸薄膜以及多糖等的超微结构的图像。

(5) 原子力显微镜对生物分子之间力谱曲线的观测:用 AFM 对生物大分子进行形态结构观察的同时,还可对大分子的其他性质进行研究。如配体-受体之间作用力,抗原-抗体之间的作用力等。对生物分子表面的各种相互作用力进行测量,是原子力显微镜的一个十分重要的功能。这对于了解生物分子的结构和物理特性是非常有意义的。因为这种作用力决定两种分子的相互吸引或者排斥,接近或者离开,化学键的形成或者断裂,生物分子立体构像的维持或者改变等。在分子间作用力的支配下,还同时支配着生物体内的各种生理现象、生化现象、药物药理现象,以及离子通道的开放或关闭,受体与配体的结合或去结合,酶功能的激活或抑制等。因此,生物分子间作用力的研究,在某种意义上说,就是对生命体功能活动中最根本原理的研究。这也为人们理解生命原理,提供了一个新的研究手段和工具。

将两种分子分别固定于 AFM 的基底和探针尖端上。然后使带有一种分子的探针尖端在垂直方向上不断地接近和离开基底上的另一种分子。这时，两种分子间的相互作用力，就是二者间的相对距离的函数。这种力与距离间的函数关系曲线，我们称之为力谱曲线。

综上所述,AFM 独特的成像方式和具有 nm 水平的分辨率,使得它在众多科学领域中得到迅速的发展和应用。例如金属、半导体材料、微电子、纳米材料、计算机材料、物理、化学、生物、生命科学等。原子力显微镜在生物医学研究中的应用具有很大潜力,是在纳米分辨率下研究生命科学的一个有力工具,但也仍然存在一些问题。例如,生物医学样品的制备,软生物样品的固定,分辨率的进一步提高,功能化探针的制备及基底表面的固定,针尖的几何形状及污染问题等急需解决。如果我们将细胞学、免疫学、生物化学、分子生物学、生物物理学等与原子力显微技术有机地结合起来,将 AFM 和其他仪器设备(如透射电子显微镜、扫描电子显微镜、激光共聚焦扫描显微镜、生物质谱、核磁共振、X 射线晶体衍射等)有机地结合起来,相互补充、取长补短,一定会获得很好的研究结果。可以预见,在不久的将来,AFM 作为一项独立的研究方法将日臻成熟,应用范围也将日渐扩大,并将对生命科学的发展做出重大的贡献。

(三) 流动式分析细胞学技术——流式细胞术(flow cytometry,FCM)

流式细胞仪是 20 世纪 80 年代集单克隆抗体、荧光化学、激光、计算机等高技术发展起来的一种先进仪器,已广泛应用于免疫学、生物化学、生物学、肿瘤学以及血液学等方面的研究和临床常规工作。

流式细胞术是一种能快速定量测量悬液中单个细胞所发出的散射光和荧光的技术。

一般每秒可测达 5000 个细胞,且具有高度的重复性。它能对特殊分子的客观定量测量,精确的统计,能进行多参数相互的相关数据分析。可获得分布信息,能进行细胞亚型的鉴定,具有较高的灵敏度及测定速度,每次可测出许多数据。

1. 流式细胞术的原理　让荧光染色的细胞在稳定的液流推动装置作用下通过直径为 50~100μm 的小孔并排列成单行,每个细胞依次而且恒速通过激光束的照射区,细胞受激光照射后产生散射光和荧光。通过检测散射光可知细胞的体积,检测荧光可知细胞 DNA 或 RNA 的含量。流式细胞仪还可以根据所规定的参量把指定的细胞亚群从整个群体中分选出来,以便对它们进行进一步的研究分析。

2. 流式细胞仪的结构　流式细胞仪的基本结构主要由四部分组成:流动室和液流系统;激光源和光学系统;光电管和检测系统;计算机和分析系统。

(1) 流动室和液流系统:流动室由样品管、鞘液管和喷嘴等组成,常用光学玻璃、石英等透明、稳定的材料制作。设计和制作均很精细,是液流系统的心脏。样品管储放样品,单个细胞悬液在液流压力作用下从样品管射出;鞘液由鞘液管从四周流向喷孔,包围在样品外周后从喷嘴射出。为了保证液流是稳液,一般限制液流速度 $v<10m/s$。由于鞘液的作用,被检测细胞被限制在液流的轴线上。流动室上装有压电晶体,受到振荡信号可发生振动。

(2) 激光源和光学系统:经特异荧光染色的细胞需要合适的光源照射激发才能发出荧光供收集检测。常用的光源有弧光灯和激光;激光器又以氩离子激光器为普遍,也有配合氪离子激光器或染料激光器。光源的选择主要根据被激发物质的激发光谱而定。汞灯是最常用的弧光灯,其发射光谱大部分集中于 300~400nm,很适合需要用紫外光激发的场合。氩离子激光器的发射光谱中,绿光 514nm 和蓝光 488nm 的谱线最强,约占总光强的 80%;氪离子激光器光谱多集中在可见光部分,以 647nm 较强。免疫学上使用的一些荧光染料激发光波长在 550nm 以上,可使用染料激光器。为使细胞得到均匀照射,并提高分辨率,照射到细胞上的激光光斑直径应和细胞直径相近。因此需将激光光束经透镜会聚。光斑直径 d 可由下式确定:$d=4\lambda f/\pi D$。λ 为激光波长;f 为透镜焦距;D 为激光束直径。色散棱镜用来选择激光的波长,调整反射镜的角度使调谐到所需要的波长 λ。为了进一步使检测的发射荧光更强,并提高荧光讯号的信噪比,在光路中还使用了多种滤片。带阻或带通滤片是有选择性地使某一波长区段的光线滤除或通过。例如使用 525nm 带通滤片只允许 FITC(Fluoresceinisothiocyanate,异硫氰荧光素)发射的 525nm 绿光通过。长波通过二向色性反射镜只允许某一波长以上的光线通过而将此波长以下的另一特定波长的光线反射。在免疫分析中常要同时探测两种以上的波长的荧光信号,就采用二向色性反射镜,或二向色性分光器,来有效地将各种荧光分开。

(3) 光电管和检测系统:经荧光染色的细胞受合适的光激发后所产生的荧光是通过光电转换器转变成电信号而进行测量的。光电倍增管(PMT)最为常用。PMT 的响应时间短,仅为 ns 数量级;光谱响应特性好,在 200~900nm 的光谱区,光量子产额都比较高。光电倍增管的增益从 103 到 108 可连续调节,因此对弱光测量十分有利。也有用硅光电二极管的,它在强光下稳定性比 PMT 好。

从 PMT 输出的电信号仍然较弱,需要经过放大后才能输入分析仪器。流式细胞计中一般备有两类放大器。一类是输出信号幅度与输入信号幅度成线性关系,称为线性放大器。

线性放大器适用于在较小范围内变化的信号以及代表生物学线性过程的信号，例如DNA测量等。另一类是对数放大器，输出信号和输入信号之间成常用对数关系。在免疫学测量中常使用对数放大器。

(4) 计算机和分析系统：经放大后的电信号被送往计算机分析器。多道分析器出来的信号再经模-数转换器输往微机处理器编成数据文件，或存储于计算机的硬盘和软盘上，或存储于仪器内以备调用。计算机的存储容量较大，可存储同一细胞的6~8个参数。存储于计算机内的数据可以在实测后脱机重现，进行数据处理和分析，最后给出结果。

3. 流式细胞术可测定的参数

结构方面：细胞的大小、形态，核与浆的比例，色素颗粒及含量（血色素，脂褐素，叶绿素），亚细胞形态，DNA、RNA含量，碱基比例及蛋白质含量，细胞表面抗原，碱性蛋白，染色体结构，细胞表面糖原等。

功能方面：氧化还原酶状态，膜的完整性、流动性、通透性，表面电荷，细胞内pH，细胞和线粒体膜电位，细胞质和膜结合的钙离子，酶活性，DNA的合成能力，细胞质网络的结构性，细胞内与细胞膜受体。

4. 流式细胞仪的优点

(1) 多参数定量分析每一个细胞。

(2) 细胞分选：高纯度：99%以上；可分析小于1/10 000比例的稀有细胞群；单细胞克隆等。

(3) 高通量（分析分选）：分析150 000个/秒；分选100 000个/秒。

5. 样本的制备原则

(1) 细胞悬液的制备：流式细胞仪是测定一个或重复的每个颗粒流经光路的信号。因此，细胞必须做成单个悬浮状态，不能聚集，也不允许有细胞碎片存在。所用染料必须特异且不允许渗透至载液中。细胞悬液制备方法因样品而异。此处不详细介绍。

(2) 细胞的固定：主要是提高染色效果。常用固定方法为乙醇法（常用于PI，EB，Hoechst33258，FITC），甲醛法（丫黄素），丙酮法（免疫荧光染色）。

(3) 细胞的染色：用于测定DNA含量的荧光染料多用碘化丙啶（PI），溴化乙啶（EB），PI比EB荧光强1.8倍。DAPI是专与细胞核结合的荧光素。丫啶橙（AO）是一种双染剂，同时可以测定DNA与RNA的含量。最近有用甲绿-派若宁（M-P）专染RNA的方法。测定蛋白质的含量，一般用异硫氰荧光素（FITC）。分选外周T、B和单核细胞以及T淋巴细胞则需要许多特异性单克隆抗体。

6. 流式细胞术的应用　细胞生物学，免疫学，肿瘤学，临床检验学，血液学，分子生物学，遗传学，病理学等。

(1) 流式细胞术在细胞生物、免疫学等基础学科的应用：

1) DNA含量及细胞周期分析：

a. 细胞周期分析：在细胞周期（G_0，G_1，S，G_2，M）的各个时期，DNA的含量随各时相呈现出周期性的变化。通过核酸染料标记DNA，并由流式细胞仪进行分析，可以得到细胞各个时期的分布状态，计算出G_0/G_1%，S%及G_2/M%。了解细胞的周期分布及细胞的增殖活性。也可利用细胞周期蛋白（cyclin）、Ki67、核增殖抗原（PCNA）等。

b. 对细胞周期进行精确的分期：G_0、G_1、S、G_2、M。应用于：肿瘤的早期诊断、肿瘤的良恶性判断、观察细胞的增殖状态及周期分布和疗效监测等。

2）定量分析：

a. 检测细胞特异性标记物：FCM 不但可以定性分析标记物，而且可以进行定量。用标记已知数量的荧光素分子的标准微球作参照，可以计算出每个细胞抗原定簇的个数。

b. CD4 绝对计数。

c. CD34 绝对计数。

d. 可溶性物质（如细胞因子）的高通量定量检测。

3）细胞功能分析：

a. 吞噬功能试验。

b. 氧爆发试验。

c. 根据 T 淋巴细胞分泌细胞因子的不同将 $CD4^+$ 或 $CD8^+$ 分为介导细胞免疫的Ⅰ型细胞和介导体液免疫的Ⅱ型细胞。

d. 药物泵的功能检测。

e. NK 细胞的肿瘤杀伤活性检测。

f. 血小板的黏附，聚集功能检测。

4）细胞凋亡研究：

a. 鉴别凋亡与坏死。

b. 测定凋亡率。

c. 研究凋亡触发机制。

（2）流式细胞术在临床医学领域的应用：

1）在肿瘤学中的应用：这是 FCM 在临床医学中应用最早的一个领域。首先需要把实体瘤组织解聚、分散制备成单细胞悬液，用荧光染料（碘化丙啶 PI）染色后对细胞的 DNA 含量进行分析，将不易区分的群体细胞分成三个亚群（G_1 期，S 期和 G_2 期），DNA 含量直接代表细胞的倍体状态，非倍体细胞与肿瘤恶性程度有关。

a. 发现癌前病变，协助肿瘤早期诊断：人体正常组织发生癌变要经过一个由量变到质变的漫长过程，而癌前细胞即处于量变过程中向癌细胞转化阶段。人体正常的体细胞均具有比较稳定的 DNA 二倍体含量。当人体发生癌变或具有恶性潜能的癌前病变时，在其发生、发展过程中可伴随细胞 DNA 含量的异常改变，FCM 可精确定量 DNA 含量的改变，作为诊断癌前病变发展至癌变中的一个有价值的标志，能对癌前病变的性质及发展趋势做出估价，有助于癌变的早期诊断。有资料证实，癌前病变的癌变发生率与细胞不典型增生程度有密切关系，增生程度越重，癌变发生率越高。随着细胞不典型增生程度的加重，DNA 非整倍体出现率增高，这是癌变的一个重要标志。

b. 在肿瘤的诊断、预后判断和治疗中的作用：FCM 分析病理细胞具有速度快、信息量大，敏感度高等优点，已被用在常规工作中。肿瘤细胞 DNA 倍体分析对病人预后的判断有重要作用，异倍体肿瘤恶性病变的复发率高、转移率高、死亡率也高，而二倍体及近二倍体肿瘤的预后则较好。

c. FCM 不仅可对恶性肿瘤 DNA 含量进行分析，还可根据化疗过程中肿瘤 DNA 分布直方图的变化去评估疗效,了解细胞动力学变化,对肿瘤化疗具有重要的意义。临床医师可以根据细胞周期各时相的分布情况,依据化疗药物对细胞动力学的干扰理论,设计最佳的治疗方案,从 DNA 直方图直接地看到瘤细胞的杀伤变化,及时选用有效的药物,对瘤细胞达到最大的杀伤效果。

d. 通过对细胞体积、光散射、DNA 含量及特异性抗原基因(如 bcl-2, Fas 等)测定可分析出细胞凋亡情况。多药耐药是肿瘤病人化疗失败的主要原因,FCM 对多药耐药基因(p170 等)和凋亡抑制基因及凋亡活化基因表达的测定,可为临床治疗效果分析提供有力依据。

2) 在临床细胞免疫表型分析的应用:

a. 检测淋巴细胞亚群,监测细胞免疫状态(淋巴细胞是机体免疫系统功能最重要的大细胞群,在免疫应答过程中,末梢血淋巴细胞发育分化成为功能不同的亚群。当亚群的数量和功能发生异常时,就能导致机体免疫紊乱并产生病理变化。FCM 可以同时检测一种或几种淋巴细胞表面抗原,将不同的淋巴细胞亚群区分开来,并计算出它们相互间的比例,通过对病人淋巴细胞各亚群数量的测定来监控病人的免疫状态,并指导治疗)。

b. 白血病/淋巴瘤免疫分型。

c. HLA 组织配型及 HLA 与某些疾病的关系。

d. 干祖细胞的定量及成分分析。

e. 黏附分子;TCR 多态性检测;肿瘤癌基因及抑癌基因蛋白产物的检测;细胞内酶;耐药蛋白的分析等。

f. 疾病诊断:为疾病诊断提供直接的或支持诊断的依据。

g. 免疫调节:细胞因子/受体的相互作用、共刺激分子受体/配体的相互作用。

h. 发病机制:肿瘤的发病与机体的免疫力低下以及信号传递障碍有关。

i. 药物/疫苗效果的评价:肿瘤生物治疗的时机选择以及效果的监测。

j. 免疫状态评价:移植、放化疗效果的评价。

目前 FCM 用的各种单克隆抗体试剂已经发展到了百余种,可以对各种血细胞和组织细胞的表型进行测定分析。

3) 在血液病诊断和治疗中的应用:FCM 通过对外周血细胞或骨髓细胞表面抗原和 DNA 的检测分析,对各种血液病的诊断、预后判断和治疗起着举足轻重的作用。

a. 白血病的诊断和治疗: FCM 采用各种抗血细胞表面分化抗原(CD)的单克隆抗体,借助于各种荧光染料(异硫氰基荧光素 FITC,藻红蛋白 PE 等)测定一个细胞的多种参数,以正确地判断出该细胞的属性。例如干细胞表达 CD34,髓系表达 CD13、CD14,B 细胞系表达 CD10、CD19、CD20 等,T 细胞系表达 CD2、CD3、CD5、CD7,利用 FCM 可以测定出血细胞表达各种抗原的水平,协助临床确诊。

同其他肿瘤的治疗一样,测定 DNA 倍体和进行细胞周期分析对指导白血病化疗有一定作用,不同的白血病患者或同一患者在不同病期白血病细胞增殖状况不同,定期了解细胞增殖情况采取相应药物可以提高疗效。

FCM 通过对人白细胞抗原(HLA)配型的测定可以为异体干细胞移植病人选择出最合适的供体。造血干细胞移植技术主要包括干细胞的鉴别、活性测定、干细胞动员和采集、分离纯化、保存扩增、肿瘤细胞的净化、干细胞回输以及术后保持移植物抗宿主病的低发生率等一系列过程。FCM 测定 CD34、HLA-DR、CD33 等细胞表面标志物,成为干细胞移植技术重要的监测手段。用 FCM 检测一系列指标观察病人的恢复状态,可以对预后做出早期的判断。

b. 其他种类血液病的诊断和治疗监测:阵发性睡眠性血红蛋白尿症是一种造血干细胞克罗恩病,细胞 CD55、CD59 抗原表达减低是该病的一个特点。该抗原属于血细胞表面磷脂酰肌醇锚连蛋白家族,是重要的补体调节蛋白,它通过与补体 C8、C9 的结合以阻止补体膜攻击复合物的形成,从而抑制细胞被补体激活溶解。FCM 采用荧光标记的单克隆抗体对血细胞 CD59 的表达做定量分析,可以协助临床做出诊断并判断疾病的严重程度。

c. 网织红细胞的测定及临床应用:网织红细胞计数是反映骨髓造血功能的重要指标,FCM 通过某些荧光染料(吖啶橙、噻唑橙等)与红细胞中 RNA 结合,定量测定网织红细胞中 RNA,得到网织红细胞占成熟红细胞的百分比。此外 FCM 还可以测量出网织红细胞的成熟度,对红细胞增殖能力的判断很有意义。为干细胞移植术后恢复的判断、贫血的治疗监测、肿瘤病人放化疗对骨髓的抑制状况等提供了依据。

4) 在血栓与出血性疾病中的应用:

a. 血小板功能的测定:正常情况下血小板以分散状态在血管内运行,但当血管损伤、血流改变或受到化学物质刺激时血小板被活化而发生一系列改变。由于血小板的活化程度可由血小板膜糖蛋白表达水平的高低来判断,FCM 测定血小板膜糖蛋白的表达情况成为检查血小板功能的一种新手段。

血小板活化时其质膜糖蛋白较其静止期发生显著改变,FCM 可以通过单抗免疫荧光标记(血小板膜糖蛋白Ⅱb/Ⅲa,CD62,CD63 等)监测血小板功能及活化情况,有利于血栓栓塞性疾病的诊断和治疗。

此外血小板活化时其细胞内的钙离子浓度发生很大变化,借助于钙离子敏感荧光探针的帮助,用 FCM 测定钙离子浓度,可以作为活化血小板监测的非免疫性指标。

b. 血小板相关抗体的测定:免疫性血小板减少性紫癜病人血浆中可产生血小板自身抗体,结合在血小板表面,称为血小板相关抗体,其分子可以是 IgG、IgA 或 IgM,用羊抗人 IgG、IgA、IgM 荧光抗体标记被测血小板,FCM 可以测定血小板相关抗体含量。

(3) 流式细胞术在其他方面的应用:

1) 微生物快速鉴定及药敏。

2) 分子流式细胞术,利用寡核苷酸为探针,检测端粒酶的长度。

3) 运用抗体进行血小板抗原基因型分型。

4) 利用 GFP 或 YFP 为探针检测基因转染。

综上所述,流式细胞术(FCM)是一种可以对细胞或亚细胞结构进行快速测量的新型分析技术和分选技术。它综合了激光技术、计算机技术、流体力学、细胞化学、图像技术等众多领域的知识和成果,是一门综合性的高科技方法。随着单克隆抗体、荧光化学、激光、计算机等高技术的发展,已广泛应用于免疫学、生物化学、生物学、肿瘤学以及血液学等方面的研究和临床常规工作。

(李明)

第四节 转基因动物及其相关技术

一、转基因动物的研究进展

（一）转基因动物技术概况

转基因动物是指以人工的方法将外源基因导入动物体内，在染色体内稳定整合并能遗传给后代的一类动物。

1981 年，首次成功地将外源基因导入动物早期胚胎，创立了转基因动物技术。1982 年获得转基因小鼠。转入大鼠的生长激素基因，使小鼠体重为正常个体的两倍，因而被称为“超级小鼠”。随后转基因兔、绵羊、猪、鱼、昆虫、牛、鸡、山羊、大鼠等转基因动物也相继问世。

由于转基因动物体系打破了自然繁殖中的种间隔离，使遗传信息能在种系关系很远的个体间流动，它将对整个生命科学产生全局性影响。因此转基因动物技术在 1991 年第一次国际基因定位会议上被公认是遗传学中继连锁分析、体细胞遗传和基因克隆之后的第四代生物遗传学技术，被列为生物学发展史中又一个重要的转折点。

生物体细胞中的 DNA 能精确合成并防止被 DNA 酶降解是由于存在由限制酶与修饰酶组成的生物屏障。一般情况下，限制酶能将外源 DNA 切割并降解掉，而细胞本身合成的 DNA 由于修饰酶的甲基化作用而避免了被限制酶降解从而保持遗传稳定性。但是，偶然也会发生外源 DNA 幸免降解的情况，使生物体产生小的变异。转基因技术就是利用生物这一特性，把外源基因注入细胞核而获得符合要求的转基因动物。

转基因动物生产主要步骤包括：①目的基因的选择，这应视生产目的而定；②将重组基因转入受精卵，常使用的方法有显微注射法、反转录病毒感染法、胚胎干细胞法、精子载体法、脂质体法等，将转入了外源基因的受精卵植入同期发情的受体动物，在植入前完成整合胚胎的检测、筛选、建立 ES 细胞系；③对出生后基因整合、表达情况进行检测，对整合、表达的转基因动物进行育种试验，建立由成功转基因个体或群体组建的转基因系（图 8-13）。

（二）建立转基因动物的方法

1. 原核显微注射法 又称 DNA 显微注射法，即通过显微操作仪将外源基因直接用注射器注入受精卵，利用外源基因整合到 DNA 中，发育成转基因动物（图 8-14）。其创始人是 Jaenisch 和 Mintz 等。Gordon 等和 Palmiter 等先后通过此方法获得转基因动物。此方法目前应用较普遍，现在的转基因动物研究大都是在 Palmiter 等方法的基础上有所改进而进行的。

这种方法的特点是外源基因的导入整合效率较高，不需要载体，直接转移目的基因，目的基因的长度可达 100kb。它可以直接获得纯系，所以实验周期短。但需要贵重精密仪器，技术操作较难，并且外源基因的整合位点和整合的拷贝数都无法控制，易造成宿主动物基因组的插入突变，引起相应的性状改变，重则致死。

2. 胚胎干细胞介导法 胚胎干细胞（embryonic stem cell，简称 ES 细胞）是将基因导入胚胎干细胞；然后将转基因的胚胎干细胞注射于动物囊胚后可参与宿主的胚胎构成，形成

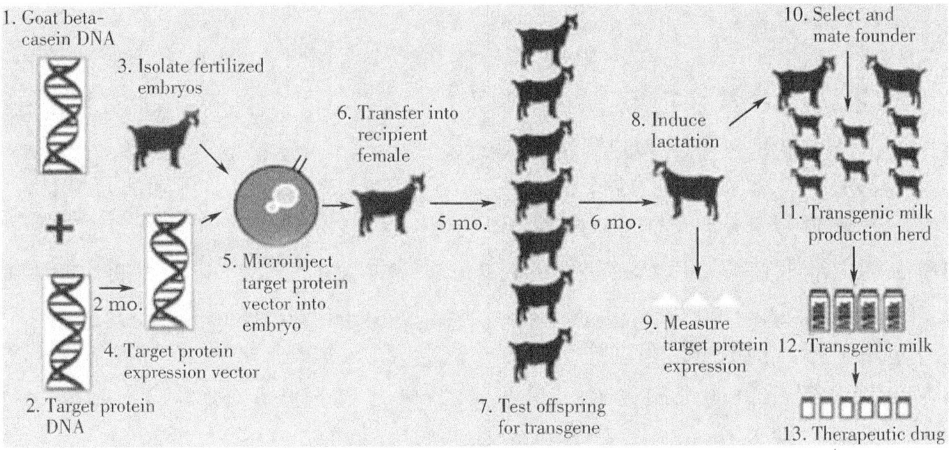

图 8-13 转基因动物制药生产流程图

1. 山羊 β-酪蛋白 2. 靶蛋白 DNA 3. 分离受精的胚胎 4. 靶蛋白表达载体
5. 用显微注射法将蛋白载体注入胚胎 6. 移植入雌性受体 7. 检测子代转基因 8. 诱导分泌乳汁
9. 检测靶蛋白表达 10. 选择和配偶首创者 11. 转基因乳生产群 12. 转基因乳 13. 治疗性药物

嵌合体,直至达到种系嵌合(图 8-14)。因此,可以将其作为一种载体,导入外源基因,获得转基因动物。即从早期胚胎的内细胞团经过体外培养建立起来的多潜能细胞系。

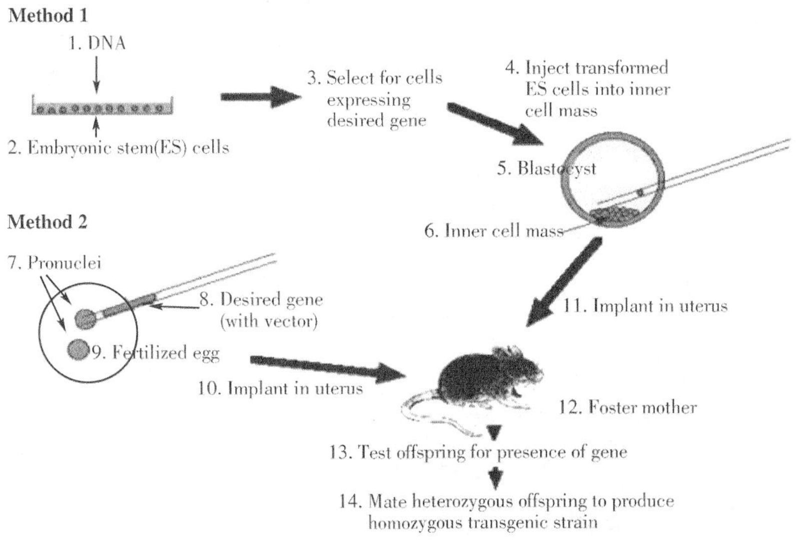

图 8-14 胚胎干细胞介导法(Method 1)和原核显微注射法(Method 2)

1. DNA 2. 胚胎干细胞 3. 选择表达目的基因的细胞 4. 注射转化的胚胎干细胞进入内细胞团
5. 胚泡 6. 内细胞团 7. 原核 8. 目的基因(带有载体) 9. 受精卵 10. 植入子宫 11. 植入子宫
12. 养母鼠 13. 检测后代存在的基因 14. 配偶杂合子后代使其产生纯合子的转基因系

其优点是,在将胚胎干细胞植入胚胎前,可以在体外选择一个特殊的基因型:用外源 DNA 转染以后,胚胎干细胞可以被克隆,继而可以筛选含有整合外源 DNA 的细胞用于细胞融合,由此可以得到很多遗传上相同的转基因动物。缺点就是许多嵌合体转基因动物生殖细胞内不含有转基因。

目前，胚胎干细胞介导法在小鼠上应用比较成熟，在大动物上应用较晚。Evans 等(1981)用不同培养系统从小鼠囊胚的内细胞团分离并建立了多潜能干细胞克隆系；Stice 和 Strelchenko 等(1996)获得了牛的胚胎干细胞。

3. 病毒载体法 最常用的为反转录病毒。将目的基因重组到反转录病毒载体上，制成高浓度的病毒颗粒，人为感染着床前或着床后的胚胎，也可以直接将胚胎与能释放反转录病毒的单层培养细胞共孵育以达到感染的目的，通过病毒将外源目的基因插入整合到宿主基因组 DNA 中去。这种反转录病毒被重组 DNA 技术修饰后作为基因载体在应用中优于微注射法之处在于，无需要重排，可在整合点整合转移基因的单个拷贝；将胚胎置于高浓度病毒容器中，或者与被感染的细胞体外共同培养，或微注射鸡胚盘里，整合有反转录病毒的 DNA 的胚胎率高。缺点是，需要生产带有转基因的反转录病毒；插入反转录病毒的基因有一定的大小限度；所得转基因家畜的嵌合性很高，而需要广泛的杂交，以建立转基因系；转基因的表达问题尚未解决。目前常用于制备转基因动物的病毒还有慢病毒载体(lentiviral vector，LV)等。慢病毒载体具有可感染非分裂细胞、转移基因片段容量较大、目的基因表达时间长、不易诱发宿主免疫反应等优点，成为目前较有前途的病毒载体。

4. 精子介导法 近年来利用精子作为外源基因的载体来建立转基因动物极为令人注目。其方法就是将成熟的精子与外源 DNA 进行预培养之后，使精子有能力携带外源 DNA 进入卵中，使之受精，并使外源 DNA 整合于染色体中。精子携带 DNA 主要是通过三种途径来完成，即将外源 DNA 与精子共孵育、电穿孔导入法和脂质体转染法。该方法简单、方便，依靠生理受精过程，免去了原核的损伤。1989 年意大利学者 Lavitrano 等首次利用小鼠附睾精子与 DNA 温育产生转基因小鼠。转基因效率高达 30%，外源基因稳定整合到生殖细胞中，由此获得了转基因株系。所以这些引起了广大科研工作者的极大兴趣，将精子作为载体，针对不同动物品种的研究工作已相继展开。

动物转基因技术面临着一些问题，诸如生产效率低，基因整合效率不高，生产周期长，成本高，转基因动物死亡率高，常出现不育导致转基因难以传代，无法大规模生产。

动物克隆技术属于无性繁殖范畴，能实现基因型复制，使少数优秀个体迅速扩大成群。转基因克隆技术是转基因技术和动物克隆技术的有机结合，其研究意义和实用价值又超过了这两种技术。它以转基因细胞为核供体，采用体细胞核移植技术产生转基因克隆动物，实现种质创新。

(三) 转基因克隆动物的技术优势

1. 生产效率高 显微注射法等传统的转基因技术具有随机性和不可见性，外源基因的拷贝数和整合位点都是随机的，还可能出现嵌合体，整合率极低，得到的转基因动物数量更少，据统计有的医疗公司从 1989 年至 1997 年用显微注射技术生产转基因动物平均 51. 4 个动物才得到一个转基因后代，而得到一个转基因克隆后代只需 20. 8 个母体。

2. 周期短，成本低 通过核移植克隆迅速产生大量同质的转基因克隆动物，转基因克隆技术在理论上，只需一代时间，就可以产生一个完整的转基因克隆动物系，从而节约了时间和成本，由于植入代孕母畜的全是转基因胚胎，因而提高生产效率，降低费用。

3. 可以决定后代性别 以生物制药为目的的转基因克隆动物生产中,性别是相当重要的,例如需要用雌性生产乳汁。第一代若为雄性,则要等到女儿成熟后才能生产,至少两代。由于选择体细胞作为供体,可以预先决定性别,还可以用 PCR 对性别检测,只挑选性别合适的细胞作为核供体。

英格兰罗斯林研究所(Roslin)1997 年 10 月宣布已成功克隆出 3 只携带有人凝血因子Ⅸ基因转染绵羊早期胎儿成纤维细胞,以该细胞系为供体移植到去核卵母细胞中,经过电和化学刺激后,将卵母细胞植入假孕母绵羊体内发育,获得这 3 只绵羊。这 3 只绵羊能高水平地表达人凝血因子Ⅸ(125μg/ml)。这一研究引起全世界强烈关注。因为它展示了转基因克隆动物技术的可能性。

1998 年,Rohl 等人用非静息期胎儿成纤维细胞成功克隆出 3 只健康、同类的携带外源标记基因的转基因克隆牛。

日本石川县畜产综合中心于 1998 年 8 月培育出一头克隆牛,经人工授精,产出第二代克隆牛,证实了克隆牛具有繁殖能力。

(四) 转基因动物的应用前景

(1) 转基因动物是对多种生命现象本质深入了解的工具,如研究基因的结构与功能的关系,细胞发育的潜能性,细胞核与细胞质的相互关系,胚胎发育调控,肿瘤,神经与发育等。

(2) 可以用来建立多种疾病的动物模型,进而研究这些疾病的发病机理及治疗方法。

(3) 能提高动物育种效率,转基因动物技术可由于改造动物的基因组,使家畜、家禽的经济性状改良更加有效,如使生长速度加快、瘦肉率提高,肉质改善,饲料利用率提高,抗病力加强等。加上体细胞克隆技术能使优良种畜迅速扩群,在短时间培育出新品种。对于动物遗传资源保护的意义更加深远,对濒危物种挽救是必不可少的。

(4) 转基因动物可作为医用或食用蛋白的生物反应器。通过家畜乳腺分泌大量安全、高效、廉价的人体药用蛋白,一直是转基因动物研究的热点。从 1987 年 Gordon 等人在转基因小鼠乳汁中得到人组织型纤维蛋白溶酶原激活因子(tPA),到现在已有数十种人体蛋白在家畜乳腺中表达,这些蛋白可以用于治疗人类相关疾病(表 8-1)。到 1998 年至少已有 3 种转基因技术生产的重组蛋白用于临床试验,如从转基因山羊获得的抗凝血酶Ⅲ,从转基因绵羊得到的 α_1-抗胰蛋白酶,还有来自转基因兔的 α-葡萄糖苷酶。但目前转基因动物研究面临的一个重要问题是传代难。

(5) 通过转基因动物可以生产人体或动物进行器官或组织移植时所需的器官和组织。如人们发现人的胎儿神经细胞可用于帕金森病治疗,但由于伦理道德的原因,这种移植组织难以得到。研究表明,家畜胎儿神经细胞可以替代人类神经细胞用于帕金森病的治疗。人体移植器官短缺是一个世界性难题,不得不把目光移向动物以寻求可替代移植器官。猪器官的体积和形状以及 DNA 基本与人类相似,是理想的肾、心、肝等器官供应者,但这种组织器官移植面临的主要问题是免疫排斥。有两种解决办法:一是在移植前去除受体器官的抗体,但它能迅速再生成;另一种较长久的措施是通过转基因技术,特别是基因打靶技术,向器官供体基因组敲入某种调节因子,抑制 α-半乳糖抗原决定基因的表达,或敲除 α-半乳糖抗原决定基因,再结合克隆技术,培育大量不含免疫排斥的转基因克隆猪的器官。

表 8-1 转基因动物的药用产物

药 物	疾病/靶	动 物	公 司
α-乳清蛋白	抗感染	母牛	PPL
α-抗胰蛋白酶(AAT)	缺乏时导致肺气肿	绵羊	PPL
囊性纤维化跨膜转导调节因子(CFTR)	囊性纤维病	绵羊 小鼠	PPL
人蛋白 C	血栓病	猪,绵羊	PPL
组织纤维蛋白溶酶原激活剂(tPA)	血栓病	小鼠 山羊	PPL
人降钙素	骨质疏松症	家兔	PPL
第Ⅷ因子	血友病	猪	Pharming
第Ⅸ因子	血友病	猪,母牛	Pharming
		绵羊	PPL
纤维蛋白原	创伤愈合	母牛	Pharming
		绵羊	PPL
α-葡萄糖苷酶	糖原贮积病-Ⅱ型	家兔	Pharming
Ⅰ型胶原蛋白	组织修复	母牛	Pharming
Ⅱ型胶原蛋白	类风湿性关节炎	母牛	
乳铁蛋白	胃肠道感染	母牛	Pharming
感染性关节炎			
抗凝血酶Ⅲ(AT Ⅲ)	血栓病	山羊	GTC
谷氨酸脱羧酶	1 型糖尿病	小鼠,山羊	GTC
人血清白蛋白(HSA)	维持血容量	小鼠,母牛	GTC
疟疾特异性蛋白-1(MSP-1)	疟疾	小鼠	GTC
Pro 540	人免疫缺陷症病毒	小鼠,山羊	GTC

美国科学家培育出一种转基因鼠,它们大脑中可以产生更多的刺激神经纤维生长的蛋白质,具有较强的学习能力。在迷宫实验中,转基因鼠觅食本领比普通鼠要高许多,同时对迷宫中食物存放地点记忆更清楚。通过转基因鼠的培育,科学家进一步认识到神经生长在促进大脑功能方面的重要性。

转基因鼠培育者是美国西北大学的阿瑞·腾勃格教授和他的同事,他们给实验鼠移植了一种新发现的基因。该基因能促进转基因鼠大脑中产生大量与生长相关的 GAP-43 蛋白质。该蛋白质作用于神经末梢,可刺激神经生长,并为大脑记忆功能提供更多的资源。

科学家认为,上述转基因鼠的研究掌握着记忆如何工作的某些线索,它最终有可能应用于治疗大脑退化和紊乱方面的疾病,如阿尔茨海默病。

通过转基因技术,动物的乳腺可以成为我们人类的“制药厂”,以生产医用蛋白。目前人们的研究主要集中在猪、牛、羊、鼠、兔等动物身上。有人估计,人用蛋白药物的全球市场每年可达 2000 亿美元,而且还在持续增长。在这种巨大利益的驱动下,世界各大制药公司竞相投入巨资,培育含有人体蛋白的转基因动物。美国弗吉尼亚技术制药工程研究院培育转基因猪,其体内含有人类的基因,产乳后其乳汁含有人体蛋白 factor Ⅷ。据估计,只需 300~600 只这样的母猪就能满足全世界对这种蛋白的需求。

转基因技术还可以为我们培育出某些令常人意想不到的奇特动物。科学家们已经用转基因技术培育出了彩色棉花。也许不久的将来我们就会拥有彩色的绵羊。

转基因动物是一种个体表达反应系统,代表了当今时代药物生产的最新成就,也是最复杂、最具有广阔前景的生物反应系统。就通过转基因动物家畜来生产基因药物而言,最理想的表达场所是乳腺。因为乳腺是一个外分泌器官,乳汁不进入体内循环,不会影响到转基因动物本身的生理代谢反应。转基因动物的乳腺可以源源不断地提供目的基因的表达产物(药物蛋白质),从转基因动物的乳汁中获取的基因产物,不但产量高、易提纯,而且表达的蛋白经过充分的修饰加工,具有稳定的生物活性,因此又称为"动物乳腺生物反应器"。作为生物反应器的转基因动物又可无限繁殖。所以用转基因牛、羊等家畜的乳腺表达人类所需蛋白基因,就相当于建一座大型制药厂,这种药物工厂显然具有成本低、周期短、效益高、无公害等优点。一些由转基因家畜乳汁中分离的药物蛋白正用于临床试验。

从生物学的观点来看,生物机体对能量的利用和转化的效率是当今世界上任何机械装置所望尘莫及的。因此,通过转基因动物来生产药物是迄今为止人们所能想像得出的最为有效、最为先进的系统。

目前,我国在转基因动物的研究领域,已获得了转基因小鼠、转基因兔、转基因鱼、转基因猪、转基因羊和转基因牛。20世纪90年代,国家"863"高技术计划已将转基因羊——乳腺生物反应器的研究列为重大项目。

虽然目前通过转基因动物(家畜)——乳腺生物反应器生产的药物或珍贵蛋白尚未形成产业,但据国外经济学家预测,在不久的将来转基因动物生产的药品就会鼎足于世界市场。从而使转基因动物(家畜)——乳腺生物反应器产业成为最具有高额利润的新型工业。

转基因动物的研究发展很快,但仍有许多难题有待解决,除了技术问题以外还涉及伦理、法律、安全性及产品如何被消费者接受的问题。可以预见,以上问题将会得到解决,该领域的研究开发将成为国际生物工程领域实用化方向的竞争热点。

二、动物克隆技术

(一) 克隆的早期研究

克隆一词是英文单词clone的音译,作为名词,clone通常被意译为无性繁殖系。同一克隆内所有成员的遗传构成是完全相同的,例外仅见于有突变发生时。自然界早已存在天然植物、动物和微生物的克隆,例如:同卵双胞胎实际上就是一种克隆。然而,天然的哺乳动物克隆的发生率极低,成员数目太少(一般为两个),且缺乏目的性,所以很少能够被用来为人类造福,因此,人们开始探索用人工的方法来生产高等动物克隆。这样,克隆一词就开始被用作动词,指人工培育克隆动物这一动作。

目前,生产哺乳动物克隆的方法主要有胚胎分割和细胞核移植两种。克隆羊"多莉",以及其后各国科学家培育的各种克隆动物,采用的都是细胞核移植技术。所谓细胞核移植,是指将不同发育时期的胚胎或成体动物的细胞核,经显微手术和细胞融合方法移植到去核卵母细胞中,重新组成胚胎并使之发育成熟的过程(图8-15)。与胚胎分割技术不同,细胞核移植技术,特别是细胞核连续移植技术可以产生无限个遗传相同的个体。由于细胞核移植是产生克隆动物的有效方法,故人们往往把它称为动物克隆技术。

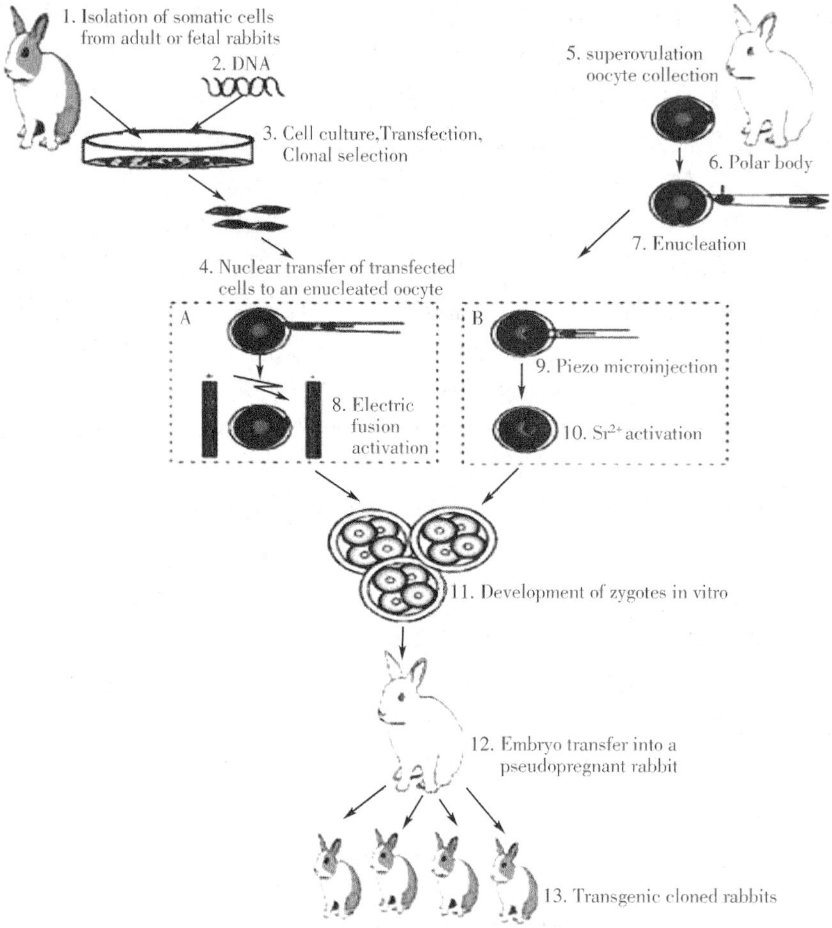

图 8-15 转基因克隆技术制备转基因兔示意图

1. 由成年兔或兔胚胎分离体细胞 2. DNA 3. 细胞培养,转染,克隆选择
4. 将已转染的细胞的核移植入去核卵母细胞 5. 收集超排的卵母细胞 6. 极体 7. 去除细胞核
8. 电融合激活 9. 压力显微注射 10. Sr^{2-}激活 11. 受精卵体外发育 12. 胚胎移植入假孕兔 13. 转基因克隆兔

采用细胞核移植技术克隆动物的设想,最初由汉斯·施佩曼在 1938 年提出,他称之为"奇异的实验",即从发育到后期的胚胎(成熟或未成熟的胚胎均可)中取出细胞核,将其移植到一个卵子中。这一设想是现在克隆动物的基本途径。

从 1952 年起,科学家们首先采用青蛙开展细胞核移植克隆实验,先后获得了蝌蚪和成体蛙。1963 年,我国童第周教授领导的科研组,首先以金鱼等为材料,研究了鱼类胚胎细胞核移植技术,获得成功。

哺乳动物胚胎细胞核移植研究的最初成果在 1981 年取得——卡尔·伊尔门泽和彼得·霍佩用鼠胚胎细胞培育出发育正常的小鼠。1984 年,施特恩·维拉德森用取自羊的未成熟胚胎细胞克隆出一只活产羊,其他人后来利用牛、猪、山羊、兔和猕猴等各种动物对他采用的实验方法进行了重复实验。1989 年,维拉德森获得连续移核二代的克隆牛。1994 年,尼尔·菲尔斯特用发育到至少有 120 个细胞的晚期胚胎克隆牛。到 1995 年,在主要的哺乳动物中,胚胎细胞核移植都获得成功,包括冷冻和体外生产的胚胎;对胚胎干细胞或成体干细胞的核移植实验,也都做了尝试。但到1995年为止,成体动物已分化细胞核移植一直未能取得成功。

(二) 克隆羊“多莉”的意义和引起的反响

以上事实说明,在1997年2月英国罗斯林研究所维尔穆特博士科研组公布体细胞克隆羊“多莉”培育成功之前,胚胎细胞核移植技术已经有了很大的发展。实际上,“多莉”的克隆在核移植技术上沿袭了胚胎细胞核移植的全部过程,但这并不能减低“多莉”的重大意义,因为它是世界上第一例经体细胞核移植出生的动物,是克隆技术领域研究的巨大突破。这一巨大进展意味着:在理论上证明了,同植物细胞一样,分化了的动物细胞核也具有全能性,在分化过程中细胞核中的遗传物质没有不可逆变化;在实践上证明了,利用体细胞进行动物克隆的技术是可行的,将有无数相同的细胞可用来作为供体进行核移植,并且在与卵细胞相融合前可对这些供体细胞进行一系列复杂的遗传操作,从而为大规模复制动物优良品种和生产转基因动物提供了有效方法。

在理论上,利用同样方法,人可以复制“克隆人”,这意味着以往科幻小说中的独裁狂人克隆自己的想法是完全可以实现的。因此,“多莉”的诞生在世界各国科学界、政界乃至宗教界都引起了强烈反响,并引发了一场由克隆人所衍生的道德问题的讨论。各国政府有关人士、民间纷纷做出反应:克隆人类有悖于伦理道德。尽管如此,克隆技术的巨大理论意义和实用价值促使科学家们加快了研究的步伐,从而使动物克隆技术的研究与开发进入一个高潮。

(三) 近年来克隆研究的重要成果

克隆羊“多莉”的诞生在全世界掀起了克隆研究热潮,随后,有关克隆动物的报道接连不断。1997年3月,即“多莉”诞生后1个月,美国、中国台湾和澳大利亚科学家分别发表了他们成功克隆猴子、猪和牛的消息。不过,他们都是采用胚胎细胞进行克隆,其意义不能与“多莉”相比。同年7月,罗斯林研究所和PPL公司宣布用基因改造过的胎儿成纤维细胞克隆出世界上第一头带有人类基因的转基因绵羊“波莉”(Polly)。这一成果显示了克隆技术在培育转基因动物方面的巨大应用价值。

1998年7月,美国夏威夷大学Wakayama等报道,由小鼠卵丘细胞克隆了27只成活小鼠,其中7只是由克隆小鼠再次克隆的后代,这是继“多莉”以后的第二批哺乳动物体细胞核移植后代。此外,Wakayama等人采用了与“多莉”不同的、新的、相对简单的且成功率较高的克隆技术,这一技术以该大学所在地而命名为“檀香山技术”。

此后,美国、法国、荷兰和韩国等国科学家也相继报道了体细胞克隆牛成功的消息;日本科学家的研究热情尤为惊人,1998年7月至1999年4月,东京农业大学、近畿大学、家畜改良事业团、地方(石川县、大分县和鹿儿岛县等)家畜试验场以及民间企业(如日本最大的奶商品公司雪印乳业等)纷纷报道了,他们采用牛耳部、臀部肌肉、卵丘细胞以及初乳中提取的乳腺细胞克隆牛的成果。至1999年底,全世界已有6种类型细胞——胎儿成纤维细胞、乳腺细胞、卵丘细胞、输卵管/子宫上皮细胞、肌肉细胞和耳部皮肤细胞的体细胞克隆后代成功诞生。

2000 年 6 月,中国西北农林科技大学利用成年山羊体细胞克隆出两只“克隆羊”,但其中一只因呼吸系统发育不良而早夭。据介绍,他们所采用的克隆技术为该研究组自己研究所得,与克隆“多莉”的技术完全不同,这表明我国科学家也掌握了体细胞克隆的尖端技术。

在不同种间进行细胞核移植实验也取得了一些可喜成果,1998 年 1 月,美国威斯康星-麦迪逊大学的科学家们以牛的卵子为受体,成功克隆出猪、牛、羊、鼠和猕猴五种哺乳动物的胚胎,这一研究结果表明,某个物种的未受精卵可以同取自多种动物的成熟细胞核相结合。虽然这些胚胎都流产了,但它对异种克隆的可能性做了有益的尝试。1999 年,美国科学家用牛卵子克隆出珍稀动物盘羊的胚胎;我国科学家也用兔卵子克隆了大熊猫的早期胚胎,这些成果说明克隆技术有可能成为保护和拯救濒危动物的一条新途径。

(四) 克隆技术的应用前景

克隆技术已展示出广阔的应用前景,概括起来大致有以下四个方面:①培育优良畜种和生产实验动物;②生产转基因动物;③生产人胚胎干细胞用于细胞和组织替代疗法;④复制濒危的动物物种,保存和传播动物物种资源。以下就生产转基因动物和胚胎干细胞作简要说明。

转基因动物研究是动物生物工程领域中最诱人和最有发展前景的课题之一,转基因动物可作为医用器官移植的供体、作为生物反应器,以及用于家畜遗传改良、创建疾病实验模型等。但目前转基因动物的实际应用并不多,除单一基因修饰的转基因小鼠医学模型较早得到应用外,转基因动物乳腺生物反应器生产药物蛋白的研究时间较长,已进行了 10 多年,但目前在全世界范围内仅有 2 例药品进入Ⅲ期临床试验,5~6 个药品进入Ⅱ期临床试验;而其农艺性状发生改良、可资畜牧生产应用的转基因家畜品系至今没有诞生。转基因动物制作效率低、定点整合困难所导致的成本过高和调控失灵,以及转基因动物有性繁殖后代遗传性状出现分离、难以保持始祖的优良性状,是制约当今转基因动物实用化进程的主要原因。

体细胞克隆的成功为转基因动物生产掀起一场新的革命,动物体细胞克隆技术为迅速放大转基因动物所产生的种质创新效果提供了技术可能。采用简便的体细胞转染技术实施目标基因的转移,可以避免家畜生殖细胞来源困难和低效率。同时,采用转基因体细胞系,可以在实验室条件下进行转基因整合预检和性别预选。在核移植前,先把目的外源基因和标记基因(如 LagZ 基因和新霉素抗生素基因)的融合基因导入培养的体细胞中,再通过标记基因的表现来筛选转基因阳性细胞及其克隆,然后把此阳性细胞的核移植到去核卵母细胞中,最后生产出的动物在理论上应是 100% 的阳性转基因动物。采用此法,Schnieke 等(Bio Report,1997)已成功获得 6 只转基因绵羊,其中 3 只带有人凝血因子Ⅸ基因和标记基因(新霉素抗性基因),3 只带有标记基因,目的外源基因整合率高达 50%。Cibelli (Science,1997)同样利用核移植法获得 3 头转基因牛,证实了该法的有效性。由此可以看出,当今动物克隆技术最重要的应用方向之一,就是高附加值转基因克隆动物的研究开发。

胚胎干细胞(ES)是具有形成所有成年细胞类型潜力的全能干细胞。科学家们一直试图诱导各种干细胞定向分化为特定的组织类型,来替代那些受损的体内组织,比如把产生胰岛素的细胞植入糖尿病患者体内。科学家们已经能够使猪 ES 细胞转变为跳动的心肌细胞,使人 ES 细胞生成神经细胞和间充质细胞和使小鼠 ES 细胞分化为内胚层细胞。这些结果为细胞和组织替代疗法开辟了道路。目前,科学家已成功分离到人 ES 细胞(Thomson 等,1998,Science),而体细胞克隆技术为生产患者自身的 ES 细胞提供了可能。把患者体细胞移植到去核卵母细胞中形成重组胚,把重组胚体外培养到囊胚,然后从囊胚内分离出 ES 细胞,获得的 ES 细胞使之定向分化为所需的特定细胞类型(如神经细胞,肌肉细胞和血细胞),用于替代疗法。这种核移植法的最终目的是用于干细胞治疗,而非得到克隆个体,科学家们称之为"治疗克隆"。

克隆技术在基础研究中的应用也是很有意义的,它为研究配子和胚胎发生,细胞和组织分化,基因表达调控,核质相互作用等机制提供了工具。

(五) 克隆技术存在的问题

尽管克隆技术有着广泛的应用前景,但离产业化尚有很大距离。因为作为一个新兴的研究领域,克隆技术在理论和技术上都还很不成熟,在理论上,分化的体细胞克隆对遗传物质重编(细胞核内所有或大部分基因关闭,细胞重新恢复全能性的过程)的机制还不清楚;克隆动物是否会记住供体细胞的年龄,克隆动物的连续后代是否会累积突变基因,以及在克隆过程中胞质线粒体所起的遗传作用等问题还没有解决。

在实践中,克隆动物的成功率还很低,维尔穆特研究组在培育"多莉"的实验中,融合了277 枚移植核的卵细胞,仅获得了"多莉"这一只成活羔羊,成功率只有 0.36%,同时进行的胎儿成纤维细胞和胚胎细胞的克隆实验的成功率也分别只有 1.7%和 1.1%,即使是使用"檀香山技术",以分化程度较低的卵丘细胞为核供体,其成功率也只有百分之几。

此外,生出的部分个体表现出生理或免疫缺陷。以克隆牛为例,日本、法国等国培育的许多克隆牛在降生后两个月内死去;到 2000 年 2 月,日本全国已共有 121 头体细胞克隆牛诞生,但存活的只有 64 头。观察结果表明,部分犊牛胎盘功能不完善,其血液中含氧量及生长因子的浓度都低于正常水平;有些牛犊的胸腺、脾和淋巴腺未得到正常发育;克隆动物胎儿普遍存在比一般动物发育快的倾向,这些都可能是死亡的原因。

即使是正常发育的"多莉",也被发现有早衰迹象。染色体的末端被称为端粒,它决定着细胞能够分裂的次数:每一次分裂端粒都会缩短,而当端粒耗尽后细胞就失去了分裂能力。1998 年,科学家发现"多莉"的细胞端粒比正常的要短,即其细胞处于更衰老的状态。当时认为,这可能是用成年绵羊的细胞克隆"多莉"造成的,使其细胞具有成年细胞的印记,但这一解释目前受到了挑战,美国马萨诸塞州的医生罗伯特·兰扎等用培养的衰老细胞克隆牛,得到 6 头小牛,出生 5~10 个月后发现这些克隆牛的端粒比普通同龄小牛要长,有的甚至比普通新生小牛的端粒还长。现在还不清楚这一现象的原因,也不清楚为何与"多莉"的情况有巨大差别。但这一实验说明,在一些情况下克隆过程能改变成熟细胞的分子钟,使其"恢复青春",关于这种变化对克隆动物寿命的影响,还有待于进一步观察。

除了以上的理论和技术障碍外,克隆技术(尤其是在人胚胎方面的应用)对伦理道德的冲击和公众对此的强烈反应也限制了克隆技术的应用。但几年来克隆技术的发展表明,世界各科技大国都不甘落后,谁也没有放弃克隆技术研究。这一点上英国政府的态度非常具有代表性,在 1997 年 2 月底宣布中止对"多莉"研究小组投资后不到 1 个月,英国科技委员会就对克隆技术发表专题报告,表明英国政府将重新考虑这一决定,认为盲目禁止这方面的研究并不是明智之举,关键在于建立一定的规范利用它为人类造福。

三、基因打靶技术

(一) 概述

基因打靶(gene targeting),是指对一个结构已知但功能未知的基因,从分子水平上设计实验,将该基因去除(gene knock out),或用其他顺序相近基因取代(gene knock in),然后从整体观察实验动物,推测相应基因的功能。这与早期生理学研究中常用的切除部分—观察整体—推测功能的三部曲思想相似。

基因敲除除可中止某一基因的表达外,还包括引入新基因及引入定点突变。既可以是用突变基因或其他基因敲除相应的正常基因,也可以用正常基因敲除相应的突变基因。

(二) 技术路线

基因打靶是20世纪80年代后半期应用DNA同源重组原理发展起来的一门新技术。80年代初,胚胎干细胞(ES细胞)分离和体外培养的成功奠定了基因敲除的技术基础。1985年,首次证实的哺乳动物细胞中同源重组的存在奠定了基因敲除的理论基础。到1987年,Thompsson首次建立了完整的ES细胞基因敲除的小鼠模型。此后的几年中,基因敲除技术得到了进一步的发展和完善。

基因敲除的技术路线如下(图8-16):

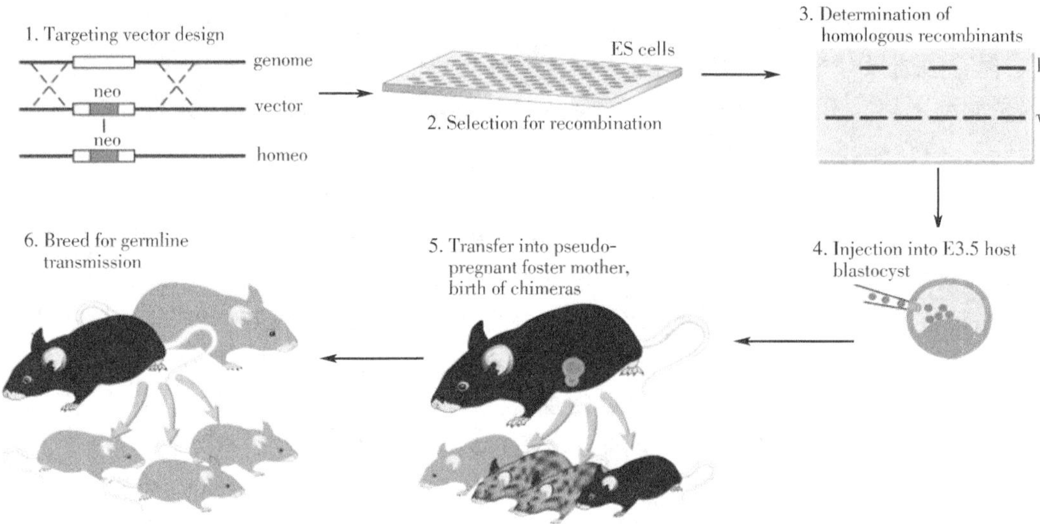

图8-16 基因敲除技术路线

1. 打靶载体的设计 2. 选择基因重组 3. 测定同源重组体 4. 注射入E3.5宿主的胚泡 5. 移植入假孕的养母鼠,嵌合体的出生 6. 生育种系遗传

(1) 构建重组基因载体。

(2) 用电穿孔、显微注射等方法把重组DNA转入受体细胞核内。

(3) 用选择培养基筛选已击中的细胞。

(4) 将击中细胞转入胚胎使其生长成为转基因动物,对转基因动物进行形态观察及分子生物学检测。

基因打靶的靶细胞目前最常用的是小鼠 ES 细胞。基因打靶的技术路线虽不复杂,但由于高等真核细胞内外源 DNA 与靶细胞 DNA 序列自然发生同源重组的几率非常低,约为百万分之一,要把基因打靶成功的细胞筛选出来是一件非常困难的工作。因此,同源重组的筛选和检测就成了基因打靶技术所要解决的关键问题。目前已有多种筛选方法,其中 1988 年犹他大学的 Capecchi 教授的研究组发展的"正负双向选择系统"适用范围宽且效率较高。

(三) 主要应用领域及国内外研究进展

ES 细胞基因敲除途径建立转基因小鼠技术的成熟,首次使体外精细的基因操作与小鼠的整个生长发育和生命过程得到了直接的结合,为探讨高等动物基因组结构和功能提供了有效的方法。由基因敲除技术产生出的特殊小鼠已经对哺乳类生物学的各领域,包括发育生物学、癌生物学、免疫学、神经生物学和人类遗传学产生了极大影响。理论上,基因敲除可适用于任何能产生 ES 细胞的物种,将来可在小鼠基因打靶成熟的基础上开展其他实验动物的基因打靶工作。

基因打靶的应用领域主要有:

1. 建立人类疾病的转基因动物模型,为医学研究提供材料 基因打靶小鼠是研究疾病的发生机制、分子基础及诊断治疗的重要实验材料。如 1989 年囊性纤维化病(CF)的致病基因(CFTR)被成功地克隆,1992 年成功建立了 CFTR 基因的基因敲除的 CF 小鼠模型,为 CF 基因治疗提供了很好的动物模型,得以顺利通过了基因治疗的动物试验,于 1993 年开始临床试验并获得成功。

2. 改造动物基因型,鉴定新基因和/或其新功能,研究发育生物学 深入研究基因敲除小鼠在胚胎发育及生命各期的表现,可以得到详细的有关该基因在生长发育中的作用,为研究基因的功能和生物效应提供模式。例如,目前人类基因组研究多由新基因序列的筛选检测入手,进而用基因敲除法在小鼠上观察该基因缺失引起的表型变化。目前已报道了多种学习、记忆以及 LTP、LTD 有缺陷的基因敲除动物,发现多种基因在学习、记忆的形成过程中必不可少。

3. 治疗遗传病 这包括去除多余基因或修饰改造原有异常基因以达到治疗的目的。

4. 改造生物、培育新的生物品种 细菌的基因工程技术是本世纪分子生物学史上的一个重大突破,而基因敲除技术则可能是遗传工程中的另一重大飞跃。这项新技术在基础理论研究及实际应用中都将有着广阔的应用前景。

四、分子成像技术

(一) 概述

伴随着分子生物学的飞速进展,近年分子成像学研究已有良好的开端,已越来越多地应用于科学研究,部分已处于临床实验中。体内分子成像比体外发现更具挑战性,主要是因为生物相容性、传送障碍以及体内扩增效率低下。因此分子成像的关键问题是:①利用高亲和力的探针。②合适的扩增策略。③能产生高分辨力图像的技术。④能克服生物传送障碍的探针。而其中用高亲和力的探针确认靶目标及其有效性是活体系统中成功结合特异靶目标的关键条件之一。但目前有效的市场化的成像剂很少见,主要的限制在于传入障碍。许多化学和生物扩增策略主要用于蛋白质水平的分子成像,但它们是利用预靶化、抗生物素-生物素蛋白-生物素扩增系统和动力学改进来增加靶聚集,利用捕获转变配体而具有独特的细胞功能,以及在与靶目标相互作用后探针能够改变它们的生理行为而成像。

分子成像技术有核素成像、磁共振成像和光学成像。核素成像技术用于发现易于为核素标记的既定靶目标底物的存在,或用于追踪小量标记基因药物和进行许多药物抵抗或病毒载体的传送。磁共振成像有更高的空间分辨力,有利于同时获得生理与解剖信息。微磁共振成像可对正在发展中的生物学、转基因动物及细胞通路成像产生重大影响。细胞标记技术允许在单细胞水平对干细胞、前体细胞或表达转基因细胞过程进行有效的体内追踪。光学成像技术应用于分子及细胞生物学和在体表面成像。近紫外光谱体层扫描光学成像系统的应用在于熄灭与靶目标作用后变得明亮的荧光标记,应用于酶、DNA 和/或 RNA 靶分子以及其他许多细胞及亚细胞体内成像,并可用不同特征的多探针进行多通道成像,与体外染色体组型相似。

(二) 基因治疗及基因治疗中的基因传送和表达成像

随着分子生物学的发展和解码整个基因组能力的提高,人们更多地意识到疾病的分子机制,从而实现在基因水平治疗疾病。目前基因治疗主要是用于癌症如肺癌、肝癌、乳腺癌等肿瘤的治疗,以及心血管疾病、AIDS、纤维瘤等和其他疾病的治疗。在基因治疗过程中,主要通过病毒和非病毒系统对基因进行传送。合适的载体对于成功的基因治疗甚为关键。目前载体开发领域包括:①提高病毒对靶目标的特异亲和力。②改进基因表达的持续时间。③降低免疫源性和毒性。④改进批量生产。⑤建立成像的客观终点以评估治疗。反转录病毒载体通过整合到靶细胞的染色体而转染,这一过程仅限于分裂的细胞。腺病毒载体将基因转移至静止或分裂的细胞。腺病毒载体转染效率高,但有免疫源性,难以批量生产,常受到 DNA 插入片段大小的限制。非病毒系统如裸 DNA、脂质体,其转染效率低下,但免疫源性小,易于批量生产且无 DNA 插入片段大小的限制。目前生产过程的改进产生了载体和靶目标体内成像的需要,而最终能对体内转基因表达成像。最常见的转移策略是立体定位和集中图像介导的应用。基因枪、电造孔法、高频超声及其他机械分裂方法改进了基因运送的效率。直接的基因传送成像依然处于实验研究阶段。病毒标志技术及非病毒传送技术正在应用中。单纯疱疹病毒胸苷激酶系统已成功表达了蛋白,它基于胞内表达的病毒胸苷激酶对磷酸化治疗或药物反应的观察,不再有细胞膜渗透性而易在细胞内被捕获。用其他酶和底物系统的成像策略也在开发中。MRI、闪烁显像及光学成像方法都可用于发现其活动,对其基因表达进行成像。

(三) 内外源性基因标志成像

目前有关内源性基因表达和调控的知识仅限于体外研究结果,未必能反映活体情况。

分子成像研究的目的是对普遍性成像基因的开发和应用。内源性基因标志成像的具体例子是驱动绿色荧光蛋白表达的血管内皮细胞生长因子促进了活动的成像。绿色荧光蛋白的变体,包括多余的配体以结合诸如^{99m}Tc 的诊断标志,通过核素技术对其表达成像。目前有关其他方法及转基因动物的研究有助于理解调控基因在体内的表达成像。

基因表达成像领域的研究日益受到重视,相当数量的成像基因标志技术被描述,如核素技术、磁共振技术、光学成像技术。核素技术的基因标志有两类:编码细胞内酶的基因标志及编码细胞表面蛋白或受体的基因标志。单纯疱疹病毒胸苷激酶(HSV-TK)是许多抗癌基因治疗的关键药物转换酶。它有很宽的底物特异性,能把毒性很弱的物质转变成导致细胞死亡的有毒混合物,其成像表达有赖于通过主动转运穿过质粒膜的碘化或氧化前体药物的使用。它出现在细胞时,底物被病毒胸苷激酶磷酸化而被捕获。欧洲已启动了病毒胸苷激酶的临床成像研究实验。胞嘧啶脱氨酶是另一个被用于基因表达成像的前体药物。磁共振技术亦可用于基因表达成像,但需有一强大的扩增系统:一个是用磁共振技术发现超顺磁转铁蛋白探针加工的转铁蛋白受体的表达和调控,通过单一酶催化多个胞内分子的扩增策略,如酪氨酸-黑素系统,也可用磁共振技术发现。最近已开发了酪氨酸酶的超顺磁底物以进一步扩增磁共振信号。磁共振顺磁螯合剂最近也用于进行基因表达成像,而另一个基于不同弛豫效应调整的酶底物系统也被开发出来产生了多倍的磁共振信号扩增。有研究证实了磁共振光谱区别化学性质明显的混合物信息的能力,也为测定基因表达提供了潜力。用于体内基因表达成像的光学方法较多,主要有弥散光学成像、多光子成像、活体内显微镜成像、近紫外线荧光成像及表面共聚焦成像等。近紫外线荧光成像依赖于界定波段一个荧光分子的光源、发射用发散滤器和高敏感的双极电设备照相机捕获的不同光谱特征的信号。近紫外线荧光探针能将靶目标与背景率提高几百倍。组织蛋白酶 B 和 H 蛋白酶活动成像可以发现亚毫米肿瘤,在对与癌、感染、炎症、心血管疾病及退行性疾病相关的内源性基因产物成像中有广阔的应用前景。生物荧光蛋白也应用于对内源性基因产物成像,尤其是绿色荧光蛋白,但该技术仅限于实验动物的表面结构成像,内穿透力大约 1~2mm。生物荧光成像已可对小量细胞或有机物进行量化。生物发光报道虫荧光素酶的表达也被特异用于肿瘤转换细胞和细菌或基因表达产物的空间分布及生长动力学成像。

血管生成和凋亡是两种重要的生命现象,血管生成包括血管网的生长和重塑。许多成像技术,尤其是功能 MRI 和核素技术,是通过对比剂增强平衡研究微血管。具体的成像途径是把特异成像探针送到有新内皮表面表达的肿瘤血管的标志物上。利用血管内皮生长因子治疗血管生成;利用成纤维细胞生长因子或其基因治疗缺血性心脏病、周围血管病均有前途。凋亡是器官生长、组织分化和体内去除缺陷细胞中很重要的一种生理的程序性细胞死亡形式,不伴有炎症反应。凋亡的控制通路相当复杂。有研究显示放射标记的附加素V可用于急性移植排斥反应。有人对抗 Fas 蛋白诱导的暴发性肝炎及鼠淋巴瘤环磷酰胺治疗中的凋亡进行成像,^{99m}Tc 标记的附加素在凋亡组织堆积多达 2~6 倍,这证实了进行凋亡成像的可行性。其他的成像方法则旨在测量胞内 caspase 的活性潜力和监控 caspase 抑制剂的治疗效果。

(四)小动物成像研究

分子生物学的发展使分子基因学家和测试新药的公司在寻求人类疾病的动物模型,小鼠以其基因可调控性好、费用低廉、繁殖旺盛且与人类基因有相似性而形成了目前对转基因和基因敲除鼠的空前需要。大约每年需要2500万只小鼠供研究利用，并且预计在未来的10年内会以每年10%~20%的比例增长。美国政府已斥巨资用于小动物成像的研究。目前有关这一领域的研究进展得到相关报道的证实。微MRI、微CT、微PET、微SPECT和微US可用于小动物成像的研究。但微CT和微US的应用有限，仅用于监控转基因鼠的表型及评估治疗反应。微MRI在信噪比和空间分辨力上有了明显的改进，但成像时间较长。在体小鼠脑成像可在2~3小时、50μm×50μm×50μm分辨力下常规采集。7T系统小鼠心脏成像120μm×120μm×120μm分辨力时需要10~13分钟。11.7T磁场系统蟾蜍胚胎成像空间分辨力27μm×16μm×16μm时大约需要4h。而14.1T的场强可对人类的远祖细胞成像。核医学技术是分子成像的较好形式。目前所设计应用的微PET的主要目的是改进其空间分辨力，现已达到小于1mm。小孔SPECT以其更高的敏感度和空间分辨力成为PET的可替代产品。固态镉锌镝化物探测器使其空间分辨力现已达25μm，是用于在体核医学技术成像有利的辅助工具。光学成像技术如相列和弥散光学体层摄影术、近紫外线荧光成像、光学黏合成像(空间分辨力10μm)、荧光亚表面成像、生物发光成像等。或追踪整体或亚细胞水平的基因表达，或用以评估小鼠模型系统的疾病。

在近10多年分子生物学发展中各个学科都与其产生了积极的互动，放射学科也应积极地从事主流分子医学研究，并将这些研究结果转换成临床有用的工具。当今的分子影像学还处于起步阶段，需要分子生物学家、细胞生物学家和合成化学家共同参与以达到各学科之间的互动。积极从事基础分子生物学的研究，开拓影像医学的新领域，是所有影像学家的任务。

除以上技术外，与转基因动物技术相关的还有RNA干扰技术、活体成像技术以及胚胎工程等，这些技术的发展与完善必将为我们揭示自然、揭示生命提供更有力的武器。

(安靓　李进)

第五节　核酸和蛋白质的提取与纯化

核酸和蛋白质是二类主要的生物大分子，在生命活动中扮演非常重要的作用。核酸，包括脱氧核糖核酸(DNA)和核糖核酸(RNA)，是遗传信息的载体，是生物储存和传递遗传信息的物质基础。蛋白质是生命活动的具体执行者，生物体的生化活动主要由蛋白质来组织实施。核酸和蛋白质因而是当今生命科学研究中认识生命活动规律，阐明疾病发生、发展的分子机制的主要研究对象，也是生命科学研究最常用的研究工具。研究核酸和蛋白质，通常需要把它们从组织和细胞中分离出来。有的只需要粗提，作为定性、定量分析的材料；有的需要作进一步的精细纯化，作为基因工程、蛋白工程和干预处理的材料。因此，核酸和蛋白质的提取与纯化也成为生命科学研究技术中的最重要、最基本的操作。

核酸和蛋白质的提取和纯化一般有以下几个步骤：①取材和预处理；②细胞的破碎和裂解；③提取和纯化；④浓缩与保存。在核酸和蛋白质的提取过程中，取样和保存，细胞破碎和裂解，以及样品的浓缩与保存等方法基本相同，选取何种处理方法主要由实验的目的和要求决定。不过，由于蛋白质和核糖核酸（RNA）容易降解，一般要求材料要新鲜，细胞的破碎和裂解尽可能快速、简单，避免目的产物的降解。下面，首先介绍有关样本的取材和保存、细胞的破碎与裂解的一些通用方法，再分别介绍核酸与蛋白质提取和纯化的常用方法。

一、取材和预处理

提取纯化核酸和蛋白质首先应考虑选择适当的材料。微生物、植物和动物都可作为核酸和蛋白质提取的原材料，包括动、植物组织，人体的手术切除标本和体外培养的细胞等。材料的选择应根据实验的目的和要求来确定，一般遵循以下原则：①所含目的提取物质含量高；②材料丰富易得。

蛋白质和RNA，特别是信使RNA的含量受性别、年龄、季节、饲养条件及培养条件的影响。正常生理状态与病理状态，其表达、组成及含量互不相同，在选择材料时应予以注意。另外，不同的生物体、同一生物体的不同组织细胞，蛋白质和RNA的含量和分布也有很大差异，病理组织和周围正常组织也互不相同，应注意选取，设置好对照。

DNA结构稳定，不易降解，无论是新鲜的组织与血液，还是石蜡包埋的组织，陈旧、腐烂的组织及血液斑点，甚至古生物化石都可作为基因组DNA的提取材料。不过，越新鲜的组织细胞，基因组DNA的完整性越好。陈旧和腐败组织影响基因组DNA的完整性。因此，用于基因组DNA提取的材料预处理较简单，运送较方便。如果不能立即提取DNA，取好的材料，4～8℃短时间冷藏防腐即可。若要长时间保存和运输，可以冷冻保存，或用甲醛、乙醇等固定剂先固定，再保存和运输。现在有商品性的血液材料运输卡片，将血液滴加在运输卡的特定区域，可以吸收和浓缩血细胞基因组DNA，方便运输。

蛋白质和RNA容易降解，如果不能立即提取和纯化，材料应放置在液氮中冻存。若样本仅供定性分析研究，不需要保留蛋白质的生物活性，也可先用固定剂固定以防降解。

二、细胞破碎和裂解方法

细胞分散越好，细胞的裂解效果就越好，核酸和蛋白质提取的效率就越高，后处理越简单。因此，在破碎细胞前，一般要先用机械的方法使细胞充分分散，然后再破坏细胞膜和细胞壁。细胞破碎的方法分为机械破碎法和化学破碎法。机械破碎法又有组织粉碎、组织匀浆、超声破碎等方法。化学破碎法一般用去污剂，溶解脂质，破坏细胞膜，释放核酸和蛋白质。真核细胞基因组DNA位于细胞核，需要用强烈的去污剂，如十二烷基磺酸钠（SDS）、脱氧胆酸钠（DOC）等彻底破坏细胞，变性蛋白质，使之与DNA分离。RNA主要位于细胞质中，只需温和的去污剂，如NP-40，甚至不用去污剂，只用盐酸胍和异硫氰酸胍等变性剂破坏细胞膜，使RNA释放出来即可。若用强烈去污剂溶解细胞，反而会释放出基因组DNA，影响RNA的纯度。而蛋白质的抽提，尤其是要保留蛋白质生物活性的提取，则应避免使用强烈的去污剂和变性剂，用温和的非离子型去污剂，如Triton-100、Tween-20等裂解细胞。为提高细胞破碎和裂解的效率，常采用机械法和化学法相结合的策略。植物细胞和酵母等真菌细胞，在细胞裂解前可用几丁质酶、β-1，3-葡糖苷酶等酶，或氯化苄等化学物质先破坏细胞

壁。细菌的细胞壁,尤其是革兰阳性细胞,常用溶菌酶消化细胞壁。常用的几种细胞破碎方法的特点和应用如下:

1. 组织粉碎机粉碎法 该法利用电动马达带动剪切刀快速旋转,可使组织和细胞分散,但对细胞的破坏不够彻底。主要作用是剪切组织,分散细胞。适用于大块组织和植物材料的剪切和粉碎。

2. 碾磨、匀浆法 利用碾钵或匀浆器碾磨破碎组织和细胞。碾磨法对细胞的破坏程度较粉碎机粉碎法高,适用于对小块组织和材料的破碎和裂解。一般在碾磨的同时加入细胞裂解液,边破碎边消化。对于酵母等真菌细胞,可加入小玻璃珠等颗粒材料增加对细胞的破坏作用。软质的组织块,最好先在冰箱或液氮中冻结成小块,既有利于细胞的破碎,也有利于减少 RNA 和蛋白质的降解。匀浆器匀浆法则适合于软组织,对细胞的破坏较充分,而且有简单、快速的优点,特别适合于抽提小块动物组织的 RNA 和蛋白质。置于冰浴中匀浆操作可减少 RNA 和蛋白质的降解。

3. 超声破碎法 用高频的超声波冲击细胞,超声波在液体中产生的空化作用和剪切力使细胞裂解。超声不仅能破碎细胞,高功率也会打断 DNA 链,破坏基因组 DNA 的完整性。此外,超声破碎过程中会产生大量的热,有可能使蛋白变性,影响酶的活性。因此,超声破碎法多应用于蛋白质的抽提,慎用于基因组 DNA 的提取和 RNA 的提取。超声破碎过程中应选用适当频率(1~10kHz)和适当功率的超声波,注意设置适当的间隔时间,超声时间不宜太久,并始终把样品杯放置在冰浴中,促进散热,防止产热。一般超声脉冲 1~2 秒,间隔 1~2 秒,超声 10~15 次即可。此外,超声破碎时,在有去污剂存在的条件下容易形成泡沫。应选用适当大小的超声探头,保证有足够的细胞悬液使探头始终没于溶液中,避免无水超声。

4. 高压细胞破碎法 将细胞悬液置于耐高压容器中,并充入 N_2,加压到一定压力后突然释放,从而使细胞破碎的方法。其原理是:N_2 在高压下变成液态,溶解进入细胞内部。当压力突然消失时,N_2 由液态转为气态,体积瞬间膨大而胀破细胞膜,释放细胞内容物。这是一种温和的细胞破碎方法,破碎过程对细胞无热损伤,无氧化作用,可释放完整的细胞膜和细胞器,能较好地保留蛋白质的生物活性。适用于较大量的悬浮细胞,尤其是厚壁细胞的破碎及生物活性蛋白质的提取。

5. 低渗破碎法 细胞在低渗溶液中,细胞外水分内流,形成的渗透张力作用而使细胞破裂。此法细胞破碎后易引起核酸和蛋白质降解。仅用于血细胞 DNA 提取过程中对红细胞的破碎。

6. 反复冻融法 细胞放置在-20℃以下冻成冰块后,取出放在室温融解。如此反复几次,可使细胞破碎。这是由于细胞冻结后,细胞内形成冰晶,可刺破细胞膜,并使液相中的盐浓度增高引起溶胀,破坏细胞结构。此法也容易引起核酸和蛋白质的降解,主要用于工程菌中包涵体型表达蛋白的提取。

7. 化学裂解法 去污剂是常用于裂解细胞的化学试剂。去垢剂为双极性分子,除胆酸盐外,去垢剂分子通常是由线性或带有分枝的碳氢化合物尾部和结构各不相同的亲水性头部组成。当膜蛋白与去垢剂分子接触时,膜蛋白的疏水区或穿膜区被去垢剂分子覆盖,成簇的去垢剂分子将亲水性头部向外,使其能与水溶性缓冲液相溶。根据荷电性质,去污剂可分为两大类,一类是离子型去污剂,另一类是非离子型去污剂。离子型去污剂又分为阴离子去污剂和阳离子去污剂两亚类。离子型去污剂一般去污能力较强,但容易引起蛋白变性。非离子去污剂一般去污能力较弱,但临界胶束浓度小,胶束分子量较大,不易通过透析方法去除。因此,基因组 DNA 和 RNA 提取常用终浓度为 1% 的 SDS 裂解细胞,也应用于仅供定性分析的蛋白质的提取。十六烷基三甲基溴化胺(CTAB)可直接裂解植物细胞细胞壁和细胞膜,常用于植物细胞 DNA 和 RNA 的抽提。非离子型去污剂,如 Triton-100、NP-40 和 Tween-20 等对蛋白质的变性作用较弱,常用于蛋白质的提取,特别是要保留蛋白质生物活性的提取操作。

细胞破碎后,细胞自身的许多蛋白酶和核酸酶会立即释放出来,使蛋白质和核酸降解,影响产物提取量,严重的则导致提取的失败。因此,在细胞裂解缓冲液中常加入蛋白酶抑制剂和 RNA 酶抑制剂。如加入苯甲基磺酰氟(PMSF)、二异丙基氟磷酸(DEP)、碘乙酸等试剂抑制蛋白的降解,此外,还加入丝氨酸蛋白酶抑制剂、胱氨酸蛋白酶抑制剂、酪氨酸蛋白酶抑制剂和肽酶抑制剂等特异性蛋白酶抑制剂抑制目的蛋白的降解。RNA 的提取过程中,防止 RAN 酶污染、抑制 RNA 酶活性尤为重要。所用物品均需要用焦碳酸二乙酯(DEPC)水溶液处理以灭活 RNA 酶。要获得低丰度 RNA,最好加入适当的 RNA 酶抑制剂。

许多核酸酶、蛋白酶的活性中心需要 Ca^{2+}、Mg^{2+}、Mn^{2+} 等金属离子作为辅基。在缓冲液中加入特异金属离子的螯合剂(Chelate),如 Zn^{2+} 螯合剂为邻二氮杂菲,Ca^{2+} 的螯合剂乙二醇双(2-氨基乙醚)四乙酸(EGTA)和重金属及其他金属离子螯合剂乙二胺四乙酸(EDTA),降低液体中游离金属离子浓度,可以相应地抑制核酸酶和蛋白酶的活性,防止核酸和蛋白质的降解。

在细胞裂解的同时,细胞中释放的氧化酶和氧化试剂还可能引起核酸和蛋白质的氧化,影响提取产物的生物活性。因此,在裂解缓冲液中也常加入二巯基乙醇(BME)、二硫苏糖醇(DTT)和半胱氨酸等还原剂防止抽提产物的氧化。

盐离子浓度和 pH 也是影响核酸和蛋白质稳定性和溶解性的两个主要因素。DNA 与蛋白质的结合物脱氧核糖核蛋白(DNP)在高盐(1mol/L NaCl)溶液中的溶解性较高,而 RNA 与蛋白质的结合物核糖核蛋白(RNP)则在低盐溶液中的溶解度较高。因此,常用高盐溶液抽提 DNA,用低盐溶液抽提 RNA。蛋白质的提取则常用生理性的盐浓度。为维持较稳定的 pH,裂解缓冲液需要加入适当的三羟甲基氨基甲烷(Tris)/盐酸、磷酸盐缓冲液。用于 DNA 提取的缓冲液 pH 必须大于 7.8。因为,如果 pH 低于 7.8,苯酚抽提时 DNA 会分配到有机相,降低 DNA 提取的产量。而用于提取蛋白质的缓冲液 pH 一般在 7.3~7.5 的生理性范围内,碱性蛋白用偏酸性的缓冲液,酸性蛋白用偏碱性的缓冲液。

三、核酸的提取与纯化

核酸主要有两类,一类是脱氧核糖核酸(DNA),一类是核糖核酸(RNA)。DNA 通常以双链形式存在于细胞核,分子量较大。RNA 主要以单链形式存在于细胞质。DNA 和 RNA 之间不同的化学性质,以及在细胞中不同的分布决定了它们要采用不同的提取和纯化方法。同样是DNA,基因组DNA和质粒DNA、细胞器DNA和病毒DNA由于在细胞中的分布不同,存在的形式不同,提取的方法也有所不同。基因组DNA位于细胞核内,且与组蛋白结合以染色体的形式存在。因此,细胞破碎和蛋白消化要彻底。RNA、质粒DNA、细胞器DNA和病毒DNA位于细胞质中,并且不与蛋白结合。提取时只要把细胞膜破坏即可,不要使细胞结构破坏得太厉害,以免释放出基因组DNA,影响目的DNA的纯化和纯度。

核酸溶于水,不溶于有机溶剂。此种化学性质是核酸提取的理论依据。苯酚和氯仿等有机溶剂对蛋白质有强烈的变性作用,可使蛋白质变性为不溶性产物而与核酸分离,并能抑制DNA酶和RNA酶的活性。此外,苯酚和氯仿都与水互不相溶,比重又都比水大,通过重力作用或离心作用可以与水分开,形成界线分明的有机相和水相。因此,它们常用于核酸的分离。

苯酚对蛋白质的变性作用强于氯仿,但不溶于乙醇,又不易挥发。如果残留在水相中,不易去除,会一直残留在提取的DNA样品中,影响到DNA的酶切、扩增和连接等后续操作。氯仿对蛋白质的变性作用弱于苯酚,但易挥发,能与乙醇互溶,可在乙醇沉淀和洗涤DNA的时候去除干净,有利于纯化DNA的后续操作。故在提取和纯化核酸的实际操作中,常先用酚、酚-氯仿混合液抽提,再用氯仿抽提,来防止苯酚的残留。抽提核酸的细胞裂解液含有较多的去污剂,在抽提混匀过程中易产生泡沫,影响水相与有机相的分离。可在酚-氯仿混合液中加入少量的异戊醇来防止泡沫的产生。

但是,核酸不溶于有机溶剂是相对的,并非绝对的。在酸性pH条件下,DNA会溶入苯酚和氯仿等有机溶剂中。因此,用于核酸抽提的苯酚需要用碱性的Tris缓冲液平衡,使其pH大于7.8。普通市售苯酚在室温下呈结晶状,含有部分氧化产物——苯醌,可引起核酸分子中磷酸二酯键的断裂和DNA、RNA的交联。使用前必须对苯酚进行重蒸,去除氧化产物,并用碱性Tris缓冲液平衡,并加入8-羟基喹啉、β-巯基乙醇等抗氧化剂,避光保存,防止氧化。而且只有达到一定的pH后,液体酚在室温和4℃保存时才不会再形成结晶。现在,有许多生化试剂公司有现成的平衡酚供应,质量一般都有保证,很方便使用。下面分别介绍DNA和RNA的提取和纯化。

(一) DNA的提取与纯化

1. 基因组DNA的提取 动、植物组织,体外培养的细胞、微生物都可用于提取基因组DNA。一般的提取方案是先破碎、裂解细胞,用蛋白酶和RNA酶消化蛋白质和RNA,用酚/氯仿等有机溶剂抽提使蛋白变性,与核酸分开,酒精沉淀DNA,得到纯度较高的DNA样品。基因组DNA提取操作应注意的问题是:①细胞的破碎核消化要彻底。对于动、植物组织,先用组织剪剪成小块,放入液氮中冻结。从液氮中取出后迅速放在碾钵中将细胞充分研磨碎,然后滴加细胞裂解液裂解细胞,再研磨一会儿,吸入到离心管中,置55℃水浴中孵育。加入终浓度为0.1mg/ml的蛋白酶K和0.1mg/mlRNA酶消化6~12小时。如果沉淀的组织碎片依然较多,可延长消化时间至48小时,并不断摇晃。对于培养的植物单细胞悬液或微生物细胞,用水使细胞充分悬浮后,直接加入细胞裂解液,加蛋白酶K于55℃水浴中消化细胞。消化时间3~5小时。细菌的消化需加入终浓度为0.5mg/ml溶菌酶37℃溶解细胞壁。酵母细胞的裂解用SE缓冲液(1mol/L山梨醇,0.1mol/L EDTA pH8.0)裂解细胞,加入蛋白酶 K 和溶菌酶消化细胞。②细胞裂解缓冲液和饱和酚、TE 缓冲液的 pH 应在 8.0 左右，以防止核酸进入有机相。③由于基因组 DNA 较长，DNA 粗提液较黏稠，吸取水相时容易将界面上的蛋白和有机相吸起。可将吸头末端削去一点，扩大吸口，有利吸取。若还不能解决，可用裂解液适当稀释后再抽提。④酒精沉淀时，若只提取长链完整基因组 DNA，可用小玻璃棒挑取絮状 DNA 转移至一新离心管，再用 70%酒精洗涤干净。⑤干燥样品可长时间低温保存不易降解。短时间保存可加纯水或 TE 液溶解后冻存。

2. 质粒 DNA 的提取　细菌质粒是一类双链、闭环的 DNA，存在于细胞质中，能独立复制，大小范围从 1kb 至 200kb 以上不等。质粒通常可持续稳定地处于染色体外的游离状态，但在一定条件下也会可逆地整合到寄主染色体上，随着染色体的复制而复制，并通过细胞分裂传递到后代。

正因为质粒有独立复制、操作简单、并能在不同宿主细胞之间穿梭的特点，现已成为目前最常用的基因克隆的载体分子，在现代生物科学研究中有广泛的应用。目前已有许多方法可用于质粒 DNA 的提取，碱裂解法是一种应用最为广泛的制备质粒 DNA 的方法。其基本原理为：当菌体在强碱性条件下被去污剂 SDS 裂解时，蛋白质与 DNA 都发生变性，当加入中和液后，质粒 DNA 能够迅速复性，呈游离状态，而基因组 DNA 由于链较长，与变性蛋白质和细胞碎片纠缠在一起呈絮状。离心后质粒 DNA 在上清液中，基因组 DNA 和蛋白质则形成沉淀而与质粒 DNA 分离。该法通过简单的几个步骤就能获得纯度较高的质粒 DNA，因而被广泛采用。现在市场上有各种质粒 DNA 的抽提试剂盒，基本都是采用碱裂解法来提取 DNA。

3. DNA 的纯化　上述 DNA 的简单提取方法适用于限制性酶切消化、基因亚克隆和印迹杂交等一般的分子生物学操作，但不适用于对 DNA 纯度要求较高的实验，如基因测序、标记和基因转染等。为获得高纯度 DNA，有必要对粗提的 DNA 做进一步纯化，也可以在提取过程中直接进行纯化。另外，DNA PCR 扩增产物，琼脂糖和聚丙烯酰胺电泳回收 DNA 等也都需要做进一步纯化，才能用于下一步的实验。

DNA 的纯化一般都是根据核酸在中性环境下呈酸性、带负电这一化学特性来进行纯化。常用的方法是离子交换层析和亲和层析。一般用阴离子层析介质和固相吸附材料结合并吸附 DNA，然后用适当的缓冲液洗去杂质，最后用水或 TE 液洗脱 DNA。介质材料有纤维素、硅胶、琼脂糖、玻璃珠、磁珠和其他高分子聚合物等各种材料。小量纯化用膜相分离方法，大量纯化多用液相离子交换层析。带正电荷的纤维素和硅胶常制备成滤膜形式，置于微型离心柱内做成纯化柱。将粗提液加入纯化柱内离心，DNA 可与滤膜结合，其他杂质直接通过滤膜而被去除。纤维素一般与大片段 DNA 结合更牢，适合基因组 DNA 的纯化。硅胶在高盐低 pH（$pH<6.5$）中与 DNA 结合，低盐高 pH 环境与 DNA 解离。由于膜孔径有限，适合纯化 100bp 至 10kb 的 DNA 小片段。目前，国内外有许多的生物试剂公司提供许多现成的 DNA 纯化试剂及材料，纯化效果都较好，使 DNA 的纯化越来越方便。

从琼脂糖凝胶中回收纯化 DNA 有多种方法，包括低熔点胶法、电泳洗脱法、凝胶过滤法和溶胶回收法。低熔点胶法是在目的条带的前方切开一个小口，补充低熔点胶，然后继续电泳，直到目的条带进入低熔点胶内，切下条带。65℃加热溶胶，酚/氯仿抽提，酒精沉淀

DNA。整个操作较繁琐,且需要酚/氯仿抽提。随着许多凝胶回收试剂盒的出现,现已很少采用。电泳洗脱法同样操作繁琐,而且回收率低,现也很少采用。商品性试剂盒多采用直接溶胶回收方法,普通琼脂糖凝胶用碘化钠和高氯酸盐溶液65℃溶解,再用硅胶膜纯化柱纯化回收。但碘化钠和高氯酸盐处理常会影响回收片段的连接效率。作者则常采用凝胶过滤法。切下的普通凝胶块放进带有普通纤维滤膜的纯化柱中,置-20℃冷冻10分钟使之冻结,捣碎凝胶,加TE液300~400μl,离心弃凝胶,酒精沉淀回收DNA。此法回收效率略低,但操作简单、不接触有机溶剂,对DNA片段的黏性末端无损伤,回收片段连接效率高。

(二) RNA的提取与纯化

RNA主要位于细胞质中,非常不稳定,容易降解。而RNA酶又普遍存在于各种生物中,也存在于手、实验器械和塑料、玻璃等各种用品上,并且非常稳定,不需要辅助因子,可耐受高温和清洁处理而不易失活,只要存在少量的RNA酶就会引起RNA的降解。因此,在RNA的提取和纯化过程中,抑制RNA酶活性最为关键。既要严格控制外源性RNA酶的污染,又要最大限度地抑制内源性的RNA酶。RNA提取的失败往往是由于RNA酶污染所致。

(1) 总RNA的提取:总RNA的提取方法主要有异硫氰酸胍法和Trizol法两种方法。异硫氰酸胍被认为是最有效的RNA酶抑制剂,它在裂解组织的同时也使RNA酶失活。它既可破坏细胞结构使核酸从核蛋白中解离出来,又对RNA酶有强烈的变性作用。因此,常用于RNA的提取,使用液终浓度为4mmol/L。但需要酚/氯仿做进一步抽提纯化。Trizol RNA提取试剂最早由GIBCO BRL公司推出,专供提取RNA的一种异硫氰酸胍混合提取液。可直接用Trizol消化裂解组织细胞,加入适量的氯仿,离心,取上清,异丙醇沉淀,70%酒精洗涤即可得到总RNA。操作很方便、快捷。

(2) mRNA的纯化:真核细胞的mRNA分子最显著的结构特征是具有5′端帽子结构(m7G)和3′端的Poly(A)尾巴。绝大多数哺乳类动物细胞mRNA的3′端存在20~30个腺苷酸组成的Poly(A)尾,通常用Poly(A+)表示。结构特征是真核生物mRNA提取和纯化的理论基础。用交联有Poly(T)或Poly(U)的纤维素或琼脂糖,可以通过Poly(A)与Poly(T)或Poly(U)之间的互补,亲和纯化mRNA。

Poly(T)-纤维素柱层析法是最常规的纯化mRNA的方法。此法利用mRNA 3′末端含有Poly(A+)的特点,在RNA流经Poly(T)纤维素柱时,在高盐缓冲液的作用下,mRNA被特异地结合在柱上,当逐渐降低盐的浓度时或在低盐溶液和蒸馏水的情况下,mRNA被洗脱,经过两次Poly(T)纤维柱后,即可得到较高纯度的mRNA。

(三) 蛋白质的提取和纯化

蛋白质分布于细胞内的各个部分。位于细胞膜、细胞质和细胞核等不同部位的蛋白质,化学性质和功能作用不一样,相应的抽提和纯化方法也有很大的差别。分布于细胞膜上的蛋白质多数是糖蛋白,分子量较大;细胞质内存在大量的酶和信号分子,分子量相对较小;细胞核内以酸性的组蛋白为主,其他蛋白多呈碱性,含量较少,多带有核定位信号。若要提取细胞内特定部位或细胞器中的蛋白质,最好先对细胞内的各个组分或结构进行分离，然后再提取相应部位的蛋白质。

一般的研究实验，提取相应组织和细胞的蛋白粗提液即能满足实验需要，不需要对特定蛋白进行纯化。对于不需要保留蛋白质生物活性的定性和定量分析实验，如生化测定、免疫印迹、免疫检测等实验，可以使用较剧烈的去污剂或其他化学试剂裂解细胞，分离蛋白。免疫印迹实验可以直接用 SDS-PAGE 电泳的上样缓冲液来裂解细胞。对于需要保留目的蛋白质生物活性的实验，如蛋白质相互作用分析、免疫共沉淀、酶生化活性检测实验，则需要选择不引起蛋白变性的非离子去污剂裂解细胞，并适当加一些蛋白酶抑制剂来防止目的蛋白的降解。

只有需要对某一特定的蛋白质进行理化性质分析，或用以处理细胞或动物时，才需要纯化某一特定蛋白。如果要得到高度纯化并具有生物活性的目的蛋白，需要选择一套适当的分离提纯方法和程序来获取高纯度的目的蛋白。蛋白质的种类很多，每种类型的细胞都含有成千上万种不同的蛋白质，并且相互之间在化学性质上有很大的异质性。在这么复杂的混合物中要分离并纯化某一种蛋白很不容易。到目前为止，还没有一个单独的或一套现成的方法能把任何一种蛋白质从复杂的混合物中提取出来。但是，只要采用合适的分离提纯方法和程序，任何一种蛋白质也都有可能获得高纯度的制品。选择哪几种提取和纯化方法，不仅要根据蛋白质的性质、表达方式来选择，而且要根据实验目的、现有的分离材料和仪器设备来决定，甚至要考虑提取和纯化的成本。蛋白分离纯化的总的原则是采用接近生理浓度的缓冲液，采用温和的去污剂裂解细胞，纯化过程中除盐析外，尽量避免蛋白变性。如果蛋白本身以变性形式存在，则可在变性条件下进行提取和纯化。这种情况一般仅见于原核细胞生物工程表达蛋白的纯化。

蛋白质纯化的原理是：不同的蛋白质由于氨基酸数目和排列顺序的不同，其物理、化学性质和生物学性质也互不相同，在分子大小、空间结构和表面电荷分布等方面有差异。蛋白质的纯化方法正是根据蛋白质之间的上述差异来进行分离的。常用的蛋白纯化方法及其原理如下：

1. 利用溶解度差异的纯化方法 盐析法是最经典、应用最为广泛的蛋白分离方法。常用盐析方法进行蛋白的粗分离。蛋白质在低盐浓度下，溶解度随着盐液浓度升高而增加。这种现象称为盐溶；而在高盐溶液中，蛋白质的溶解度又随盐浓度的升高而下降，从溶液中析出，此种现象称为盐析。不同的蛋白质，出现盐析的临界盐浓度不同。在一定浓度的盐溶液中，有的蛋白呈溶解状态，而有的蛋白则析出沉淀，通过离心可以将二者分开。盐析一般与蛋白质的分子量和疏水性质有关，分子量大的容易沉淀，疏水性大的也容易沉淀。盐析的过程是蛋白质的变性过程。蛋白经过盐析后，不一定能完全复性，生物活性一般会降低。

2. 利用分子量大小差异的分离方法

（1）透析和超滤：透析和超滤是利用一定孔径的半透膜来分离粒径大小不同的蛋白质的方法。某种孔径的半透膜只能允许小于其孔径的蛋白和其他物质通过，大于其孔径的蛋白质则不能通过。这样可以使大小不同的蛋白质分开，也常用于浓缩蛋白样品，并置换溶液中的小分子物质，如无机盐、单糖、水等。透析是将待提纯的蛋白溶液装入半透膜的透析袋内，透析袋置于透析外液中，让小于孔径的低分子量蛋白和无机盐扩散至透析外液中。

多次更换透析外液,可最低限度地去除低分子量蛋白。透析外液如果用高分子溶液,则可起到浓缩的作用。超滤是利用压力或离心力,迫使水和其他小分子溶质分子通过半透膜,而分子量大的蛋白质不会滤过。因此,可以选择不同载留分子量的超滤膜,将分子量不同的蛋白质分离。

(2) 离心法:根据蛋白质分子的离心沉降速率的不同,通过离心而使蛋白质分离的方法。蛋白质的沉降速率与分子量大小和形状有关。离心法主要包括差速离心法和速度区带离心法。①差速离心法: 逐渐增加离心速度,可以使样品中沉降速度不同的颗粒逐步分离开来。该法主要适用于分子量或沉降系数相差较大的颗粒,一般用作粗分离,如从组织匀浆液中分离细胞器及分离病毒。②密度梯度离心法: 又称为沉降速度离心法。用高密度物质蔗糖、聚蔗糖(ficoll)等配制成不同的密度梯度溶液,不同沉降系数的颗粒最后分布在相应密度溶液的界面上。速度区带离心法的沉降速度主要取决于颗粒的形状和大小。此法对离心力和离心时间的要求较严格。离心力太大,时间太长颗粒全部沉入管底;离心力小,离心时间太短,颗粒之间又不能完全分开。

(3) 凝胶过滤层析:凝胶过滤又称分子筛或体积排阻层析。这是根据蛋白分子的大小来分离蛋白质混合物的最有效方法之一。在凝胶过滤中,柱中的填充料是高度水化的惰性多聚物,最常用的是葡聚糖凝胶(sephadex gel)和琼脂糖凝胶(agarose gel)。凝胶颗粒是具有不同交联度的网状结构物,网眼大小可以通过交联剂与凝胶的比例来控制。不同规格的颗粒直径和网眼大小的凝胶可用来分离纯化不同分子大小的物质。不同分子大小的蛋白质通过凝胶颗粒填充的层析柱时,由于不同大小的分子所经路径距离不同而得到分离,大分子物质首先被洗脱出来,而小分子物质后被洗脱出来。比"网眼"大的蛋白质分子不能进入网格内,被排阻在凝胶颗粒之外,随着洗脱剂的流动首先流出;而比"网眼"小的分子则进入凝胶颗粒内部,需要更长时间才能洗脱下来。

上述几种蛋白分离纯化方法一般能较好地保留蛋白质生物活性。

3. 根据电荷不同的分离方法 根据蛋白质电荷的不同,即酸碱性质的不同来分离蛋白质的方法。主要有电泳和离子交换层析,这是蛋白质分离分析中常用的两类方法。

(1) 电泳:在外界电场的作用下,带电粒子(包括蛋白质等)在电场中向与其自身所带电荷相反方向移动的现象称为电泳。在特定的介质中,蛋白移动的速度取决于所带的净电荷性质和数量有关,也与分子的大小与形状有关。电泳的种类很多,有自由电泳、区带电泳、等电聚焦电泳、双向电泳和毛细管电泳等。

(2) 离子交换层析:离子交换层析是根据物质的酸碱度、极性及分子大小的不同进行分离的一种层析技术。离子交换介质是通过化学反应,将带电基团引入到惰性支持物上形成的,如带电基团呈正电,能结合阴离子,称为阴离子交换介质。由于被分离的各种荷电离子(包括蛋白质)所带电荷的数量不同,与交换介质的亲和力有差异,洗脱的条件不同。用不同强度的洗脱液洗脱,可以使亲和力不同的离子(蛋白)依次被洗脱下来,达到分离目的。

4. 亲和层析法 许多生物大分子物质,具有与其结构相对应的专一分子发生可逆性结合的特性,如酶与底物及辅助因子、酶与抑制剂、抗原与抗体、激素与受体、生物素与抗生物素等,分子间的这种结合能力称为亲和力。亲和层析就是利用生物大分子二者之间所具有的特异性亲和能力进行分离的方法。该方法常把能与目的蛋白相互亲和的分子固定在固相支持物上,目的蛋白位于流动相。当流动相流经固定相,目的蛋白与固定相上的分子特异性结合而吸附在固定相上,与其他的分子分离。洗去杂质后,再用一定条件的洗脱液(一般为酸性或碱性高盐溶液)使亲和双方解吸附,把目的蛋白洗脱下来。亲和层析法可在温和条件下操作,纯化过程简单、快速、效率高,对分离含量少且性质不稳定的生物活性物质极为有效。

葡萄球菌A蛋白和G蛋白可与多种哺乳动物的免疫球蛋白Fc部分可逆性结合,采用蛋白A或G的sepharose介质与免疫球蛋白亲和,以及pH分步洗脱法,可纯化各种动物来源的抗体。该介质与部分IgM,大部分IgG及所有的IgG_{2a}、IgG_{2b}和IgG_3单克隆抗体结合,可通过亲和层析达到对上述抗体纯化的目的。

重组蛋白的表达和纯化时,为了便于检测和纯化,可以人为地在被表达的蛋白的氨基端或羧基端加上少许几个额外氨基酸作为标签(tag),如FLAG、Strep和PolyHis等标签。这样,用与这些标签相对应的抗体或配基就能检测并亲和纯化融合蛋白。PolyHis标签是最常用的标签之一。PolyHis由6~10个组氨酸组成,可加在蛋白质的一端,在生理条件或变性条件(6mol/L盐酸胍或8mol/L尿素)下能与Ni^{2+}、Co^{2+}等金属离子结合。用螯合有Ni^{2+}或Co^{2+}的层析介质能很方便地纯化目的蛋白。这种亲和层析方法称为固定化金属亲和层析(IMAC)。结合在金属亲和介质上的目的蛋白可用100~500mmol/L的咪唑和低pH的缓冲液洗脱。

参 考 文 献

吉昌华,陈春南,杨安钢等.1994.生物大分子的制备技术.西安:陕西科学技术出版社.93~100

F.奥伯特等.1998.单克隆抗体的纯化.见:精编分子生物学实验指南.颜子颖,王海林译.北京:科学出版社.430~431

J.萨姆布鲁克,EF.弗里奇,T.曼尼阿蒂斯.1996.真核生物基因组DNA的分析和克隆.见:分子克隆实验指南.第2版.金东雁,黎孟枫等译.北京:科学出版社.456~475

(曾位森)

第六节　中药药理学研究进展

在人类历史上,很多民族都有自己独特的民间医药知识或民族医药学。其中,中医药学是中华民族在长期的与疾病做斗争的医疗实践中,不断积累、发展并传承至今的传统医药学理论体系。数千年来为中华民族的繁衍生息做出了巨大的贡献,在现代医药学已高度发达的今天,中医药仍将是中华民族乃至全人类防治疾病、维护健康的重要手段之一,据称中医中药目前占我国临床医疗总量的28%,学科建设与产业发展也在实践中不断进步。

由于历史、文化背景和思维模式的不同,中、西医学虽同属生命科学范畴,但两者既有趋同发展又有很大的差异。中医药学科的自身特性决定了它虽属自然科学门类,又融会了人文哲学的内容。随着科学技术的发展,特别是现代医药学的进步,促进了中西医药的交流与沟通,人们既叹服于中医药学独特的理论体系和防治疾病的优势与特色,同时,也开始尝试运用现代科学的理论、技术和方法来探寻中医药防治疾病的原理,以期进一步发展中医药,在世界范围内发扬中医药。经过数十年、几代人的努力,取得了显著的成绩。中药药理学就是在这样背景下形成的新兴学科,并已成为中医药诸多领域进行现代研究的重要理论与技术支撑。

一、中药药理学的研究对象和学科任务

中药药理学是在中医药理论指导下,运用现代科学方法研究中药与机体相互作用及其作用规律的科学。其研究对象包括:中药对机体的作用和作用机制,即中药药效学;机体对中药的影响,也就是中药在机体内的吸收、分布、代谢和排泄的规律,即中药药动学。

中药药理学既是中医药学的分支学科,同时也是药理学分支学科,其学科任务主要包括如下几个方面:

(1) 探寻中药防治疾病的现代科学依据:用现代科学研究成果阐明中药对机体的作用及作用机制,揭示中药在体内的吸收、分布、代谢、转化和排泄的规律。这不仅丰富了中药学的内容,亦有助于中药理论的发展。

(2) 指导临床合理用药:中药药理研究资料已成为临床医生处方用药的重要依据。在诊治疾病时,除按传统的理法方药外,若以结合疾病选用有针对性的有效药物,达到辨证施治、辨病论治相结合的目的,可提高临床疗效。

(3) 阐明中医药理论的现代科学本质:通过对典型方剂、药物的药理研究,探讨中医理论现代科学本质。如对中药四气五味、升降浮沉、归经理论的现代研究,对中医证实质的研究等,这已成为阐明中医药理论现代科学实质的重要途径。

(4) 为方剂的配伍规律和组成原理的揭示提供现代研究手段:复方是中医用药的优势与特色,用实验药理学的方法,结合中药有效成分的分析,了解配伍对中药有效成分及药理效应的影响,阐明方中各中药在全方中的地位与作用,阐明组成原理。

(5) 研究新中药,发展新药源,发现新药材:在新药研究过程中的药效与安全性评价,新药源的寻找无不以药理研究为指导。

二、中药药理学实验教学是加强创新能力培养的重要环节

首先,中药药理学科能较多、较快地吸收现代科学的新思想、新理论、新方法、新技术,其最显著的特征在于新,基本研究手段是科学实验。实验是现代科学的基本研究方法,实验研究的客观性、准确性和可重复性是现代医药学优势所在。在很大程度上可以说中药药理是中医药与现代科学最富活力的结合点,是中医药现代化的前沿阵地,现代科学的新理论、新方法常常在这里最先用于中医药研究。

其次,中药药理学影响面宽,对中医药多个领域的发展有很好的促进作用。例如,中药化学成分生物活性的确定,中药品种质量的优劣、新药源的寻找、中药炮制制剂工艺的改革、新剂型的发展等,无不以药理测试为客观依据;用中药药理学理论、方法和手段来揭示中医药基本问题也是中医药现代化、国际化的重要途径。目前中药药理研究与应用领域仍在扩大,水平不断提高,特别是分子生物学方法的引入与应用,使中药药理的研究深入到更

加微观的世界，中药治病的科学原理正不断为现代科学研究所证实。中药药理作为一门年轻的、朝气蓬勃的学科在中医药现代化进程中发挥越来越重要的作用。

三、中药药理学科取得的成就

自1923年陈克恢博士进行麻黄研究开始，中药药理研究逐渐为世人关注。新中国成立后，国家对中医药采取了支持、保护政策，中药的现代研究亦得到了很好的发展。特别是自1985年中国药理学会中药药理专业委员会成立以后，对中药药理学科的发展起了很大的促进作用。经几十年的努力，中药药理学科取得了以下几方面的成就。

1. 取得了一批高水平的成果　中药药理学科的研究范围有了明显的拓展，目前已对三分之二以上的常用中药、数百首方剂及部分有效成分进行了不同程度的药效学研究，部分药物还进行了药代动力学研究，不少中药产生功效的物质基础不断被揭示，这对阐释其功用主治、治疗原理，指导临床用药，具有重要意义。特别是对古方和现代经验方进行多指标的系统药理研究，可以在更深的层次揭示方剂的治疗原理，有效地指导临床用药和中药新产品研创。将大量现代科学研究方法引入中医药研究，运用现代相关学科新理论、新技术、新方法，将中药药理研究从器官水平深入到细胞、分子水平。开展活血化瘀、清热解毒、扶正固本、通里攻下、发汗解表等治法治则研究，以及证本质的探讨，推动了中医药基本理论研究的发展。

2. 培养了一支跨学科、高水平的研究队伍　中药药理学科人才建设得到了很好的发展，学术队伍不断壮大，实现了多学科间的交叉、渗透，范围涉及生命科学的众多学科领域，在老一辈专家教授的精心培育下，一大批优秀的中青年人才脱颖而出，成为中药药理研究队伍的生力军。20世纪80年代中期开始，全国中医药院校及药科大学陆续开设中药药理课程，现在已成为药学专业及相关专业的主要专业课程，1989年开始，部分中医院校设立了中药药理本科专业，并相继招收中药药理硕士生、博士生，部分院校还举办了中药药理师资班、培训班。以上各层次的中药药理教育，为中药药理学科的可持续发展，奠定了必要的人才储备。

3. 研创中药新产品　1985年6月12日，卫生部新药审评委员会在北京成立，在中药分委员会的16名专家中，就有中药药理学专家参与。绝大部分中药药理专业委员会委员都相继受聘为卫生部、国家药品监督管理局及各省市的中药新药审评专家，说明我国中药药理专业人员在国家新药审评工作中受到重视并发挥了积极作用。这些专家的积极活动，对我国中药新药开发起到了推动和指导作用。中药药效学研究、毒理学研究是中药新产品开发的基本研究内容，每一种中药新药的开发成功，都凝聚中药药理工作者的辛勤劳动，中药新产品研究已成为中药药理研究的重要方向，为保障人民健康做出巨大贡献。

4. 出版中药药理著作与刊物　自周金黄、王筠默主持编写《中药药理学》之后，国内编著出版了数十部中药药理学专著，为广大中药药理工作者和临床医师提供了富有价值的参考书。特别是《中药药理与临床》杂志的创办，成为全国中药药理工作者发表研究论文的主要园地，促进中药药理学术交流，推动中药药理学科发展。

四、中药药理研究进展

中药药理研究是中医药现代研究的重要组成部分,近年我国中药药理研究在如下几个方面有了新的进展。

1. 血清药理学方法学研究 中药药理研究以体内给药为主,特别是胃肠道给药最为普遍。体内实验可以在省略中间过程,不打开“黑箱”的情况下,判定药物的有效性和安全性。但一般难以对新药的作用机制作深入的探讨。而体外实验在许多方面具有明显的优势,如:实验条件可以严格控制,重复性好,使用材料少,可在器官、组织、细胞、亚细胞、分子等不同水平进行超微结构、生化、受体、基因表达等方面的研究,从而更深入地提示药物的作用机制。特别在中医药基础研究和应用基础研究方面更为常用。自20世纪50年代始就广泛开展了中药体外实验研究工作,并取得了一定的成绩。但以往研究多是以“粗”制剂直接加入反应体系,后来发现其研究结果出现了较多的假阳性或假阴性,既不能与体内实验相吻合,也与临床实际不相符。究其原因,可能与中药成分口服后生物转化或中药本身的理化性质直接干扰有关。鉴于此,人们提出了血清药理学实验方法。血清药理学是指给动物经口给药一定时间后,取其含药物成分的血清进行体外实验的一种药理实验方法。血清药理学方法有多方面的优点:含药血清既可能含药物固有的有效成分,也可能含药物代谢转化的有效成分及中间信使,可减少假阴性;能分辨药物在体外有效、在体内代谢失活的情况以减少假阳性;血清的理化性质与细胞所处的内环境更为接近,减少粗制剂本身理化性质对实验结果的干扰。血清药理学方法为中医药研究提供了新的研究手段,拓宽了新的研究思路,扩大了新的研究领域,推动中医药研究的进步与发展。

2. 单味药药理研究 常用单味中药药理研究是中药药理重要研究内容。近年仍以传统的研究方法(如整体动物药理效应观察及对器官、组织、细胞的影响等)为主,现代生物技术如分子生物学研究方法也受到广泛关注和应用。研究的药味相对集中,以补益药、活血化瘀药居多,不少常用中药的新药理作用及作用机制被揭示。研究发现黄芪对自然衰老大鼠脑皮质、海马、纹状体3个脑区降低的M胆碱受体和M_1亚型受体密度有显著的上调作用,并可调节老年大鼠血浆环核苷酸含量,纠正环核苷酸系统失衡;衰老大鼠心肌β受体密度及T_3、T_4、皮质醇含量均降低,黄芪、人参、枸杞子可之升高;对肝硬化大鼠存在的下丘脑血管加压素系统异常有改善作用;可以明显提高肾病综合征大鼠血浆白蛋白水平,改善肾小球滤过率和尿钠排泄;对受环磷酰胺作用免疫功能抑制小鼠细胞毒活性有显著增强作用,并可能通过调控巨噬细胞C1q的分泌功能来增强免疫和抗肿瘤作用;还发现黄芪煎剂浓缩液及含黄芪小鼠血清均对小鼠脾淋巴细胞增殖、混合淋巴细胞培养反应及IL-2的产生有促进作用。冬虫夏草水提液能降低正常心肌细胞内Ca^{2+}的浓度,减轻缺氧再给氧时细胞内Ca^{2+}超载现象,并明显减轻缺氧再给氧时细胞内脂质过氧化,且呈良好的量效关系。红参在预防高血压性视网膜动脉硬化起重要作用,能使内皮细胞膜的光整性、细胞器的结构及内皮细胞分泌各种血管舒缩物质保持正常,抑制平滑肌细胞的异常增生,还有扩张血管、减少外周阻力及调节血压的作用。生地黄可明显抑制肌注皮质酮(CORT)“阴虚”模型小鼠巨噬细胞Ⅰa抗原的高水平表达,降低其提呈抗原能力,从而表现出一定的免疫抑制作用。

丹参注射液可明显降低缺血再灌注引起的大鼠脑水肿，减少脑皮层及海马组织丙二醛含量，提高过氧化氢酶、超氧化物歧化酶活性和还原型谷胱甘肽、三磷酸腺苷的含量。

3. 有效部位、有效单体药理研究　随着中药化学成分提取、分离技术的进步，中药药理学与中药化学学科结合更为密切，中药有效部位、有效单体的药理研究日益增多。近年研究涉及的有效部位和有效单体有数十种，研究较多、较深入的有人参皂甙、雷公藤多甙、三七皂甙、淫羊藿总黄酮、川芎嗪、天花粉蛋白、牛膝多糖、地黄多糖等。有效部位、有效单体药理作用的深入研究，有助于揭示中药治疗疾病的机制。研究发现人参皂甙对辐射引起的细胞膜损伤有防护作用；人参二醇皂甙对心肌缺血再灌注犬心脏功能具有保护作用；人参根总皂甙具有明显抗 DNA 损伤及抗突变效应；人参皂甙 Rb1 对应激性性行为低下有保护作用，其机制可能与抑制应激动物血浆皮质酮升高和提高睾酮水平有关。雷公藤多甙具有抗炎和免疫抑制作用，能显著降低人工晶体表面、虹膜和睫状体的炎症反应；对哮喘豚鼠肺组织的磷脂酶 $A_2(PLA_2)$ 有明显抑制作用。三七总皂甙显著提高心肌细胞内肌质网膜钙泵活性，减少心肌细胞 Ca^{2+}，对犬心肌缺血再灌注损伤有保护作用。天花粉蛋白能明显抑制小鼠黑色素瘤细胞 S 期 DNA 合成，通过抑制瘤细胞分裂增殖以及诱导瘤细胞凋亡而达到抗肿瘤作用。

4. 复方药理研究　复方是中医用药的主要形式，以中医药理论为指导，运用现代科技手段，对古方和现代经验方进行多指标的系统药理研究，可以在更深的层次揭示方剂的治疗原理，有效地指导临床用药和中药新产品研创。近年古方的药理研究有数十首，其中桂枝汤、六味地黄汤、四君子汤、四物汤、大承气汤、补中益气汤、当归补血汤等研究较多。在古方研究中较多地探讨了方剂的作用机制，给方剂的传统功效描述赋予现代药理学内容。桂枝汤对胃肠运动双向调节作用机制研究中发现，桂枝汤可能通过影响兴奋胃肠运动的胃泌素、胃动素、P 物质以及抑制胃肠运动的生长抑素、血管活性肠肽等在下丘脑和胃肠道中的含量来实现的；体外抗病毒实验发现，桂枝汤对与呼吸道感染有关的 10 株病毒致细胞病变均有不同程度的抑制作用，其含药血清能抑制单纯疱疹病毒等 4 株病毒对 Hep-2 细胞的增殖。用当归补血汤给小鼠灌胃后取血清，加入小鼠造血祖细胞体外培养体系中培养 6 天，观察对造血祖细胞的影响，结果随给药剂量增加造血祖细胞集落数明显增多。与中药化学研究密切结合，将六味地黄汤方视为一个整体，以活性评价为导向，从六味地黄汤中定向追踪分离，获得了具有调节免疫功能的活性部位，进一步研究发现该活性部位对 TH 及 Tc 的功能有调节作用。这些研究都在一定程度上说明了方剂的作用原理。经验方的药理研究开展得更为广泛，其研究内容多结合新药研究的有关要求，着重于药效及安全性评价，不少方剂已经或即将开发为新药。

5. 方剂配伍研究　配伍是中医用药的特点和优势所在，用药理研究方法观察方剂配伍与药理效应变化之间的关系，探讨方剂的配伍规律，仍然是复方药理研究的重要内容。近年虽然还是以方剂药味加减、正交设计等方法为主，但在应用中也有明显提高，采用一些新方法来更好地分析方剂的配伍问题。关于复方配伍规律的基础研究 1998 年纳入国家自然科学基金重点研究项目，2005 年又列入国家重大基础理论研究“973”专项，强调运用高新技术手段探讨方剂的物质基础，综合分析配伍—化学成分变化—药理效应三者之间的联系，阐明配伍内涵，成为新的探索方向。

6. 药代动力学研究 药代动力学研究对于深入了解药物的作用机制，指导临床合理用药，制定适宜的用药方案等均有重要意义。近年进行了黄芩甙、葛根素、苦参碱、芸香甙、绿原酸、钩藤碱、马钱子碱、千金藤素等成分在动物体内的药代动力学研究，但单一有效成分的药代参数显然还难以反映含有该成分的单味中药或复方的药代动力学过程。有人提出综合运用中药有效成分药动学-药效学同步分析统一模型、血清药理学方法及高效毛细管电泳、二维及三维高效液相色谱法、高效液相/质谱联用技术等，进行中药及复方的药代动力学研究。

综上所述，近年中药药理研究取得了可喜的成绩，成为中医药现代研究极为活跃的领域。然而中医药现代化、科学化研究任重而道远，中药药理研究人员应与化学、制剂、临床等相关学科密切配合，共创辉煌。

（余林中）

第九章　器官系统功能分析方法

第一节　脑与神经功能研究的现代方法

神经科学的每一次飞跃几乎都与某种研究方法的出现有关。形态学方法、生理学及电生理学等方法是目前最有效的研究神经科学的方法，现分述如下。

一、形态学方法

从形态学方法上看，20 世纪 50 年代的电子显微镜的应用及追踪性神经束路法、60 年代显示单胺类的诱发荧光法、70 年代初出现辣根过氧化物酶束路追踪法、70 年代中期的免疫组织化学方法及 70 年代末期的原位杂交法等均为形态学的发展打开了一扇门。其中鉴定神经元和追踪其连接的技术值得一提：虽然有历史悠久的 Colgi 技术仍然得到广泛的应用，许多新的技术已使得神经元和突触连接的功能变得更加容易了。一些分子能通过记录电信号的微电极同时注入细胞，标记整个神经元。荧光标记物，如荧光黄(Lucifer yellow)，可扩布至一个活细胞的纤维的突起，使之跃然可见。另一方面，像辣根过氧化酶(HRP)或生物胞素这样的标记物，在注入细胞后，经固定，能产生一种致密的产物或明亮的荧光。神经元也能用细胞外施加 HRP 加以染色，在这种情况下，HRP 为细胞所摄取，并转运至胞体。荧光碳青染料置于神经元旁时，溶于细胞膜中，扩散于整个表面。这些技术对于追踪从神经系统的一个区域至另一个区域的起点和目的地很有价值。

抗体通过选择性标记细胞内成分和细胞膜成分，已经用于表征特异的神经元、树突、轴突和突触。抗体技术也为追踪发育过程中神经细胞的迁移和分化提供有价值的工具。原位杂交是表征神经元的另一种补充方法：用特异标注的测试剂，标记神经元中编码某种通道、受体、递质或结构单元的信使 RNA。

二、生理学方法

应用生理学方法研究神经科学已有悠久的历史，这里介绍两种较新的研究神经科学的生理学方法。

(一) 神经递质释放量的测定方法(推换灌流法)

在中枢神经系统中，复杂的神经元联系要通过突触来传递，突触传递的最主要方法是化学传递，由突触前神经末梢合成囊泡保存的神经递质，在动作电位作用下释放出来，作用于突触后膜上的受体引起突触后膜产生兴奋性突触后电位或抑制性突触后电位，然后神经递质被移除或灭活。从生理功能上来看,神经递质的释放是整个神经递质代谢环节中最重要的一环,它代表了中枢神经系统功能的主要方面。神经递质释放的动态变化可用在体和离体方法进行研究。推换灌流是在体研究中枢核团递质释放的备用方法,通过推换灌流套管使灌流液直接灌流细胞组织,从流出液中分析神经递质的变化。脑内微透析术是在推换灌流基础上发展起来的新技术,其特点是灌流液在半透膜管内流动,不与脑组织直接接触,可测定脑组织外液中不同生理状态下基础的附药物反应的神经递质及其代谢产物释放量及其变化。推换灌流时,灌流液直接与脑组织接触,抽吸灌流液时,管末处的脑组织承受一定的负压,易造成脑组织损伤。为了防止套管末端处的负压对脑组织的局部抽吸作用,减少脑组织的损伤,在外套管与侧管交接处开一小孔,便可以实现。

(二) 行为学方法

经典条件反射及操作式条件反射　给狗吃食物会引起唾液分泌,这是非条件刺激,给狗铃声刺激则不会引起唾液的分泌,这是无关刺激,如果每次给狗食物前出现铃声,然后再给予食物,这样多次结合后,当铃声一出现,动物就会出现唾液分泌,形成经典的条件反射。在这里,铃声就从无关刺激变为条件刺激。无关刺激与条件刺激结合的过程称为强化。经典条件反射代表了刺激与强化之间的关系。操作式条件反射比较复杂,动物必须完成某种运动或操作后才能得到强化,例如,将大鼠放入实验箱内,当它在走动中偶然踩杠杆时即喂食,以强化这一操作,如此重复多次,大鼠即学会自动踩杠杆而得食。踩杠杆这一特定的动作就是条件反应,由此可见操作式条件反射代表反应与强化之间的关系,根据反应与强化之间的关系,安排不同的操作程序,可以建立各种各样的操作式条件反射。如固定比例,固定间隔,不定间隔,低频率反应的选择强化和鉴别性条件反射。也可将上述两种或两种以上的操作式条件反射组合形成程序的条件反射,上述的条件反应的出现频率和分布类型各有特征,操作式条件反射可持续很长时间。因此,可观察神经递质和药物作用的整个过程。

三、电生理学方法

一般认为电生理学发展始于 1791 年。它基本上是随着电学仪器的进步而发展的,20 世纪 40 年代以来,英国剑桥大学 Hodghin 学派利用微电极技术而且选用了理想的实验标本枪乌贼的巨轴突,建立了动作电位的钠学说,阐明了神经冲动的传导理论。约在同一时期,Forbes,Renshow 等应用微电极开始了研究中枢系统神经元活动的工作。Hodgkiin 等人为精确测量神经活动的离子运动,发展了电压钳实验技术。在此基础上,Neher 又发展了膜片钳技术,为从分子水平了解生物膜离子单通道的开关力学与通透性和选择性提供了直接手段。神经科学的发展始终是和电生理技术的发展紧密联系在一起的。它与其他科学方法如形态学、神经化学、免疫技术学等方法结合,当前尤其与分子生物学的结合对于促进神经科学的发展的作用日益显著。

常用的电生理仪器有阴极射线示波器、生物电放大器、电子刺激器、膜片钳放大器等。而储存和分析电生理实验结果的仪器,有示波器照相机、磁带录音机、微型电子计算机。现重点介绍常用的研究神经科学的电生理方法。

1. 细胞外记录 细胞外记录是把引导电极安放在神经组织的表面附近引导神经组织的电活动。由于活动部位的神经元产生去极化,未活动的部位处于正常极化状态,在容积导体中的两部位间电位不同,电流从一点流向另一点。放置于细胞表面的电极会记录出两者之间所产生的电位差。细胞外微电极记录的方便之处是电极不插入细胞。除玻璃微电极外,金属微电极也是细胞外记录的合适电极。

(1) 拉制和充灌玻璃微电极的方法:合格的玻璃微电极是记录细胞电位的重要条件。一般分两次拉制。尖端放于显微镜下检查直接达到所需的要求。实验时,需要向微电极充灌盐溶液以保证电极的导电性。一般微电极电阻在5~20mΩ是可用的。

(2) 金属微电极:金属微电极具有电阻低、机械强度高、可直接穿透硬脑膜、电噪声低、可重复使用的优点。尤其是在慢性埋藏电极的实验中被广泛应用。同时它也是较理想的微刺激电极。但刺激过程较复杂。钨丝金属电极较为常用,钨丝有较稳定的理化性质,并有强度大,韧性好的优点。

(3) 多管微电极:多管微电极的制作与单管的基本相同,不同之处有以下几点:①相邻管壁要预先黏合。②抽细段拔尖。用过的多管微电极,如是尖端完好的,可把它完全浸在蒸馏水内,三天后重新灌注,可再使用。

还有其他的电极,如离子选择性电极,是在玻璃微电极的基础上,在电极尖端涂以特殊材料,可以测定细胞内外的有气离子浓度,一般要做成多管电极,其一作为参考电极,另一作为离子选择性电极。

一般细胞外记录电位的波形因记录细胞的不同部位而异,因此对细胞外记录电位的分析,重点放在放电频率和潜伏期,而不去比较放电的幅度。

2. 细胞内记录 记录膜电位需在膜的两侧各置一个电极形成一个环路,因此一个电极需插入细胞内。细胞内记录可以准确测量膜电位的绝对值。因为膜内到膜外的电阻很大,不可能出现短路的影响,要成功而持久记录细胞内放电,除具备必需的设备外,还有两件事要做:①稳定问题:干扰稳定记录的问题来自两个方面:即机械运动和由于动物呼吸和循环功能引起的运动;②使用合格的微电极,以免对细胞造成严重损伤,记录细胞内电位基本上都用玻璃微电极。

3. 脑内电刺激 脑内电刺激法是研究中枢功能定位的经典方法之一。脑内电刺激法不仅被广泛应用于动物实验,而且被应用于临床治疗,它要求的刺激电极有单双极之分,单极电极可用不锈钢丝等,同时根据不同观察指标而设置不同的刺激参数,如观察脑内某些核团或脑区的生理机能时,采用长串方波;而在研究某核团或脑区与另一核团或脑区的纤维联系时,采用单个或2~5个的短串方波,诱发顺行冲动。

4. 顺行冲动记录法 顺行冲动记录法就是电刺激某一突触前的细胞体、树突或轴突,在突触后神经元胞体上记录此刺激引起的电活动,刺激部位至记录部位可能经过一个以上的突触,可根据潜伏期的长短来判断神经元之间是多突触还是单突触联系。

在体细胞记录法在顺行冲动记录法中最为常用。因为用细胞外记录法容易获得持续时间长而稳定的单核放电,有关记录点的定位视所用记录电极而定,用玻璃电极记录时一般用直流电泳出玻璃电极内灌的染料。用金属微电极记录时,可用泰氏蓝法或电凝固,当在一个部位记录到对电刺激另一部位有反应的单位时,可用示波器、照相机拍摄下单位放电活动的原始照,一般用重复扫描的方法几次乃至十几次的电刺激的结果重叠在一张照片上,单位放电通常被输入到计算机给出刺激后时间直方图。

在体细胞记录法在顺行冲动记录法中难度较大。但此方法获得的单位放电活动的指标比细胞外记录法多得多,细胞外记录法只能获得单位放电频率的变化和单位放电频率的潜伏期两项指标,而细胞内记录法除能得到以上两项指标外,还能得到神经元的静息电位值、动作电位值、膜电阻、动作电位上升速度、动作电位下降速度、动作电位时程及突触后电位等多项指标,同时还可把记录电极中充灌的 HRP 或者 Lucifer yellow 等染料在记录结束后注入细胞体内,以观察此细胞的投射部位。

5. 逆行冲动记录法 逆行冲动记录法(antidromic impulse)是一种电刺激神经元的轴突主干或末梢,在同一神经元胞体记录反向传导的动作电位。这种电刺激诱发的神经元放电不经过突触传递,它不是在 EPSP 的基础上形成,实施逆行冲动记录法所涉及刺激电极的选择、刺激参数的设定以及刺激点的定位均类同于顺行冲动记录法,只是刺激强度愈大,逆行冲动能跟随的刺激频率就愈低。

与顺行冲动的情况相似,逆行冲动记录法中细胞外记录法最为常用,而细胞内记录法则难度较大,但它所记录到的逆行冲动易与顺行冲动相鉴别。而逆行冲动始段的峰电位与胞体树突峰电位之间的延搁比顺行冲动长约 0.2ms,形成一个明显的切迹。

逆行冲动的潜伏期由冲动发生的时间、沿轴突逆行传导时间及轴突始段峰电位与胞体树突峰电位延搁时间组成。三者的长短受神经元兴奋性的影响。其中,逆行冲动发生时间还受刺激强度的影响。刺激接近阈强度时,逆行冲动的潜伏期相对恒定,较强的阈上刺激时,逆行冲动的潜伏期并不是一成不变的。

6. 电压钳 离子通道是细胞膜的结构之一。它的活动是细胞各种生理活动的基础。由于离子通道的活动形成,在膜两侧的电子分布态势和在不同分布状态下的动态变化,是神经细胞兴奋性电信号的产生以及几乎全部电活动的原因,离子流过通道所形成的离子流是形成动作电位的基础。在多数电生理实验中,以电流作为刺激源,使可兴奋细胞产生兴奋,然后测定其膜电压以确定离子通道的状态。但在形成动作电位时,产生的离子流可影响膜电位,而膜电位的变化又会影响该离子通道的通透性的变化。因而,人为地使膜电位在一定时间内维持在一个固定水平,是解决此问题的方法。电压钳技术是通过插入细胞内的一根微电极向胞内补充电流,补充的电流量正好等于跨膜流出的反向离子流,这样即使膜通透性发生改变时,也能控制膜电位数值不变。经过离子通道的离子流与经微电极施加的电流方向相反,数量相等,因而可以定量细胞兴奋时的离子流。膜通透性的改变是迅速的,但若用一高频响应的放大器可以连续、快速、自由地调整注入电流,达到保持膜电位恒定的目的。

在细胞内记录时,可通过记录电极注入恒定值的电流,同时测量膜电位,依此可做出电流、电压曲线,得出膜的输入电阻。此外还可以观察对动作电位的影响,得到神经元放电频率与电流变化关系的曲线。

为了直接测得某细胞的兴奋性,测量细胞的刺激效应或者为了研究其形成的离子机制,均需通过微电极向细胞内注入电流。把细胞膜电位固定在某一水平的电压钳技术是通过微电极向细胞微电极注入一定的电流。且某种离子通道的电导可由其通过的膜电流计算出。这使人们对于细胞兴奋本质的认识达到一个新的高度。

7. 膜片钳　电压钳技术是控制跨膜电位用来研究离子通道的理想技术。但是它还不能测定单一通道电流，因为电压钳钳制的膜面积很大，包含着大量随机开放和关闭的通道，而且背景噪音大，往往掩盖了单一通道的电流。尤其对体积小的细胞进行电压钳实验技术上有更大的困难，如哺乳类中枢神经元直径在 10～30μm 之间，插入 2 根电极是很不容易的。因此 Erwin Neher 和 Bent Sakmann 发展了膜片钳技术（patch clamp technology），为此也就获得了 1991 年的诺贝尔生理医学奖。

膜片钳技术可以从分子水平研究细胞膜离子通道的功能。离子通道是细胞内部与外环境的联系通道，是神经肌肉和其他组织细胞兴奋性和生物电的结构基础。膜片钳技术是用玻璃微电极管把只含 1～3 个离子通道，面积为几个平方微米的细胞膜通过负压封接起来。由于电极尖端与细胞膜的高阻封接，在电极尖端罩下的那片膜事实上与膜的其他部分从电导上隔离。因此膜片内通道开放所产生的电流流进玻璃吸管，用一个极为敏感的电流监视器（膜片钳放大器）测量此电流强度，就代表单一离子通道电流。电极尖端与膜之间可达吉欧姆（GΩ）的高阻封接，这样就大大提高了膜片钳技术的可靠性和灵敏度。可以测定到 0.06pA 的电流，1μm 的空间分辨力和 10μs 的时间分辨力。

膜片钳实验结果证明，膜上的电压依从性离子通道有两种电导状态：开放和关闭。大多数离子通道大部分时间是关闭的，只是在特殊情况下开放几率是增加的。这种现象称为门控（gating），通道蛋白的构象改变是门控的基础。流过单通道的电流是有或无形式。当开放时，其电流形式是一系列等幅矩形脉冲，脉冲的时间不等。膜片钳感应器、三维液压操纵器、倒置显微镜、微型计算机是记录并处理这些结果的必备条件。膜片钳技术的核心是可以记录单一离子通道的电流，这就需要用微吸引电极做成高阻值的封接，以孤立仅含有 1～3个离子通道的小片膜，而且可降低记录中的噪音。

要成功地封接细胞膜需要两方面的因素保证，一是设法造成干净的细胞膜表面，一是制成合格的电极。制作电极首先要选择适当的玻璃。软质玻璃如苏打玻璃，融化温度为 80℃ 比较合适。它的噪声比硬质玻璃大，可在电极尖端数毫米处涂以疏水性树脂，如 Sylgand树脂最理想。随后加热使 Sylgand 凝固，可以阻止液面沿管壁上升，阻止噪声。GG-17 硬质玻璃毛坯 OD1.4mm±0.9mm，内有双芯也是可用的。拉制电极所用的控制器及过程与前基本相同。采用两步拉制工艺，电极尖直径 1～2μm，拉制成的电极进入浴液时，电极内液和外层的水膜之间产生分布电容，该电容值随电极入液深度而增加。通常不易被膜片钳放大器的电容补偿完全抵消，因而是产生背景噪声的一个原因。加热抛光使电极尖端平滑，并烧去过多的 Sylgand 薄层，又可使尖端的杂质烧去，得到较干净的表面。从而有利于和细胞膜紧密封接。而且在封接后更易保持稳定。实验时电极的充灌是利用毛细管作用由近端吸入浴液，然后再用与注射器连接的微细塑料管由电极粗端插入电极尖端作反向充填。要注意避免有气泡留在电极尖端。

单通道膜片钳技术可直接观察离子通道开放和关闭。单通道记录的方式有贴附式、内面向外式、外面向外式和全细胞式。以全细胞式为例作简述。当高阻封接之后，再向微管内做短暂的负压吸抽，使得电极覆盖下的细胞膜破裂，造成电极内液与细胞内液相通，但它们和浴液内的溶液绝缘，形成全细胞记录式。使得对原来不能用细胞内记录的小细胞的研究提供了方便。全细胞记录的是全细胞膜面积而不是小片膜的离子电流。虽然吸管内膜片被吸破,但微吸管与细胞的衔接有很高电阻(一般大于10GΩ),这是保持全细胞记录式的重要条件。全细胞记录可以进行电压钳位和电流钳位。形成全细胞式后,在很短的时间内,电极内液与细胞内液扩散混合,所以要注意电极充灌液与细胞内液一致。微吸管内灌注生理溶液使单通道电流在正常环境中流动,也可以换为药物或霉菌素等非生理成分,研究药物对电压和递质依从性通道的影响,对通道开关的动力学的作用。达到从微观水平研究药物的作用机制。实验中也可注意改变膜片内外溶液的浓度组分,研究各组分对膜通透性的影响。或根据实验目的和为了特殊需要。可利用这一特点而通过充灌液与细胞内液的交换而改变细胞内液成分。但要注意其中H^+、Ca^{2+}浓度要适宜,Ca^{2+}要低。全细胞式记录可进行1小时以上。此外,也可利用相应的激动剂作用于膜受体,在监测离子通道电流流动过程中,了解经过G蛋白介导的第二信使作用,研究跨膜信息传导的途径。

由上述可知,在全细胞模式中,即使注意使电极内成分尽量与细胞内液一致,仍然难以做到使两头没有差别导致电极内液与细胞内液的扩散、混合,改变细胞内液成分而影响细胞的电变化。为此已发展电穿孔膜片方法做成全细胞模式记录。即把制霉菌素或两性霉素B充灌到微电极中,它们与细胞膜上的类固醇作用后形成只允许一价离子通过而较大颗粒成分不能通过的小孔,这些小孔为导电性小孔道。由于制霉菌素的效果较好,现以其为例简述其制作过程:①制霉菌素于DMSO中的母液在使用前必需声波振荡,母液要存放在冰箱内。②取20μl母液于5ml已经过滤的细胞内液中,声波振荡。③将合格的微电极尖端浸入不含制霉菌素细胞内液中数秒,使其尖端充满无制霉菌素的细胞内液。然后按常规用含制霉菌素细胞内液充灌电极的其余部分。经过这样过程可保证在封接时不会因电极尖端含有制霉菌素而妨碍成功封接。封接时不要施加正压,防止将电极尖端的无制霉菌素液压出,并且尽量缩短封接时间。④封接一旦成功,要消除瞬间电容,而且将电极置于静息水平。⑤观察对常规-10mV超极化试验脉冲的反应。在5~30分钟内,应该逐步出现一个慢瞬间电容。此电容随着外充电阻因制霉菌素作用出现外道而变小的过程不断变大、变快。注意瞬间电容突然跳跃,表明已经形成全细胞模式。也可用Lueifer yellow或其他染料为指标,在荧光显微镜下看到染料正在细胞内,表明操作成功。

四、其他方法

1. 用遗传学方法了解神经系统 很难预测遗传技术革命性的变化对脑功能会产生何种影响。现在采用的转基因动物,其中某些基因已改变或已被剔除,确实提供了一个有力的工具,但由于功能存在冗余性,而且又有非预期的副作用,对实验结果解释十分困难,影响了其作用。随着人类基因组计划的完成,人们知道在疾病和发育中发生变化的后选基因和分子。分析这一大群信息,把重要的和无关紧要的分开,是繁重的任务。遗传疾病(如亨廷顿病)的研究是说明这一问题的佳例。亨廷顿病突变的基因能通过对罹病家族的连锁分析而加以鉴定。诚然,亨廷顿病基因序列的改变早已得到鉴定,但其蛋白质的功能仍然不清楚。同样,编码电压门控钙通道的基因突变伴有家族性偏头痛和小脑共济失调。但是,在机制上还没有找到两者间清楚的联系。人们长远的希望是,将会创制一些遗传疗法来治疗这些疾病。随着给予基因方法的改进,以及在时间和空间上对其表达更好的控制,设计治疗方法的途径会变得更加清楚。

2. 蛋白组学在神经科学研究中的应用

(1) 蛋白质组学:人类基因组测序报告表明,人类只有3万~4万个基因,而水稻基因总数竟然约为人类基因总数的两倍,这不仅打破了"生命越高级,基因数越多"的认识误区,而且提示人类的复杂性并不在于基因的数量,而在于基因编码的蛋白质的多样性及其相互作用形成的网络的复杂性。于是,在人类基因组计划即将完成的今天,生命科学的研究重点又转回到蛋白质。因此,蛋白质组学的概念应运而生,并标志着后基因组时代的到来。

蛋白质组学是对基因组编码的所有蛋白质,即蛋白质组进行大规模研究的一门科学。蛋白质组是无时无刻不在动态变化的蛋白质集合体,它不仅受到控制细胞诞生到消亡的内在程序的调节,而且不断对瞬息变化的细胞外环境做出迅速反应。它的动态性、时空性和可调控性决定了蛋白质组学研究任务的艰巨性,绝不能期待它有朝一日能够像基因组学研究那样在一个可计划的日程下完成。

蛋白质组学的研究目的旨在在蛋白质水平上阐述生理、病理过程的发生机制,为疾病诊断、治疗提供依据。它不仅需要研究生物效应与蛋白质群体在表达数量和性质上的关系,还需要进一步分析群体中各成分之间的相互作用。众所周知,单一蛋白质并不一定能单独执行生物学功能。目前,蛋白质组学分为表达蛋白质组学和功能蛋白质组学两部分。

表达蛋白质组学指大规模的研究蛋白质表达差异,概念上类似于基因表达差异分析。至今它的研究基于双向电泳分离与生物质谱鉴定。一块好的2D胶能够分离数千种蛋白质,商业化的机器人可以自动进行染胶、点切割、质谱前的胰酶消化。但局限性在于某些重要的蛋白质,如膜蛋白因不能被完全溶解而在样品制备时丢失,低丰度蛋白质信号容易被高丰度蛋白质信号掩盖等。有人提出用ICATs (isotope-coded affinity tags)法取代双向电泳并与质谱联合应用。该方法通过稳定同位素标记的肽段质量差异分计,寻找两个样品的蛋白质表达差异。它虽然能够弥补双向电泳的不足,却带来了新的问题:如不含半胱氨酸的蛋白无法被检测;分子量仅在600~3 500D范围内且有半胱氨酸位于其上的肽段才能被检测;无法探测到蛋白质转录后修饰的变化等。值得一提的是,表达蛋白质组学并不能被mRNA microarray取代,因为蛋白质与mRNA丰度变化只有中等($r=0.61$)程度相关性,其次microarray无法提示蛋白质翻译后修饰(如磷酸化等)产生的变化。

运用蛋白质组学的方法研究蛋白质复合物及信号传导通路可以对理解蛋白质是如何相互作用形成细胞工厂提供更好的路线,这一领域属于功能蛋白质组学的范畴。它不是通过双向电泳及图像分析,而是通过亲和纯化富集感兴趣的蛋白质,因此,避开了表达蛋白质组学中存在的问题。酵母双杂交技术能较高通量地研究蛋白质相互作用,但这种相互作用的假阳性率很高,需要进一步验证。亲和富集(affinity enrichment)通过优化对蛋白质复合物中的蛋白质具有特定识别能力的亲和试剂,被广泛应用于功能蛋白质组学研究。

可见蛋白质组学不是单纯对蛋白质加以分离鉴定,而是需要结合基因组研究方法,充分调用基因组序列、蛋白质数据库,并且运用功能强大的计算机分析软件,对蛋白质组内成员相互关联形成的网络在分子水平上进行分析,以揭示生理、病理变化的机制。

神经系统是一个高度复杂的系统,功能上,它能接受光、声音、气味、触、压、疼痛等多种外在刺激信号的传入,整合加工后产生意识情感和精细的行为调控;组织层次上,一级级严谨有序地控制;分子水平上,相当数量的神经递质受体在突触或突触间隙存在交叉对话,更可窥见它非同寻常的复杂性。蛋白质组学正是因其能够对蛋白质群体进行整体分析的特点,将在神经系统研究中发挥重要作用。

(2) 表达蛋白质组学在神经系统中的应用:至今,神经系统细胞水平上的研究主要集中在神经元的电特性、突触连接及信号传导。因此,离子通道和神经递质受体亚基成为分子水平上的研究重点。研究发现,磷酸化在离子通道和神经递质受体功能调节中发挥了重要作用。传统方法通过放射性同位素标记鉴定磷酸化位点,但很难在组织样品中应用。表达蛋白质组学用质谱检测磷酸基团的质量,迅速取代了同位素法,并指导产生新的磷酸特异性的抗体,应用于信号传导通路的研究。

鉴定神经元和胶质细胞关键区域存在的蛋白质能为理解神经系统功能提供基础。为此,Walikonis 等采用表达蛋白质组学的方法对突触囊泡和突触后致密体(PSDs)中的蛋白质进行分析鉴定,结果表明,后者的分子复杂性更高。

除对神经系统基本结构功能的研究外,表达蛋白质组学还广泛用于神经系统疾病发病机制的研究。

Hanno 等首先以顶叶皮质为来源建立了第一个人脑蛋白质的双向电泳数据库。该数据库中,400 个经鉴定的蛋白质点对应 180 种不同的蛋白质,包括大量的结构蛋白、酶或酶亚基,大部分定位于细胞质或线粒体。在研究神经系统各种疾病的蛋白质水平的变化上,它无疑将作为有用的参考数据库。

通过双向电泳比较正常与患病个体脑内蛋白质变化寻找差异蛋白的工作,已在 Alzheimer 症及精神分裂症研究中取得进展。Alzheimer 病患者脑内发现 35 种蛋白质表达降低,75 种表达升高,而且在 Alzheimer 病及精神分裂症患者脑内都观察到安定结合抑制蛋白(diazepam binding inhibitor)的表达下降。尽管可能是用药后的结果,但也可能反映了疾病发生中某种特异性变化,有待于进一步实验证实。

蛋白质组学的方法还应用于脱髓鞘疾病的小鼠模型中。c-myc 诱导的髓鞘退化症转基因小鼠视神经中,大量与神经胶质增生相关的细胞骨架蛋白的表达水平与正常相比有明显区别。几种主要的髓鞘蛋白表达显著降低,包括髓鞘基本蛋白的五种同型、环核苷酸 3′-磷酸二酯酶的四种同型,及髓鞘相关糖蛋白。这一研究对寻找脱髓鞘疾病的分子标记有重要意义,并为进一步深入研究发病机制奠定了基础。

表达蛋白质组学研究的贡献可以比做是在阐明生物效应机制的道路上找到了路标,但怎样将路标一个个连接起来形成路线则需要借助功能蛋白质组学的方法。

(3) 功能蛋白质组学在神经系统中的应用:功能蛋白质组学的任务远比表达蛋白质组学繁重,研究方法也更多样。目前,在神经系统中主要用于受体复合物的研究,而 NMDA 受体复合物的研究是目前功能蛋白质组学应用研究最深入的一例。

1) 受体复合物的纯化:首先需要分离出受体相关蛋白。抗体或标记有 poly-histidines、GST 的重组蛋白免疫共沉淀技术应用广泛,但可能因 IgG 的干扰,掩盖了共沉淀的其他蛋白。而通过使用短的 PDZ 结合肽模拟 PDZ-95 分子,Husi 等成功地分离出 NMDA 受体复合物。最新报道的另一种蛋白质复合物纯化方法 TAP(tandem affinity purification)法采用 TAP

标记与靶蛋白融合并重组入宿主细胞，经过两次特定的亲和纯化洗脱步骤分离得到蛋白质复合物。可以预见，这一简单、高效、适用面广的蛋白质纯化方法将在蛋白质组学研究的各领域发挥巨大作用。

2）分离蛋白质的鉴定：分离蛋白质的鉴定通常采用基于抗体的方法，如 Western Blotting、ELISA 或质谱法。Western Blotting 的优点在于检测的灵敏度高，遗憾的是不能用于鉴定未知蛋白。ELISA 的最大优点是方法容易建立、重复性高、能够完全自动化、实现高通量筛选，因而更适用于蛋白质组分析的后阶段，如蛋白质复合物的功能鉴定。质谱技术鉴定的依据是通过精确测定蛋白质或肽段的分子量，与数据库中已知蛋白质的序列相匹配从而达到鉴定目的。近来发展的新技术，直接将液相色谱与质谱联用（LC/MS-MS），可以一种完全自动化的方式迅速可靠地鉴定极微量的蛋白质。与基于抗体的方法比，质谱法还能够鉴定蛋白质或肽段翻译后的修饰，如糖基化、磷酸化等。基因组中新基因及开放阅读框的鉴定有助于丰富数据库信息，提高蛋白鉴定速度。例如，开始进行 NMDA 受体数据分析时，发现 7 个肽段能与 EST 数据库匹配而被鉴定，几个月后再次分析，随着基因组数据库的增加，则发现有些 EST 是由同一个基因编码的。

3）数据库检索及组建复合物网络：一旦复合物中的成员确定下来，下一步就需寻找潜在的相互作用。首先可通过数据库调用有关文献，或许能够找到大致的相互作用关系图。对于不在这张粗略关系图中的蛋白质与其他蛋白质的相互作用，可以通过搜寻数据库中已知的与其相互作用的蛋白质加以推测，而功能可以通过与其序列同源的已知功能蛋白质预测。以 NMDA 受体复合物蛋白之一——β-catenin 为例，文献检索没有发现它与任何其他受体复合物蛋白相互作用的报道，数据库查询发现它与 APC（adenomatous polyposis coli）存在相互作用，进一步分析发现 APC 中有一个假定的 PSD-95 PDZ domain 相互作用元件。因此，推断 β-catenin 通过 APC 与 PSD-95 相互作用，这一推断后来经体内外实验得到证实。

4）复合物网络的功能分析：一系列工具用于细致分析多蛋白质复合物的功能，从体外研究特定的蛋白质相互作用，到体内研究携带编码复合物中蛋白质的突变基因的动物。最终目的都是鉴定生化通路及生理、病理特征。

Peptide array or protein array 通过将约 30 个氨基酸长的肽或蛋白质以网格状固定在固相支持物上，用于大规模筛选不同生化特性的生物活性物质。

噬菌体展示技术（phage display）可以将待筛选的 cDNA 文库引入噬菌体基因组，与衣壳蛋白或核心蛋白随机融合表达在噬菌体微粒表面，暴露于偶联有蛋白质或肽的膜、芯片、树脂上，分析噬菌体基因组序列中带有标记的 DNA 分子可以找到发生相互作用的蛋白质，易于筛选转录因子、信号分子及生物药效学评价。

酵母双杂交技术（yeast-two-hybrid）是一种能够在活的生物体内验证蛋白质相互作用的系统，越来越受到神经科学研究者的青睐。该法找到了 19 种与 PSD-95 相互作用的蛋白质，大部分在小鼠脑内提取的 NMDA 受体复合物中分离得到。

5）蛋白质翻译后修饰：糖基化、磷酸化及其他翻译后修饰是细胞内重要的“标记”机制，用于表征诸如更新、定位、活性、稳定性、特异性等蛋白质特性。蛋白质组学方法尤其是质谱法是研究这些修饰的理想工具。包括 NMDA 受体在内的部分受体的激活，会导致相当数量的底物发生酪氨酸磷酸化。经磷酸基团的特异抗体识别，进而通过质谱分析可以找到发生了80D位移的蛋白质。也可采用免疫共沉淀法得到包含酪氨酸磷酸化的分子，再结合质谱鉴定。

6）信号通路及网络的调控：蛋白质组学及生物信息学预测的信号通路及网络还需通过其他方式进行评价。用遗传学或药理学方法干预特定信号通路是一种重要手段，例如，通过基因突变对NMDA受体复合物功能采取干预，结果都不同程度地改变了突触可塑性的诱导。有一种在干细胞中进行大规模的可标记的随机突变方法是Gene Trapping法，并建立了包括2 000种突变并标记的细胞株文库。这种忽略表达形式、自动鉴定序列标记陷阱及突变基因的方法，促进了基因功能的大规模研究。

随着某些神经信号传导通路缺陷的基因敲除或突变小鼠数目的增加，这种可遗传的动物系统将成为蛋白质组分析的理想工具。例如，研究发现PSD-95缺失突变小鼠存在LTP及学习功能上的缺陷。用蛋白质组学的方法对PSD-95突变小鼠进行系统分析，即使不能全部也至少将部分解释这些观察到的表型，并且解释表型间的内在联系。

用功能蛋白质组学的方法对NMDA受体复合物的分析结果表明，复合物中三分之一的蛋白质（约25种）参与突触传递长时程增强或抑制的诱导，说明该复合物的基本功能在于突触可塑性的诱导，为我们研究复合物中其他未知生理功能的蛋白质提供了思路。

（胡德辉）

第二节　心脏功能分析

心血管疾病是临床上常见的疾病，2004年公布的最新调查资料显示，我国成人高血压、血脂异常、肥胖、糖尿病等关系到心血管疾病方面的问题非常严重，加上人口老龄化的加快，这些因素导致心血管疾病的发病率急剧上升，其病死率、致残率高，严重危害人类的健康，故积极科学地防治心血管疾病是广大医务工作者重要任务之一。为了及时、准确地诊治心血管疾病，就要对心血管的功能通过一系列的检查来进行科学的分析，故心血管分析就显得十分重要。

一、心排血量的测定

所谓心排血量（cardiac output，CO）是指每分钟心室搏出的总血量，单位是L/min，其与心功能关系密切，测定方法也较多，目前常用的有以下几种：①直接Fick法；②染料稀释法；③温度稀释法；④阻抗法；⑤超声心动图法；⑥标记放射性同位素测定法。

在行心排血量测定时常用的名词有：

心脏指数（cardiac index，CI）：是指每单位体表面积的心排血量，其单位是L/(min·m^2)。

每搏输出量（stroke volume）：是指每次心脏收缩时排至主动脉或肺动脉的血量，单位是ml/次。

体表面积（BSA）：是指每个人在空间所占的总面积，单位是m^2，体表面积可用身高和体重推算出来，公式为：体表面积(m^2)=0.0061×身高(cm)+0.0128×体重(kg)−0.1529，另外也可查表得来。

Fick 法是目前公认比较准确的一种方法，常常用该方法为标准，对比验证其他方法测定心排血量是否准确，故在此简单介绍该方法如下：

Fick 法实际上是测定单位时间通过肺循环的血液量。血液通过肺循环时吸收氧气，如已知每单位容积血液通过肺循环时所吸收的氧量，则可计算出单位时间内有多少单位容积血液通过，即血流量，由于血流量是通过心脏输送出去的，故亦可知心排血量多少，其计算公式如下：

心排血量（L/min）= 氧消耗量（ml/min）/动脉血氧含量（ml%）-混合静脉血氧含量（ml%）×1/10

公式中氧消耗量是用基础代谢仪测定的，混合静脉血是由心导管从肺动脉抽取，动脉血是由体表穿刺股动脉得来。

其他几种心排血量测定的方法这里由于篇幅所限，不做更多介绍，如需要可查阅相关心血管专著。

二、放射核检查心血管造影

将放射性检查标记的血管造影剂静脉注射，采用门电路 SPECT（单光子发射型计算机断层设备），测量受检者心电图 R—R 间期平均时间作为心动周期，并连续采集心动周期的影像，把各相同时段影像叠加，组合形成心脏电影影像，根据心室舒张末期和收缩末期血液时间-放射性容积曲线，位相-振幅图等，显示心室收缩-舒张期血液动力学、心脏室壁运动等影像学改变，综合来分析心室功能。常用方法有静息核素心室造影、运动负荷试验等。通过心室功能测量的数据分析，可以了解左心室收缩功能、舒张功能、左心室局部收缩功能、右心室射血分数、室壁矛盾运动及瓣膜反流等情况。放射性检查心室造影是一项无创性、高灵敏度和非特异性的心脏功能影像学检查方法。临床上可用于冠状动脉粥样硬化性心脏病如心肌梗死、心瓣膜病、肺源性心脏病、束支传导阻滞等多种疾病的辅助诊断及功能评价。另外可用于心血管疾病药物及手术治疗前后心脏功能的评价。

应用放射性检查血管造影剂首次通过大动脉所形成的血流影像，观察血管腔形态和血流动态分布改变，有助于临床上对动脉瘤、主动脉狭窄、主动脉夹层动脉瘤等疾病的诊断。

三、心导管技术在心功能分析中的应用

（一）右心导管检查

右心导管检查是将心导管通过外周静脉、上下腔静脉，送达右心房、右心室、肺动脉及其分支，以了解右心系统的血流动力学情况、压力变化情况和血氧含量、心排血量，从而达到对心脏功能判断和一些疾病的诊断。右心导管经静脉径路可选择静脉切开法和经皮静脉穿刺法，临床上多选用经皮静脉穿刺法。选择外周静脉多选用左/右股静脉、左/右锁骨下静脉、颈内静脉，通过右心检查可以达到以下目的：

(1) 右心房、右心室及肺动脉造影。

(2) 上、下腔静脉、右心房、右心室、肺动脉及其分支血管的压力测定和血氧测定。

(3) 导管通过一些异常通路,协助诊断心血管畸形疾病。

(4) 心脏电生理检查。

(5) 人工心脏起搏。

(二) 左心导管检查

左心导管检查是将心导管通过外周动脉送达主动脉或左心室,以了解左心系统及大动脉血流动力学情况和进行造影检查的方法,经静脉的径路亦可选择切开法和经皮动脉穿刺法。选择外周动脉多选择左/右股动脉、左/右桡动脉。通过左心导管检查可达到以下目的:

(1) 左心室造影测压,了解左室舒张末压及左室射血分数。

(2) 主动脉造影。

(3) 选择性冠状动脉造影。

(4) 特殊情况下的电生理研究、检查。

四、超声心动图

目前临床常用的心血管超声有 M 型超声心动图、二维超声心动图及多普勒超声心动图,由于该方法在临床实践中使用十分广泛,且操作简单、无创,又能为心血管疾病的诊断和心功能分析提供重要的信息,故这里重点介绍如下。

(一) M 型超声心动图

M 型属于辉度调制型,它是单一声束通过心脏各层面,以回声光点的形式反射回来,依其与体表距离的远近顺序显示在荧光屏上,同时通过仪器中慢扫描电路按时间顺序展开而得到心脏各层的运动曲线,显示心脏各界的厚度、距离、活动方向、速度和心动周期的关系。

(二) 二维超声心动图

二维超声心动图又称 B 型切面超声心动图,属于辉度调制型,即组织界面的回声以不同辉度的光点表示,多声束探头用电子相控或机械运转作扇形扫描,构成心脏二维切面图像,通过对心脏断层切面而显示解剖结构图像和实时运动情况,是其他超声心动图的基础。

(三) 多普勒超声心动图

多普勒超声心动图包括脉冲波、连续波和彩色多普勒血流显像三种类型。它根据多普勒效应的基本原理,将红细胞与探头之间的相对运动而产生的超声波频率变化通过快速傅里叶转化,以频谱的形式显示在荧光屏上,同时有高频信号输出,通过分析频谱的振幅、方向、时相和音调性质、响度来探测心内及大血管内血流的多种信息。

(四) 超声心动图在评价心功能的应用

应用超声心动图的方法来评价心功能在临床上以得到肯定,而且应用广泛,对各类心脏病患者心功能的评价以及对药物治疗和手术治疗患者近期和远期疗效的判定具有十分重要的作用。

1. 左心室收缩功能

(1) 左室短轴缩短率(fraction shortering,FS):由于左室在收缩短轴方向明显,所以用M型超声心动图的左室短轴缩短百分率可以较好地反应左室的收缩功能,正常成人为25%~35%。

(2) 左室容量变化指标:左室容量的变化可以直接反映左室的收缩功能和舒张功能的情况,利用超声心动图的方法可以对左室容量在心动周期中的变化做出较为准确的定量分析,从而对左心室功能状况进行评价。常用指标有:

1) 舒张末期容积(end diastolic volume,EDV),正常值为75~160ml。

2) 收缩末期容积(end systolic volume,ESV),正常值为24~75ml。

3) 每搏输出量(stroke volume,SV),SV=EDV-ESV,正常值为60~130ml。

4) 射血分数(ejection fraction,EF),EF=SV/EDV×100%,正常值为55%~70%。

5) 每搏指数(stroke index,SI),SI=SV/体表面积。

6) 心输出量(cardiac output,CO),CO=SV×心率,正常值4~6L/min。

7) 心脏指数(cardiac index,CI),CI=CO/体表面积,正常值为2.5~4.2L/(min·m^2)。

2. 左心室舒张功能 左心室舒张功能包括主动松弛功能和被动充盈功能。

(1) 主动松弛功能:主动松弛功能主要影响左室等容舒张期和快速充盈期。在舒张期前心肌的主动松弛作用以达到完全,因此测定左室等容舒张期和二尖瓣舒张早期血流频谱的变化可以评价舒张期左室心肌的主动松弛功能。

等容舒张期:从主动脉瓣关闭至二尖瓣开放的时间为左室等容舒张期。应用脉冲式多普勒可以从血流频谱中直接测定等容舒张期,由于左室等容舒张期内仅有左室心肌的主动扩张而没有心腔内血流充盈,所以等容舒张期越长,则说明主动扩张功能越差,相反,等容舒张期越短,说明左室主动扩张越好,等容舒张期受心率、左室前后负荷、左房功能、二尖瓣病变及左室功能的影响,正常值为0.80±0.02秒。

二尖瓣舒张期血流频谱常用指标有:①舒张早期最大峰值速度(E峰),峰值速度减低,表明左室舒张早期功能减退。正常值0.6~1.3m/s。②E峰血流加速时间。③E峰值血流减速时间。④舒张早期充盈分数。⑤E峰充盈时间。

(2) 充盈功能:心室舒张晚期包括缓慢充盈期和心房收缩期,是心肌不耗能、心室被动扩张的过程,取决于心肌顺应性和负荷状态,顺应性是硬度的倒数,心肌硬度增加,顺应性则减低,使得左室被动充盈功能减低。在二尖瓣舒张期血流频谱中,舒张晚期血流的改变,可以反应左室顺应性的情况。主要指标有:①舒张晚期最大峰值血流速度(A峰);②等容舒张时间;③A峰充盈时间;④舒张晚期充盈分数(AFF);⑤E/A比值。

五、组织多普勒成像技术的应用

组织多普勒成像(Doppler tissue imaging,DTI)是近年来发展起来的一项新技术,近年来该技术被广泛应用于临床分析心肌活动功能,为临床上心血管疾病的诊断和治疗提供了一种安全简便的监测手段。

DTI 是在传统的检查心脏内血流的彩色多普勒基础上,通过改变多普勒滤波系统,除去心脏内血流产生的高频移信号,只显示心肌运动产生的低频移信号。DTI 具有两大优势:第一,其高品质信号比血流信号有更高的时间、空间分辨率;第二,固有的数字信号系统保障客观、定量地分析节段性室壁运动。

DTI 技术近年在临床上用途包括:①评价心脏功能:DTI 技术通过直接从心肌组织中提取频移信号,可定量测定心肌运动速度,可直观敏感地测定心室收缩功能和舒张功能。②缺血性心肌病:通过定量评价心肌运动的异常,来了解缺血性心脏病人的心肌缺血部位及程度。③高血压病人的功能分析。④心肌病患者的心功能分析。⑤心脏电生理研究。⑥预激综合征。⑦束支传导阻滞。⑧起搏器植入者。⑨室性期前收缩。

组织多普勒能量信号具有很高的时间和空间分辨率,能定量地分析心动周期室壁运动速度的瞬间变化,即使是等容期内的低速运动,舒张中期的弹性回缩以及跨室壁速度差均能获得清晰信号,是分析心脏功能较得力的技术设施。

六、漂浮导管血流动力学监测术

心脏是全身血液循环的动力泵,心脏泵功能主要决定于心肌收缩力、前负荷、后负荷和心率等。应用漂浮导管术进行血液动力学监测,可准确评价心泵功能、循环阻力和血容量,为临床诊断提供可靠依据。

漂浮导管又称球囊血流导向导管,导管尖端附有球囊,充气后可以顺血流方向前进,比较容易进入右心室和肺小动脉,该导管由 Swan-Ganz 设计应用,故也叫 Swan-Ganz 导管。该导管由深静脉穿刺法进入右心系统,多选择颈内静脉、锁骨下静脉或股静脉穿刺径路。漂浮导管在气囊充气后,在心腔内可自动随血流前进,故不需要在 X 线透视下操作,可在床边操作应用,减少搬动患者及接触 X 线。位于导管前面的球囊,除其血流导向作用外,对心内膜刺激减小,从而减少心律失常的发生和心肌损伤。该导管功能齐全,可用来采血、测压及评价心功能。

漂浮导管术多用于急性心肌梗死合并泵衰竭。各类休克、心衰、心脏外科手术、多器官功能衰竭等危重患者的心血管功能分析,可监测如下指标:

1. 压力指标

(1) 中心静脉压:(central venous pressure, CVP)指胸内右心房压(或上下腔静脉压),正常值为 5~12cmH_2O,升高提示心功能不全,三尖瓣反流,心包填塞,血容量过多等,降低多见于血容量不足。

(2) 肺动脉压:(pulmonary artery pressure, PAP)正常值为 18~25/6~12mmHg,增高见

于左心衰、肺心病、肺栓塞、原发性肺动脉高压、左向右分流的先心病、二尖瓣狭窄或关闭不全等。降低见于血容量不足和肺动脉狭窄等。

（3）肺动脉楔嵌压：（pulmonary artery wedge pressure，PAWP）正常值为 6～12mmHg，PAWP 实际上是经肺静脉和毛细血管传导的左房压，升高见于左心功能不全及二尖瓣病变。

2. 心功能指标　①心排血量（CO）；②心脏指数（CI）；③每搏量（SV）；④每搏指数（SVI）；⑤左室每搏做功指数（LVSWI）；⑥右室每搏做功指数（RVSWI）。

3. 循环阻力　①肺循环阻力（PVR）；②体循环阻力（SVR）。

七、运动负荷试验

运动试验又称心脏应激试验（cardiac stress test），在临床上常常用于心脏病人评价预后，了解运动能力及心脏功能、冠状动脉的储备能力，判断患者冠心病的可能性、严重程度以及治疗效果，临床上常用的应激试验有三类：①分级运动（平板或踏车）试验；②药物应激试验［双嘧达莫（潘生丁）、多巴酚丁胺、腺苷等］；③食管心房调搏应激试验。通常需与心电图或超声、核素等影像诊断技术相结合来实施。

（一）心电图运动试验

目前临床上较常用的有分级活动平板运动试验和分级踏车运动试验，以分级活动平板运动试验更多用。平板运动试验与其他负荷试验的优势是：临床上很易普及，费用较低，能很好地评估心脏功能状态，对于冠状动脉疾病的中危人群，其诊断冠心病的敏感性和特异性较好。特点是与影像为基础的运动负荷试验相比，诊断心肌缺血的特异性和敏感性低，有些心脏外的原因使其在应用中受到限制，如运动障碍、呼吸系统疾病等。

平板运动试验需在运动前确定运动方案，根据试验者情况设定运动强度，然后根据运动中或运动后是否出现心绞痛、心电图 ST 段下移程度、血压是否下降、心率变化及是否出现心律失常等条件来综合判定是否阳性，了解受试者冠脉储备功能等。

1. 运动试验的适应证　①冠心病的辅助诊断；②估计心功能及运动耐量；③评价心肌缺血的程度及冠状动脉储备情况；④了解冠心病人手术及药物等治疗的效果；⑤心肌梗死患者的危险分层及评价预后。

2. 运动试验的禁忌证　①不稳定型心绞痛；②严重心律失常；③严重高血压；④重度心衰及严重心脏瓣膜病；⑤急性心肌梗死、心肌炎、心内膜炎等。

3. 运动试验的阳性标准临床意义

（1）阳性标准：①运动中或运动后出现心绞痛；②运动中或运动后出现 ST 段下移 0.1mV 以上或 ST 段抬高；③运动中或运动后出现血压下降或室性早搏。

（2）临床意义：心电图运动试验在高患病率的人群中敏感性和特异性均达到 85%以上，而在普通人群中敏感性和特异性较低，故不作为普通人群冠心病发生可能性的筛查试验，故该试验多用于临床上患病率较高的高危人群。在低运动量即出现心绞痛、ST 段下移明显且持续时间较长，或出现血压下降>10mmHg，ST 段抬高者多提示病情较重，预后较差。

(二) 超声心动图应激试验

包括超声心动图运动试验及超声心动图药物应激试验。药物应激试验常用药物有双嘧达莫、腺苷、多巴酚丁胺等。超声心动图运动试验的机制是运动诱发的心肌缺血时,心室局部运动异常比心电图ST段改变更早期而敏感,故对心肌缺血的诊断是更为敏感的影像学方法。超声心动图药物试验的机制是:双嘧达莫和腺苷均通过扩张正常冠脉而对病变血管扩张较轻的“窃血作用”而诱发心肌缺血,而多巴酚丁胺通过增加心肌收缩力,加速心率使心肌耗氧量增加来诱发心肌缺血,这些试验的敏感性和特异性均较高,但技术及设备要求也高于普通心电图运动试验。这些试验的具体方法、适应证、禁忌证、阳性标准及临床意义,这里由于篇幅所限,不做详述,详细可查阅相关专业书籍。

(三) 放射性检查应激试验

包括运动心肌灌注显像及药物应激心肌灌注显像,采用放射性核素(常用的有^{99}锝和^{201}铊)作用示踪剂,在运动时或用药物(双嘧达莫、腺苷)诱发心肌缺血后静脉注入示踪剂,采用核素显像仪器SPECT,进行采样分析,然后来评价心肌的缺血情况,临床上主要用于冠心病的诊断及鉴别诊断。

(曹世平)

第三节 微循环功能分析

微循环(microcirculation)是指微动脉与微静脉之间的微血管中的血液循环,是循环系统的最基层结构。一个典型的微循环由微动脉、后微动脉、毛细血管前括约肌、真毛细血管、直捷通路、动-静脉吻合枝和微静脉所组成。正常微循环的功能可以概括为三个方面:通过阻力血管(微动脉和毛细血管前括约肌)的作用参与调整全身血压和血液分配;通过交换血管(真毛细血管)进行血管内外物质交换;通过容量血管(微静脉)参与调整回心血量。其中微循环作为直接进行物质交换的场所,是维持器官和组织正常功能的前提。

从广义来说,微循环的概念除了血液微循环以外,还包括淋巴液和组织液的微循环,由于血红蛋白呈红色,镜下可以直接观察细动脉、毛细血管、细静脉内的血液流动。而淋巴液和组织液是透明的,不做特殊处理无法看清其流动。所以通常所说的微循环是指研究比较深入的血液微循环,也是人们研究较多、认识较为清楚的领域。

《生理学》教科书已经介绍了微循环的基本概念、功能及其调节,《病理学》和《病理生理学》的内容里也介绍了多种病理情况下微循环形态和功能变化的特征。在这一节“微循环功能分析”的内容中,我们将重点介绍基础和临床实验室观察微循环的方法和意义。

一、微循环观察的部位

微循环的观察包括了动物和人体微循环的观察。由于动物(主要是家兔、大鼠、小鼠、青蛙等)观察对象较小,可以在一定条件下进行有创的微循环标本准备,所以观察对象清晰,易于分析。大部分活体微循环形态的知识来自于动物微循环观察的结果。本章节也主要涉及动物微循环的观察。

动物微循环的观察的标本一般选择视野清晰的薄而透明的组织制备,如肠系膜、青蛙的颊膜、兔耳窗和眼底球结膜、经过手术剥离的大鼠脊斜肌和提睾肌等。

因为实体器官标本不透明,微循环的观察比较困难。有的实验室通过采用血细胞特异性染色的方法,结合显微电视技术,可以观察实体组织边缘或表面的微循环状态。近年来也有不少实验室和临床科室采用超声微泡技术观察心肌组织的微循环。该技术选用特殊的经静脉注射造影剂(以声振氟碳右旋糖酐白蛋白为代表),其特点是可以通过肺循环并灌注心肌,由于微泡直径小于红细胞,可自由灌注和通过心肌微循环。微波探头只接受超声激发造影剂产生的微波反射波频,因此可以在显示器上显示心肌微循环的状态。这种方法现在已扩展到其他实体器官如肾脏等微循环的观察上。

二、微循环观察的内容和技术

大体微循环形态学的观察包括血管的口径、血管密度、血流速度和血液流态等。不同的微血管各有特征,光学显微镜下就可以区分。细动脉、毛细血管、细静脉是连续管道,在活体观察时最好先找到毛细血管。

微循环观察最基本的技术就是活体显微镜技术。通过制备合格的微循环标本(见本书第五章),置于显微镜下进行观察。在显微镜技术的基础上,用电视摄像机将显微镜放大的微循环图像转变为视频信号,通过电视机进行观察,称为显微电视法。随着计算机技术的发展,许多实验室应用了计算机图像分析的方法,使显微镜下的微循环图像显示于电脑显示器上,进行清楚的观察,并可以录像或存盘,便于资料的保存和分析。

(一) 血管口径和张力等特征的观察

不同级别的血管口径和管壁厚度各有区别,微血管管径主要反映血管的收缩和舒张状态以及微循环的灌流情况,测量指标有微血管的内径、外径和管壁厚度。微血管管壁厚度的变化还可以反映管壁细胞,特别是内皮细胞有否水肿等(图 9-1)。

1. 毛细血管 毛细血管壁的基本结构是由内皮细胞、基底膜、外周细胞组成,直径约为 5~8μm。不同的组织器官中,毛细血管又可以分为以下几类:

(1) 网状毛细血管:微血管中管径细、互相吻合成网的是网状毛细血管。其走行弯曲给人以柔软圆滑的感觉。网状毛细血管血流慢,成粒流,其流速以至血流方向可以随着循环状态和局部自主调节发生改变。

(2) 分枝毛细血管:分枝毛细血管位于网状毛细血管上游,管径细,走行较直,分枝成网状毛细血管。分枝毛细血管血流快,呈线流,给人以紧张的感觉(图 9-2) 。

(3) 集合毛细血管:由数个网状毛细血管汇集而成,管径较前者粗,其走行弯曲多、分支多、途径较短,血流速度较慢,为线粒流,注入细静脉。

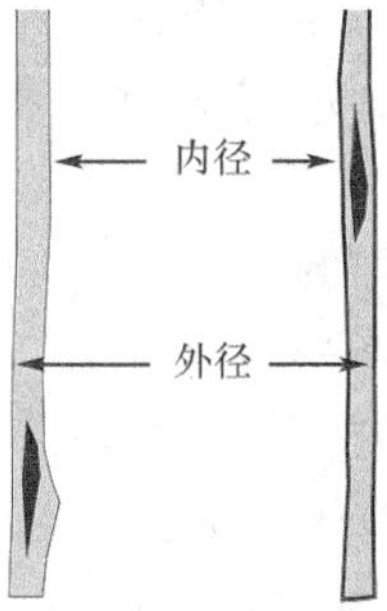

图 9-1 微血管管径测量模式图

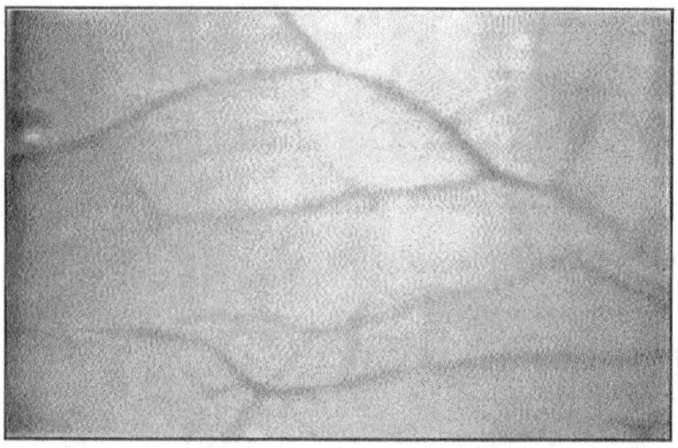

图 9-2 光学显微镜下的提睾肌微循环图像

2. 细静脉 活体标本上,细静脉最重要的辨别标志是汇集血管。细静脉分段汇集多个集合毛细血管的血流,管径较粗,一般为 15~50μm,管壁较薄,走行略有弯曲,给人以松软的感觉,血流速度明显快于集合毛细血管,一般为线粒流。

3. 细动脉 活体标本上,细动脉最重要的标志是分支血管。多数脏器和部位的细动脉和细静脉并行,管径约为并行细静脉的 1/3~1/2。管壁较厚,走行刚健,分枝较少,血流速度快,为线流。

4. 动静脉短路枝 动脉血不流经毛细血管,通过直通血管直接注入细静脉和小静脉。这种直通血管称为动-静脉短路枝。其数量和形态(管状短路枝或球状短路枝)因脏器、部位不同而异。

5. 微淋巴管 一般活体观察不易看到微淋巴管,大鼠肠系膜活体观察时,通过观察有形成分和瓣膜的活动,可以看到并行于小动、静脉间的淋巴管及淋巴液和淋巴细胞的流动。应用特殊的技术或在病理条件下,可以观察到小鼠耳郭、小肠绒毛或肠壁的微淋巴管。

(二) 血流速度的观察

循环系统各部位的血液流速(velocity)是不同的,由于测量方法不同,各家的结果也不尽相同。作为参考数据,主动脉的血流速度为 400~800mm/s;腔静脉的为 150~300mm/s;属于微循环范畴的细动脉流速为 1.7mm/s;毛细血管流速为 0.4mm/s;细静脉流速为 0.9mm/s。除了可以通过显微镜粗略地对血流速度进行观察外,还有精确和复杂的血流速度的测量方法。

1. 半定量法 根据田牛等的经验,光学显微镜下进行微循环活体观察时,可以通过目测半定量地将流速分为七种等级,但本法判断时受主观因素影响,测量误差很大,只能用作粗略的描述。

(1) 线流:血流快,呈光滑的索条状,毫无颗粒感。

(2) 线粒流:血流快,呈光滑的索条状,稍有颗粒感。

(3) 粒线流:血流较快,连续成线,有明显颗粒感。

(4) 粒流:血流较慢,如泥沙流。

(5) 粒缓流:血流呈泥沙状,连续缓慢流动。

(6) 粒摆流:血流呈泥沙状,前后摆动,仍能向前流动。

(7) 停滞:血流停滞不动。

小动脉、细动脉为线流，网状毛细血管多为粒流，集合毛细血管多为粒线流，细静脉多为线粒流或粒线流。需要指出，脏器部位不同，血流速度差别较大。当然病理情况下血流速度变化明显。

2. 显微电视法测量血流速度　用上述的显微电视显示微循环血流，从电视荧光屏上感受血流的光度变化，采用双缝光密度法、双窗口法和逐行采样法，可以记录血流速度，此法较上述的半定量测量方法误差小，可用于血流速度的连续测量。但由于受到摄像机取样（扫描）速度的限制，只能测定一定范围内相对较慢的血流速度（1.5~2.0mm/sec 以下的速度）。

3. 红细胞相关跟踪法　本法利用特制的红细胞相关跟踪指示仪，由一个微细的纤维探头放在摄像机之前取样，感受红细胞的流动变化，因此不受摄像机采样速度的限制，可以测量较快的血流速度（80mm/sec 以下的速度）。

4. 激光流速计　当激光照射到相对运动的物体上时，被物体散射（或反射）的光的频率将发生改变，这种现象称为多普勒效应。根据多普勒效应的原理，1964 年发明激光多普勒流速计（laser Doppler velocimeter, LDV）以来，LDV 的技术已用于多种物体的流速测定。LDV 的特点是：①非接触型的测定，不造成组织损伤；②反应快，易于追随流速的变化；③测速范围较宽。其特点是装置复杂，在工程上较难得到高的信噪比。

（三）血管密度的观察

目前，一般用单位面积内毛细血管数的测量代表微血管的密度，其测量方法有三种：

1. 直接计数法　选择好适当的部位，用显微镜目镜测微尺或在电视和电脑荧光屏上直接计算与测微尺相切的毛细血管数，然后换算成根数/mm。

2. 十字相乘法　选择好适当的部位，用测微尺计算纵行切过毛细血管数（A，根数/mm），移动测微尺 90°，计算横切过的毛细血管数（B，根数/mm），取两者的几何平均值，N=开方 AB（根数/mm）。

3. 毛细血管网交点计数　取面积约 $1mm^2$ 的固定区域，此区域由微血管围成边界，计算此区中毛细血管与边界（血管）的交点数，未与边界相交的血管不计算在内。图 9-3 中示意可见毛细血管计数为 5。

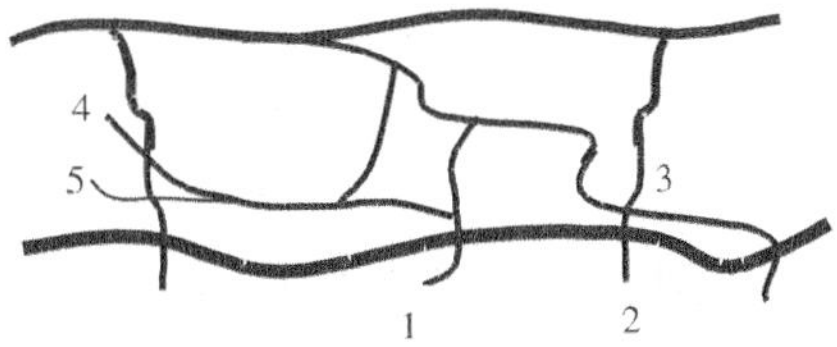

图 9-3　毛细血管网交点计数

4. 功能性毛细血管密度（functional capillary density，FCD）　FCD 指的是单位面积内具有红细胞流动的毛细血管总长度，是反映组织血流供应是否充足的重要指标，在病理情况下，是组织能否存活的一个关键。在实践中有对活体单层透明组织 FCD 的算法，精确的测量方法是：用显微电视法显示欲观察部位的微循环，在电视监视器上用线条划分方格。在每一观察视野随机选择 5 格方格，计算方格线与流动的毛细血管交接的数目，用公式算出 FCD。对于非活体标本，有采用体视学的方法测定特定组织单位体积内毛细血管密度的方法。

（四）微血管血液流态的观察

微循环要维持正常的血液灌流，必须具备正常的流态（flow status）。影响血液流态的主要因素包括微血管舒缩功能、血浆和各种血液有形成分的形态、功能等。对这些内容的深入研究已经发展为一门新的学科“血液流变学(hemorheology)”,它是一种研究血液流动和变形规律的科学,主要研究内容包括血液的黏滞性、流动性、聚集性和凝固性等。

1. 血小板的流态 正常情况下,血小板不会在微血管壁上发生黏附和聚集。炎症、创伤、感染等病理情况下,在骨骼肌、肠系膜、肠壁及肺部的微血管中可见血小板聚集体和微血栓。

2. 白细胞流态 正常微循环中,血液有形成分位于轴流,血浆构成边流。在微静脉中可有少量白细胞附壁滚动,但并不黏着于血管壁。白细胞直径为 8~10mm,当它通过 5~7mm 的毛细血管时,必须改变形状。由于白细胞有细胞核,具有较高的黏性系数,不能像红细胞那样折叠弯曲,只能以长柱方式变形,正常时通过毛细血管所需时间比红细胞长,但没有嵌塞和血流停滞的现象。多种病理情况下如各种原因导致的缺血缺氧、炎症、创伤等可出现白细胞黏着固定于微静脉壁和嵌塞毛细血管,增加了微循环流出通路的血流阻力,促使毛细血管中血流淤滞。

3. 红细胞流态 正常红细胞可塑性最大,在 8mm 的红细胞通过毛细血管时,可折叠弯曲形成各种形状。病变时可出现红细胞的变形力(可塑性)明显降低,不易通过毛细血管;休克时还会发生红细胞的聚集。轻者 4~5 个红细胞聚集成团,血液呈现泥沙状;严重时 20~30 个红细胞聚集叠连呈缗钱状,血浆和红细胞出现分离现象,有的微血管中只有血浆通过,血液分层流动,出现血液的泥化 (blood sludge) 现象,使血循环淤滞堵塞。

4. 血浆流态 正常时,红细胞在通过直径比它小得多的毛细血管时,并未完全“填塞”,即在红细胞与毛细血管壁的内皮细胞间实际上还存在一定的空隙,形成边缘血浆层。休克等病理情况下由于红细胞变形能力降低可导致红细胞与血管壁间的边缘血浆层消失。并可能出现上述的血浆和红细胞分离现象。

(五) 微循环血流量的测量

1. 组织血流量的测定 采用激光多普勒血流计,可以测量一定面积范围内组织血流量的大小。激光通过探头的光学纤维到达组织。测量时,激光射在被测组织上,遇到运动的血细胞,频率和波长发生改变,这就是多普勒效应。频率和波长的变化与被测组织体积内运动血细胞的浓度和血细胞的平均速率有直接的关系,也就是与血流灌注量有关。

因为测量体积与组织有关,激光多普勒仪测量值不能以灌注的绝对值[即 ml/(min · 100g)]表示,比如在皮肤上测量的典型体积是 $1mm^3$。测量值用灌注单位(PU)来表示,它与绝对灌注量呈线性相关。

2. 单根血管血流量的测量 较大血管(如颈总动脉、肾动脉等)血流量的测量可以借助激光多普勒血流计(laser-Doppler flowmetry, LDF)进行直接的测定。该系统利用一个光纤探头,探头大小需与欲测量血管直径相当,并被置于与血管尽量接近的位置,感受血流量后,信号通过光纤与 LDF 连接,通过信号处理直接获得该血管的血流量 (ml/min)。

由于微循环血管口径微细,现有技术未能把激光探头制备得能够适应其粗细,因此,无法直接测量微循环单根血管的血流量。但可根据所测得的该血管的内径和平均血流量间接计算出来。

假设微血管的内半径为 R,则其截面积 $A = \pi R^2$。如果该段血管段的平均血流速度为

V_{mean},那么,该血管的血流量 $Q=V_{mean}\times A$。一般测得的血流速度为轴心血流速度(V_{cl}),较血管壁附近的流速快,需换算为平均血流速度。而根据科学推算,$V_{mean}=(1/1.6)\times V_{cl}$,所以血流量 $Q=(1/1.6)V_{cl}\times\pi R^2$。

(六) 微循环的特异性观察

随着细胞生物学和分子生物学技术的发展,微循环研究内容的深度和广度都大大地扩展了。因此也要求微循环观察技术有进一步的发展。

游离灌注微血管模型的制备和观察:本技术源于对游离大血管张力变化的观察方法。本模型选用欲研究器官的组织,通过显微外科和体外灌流技术,分离和灌注微循环范畴内的微血管(微动脉的口径一般是40~100μm,微静脉为40~60μm,长度为0.8~1.2mm),无分支的微血管。主要观察微动脉口径的改变;结合计算机图像分析技术可以定量检测微静脉通透性的变化。本技术有如下特点:可严格而恒定地控制微血管内液体流动所致的各种物理因素的变化(包括跨壁压力、流速和流量等),并避免整体观察中并随出现的神经、体液因素的干扰,从而观察某种因素或药物对微血管张力或通透性的直接影响。

微血管特异细胞类型的观察:通过采用免疫组化的方法,可以对组成微血管的平滑肌细胞、内皮细胞和周细胞等进行特异性荧光染色。如用α-actin(显示红色)和神经元-胶质细胞抗原2(neuron-glia antigen 2,NG2,显示绿色)双重染色微血管后发现,微动脉平滑肌细胞因为同时表达α-actin和NG2而呈橘黄色;微静脉平滑肌细胞因为只表达α-actin,不表达NG2而呈红色;毛细血管因为缺乏平滑肌细胞,血管周细胞大量表达NG2而呈现绿色。因此,在荧光显微镜下可以清楚地区分血管类型,并可以进一步分析微血管网络在血管重建和再生中的特点。内皮细胞也有不同的特异性分子标记物,可以根据其特点进行染色观察。血细胞的特异性染色观察:对微循环中白细胞和血小板进行特异性荧光染色,可以观察其在微血管中滚动、附壁和黏着的发生和特点,甚至计算这些现象发生和维持的时间。是研究炎症条件下炎性效应细胞(包括白细胞、内皮细胞和血小板等)相互作用的有用工具。

三、临床人体微循环的观察

目前虽然观察人体微循环的部位有十余个,包括甲襞、球结膜、舌尖、唇、牙龈等。但最常用的并且基本能够反映全身微循环状态的主要是甲襞和眼球结膜两个部位。

(一) 甲襞微循环的观察

甲襞是覆盖在手指甲根部的皮肤皱褶。其表皮薄,透光性好,微血管表浅。上皮下为真皮乳头,每个乳头内一般有一支毛细胞血管走向表皮,逐渐与表皮平行,因为此毛细血管呈袢状如发夹,又称毛细血管袢,在显微镜下容易看见。因此,甲襞是观测人体微循环状态的最好窗口。观察手指甲襞在仪器的要求上也不高,操作方便,甲襞便成为临床微循环观察最常用部位。

正常的甲襞微循环应图像清晰、畸形血管少、无明显血管痉挛或扩张,不应有白色微血栓及明显的红细胞聚集或流速过缓,血管周围状态应无出血或组织液过多。病理情况下会有管袢数的减少、排列紊乱、口径变化、血液流态改变和渗出等。甲襞微循环景象受光源、皮肤厚度、气温、活动状态等影响,也要注意易混淆的指标如白色微血栓及血浆柱的鉴别。如果发现有关指标异常,则应以一侧为主,还要结合对侧进行观察。

(二) 球结膜微循环的观察

眼球结膜是覆盖于眼球前面的一层膜,结膜薄而透明,血管表浅。其下方为巩膜,结膜与巩膜,红白对比,景象清晰,可以清楚地看到微循环的整个流程。球结膜的血管大部分属于颈内动脉的分支,它的变化在一定程度上可以反映颅内血管的状态。因此,观察球结膜微循环有助于为脑血管、心血管等疾病的诊断、治疗和病情监控提供信息。

目前临床微循环的检查尚有一定的局限性,但毕竟方便无创伤,且能直接了解微循环障碍的程度,能及时发现病情的变化,对指导治疗、评价疗效,估计预后有着重要意义。

四、微循环观察的意义

通过采用上述微循环观察的方法和技术,结合其他细胞生物学和分子生物学的研究手段,在整体、器官、组织、细胞甚至分子水平观察微循环及其组成成分的形态和功能变化,可以不断探索多种微循环相关的科学课题,如血管新生和形成,物质的跨血管转运和交换,细胞流变学的改变,内皮细胞功能和代谢,内皮细胞与周围细胞、白细胞和血小板的相互作用,血管张力的调节、氧气和二氧化碳的交换过程以及微血管的结构等,从而阐明与微循环有关的生理学、生物物理、生物工程、遗传学、细胞生物学、生物化学和分子生物学的问题,从微循环的角度探讨疾病发生发展的规律。

参 考 文 献

田牛.2004.微循环学.北京:原子能出版社.12

赵克森.2000.微循环与健康.北京:科学出版社

Feinstein SB, Ong K, Staniloff HM, et al.1986. Myocardial contrast echocardiography: examination of intracoronary injections, microbubble diameters, and video-intensity decay.Am J Physiol Imaging, 1(1):12~18

Feinstein SB.2004. The powerful microbubble: from bench to bedside, from intravascular indicator to therapeutic delivery system, and beyond.Am J Physiol Heart Circ Physiol, 287(2):H450~H457

Vetterlein F, Schmidt G.1980.Effects of isoprenaline on functional capillary density in the subendocardial and subepicardial layer of the rat myocardium.Basic Res Cardiol, 75(4):526~536

Yuan Y, Chilian WM, Granger HJ, et al.1993. Permeability to albumin in isolated coronary venules.Am.J.Physiol, 265 (Heart Circ.Physiol.34): H543~H552

Murfee WL, Skalak TC, Peirce SM.2005. Differential arterial/venous expression of NG2 proteoglycan in perivascular cells along microvessels: identifying a venule-specific phenotype.Microcirculation, 12(2):151~160

Mordon S, Begu S, Buys B, et al. 2002. Study of platelet behavior in vivo after endothelial stimulation with laser irradiation using fluorescence intravital videomicroscopy and PE gylated liposome staining.Microvascular Research, 64(2):316~325

(黄巧冰 刘杰)

第四节　肺功能检查的临床应用

呼吸的生理功能是进行气体交换,从外环境摄取氧,排出二氧化碳。肺循环与肺泡之间的气体交换称为外呼吸,体循环与组织细胞之间的气体交换为内呼吸。肺的呼吸功能主要指外呼吸而言。

肺功能检查可对受检查者呼吸生理功能的基本状况做出质与量的评价,明确肺功能障碍的程度和类型,观察肺功能损害的可变性,对探索疾病的发病机制、病理生理、明确诊断、指导治疗、判断疗效和疾病的康复、劳动力鉴定以及评估胸部大手术的耐受性等都有重要意义;但是,由于肺功能的巨大代偿能力,即便是严重致命疾病如肺癌,若部位较局限,肺功能也可正常。因此,对检查结果的评价,必须结合病史、体检及其他辅助检查资料,才能发挥其积极作用。

一、通气功能检查

(一) 肺容积

肺容积(lung volume)是指安静状态下,测定一次呼吸所出现的容积变化,不受时间限制,在理论上具有静态解剖意义,是最基本肺功能检查项目。其组成共有八项,其中潮气量、补吸气量和残气量四项,称为基础肺容积(basal lung volume);另四项为深吸气量、功能残气量、肺活量和肺总量(total lung capacity,TLC)。潮气量和肺总量可用肺量计直接测定,而残气容积和肺总量则需先测定功能残气量后求得。

1. 肺量计测定和肺量图分析　肺量计是测量呼吸气量的仪器,类型很多,以水封筒式最简单。呼吸时将浮筒升降幅度描绘在按一定速度水平走向的记录纸上,所得曲线称肺量图。潮气容积、深吸气量、补呼气容积和肺活量等可用计直接测得,并做出容积变化图。

(1) 潮气量(tidal capacity,TC):为一次平静呼吸,进出肺内的气量。正常人约500ml。

(2) 深吸气量(inspiratory capacity IC):为平静呼气末尽力所吸入的最大气量,即潮气容积加补吸气容积;在肺量图上是位于平静吸气基线以上的肺活量部分,正常人IC应占肺活量的上2/3约为补呼气容积的2倍,是肺活量的主要组成部分。正常男性约2600ml,女性约1900ml。

(3) 补呼气量(expiratory capacity,ERV):为平静呼气末再用力呼气所呼出的气量。正常男性约910ml,女性约560ml。

(4) 肺活量(vital capacity,VC):有两种测定方法,一期肺活量为深吸气末尽力呼出的全部气量。正常男性约3470ml,女性约2440ml。受胸廓与肺弹性、呼吸肌与肺实质病变等影响,可使其减少。在慢性阻塞性肺病患者,做一期肺活量测定时,常由于胸内压增高使小气道陷闭,致肺泡呼气不尽而使ERV减少;故欲准确测定,应测分期肺活量,即将相隔若干次平静呼吸所分别测得的IC加ERV。

2. 功能残气量及残气量测定　功能残气量(function residual capacity,FRC)及残气

容积(residual volume,RV)是平静呼气后和最大深呼气后残留于肺内的气进行气体交换。FRV=RV+ERV,FRV、RV的意义在于呼气后肺泡内仍有足够的气量,继续进行气体交换。

FRC和RV均不能用肺量计直接测得,而需应用气体分析方法间接测算,测定气体要求不能与肺进行气体交换。一般常用氦气、氮气。

正常FRC:男性约2270±809ml,女性约1858±552ml;RV:男性约1380±631ml,女性约1301±486ml。增加见于肺气肿,减少弥漫性肺间质纤维化等病。

正常人呼吸功能的储备能力很大,受性别、年龄、身高、体表面积等因素影响,肺容积的个体差异很大,故在判定结果时通常将实测值与同性别、同年龄、同身高的正常人预计值进行比较,以其相对值即实测值占预计值百分率作为评估依据。

VC实测值占预计值%,正常为100%±20%,<80%为减退。残气容积常以其占肺总量的百分比即RV/TLC%作为判定指标,正常一般<35%,但老年人有时可超过50%。

(二) 通气功能

又称动态肺容积,是指在单位时间内随呼吸运动进出肺的气量和流速。凡能影响呼吸频率和呼吸幅度的生理、病理因素均可影响通气量。进入肺的气量,部分存留在气道内参与气体交换,称无效腔气即死腔气(dead space,VD),部分进入肺泡参与气体交换,称为肺泡通气量(alveolar ventilation,VA)。

1. 肺通气量

(1) 每分钟静息通气量(minute ventilation,VE):是静息状态下每分钟出入肺的气量,等于潮气容积×每分钟呼吸频率。正常男性约6663±200ml,女性4217±160ml。>10L示通气过度,<3L示通气不足。平静潮气容积中,约25%来自胸廓肋间肌的收缩,75%依靠膈升降运动完成。因此潮气容积大小不仅与年龄、性别、身高、体表面积有关,且受胸廓与膈运动影响。

(2) 最大通气量(maximal voluntary ventilation,MVV):是以最快呼吸频率和最大呼吸幅度呼吸1分钟取得的通气量。为减轻患者负担,测定时间一般取15s将测得通气量乘以4即得。正常男性约104±2.71L,女性约82.5±2.17L,通常亦应根据实测值占预计值%进行判定。占预计值%低于70%为异常。凡影响呼吸力学包括呼吸肌和体力强弱、胸廓、气道及肺组织的病变均可使之降低。是临床上常用通气功能障碍考核指标。但作为通气功能储备能力的考核指标,多以通气储量百分比表示,它常用于胸外科术前功能状况的评价及职业病劳动能力鉴定等。

正常值应大于95%,低于86%提示通气功能储备不佳。

(3) 用力肺活量(forced vital capacity,FVC):过去称时间肺活量,是深吸气后以最大用力、最快速度所能呼出的气量。正常人FVC=VC;有通气阻塞时,由于随深吸气时胸廓腔内压升高,在迅速用力呼出时,压迫原来通气阻塞的小气道,致用力呼出气量减少,FVC<VC。此外,自用力呼气肺活量描记曲线上可计算出第1、2、3秒所呼出气量及其各占FVC的百分率。正常值分别83%、96%、99%,正常人在3秒内可将肺活量几乎全部吸出。阻塞性通气障碍病人呼气时间延长,故每秒呼出气量及第1秒用力呼出量(FEV_1)及1秒率($FEV_1\%$)

作为判定指标，其正常值，前者男性约为3179±117ml，女性约3214±48ml；后者均大于80%。

此外，可由FVC曲线计算最大呼气中段流量（maximal midexpiratory flow curve，MMEF、MMF）。方法是将FVC曲线起、止两点间平行垂直分为四等份，取其2/4段的肺容量与其所用的呼气时间、相比所得之值。正常男性约为3.369L/秒，女性约2.887L/秒。因曲线中间部分对"用力"的依赖性最小，对周围气道疾病的早期较敏感，曲线的最后部分对于已有呼吸困难者往往不能正确地完成，故MMEF比FEV_1%能更好地反映小气道阻塞情况。

2. 肺泡通气量（alveolar ventilation，VA） 是指单位时间每分钟进入呼吸细支气及肺泡的气量，只有这部分气量才能参与气体交换。正常人潮气容积为500ml，其中在呼吸性细支气管以上气道中的气量仅起传导作用，不参与交换，此部分气量称解剖无效腔即死气（VD），约150ml。但进入肺泡中气体，若无相应肺泡毛细血管血流与之进行气体交换，也同样会产生死腔效应，称肺泡无效腔。解剖无效腔加肺泡无效腔，正常情况下解剖无效腔与生理无效基本一致，因每分钟肺通气量（VE）=每分钟肺泡通气量（VA）+每分钟无效腔气量（VD），在相同通气条件下，无效腔愈大，肺泡通气量愈小。每分钟肺泡通气量=（潮气容积-无效腔）×呼吸频率/分。可见通气效率受到潮气容积与无效腔比率的影响，正常无效腔气/潮气容积（VD/VT）为0.3~0.4，比值小则有效通气量增加，比值大则有效通气量减小，故浅速呼吸的通气效率逊于深缓呼吸。

3. 气体分布（gas distribution） 肺泡是气体交换的基本单位，肺要取得最大气体交换效率应该是吸入气能够均匀分布于每个肺泡。但事实上，即使健康人，由于胸腔内压的分布存在区域性差异，胸腔负压以0.025kPa/cm（0.26cmH_2O/cm）的梯度自肺尖向肺底部递减，不同肺区间区通气率不尽一致，以及气体在终末肺单位内呈层状分布状态，肺泡内通气分布不可能绝对均匀。当临床上气道阻塞和胸肺顺应性改变时，这种通气分布差异更为明显，甚至在肺功能测定尚无阻塞性或限制性通气障碍的早期即可表现出来。

气体分布测定有直接的放射性核测定，方法虽然简单，但设备和技术要求高，难以推广。间接测定常用吸入纯氧后测定呼出气的氮浓度作为判定指标，其中又以一口气呼出气体被引入快速氮分析仪，连续测定呼气氮浓度，并描记出肺泡氮浓度曲线。健康吸入纯氧在肺内均匀分布，不同肺区泡内氮被吸入纯氧稀释后浓度接近。呼气氮浓度变化，先出现无效腔纯氧，呼出氮浓度为零（平段）；随后肺泡气呼出，氮浓度陡升；待肺泡持续排气，由于各部肺泡氮浓度相仿，浓度曲线又出现相对平坦段。测定指标以呼气750~125ml的瞬间氮浓度差为准。正常<1.5%，70岁老人可达3.0%。若利用重复呼吸7分钟氮洗法测定，正常则<2.5%。

（三）临床应用

1. 通气功能的判定 通气功能测定是肺功能测定的最基本内容，也是一系列肺功能检查中的初筛项目，通常根据FVC、MVV和VC测定，并结合气速指数，对通气功能做出初步判断。

$$气速指数=\frac{MVV\ 实测值/预测值\%}{VC\ 实测值/预测值\%}$$

正常气速指数为1。

临床主要根据VC或MVV实测值占预计值%和FEV_1%判断肺功能状况和通气功能障碍类型。

(1) 肺功能不全分级:见表9-1。

(2) 通气功能障碍分型:见表9-2。

表9-1 肺功能不全分级

	VC或MVV实/预%	FEV_1%
基本正常	>80	>70
轻度减退	80~70	70~61
显著减退	70~51	60~41
严重减退	50~21	≤40
呼吸衰竭	≤20	

表9-2 通气功能障碍分型

	阻塞性	限制性	混合性
FEV_1%	↓↓	N*或↑	↓
MVV	↓↓	↓或N*	↓
VC	N*或↓	↓↓	↓
气速指速	<1.0	>1.0	=1.0

*正常

以上的通气功能主要反映气道内径>2.0mm的大气道通气状况,阻塞性通气功能障碍特点是以流速(如FEV_1%)减低为主,限制性通气障碍则以肺容量(如VC)减少为主。

2. 阻塞性肺气肿的判定 根据RV/TLC%结合肺泡氮浓度测定,对阻塞性通气功能障碍所致肺气肿情况,做如下判定(表9-3)。

表9-3 阻塞性肺气肿的考核标准

	RV/TLC(%)	平均肺泡氮浓度(%)
无肺气肿	≤35	2.47
轻度肺气肿	36~45	4.43
中度肺气肿	46~55	6.15
重度肺气肿	≥56	8.40

3. 气道阻塞的可逆性判定 当肺功能测定有FEV_1%降低示气道阻塞表现时,可在给病人吸入羟四异丁肾上腺素(沙丁胺醇)后15~20分钟,重复测FEV_1%或FEV_1%,按下列公式计算其通气改善率,以判定气道阻塞的可逆性,有助于临床诊断和疗效判定。

$$通气改善率=\frac{用药后测得值-用药前测得值}{用药前测得值}\times100\%$$

改善率>15%,判定为阳性,15%~24%轻度可逆,25%~40%示中度可逆,>40%高度可逆。支气管哮喘患者改善率至少应达到15%以上,慢性阻塞性肺病患者改善率则不明显。

二、换气功能检查

(一) 通气/血流比例(ventilation/perfusion,V/Q)

进入肺泡的气体与流经肺泡周围毛细血管血液进行气体交换,所以有效的肺泡气体交换不仅要求有足够的肺泡通气量和气体在肺内的均匀分布,且需要充分的血流量相匹配。正常肺泡通气量约4L/min,肺血流量约5L/min,二者比例为0.8,此时,换气效率最佳。正常肺各部的通气、血流和V/Q比例因受重力、体位和肺容积变化的影响,存在区域性差异,但生理上通过精巧的调节,使整个肺的V/Q取得适宜比例,以保证最大换气效率。当血流减少时,则该部的小气道即收缩,以减少通气,反之,通气减少时,灌注肺泡血流量因小血管收缩而下降。可见分布不均可借 V/Q 比例协调取得代偿。在病理情况下,局部血流障碍时,进入肺泡的气体,由于没有充分血流与之交换(比例>0.8),致使无效腔气增加。反之,局部气道阻塞,V/Q 比例<0.8,部分血流因无通气与之交换,成为无效灌注,而导致静、动脉分流效应。不论上述哪种异常,如引起总的 V/Q 失调时,都会影响换气功能,导致缺氧,除非同时伴有严重通气不足,其后果主要是缺氧,并无 CO_2 潴留,甚至动脉血 CO_2 还低于正常。这是因为:①静、动脉分流时,由于静、动脉血的 O_2 分压和 CO_2 分压差分别为 8.0kp(60mmHg),两者相差 10 倍之多,故静、脉血分流进入动脉,O_2 分压下降的程度远远大于 CO_2 分压的升高。②因缺氧而反射性引起呼吸加深加快产生通气代偿,能够增加通气量的肺泡,只限于 V/Q 比例正常或大于 0.8 的肺泡;但原来流经这些肺泡血流中的血红蛋白氧饱和度(SaO_2)已近饱和,肺泡通气和肺泡氧分压(PAO_2)的进一步增加,并不能相应提高血氧含量,不能代偿由 V/Q<0.8 所致,而 CO_2 离解曲线呈直线,随肺泡通气量增加,肺泡 CO_2 分压(PAO_2)下降,却能使大量 CO_2 自血中排逸。

V/Q 比例失调是肺部疾病产生缺氧的主要原因。临床上见于肺实质、肺血管病变,如肺炎、肺不张、呼吸窘迫综合征、肺栓塞和肺水肿等。

V/Q 比例目前尚无直接简便的测定方法,1974 年 Wagher 创造的应用 6 种不同溶解系数的示踪惰性气体,在电子计算机配合下,于恒速静脉滴注后测定其在动脉血和呼出气中示踪物的含量,可获得通气、血流和 V/Q 分布的连续变化曲线,在基础研究和临床应用上均有重要意义。但因设备和技术原因,目前尚难推广应用。

(二) 弥散功能

气体分子通过肺泡膜(肺泡毛细血管膜)进行交换的过程称弥散(diffusion,DL)。因 CO_2 弥散能力很强,为氧的 21 倍,故不存在弥散功能障碍,临床上弥散功能障碍主要指氧弥散障碍,后果是缺氧。肺泡弥散以弥散量作为指标,它是指肺泡膜两侧气体分差为 0.133kPa(1.0mmHg)时,每分钟所透过的该气体量(ml)。弥散量大小与肺泡膜的面积、厚度(距离)、膜两侧气体分压差、气体分子量及其在弥散介质中的溶解度有关。凡能够影响上述诸因素之类疾病,均可致氧的弥散障碍而产生缺氧。如肺组织广泛损害、肺淤血、肺水肿、肺间质纤维化等均可使弥散量减少。目前,临床常用 CO 吸入法测定弥散功能,因为 CO 具有与氧分子相类似的特性,在血液中溶解度大于肺泡间隔介质中浆内几无 CO;因此,吸入少量 CO(浓度 0.1%~0.3%)后,利用它通过肺泡膜后与红细胞中血红蛋白迅速牢固结合,血浆 CO 分压立即降为零,可忽略不计,根据单位时间内 CO 吸收量和肺泡 CO 分压,即可算出 CO 弥散量。用 CO 单次呼吸法测定弥散量,正常值 198.5~276.9ml(kPa · min)[26.47~36.92ml/(mmHg · min)]。

三、小气道功能检查

小气道功能(small airway function)为区域性肺功能(regional lung function)的一种。小气道是指在吸气状态下内径≤2mm 的细支气管(相当于第 6 级支以下),包括全部细支气管和终末细支气管,是许多慢性肺疾病早期容易受累的部位。它们数量多、总横截面积大,气流速度慢、阻力小,仅占气道总阻力的20%以下。因此,当它发生病变时,临床上可无任何症状和体征,而常用的肺功能检查项目又不能敏感反映小气道阻力的异常变化,当出现临床症状和大气道阻力增加时,病变已有较大发展。以下介绍的小气道功能检查方法,对早期发现,诊断小气道病很有意义。

(一) 闭合气量(closing volume,CV)

闭合气量是指从TLC位一次呼气过程中肺低垂直部位小气道开始闭合时所能继续呼出的气量,而小气道开始闭合时肺内留存的气量则称为闭合总量(closing capacity,CC)。

1. 测定原理 人在直立或坐位时,因受重力影响,胸腔内负压自肺尖向肺底呈梯度递减,导致吸入肺内气体在时间上和数量上的分布差异。由于上肺区肺泡负压大于下肺区,故吸入气先进入上肺区,后进入下肺区。深吸气,在吸气末上肺区先终止扩张、充气时,下肺区肺泡继续扩张充气,故充气时间长、充气量多。深呼气,由于胸内压自上而下呈梯度递增,故下肺区肺泡排气先于上肺区,继而上、下肺区同时排气。待接近呼气末期,下肺区因胸内压高于上肺区,该区小气道先被挤压而陷闭。测定方法有两种,即①氮气法(N_2method)或一口气氮测定法(single breath nitrogen test);②氦气法(He bolus method)。

2. 氮气法 是受检者深呼气后作深吸气,持续吸入纯氧至TLC位,由于下肺区充气多上肺区,故纯氧吸入后,下肺区肺泡氮浓度低于上肺区。在呼气时,以函授记录仪描绘呼气量与呼气瞬间氮浓度的关系,会得到4相曲线。Ⅰ相为无效腔气,氮浓度为零;Ⅱ相为无效腔与上下肺气泡气混合气,氮浓度上升;Ⅲ相为上下肺区同等排气,氮浓度相对稳定;Ⅳ相为下肺区小气道闭合,上肺区肺泡继续排气,氮浓度明显上升,第Ⅲ、Ⅳ相交点至呼气终点即闭合量。CV+RV=CC,临床判定以CV/VC%或CC/TLC%来表示。

3. 氦气法 在吸气初始,先吸入氦气200ml,接着吸入空气在TLC位,尔后立即缓慢匀速地一次呼气到RV位,记录方法基本同氮气法。综合分析两种利弊,氦气法操作简单、设备廉价且不需指示气体,优于氮气法。

(二) 流量/流速-容积曲线(flow-volume curve,FV或V-V curve)

测定原理是根据小气道管壁受到呼吸过程中肺容积大小变化的影响而使气体流量发生变化。吸气时肺容积增大,随胸内压力降低,气道周围肺组织弹性回缩力对管壁的牵引力增强,使气道扩张。用力呼气时,胸内压既作用于肺泡利于排气,也同时作用于小气道,挤压使之陷闭,妨碍肺泡气。因而,在深吸气后用力呼气初期,肺容积较大,小气道内径相对较粗,单位时间呼气流量与用力程度(胸内压大小)有关;但于呼气中后期,肺容积缩小,呼气流量就取决于小气道抵制周围压力保持通畅的能力,而与呼气用力程度无关(见图9-4)。

测定时,嘱受检者深吸气后,以最大速度用力呼气至RV位,用X-Y函授记录仪描绘出呼气量与相应气流速度的相关曲线。

临床上常以:①VC50%和25%时的呼气瞬间流量(V_{max}50和V_{max}25)作为检测小气道阻塞的指标,凡两项指标的实测值/预计值<70%,且V50/V25<2.5,即认为有小气道障碍;②V-V曲线形态特点,有助于判断气道阻塞的部位,特别是上气道阻塞。其曲线形态具有特征性。

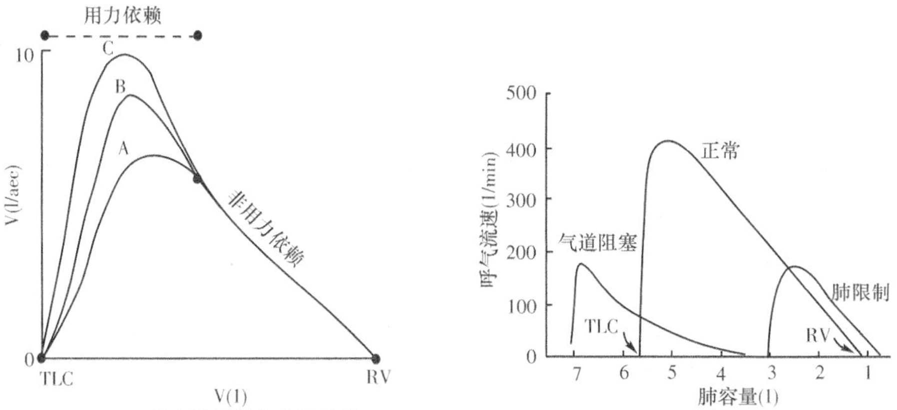

最大呼气流速-容量曲线
A、B、C为不同用力程度

气道阻塞和肺限制时
最大呼气流速-容量曲线
TLC肺总量 RV残气量

图 9-4 呼气流速-容量曲线

(三)频率信赖性顺应性(frequency dependence of dynamic compliance, FDC)

肺顺应性是指肺的可膨胀性,是单位压力改变时所引起的肺容积变化。肺顺应性分静态和动态两种,动态肺顺应性又分为正常呼吸频率(20 次/分)和快速呼吸频率(约 60 次/分)两种,后者又称为 FDC,它比前者更敏感。在小气道疾病,当呼吸频率变化时,动态肺顺应性有随呼吸频率增快而降低倾向,认为 FDC 是检查小气道疾病最敏感的指标。但因此项检查方法复杂,使临床应用受到限制。

(于化鹏)

第五节 肾脏功能检查与分析

肾脏是人体生命的重要器官,其结构和功能十分复杂。肾脏的主要功能有下列四个方面:①生成尿液,排出代谢终产物,毒物和药物;②调节体内水,电解质,渗透压和酸碱平衡;③调节血压;④分泌肾素、红细胞生成素、1,25-(OH)$_2$D$_3$、前列腺素等多种活性物质。失去上述四个方面的功能,将引起一系列病理过程,甚至死亡。这些病理过程包括肾性水肿,肾性高血压,肾性贫血,肾性骨病和急性或慢性肾功能衰竭等。为了加深对上述病理过程及其相应病理机制的理解,以掌握肾脏疾病的发生,发展历程和预后,学好检测肾功能的各项实验室指标是其关键之一。因此,有必要从机能实验学的角度对这些实验室检查指标进行探讨。

肾功能的实验室检测指标根据样本的来源一般可分为血和尿两大类。对血样和尿样中各种与肾脏机能相关的物质进行定量和定性检测,可以判定一个个体的肾功能状况。这些实验室指标根据来源的不同可分为以下三大类:

1. 血样指标 血浆肌酐浓度，血尿素氮浓度，血浆钠离子浓度，血浆钾离子浓度，血浆钙离子浓度；血浆磷离子浓度；血浆氢离子浓度。

2. 尿样指标 尿量，尿肌酐浓度，尿钠浓度，尿素氮，尿比重，尿渗透压，尿蛋白，尿沉渣。

3. 上述血样和尿样的定量值经计算得出的指标 钠排泄分数，肾衰指数，酚红排泄率，尿/血肌酐比，尿/血尿素氮比，血浆 BUN/肌酐比，内生肌酐清除率。

上述指标的临床意义各不相同。如果仅仅需要判断肾功能是否正常，可以通过测定血浆中代谢终产物的浓度，如血浆肌酐浓度和血尿素氮浓度，来判定肾脏的排泄功能；再参考尿量并对尿中所含物质进行分析，则可大概了解肾脏的泌尿功能。如果已经发现肾功能异常，则上述第三类同时涉及血尿样的指数和比值，就是具体了解肾功能衰退程度的关键；如果已确诊为肾衰，一般还需要定期测定血浆离子浓度，以监测体内电解质和酸碱平衡。如果病程已进入尿毒症期，测定血中肾素、促红细胞生成素、前列腺素等由肾脏分泌的激素的含量，则有助于理解慢性肾衰及尿毒症的并发症的产生机制。

现就上述部分实验室检查指标及其意义归纳如下。

一、尿液检查

（一）尿沉渣形态检查

1. 红细胞 相差显微镜观察红细胞形态以判别血尿的来源。混合性血尿为均一正常红细胞血尿和变形红细胞血尿的混合，常属肾小球来源，个别为 IgA 肾病。

2. 白细胞 尿沉渣中性粒细胞增多，为感染性疾病。应用染色方法，可鉴别白细胞属中性粒细胞，或淋巴，或单核，对诊断病因有重要意义。应用特殊染色，如 Hansel 法可发现嗜酸粒细胞，则对药物引起的小管间质炎症有重要诊断意义。

3. 上皮细胞 可用相差显微镜或普通显微镜细胞染色法检查脱落上皮细胞的个数。脱落肾小管上皮细胞大量出现，常见于肾小管坏死，肾移植排异反应和间质性肾炎。根据高倍镜 10 个视野下肾小管上皮细胞数的多少，可以了解肾小管的损害程度，如>20 者为轻度，>50 者为中度，大于 100 者为重度。上皮细胞黏附细菌，对泌尿系感染的诊断有重要意义，并可区别细菌形态。当泌尿系感染症状已消失，如果仍可见上皮细胞黏附细菌，提示治疗应继续，并追查尿沉渣，防止泌尿系感染复发。

4. 管型 尿沉渣管型是由 Tamm-Horsfall 蛋白，在肾小管形成多种多样有形成分构成。管型的数量和种类有助于区别不同的病变，如红细胞管型见于肾小球肾炎，白细胞管型见于急性肾盂肾炎，肾小管上皮细胞管型见于急性肾小管坏死，宽大管型见于慢性肾功能衰竭。

5. 结晶 大而形状不一的混合性结晶，常见于肾结石病人。出现胱氨酸结晶者均为异常。重复镜检，人员常见同一类型结晶者，应结合临床，考虑有无服用特殊药物和有无某种疾病的可能。

(二) 尿蛋白分析

1. 尿蛋白盘状电泳 盘状电泳为十二烷基硫酸钠-聚丙烯酰胺凝胶电泳(SDS-PAGE)的简称。在 SDS-PAGE 中，各种蛋白成分泳动距离与其分子量的对数值呈线性反比关系，分子量大，其泳动慢，和已知分子量的标准蛋白电泳比较，可以判断蛋白尿的成分性质和分子量范围。临床将其分为四种类别，即低分子蛋白尿，主要尿蛋白组成的分子量范围为1万~7万；中分子蛋白尿分子量为5万~10万；大分子蛋白尿，分子量为5万~100万；混合型蛋白尿,即包含上述三种的同时存在。出现大分子蛋白区带,为肾小球基底膜有异常改变，出现大量小分子蛋白，提示肾小管回收能力低下。

2. β_2-微球蛋白(β_2-m) β_2-m 为一种低分子蛋白(11.8kD),含100个氨基酸。β_2-m 为组织相关抗原 HLA-A,B,C 的轻链部分，存在于核细胞表面。由于代谢和 HLA 的降解，β_2-m 分离后，以游离形式存在细胞外液中。正常 GFR 时，如果血清中或其他细胞外液中 β_2-m 水平升高，则表示其产生增加，当肾小管功能减退，则回收减少，尿中排出增加，因此，测定尿中 β_2-m 含量，可以了解肾小管功能是否正常。可采用放射免疫法测定，主要了解肾小管功能。血 β_2-m 水平甚高，部分是产生增多，常见于淋巴增殖疾病和自身免疫性疾病等；如果 GFR 同时降低，则主要见于肾功能衰竭。

3. 尿 Tamm-Horsfall 蛋白 Tamm-Horsfall(THP)是一种糖蛋白，由肾小管髓袢升支厚壁段及远曲小管上皮细胞合成，其分子量为 7×10^3kD。当肾脏有小管间质性病变时，测定尿中该蛋白的含量，有助于诊断。当某些病理损害使肾小管完整性受到破坏时,THP 进入肾小管腔外，在肾间质沉积，可引起肾间质炎症反应，当机体对渗入间质的 THP 产生免疫反应，在血清中能测得 THP 抗体。有报道，肾小球肾炎、急性肾功能衰竭、慢性肾功能衰竭患者,尿 THP 排泄率均降低。

(三) 尿酶测定

尿酶可能来自血清、肾脏本身、尿道等部位。血清中酶经肾小球滤过后，在近端肾小管吸收。尿酶的出现，主要来源于肾，但其影响因素很多。来源于肾脏和来源于血浆的酶不易区别。常用的尿酶测定有以下几种：

1. 溶菌酶 Lysozyme 分子量 14.5KD，尿中排出量>3mg/L 时，为不正常。此酶由中性粒细胞、单核细胞、巨噬细胞产生，在肾中降解，通过肾小球重吸收，由肾小管细胞的溶酶体分解，因此是衡量肾小管重吸收功能的指标。

2. 碱性磷酸酶(AKP) 尿中66%来自肾脏,尿 AKP 值测定，对诊断肾实质病变有意义，主要用于动态观察。

3. N-乙酰-β-氨基葡萄糖酐酶(NAG) 有人认为此酶对肾损伤很敏感，如休克引起的记性肾功能衰竭时，尿 NAG 很高，急性肾小球肾炎时,NAG 也高。抗生素如氨基糖苷和头孢菌素引起肾损害，测定 NAG 可以诊断和动态观察其毒性意义。

4. 核糖核酸酶(RNase) 尿核糖核酸酶活性水平与血肌酐水平之间有显著相关性,通过测定其活性,可以估计肾小球的滤过功能。

（四）尿电解质、尿渗透压、尿酸碱度及尿糖的测定

可以用于判别肾功能衰竭发展阶段及预后的辅助性检查。

二、肾功能测定

肾兼有调节血压和体液平衡、代谢、排泄、内分泌等多方面的功能。广义的肾功能检查包括肾小球滤过功能、肾血流量、肾小管功能、肾内分泌功能等若干方面。大多数物质主要通过肾小球滤过的途径从肾脏排出体外，只有少数物质通过肾小球滤过和肾小管分泌两种途径共同作用排出体外。因此，肾小球滤过功能是否正常，是大多数物质能否充分排出体外的决定性因素，如果肾小球滤过功能下降，则有可能导致许多物质在体液内的潴留或蓄积。

（一）肾小球滤过功能的检查

1. 肾小球滤过率(GFR)　正常人肾小球滤过率一般可保持在相对稳定的水平。GFR主要通过肾血流量和肾小球滤过的自身调节、管球平衡、球管反馈等机制来调节，此过程中可能有多种体液因子和植物神经的参与。某物质(X)的肾清除率是指在单位时间内(分钟或秒或24小时)肾能将若干容积的血浆(ml或L)内中的某物质从体内清除出去。如果某物质仅从肾小球滤过，而不存在肾小管的重吸收和分泌，则该物质的肾清除率即可以看做是GFR。大多数物质经肾小球滤过后，在肾小管内都要被部分重吸收，故其肾清除率均低于GFR；少数物质不仅经肾小球滤过，而且经肾小管分泌的量也较大，故其肾清除率大于GFR。测定GFR的经典方法是测定菊糖清除率(Cin)，由于菊糖既不在肾小管重吸收也无肾小管分泌，故它可以较准确地代表GFR。但测定方法较复杂，主要应用于研究。因为肌酐清除率测定较为简便易行，而肌酐也有不在肾小管重吸收的特点，肾小管分泌也很少，所以临床常应用肌酐清除率(Ccr)来代表肾小球滤过率。在中晚期的患者中，由于肾小管分泌肌酐增高，因此，Ccr比实际GFR要稍微高些。

Ccr的计算方法是：Ccr＝Ucr · UV/Scr

其中Ucr＝尿肌酐浓度，UV＝单位时间尿量(1/24小时或毫升/分钟)，Scr＝血肌酐浓度。

GFR也可以应用核医学的方法来测定，如Tc-TDPA测定法。常用外源性的菊粉或碘肽酸盐清除率来表示，这些方法具有一定的先进性，一般比较准确可靠。

2. 血清肌酐(Scr)水平的测定　肾排出的各种“废物”中，大多数为含氮代谢产物。当肾功能发生变化时，体液内这些物质的浓度即会随之发生改变。因此，临床通常通过测定血肌酐，尿素氮等物质的浓度来了解肾功能状况，其中学清肌酐清除率(Scr)测定最为常用。Scr的测定可采用苦味酸(Jaffe反应法)、自动分析仪测定法、高效液相层析法等。现在临床多采用自动分析仪测定法。

Scr的正常值：男53.0～106.0μmol/L (0.6～1.2mg/dl)，女44.0～97.0μmol/L(0.5～1.1mg/dl)。应当指出，在60岁以上的成人中，其正常值比上述数值范围要低，更需重视肌

酐清除率的测定。Scr 升高一般反映 GFR 下降，但早期 GFR 下降时，Scr 可无升高；Scr 浓度上升<159.12~176.80μmol/L 时也应该注意除外某些影响因素（如饮水过多，剧烈运动等）。另外，该指标的倒数可用来作肾功能的指标，主要用于观察肾功能的动态变化和进展速度，有一定的临床意义。

3. 血清尿素氮（SUN）的测定 尿素是最主要的氮代谢产物，约占非蛋白氮的 40%~80%。尿素经肾小球滤过后，在各段肾小管均可被部分重吸收，并可有少量经肾小管分泌。在肾功能不全时，血清尿素氮（SUN）水平逐渐增高，则肾小管分泌尿素显著增多。除了肾功能变化外，血流量不足，蛋白摄入过多，组织蛋白分解增多及某些药物的作用，均可能使之升高。所以它并不是最好的肾功能指标。但临床上通过了解该指标的变化，不仅可以了解肾功能状况，还可以间接了解蛋白质分解状况及血容量状况等，对指导临床治疗有一定帮助。

SUN 可通过尿素酸法或乙二酰法进行测定，正常值为 2.9~7.5mmol/L。SUN/Scr 比值一般为 10 左右，如比值>20，则称为"高分解状况"；如该比值<10，一般常由于蛋白摄入量较少，水过多所致，或与某些药物作用有关。

4. 血清钙磷浓度的测定 在慢性肾功能不全的发病进程中，血钙浓度降低，同时血磷浓度增高，并常伴有血中甲状旁腺素浓度的增高。

5. 血清钾浓度及血液酸碱度的测定 在慢性肾功能不全的发病进程中，血清钾浓度上升，血浆 pH 下降。

6. 血清血管紧张素Ⅱ浓度的测定 血管紧张素Ⅱ浓度上升与慢性肾功能不全晚期的肾性高血压直接相关。

（二）肾血流量的测定

肾血流量（RBF）和肾血浆流量（RPF）是反映肾功能的重要指标。RBF 或 RPF 与肾小球滤过率和肾小管分泌量均有密切关系。总肾血浆流量（TRPF）和总肾血流量之间有一个百分比关系，即 TRPF=TRBF×（1-血细胞比容），参加有效肾血流量（ERPF）相当于TRPF的 90%，即 ERPF=90%×TRPF。肾血流量的测定方法较为复杂。方法之一是测定对氨基马尿酸（PAH）清除率（C_{PAH}）来计算总肾血浆流量（TRPF）。由于 C_{PAH}相当于流经分泌区的血浆流量即（TRPF 的 90%），故 TRPF 比 C_{PAH}稍大，即 TRPF=C_{PAH}/90%=10/9 C_{PAH}。近年来有人应用^{99m}Tc-TDPA 方法测定总肾血浆流量（TRPF），快速而准确；另外，采用彩色多普勒可以直接观测肾脏皮质和髓质的灌流情况，而脉冲多普勒的应用还可以鉴别肾前性急性肾炎和急性肾小管坏死，这对于老年慢性肾功能衰竭合并急性肾功能衰竭的诊断，以及肾移植术后排斥反应的监测都很有意义。

（三）肾小管功能检查

肾是人体主要的代谢和排泄器官之一。体液中绝大多数物质都要经过肾小球滤过，及肾小管重吸收/和分泌，有的则要在肾小管被降解后再排出。因此，肾小管功能是否正常，不仅影响水和电解质的代谢和排泄，而且对多种有机物及其代谢产物的排泄起着极其重要的作用。此外，肾小管间质的某些细胞具有内分泌或旁分泌功能。小管-间质受到急性或慢性损害时，则可能引起不同程度的肾小管功能障碍，出现水、电解质或酸碱平衡紊乱，以及多种溶质的转运异常。为了对肾小管障碍的类型及程度及时做出正确诊断，则必须进行肾小管功能的检查。

1. 尿浓缩-稀释功能的检查 无论是单纯性远端肾小管损伤，还是肾小管疾病伴有小管间质损害，都可能出现尿浓缩功能障碍。多年来，尿浓缩和稀释功能一直是通过测定尿比重来了解，但由于尿比重测定结果所受影响因素较多，可靠性低，目前应用较少。而尿渗透浓度，即尿渗透压则相对准确可靠。尿渗透浓度的调节机制是建立在“对流倍增”的基础上，并有 ADH 等激素参与。远端小管和集合管对水和溶质通透性很强，可以在不同条件下迅速改变该部位渗透溶质的浓度来适应水重吸收的需要。也就是说，尿渗透浓度的变化是通过肾髓质渗透浓度的大幅度变化来实现的。

目前测定溶液渗透浓度最为常用的方法是冰点减低法。该测定方法的原理是：含有任何溶质的液体，其冰点均低于纯水的冰点 0°C。溶质分子颗粒越多，则冰点越低。当每千克水中含溶质 1mol 时，即溶液渗透浓度为 1000mOsm/L 时，则该溶液的冰点降低幅度为-1.86℃。根据这一原理所设计的渗透压计可准确测出各种溶液的渗透压。尿浓缩功能的测定方法：一般在禁水 8~10 小时后，留尿标本进行尿渗透压(UOsm)测定。还可同时取血标本，测定血浆渗透压(POsm)。据此可进一步算出 UOsm/Posm 的比值。UOsm 的正常值应大于 650~700mOsm/kgH_2O，UOsm/POsm 比值应大于 2.0~2.2。尿稀释功能的测定方法：受试者在 30 分钟内，连续饮水达 20ml/kg 体重，然后每隔半小时留尿一次，共达 2~4 小时，当总尿量达饮水量的 80%~100%时，测定各次尿标本的 UOsm，取其中的最低值作为结果，其正常值应小于 80mOsm/kgH_2O。尿浓缩，稀释功能下降的临床意义往往是由于急性或慢性肾功能不全等肾实质性损害，引起远端小管、集合管及乳头管的结构损伤或功能紊乱所致。

2. 近端小管转运功能的检查 许多物质经肾小球滤过后，均主要在近端小管中吸收。如果近端小管功能受损，则可能出现一种或多种物质的转运障碍。为了了解近端小管功能状况，临床常根据某种物质重吸收试验的结果进行判断；有时根据某物质的排泄分数来判断，有时则根据 24 小时尿内某物质排泄总量来判断。肾小管葡萄糖最大重吸收试验(TMG)和无机磷最大重吸收试验(TMP)是最常用的近端小管重吸收功能的检查方法。

3. 肾小管酸中毒的检查

(1) 碳酸氢根排泄分数的测定：碳酸氢根排泄分数可根据下述公式计算：$FEHCO_3 = (UHCO_3^- \cdot Scr) \cdot (PH\ CO_3^-)^{-1} \cdot (Ucr)^{-1}$。其中 $FEHCO_3$为碳酸氢根排泄分数，pH CO_3^-为血浆碳酸氢根，Scr 为血清肌酐，Ucr 为尿肌酐。碳酸氢根排泄分数异常的临床意义：如 $FEHCO_3$>8%~10%，提示有近端肾小管酸中毒(PRTA)；如 $FEHCO_3$测定值为 2%~8%，其意义可能有二：①提示轻、中度 PRTA；②如同时伴有尿和血 CO_2分压降低，则提示有远端型肾小管酸中毒(DRTA)伴近端肾小管 HCO_3^-重吸收障碍。

(2) 尿-血二氧化碳分压的测定：在尿 pH>7.4 时，可进行尿-血二氧化碳分压差(U-$BPCO_2$)的测定；如尿 pH<7.4 时，则先给予碳酸氢钠负荷，使尿 pH 达到 7.4 以上，然后再作血气分析和尿气分析，并计算 U-$BPCO_2$。尿-血二氧化碳分压差<2.7kPa（20mmHg），一般提示有远端肾小管酸中毒。

(3) 其他指标的测定：远端小管尿铵(NH_4)，可滴定酸(TA)和净酸(NA)的正常排出，对维持人体酸碱平衡也具有重要意义。某些远端肾小管酸中毒患者常可有尿NH_4，TA或/和NA排出的障碍；尤其是Ⅳ型肾小管酸中毒患者，尿NH_4，TA或NA减少者相当常见。因此，尿NH_4，TA和NA的测定结果，也是判断远端肾小管功能状况的重要指标。此外，血浆肾素、血管紧张素、醛固酮水平的测定，对Ⅳ型肾小管酸中毒的诊断，也有其意义。

总之，涉及肾功能的实验室检查指标多而繁杂，临床意义又各有不同。需要在学习过程中先理清其来龙去脉之后，才有可能准确应用。

(周翔)

第六节　肝功能的检查方法与评价

肝脏是人体内的最大腺体，功能繁多、十分复杂，约1 500余种，其基本功能有物质代谢功能，包括它在体内蛋白质、糖、脂类、维生素、激素等物质代谢中起着重要作用，同时肝脏还有分泌、排泄、生物转化及胆红素代谢等方面的功能。

为了解肝脏功能状态设计的实验室检查方法，称为肝功能试验(liver function test)。

一、肝脏代谢功能检查分类

(一) 胆红素代谢

胆红素是血液循环中衰老红细胞在肝、脾及骨髓的单核吞噬细胞系统中分解和破坏的产物。红细胞破坏释放出血红蛋白，然后代谢生成游离珠蛋白和血红素，血红素(亚铁原卟啉)经微粒体血红素氧化酶的作用，生成胆绿素，进一步被催化而还原为胆红素。

胆红素分为非结合胆红素(unconjugated bilirubin，在血流中与清蛋白结合形成复合体，又称游离胆红素，free bilirubin)和结合胆红素(conjugated bilirubin，非结合胆红素在肝细胞内与胆红素尿苷二磷酸葡萄糖醛酸作用，形成单葡萄糖醛酸胆红素和双葡萄糖醛酸胆红素，即为结合胆红素)。

1. 血清胆红素(STB)、血清结合胆红素(CB)与非结合胆红素(UCB)测定

(1) 血清胆红素(STB)测定：血清中胆红素与偶氮染料起反应有快相与慢相两期，前者为可溶性结合胆红素，后者为不溶解的非结合胆红素。应用Jendrassik-Grof方法，使用茶碱和甲醇作为溶剂，以保证血清中结合与非结合胆红素完全被溶解，并与重氮盐试剂起快速反应，即为血清中的总胆红素(serum total bilirubin，STB)。

【参考值范围】　新生儿

0~1天　34~103μmol/L。

1~2天　103~171μmol/L。

3~5天　68~137 μmol/L。

成人　3.4~17.1μmol/L。

【临床意义】 ①判断有无黄疸，黄疸程度及演变过程：STB > 17.1μmol/L，但 <34.2μmol/L为隐性黄疸或亚临床黄疸，34.2~171μmol/L为轻度黄疸，171~342μmol/L为中度黄疸，>342μmol/L为高度黄疸。在病程中检测可以判断疗效和指导治疗。②根据黄疸程度推断黄疸病因：溶血性黄疸<85.5μmol/L。肝细胞性黄疸17.1~171μmol/L，不完全梗阻性黄疸为171~265μmol/L，完全梗阻性黄疸通常>342μmol/L。③总胆红素、结合及非结合胆红素升高程度判断黄疸类型：若STB增高伴非结合胆红素明显升高提示为溶血性黄疸，总胆红素增高伴结合胆红素明显升高为胆汁淤积性黄疸，三者均增高为肝细胞性黄疸。

（2）血清结合胆红素与非结合胆红素测定：血清中不加溶解剂，当血清与重氮盐试剂混合后快速发生颜色改变，在1分钟时测得的胆红素即为结合胆红素（CB）。总胆红素减去结合胆红素即为非结合胆红素（UCB）。

【参考值范围】 结合胆红素　0~6.8μmol/L。
非结合胆红素　1.7~10.2μmol/L。

【临床意义】 根据CB与STB比值，可协助鉴别黄疸类型，如CB/STB<20%提示溶血性黄疸，20%~50%之间为肝细胞性黄疸，比值>50%为胆汁淤积性黄疸。某些肝胆疾病的早期，肝炎的黄疸前期之黄疸型肝炎，失代偿肝硬化、肝癌等，30%~50%患者表现为CB增加，而STB正常（表9-4）。

2. 尿内胆红素测定 非结合胆红素不能透过肾小球屏障，因此不能在尿中出现，而结合胆红素为水溶性，能够透过肾小球基底膜在尿中出现（肾阈<34μmol/L）。通过加氧法检查，胆红素被氧化为胆绿素而使尿呈绿色，若用重氮反应法检查，胆红素成为重氮胆红素，尿呈紫色。

正常成年人尿中含有微量胆红素，大约为3.4μmol/L，通常的检验方法不能被发现，故正常人尿内胆红素为阴性。

【临床意义】 尿胆红素试验阳性提示血中结合胆红素增加（表9-4），见于：

（1）胆汁排泄受阻肝外胆管阻塞，如胆石症、胆管肿瘤、胰头癌等，肝内小胆管压力升高如门脉周围炎症、纤维化，或因肝细胞肿胀等。

（2）肝细胞损害如病毒性肝炎，药物或中毒性肝炎，急性酒精性肝炎。

表9-4　正常人及常见黄疸的胆色素代谢检查结果

	血清胆红素（μmol/L）			尿内胆色素	
	CB	UCB	CB/STB	尿胆红素	尿胆原（μmol/L）
正常人	0~6.8	1.7~10.2	0.2~0.4	阴性	0.84~4.2
梗阻性黄疸	明显增加	轻度增加	>0.5	强阳性	减少或缺如
溶血性黄疸	轻度增加	明显增加	<0.2	阴性	明显增加
肝细胞性黄疸	中度增加	中度增加	>0.2，<0.5	阳性	正常或轻度增加

（3）黄疸鉴别诊断：肝细胞性及梗阻性黄疸尿内胆红素阳性，而溶血性黄疸则为阴性。先天性黄疸中Dubin-Johnson和Rotor综合征尿内胆红素阳性，而Gilbert和Crigler-Najjar综

合征则为阴性。

(4) 碱中毒时胆红素分泌增加,可出现尿胆红素试验阳性。

3. 尿胆原检查　在胆红素肠、肝循环过程中,仅有极少量尿胆原逸入血循环,从肾脏排除,但受进食和尿液酸碱度的影响,在餐后或碱性尿中,由于肾小管对尿胆原重吸收减少和肠道尿胆原生成增加,故尿中尿胆原稍增加,相反在酸性尿中则减少。若晨尿稀释 4 倍以上仍呈阳性,则为尿胆原增多。

尿中尿胆原为无色不稳定物质,与苯甲醛(Ehrlich 试剂)发生醛化反应,生成紫红色化合物,从而可进行定性或定量检查。

【参考值范围】　定量 0.84~4.2 μmol/24h,定性阴性或弱阳性。

【临床意义】

(1) 尿胆原增多。见于:①肝细胞受损,如病毒性肝炎,药物或中毒性肝损害及某些门脉性肝硬化患者。②循环中红细胞破坏增加及红细胞前体细胞在骨髓内破坏增加,如溶血性贫血及巨幼细胞贫血。③内出血时由于胆红素生成增加,尿胆原排出随之增加;充血性心力衰竭伴肝淤血时,影响胆汁中尿胆原转运及再分泌,进入血中的尿胆原增加。④其他,如肠梗阻、顽固性便秘,使肠道对尿胆原回吸收增加,使尿中尿胆原排出增加。

(2) 尿胆原减少或缺如。见于:①胆道梗阻,如胆石症、胆管肿瘤、胰头癌、Vater 壶腹癌等,完全梗阻时尿胆原缺如,不完全梗阻时则减少,同时伴有尿胆红素增加。②新生儿及长期服用广谱抗生素时,由于肠道细菌缺乏或受到药物抑制,使尿胆原生成减少。

(二) 酶学代谢检测

肝脏是人体含酶最丰富的器官,有数百种之多,而常用于临床诊断的不过 10 余种。如有些酶存在于肝细胞内,当肝脏损伤时,酶释放入血,使血清中这些酶活力增加,如丙氨酸氨基转移酶(ALT)、天门冬氨酸氨基转移酶(AST)、醛缩酶、乳酸脱氢酶(LDH)。有些酶是肝细胞合成,当肝病时,这些酶活性降低,如凝血酶。当胆道阻塞时,使血清中这些酶活性增加,如碱性磷酸酶(ALP)r-谷氨酰转酞酶(r-GT)。同工酶是指具有相同催化活性,但分子结构、理化性质及免疫学反应等都不相同的一组酶,因此又称同工异构酶。这些酶存在于人体的不同组织,或同一组织、同一细胞的不同细胞器中,因此,同工酶的测定增加对肝胆系统疾病的鉴别诊断能力。

1. 丙氨酸氨基转移酶(alanine aminotransferase, ALT,旧称谷氨酸丙酮酸转移酶,GPT)**和天门冬氨酸氨基转移酶**(aspartate aminotransferase, AST,旧称谷氨酸草酰乙酸转移酶,GOT)　为最主要的转氨酶。几乎所有肝脏疾病都可有转氨酶增高,是筛检肝细胞损害的灵敏的试验。血清转氨酶升高在一定程度上反映了肝细胞损害和坏死的程度,肝内 ALT 活性超过体内其他任何脏器中该酶的活性,故测定 ALT 比 AST 对反映肝损害更具有特异性。ALT 超过正常上限 2.5 倍,持续半个月以上,应考虑肝胆系统的疾病,ALT 超过正常上限值的 20 倍,一般只能是肝胆系统的疾病,常是肝细胞性损伤。在急性病毒性肝炎,ALT 异常出现在黄疸之前,以此可做出早期诊断。引起 ALT 增高的原因除病毒性肝炎外,还可因营养不良、酗酒、心脏病等引起;近年来肥胖和用药物的人增多,可能与一部分人的 ALT 增高有关。

【参考值范围】

比色法(Karmen 法)　连续监测法(37℃)

ALT　5~25 卡门单位　10~40 U/L

AST　8~28 卡门单位　10~40 U/L

ALT/AST≤1

【临床意义】

(1) 急性病毒性肝炎:ALT、AST 均显著升高,可达正常上限的 20~100 倍,但 ALT 升高更明显,ALT/AST>l,是诊断病毒性肝炎重要检测手段。在肝炎病毒感染后 1~2 周,转氨酶达高峰,在第 3~5 周逐渐下降,ALT/AST 比值逐渐恢复正常。在急性肝炎恢复期,如转氨酶活性不能降至正常或再上升,提示急性病毒性肝炎转为慢性。急性重症肝炎时,病程初期转氨酶升高,以 AST 升高明显,如在症状恶化时,黄疸进行性加深,酶活性反而降低,即出现"胆酶分离"现象,提示肝细胞严重坏死,预后不佳。

(2) 慢性病毒性肝炎:转氨酶轻度上升(100~200U)或正常,ALT/AST>1,若 AST 升高较 ALT 显著,即 ALT/AST<1,提示慢性肝炎进入活动期可能。

(3) 酒精性肝病、药物性肝炎、脂肪肝、肝癌等非病毒性肝病,转氨酶轻度升高或正常,且 ALT/AST<1。酒精性肝病处 AST 显著升高,ALT 几近正常,可能因为酒精具有线粒体毒性及与酒精抑制吡哆醛活性有关。

(4) 肝硬化:转氨酶活性取决于肝细胞进行性坏死程度,终末期肝硬化转氨酶活性正常或降低。

(5) 肝内、外胆汁淤积,转氨酶活性通常正常或轻度上升。

(6) 急性心肌梗死后 6~8 小时,AST 增高,18~24 小时达高峰,其值可达参考值上限的 4~10 倍,与心肌坏死范围和程度有关,4~5 天后恢复,若再次增高提示梗死范围扩大或新的梗死发生。

(7) 其他疾病:如骨骼肌疾病(皮肌炎、进行性肌萎缩)、肺梗死、肾梗死、胰腺炎、休克及传染性单核细胞增多症,转氨酶轻度升高(50~200 U)。

2. γ-谷氨酰转肽酶(γ-GT,GGT)　是一种广泛分布于哺乳动物组织中的质膜结合糖蛋白。广泛存在于各种组织细胞膜和微粒体上,参与谷胱甘肽的代谢,肾、肝和胰含量丰富,但血清中 GGT 主要来自肝胆系统。在肝脏疾病的诊断中其活性变化虽不及 ALT 和 AST,但在阻塞性黄疸,胰腺疾病及肝癌中明显升高。

【参考值】　硝基苯酚连续监测法(37℃):<50 U/L。

【临床意义】　在急性病毒性肝炎发病第 1 周开始升高,第 2~3 周达高峰,多数患者在第 6 周左右仍保持在较高水平,为正常的 5 倍左右,若长期升高,提示向慢性肝炎转化。80%的嗜酒者或乙醇中毒者 GGT 升高,其变化程度较血清转氨酶和碱性磷酸酶(ALP)敏感,故 GGT 对诊断酒精性肝病有独特的敏感性。梗阻性黄疸 GGT 水平极度升高,为正常 6~17 倍,阳性率 96.5%~100%。GGT 活性测定不仅用于肝胆疾病的诊断,还用于实验性肝癌和临床肝癌的研究,GGT 活性增加与癌变过程的病理变化呈正相关,提示 GGT 是肝癌标志物。

3. 碱性磷酸酶(ALP)　肝胆系统疾病时 ALP 增高,血清 ALP 在肝脏合成,胆汁中的

ALP 来自肝内胆管,肝内外胆管阻塞时 ALP 有非常明显的增高。肝占位病变时血清 ALP 也可增高,包括肝肿瘤和肝脓肿,机制不明,可能与存在不同胆管阻塞有关。

【临床意义】

(1) 肝胆系统疾病:各种肝内、外胆管阻塞性疾病,ALP 明显升高,与血清胆红素升高相平行,累及肝实质细胞的肝胆疾病(肝炎、肝硬化)ALP 轻度升高。

(2) 黄疸的鉴别:①胆汁淤积性黄疸,ALP 和血清胆红素升高,转氨酶轻度;②肝细胞性黄疸,血清胆红素中度增加,转氨酶很高,ALP 正常或稍高;③肝内局限性胆道阻塞(如肝癌、肝脓肿),ALP 明显增高,ALT 无明显增高,血清胆红素大多正常。

(3) 骨骼疾病。

(4) 生长中儿童、妊娠中、晚期,可生理性增加。

4. 胆碱酯酶(CHE) 肝功受损时 CHE 合成减少,是反映肝储备功能的试验。干试剂法正常值是 30~80U。重症肝炎、肝硬化降低。

(三) 血浆蛋白及代谢产物检测

1. 血清清蛋白(白蛋白)、**球蛋白检测** 肝脏是血浆蛋白的主要来源,由肝细胞合成的血浆蛋白包括:白蛋白、糖蛋白、脂蛋白、纤维蛋白原及各种转运蛋白和较大部分 α 和 β 球蛋白。当肝细胞受损时这些血浆蛋白合成减少,尤其是白蛋白明显减少,导致低白蛋白血症,临床上可出现腹水与胸水。γ 球蛋白系免疫球蛋白,由 B 淋巴细胞及浆细胞所产生,当肝脏受损,尤其是慢性炎症时,刺激单核-吞噬细胞系统,γ 球蛋白生成增多。白蛋白:在正常成人,肝脏每日合成达 10g(11~14.7g),影响其速率的不仅是肝脏疾病,还有营养状态、甲状腺素、糖皮质激素、血浆胶体渗透压和饮酒等。白蛋白降解代谢增加见于一些疾病从肾、小肠、皮肤和浆膜腔丢失。如能除外其他因素,在肝脏疾病低蛋白血症常反映肝细胞对其合成减少,亦可由于在肝细胞外间隙再分布的改变,如有大量白蛋白随腹水进入腹腔。血清球蛋白水平与多种肝病和肝外因素有关。因此血清总蛋白和清蛋白测定是反映肝脏功能的重要指标,是一项重要的肝功能试验,但也有一定局限性:①白、球蛋白改变缓慢,对诊断肝病并不敏感;②许多情况都可发生血清蛋白改变,对肝病并不特异;③在多种肝病者有改变,鉴别诊断的意义较小;但是作为观察慢性肝脏病变(CLD)的进展,却是一项较好的指标。

【原理】 临床上多用双缩脲法测定血清总蛋白,显色强度与蛋白种类无关,可用自动化仪器检测。用溴甲酚绿法测定血清清蛋白。

【参考值范围】 正常成人血清总蛋白 60~80g/L,清蛋白 40~55g/L,球蛋白 20~30g/L,A/G 为 1.5~2.5∶1。

【临床意义】

(1) 血清总蛋白及白蛋白增高,主要由于血清水分减少,使单位容积总蛋白浓度增加,而全身总蛋白量并未增加,如急性失水,肾上腺皮质功能减退。

(2) 血清总蛋白及白蛋白的减低见于:①常见肝脏疾病有亚急性重症肝炎、慢性肝炎、肝硬化、肝癌等;总量<60g/L 或白蛋白<25g/L 称为低蛋白血症;②营养不良;③蛋白丢失过多;④消耗增加;⑤血清水分增加。

(3) 血清总蛋白及球胆白增高,当血清总蛋白>80g/L 或球蛋白>35g/L,称高蛋白血症或高球蛋白血症。见于①各种慢性肝病;②M 蛋白血症,如多发性骨髓瘤淋巴瘤等;③自身免疫性疾病:如 SLE、风湿热等;④慢性炎症与慢性感染:如 Tb 病、疟疾等。

(4) A/G 倒置:见于严重肝功能损伤及 M 蛋白血症等。

2. 血清前清蛋白测定 前清蛋白(prealbumin)在肝细胞合成,分子量为 62 000,是一种载体蛋白,能与甲状腺素结合,因此又叫甲状腺素结合前清蛋白,并能运输维生素 A。前清蛋白半衰期较其他血浆蛋白短(约 2 天),因此它比清蛋白更能早期反映肝细胞损害。它的血清浓度明显受营养状况及肝功能改变的影响,常用放射免疫扩散法测定。

【参考值范围】

1 岁	100mg/L
1~3 岁	168~281mg/L
成人	280~360mg/L

【临床意义】

(1) 降低见于:①营养不良、慢性感染、晚期恶性肿瘤;②肝胆系统疾病:肝炎、肝硬化、肝癌及胆汁淤积性黄疸。对早期肝炎、急性重症肝炎有特殊诊断价值。

(2) 增高见于 Hodgkin 病。

3. 蛋白质代谢产物测定 氨对中枢神经系统有高度毒性。肝脏是惟一能解除氨毒性的器官,大部分氨在肝内通过鸟氨酸循环生成尿素,经肾脏排出体外,一部分氨在肝脏中转变为谷氨酸,肾脏泌氨中和肾小管腔中 H^+,形成胺盐随尿排出体外,从而维持血氨正常水平。

(1) 血氨:用钠氏试剂显色法,酚-次氨盐酸法测定,正常值 34~100μmol/L,谷氨酸脱氢酶法 11~59μmol/L。增高提示有肝细胞坏死、肝昏迷、肝硬化、出血性休克、肺气肿、尿毒症;当肝细胞严重伤害时,尿素合成减少,氨就不能被解毒,血氨升高,氨在中枢神经系统积聚,引起肝性脑病。

(2) 血浆游离氨基酸测定:对病情评估及预后有临床意义。支/芳比值正常人为 3. 5±0. 4,重型肝炎及肝硬化活动期明显减小。

(四) 凝血因子、凝血抑制因子和凝血试验

除组织因子及由内皮细胞合成的 VW 因子外,其他凝血因子几乎都在肝脏中合成,凝血抑制因子如抗凝血酶Ⅲ(AT-Ⅲ)、α_2 巨球蛋白、α_1 抗胰蛋白酶、C_1 脂酶抑制因子及蛋白 C 也都在肝脏中合成,其变化对判断肝合成功能具有重要意义。凝血因子半衰期比清蛋白短得多,尤其是维生素 K 依赖因子(Ⅱ、Ⅶ、Ⅸ、Ⅹ)。因此在肝功能受损的早期,清蛋白检测完全正常,而维生素 K 依赖的凝血因子却有显著降低,故在肝病早期可用凝血因子检测作为过筛试验。当患严重肝病时血浆纤维蛋白原、凝血酶原等凝血酶因子合成减少,临床上出现皮肤黏膜出血倾向。

1. 凝血酶原时间(PT) 正常 12~16s,比对照组延长 3s 以上有临床意义。PT 延长是肝硬化失代偿期的特征,也是诊断胆汁淤积,肝脏合成维生素 K 依赖因子Ⅱ、Ⅶ、Ⅹ是否减少的重要检查。

2. 凝血酶原活动度 正常 80%~100%,低于 40%提示肝病预后不良。

3. 部分凝血活酶时间(PTT)　是内源性凝血系统的过筛试验,PTT延长提示凝血活酶复合体生成缺陷,部分凝血因子缺乏。PTT缩短见于胆汁瘀积性黄疸及DIC。

4. 活化部分凝血活酶时间测定(APTT)　严重肝病时,维生素K缺乏时APTT延长。

5. 凝血酶凝固时间测定(TT)　肝硬化或急性暴发性肝功能衰竭合并DIC时,TT可延长。

6. 肝促凝血酶原激酶试验(HPT)　能反映因子Ⅱ、Ⅸ、Ⅹ的综合活性。

7. 抗凝血酶测定(AT-Ⅲ)　主要在肝脏合成,70%~80%凝血酶由其灭活,它与凝血酶形成1∶1共价复合物而抑制凝血酶。严重肝病时AT-Ⅲ活性明显降低,合并DIC时更低。

(五)胆汁酸代谢试验

胆汁酸在肝脏中由胆固醇合成,随胆汁分泌入肠道,经肠菌分解后小肠重吸收,经门静脉入肝,被肝细胞摄取,少量进入血循环,因此胆汁酸测定能反映肝细胞合成、摄取及分泌功能,并与胆道排泄功能有关。血清空腹胆汁酸测定在肝病早期即出现异常,能敏感地反映轻度肝损害,有助于评估和判断预后。

【正常值】　总胆汁酸(酶法)5~10μmol/L。

【临床意义】　胆汁酸增高见于:①肝细胞损害;②胆道阻塞;③门脉分流肠道中次级胆汁酸经分流的门脉系统直接进入体循环;④进食后可一过性增高,为一生理现象。

(六)脂类代谢功能检查

血清脂类包括胆固醇、胆固醇脂、磷脂、三酰甘油及游离脂肪酸。血液中的胆固醇及磷脂主要来源于肝脏。血浆中卵磷脂胆固醇脂肪酰基转移酶(LCAT)全部由肝脏合成,在LCAT作用下,卵磷脂的脂肪酰基转移到胆固醇羟基上,生成胆固醇酯。

1. 血清胆固醇和胆固醇酯测定

【参考值范围】　总胆固醇2.9~6.0mmol/L。
胆固醇酯2.34~3.38mmol/L。
胆固醇酯∶游离胆固醇=3∶1。

【血清胆固醇和胆固醇脂的测定的临床意义】　①肝细胞受损时,如肝硬化、暴发性肝衰血中总胆固醇降低;②胆汁淤积时,血中胆固醇增加,其中以游离胆固醇增加为主。胆固醇脂与游离胆固醇比值降低;③营养不良及甲亢时血中总胆固醇降低。

2. 阻塞性脂蛋白X测定　当胆道阻塞胆汁淤积时,由于胆汁排泄受阻,胆汁内的磷脂逆流入血,血中出现大颗粒脂蛋白,称为阻塞性脂蛋白X(LP-X),它是一种异常的低密度脂蛋白。

【参考值范围】　正常血清中LP-X为阴性。

【临床意义】　①胆汁淤积性黄疸的诊断:血清LP-X阳性有助于胆汁淤积性黄疸的诊断;②肝内、外阻塞的鉴别诊断:LP-X的定量与胆汁淤积程度相关,肝外阻塞比肝内阻塞引起胆汁淤积程度严重,一般认为其定量>2000mg/L,提示肝外胆道阻塞。

二、摄取、排泄功能检查

体内物质代谢的终末产物,由外界进入体内的药物、染料、毒物,或从肠道吸收来的非营养物质,以及一些肝内代谢产物(如胆色素、胆汁酸盐、胆固醇),均可经过肝细胞的摄取、代谢、转运,最后随胆汁的分泌而排入肠腔,并随粪便排出体外。因此,外源性地给予人工色素(染料)、药物来检测肝脏排泄功能是经常应用的肝功能检查方法之一。临床上常运用静脉注射靛氰绿、利多卡因或磺溴酞钠(BSP)等来了解肝脏的摄取与排泄功能。由于 BSP 有时可致严重过敏反应,甚至死亡等副作用,逐渐被淘汰。

(一) 靛氰绿滞留率试验

靛氰绿(indocyanine green,ICG)是一种感光染料,注入血液后迅速与清蛋白及 α_1-脂蛋白结合,随血流经过肝脏时,90%以上被肝细胞摄取,再以原形从胆道排泄,不经过肝外组织清除。清除率主要取决于肝血流量、正常的肝细胞数量以及胆道排泄的通畅程度,上述功能障碍时,ICG 在血中滞留率增加。

【参考值范围】 15 分钟血内 ICG 滞留率 0~10%。

【临床意义】

(1) ICG 滞留率增加见于:①肝功能损害,如慢性肝炎时滞留率多在 15%~20%之间,慢性活动性肝炎则更高,肝硬化时平均滞留率为 35%左右,肝炎恢复期 ICG 滞留率常较早恢复正常;②胆道阻塞。

(2) 先天性黄疸的鉴别诊断:Dubin-Johnson 综合征 ICG 滞留率正常;Gilbert 综合征正常,有时可轻、中度升高;而 Rotor 综合征患者 ICG 滞留率多>50%。

(二) 利多卡因试验

肝脏对利多卡因摄取率较高,利多卡因经肝脏内细胞色素 P450 酶系作用,氧化脱乙基而代谢生成草乙基甘氨酰二甲苯(MEGX),利多卡因肾脏清除率低,血清中 MEGX 浓度不受肾功能损害的影响。因此测定 MEGX 浓度可反映肝功能状态。

【参考值范围】 100±18μg/L。

【临床意义】 ①肝功能损害时,如慢性肝炎、肝硬化、原发性肝癌等,由于肝脏对利多卡因摄取率降低,血中 MEGX 浓度下降。②利多卡因试验还可作为肝移植时选择供肝的依据,并用于预测肝移植后移植肝存活状况。

三、肝纤维化的检测指标

有些酶与肝纤维组织增生有关,当肝纤维化时,血清中这些酶活性升高。

1. 血清透明质酸酶(HA)、血清Ⅲ型前胶原(PCⅢ)、Ⅳ型胶原(Ⅳ-C)、层黏蛋白(LN)和转移生长因子(TGF-β)联合应用能较好地反映肝纤维化程度 血清 HA、PCⅢ、LN、TGF-β,能在一定程度上反映肝纤维化的进展,血清Ⅳ-C 反映肝纤维化的情况则相对较差。5 项指标均较难反映肝组织炎症程度，对于评价肝纤维化程度5项指标中只需同时检测血清HA与TGF-β，但只能评价慢性肝炎是否是“无肝纤维化”还是“处于肝纤维化阶段”或已经是“肝硬化”，因而不能取代肝组织病理活检。另外，有人发现在病损肝脏中金属蛋白酶组织抑制因子-Ⅰ（TLMP-Ⅰ）增高，出现时间早，意义较大。

2. 单氨氧化酶测定（MAO）临床意义　①肝脏病变，80%的重症肝硬化及伴有肝硬化的肝癌MAO增高；但对早期肝硬化不敏感，急性肝炎多正常；中、重度慢性肝炎有50%血清MAO增高，表明有肝细胞坏死和纤维化形成；②肝外疾病：慢性心衰、糖尿病、甲亢、系统性硬化等可升高。

3. 脯氨酰羟化酶测定（pH）临床意义　①肝纤维化的诊断；②肝脏病变随访及预后判断，慢性肝炎，肝硬化其pH活性进行性增高，提示肝细胞坏死及纤维化状态加重，若治疗后pH活性下降，提示治疗有效，疾病在康复当中。

四、肝病损伤相关因子的检测

1. 内毒素检测　血清中的脂多糖（LPS）又称内毒素，可以通过刺激肝脏库普弗细胞表达FasL并释放TNF等细胞因子导致肝细胞凋亡，而且可以直接致肝细胞凋亡。

2. 氧自由基检测氧　自由基在病毒性肝炎发病机制中起重要作用，即为DHBV DNA整合发生重要诱因之一，并有较稳定的细胞传代。

3. 肿瘤坏死因子（TNF-α）检测　一方面可能通过直接损伤肝细胞，另一方面通过诱导多形核白细胞和单核细胞进入肝组织，促进白细胞与内皮细胞黏附导致肝细胞损伤。TNF-α主要产生在内毒素血症早期1.5小时，6~9小时则明显降低。

五、肝功能检测新方法：^{13}C呼气试验

稳定的同位素^{13}C广泛分布于自然界，并参与构成人体，服用相应的^{13}C标记的底物后，通过分析呼气中的$^{13}CO_2/^{12}CO_2$的比率，我们就能分别对器官功能、底物氧化、代谢功能或功能紊乱、细菌感染状态及其过生长等多项指标进行判断及量化；缘于其快速的代谢速率，^{13}C并可用于精确的动力学研究（图9-5）。

【肝细胞代谢功能检测原理】　^{13}C嘧塞西啶口服后经肠道吸收，通过血液循环进入肝脏，在肝细胞微粒体混合功能氧化酶系统（细胞色素P450）作用下氧化脱甲基，生成$^{13}CO_2$和对乙酰氨基酚，$^{13}CO_2$随血循环至肺，由呼气排出体外，在体内可以快速清除。

【特点】

（1）敏感性：在传统肝功能生化指标尚无变化的早期，^{13}C呼气试验即可检测到肝细胞代谢动力曲线在代谢速率、累积代谢量等方面的细微变化，并在数字化分级的基础上发现早期肝细胞病变。

（2）特异性：嘧塞西啶在肝细胞微粒体混合功能氧化酶系统（细胞色素P450）作用下代谢。

（3）精确性：^{13}C呼气试验可精确至万分级水平，而传统生化指标的精确性或重复性为十分级或百分级水平，两者相差悬殊。

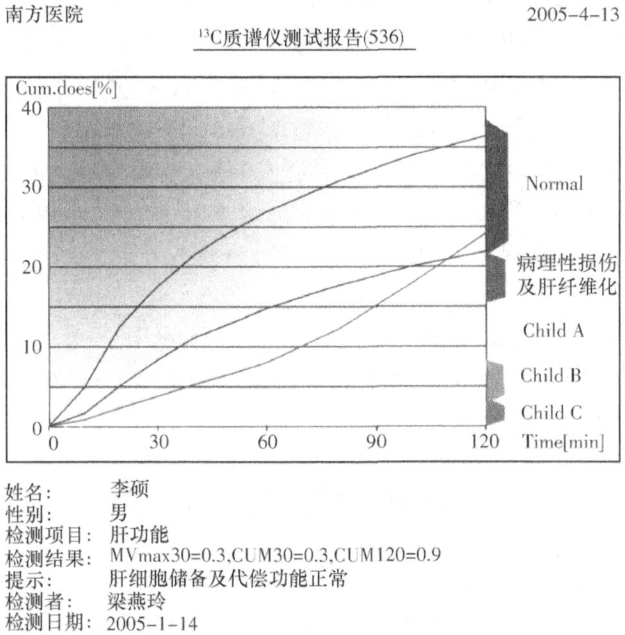

图 9-5 ^{13}C 呼气试验检测结果

(4) 实时性:传统肝功能检查不能反映肝脏细胞检测当时的状况,而^{13}C 肝细胞代谢功能检测能够得到实时的、对肝细胞功能量化分级的数字指标。

【适应证】 正常人、各类肝病患者肝功能的检测,精确评价肝储备功能。

【参考值】 阈值~120 分累积丰度(%)

亢进:>120

正常:80~120

病理性损伤及肝纤维化:50~80

Child Pugh A: 25~50

Child Pugh B: 15~25

Child Pugh C: <15

六、血清病毒学标志物检测

1. 血清 IgM 甲型肝炎病毒抗体(抗-HAVIgM) 于发病数日即可检出,黄疸期达到高峰,一般持续 2~4 周,以后逐渐下降至消失。目前临床上主要用酶联免疫吸附法(ELISA)检查血清抗-HAVIgM,以作为早期诊断甲型肝炎的特异性指标。血清抗-HAVIgG 出现于病情恢复期,较持久,甚至终身阳性,是获得免疫力的标志,一般用于流行病学调查。

2. 乙型肝炎病毒感染病毒水平检测 HBVM 的检测:HBsAg 在 HBV 感染后 2~6 个月出现,急性自限性肝炎 6 个月内可消失,慢性肝炎或慢性携带者可持续存在,HBsAg 有抗原性无传染性;抗-HBs 出现表示 HBV 感染恢复期。一般而言,抗-HBs 可数年保留在血中,正常情况 HBsAg 与抗-HBs不同时在血中出现。HBsAg 和抗-HBs 同时出现阳性与抗-HBs阳性者,其抗-HBs 值与 HBV DNA 含量的关系存在明显的不同,前者无相关性后者呈负相关,说明前者的抗-HBs 在体内不起清除 HBV 作用,出现 HBsAg 和抗-HBs 共存的现象。共存现象的机制分析可能有多种,但近年来的许多专家认为与基因变异(特别是 S 区的“Z 决定簇”的变异)是其原因;HBeAg 阳性代表 HBV 复制的指标,代表传染性,它的出现迟于 HBsAg,消失早于 HBsAg;抗-HBs 出现在 HBeAg 消失的血清,此时血 HBV DNA 及 DNA 多聚酶多数已转阴性,抗-HBe 代表恢复期,少数抗-HBe 阳性者 HBV DNA 阳性,提示出仍有传染性,且病变仍可能继续发展,HBeAg 转换为抗-HBe 的时间长短不一,急性自限性感染一般在 10 周内转换,慢性感染者可多年不变,少数抗-HBe 阳性,HBV DNA 也阳性的患者,HBeAg 又可能重新阳性;抗-HBcIgM:出现在 HBV 感染早期,慢活肝患者可多年持续存在,但滴度低。抗-HBcIgG 为恢复期标志,持续时间可达数年至数十年,表示以往感染。

3. 血清抗-HCV 目前国内是将 HCV 全 C 基因片断插入噬菌体,表达出 C300 多肽,以此为抗原建立 ELISA 法检测血清抗-HCV(即抗-C300),其敏感性和特异性较佳。检测血清 HCV RNA,近几年发展的反转录多聚酶链反应(RT-PCR)或巢式多聚酶链反应(PCR)技术,选择高度保守区基因序列设计引物,检测血清:HCV RNA,其敏感性高,可大大提高阳性率,是判断 HCV 感染及传染性的可靠指标。

4. 丁型肝炎病毒 用免疫酶联法或放射免疫法检测血清 HDAg,阳性率可分别达 87%和 100%,有助于早期诊断。采用 cDNA 探针斑点杂交法检测 HDV RNA,阳性结果是 HDV 复制的直接证据。反转录多聚酶链反应(RT-PCR)也用于 HDV RNA 的检测,但要求技术条件较高。抗-HD 是诊断丁型肝炎的一项常规方法,敏感性和特异性均较高。

5. 戊型肝炎病毒 用重组抗原或合成肽抗原建立 ELISA 法检测血清抗-HEV,已在国内普遍开展,敏感性特异性均较满意,用本法检测血清抗-HEVIgM,对诊断现症戊型肝炎更有价值。

6. 输血传染病毒(TTV) 1997 年日本学者发现定名为输血传染病毒。用 PCR-扩增技术可检测,TTV 感染不仅在不明病原的肝炎病人中有较高的检出率,在无症状献血员中也有一定的感染,TTV 感染除肝损害外,其他表现只在治愈好转天数略较其他肝炎长。

7. 庚型肝炎病毒检测 庚型肝炎病毒(HGV)为 RNA 病毒,可以造成人体的急性和慢性感染。但 HGV 感染导致的肝脏损害还不清楚,HGV RNA 阳性不加重 HCV 血清学变化,但加重慢性丙型肝炎病人肝脏组织学慢性变化,即是 HCC(肝癌)发展的一个危险因素,检测抗 HGV 与 HGV RNA 之间无明显相关性,应同时检测。

七、肝癌相关指标检测

肿癌标记物检测 HCC 标记物很多,兹分别择要加以介绍。

1. 甲胎蛋白(AFP) 在成人,如果血清中出现高浓度的 AFP 强烈提示 HCC 或生殖腺胚胎癌。在儿童,则提示肝母细胞癌或 HCC。用免疫扩散法,可证实 28%~87%的 HCC 患者血清 AFP 浓度增高。用放射免疫测定法检测时,其数值更为增加。国内学者认为 AFP>500μg/L,且持续 4 周者,或 AFP 在 200~300μg/L。持续 8 周并不断升高者,在排除其他引起 AFP 增高的因素后,结合定位检查,即可做出 HCC 的诊断。活动性肝病时,血清 AFP 亦可升高。此时 AFP 的产生为肝细胞修复再生所引起,通过动态观察血清 AFP 与 ALT 可有助于 HCC 相鉴别。二者动态曲线平行或同步,或 ALT 持续升高为正常的数倍,持续时间不长,随着 ALT 的恢复,AFP 亦随之下降至正常,则活动性肝病可能性大;如二者曲线分离,ALT 下降或恢复正常后,AFP 不但不下降,反而明显升高,则多为 HCC。

2. r-谷氨酰转肽酶(r-GT,GGT)及其同工酶 在正常成人肝脏中相当低,但在胎肝和 HCC 中极高,是 HCC 的早期诊断标记。用聚丙烯酰胺凝胶电泳可将血清 r-GT 同工酶分为 13 条区带,其中,HCC 特异的是Ⅱ、Ⅱ′和Ⅰ′带。

八、小　结

目前应用于肝病检查的实验室项目不下 700 余种,检查时不可能全部采用,重要的在于需确定采用哪些肝功能试验比较合适,并应注意判别试验的敏感性、特异性、阳性预测正确性、阴性预测的正确性。

肝脏储备能力很大,具有很强的再生和代偿能力,因此肝功能检查正常,不等于细胞没有受损,反之当肝功能检查异常时,必然反映肝脏有广泛的病变。目前还没有一种试验能反映肝功能的全貌,因此在某些肝功能受损害时,对其敏感的某个肝功能检查先表现出异常,而其他肝功能试验可能正常,所以临床上常同时做几项肝功能检查。某些肝功能试验并非肝脏所特有。如转氨酶、乳酸脱氢酶在心脏和骨骼肌病变时,亦可以发生变化。所以在判定肝功能试验结果时,要注意排除肝外疾病或其他因素。

【肝脏病检查项目选择原则】

(1) 健康体检时,可选择 ALT、肝炎病毒标志物,血清蛋白电泳及 A/G 比值测定。前两种发现病毒性肝炎,后两者可发现慢性肝病。

(2) 怀疑为无黄疸肝炎时,急性者可查 ALT、前清蛋白、胆汁酸、尿内尿胆原及肝炎病毒标志物。慢性者可加查 AST、ALT、GGT、血清蛋白总量、A/G 比值及血清蛋白电泳。

(3) 对黄疸患者的诊断与鉴别诊断时,应查 STB、CB、尿胆原与尿胆红素、ALP、GGT、LP-X、胆汁酸。疑为先天性非溶血性黄疸时加查 ICGR。

(4) 怀疑为原发性肝癌时,除查一般肝功能外,应加查 AFP、GGT 及其同工酶,ALP 及其同工酶和 LDH。

(5) 怀疑肝脏纤维化或肝硬化时,ALT、AST、STB、A/G、蛋白电泳为筛选检查,此外还应查 MAO、脯氨酸羟化酶(PH)、和Ⅲ型胶原前肽(PⅢP)。

(6) 疗效判断及病情随访,急性肝炎可查 ALT、AST、前清蛋白、ICG、STB、CB、尿胆原及尿胆红素。慢性肝病可观察 ALT、AST、STB、CB、PT、血清总蛋白、A/G 比值及蛋白电泳等。必要时查 MAO、PH、PⅢP。原发性肝癌应随访 AFP、GGT、ALP 及其同工酶等。

(7) 腹部大手术前准备,可行 ^{13}C 呼气试验,了解肝脏储备功能,以判断患者承受手术的能力。

(邹衍泰)

第七节 胃肠功能及其常用的分析检测方法

胃肠是消化系统的重要器官,其作用多而复杂,担负着机体重要的消化吸收功能。胃肠功能主要包括有外分泌功能、消化吸收功能、胃肠运动功能、内分泌功能以及胃肠免疫功能等。本文围绕胃肠消化吸收相关的功能及其常用的分析检测方法做一简介。

一、分泌功能

营养物质的消化吸收首先依赖于消化系统的外分泌功能,即各种消化液的参与,如唾液、胃液、胰液、胆汁及肠液等。

胃分泌指水分、游离酸、结合酸、有机酸、电解质及多种酶类,少量血清白蛋白及球蛋白等物质向胃腔的耗能或不耗能移行过程及其结果,故胃液成分较复杂。

胃黏膜固有层存在大量的腺体,胃腺分为贲门腺、胃底腺和幽门腺,贲门腺主要以黏液细胞组成,其形态似颈状又称颈黏液细胞,分泌碱性黏液,于细胞表面形成高黏稠度的胶状的黏液层,以中和胃酸及保护胃黏膜;胃底腺含有主细胞、壁细胞、颈黏液细胞、未分化细胞和内分泌细胞;幽门腺含有黏液细胞和 G 细胞。主细胞分泌胃蛋白酶原,胃蛋白酶原只有在酸性溶液中(pH3.3~5)才能成为有活性的胃蛋白酶,参与蛋白质的消化;壁细胞可分泌盐酸和内因子,盐酸具有激活胃蛋白酶原并使蛋白质变性成为易被消化的食物,内因子能帮助维生素 B 的吸收。

正常胃液呈强酸性,pH 为 1.0~1.5,每天量约 1.5~2.5L,可随食物成分、精神因素、内分泌激素以及其他刺激因素的影响而有所差异。

(一) 胃酸的检测

1. 直接测定法 采用 pH 指示剂,根据滴定所用的 0.1mol/L NaOH 的浓度和指示剂显色时所需的毫升数,计算出胃酸的酸度。

2. 间接测定法

(1) 原理:服用阳离子树脂美蓝树脂,当其与胃酸中的氢离子接触时,美蓝树脂中的阳离子即与胃液中的氢离子交换,使树脂中的有色基团游离于胃液中,胃酸浓度越高,置换出来的基团越多。吸收后随尿液排出,故而可根据单位时间内所排出的美蓝量判断胃酸的浓度。

(2) 方法:患者在试验前 3 天内禁服含有钙、镁、铁等阳离子物质,患者受试前 1 天晚餐后禁食,次日晨饮水 200ml, 1 小时后排尿弃去。再将美蓝树脂 1g 混合于 7%乙醇溶液 50ml 中服下,即开始计时。收集服药后 2 小时尿液,送检尿液中美蓝排出量。正常 2 小时美蓝排出量为 290μg±6.7μg;<100μg 为低酸;>850μg 为高酸。

(二) 胃酸分泌功能检测

1. 基础胃酸分泌功能检测 在无任何外来刺激因素存在下测定胃酸分泌。患者受检前1天禁食,于清晨抽尽空腹胃液,先抽半小时胃液弃去,然后持续负压吸引收集1小时的胃液,测定胃液量和胃液浓度。基础酸排量(basal acid output, BAO)=1小时胃液容量与胃酸浓度的乘积,以mmol/h表示,正常为1~2mmol/h。

2. 刺激胃酸分泌功能测定 先抽吸1小时的基础胃酸,然后给予胃酸分泌刺激剂,再分段收集胃液,15分钟一段,连续收集1~2小时,分别计算胃液的量和酸度。最大酸量(maximal acid output, MAO)为刺激后连续1小时的总酸量(mmol/h);高峰泌酸量(peak acid output, PAO)为2个连续15分钟最高酸量之和乘以2(mmol/h)。

刺激方法有:①五肽胃泌素,用量为每千克体重皮下或肌注6μg;②磷酸组胺,为每千克体重皮下或肌注0.04mg,要注意组胺的不良反应,可预防用抗组胺药物,有过敏史及支气管哮喘者不宜用;③乙醇,口服7%乙醇溶液50ml,30分钟后再分段收集;④苯甲酸咖啡因,口服0.5g,加水200ml,30分钟后再分段收集;⑤试验餐刺激,给予口服面包或饼干100g,加水300~400ml,30分钟后再分段收集;⑥胰岛素低血糖刺激,通过诱发低血糖反射性兴奋迷走神经,释放乙酰胆碱,使胃的盐酸和胃蛋白酶原分泌增加。胰岛素用量为每千克体重0.15~0.2U静脉注射,临床上曾用于迷走神经切除术后了解迷走神经切除是否完全。

(三) 24小时胃内pH监测

将pH电极放置于胃体中,连接携带式pH记录仪进行24小时胃内pH连续测定,所获资料输入装有pH分析系统的微型计算机分析、处理、储存并于屏幕显示。

1. 注意事项 ①向受检者说明检查目的及大致经过,解除其顾虑和恐惧心理,取得良好合作。②检查前无需空腹,当日晨可进食少量流食或半流食,但禁食过酸、过辣及刺激性食物,禁烟酒。③检查前3~5d停用影响胃酸及胃动力药物,如制酸剂、抑酸剂、肌肉松弛剂、抗胆碱能药物、硝酸盐类药物、钙离子阻断剂等。④检测前电极于pH7.01和1.07标准缓冲液中校准使用。⑤检测期间受检者不限制活动,力求接近生理状态,记录体位及其变换、记录进食及症状出现时间。

2. pH电极及其放置 ①常见的pH电极有两种,即玻璃电极和锑电极;根据pH电极导管上感受器数目的不同,又分为单、双及多电极。②参考电极固定于剑突下,食管部分切除患者应调整至吻合口相对应的部位。③将pH电极经鼻(或口)放置于食管下括约肌(LES)下10~15cm。④可经内镜法、X透视法、pH梯度法及测压法准确定位。

3. 检测指标 ①24小时pH平均数;②24小时pH中位数;③24小时pH>1、>2、>3、>4的总时间;④24小时pH密度分布等。

(四) 胃蛋白酶及胃蛋白酶原的测定

胃蛋白酶原由胃底主细胞分泌,在pH 1.5~5.0条件下被激活为胃蛋白酶。胃蛋白酶可将蛋白质分解成为胨和脘,部分为氨基酸。

1. 凝乳法测定 利用胃蛋白酶使乳液发生凝固的速度来测定其含量。

2. 电泳法测定 胃蛋白酶在pH 2~3.3时活性最大,依其电泳迁移率分为7个组分,其中组分3含量最大,组分1含量少于总量的4%。

二、消化吸收功能

小肠是食物消化吸收的主要部位,食物中淀粉、蛋白质、脂肪等必须经过消化作用分解成小分子如葡萄糖、氨基酸、脂肪酸与甘油等才能被小肠黏膜吸收。各类维生素、矿物质、电解质和水主要也在小肠吸收。同时小肠还吸收大量内源性物质,包括胃肠道的分泌液和脱落的上皮细胞成分,成年男性每天从小肠吸收内源性物质有液体8000~10 000ml,蛋白质35~55g,脂肪10~25g。

(一)小肠黏膜的形态学特点

小肠约5~6m长,其黏膜的环形皱襞、绒毛、微绒毛致使吸收面积增大了600倍;黏膜表面的刷状缘含有大量的双糖酶、肽酶、脂水解酶等是消化吸收重要的特殊功能结构;另外小肠发达的淋巴管、小血管形成丰富的网状组织是物质转运的重要保障。

(二)小肠吸收的机制

主动转运;被动转运;简易扩散;胞吞作用。

(三)小肠吸收的主要部位(见表9-5)

表9-5 食物在小肠的吸收部位

物质	吸收部位
铁、钙、镁	近段小肠
糖类	近段和中段小肠
蛋白质	中段小肠
脂肪	近段小肠
水溶性维生素及叶酸	近段及中段小肠
胆盐、维生素B_{12}	远端小肠
水与电解质	小肠与结肠(尤其是盲肠)

(四)小肠吸收功能检测

1. 粪脂定性检查 粪便镜检查脂肪球,苏丹Ⅲ染色显示大便中三酰甘油或游离脂肪酸的存在,前者反映胰腺外分泌功能不足;后者说明小肠消化吸收功能的障碍。

2. 72小时粪脂肪含量测定 正常为<6g/天(20mmol/d);<25g/天为轻度吸收不良;25~30g/天为中度吸收不良,常反映肠黏膜病变;≥40g/天为严重脂肪泻。

3. 脂肪平衡试验 令受试者连续摄入含80~100g脂肪的饮食5天,收集后3天的粪便。另留同样脂肪含量的饮食3天量,测定粪脂肪的排出量,计算脂肪吸收率:饮食内脂肪-粪脂肪/饮食内脂肪×100%;正常情况下24小时粪脂肪平均量<6g,或吸收率>90%。如粪脂肪量>6g或吸收率<90%为脂肪吸收不良。

4. ^{13}C和^{14}C-三酰甘油或脂肪酸呼吸试验 用核素^{13}C和^{14}C标记三酰甘油或脂肪酸作

为底物经口服肠道消化吸收，代谢生成$^{13}CO_2$和$^{14}CO_2$经肺呼出，通过质谱仪或能谱仪测定呼气中的$^{13}CO_2$和$^{14}CO_2$来反映小肠对脂肪的吸收功能。进一步用^{14}C-棕榈酸和^{14}C-辛酸呼吸试验鉴别脂泻的病因为肠源性、胆源性、胰源性。长链三酰甘油吸收需要足够的胆盐和胰酶及完整的小肠黏膜；长链脂肪酸的吸收不需要胰酶，但需要胆盐的存在；中、短链脂肪酸则可经小肠吸收直接进入门脉，不需要胆源及胰酶作用。

5. D-木糖吸收试验 是检测小肠黏膜功能不全的最好的非损伤性检测方法。因小肠黏膜病变而致吸收不良时，该法的敏感度及特异度均达90%以上。

（1）原理：木糖为一种戊糖，口服后大部分在小肠吸收，其吸收机制不同于其他单糖，不需要通过Na^+-己糖共同转运，而是被动扩散吸收，故D-木糖吸收试验可反映小肠黏膜表面积和黏膜通透性的状况。由小肠吸收的木糖中一半被代谢，其余通过肾脏排出。

（2）方法：清晨空腹口服木糖25g（溶于250ml水中）并嘱受试者多饮水以保持足够的尿量（60ml/h），收集5小时尿及口服木糖1小时的静脉血，测定木糖含量。尿中木糖含量正常值4.7～7.5g，低于为4.5g不正常，3.0～4.5g为可疑异常，<3.0g肯定异常。口服后1小时血中木糖应为30mg/dl，<20mg/dl为异常。

6. 呼吸试验检测小肠的糖吸收功能 正常人对绝大多数可吸收的糖类在到达结肠前可完全被吸收，经体内代谢产生标记CO_2从呼吸道呼出；而肠道细菌对未被吸收的糖类的分解代谢是人体呼气中H_2的惟一来源。

（1）^{13}C-葡萄糖、^{13}C-乳糖、^{13}C-蔗糖呼吸试验：前者经消化吸收到组织细胞，经氧化代谢产生$^{13}CO_2$由肺呼出，但由于步骤中的影响因素多，致使试验不能准确反映小肠对葡萄糖的吸收；后两者可用于诊断双糖吸收不良。

（2）乳糖-H_2呼吸试验：受试者清晨口服乳糖1g/kg，每隔10～15分钟收集终末呼气于容器中，利用气相色谱仪或氢测定仪测定呼气中的氢浓度，正常情况下乳糖在小肠中全部被吸收，呼气中仅有极微量H_2，呼气中H_2增多说明小肠内乳糖吸收不良，这些糖到达结肠，被结肠细菌发酵产生H_2，其中一部分H_2弥散入血，循环至肺呼出。如呼气中H_2量>基础H_2呼出量20×10^{-6}，则表示乳糖吸收不良。该试验的敏感性与特异性均高。

7. ^{13}C-蛋白质呼吸试验 用L-(1-^{13}C)-亮氨酸标记的牛奶和卵蛋白质进行呼吸试验，反映糜蛋白酶量及小肠吸收功能。

8. 维生素B_{12}吸收试验（Schilling试验） 口服的维生素B_{12}需要有胰酶的作用，与胃壁细胞分泌的内因子结合成复合体，才能在末端回肠吸收。受试者禁食12小时，排空膀胱，口服1.0mg ^{57}Co-氰钴胺（维生素B_{12}），2小时后肌注非标记的维生素B_{12} 1.0mg，使体内维生素B_{12}库存饱和，收集24小时尿，正常放射活性应>8%摄入的量，如<8%，则表明维生素B_{12}吸收不良。通常有4种因素可引起维生素B_{12}的吸收减少，可进一步进行鉴别试验，如试验同时另服猪的内因子可改善吸收，表明存在恶性贫血；如试验同时另服胰酶能改善吸收，表明胰腺外分泌功能不足；如上述方法仍未能改善维生素B_{12}的吸收，可给受试者口服甲硝唑250mg，3次/天×4天，然后再重复Schilling试验，如吸收改善则表明细菌过度生长，如上述三种方法均未能改善标记维生素B_{12}的吸收，则表明回肠病变，维生素B_{12}的吸收受损。由于严重的维生素B_{12}缺乏本身可致回肠末端受损，故而可先行维生素B_{12}治疗1周（肌注100μg/天），然后再行上述鉴别试验。

9. 血清胡萝卜素测定 血清胡萝卜素的浓度取决于摄入的量及小肠的吸收状态，正常值>60mg/dl，在小肠疾病引起的吸收不良时，血清胡萝卜素常低于正常。胰源性消化不良时正常或稍低。但是血清胡萝卜素的浓度也常常因营养不良、摄入不足、高热和某些肝病而降低。

三、肠内细菌过度生长及菌群失调的检测

（一）乳果糖-H_2呼吸试验

乳果糖是一种人工合成的酸性双糖，在小肠内不被双糖酶水解，绝大部分进入结肠，在结肠内被乳酸杆菌、厌氧杆菌、大肠杆菌等分解为乳酸和醋酸，再经细菌的进一步代谢产生H_2，H_2经循环至肺呼出，如在120分钟内任何一段时间呼出的H_2超过基础H_2浓度10×10^{-5}，即表示不正常，表明细菌生长过度。

（二）^{14}C-木糖呼吸试验

口服D-木糖（1g，5~10μCi），然后收集30及60分钟时的呼气，测定其中的$^{14}CO_2$，如呼出的$^{14}CO_2$增加表明细菌过度生长。该试验检测肠细菌过度生长的敏感性和特异性均高。

（三）^{14}C-甘氨胆酸呼吸试验

正常人口服^{14}C-甘氨胆酸后，胆酸绝大部分在回肠末端被吸收，循环至肝脏再进入胆道，即胆盐的肝肠循环。仅很少部分进入结肠，其中一部分从粪中排出，一部分被结肠细菌代谢，产生$^{14}CO_2$，经循环至肺呼出。正常人口服^{14}C-甘氨胆酸4小时内，$^{14}CO_2$的排出量低于总量的1%，24小时粪内排出<8%。在回肠末端病变或切除术后，胆盐的肝肠循环受到破坏，致大量的甘氨胆酸未被吸收而到达结肠，呼气中的$^{14}CO_2$和粪中的^{14}C均增加，可达正常人的10倍。该法敏感性较高，且不易受饮食及肾功能的影响，但不易区分是由于回肠疾病或是小肠细菌过度生所致。

（四）肠道菌群分析

1. 粪便或肠黏膜直接涂片法 通过观察细菌总数、形态特点、革兰阳性和革兰阴性细菌及杆菌和球菌比例，有无特殊形态的细菌增多等综合判断菌群状况。

2. 粪便或肠黏膜培养法 包括不同肠段膜菌群分析、内容物菌群分析和粪便菌群分析。临床所指的粪便菌群分析是指对排出体外的新鲜粪便常见菌群进行的定量分析以检测各主要菌属的每克粪便菌落形成单位（CFU/g）。常规的肠道粪便菌群分析包括10~11个菌属如肠杆菌、肠球菌、葡萄球菌、酵母菌、拟杆菌、双歧杆菌、消化球菌、乳杆菌、真杆菌和小梭菌，采用选择性培养基在相应的厌氧和需氧条件下培养，一般需氧菌培养1天，厌氧菌培养3天。标本进行10的倍比稀释（4.5ml稀释液+0.5g粪便，混匀后取0.5ml，加入下一个稀释度的4.5ml稀释液中，以此倍比稀释），根据标本中各菌属的浓度选择连续的三个稀释度（相差1000倍）进行滴种，每个稀释度三滴。完成培养后对三个稀释度选择可数的

一个稀释度的三个区域进行计数求取均数,换算为每克粪便的菌落数(CFU/g),以该数值取以10为底的对数值进行比较。

注意事项:①如果研究正常值需避免抗生素等药物的影响。②避免标本留取时间的影响:一般应在半小时内进行培养,时间越长,需氧菌增加越多,厌氧菌减少也多。③避免标本暴露于空气中过久,空气中的氧气会影响厌氧菌的CFU值。④取标本最好取标本内部的粪便,或与空气不接触的部分。⑤由于出结果需时较长,最好同时进行“涂片快速查菌群”,涂片结果为菌群的“像”,一般15分钟即可报结果,对临床意义大,且不受细菌死亡的影响。

四、运动功能

(一) X线检测法

在X线下观察受试者吞服照影剂后胃肠的张力、蠕动及动力(排空)状况。张力增高时,管腔扩张不充分表现为局限性或较广泛的变窄,张力增高往往排空加快,张力过高则引起痉挛,可出现梗阻现象;张力减低则表现为管腔扩张,蠕动减弱甚至消失,照影剂排空延迟而滞留。蠕动增强表现为蠕动波的深度和频率均增加;蠕动减弱则蠕动波浅频率也减少。胃肠排空功能常受多种因素的影响,如张力、蠕动、自主神经的功能状态、食物的性状及病变、药物等。

(二) 核素检测法

用γ照相机观察记录放射性核素进入人体后的动态移行分布情况,继而了解胃肠动力功能状况。

1. 胃排空时间测定 常采用放射性核素标记固体食物,如^{99m}Tc-TETA或^{99m}Tc-DTPA(无毒、化学稳定,且不被吸收及吸附)均匀混入固体食物中。患者禁食8小时以上,先取坐位,在2~3分钟内服完试餐,待食物全部进入胃内后,仰卧于检查台上,γ闪烁探头视野包括整个上、中腹部。立即采集放射性计数5分钟,以后每隔5分钟采集1次,为时5分钟,如此连续自动采集数据90分钟,并同时将数据储存于计算机磁盘,用计算机框出每帧图像的胃感兴趣区,得出各自的放射性计数。然后将计算出的每帧计数并作图,以时间为横坐标,以放射性计数为纵坐标,绘出时间-放射性曲线,找出第一帧放射性计数减低一半所需的时间,即为胃的半排空时间。正常值为45~85分钟,>85分钟者为胃排空延长。

2. 胃食管反流测定 检查前患者禁食4小时以上,腹部缚以充气腹带。仰卧位,下段食管位于γ闪烁探头视野中央。将^{99m}Tc-DTPA混以150ml橘子汁和150ml 0.1mol/L HCl,嘱病人服下15分钟后开始检查。先摄取腹部加压前影像30s,然后腹带充气加压,于2.7、5.3、8.0、10.7、13.3kPa时各摄影30s。用计算机分别取食管下段及胃部感兴趣区,记录各自的放射计数,按下式计算胃、食管反流指数。

胃食管反流指数(%)=(食管下段计数/腹部加压前胃计数)×100

胃食管反流有自发性反流与诱发性反流之分,前者在腹部未加压时即出现反流,后者则在加压时出现。正常人贲门上方无放射性出现或胃食管反流指数<4%,若此值>4%即提示有胃食管反流存在。

3. 肠胃胆汁反流测定 静脉注射放射性核素标记的胆道显像剂后，显像剂可随胆汁排入肠道，如存在有肠胃反流，则肠放射性可反流进入胃内，从而显示肠胃反流的影像。

（三）B超检测胃液体排空功能

由于实时超声检测的准确、安全、无创、可重复性及其检查本身不影响胃肠运动等优点，目前临床上有替代放射性核素法测定胃液体排空时间的趋势。

受试者禁食8~12小时，取坐位（避免增加腹压动作），饮温开水（37℃）500ml后分别于0、5、10、20、30、40、50、60分钟测定胃体与胃窦交界处切面的垂直内径和前后内径，以及胃窦最大切面和垂直内径、前后内径，并同时检测幽门面积及胃窦、胃体的壁厚，（也测定胃窦横断面面积和胃窦容积），以胃体-胃窦交界切面垂直内径与前后内径之和减少至50%的时间表示胃排空1/2时间。正常胃液体半排空时间为13.90±4.3分钟。

（四）^{13}C呼吸试验法检测胃排空功能

^{13}C乙酸钠易溶于水，不能在胃内分解吸收，以原型进入十二指肠后迅速被吸收并经肝脏代谢为$^{13}CO_2$排出，可作为检测胃对液体食物排空的示踪剂。^{13}C标记的固体食物一旦进入十二指肠的消化环境后迅速被肠道细胞吸收，并转运到肝脏代谢为$^{13}CO_2$随呼气排出，^{13}C标记物质随试验餐的胃排空是整个代谢过程的限速步骤，因此测定$^{13}CO_2$在呼气中的排出速率就可测定胃固体食物的排空速率。^{13}C乙酸钠呼气试验既可单独用于流质食物胃排空速率的测定，又可测定半流质食物的胃排空速率的测定，^{13}C辛酸呼气试验可用于固体食物胃排空速率的测定。

五、内分泌功能

胃肠道从食管至直肠均有内分泌细胞分布，其中以十二指肠和小肠最多。目前能作组织定位的胃肠内分泌细胞有近20多种，能分泌30多种胃肠激素，一般一种内分泌细胞只能分泌一种胃肠激素，但是也有一些细胞可能分泌一种以上激素。胃肠神经系统中的神经细胞（即神经元）也能产生和释放胃肠多肽类激素。有些胃肠激素之间在结构上有某些相似之处，可能其来源于同一基因，因而具有较大同源性，或在生物合成过程中有着共同的前体，故可能具有某些相似的生理功能。

现有胃肠激素可分11大类，①胃泌素族：胃泌素、胆囊收缩素；②促胰泌素族：促胰泌素、胰高糖素、胰高糖素样肽Ⅰ、Ⅱ、肠高糖素、酸调理素、血管活性肠肽、组异亮肽、组甲硫肽、抑胃肽、垂体腺苷酸环化化酶激活肽、甘丙肽；③生长抑素族：生长抑素；④胰多肽族：胰多肽、酪酪肽、神经肽；⑤神经降压素族：神经降压素、神经介素N；⑥胰岛素族：胰岛素、胰岛素样生长因子Ⅰ、Ⅱ；⑦阿片肽族：甲硫氨酸脑啡肽、蛋氨酸脑啡肽、α-内啡肽、β-内啡肽、γ-内啡肽、强啡肽、亮啡肽、促黑色素激素α、β；⑧降钙素族：降钙素、降钙素基因相关肽；⑨蛙皮素族：P物质、K物质（神经激肽A）、神经介素K（神经激肽B）、蛙皮素、胃泌素释放肽、神经介素B；⑩生长因子族：表皮生长因子、转化生长因子α、β、血小板生长因子、成纤维细胞生长因子;⑪胃动素族:胃动素。

这些胃肠道激素是维持消化道正常生理功能不可缺少的组成部分,在正常胃肠道分泌、吸收和运动中起重要的生理调节作用。

(白岚)

第八节 血液系统功能分析与检测

正常成年人的血液总量约相当于体重的7%~8%,或相当于每千克体重70~80ml,其中血浆量为40~50ml。幼儿体内的含水量较多,血液总量占体重的90%。血液对内环境某些理化性质的变化有一定的“缓冲”作用。人类的血液由血细胞和血浆组成。血液成分的改变或理化性质的变化反映身体状况的变化,具有极为重要的临床意义。

一、血液的理化特性

1. 血沉:红细胞的悬浮稳定性 将与抗凝剂混匀的血液静置于一支玻璃管(如分血计)中,红细胞由于比重较大,将因重力而下沉,但正常时下沉十分缓慢。通常以红细胞在一小时内下沉的距离来表示红细胞沉降的速度,称为红细胞沉降率。正常男性的红细胞沉降率第一小时不超过3mm,女性不超过10mm。红细胞沉降率在某些疾病时(如活动性肺结核、风湿热等)加快,这主要是由于许多红细胞能较快地互相以凹面相贴,形成一叠红细胞,称为叠连;红细胞叠连起来,其外表面积与容积之比减小,因而摩擦力减小,下沉加快。一般血浆中白蛋白增多可使红细胞沉降减慢;而球蛋白与纤维蛋白原增多时,红细胞沉降加速。其原因可能就在于白蛋白可使红细胞叠连(或聚集成其他形式的团粒)减少,而球蛋白与纤维蛋白原则可促使叠连(或其他形式的聚集)增多,但其详细作用机制尚不清楚。

2. 血浆渗透压 血浆渗透压约为313mOsm/L,相当于7个大气压708.9kPa(5330mmHg)。其正常范围是280~320mOsm/L。血浆的渗透压主要来自溶解于其中的晶体物质,特别是电解质,称为晶体渗透压。由于血浆与组织液中晶体物质的浓度几乎相等,所以它们的晶体渗透压也基本相等。血浆中虽含有多量蛋白质,但蛋白质分子量大,所产生的渗透压甚小,不超过1.5mOsm/L,约相当于3.3kPa(25mmHg),称为胶体渗透压。血浆蛋白一般不能透过毛细血管壁,所以血浆胶体渗透压虽小,但对于血管内外的水平衡有重要作用。由于血浆和组织液的晶体物质中绝大部分不易透过细胞膜,所以细胞外液的晶体渗透压的相对稳定,对于保持细胞内外的水平衡极为重要。

3. 血浆的pH 正常人的血浆的pH约为7.35~7.45。血浆pH主要决定于血浆中主要的缓冲对,即$NaHCO_3/H_2CO_3$的比值。通常$NaHCO_3/H_2CO_3$比值为20。血浆中除$NaHCO_3/H_2CO_3$外,尚有其他缓冲对,如蛋白质钠盐/蛋白质、Na_2HPO_4/NaH_2PO_4,在红细胞内尚有血红蛋白钾盐/血红蛋白、氧合血红蛋白钾盐/氧合血红蛋白、Na_2HPO_4/NaH_2PO_4、KH_2PO_4、$KHCO_3/H_2CO_3$等缓冲对,都是很有效的缓冲对系统。一般酸性或碱性物质进入血液时,由于有这些缓冲系统的作用,对血浆pH的影响已减至很小,特别是在肺和肾不断地排出体内过多的酸或碱的情况下，通常血浆 pH 的波动范围极小。一旦 pH 不能维持说明机体内环境出现严重失衡，临床必须进行处理。

二、血细胞及其功能

血细胞包括红细胞、白细胞和血小板三类细胞，它们均起源于造血干细胞。

（一）红细胞

1. 红细胞生理

（1）红细胞的数量、形态和功能：红细胞（erythuocyte）是血液中数量最多的一种血细胞，正常男性血液中平均约 $5.0\times10^{12}/L$，女性较少，平均约 $4.2\times10^{12}/L$。红细胞含有血红蛋白，因而使血液呈红色。红细胞在血液的气体运输中有极重要的作用。在血液中由红细胞运输的氧约为溶解于血浆的 70 倍；在红细胞参与下，血浆运输二氧化碳的能力约为直接溶解于血浆的 18 倍。正常红细胞呈双凹圆碟形，平均直径约 8μm，周边稍厚。这种细胞结构有利于携氧、红细胞的可塑性变形。

（2）血细胞比容：红细胞在血液中所占的容积百分比，称为血细胞比容（hematocritvalue），可以用分血计（hematocrit）来测定。通常是将一定量的血液与抗凝剂混匀，置于用直径 2.5mm 的平底玻璃管制成的分血计中，以每分钟 3000 转的速度离心半小时，使血细胞下沉压紧，即可测出血细胞比容。正常成年人的血细胞比容，男性为 40%～50%，女性为 37%～48%。

2. 红细胞及血红蛋白数量改变其临床意义　红细胞数与血红蛋白两者测定的意义大致相同，但在某些情况红细胞与血红蛋白降低的程度常不平行，故同时测定红细胞数与血红蛋白量以作比较对诊断有意义。检测红细胞与血红蛋白应注意影响检验结果的因素如病人全身血液总容量及全身血浆容量有无改变与性别、年龄、居住地海拔的差异等。

（1）红细胞及血红蛋白增多：是指单位容积血液中红细胞数及血红蛋白量高于参考值高限。成年男性：红细胞 $>6.0\times10^{12}/L$，血红蛋白 $>170g/L$；成年女性：红细胞 $>5.5\times10^{12}/L$，血红蛋白 $>160g/L$。

可分为相对性增多和绝对性增多两大类：

1）相对性增多：见于严重呕吐、腹泻、大量出汗、大面积烧伤等。

2）绝对性增多：可分继发与原发。

A. 继发：a. 红细胞生成素代偿性增加：因血氧饱和度减低，组织缺氧所引起生理性红细胞生成素代偿性增加，见于胎儿和新生儿，高原地区居民。病理性见于慢性心、肺疾患。b. 红细胞生成素非代偿性增加，与某些肿瘤或肾脏疾患有关。

B. 真性红细胞增多症：是一种多能造血干细胞受累所致的骨髓增殖性疾病，本病属慢性和良性增生。但具有潜在恶性趋向。

（2）红细胞及血红蛋白减少：单位容积循环血液中红细胞数，血红蛋白量及血细胞比容低于参考值低限，称为贫血，成年男性血红蛋白 $<120g/L$ 女性血红蛋白 $<110g/L$。

根据血红蛋白减低的程度分轻、中、重及极重度。

按红细胞及血红蛋白减少的原因可分两类：①生理性减少：见于婴幼儿及妊娠妇女等。②病理性减少：见于各种贫血如红细胞生成不足，红细胞破坏过多及失血等。

（3）红细胞形态学的改变

1）大小异常：①小红细胞，红细胞直径小于6μm，见于低色素性贫血。②正常红细胞见于溶血性贫血，急性失血性贫血及巨幼细胞性贫血。③巨红细胞直径大于15μm，见于巨幼细胞贫血。

2）形态异常：①球形细胞：球形细胞直径小于6μm。球形细胞增多主要见于遗传形细胞增多症及自身免疫性溶血性贫血。②靶形细胞：形状似射击靶标，中央淡染区扩大中心部分又有部分色素，见于海洋性贫血、异常血红蛋白病及脾切除后等。③椭圆形细胞。④口形红细胞。⑤镰形红细胞：泪滴形红细胞、棘细胞、裂细胞等。

3）染色反应异常：低色素性常见于缺铁性贫血、珠蛋白生成障碍性贫血、铁粒幼细胞性贫血，高色素性常见于巨幼细胞性贫血，嗜多色性常见于增生性贫血。

4）结构异常

A. 嗜碱性点彩：点彩红细胞属于未完全成熟的红细胞，在正常人血片中极少见，见于增生性贫血、巨幼细胞贫血及骨髓纤维化、铅中毒等。

B. Howell-Jolly：为紫红色圆形小体，此小体可能是幼红细胞在核分裂过程中出现的一种异常染色质或是染色质的残留部分，常见于溶血性贫血，巨幼细胞性贫血，脾切除后。

C. Cabot（卡波）环：在红细胞中出现一种红色呈圆形或"8"字形细线状环，曾被认为是核膜的残留物或可能是纺锤体的残余物或是胞质中脂蛋白变性所致，见于溶血性贫血、巨幼细胞贫血、脾切除后或铅中毒等。

5）有核红细胞：即幼稚红细胞存在于骨髓中，正常成人外周血中不能见到，成人外周血中出现属病理现象，见于增生性贫血、急性溶血、急性失血、红白血病、骨髓纤维化，骨髓转移癌、严重缺氧等。

6）网织红细胞计数：网织红细胞是晚幼红细胞或成熟红细胞之间尚未完全成熟的红细胞，网织红细胞计数对估计骨髓造血功能有一定的意义。正常范围的百分数 0.5%~1.5%，绝对值（24~84）$\times10^9$/L。

（4）红细胞酶缺乏：红细胞磷酸已糖旁路中酶的缺乏：如 G-6-PD 缺乏、谷氨酰-半胱氨酸合成酶缺乏、谷胱甘肽（GSH）过氧化物酶缺乏、GSH 合成酶缺乏、GSH 还原酶缺乏等。红细胞无氧糖酵解途径中的缺乏：如丙酮酸激酶（PK）缺乏、磷酸葡萄糖异构酶（GPI）缺乏、磷酸果糖激酶缺乏、磷酸丙糖异构酶缺乏、已糖激酶缺乏、磷酸甘油酸激酶缺乏、果糖二磷酸醛缩酶、二磷酸甘油变位酶缺乏等。

（5）溶血性贫血常用的实验室检查

1）红细胞渗透脆性试验

A. 原理：红细胞在低渗氯化钠溶液中，水分透过细胞膜进入细胞内，使红细胞逐渐膨胀甚至破裂而溶血。

B. 参考值：开始溶血：0.42%~0.46% NaCl 溶液，完全溶血：0.28%~0.34% NaCl 溶液

C. 临床意义：脆性增高主要见于遗传性球形细胞增多症，也可见于温抗体型自身免疫

性溶血性贫血,遗传性椭圆形细胞增多症。脆性减低常见于海洋性贫血,也可见于缺铁性贫血、某些肝硬化及阻塞性黄疸等。

2) 酸溶血试验

A. 原理:又称 Ham 试验,正常人红细胞于自身血清中,在弱酸性(pH6.6~6.8)条件下经 37℃孵育 1 小时后不发生溶血现象,阵发性睡眠性血红蛋白尿病人的红细胞膜对补体敏感,孵育后可出现溶血现象。如血清先经灭活(补体被破坏),就不出现溶血。

B. 意义:正常人本试验结果呈阴性。阵发性睡眠性血红蛋白病人本试验为阳性,且特异性较高。

3) 抗人球蛋白试验

A. 原理:抗人球蛋白试验又称 Coombs 试验,是检查温反应性抗体(不完全抗体)敏感的方法,是诊断自身免疫性溶血性贫血(AIHA)的重要试验。在 AIHA 病人的血清中,常含有抗自身红细胞的不完全抗体,且多已与表面附有相应抗原的红细胞结合,使之成为致敏红细胞。加入用人血清球蛋白免疫家兔所获得的抗人球蛋白血清,抗人球蛋白抗体通过与红细胞表面的不完全抗体相结合,将已致敏的红细胞相互连接起来而出现肉眼可见的凝聚现象,此即抗人球蛋白直接试验阳性,用以证实病人红细胞表面有不完全抗体存在。间接试验是检查病人血清中有无游离的不完全抗体。先用 RHo(D)阳性 O 型的正常人红细胞与病人的血清在 37℃条件下致敏处理,如血清中存在游离的不完全抗体即被红细胞吸附成为致敏红细胞。然后加入抗人球蛋白血清,如出现凝集,即为抗人球蛋白的间接试验阳性。

正常人 AB 型血清中无这种免疫球蛋白,故无致敏作用,供作阴性对照血清。

B. 临床意义:a. 正常人抗人球蛋白试验直接、间接试验均呈阴性。b. 温抗体型自身免疫性溶血性贫血、新生儿同种免疫溶血病常呈直接试验阳性反应。c. AIHA 大多属于温抗体型(主要为 IgG),但也有小部分属于冷抗体型(主要为 ISM)。故必要时应在 4℃条件下进行试验以检出其冷抗体,否则会导致假阴性反应。d. 间接抗人球蛋白试验主要检测病人血清中有无不完全抗体,常用于 RH 或 ABO 型新生儿同种免疫溶血病的母体血清中不完全抗体的检测。e. 本试验阳性还可见于 SLE、类风湿性关节炎、淋巴瘤、恶性肿瘤、甲基多巴等药物诱发的免疫性溶血性贫血等。

(二) 白细胞

1. 白细胞生理 白细胞(leukocyte)是一类有核的血细胞。正常成年人白细胞总数是 $(4\sim10)\times10^9/L$,每日不同的时间和机体不同的功能状态下,白细胞在血液中的数目是有较大范围变化的。当白细胞超过 $10\times10^9/L$ 时,称为白细胞增多,而白细胞少于 $4\times10^9/L$,称为白细胞减少。机体有炎症时常出现白细胞增多。

白细胞不是一个均一的细胞群,根据其形态、功能和来源部位可以分为三大类:粒细胞、单核细胞和淋巴细胞。白细胞与红细胞和血小板一样都起源于骨髓中的造血干细胞,在细胞发育过程中又都是经历定向祖细胞、前体细胞,而后成为具有各种细胞功能的成熟白细胞。

淋巴细胞的生成过程与其他白细胞有一些不同。在干细胞分化的早期,淋巴干细胞首先从多能干细胞分化出来。这些淋巴干细胞随血流进入初级(或中枢)淋巴器官,即骨髓和胸腺,在这里它们发育成定向淋巴细胞(commmitted lymphocyte)。在骨髓中发育的称为B细胞;在胸腺中发育的称为T细胞。随后,B和T细胞均随血流转移到二级(或外周)淋巴器官,即淋巴结和脾,在那里它们与某种抗原接触后即分化和增殖成为真正具有免疫功能的细胞,如浆细胞和T效应细胞(T effector cell)。淋巴细胞在生长成熟过程中接受一组称为白细胞介素(interleukins, ILs)的细胞因子的调节,T细胞在胸腺中还接受胸腺激素的作用。

所有的白细胞都能做变形运动,凭借这种运动白细胞得以穿过血管壁,这一过程称作血细胞渗出。白细胞具有趋向某些化学物质游走的特性,称为趋化性。体内具有趋化作用的物质包括:细菌毒素、细菌或人体细胞的降解产物,以及抗原-抗体复合物等。白细胞按照这些物质的浓度梯度游走到这些物质的周围,把异物包围起来并吞入胞质内,这称为吞噬作用。每类白细胞都具有某些酶类,如蛋白酶、多肽酶、淀粉酶、脂酶和脱氧核糖核酸酶等。在白细胞总数中,有一半以上存在于血管外的细胞间隙内,有30%以上储存在骨髓内,其余的才是在血管中流动的。这些白细胞凭借血液的运输,从它们生成的器官,即骨髓和淋巴组织,到达发挥作用的部位。

(1) 粒细胞:约有60%的白细胞的胞质内具有颗粒,因而把它们称为粒细胞。又根据胞质中颗粒的染色性质不同将粒细胞区分为:中性、嗜酸和嗜碱粒细胞。粒细胞在血流中停留时间很短暂,一般从数小时至2天。

1) 中性粒细胞:绝大部分的粒细胞属中性粒细胞。每微升血液中约有4500个中性粒细胞。由于这些细胞的细胞核的形态特殊,又称为多形核白细胞。中性粒细胞在血管内停留的时间平均只有6~8小时,它们很快穿过血管壁进入组织发挥作用,而且进入组织后不再返回血液中来。在血管中的中性粒细胞,约有一半随血流循环,通常作白细胞计数只反映了这部分中性粒细胞的情况;另一半则附着在小血管壁上。同时,在骨髓中尚储备了约2.5×10^{12}个成熟中性粒细胞,在机体需要时可立即动员大量这部分粒细胞进入循环血流。

中性粒细胞在血液的非特异性细胞免疫系统中起着十分重要的作用,它处于机体抵御微生物病原体,特别是在化脓性细菌入侵的第一线,当炎症发生时,它们被趋化性物质吸引到炎症部位。由于它们是借糖酵解获得能量,因此在肿胀并血流不畅的缺氧情况下仍能够生存,它们在这里释放细胞毒,破坏细菌和附近组织的细胞膜。由于中性粒细胞内含有大量溶酶体酶,因此能将吞噬入细胞内的细菌和组织碎片分解,这样,入侵的细菌被包围在一个局部并消灭,防止病原微生物在体内扩散。当中性粒细胞本身解体时,释出各溶酶体酶类能溶解周围组织而形成脓肿。

2) 嗜碱粒细胞:在白细胞中嗜碱性细胞占0.5%~1%,即50个细胞/μl。平均循环时间是12小时。这类粒细胞的胞质中存在较大和碱性染色很深的颗粒。颗粒内含有肝素和组胺。近年来发现嗜碱粒细胞参与体内的脂肪低谢。当食物中的脂肪被肠吸收后,周围血液中的嗜碱粒细胞数随即增加。嗜碱粒细胞释放出肝素,激活在血浆中的脂肪分解。这是由于肝素作为脂酶的辅基增强了脂酶的作用。结果加快了由脂肪分解为游离脂肪酸的过程。

嗜碱粒细胞释放的组胺与某些异物(如花粉)引起过敏反应的症状有关。

3）嗜酸粒细胞：血液中嗜酸粒细胞占白细胞总数的2%～4%，即100～350个细胞/μl。血液中嗜酸粒细胞的数目有明显的昼夜周期性波动，清晨细胞数减少，午夜时细胞数增多。这种细胞数的周期性变化是与肾上腺皮质释放糖皮质激素量的昼夜波动有关的。当血液中皮质激素浓度增高时，嗜酸粒细胞数减少；而当皮质激素浓度降低时，细胞数增加。嗜酸粒细胞的胞质内含有较大的、椭圆形的嗜酸性颗粒。这类白细胞也具有吞噬功能。嗜酸粒细胞在体内的作用是：①限制嗜碱粒细胞在速发性过敏反应中的作用。当嗜碱粒细胞被激活时，释放出趋化因子，使嗜酸粒细胞聚集到同一局部，并从三个方面限制嗜碱粒细胞的活性：一是嗜酸粒细胞可产生前列腺素E使嗜碱粒细胞合成释放生物活性物质的过程受到抑制；二是嗜酸粒细胞可吞噬嗜碱粒细胞所排出的颗粒，使其中含有生物活性物质不能发挥作用；三是嗜酸粒细胞能释放组胺酶等酶类，破坏嗜碱粒细胞所释放的组胺等活性物质。②参与对蠕虫的免疫反应。在对蠕虫的免疫反应中，嗜酸粒细胞有重要的作用。这类粒细胞的细胞膜上分布有免疫球蛋白Fc片断和补体C3的受体。在已经对这种蠕虫具有免疫性的动物体内，产生了特异性的免疫球蛋白IgE。蠕虫经过特异性IgE和C3的调理作用后，嗜酸粒细胞可借助于细胞表现的Fc受体和C3受体黏着于蠕虫上，并且利用细胞溶酶体内所含的过多氧化物酶等酶类损伤蠕虫体。在有寄生虫感染、过敏反应等情况时，常伴有嗜酸粒细胞增多。

（2）单核细胞：第二类白细胞称为单核细胞，胞体较大，直径约为15～30μm，胞质内没有颗粒，它们约占血液中白细胞数的4%～8%。单核细胞来源于骨髓中的造血干细胞，并在骨髓中发育。当它们从骨髓进入血流时仍然是尚未成熟的细胞。与其他血细胞比较，单核细胞内含有更多的非特异性脂酶，并且具有更强的吞噬作用。单核细胞在血液中停留2～3天后迁移到周围组织中，细胞体积继续增大，直径可达50～80μm，细胞内所含的溶酶体颗粒和线粒体的数目也增多，成为成熟的细胞。固定在组织中的单核细胞称为组织巨噬细胞，它们经常大量存在于淋巴结、肺泡壁、骨髓、肝和脾等器官。激活了的单核细胞和组织巨噬细胞能生成并释放多种细胞毒、干扰素和白细胞介素，参与机体防卫机制，还产生一些能促进内皮细胞和平滑肌细胞生长的因子。在炎症周围单核细胞能进行细胞分裂，并包围异物。

（3）淋巴细胞：淋巴细胞是免疫细胞中的一大类，它们在免疫应答过程中起着核心作用。根据细胞成长发育的过程和功能的不同，淋巴细胞分成T细胞和B细胞两类。在功能上T细胞主要与细胞免疫有关，B细胞则主要与体液免疫有关。

2. 白细胞变化的临床意义　白细胞增多高于10×10^9/L，白细胞减少低于4×10^9/L。增多或减少与中性粒细胞增多或减少有着密切关系与相同意义。

（1）中性粒细胞：是从骨髓中造血干细胞增殖分化而产生的，它的生成受到多种因素的调控。

1）增多：①反应性增多：见于a. 急性感染或炎症；b. 广泛的组织损伤或坏死；c. 急性溶血、失血、中毒；d. 恶性肿瘤；e. 其他，如类风湿性关节炎，自身免疫性溶贫、痛风、严重缺氧以及应用某些药物如皮质激素、肾上腺素等。②异常增生性增多见于：a. 粒细胞白血病；b. 骨髓增殖性疾病，伤寒杆菌以及严重败血症等。

2）减少：见于①感染性疾病如病毒感染，血液系统疾病如再障、粒细胞减少症、非白血性白血病、恶组以及阵发性睡眠性血红蛋白尿等。②物理、化学因素如X线及退热镇痛药、抗肿瘤药及抗甲状腺药等。③其他:系统性红斑狼疮、脾亢及某些恶性肿瘤等。

3) 中性粒细胞核左移:白细胞数增高、杆状核增多。

按杆状核细胞增多,分轻度(6%)、中度(10%)、重度左移(>25%)。

核左移对病情的严重程度和机体的反应能力的估计有一定的价值。主要见于巨幼细胞贫血和应用抗代谢化学药物治疗后。核左移是由于叶酸缺乏及维生素 B_{12} 使脱氧核糖核酸合成障碍或造血功能减退所致。

4) 中性粒细胞常见的形态异常:①中毒性改变表现细胞大小不同,中毒性颗粒、空泡、核固缩、核溶解和核碎裂等现象,以上改变可单独出现或同时存在于中性粒细胞中,它反映细胞损伤的程度。②巨多分叶核中性粒细胞:常见于巨幼细胞贫血及抗代谢药物治疗后。③棒状小体(Auer 小体):只出现于在白血病细胞中。④球形包涵体(Doble 小体):是核质发育不平衡的表现,见于严重感染。

(2) 嗜酸粒细胞:嗜酸粒细胞的增殖和成熟程度与中性粒细胞相似。增多见于变态反应性疾病、寄生虫病、皮肤病(如湿疹、剥脱性皮炎)、血液病(如慢粒白血病、淋巴瘤、多发性骨髓瘤、嗜酸粒细胞白血病等)及某些恶性肿瘤、高嗜酸粒细胞综合征等。减少见于长期应用肾上腺皮质激素后及某些急性感染性疾病如伤寒。

(3) 嗜碱粒细胞:增多见于慢粒白血病、骨髓纤维化、慢性溶血及脾切除后,嗜碱粒细胞白血病极为罕见。

(4) 淋巴细胞:起源于骨髓造血干细胞,它不是一种终末细胞,具有与抗原起特异反应的能力,是人体重要的免疫活性细胞。因发育和成熟的途径不同,可分为胸腺依赖淋巴细胞和骨髓依赖淋巴细胞,即T淋巴细胞和B淋巴细胞,T淋巴细胞参与细胞免疫功能B淋巴细胞参与体液免疫功能。

1) 淋巴细胞增加:生理性见于儿童期、婴儿。病理性见于①感染性疾病主要为病毒感染,也可见于百日咳杆菌、结核杆菌、布氏杆菌等。②急性和慢性淋巴白血病、淋巴瘤。③急性传染病恢复期及移植排斥反应。④再生障碍性贫血,粒细胞减少症和粒细胞缺乏症时,由于中性粒细胞减少,淋巴细胞比值相对增多。

2) 淋巴细胞减少:见于应用肾上腺皮质激素、烷化剂、抗淋巴细胞球蛋白的治疗及接触射线,免疫缺陷病及丙种球蛋白缺乏症等。

3) 异形淋巴细胞:主要见于病毒感染,也可见于药物过敏、输血及血液透析后以及免疫性疾病、粒细胞缺乏症、放射治疗后。

(5) 单核细胞:增多:①生理性:见于儿童与婴儿。②病理性:见于某些感染(如疟疾、黑热病、结核病、感染性心内膜炎等),血液病(如单核细胞白血病、粒细胞缺乏症恢复期、恶性组织细胞病、淋巴瘤、骨髓增生异常综合征等),急性传染病或急性感染的恢复期。

(三) 血小板

1. 血小板生理 血小板是从骨髓成熟的巨核细胞胞浆解脱落下来的小块胞质。巨核细胞虽然在骨髓的造血细胞中为数最少,仅占骨髓有核细胞总数的0.05%,但其产生的血小板却对机体的止血功能极为重要。每个巨核细胞均可产生1000~6000个血小板。

正常成年人的血小板数量是(100～350)×10^9/L。血小板有维护血管壁完整性的功能。当血小板数减少到50×10^9/L以下时，微小创伤或仅血压增高也使皮肤和黏膜下出现血瘀点，甚至出现大块瘀斑。当血小板太少，<20×10^9/L时，其功能就难以完成而产生出血。

循环血液中的血小板一般处于“静止”状态。但当血管受损伤时，通过表面接触和某些凝血因子的作用，血小板转入激活状态。激活了的血小板能释放一系列对止血过程必需的物质，启动止血过程。

2. 血小板变化的临床意义

(1) 增多见于：①原发性血小板增多症、慢性粒细胞性白血病、真性红细胞增多症、溶血性贫血、淋巴瘤。②手术后、急性失血后、创伤、骨折。③某些恶性肿瘤、感染、缺氧。

(2) 减少见于：①原发性血小板减少性紫癜、白血病、再生障碍性贫血、阵发性睡眠性血红蛋白尿、巨幼细胞性贫血等。②脾功能亢进、放射病、癌的骨髓转移。③某些传染病或感染：如败血症、结核、伤寒。④某些药物过敏：氯霉素、抗癌药等。

三、生理止血、血液凝固与纤维蛋白溶解

小血管损伤后血液将从血管流出，但在正常人，数分钟后出血将自行停止，称为生理止血。用一个小撞针或注射针刺破耳垂或指尖使血液流出，然后测定出血延续的时间，这一段时间称为出血时间(bleeding time)。出血时间的长短可以反映生理止血功能的状态。正常出血时间为1～3分钟。血小板减少，出血时间即相应延长，这说明血小板在生理止血过程中有重要作用；但是血浆中一些蛋白质因子所完成的血液凝固过程也十分重要。凝血有缺陷时常可出血不止。

生理止血过程包括三部分功能活动。首先是小血管于受伤后立即收缩，若破损不大即可使血管封闭；主要是由损伤刺激引起的局部缩血管反应，但持续时间很短。其次，更重要的是血管内膜损伤，内膜下组织暴露，可以激活血小板和血浆中的凝血系统；由于血管收缩使血流暂停或减缓，有利于激活的血小板黏附于内膜下组织并聚集成团，成为一个松软的止血栓以填塞伤口。第三，在局部又迅速出现血凝块，即血浆中可溶的纤维蛋白原转变成不溶的纤维蛋白分子多聚体，并形成了由血纤维与血小板一道构成的牢固的止血栓，有效地制止了出血。与此同时，血浆中也出现了生理的抗凝血活动与纤维蛋白溶解活性，以防止血凝块不断增大和凝血过程漫延到这一局部以外。显然，生理止血主要由血小板和某些血浆成分共同完成。

在生理止血中，凝血、抗凝与纤维蛋白溶解相互配合，既有效地防止了失血，又保持了血管内血流畅通。

凝血因子及其他凝血物质、抗凝物质及纤维蛋白的形成与降解，共同维护止凝血机制的正常。临床常见的检测方法有：

1. 凝血时间(CT)测定意义

(1) 凝血时间(玻璃试管法)延长，见于：①血友病患者血小板因子Ⅷ、Ⅸ、Ⅺ显著减少和血管性假血友病；②严重的凝血酶原减少，如肝病、阻塞性黄疸、新生儿出血等；③严重的

纤维蛋白原减少,如肝病、低/无纤维蛋白原血症;④应用抗凝剂,如肝素、双香豆素等;⑤纤溶亢进,如 DIC、原发性纤溶等。

(2) 凝血时间缩短,见于:①血液呈高凝状态,如 DIC 早期;②高血脂症和高血糖;③抽血时混有组织液。

2. 白陶土部分凝血活酶时间(KPTT)意义

(1) 延长见于:①因子Ⅷ、Ⅸ、Ⅺ、Ⅻ缺乏;②因子Ⅴ、Ⅹ,凝血酶原及纤维蛋白原减少。若同时作凝血酶原时间测定,同时延长见于因子Ⅴ、Ⅹ,凝血酶原,纤维蛋白原及有抗凝物质存在。

(2) 缩短见于:①因子Ⅷ、Ⅴ增多;②DIC 高凝期、血小板增多症等。

3. 凝血酶原消耗试验(PCT)意义 凝血酶原消耗不佳见于:①内源性凝血活酶生成障碍,如因子Ⅷ、Ⅸ、Ⅺ、Ⅻ减少及因子Ⅴ严重缺乏;②血小板第 3 因子缺乏,如血小板病、血小板无力症等;③血循环中有抗凝物质存在。

4. 凝血活酶生成试验意义 本试验对血友病类出血性疾病的诊断和鉴别诊断很有价值,即使轻型者也可检出,并可检查血小板第 3 因子缺陷。但本法操作复杂,采血量大为其缺点,可做简易凝血活酶生成试验替代。

5. 血浆凝血酶原时间(PPT)测定意义

(1) 凝血酶原时间延长,可见于:各种外源性凝血因子缺乏。

(2) 血浆凝血酶原时间缩短见于:血栓性疾病、DIC 早期及口服避孕药等。

6. 纤维蛋白原定量测定意义

(1) 纤维蛋白原含量减少见于:先天性低(无)纤维蛋白原血症、严重肝脏疾病、原发性纤维蛋白溶解、DIC、异常纤维蛋白原血症、新生儿及早产儿、某些产科意外、恶性肿瘤等。

(2) 纤维蛋白原含量增多见于:各种血栓前状态及血栓栓塞病、月经期及妊娠期、糖尿病、动脉硬化、结缔组织病、手术后、休克、癌肿、骨髓瘤、放射治疗后等。

7. 凝血因子Ⅷ:C、Ⅸ:C、Ⅺ:C、Ⅻ:C 测定意义

(1) Ⅷ:C①增高见于:高凝状态和血栓栓塞性疾病。②减低见于:血友病甲,根据Ⅷ:C 减低程度分重型、中型、轻型、亚临床型;其次为血管性假血友病(Ⅰ、Ⅲ型)和 DIC。

(2) Ⅸ:C①增高见于:高凝状态和血栓栓塞性疾病。②减低见于:血友病乙。根据Ⅸ:C 减低程度分重型、中型、轻型、亚临床型;另外维生素 K 缺乏、肝脏疾病、DIC 和口服抗凝药物时也可减低。

(3) Ⅺ:C①增高见于:高凝状态和血栓栓塞性病。②减低见于:血友病丙、DIC 和肝脏疾病。

(4) Ⅻ:C①增高见于:高凝状态和血栓栓塞性疾病。②减低见于:先天性Ⅻ因子缺乏症(Hageman 特征)、DIC 和肝脏疾病。

8. 凝血因子Ⅱ:C、Ⅴ:C、Ⅶ:C、Ⅹ:C 测定意义

(1) 以上凝血因子活性增高见于:高凝状态和血栓栓塞性疾病,如静脉血栓形成、肾病综合征、恶性肿瘤以及口服避孕药等。

(2) 以上凝血因子活性减低见于:先天性因子Ⅱ、Ⅴ、Ⅶ、Ⅹ缺乏症,获得性减低如维生素 K 缺乏症、肝脏疾病。其他如 DIC、口服抗凝药时也见减低。

9. 凝血因子Ⅷ:C Ag 测定意义

(1) Ⅷ:C Ag 增高的意义同Ⅷ:C 增高。

(2) Ⅷ:C Ag 减低主要见于;血友病甲和血管性假血友病。按Ⅷ:C 和Ⅷ:C Ag 测定结果可将血友病甲分为两型,一型为Ⅷ:C 和Ⅷ:C Ag 均减低;另一型为Ⅷ:C 减低,Ⅷ:C Ag 含量正常。

10. 凝血因子Ⅸ:Ag 测定意义　用于血友病乙分型。如Ⅸ:C 和Ⅸ:Ag 均减低,表示因子Ⅸ合成障碍;如Ⅸ:C 减低而Ⅸ:Ag 含量正常,表示因子Ⅸ分子结构异常。

11. 凝血因子Ⅱ:Ag 测定意义　结合Ⅱ:C 测定也可将因子Ⅱ减低分为两型。如Ⅱ:C和Ⅱ:Ag 均减低,表示因子Ⅱ合成障碍;如Ⅱ:C 减低而Ⅱ:Ag 正常,表示因子Ⅱ分子结构异常。

四、基因分析及诊断

白细胞为有核细胞,含有全能核,有全套基因组 DNA,可以作为基因分析的材料,而不必考虑表达的问题。尤其临床和科研中,血液作为基因分析的便利材料。某些基因缺陷或表达异常,可进行基因诊断。

基因诊断常用技术包括如下几种:

(1) Southern 印迹杂交:当用某种特定的限制性内切酶消化基因组 DNA 时,DNA 会被切割成大小不等的片段,通过凝胶电泳可以将它们按分子量的大小分开,分子量越小的片段迁移速度越快,反之分子量越大的泳动速度越慢。为了分析的便利,英国科学家 Southern 首创了印迹法:用对单链 DNA 分子具有很强吸附力的硝酸纤维滤膜(NC 膜)或尼龙滤膜覆盖在电泳后的凝胶上,其上方压上多层吸水纸,借助浓盐液的上吸作用,凝胶上的单链 DNA 将转移到滤膜上。DNA 的转移是原位的,其对应的分子量位置不变。转移结束后,经过高温烘烤的 DNA 将固定膜上,待检基因便包含于其中。用特定的同位素探针进行杂交,便可将信号显示出来。如果有基因的缺失或突变则可能导致检测带的缺失或位置改变。

分子杂交是基因分析诊断的基础,除印迹杂交外,还有斑点杂交法,即将 DNA 样品变性后直接点在 NC 膜上,再与探针杂交。

(2) 聚合酶链反应:近年来,基因分析和基因工程技术有了革命性的突破,这主要归功于聚合酶链反应(polymerase chain reaction,PCR)的发展和应用。应用 PCR 技术可将待测的目的基因片段在体外扩增数十万甚至上百万倍。这样少量的单拷贝基因通过。PCR 反应便可直接观察到,原来需 1~2 周才能作出的基因诊断,可以缩短到几小时便可完成。

PCR 反应的基本原理为:在一个体外建立的体系中,包含有一对引物(每个引物的长度为 17~20bp 左右)、底物 dNTP、Taq DNA 聚合酶及一定的镁离子浓度,依次设置一定的高温、中温及低温的循环处理,高温使双链 DNA 变性成为单链,在较低的温度时,引物将与待检 DNA 链复性结合,在聚合酶的作用下,利用溶液中的核苷酸原料,不断合成新的互补链,这样反复循环 25~30 个周期,便可以得到大量的 DNA 片段。

PCR 反应的特异性强,灵敏度高,极微量的 DNA 即可作为扩增的模板得到大量的扩增片段,毛发、血痕、肿瘤活检组织、精斑等均可作为鉴定诊断材料。

(3) 扩增片段长度多态性:小卫星 DNA 和微卫星 DNA 的长度多态性可以通过 PCR 反应后的电泳检测来鉴定,这种方法可用于致病基因的连锁分析,这种方法称为扩增片段长度多态性(amplified fragment length polymorphism,AFLP)连锁分析法。此法多用于突变性质不明的连锁分析。

(4) 等位基因特异寡核苷酸探针诊断:当基因的突变部位和性质已完全明了时,可以合成等位基因特异的寡核苷酸探针(allele specific oligonucleotide,ASO)用同位素和非同位素标记来进行诊断。ASO 探针一般为长 20bp 左右的核苷酸,检测点突变时通常需要合成两种探针,一种与正常基因序列一致,能与正常基因稳定杂交,而不与突变基因杂交;另一种探针与突变基因序列一致,能与突变基因杂交,但不与正常基因杂交,这样就可以把只有一个碱基发生了突变的基因区别开来。

(5) 单链构象多态性单链构象多态性(single strand conformation polymorphism,SSCP):是指单链 DNA 由于碱基序列不同可以引起构象差异,这种差异可以造成长度相同或相近的单链 DNA 的电泳迁移率不同,从而可将发生了单个碱基替代、微小缺失或插入的 DNA 片段检测出来。

用 SSCP 方法检测基因的点突变时,通常在疑有突变的 DNA 片段附近设计合成一对引物,进行待测样品的 PcR 扩增,然后将产物变性,进行聚丙烯酰胺凝胶电泳,突变所引起的 DNA 构象差异将表现为电泳带泳动位置的差异。

PCR-SSCP 方法能快速、灵敏地检测有无突变,但要阐明突变的性质,还需做 DNA 序列分析。

(6) 基因组扫描:基因组扫描方法已经应用于分析常见的复杂多基因病,包括许多自身免疫性疾病和感染性疾病,而且还应用于复杂的人类疾病的动物模型。

人类基因组计划是典型的应用范例,人类基因组计划是美国科学家于 1985 年率先提出的,旨在阐明人类基因组 30 亿个碱基对的序列,发现所有人类基因并搞清其在染色体上的位置,破译人类全部遗传信息,使人类第一次在分子水平上全面地认识自我。计划于 1990 年正式启动,为 30 亿个碱基对构成的人类基因组精确测序,从而最终弄清楚每种基因制造的蛋白质及其作用。目前已完成。

(兰和魁)

第三部分

机能学实验项目

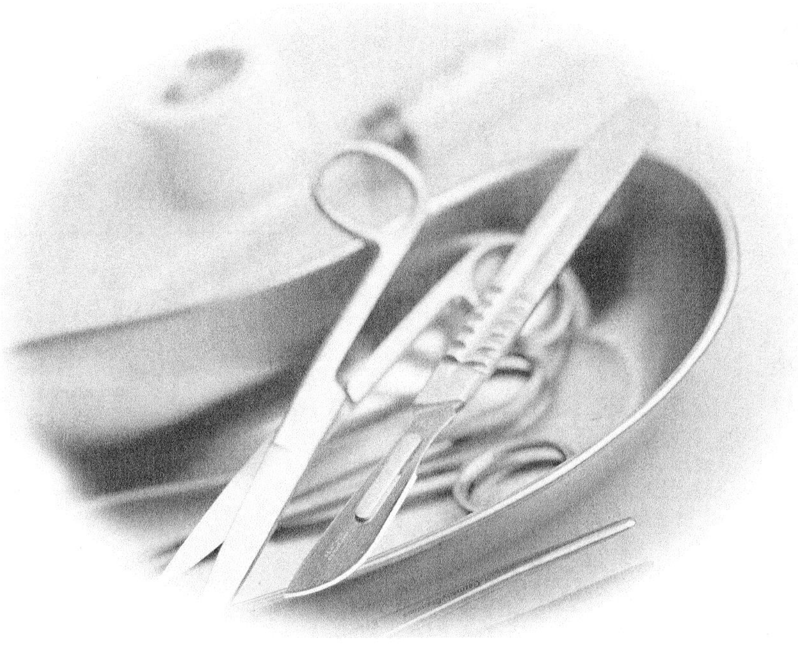

第十章　生理学基础性实验

实验一　肌肉收缩性质

一、目的与原理

刺激引起组织兴奋,必须在以下三个方面达到某一最小值:刺激强度、刺激的持续时间、刺激强度对时间的变化率。如果保持足够的刺激时间不变,刚能引起神经纤维产生兴奋,表现为受这些神经纤维支配的肌纤维发生收缩,此时的刺激强度即为这些神经纤维的阈强度,具有此强度的刺激叫阈刺激,强度超过阈值的刺激叫阈上刺激。随着刺激强度的不断增加,有较多的神经纤维兴奋,肌肉的收缩反应也相应逐步增大,当阈上刺激强度增大到某一值时,神经中所有纤维均兴奋,此时肌肉作最大的收缩,如果继续增强刺激强度,肌肉收缩反应不再继续增大,将具有引起肌肉最大收缩的最小刺激强度的刺激称为最大刺激。

用最大刺激,以不同频率的电脉冲给兴奋性良好的肌肉一个短暂有效的刺激,肌肉将发生一次收缩,称为单收缩。单收缩的全过程分为潜伏期、收缩期和舒张期。其具体时间可因不同动物、不同肌肉及肌肉当时的机能状态不同而各不相同。蟾蜍腓肠肌的单收缩共历时约 0.12 秒,当给肌肉一串有效刺激时,可因刺激频率不同肌肉呈现不同的收缩形式。若给肌肉相继两个有效刺激,且使两个刺激的间隔时间小于该肌肉单收缩的总时程,则肌肉的收缩可以总和起来,出现连续收缩,称为复合收缩。开始表现为不完全强直收缩,以后成为完全强直收缩。

本实验目的是通过改变电脉冲刺激强度与频率,观察蟾蜍坐骨神经干阈强度、腓肠肌的最大收缩、强直收缩等肌肉收缩的性质,以了解神经冲动的频率与强度和肌肉收缩之间的关系、骨骼肌的收缩形式及生理意义,明确阈下刺激、阈刺激、阈上刺激以及最适刺激的概念。

二、实验材料

1. 动物　蟾蜍。

2. 器材　PcLab 医用计算机实验系统,张力换能器,锌铜弓,玻璃分针,万能支架台,肌动器,蛙类手术器材,培养皿。

3. 药品与试剂　任氏液。

三、观察指标

肌肉收缩张力曲线

四、方法与步骤

1. 制备坐骨神经腓肠肌标本 方法参照坐骨神经腓肠肌标本制备,并将标本置于任氏液中浸泡10~15分钟。

2. 连接刺激器和记录装置

(1) 将腓肠肌固定于肌动器内,坐骨神经搭在刺激电极上,并保证接触良好。张力换能器固定在铁支架上,腓肠肌跟腱的结扎线固定在换能器弹簧片上,此连线不宜太紧或太松,并应与桌面垂直。电子刺激器输出连接肌动器的刺激电极。

(2) 换能器的输出端连接放大器通道Ⅳ,打开放大器,调节灵敏度,点击基线校零,采样间隔2ms。

3. 实验内容

(1) 刺激强度对肌肉收缩的影响

1) 选用单刺激,刺激电流初始值设为0.1V,然后进行采样。

2) 将刺激强度逐步增大,观察记录肌肉收缩反应开始出现时的刺激强度为阈刺激。继续逐步增大刺激强度,肌肉的收缩幅度不断增大,至肌肉出现最大收缩幅度时所对应的刺激强度为最大刺激强度,记录最大刺激强度数值。

(2) 肌肉的单收缩和强直收缩

1) 选用单刺激,串脉冲数选"1",用最大刺激强度采样,观察波形的高度与宽度。

2) 再选择串刺激,串脉冲数选定为频率8~16Hz,用最大刺激强度进行采样,记录出一段不完全强直收缩曲线。

3) 增加刺激频率至20~34Hz,记录一段完全强直收缩曲线。

五、注意事项

(1) 每次刺激之后让标本有相同的休息时间(0.5~1分钟),并给标本滴加任氏液。

(2) 实验过程中,不要改变刺激强度。

(3) 如果肌肉在未给刺激时即出现挛缩,可能是由于仪器漏电等原因引起,应检查仪器接地是否良好。

六、思考题

(1) 不同的骨骼肌,引起完全强直收缩的刺激频率是否相同?为什么?

(2) 同一块肌肉,其单收缩、复合收缩和强直收缩的高度是否相同?为什么?

实验二 神经干动作电位传导速度及兴奋性测定

一、目的与原理

神经干动作电位是神经兴奋的客观标志。如果两个引导电极置于正常完整的神经表面，当神经干一端兴奋后，兴奋波先后通过两个引导电极处，可记录到两个方向相反的电位偏转波形，称为双相动作电位。如果两个引导电极之间的神经组织有损伤，兴奋波只通过第1个引导电极，不能传导至第2个引导电极。此时则只能记录到1个方向的电位偏转波形，称为单相动作电位。双相或单相动作电位，是在神经干或整块肌肉组织上记录到的生物电现象，是许多在结构和功能上相互独立的神经纤维或肌细胞的电变化的复合反映；由于测量电极和组织有较大的接触面积，而且组织本身又是导电的，许多细胞产生的电变化可被同一电极所引导，所以记录和测量出的电变化是许多单位的电变化和代数叠加，其电位幅度在一定范围内可随刺激强度的变化而变化。

可兴奋组织接受一次刺激后，其兴奋性会依次经过绝对不应期、相对不应期、超常期和低常期四期变化，然后再恢复到正常的兴奋性水平。组织兴奋性的高低或有无，可用测定阈值的方法来确定。为了测定神经一次兴奋之后兴奋性的变化，可先给神经施加一个条件性刺激，引起神经兴奋，然后再用一个检验性刺激在前一兴奋过程的不同时相给予刺激，检查神经对检验性刺激反应的兴奋阈值以及所引起的动作电位的幅度，来判定神经组织的兴奋性的变化。一般绝对不应期较短，相当于或略短于前一刺激在该细胞引起的动作电位主要部分的持续时间，如它在神经纤维或骨骼肌只有0.5～2.0ms左右，在心肌细胞可达200～400ms；其他各期的长短变化较大，易受代谢和温度等因素的影响。在神经纤维，相对不应期约持续数毫秒，超常期和低常期可达30～50ms。

动作电位在神经纤维上的传导有一定的速度。不同类型的神经纤维，其传导速度各不相同，取决于神经纤维的直径、有无髓鞘、环境温度等因素。蛙类坐骨神经干中以Aα类纤维为主，传导速度为35～40m/s。测定神经冲动在神经干上传导的距离(d)与通过这些距离所需的时间(t)，即可根据V=d/t求出神经冲动的传导速度。

本实验目的是要求学生运用电生理实验技术测定蛙类坐骨神经干的单相、双相动作电位和其中A类纤维冲动传导速度的测定和计算方法，并观察神经损伤、药物的影响。理解、明确相对不应期和绝对不应期的概念。

二、实验材料

1. 动物　蛙或蟾蜍。

2. 器材　PcLab医用计算机实验系统，神经屏蔽盒，带电极的接线若干，锌铜弓，玻璃分针，万能支架台，蛙类手术器材，培养皿。

3. 药品与试剂　任氏液，1～3mol/L KCl溶液，3%普鲁卡因溶液。

三、观察指标

观察单相和双相动作电位波形及神经干动作电位的幅度。波宽为某一数值时阈刺激和最大刺激数值及最大刺激时双相动作电位上下相的幅度和整个动作电位持续时间数值。

四、方法与步骤

1. 制备蟾蜍坐骨神经干标本 （见蟾蜍坐骨神经干标本制备方法一节）。

2. 连接实验装置 用导线连接实验仪器,避免连接错误或接触不良。

3. PcLab 参数设置

项目选择:神经干动作电位。

输入方式:2、4 通道 AC。

采样速率:10~25μs。

放大倍数:200。

刺激波宽:0. 1ms。

刺激强度:0. 1~3V。

刺激方式:连续或单次。

4. 引导坐骨神经干动作电位

(1) 将神经干置于神经屏蔽盒内,使神经干与刺激电极、接地电极、引导电极均接触良好。取神经干时须用镊子夹持两端扎线,切不可直接夹持或用手触摸神经干。

(2) 开始采样,刺激强度从 0. 1V 开始,实时调节刺激强度。强度从小到大,当超过某一刺激强度数值时,可出现动作电位波形。逐渐增加刺激强度,观察动作电位波形变化。调节强度使动作电位具有适当幅度;调节采样间隔和灵敏度,使整个动作电位均出现在电脑显示屏上,并有适当的宽度和高度;调节刺激延迟使动作电位处于电脑显示屏中间,以便仔细观察双相动作电位波形。

5. 观察和测定双相动作电位波形

(1) 观察神经干动作电位的幅度在一定范围内随刺激强度变化而变化的现象。

(2) 读出波宽为某一数值时阈刺激和最大刺激数值;读出最大刺激时双相动作电位上下相的幅度和整个动作电位持续时间数值。

6. 测定动作电位传导速度

(1) 给予神经干最大强度刺激,在通道 2 和通道 4 的采样窗中,可观察到先后形成的两个双相动作电位波形。

(2) 分别测量两个动作电位起始点的时间,设通道 2 为 t_1,通道 4 为 t_2(或可直接测量两个动作电位起点的间隔时间)求出 t_2-t_1 的时间差值 t。

(3) 标本盒上每两个电极之间相距 d 为 1cm。

(4) 根据 $v=d/t$ 求出神经冲动的传导速度。

7. 观察单相动作电位

(1) 用镊子将两个记录电极之间的神经夹伤或用药物(如普鲁卡因,氯化钾)阻断,可见双相动作电位变为单相动作电位。

(2) 读出最大刺激时单相动作电位的振幅值和整个动作电位持续时间的数值。

8. 神经兴奋不应期的观察

(1) 用刚能使神经干产生最大动作电位的最大刺激强度,串脉冲数为 8,串脉冲间隔为 15ms,应用“间隔递减采集”,递减间隔步长为 2ms,即可进行采样。

(2) 观察屏幕上 8 个波形线之间的差异,注意每条线上第 2 个动作电位幅度的变化。

五、注意事项

(1) 神经干分离过程中切勿损伤神经组织,以免影响实验效果。

(2) 神经干两端要用细线扎住,然后浸于任氏液中备用。

(3) 常用滴管吸任氏液湿润神经,以保持兴奋性良好。严防标本干燥。

六、思考题

(1) 什么叫刺激伪迹？应怎样鉴别？如何发生？

(2) 神经干动作电位的幅度在一定范围内随着刺激强度的变化而变化,这是否与神经纤维动作电位的“全或无”性质相矛盾？

(3) 倒换神经干标本的放置方向会不会影响实验结果？

(4) 如果在实验中发现采样窗中两个动作电位相距太近以致兴奋传导速度的测定有困难时,应采取何种措施？

(5) 双相动作电位的上、下两相的幅值为何不等？

(6) 如果单用一对记录电极能否测出神经干动作电位的传导速度？为什么？

实验三　血红蛋白含量及红细胞渗透脆性的测定

一、目的与原理

血红蛋白是红细胞的主要内含物,是一种微红色的胶体物质,它由珠蛋白结合亚铁血红素而成。红细胞输送氧与二氧化碳的功能主要是通过血红蛋白完成的。测定血红蛋白的方法很多,一般有比色法(目视比色、光电比色)、比重法、血氧法、测铁法。比重法操作简单快速,但准确性差,适合于集体普查;血氧法和测铁法测定结果准确,但较繁琐费时,适用于校正血红蛋白。目前临床上较多使用的测定血红蛋白的方法为比色法,常见的有直接比色,光电比色法,沙利氏比色法(间接比色法)。应用光电比色的原理测定血红蛋白值的原理是:将全血样品 20μl 注入 5ml 氰化高铁血红蛋白稀释液内(亦称文-齐氏液),作 251 倍稀释,溶化红细胞释出血红蛋白。稀释剂将血红蛋白先转变成高铁血红蛋白,再转化为氰化高铁血红蛋白。然后,再用 Hb 仪比色法直接测定显示浓度数,不需任何换算。正常人血红蛋白测定的参考值是:男性 120~160g/L,女性 110~150g/L,新生儿 180~190g/L。

红细胞的渗透脆性是指红细胞对低渗溶液的抵抗力。抵抗力大的脆性小,反之则脆性大。将正常红细胞放置在0.9%NaCl溶液中,红细胞保持正常大小和形态。在渗透压递减的系列盐溶液中,红细胞逐渐胀大,胀大至一定程度时,发生破裂溶血。正常红细胞在0.42%NaCl溶液中开始溶血,在0.35%NaCl溶液中完全溶血,如果红细胞在高于0.45%NaCl溶液中就开始溶血,表明红细胞脆性增大(抵抗力减小),在低于0.40%NaCl溶液中才开始溶血,则表明脆性减小(抵抗力增大)。临床上先天性溶血性黄疸病人的红细胞脆性增大,巨幼红细胞贫血病人的红细胞脆性减小。

本实验的实验目的是了解XF-1B型(或Hb-2000型)血红蛋白仪的使用方法,掌握血红蛋白的测定技术。学会红细胞渗透脆性的测定方法。

二、实验材料

1. 实验对象 人、家兔。

2. 器材 XF-1B型(或Hb-2000型)血红蛋白仪、一次性血细胞吸管(刻度10~20μl)、采血针、75%酒精、消毒棉球、试管架、小试管10支、2ml移液器、滴管。

3. 药品与试剂 75%酒精、血红蛋白测定试剂(文-齐氏液)、氰化高铁血红蛋白标准液、1%NaCl、蒸馏水。

三、观察指标

(1) 正常人体血液中血红蛋白含量。

(2) 家兔红细胞开始溶血的最高NaCl浓度及完全溶血的最高NaCl浓度。

四、方法与步骤

1. 血红蛋白含量测定

(1) 连接电源,打开血红蛋白仪电源开关,预热20~30分钟,按动进样开关,重复三次吸入蒸馏水。

(2) 取试管一支,加入Hb测定试剂(文-齐氏液)5ml,放在试管架上备用。

(3) 采血、比色:先消毒,再用采血针在耳垂或无名指尖处采血,用干棉球擦去第一滴血,待第二滴血自然流出一大滴时,用血细胞吸管取血液20μl。擦去吸管外血液后,轻轻吹入测定管底部,并回吸数次洗净吸管,然后充分混合均匀。静置5分钟后,在Hb仪上比色。

(4) 记录:直接读数(g/L),记录结果。

2. 红细胞渗透脆性测定

(1) 将试管编号后排列在试管架上,按下表向各试管准确加入1%NaCl溶液和蒸馏水,混匀。

(2) 采取家兔新鲜血液,在上列试管中各加1滴,混匀。

(3) 室温下静置120分钟,使细胞下沉。

(4) 结果判定:①上层清液无色,试管下层为浑浊红色,表明没有溶血;②上层清液呈淡红色，试管下层仍为浑浊红色为"不完全溶血"；③管内液体完全变成透明的红色，管底无细胞沉积为"完全溶血"。

管　号	1	2	3	4	5	6	7	8	9	10
1%NaCl(ml)	1.4	1.3	1.2	1.1	1.0	0.9	0.8	0.7	0.6	0.5
蒸馏水(ml)	0.6	0.7	0.8	0.9	1.0	1.1	1.2	1.3	1.4	1.5
NaCl 浓度(%)	0.70	0.65	0.60	0.55	0.50	0.45	0.40	0.35	0.30	0.25

五、注意事项

1. 血红蛋白含量测定

(1) 每人每次测试前应先将 Hb 仪进样处吸入蒸馏水冲洗，使显示数值为"000"。

(2) 比色前将仪器的"测试—定标"键置于测试状态。

(3) Hb 仪采样吸管一定要全部浸入液体中，避免气泡吸入，否则影响测定结果。

2. 红细胞渗透脆性测定

(1) 配制的各种 NaCl 溶液必须准确。

(2) 各管中加入的血滴大小应尽量相等并充分摇匀，但切勿用力震荡，以免引起非渗透脆性溶血。

(3) 血液用肝素抗凝。

六、思考题

(1) 血红蛋白含量测定有何临床意义？

(2) 红细胞的形态特点和生理特征有何关系？

(3) 为什么同一个体的红细胞渗透脆性不同？

实验四　ABO 血型的鉴定

一、目的与原理

血型是由先天遗传决定的，ABO 血型鉴定的原理主要是根据抗原抗体反应来进行的。红细胞表面存在的特异性抗原决定了血型，而血清中存在着与红细胞本身相对应的抗体，如 A 型血的人其红细胞表面存在 A 凝集原，而血清中则存在抗 B 抗体，因此不会发生血液凝集现象。血型鉴定是将受试者的红细胞加入标准 A 型血清（含有抗 B 抗体）与标准 B 型血清（含有抗 A 抗体）中，观察有无凝集现象，从而测知受试者红细胞膜上有无 A 或/和 B 凝集原。在 ABO 血型系统，根据红细胞膜上是否含 A、B 抗原而分为 A、B、AB、O 四型（见表 10-1）。

表 10-1 ABO 血型中的抗原和抗体

血 型	红细胞膜上所含的抗原	血清中所含的抗体
O	无 A 和 B	抗 A 和抗 B
A	A	抗 B
B	B	抗 A
AB	A 和 B	无抗 A 和抗 B

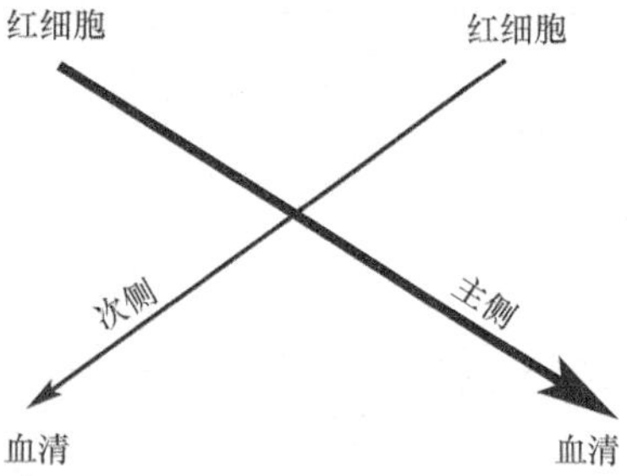

图 10-1 交叉配血示意图

临床上,输血前必须进行血型鉴定外,还要进行交叉配血试验,以确保输血安全。交叉配血是将受血者的红细胞与血清分别同供血者的血清与红细胞混合,观察有无凝集现象(见图 10-1)。输血时,一般主要考虑供血者的红细胞不要被受血者的血清所凝集;其次才考虑受血者的红细胞不被供血者的血清所凝集。前者叫交叉配血试验的主侧(也叫直接配血),后者叫交叉配血的次侧(也叫间接配血)。只有主侧和次侧均无凝集,称为“配血相合”,才能进行输血;如果主侧凝集,称为“配血不合”或“配血禁忌”,绝对不能输血;如果主侧不凝集,而次侧凝集,可以认为“基本相合”,但输血要特别谨慎,不宜过快过多,密切注视有无输血反应。

本实验的目的是学习鉴定血型的方法,观察红细胞的凝集现象,掌握 ABO 血型鉴定的原理。通过实验认识血型鉴定在输血中的重要性。

二、实验材料

1. 实验对象 人。

2. 器材 消毒的干棉球,玻片,采血针,玻棒,显微镜。

3. 药品与试剂 标准抗 A 和抗 B 单克隆抗体血清,75%酒精棉球。

三、观察指标

红细胞凝集现象。

四、方法与步骤

(1) 在玻片两个凹槽上端分别作“抗 B”和“抗 A”标记,将抗 B 和抗 A 单克隆抗体血清分别滴在标有“抗 B”和“抗 A”字样的凹槽内。

(2) 用 75%的乙醇棉球消毒耳垂或左手指尖,用消毒的采血针刺破皮肤,将采血针弃入污物桶。

(3) 捏住玻棒的中间,用一端取少许血与标准抗 A 血清充分混合,用另一端取少许血与标准抗 B 血清充分混合。

(4) 5~10分钟后用肉眼观察有无凝集现象来判断血型。如肉眼判断不清，也可在低倍显微镜下观察。观察时注意区别红细胞凝集与红细胞沉降。可用清洁的玻棒两端分别搅动混合液体，红细胞沉积经搅动后呈烟雾状散开，而红细胞凝集则不散开，且血清透亮，凝集块越来越大。

(5) 结果观察完毕后，清洗用过的玻片，弃掉用过的乙醇棉球、采血针等。

五、注意事项

(1) 实验用具严格消毒，请勿污染，采血针要做到一人一针，不能混用。

(2) 乙醇消毒部位自然风干后再采血，血液容易聚集成滴，便于取血。

(3) 消毒玻棒在血清内搅过后，切勿再到采血部位采血，以免污染伤口。

六、思考题

(1) 细胞凝固、凝集、聚集三者有何区别？

(2) 若无标准血清，但已知某人为A型(或B型)血，能否用来鉴定其他人的血型？

实验五　期前收缩和代偿间歇

一、目的与原理

心肌细胞每兴奋一次，其兴奋性就发生一次周期性的变化。心肌兴奋性的特点在于其有效不应期特别长，约相当于整个收缩期和舒张早期。因此，在心脏的收缩期和舒张早期内，任何刺激均不能引起心肌兴奋而收缩。但在舒张早期以后，给予一次较强的阈上刺激就可以在正常节律性兴奋到达以前，产生一次提前出现的兴奋和收缩，称之为期前收缩。同理，期前收缩亦有不应期。因此，如果下一次正常的窦性节律性兴奋到达时正好落在期前收缩的有效不应期内，便不能引起心肌兴奋而收缩，这样在期前收缩之后就会出现一个较长的舒张期，这就是代偿间歇。

通过观察在心脏活动的不同时期给予刺激，以验证心肌兴奋性阶段性变化的特征。准确辨认收缩相、舒张相、期前收缩、代偿间隙及了解心脏搏动的基本曲线图。

二、实验材料

1. 动物　蛙或蟾蜍。

2. 器材　PcLab医用计算机实验系统，蛙类手术器械，刺激电极，张力换能器；蛙心夹，铁支架，滴管。

3. 药品与试剂　任氏液。

三、观察指标

(1) 正常蛙心的搏动曲线,辨认收缩相和舒张相。

(2) 辨认期前收缩和代偿间歇。

四、方法与步骤

1. 准备工作

(1) 取蟾蜍1只,破坏脑和脊髓,将其仰卧固定于蛙板上。从剑突下将胸部皮肤向上剪掉,然后从剑突向两侧锁骨肩峰端剪掉胸骨,打开心包,暴露心脏。

(2) 将与张力换能器相连线的蛙心夹在心室舒张期夹住心尖。将刺激电极固定,使其两极与心室壁在舒张期与收缩期均能接触。

(3) 设置刺激参数:单刺激,刺激强度设为2~2.5V。

2. 观察项目

(1) 描记正常蛙心的搏动曲线,分清曲线的收缩相和舒张相。

(2) 分别在心室收缩期和舒张早期,及时电击“刺激”图标刺激心室,观察能否引起期前收缩。

(3) 在心室舒张中、晚期及时电击“刺激”电击“刺激”刺激心室,观察有无期前收缩的出现。

(4) 刺激如能引起期前收缩,观察其后是否紧接着出现代偿间歇。

五、注意事项

(1) 破坏蛙的脑和脊髓要完全。

(2) 蛙心夹夹心尖时勿将心室弄破。

(3) 与张力换能器簧片相连的线要垂直,紧张度适当。

(4) 注意滴加任氏液,以保持蛙心适宜的环境。

六、思考题

(1) 心肌兴奋后兴奋性变化和神经、骨骼肌兴奋后兴奋性变化有何异同?

(2) 在心脏的收缩期和舒张早期分别给予心室阈上刺激,能引起期前收缩?

(3) 若用同等强度的刺激在心室的舒张早期之后刺激心室,结果又将如何?

(4) 在期前收缩之后,为什么会出现代偿间歇?

(5) 期前收缩之后,在什么情况下可以不出现代偿间歇?

(6) 心肌兴奋后兴奋性变化的特点对心脏的泵血功能有何意义?

实验六 化学因素对离体心脏活动的调节

一、目的与原理

作为蛙心起搏点的静脉窦能按一定节律自动产生兴奋,将蛙心离体后,用人工配制理化特性近似蛙血浆的任氏液灌流,在一定时间内,蛙心可保持节律性收缩和舒张,改变灌流液的组成成分,可影响心脏的活动。

本实验的目的是学习离体蛙心灌流的方法和观察 Na^+、K^+、Ca^{2+} 以及肾上腺素、乙酰胆碱等体液因素对离体心脏活动的影响。

二、实验材料

1. 动物 蛙或蟾蜍。

2. 器材 PcLab 医用计算机实验系统,蛙类手术器械,刺激电极,张力换能器,蛙心夹,铁支架,滴管。

3. 药品与试剂 任氏液、0.65% NaCl、3% $CaCl_2$、1% KCl、1∶10 000 肾上腺素、1∶100 000 乙酰胆碱。

三、观察指标

(1) 蛙心搏动曲线图形。

(2) 蛙心搏动频率、节律以及收缩舒张幅度。

四、方法与步骤

1. 基本操作 取蟾蜍一只,用探针破坏脑和脊髓,仰卧固定在蛙板上呈倒三角形,剪去皮肤、胸骨和肌肉,剪开心包、暴露心脏。

2. 制备离体蛙心

(1) 在主动脉分支处下穿一线,打好松结,备结扎套管之用。

(2) 于左主动脉上剪一“V”形小口,插入盛有任氏液的蛙心套管,通过主动脉球转向左后方,同时用镊子轻提动脉球,向插管移动的反方向拉,即可使套管尖端顺利进入心室。见到套管内的液面随着心搏上下波动后,将松结扎紧并固定在套管的小钩上。用滴管吸去套管内血液,以防止血块堵塞套管。

(3) 结扎右侧主动脉,剪断主动脉,自静脉窦以下把其余血管一起结扎(切勿伤及或结扎静脉窦),分离周围组织,在结扎处下剪断血管,使心脏离体。并用任氏液连续换洗,至无血色,使插管内保留 1.5ml 左右的任氏液。

3. 连接实验装置 将蛙心插管固定在铁支架上，用蛙心夹在心室舒张期夹住心尖，并将蛙心夹的线头连至张力换能器的应变梁上（此线应有一定的紧张度），将换能器连至放大器通道Ⅲ。

4. 观察项目

（1）记录一段正常心博曲线，观察心跳频率、强度及收缩舒张的程度。

（2）将蛙心插管内的任氏液换成0.65%NaCl，观察心跳变化。

（3）吸出0.65%NaCl，用新鲜任氏液换洗3次，待曲线恢复正常后，加入3%$CaCl_2$ 1~2滴，观察心跳曲线变化。

（4）将含有3%$CaCl_2$的溶液吸出，用新鲜任氏液换洗3次，待曲线恢复正常后，加入1% KCl 1~2滴，观察心跳曲线变化。

（5）将含有1%KCl的溶液吸出，用新鲜任氏液换洗3次，待曲线恢复正常后，加入1∶10 000肾上腺素1~2滴，观察心跳曲线变化。

（6）将含肾上腺素的溶液吸出，用新鲜任氏液换洗3次，待曲线恢复正常后，加入1∶100 000乙酰胆碱1~2滴，观察心跳曲线变化。

五、注意事项

（1）制备蛙心标本时，切勿将静脉窦结扎。

（2）观察各项目时，应保持管内液面同等高度。

（3）各种化学因素作用显著后，立即用任氏液换洗，以免心肌受损，且待心脏活动稳定后，方可再做下一项实验。

（4）吸新鲜任氏液和吸蛙心插管内溶液的吸管应区分专用，不可混淆使用，以免影响实验结果。

六、思考题

（1）离体蛙心为什么会有节律性跳动？

（2）正常蛙心搏动曲线的各个组成部分分别反映了什么？

（3）分析加入各种药品后心搏曲线变化的原因。

实验七　人体动脉血压的测定及其影响因素

一、目的与原理

动脉血压是指流动的血液对血管壁所施加的侧压力。测定人体动脉血压最常用的方法是间接测压法即袖带法，通常血液在血管内流动时并没有声音，袖带法是利用袖带压迫动脉造成血管变窄形成血液涡流发出声音（血管音、Korotkoff音），并通过听诊器听取由此产生的“血管音”来测量血压的。测量部位一般多在肱动脉，用充气袖带缚于上臂加压，使动脉被压迫关闭，然后缓慢放气，逐步降低袖带内的压力：①当外加压力超过动脉的收缩压时，动脉血流完全被阻断，此时用听诊器在肱动脉处听不到任何声音。②如外加压力低于动脉内的收缩压而高于舒张压时，则心脏收缩时，动脉内有血流通过，舒张时则无，血液断续地通过血管，形成涡流而发出声音。③当外加压力等于或小于舒张压时，则血管内的血流连续通过，所发出的音调突然降低或声音消失。故恰好可以完全阻断血流所必须的最小管外压力（即发生第一次声音时）相当于收缩压；在心舒张时有少许血流通过的最大管外压力（即音调突然降低时）相当于舒张压。

机体在运动状态下血压升高，且以收缩压升高为主。运动时动脉血压的变化是许多因素影响的综合结果。

本实验目的是学习袖带法测定动脉血压的原理和方法，测定人体肱动脉的收缩压与舒张压及观察运动对人体血压的影响。

二、实验材料

1. 实验对象　人。

2. 器材　听诊器、血压计。

三、观察指标

不同状态下的动脉血压，血压记录常以收缩压/舒张压 mmHg 表示，例如：120/80mmHg，120mmHg 代表收缩压，80mmHg 代表舒张压。

四、方法与步骤

1. 熟悉血压计构造　血压计由检压计、袖带和气囊三部分组成。检压计是一个标有0~300mmHg 的玻璃管。上端通大气，下端和水银储槽相通。袖带是一个外着布套的长方形橡皮囊，通过橡皮管分别与检压计水银储槽和橡皮球相连。橡皮球上装有螺丝帽，供充气或放气之用。

2. 测量动脉血压

（1）让受试者坐位休息 5~10 分钟，脱去一臂衣袖，准备测量。

（2）松开橡皮球螺丝帽，排尽袖带内气体后将螺丝帽旋紧。

（3）让受试者前臂平放于桌面上，手掌向上，使前臂与心脏位置等高。袖带缠绕的松紧应合适，且袖带下缘至少位于肘关节上 2cm，充分暴露肱动脉听诊部位。

（4）听诊器耳器塞入外耳道时应务必使耳器的弯曲方向与外耳道一致。

（5）肘窝内侧触到肱动脉搏动后。将听诊器胸件置于上面，准备测量。

（6）收缩压、舒张压测量方法：一手轻压听诊器胸件，一手紧握橡皮球向袖带内充气使水银柱上升到听不到“血管音”时，继续打气使水银柱继续上升 2. 6kPa（20mmHg），一般达

24kPa(180mmHg)。随即松开气球螺帽,徐徐放气,以降低袖带内压,在水银柱缓慢下降的同时仔细听诊。当突然出现"崩崩"样的"血管音"时,血压计上所示水银柱刻度即代表收缩压。

继续缓慢放气,这时声音发生一系列的变化,先由低而高,而后由高突然变低钝,最后则完全消失。在声音由强突然变弱这一瞬间,血压表上所示水银柱刻度即代表舒张压。

3. 观察运动对血压的影响

(1) 测定安静坐位状态下的心率、血压。

(2) 做快速下蹲运动 1 分钟,速度可控制在男:40 次/分;女:30 次/分。

(3) 测定运动后即刻、3 分钟、5 分钟及 10 分钟的心率和血压。

五、注意事项

(1) 室内必须保持安静,以便准确测量。

(2) 袖带的缠绕要松紧适度,不能过紧或过松。

(3) 肱动脉听诊点应充分暴露,勿将听诊器胸器塞入袖带内进行听诊。

(4) 如果认为测量数值不准,须放气使水银柱下降至零水平再行测量,或让受试者休息 5 分钟后再重测。

六、思考题

(1) 何谓收缩压和舒张压? 其正常值是多少?

(2) 如何测定收缩压和舒张压? 其原理如何?

(3) 测量血压时,为什么听诊器胸件不能压在袖带底下?

(4) 为什么不能在短时间内反复多次测量血压?

(5) 运动前后血压有何不同? 其机制如何?

实验八 人体心电图的描记

一、目的与原理

心脏本身的生物电变化通过心脏周围的导电组织和体液,反映到身体表面上来,使身体各部位在每一心动周期中也都发生有规律的电变化活动。将测量电极放置在人体表面的一定部位记录出来的心脏电变化曲线,就是目前临床上常规记录的心电图(ECG)。正常心电图上的每个心动周期中出现的波形曲线改变是有规律的,国际上规定把这些波形分别称为 P 波、QRS 波、T 波,有时在 T 波后,还出现一个小的 U 波。此外,一个正常的心电图还包括 P—R 间期(或 P—Q 间期)、Q—T 间期、P—R 段和 S—T 段。P 波代表心房的除极波,QRS 波代表心室的除极波,T 波代表心室的复极波。P—R 间期代表由窦房结产生的兴奋经由心房、房室交界和房室束到达心室，并引起心室开始兴奋所需的时间，Q—T 间期反映心室除极与复极过程总的时间，也代表心脏的电收缩时间，S—T 段代表心室各部分已全部进入去极化状态，心室各部分之间没有电位差存在，曲线又恢复到基线水平。当心脏因缺血受损或坏死时，心电活动的变化能正确及时地反映在心电图上，表现在各个波形的异常变化和进行性演变过程，为医生提供诊断心律失常、心室肥厚、急性缺血、心肌梗死等心脏疾病的可靠依据。

本实验目的是学习心电图机的使用和心电图波形的测量方法，了解人体正常心电图各波的波形及其生理意义。

二、实验材料

1. 实验对象　人。

2. 器材　心电图机、诊断床、导电糊、圆规、酒精棉球。

三、观察指标

（1）测量Ⅱ导联心电图的 P 波、QRS 波群、T 波的时间和电压，测量 P—R 间期和 Q—T 间期的时间。

（2）测量相邻的两个心电周期中的 P 波与 P 波（正常情况下也可用 R 波与 R 波）的间隔时间，计算心率：心率 = 60/P—P 间隔时间（s）。

（3）判定所记录的心电图是否是窦性心律、心律是否规则整齐及有无期前收缩或异位节律。

四、方法与步骤

（1）受试者安静平卧，全身肌肉松弛。

（2）将心电图机面板上各控制钮置于适当位置。在心电图机妥善接地后接通电源，预热 5 分钟。

（3）安放电极：把准备安放电极的部位先用酒精棉球脱脂，再涂上导电糊，以减小皮肤电阻。电极应安放在肌肉较少的部位，一般两臂应在腕关节上方（屈侧）约 3cm 处，两腿应在小腿下段内踝上方约 3cm 处。使电极与皮肤接触严紧，以防干扰与基线飘移。

（4）正确连接导联线：一般以 5 种不同颜色的导联线插头与身体相应部位的电极连接，上肢：左黄、右红；下肢：左绿、右黑；胸部白。

（5）调节基线旋动基线调节钮，使基线位于适当位置。

（6）输入标准电压打开输入开关，描记前校正输入信号电压放大倍数，使 1mV 标准电压使描笔振幅为 10mm（记录纸上纵坐标为 10 小格）。走纸速度定为 25mm/s。

（7）记录心电图：旋动导联选择开关，依次记录Ⅰ、Ⅱ、Ⅲ、aVR、aVL、aVF、V_1、V_3、V_5 等 9 个导联的心电图。注意：在变换导联时，必须先将输入开关关上，待变换后再打开。每换一导联,均需观察基线是否平稳及有无干扰。如基线不稳定或有干扰存在,需在调整或排除后再行记录。

(8) 记录完毕,应解松电极,洗净擦干。

(9) 将心电图机面板上的各控制钮转回原处,最后切断电源。

(10) 取下记录纸,记下导联、受试者姓名、年龄、性别及实验日期。

(11) 测量Ⅱ导和 V_5 导联的 P 波、R 波、T 波振幅,P—R、Q—T、R—R 间期,并计算心率。

五、注意事项

(1) 描记心电图时,受试者应尽量放松,冬季气温低时应注意保暖,避免寒冷产生肌电干扰。电极要紧贴皮肤,防止记录过程中电极脱落。

(2) 记录心电图时,先将基线调至中央。基线不稳或有干扰时,应排除后再进行描记。在变换导联时,须先将输入开关关上,再操作导联选择开关。

(3) 测量波幅幅值时,注意向上波应测量基线上缘至波峰顶点距离;向下波为基线下缘至谷底距离。

六、思考题

(1) 正常心电图有哪三个波和哪两个间期?它们各表示什么生理意义?如果 P—R 间期延长而超过正常值,说明什么问题?

(2) P—R 间期与 Q—T 间期的正常值与心率有什么关系?

(3) R—R 间期不等超过一定数值时,心脏发生了何种疾患?

实验九 肺通气功能测定

一、目的与原理

肺的主要功能是进行气体交换,肺内气体与外界大气不断进行交换,吸入氧气、排出二氧化碳,以维持内环境中 O_2、CO_2 浓度的相对稳定,保证细胞新陈代谢的正常进行。肺通气是指气体出入肺的过程,而肺通气量是指单位时间内吸入或呼出的气量。其中潮气量、肺活量、时间肺活量等在一定程度上可反映肺的容量和通气功能。因此,潮气量、肺活量、时间肺活量等的测定可作为衡量肺功能的重要指标,更具有临床意义。

本实验目的是了解应用肺量计测定正常人体肺容量和肺通气量的基本实验方法;了解人体潮气量、肺活量、时间肺活量等正常值。

二、实验材料

1. 实验对象 人。

2. 器材 肺量计、橡皮吹嘴、鼻夹、75%酒精。

三、观察指标

潮气量、补吸气量、补呼气量、肺活量、时间肺活量、最大通气量。

四、方法与步骤

1. 肺量计的使用方法 肺量计主要由一对套在一起的圆筒所组成:外筒是装清水的水槽,槽底有排水阀门可以放水,水槽中央有进气管,管的上端露出水面,管下端有通向槽外的三通阀门,呼、吸气即经此出入。内筒为倒置于水槽中的浮筒,可随呼吸气体的进出而升降。肺量计顶部有进气接头,可由此向筒内充入气体;浮筒容量约6~8L,一般为铝制,重量较轻;筒顶连有细钢丝绳,通过滑轮架在另一端悬一平衡锤,锤的重量恰能与浮筒的重量相平衡。当三通阀门开放时,呼吸气可经通气管进出肺量计,浮筒即随之上下移动,根据浮筒的升降从刻度标尺上可读出气体容量,并由描笔记录在专用记录纸上。

2. 实验准备

(1) 将仪器水平放置,支架插入支架座内,钢丝经滑轮与浮筒顶部的调节螺帽固定。

(2) 调节水平调节盘,使肺量计的内筒、外筒不相接触,能自由升降。

(3) 肺量计内装入适量清水,调整调节螺帽,使肺量计不充气时记录笔尖处于零位。

(4) 在肺量计的 CO_2 吸收器中装入碳酸钠钙。

(5) 打开肺量计的进气接头,使筒内充满空气(或氧气)4~5L,然后关闭接头。

(6) 受试者闭目静立(或坐),口中衔好用75%乙醇消毒过的橡皮吹嘴,并用鼻夹夹鼻,练习用口呼吸2~3分钟。

(7) 打开电源开关和记录开关,用50mm/分钟的走纸速度描记呼吸曲线。

3. 实验观察项目

(1) 潮气量:被测者静坐(或静立),平静呼吸,描记正常呼吸曲线30秒,计算5次吸入或呼出气量的平均值(1小直格为100ml)。

(2) 补吸气量:平静呼吸数次后,在一次平静吸气末,再继续吸气直至不能再吸为止所吸气量(小直格数×100ml)即为补吸气量。

(3) 补呼气量:平静呼吸数次后,在一次平静呼气末再继续呼气直至不能再呼为止所呼出的气量即为补呼气量。

(4) 肺活量:平静呼吸数次后,受试者尽力做最大吸气后,随即做最大限度的呼气,所呼出的气量即为肺活量。重复2~3次。记录最大一次的肺活量。

(5) 时间肺活量:平静呼吸数次后,受试者做最大限度的吸气,在吸气末屏气1~2秒,同时改为25mm/秒走纸速度描记,然后让受试者以最快速度用力深呼气,直至不能再呼为止。从记录纸上读出呼气第1秒、第2秒和第3秒末所呼出的气量,分别计算出它们占全部呼出气量的百分率即为时间肺活量。

(6) 最大通气量:受试者戴鼻夹呼吸筒内新鲜空气数次,然后令其以最深最快的速度呼吸15秒钟,根据曲线高度计算15秒钟内的呼出气或吸入气的总量,然后乘以4,即为每分钟最大通气量。

五、注意事项

(1) 实验前应检查浮筒有无漏气、漏水现象。

(2) 受试者应按要求测试,不能看着描记呼吸。

(3) 受试者被测试前应预先练习,以期适应。

六、思考题

(1) 根据各项指标的正常值,判断受试者的肺通气功能是否正常。

(2) 潮气量的测定为什么要取平均值?肺活量的测定为什么要取最大值?

(3) 肺活量的测定有何意义?与时间肺活量的测定的意义有何不同?

(4) 测定最大通气量时,为什么只进行15秒深呼吸而不是1分钟?

实验十　呼吸运动的调节

一、目的与原理

肺的通气是由呼吸肌的节律性收缩来完成的,呼吸中枢不断地发放节律性冲动,通过支配呼吸肌的膈神经和肋间神经引起呼吸肌舒缩,从而产生呼吸运动。体内外各种刺激可直接作用于中枢,或通过不同的感受器,反射性影响呼吸运动,呼吸运动能够维持其节律性,并能适应机体代谢需要的变化,是由于呼吸中枢的紧张性活动及完善的调节机制。

本实验目的是学习呼吸运动的记录方法,观察缺氧、二氧化碳和血中酸性物质增多等各种因素对呼吸运动的影响。

二、实验材料

1. 动物　家兔。

2. 器材　PcLab医用计算机实验系统,哺乳类动物手术器械一套,兔手术台,气管插管,万能支架台,保护电极20ml、5ml注射器各一只,50cm长的橡皮管一条,球胆2个。

3. 药品与试剂　20%氨基甲酸乙酯溶液、3%乳酸溶液、CO_2气体、钠石灰瓶、生理盐水等。

三、观察指标

(1) 正常状态下呼吸运动曲线。

（2）异常状态下呼吸运动曲线及变化规律。

四、方法与步骤

1. 麻醉与固定　由兔耳缘静脉缓慢注入20%氨基甲酸乙酯(5ml/kg)，待动物麻醉后，仰卧固定于手术台上。

2. 手术　沿颈部正中切开皮肤，分离气管并插入气管插管。分离出颈部两则迷走神经，穿线备用。

3. 记录呼吸运动

（1）方法1：在胸骨下端剑突部位用皮肤缝合针连同皮肤和肌肉穿线，线的另一端连接张力换能器，用以记录呼吸运动。

（2）方法2：剪开一侧胸部的皮肤，用2根电极刺入肋间外肌，地线夹住家兔皮肤，用以记录肋间肌放电。

4. 观察项目

（1）正常呼吸曲线。

（2）增加吸入气中的CO_2浓度：将装有CO_2的球胆的皮管靠近气管插管的侧面，松开球胆的夹子，使部分CO_2随吸气进入气管，气体流速不宜过急。以免明显影响呼吸运动。此时观察高浓度CO_2对呼吸运动的影响。夹闭球胆，观察呼吸恢复正常的过程。

（3）缺氧：将一空球胆吸进少量空气，中间经一钠石灰瓶连至气管插管的侧管，夹闭气管插管的另一侧，让动物呼吸球胆内的少量空气。观察此时呼吸运动有何变化。去掉上述条件，观察呼吸恢复正常的过程。

（4）增大无效腔：将50 cm长的橡皮管连接于气管插管的侧管上，观察此时呼吸运动的变化。变化明显后，去掉橡皮管，观察呼吸恢复过程。

（5）增加血液中酸性物质：用5ml注射器，由耳缘静脉较快地注入3%乳酸2ml，观察此时呼吸运动的变化及恢复过程。

（6）迷走神经在呼吸运动中的作用：先切断一侧迷走神经，观察呼吸运动有何变化，再切断另一侧迷走神经，观察呼吸运动又有何变化。在此基础上，观察对一侧迷走神经向中端低频、较弱的电刺激所致的呼吸运动的变化。

五、注意事项

（1）气管插管前一定注意把气管内分泌物清理干净后再插管。

（2）在缝合线挂呼吸肌记录呼吸运动时，一定要挂上呼吸肌，另外注意不要刺破胸膜。

（3）吸入CO_2实验中，注意气流不宜过急，以免直接影响呼吸运动，干扰实验结果。

六、思考题

根据所学理论，逐一分析实验结果，说明呼吸运动发生改变的机制。

实验十一　离体小肠平滑肌的生理特性

一、目的与原理

内环境的稳定是组织、器官保持正常生理功能的必要条件。因此,将离体的组织、器官置于模拟的内环境中,在一定时间内可保持其功能。时间的长短与模拟内环境的精确性和稳定性有关。

本实验目的是学习哺乳动物离体器官灌流的方法,并通过观察离体小肠在模拟内环境(离子成分、晶体渗透压、酸碱度、温度、氧分压等方面类似于内环境)中的活动,以及内环境改变对小肠平滑肌活动的影响。

二、实验材料

1. 动物 家兔。

2. 器材 PcLab 医用计算机实验系统、哺乳类动物手术器械一套、恒温平滑肌槽或麦氏浴槽、大烧杯、L 形通气管、增氧泵、酒精灯、温度计、张力换能器、螺旋夹。

3. 药品与试剂 台氏液、乙酰胆碱(1∶100 000),肾上腺素(1∶10 000),阿托品(1∶10 000)。

三、观察指标

正常、异常状态下小肠平滑肌收缩曲线的变化规律。

四、方法与步骤

1. 实验准备

(1) 恒温:实验前,先将台氏液在浴槽中加热至 38℃,备用。

(2) 平滑肌浴槽:在恒温平滑肌槽的中心管加入台氏液,外部容器中加装温水,开启电源加热,浴槽温度将自动稳定在 38℃左右。将浴槽通气管与增氧泵相连接,调节橡皮管上的螺旋夹,使气泡一个接一个地通过中心管,为台氏液供氧。

2. 标本制备 用木槌猛击兔头后部使其昏迷。迅速剖开腹腔找到胃,以胃幽门与十二指肠交界处为起点,先将肠系膜沿肠缘剪去,再剪取 20～30cm 肠管。在肠管外壁用手轻轻挤压以除去肠管内容物,并迅速将肠管放入 38℃左右的台氏液中浸浴,当肠管出现明显活动时,将其剪成约 3cm 长的肠管,两端用细线结扎,一端固定于通气管的挂钩上,另一端系于张力换能器的弹性悬梁臂上。

3. 实验装置调试 张力换能器与 PcLab 医用计算机实验系统的 3 通道连接。适当调节换能器的高度,使其与标本间连线的松紧度合适。标本和连线应悬于浴槽中央,不能与浴槽壁接触。

4. 观察项目

(1) 描记一段离体小肠平滑肌的正常收缩曲线,注意观察基线水平、收缩幅度和节律。

(2) 乙酰胆碱的作用:在恒温平滑肌槽(或麦氏浴槽)中加入1∶100 000乙酰胆碱1~2滴,观察肠段收缩活动(包括张力)的变化。待作用出现后,放掉浴槽中的台氏液,加入预先准备好的38℃新鲜台氏液。重复更换2~3次新鲜台氏液,待肠段活动恢复至对照水平时,进行下一项实验。

(3) 肾上腺素的作用:在浴槽中加入1∶10 000肾上腺素1~2滴,观察肠段收缩有何变化。然后,同上法将浴槽中的台氏液换成38℃新鲜台氏液。待其活动恢复正常后,进行下一项实验。

(4) 阿托品的作用:在浴槽中加入1∶10 000阿托品1~2滴,经2分钟后,再加入1∶100 000乙酰胆碱1~2滴,观察肠段张力的变化,并与第2项结果比较。同上法将浴槽中的台氏液换成38℃新鲜台氏液。待其活动恢复正常后,进行下一项实验。

(5) 温度的作用:将浴槽中的台氏液换成25℃台氏液,观察收缩有何变化。逐步加温至38℃和42℃,分别观察收缩活动的变化,进行不同温度下收缩情况的比较。

五、注意事项

(1) 加药前,先准备好每次更换用的38℃左右的台氏液。

(2) 每次加药出现反应后,必须立即更换浴槽内的台氏液,至少3次。每项实验加入台氏液的量应相同。待肠段运动恢复正常后再进行下一项实验。

(3) 上述各药用量系参考剂量,若效果不明显,可以增补加药。

(4) 加药时,不要直接滴在肠管上。

(5) 供氧的气泡过大过急都会使悬线振动,导致标本较大幅度地摆动而影响记录。

六、思考题

(1) 分析乙酰胆碱、肾上腺素及阿托品对小肠平滑肌收缩活动的影响。

(2) 描述温度变化对小肠平滑肌收缩活动的影响,分析原因。

实验十二　影响尿生成的因素

一、目的与原理

尿的生成过程包括肾小球的滤过及肾小管、集合管的重吸收和分泌排泄作用。凡影响上述过程的因素,都可影响尿的生成而引起尿量的改变。

影响肾小球滤过的有效滤过压包括肾小球毛细血管血压、血浆胶体渗透压和肾小囊内压的改变。由于肾血流量存在自身调节作用，当动脉血压在10.7~24.0kPa(80~180mmHg)范围内变动时，肾小球毛细血管血压可保持相对稳定。肾小囊内压比较稳定，仅当发生尿路梗阻，如肾盂结石、输尿管结石或肿瘤压迫等，可引起患侧囊内压升高。人体血浆胶体渗透压在正常情况下不会出现明显波动，只有在血浆蛋白浓度降低时(如静脉输入大量生理盐水)，才引起血浆胶体渗透压下降，从而使肾小球有效滤过压和滤过率增大，尿量增多。

相对而言，小管液中溶质的浓度和各种影响肾小管和集合管重吸收和分泌功能的体液因素对尿生成的影响更大。小管液中溶质所形成的渗透压具有对抗肾小管和集合管重吸收水的作用，如静脉注入甘露醇，使小管液中溶质浓度增高以提高渗透压，从而达到利尿目的，这种利尿方式称为渗透性利尿。血管升压素主要提高远曲小管和集合管上皮细胞对水的通透性，促进水分重吸收；醛固酮通过促进远曲小管和集合管主动重吸收 Na^+，从而间接促进水的吸收；另外，血 K^+ 与血 Na^+ 浓度、甲状旁腺素、糖皮质激素等均可通过不同的作用机制，影响肾小管和集合管重吸收来影响尿的生成过程。

本实验的目的为通过观察某些因素对尿生成的影响，进一步认识和理解尿液生成的调节，并分析其作用机制。

二、实验材料

1. 动物　家兔。

2. 器材　PcLab医用计算机实验系统、哺乳类动物手术器械一套、兔手术台、动脉插管、输尿管插管、压力换能器、刺激电极、试管、试管夹、注射器(1ml、20ml)。

3. 药品与试剂　37℃生理盐水、20%的葡萄糖、1∶10 000去甲肾上腺素、0.1%肝素生理盐水、20%氨基甲酸乙酯、1%呋噻米、垂体后叶素、班氏试剂。

三、观察指标

动脉血压、单位时间中的尿量。

四、方法与步骤

1. 麻醉与固定　动物称重。由兔耳缘静脉缓慢注入20%氨基甲酸乙酯(5ml/kg)，待动物麻醉后，仰卧固定于手术台上。颈部和下腹部剪毛。

2. 手术

(1) 分离颈部的神经、血管，颈总动脉插管：沿颈正中线切开皮肤约6cm，钝性分离皮下组织和肌肉，暴露气管。在气管的两侧，分离出左侧迷走神经和两侧颈总动脉，穿线备用。把充满肝素生理盐水的动脉插管插入左侧颈总动脉内，结扎固定，留待记录血压的变化。

(2) 分离输尿管和输尿管插管：在耻骨联合上缘上0.5cm处，沿正中线剪开皮肤4~6cm，自腹白线剪开腹壁肌肉及腹膜，在膀胱底部找出两侧输尿管，分别把已充满生理盐水的输尿管插管插入双侧输尿管，结扎固定。手术完毕后，用生理盐水纱布覆盖腹部创口。

3. 实验观察项目

(1) 记录正常尿量、血压。

(2) 静脉注射生理盐水:从耳缘静脉缓慢输入37℃生理盐水20~50ml,观察血压和尿量的变化。

(3)电刺激迷走神经外周端:在尿量恢复后,电刺激迷走神经外周端,使血压明显下降(约6.8kPa或50mmHg)15~20秒,观察血压和尿量的变化。

(4) 静脉注射葡萄糖与尿糖定性实验:取尿液2滴至装有1ml班氏试剂的试管,在酒精灯上加热作尿糖定性实验。然后静脉注射20%的葡萄糖5ml,观察血压和尿量的变化。待尿量明显增多时,再取尿液两滴做尿糖定性实验。

(5) 静脉注射去甲肾上腺素:静脉注射1:10 000去甲肾上腺素0.2ml,观察血压和尿量的变化。

(6) 静脉注射呋噻米:静脉注射1%呋噻米0.5ml/kg体重,5分钟后观察血压和尿量的变化。

(7) 静脉注射垂体后叶激素2U,观察血压和尿量的变化。

五、注意事项

(1) 实验前应给兔多喂青菜和饮水,以增加其基础泌尿量。

(2) 实验中需多次进行静脉注射,应注意保护兔的耳缘静脉;必要时可做股静脉插管。

(3) 在进行每一项目前,须待尿量基本恢复或者相对稳定后才开始。

(4) 实验中尽量注意动物的保温。

六、思考题

(1) 对休克病人,使用呋噻米后并未能增加尿量,能否继续加大该药使用剂量?为什么?

(2) 注射生理盐水使尿量增多的机制是什么?是渗透性利尿或是水利尿?

(3) 电刺激迷走神经对尿生成的影响机制是怎样的?

实验十三 豚鼠一侧迷路的破坏效应及耳蜗电位引导

一、目的与原理

动物的内耳迷路是姿势反射的感受器之一,当其一侧迷路被破坏后可见肌紧张及姿势异常,从而了解迷路在维持姿势平衡和正常运动中的作用。

耳蜗既是感音器官,又具有换能作用。由内耳液传递来的声波经一套特殊的转换机制转变为神经冲动,并传至大脑颞叶,引起听觉。在实验条件下,从耳蜗可记录到4种电位变化:①耳蜗静息直流电位;②耳蜗微音器电位;③总合电位;④听神经总合动作电位。通过改变声音的位相,可将耳蜗微音器电位和复合听神经动作电位区别开来。

本实验目的是观察迷路与姿势的关系,学习豚鼠耳蜗电位的记录方法,了解耳蜗微音器电位及听神经复合动作电位的特点。

二、实验材料

1. 动物 豚鼠(300~400g、击掌反应阳性)。

2. 器材 PcLab 医用计算机实验系统,常规手术器械、短声发生器、丝钻一套(钻头直径 1mm、0.5mm)、耳塞、引导电极、电极固定螺丝、钟表改锥、显微解剖镜、温热生理盐水、纱布、棉球、注射器、豚鼠解剖台。

3. 药品与试剂 20%氨基甲酸乙酯,氯仿。

三、观察指标

(1) 动物的姿势和运动。

(2) 耳蜗微音器电位和复合听神经动作电位。

四、方法与步骤

1. 豚鼠一侧迷路的破坏效应实验 在豚鼠的一侧耳内滴入氯仿,毁迷路几分钟后,观察动物的姿势和运动,与正常比较有何不同。

2. 耳蜗电位引导实验

(1) 手术

1) 将豚鼠用 20%氨基甲酸乙酯(6ml/kg · w)腹腔注射,麻醉后,剪净一侧耳郭四周的毛,腹位固定在豚鼠解剖台上。

2) 沿耳郭根部的后上缘切开皮肤,做钝性分离,找到顶骨、颞骨与枕骨交界的枕骨粗隆。再沿枕骨外缘下行,用手指边探摸颞骨的乳突部,边做钝性分离,充分暴露颞骨乳突。此乳突部位在枕骨粗隆的下方 1.5cm 左右,外耳道开口后方约 0.5cm 处,用丝钻钻一小孔(直径约 1mm)。此处骨质很薄,切勿用力过猛而插入鼓室过深,伤及耳蜗。钻孔后,用钟表镊子尽力将孔扩展,充分打开鼓室,暴露耳蜗。此时可见其耳蜗呈淡黄色,壁上有细的血管走行。耳蜗底圈在外,正圆窗在底圈上方,可见其膜,卵圆窗膜见不到。

3) 在枕骨、顶骨和颞骨的交界处(此处骨质较厚)钻孔,装上固定电极用的螺丝。螺丝上预先套上一段橡皮套管,电极引线缠在其上固定。

4) 在正圆窗的下方 1~2mm,距离圆窗后缘与鼓室交界处 1.5mm 的耳蜗底圈骨壁上钻一小孔。钻孔用最小的绣花针尖,且只允许针尖进入,孔径<0.1mm。此处骨质松脆而薄,骨外壁又滑,极易伤及细小血管,所以操作要小心,最好在显微解剖镜下进行。将预先准备好的电极迅速而准确地插入此孔。

5) 动物移入屏蔽笼内,在外耳道开口前约 0.5cm 处固定耳塞机,连接好各处引线,即可进入实验。

(2) 实验观察

1) 观察短声(方波)刺激引发的耳蜗微音器电位和听神经动作电位。

A. 耳蜗微音器电位的潜伏期存在否,随刺激强度的加大,有无变化?

B. 测定产生听神经动作电位的刺激阈值及此时耳蜗微音器电位的阈强度。

C. 测定听神经动作电位的潜伏期和最大振幅,符合"全或无"规律吗?

D. 辨认 N_1 和 N_2 波峰,分别测定其振幅是多少?

2) 将刺激方波倒相,观察耳蜗微音器电位和听神经动作电位的变化。

五、注意事项

(1) 在手术和实验过程中,若动物挣扎,可补少量麻醉药。用药过量会影响听神经动作电位的记录。

(2) 手术力争做得快,少量出点血无妨,但不能流入鼓室。手术时间过久,可使微音器电位幅值下降。

(3) 耳蜗钻孔时,孔径切忌过大,以刚好使引导电极插入,并能堵住小孔为好,以防耳蜗中淋巴液外溢。

(4) 整个实验过程中,要保持鼓室的温度和湿度。

六、思考题

(1) 比较耳蜗微音器电位与听神经动作电位的特点。

(2) 耳蜗微音器电位和听神经动作电位是如何产生的?

实验十四　视野、盲点测定

一、目的与原理

单眼不动注视正前方一点时,该眼所能看到的空间范围称为视野。此范围又称为周边视力,也就是黄斑中央凹以外的视力,借助此种视力检查可以了解整个视网膜的感光功能,并有助于判断视觉传导通路以及视觉中枢的机能。每个人的视野不同,同一个人两眼也有差别。人的正常视野上方为60~70度,下方为80度,左右各为100度,一般来讲,鼻侧视野小于颞侧。不同颜色的视野也不一样,白色>黄、蓝色>红色>绿色,即白色视野最大,而绿色视野最小。不同颜色视野的大小,主要是取决于不同感光细胞在视网膜上的分布情况。

视网膜在视神经离开视网膜的部位(即视神经盘所在的部位)没有视觉感受细胞,外来光线成像于此不能引起视觉,故称该部位为生理性盲点。由于生理性盲点的存在,所以视野中也存在生理性盲点的投射区。此区为虚性绝对性暗点,在客观检查时是完全看不到视标的部位。根据物体成像规律,通过测定生理性盲点投射区域的位置和范围,根据相似三角形各对应边成正比的定理,计算出生理盲点所在的位置和范围。

本实验目的是学习视野计的使用方法和视野的检查方法，了解测定视野的意义；证明盲点的存在，并计算盲点所在的位置和范围。

二、实验材料

1. 实验对象 人。

2. 器材 视野计，白色、红色、绿色和黑色视标，视野图纸，白纸，铅笔，尺子，遮眼板。

三、观察指标

双眼的白色、红色、绿色视野。

四、方法与步骤

1. 视野的测定

（1）调整视野计：在明亮的光线下，受试者下颌放在托颌架上，眼眶下缘靠在眼眶托上，调整托架高度，使眼与弧架的中心点在同一条水平线上。遮住一眼，另一眼固定凝视弧架中心点，开始接受测试。

（2）各色视野测试：

1）实验者从周边向中央缓慢移动紧贴弧架的白色视标，直至受试者能看到为止。记下此时视标所在部位的弧架上所标之刻度。退回视标，重复测试一次，待得出一致的结果以后，将结果标在视野图的相应经纬度上。同法测出对侧相应的度数。将弧架一次转动45°角，重复上述测定，共操作4次得8个度数，将视野图上8个点依次相连，便得出白色视野的范围。

2）按上述方法分别测出该侧的红色、绿色视野。

3）同法测出另一眼的白色、红色、绿色视野。

2. 盲点的测定

（1）将白纸贴在墙上，受试者立于纸前50cm处，用遮眼板遮住一眼，在白纸上与被测试眼相平的地方用铅笔划一“+”字记号。令受试者注视“+”字。实验者将黑色视标由“+”字中心向被测眼颞侧缓缓移动。当受试者恰好看不见视标时，在白纸上标记视标位置。然后将视标继续向颞侧缓缓移动，直至又看见视标时记下其位置。由所记两点连线之中心点起，沿着各个方向向外移动视标，找出并记录各方向视标刚能被看到的各点，将其依次相连，即得一个椭圆形的盲点投射区。

（2）根据相似三角形各对应边成正比定理，可计算出盲点与中央凹的距离及盲点直径。

五、注意事项

（1）在测试中，要求被测眼一直注视圆弧形金属架中心固定的小圆镜。

（2）测试过程中，以被测者确实看到视标为准，即测试结果必须客观。

六、思 考 题

(1) 一患者左眼颞侧视野、右眼鼻侧视野发生缺损,请判断其病变的可能部位。
(2) 夜盲症患者的视野将会发生什么变化? 为什么?
(3) 在我们日常注视物体时,为什么没有感觉到生理性盲点存在?
(4) 当盲点范围发生变化时,提示我们应注意什么问题?

实验十五 反射弧分析及反射中枢活动的某些基本特征

一、目的与原理

反射是指在中枢神经系统参与下的机体对内外环境刺激的规律性应答。是神经调节的主要方式。反射的结构基础是具有生理完整性的反射弧,包括感受器、传入神经、神经中枢、传出神经和效应器。如果反射弧中任一环节中断(结构或功能受到破坏),则反射活动就无法实现。

在反射活动中,由于神经元特别是参与反射活动的中间神经元的数量和联系方式不同,使反射活动表现出种种特征。如:反射时间的长短、反射活动空间范围的大小、反射活动持续时间的久暂,以及引起反射活动的刺激条件,等等。

脊髓是中枢神经系统的最低级部位,它的机能最简单,便于观察。本实验的目的是通过对蟾蜍脊髓躯体运动反射活动的观察,来了解反射弧的组成及各部分的机能,证实反射弧的完整性与反射活动的关系,认识脊髓反射的基本特征和兴奋在中枢神经系统内传导的基本特征。

二、实验材料

1. 动物 蛙或蟾蜍。

2. 器材 蛙类手术器械、玻璃平皿、铁支架、滴管、秒表、滤纸片(约 1cm×1cm)、纱布、肌夹、刺激电极等。

3. 药品与试剂 任氏液、0.5%硫酸溶液、1%硫酸溶液。

三、观察指标

正常和异常状态下蟾蜍脊髓躯体运动反射(屈肌反射和对侧伸肌反射及搔扒反射)。

四、方法与步骤

1. 标本制备 取蟾蜍 1 只,用粗剪刀由两侧口裂剪去上方头颅,制成脊蟾蜍,俯卧位固定在蛙板上,于右侧大腿背侧纵行剪开皮肤,在股二头肌和半膜肌之间的沟内找到坐骨神经干,在神经干下穿一条细线备用。手术完后,用肌夹夹住蟾蜍下颌,悬挂在铁支架上。

2. 正常脊髓反射活动的观察

(1) 屈肌反射和对侧伸肌反射:以培养皿盛1%硫酸少许,接触蛙下肢趾尖,观察受刺激侧和对侧下肢的反应。

(2) 搔扒反射:以浸有1%硫酸的小滤纸片贴于蛙的腹侧部,观察后肢反应的早迟及动作的准确性。

3. 兴奋在中枢神经系统内的传导特征

(1) 反射时的测定:依前法用0.5%及1%的硫酸刺激脚趾,用秒表(或电子表)测定反射时。每种浓度重复3次。求其平均值。

(2) 反射的抑制:先用止血钳夹住蟾蜍的一侧前肢,待蛙不动后,再将后肢用0.5%(或1%)的硫酸刺激。比较此时反射时与前项的区别。

(3) 反射的空间范围:将1个电极放在蟾蜍后肢的足面皮肤上,先给予弱的连续电刺激,观察发生的反应,然后依次增加刺激强度,观察每次增加强度所引起反射的空间范围有何变化。

(4) 反射的持续时间:在观察反射的空间范围中,还要注意观察随刺激强度的增加,所引起反射持续的时间有何变化。

(5) 阈下刺激引起反射的条件:将2个刺激电极各连入刺激器的输出,然后分别与蟾蜍同一后肢相同的皮肤区域接触,用单个电刺激找出引起屈肌反射的阈值,再用略低于此阈值的阈下刺激分别给以单个电刺激。如均不引起反应,把2个电极放在皮肤的同一区域,距离不超过0.5cm,当同时给予阈下刺激时,观察可否引起反射。

另外,只放1个电极在后肢皮肤上,在给1次阈下刺激不能引起反射的情况下,换以连续刺激并依次增加刺激频率,记录最早引起反射的频率,并计算该频率刺激的时间间隔(即刺激频率的倒数)。

4. 反射弧分析

(1) 用浸有1%硫酸溶液的滤纸片贴在下腹部,观察双后肢有何反应。出现反应后,将蟾蜍浸于搪瓷杯清水内洗掉滤纸片和硫酸,用纱布擦干皮肤。

(2) 分别将左、右后肢趾尖没入盛有1%硫酸的小平皿内(两侧浸没的范围应相等且仅限于趾尖),观察双侧后肢是否都发生反应。

(3) 沿左后肢趾关节上做一环形皮肤切口,将切口以下皮肤全部剥脱(趾尖皮肤一定要剥干净),再用1%硫酸溶液浸泡该处趾尖(切不可将其他指尖浸入),观察该侧后肢的反应。

(4) 提起穿在右侧坐骨神经下的细线,将坐骨神经剪断,再重复上述实验,比较2次结果有何不同。

(5) 将一硫酸纸片贴于左后肢皮肤,观察引起的反应,用搪瓷杯洗掉纸片及硫酸,擦干皮肤后,将探针插入脊髓腔内反复捣毁脊髓,再重复上述的实验及实验步骤(1),观察结果。

五、注 意 事 项

(1) 离断颅脑部位要适当。太高则可能保留部分脑组织而出现自主活动;太低,也会影响反射的引出。

(2) 每次用酸刺激后,均应迅速用水洗去蛙趾皮肤上的硫酸,以免皮肤受伤。洗后应沾干水渍,防止再刺激时硫酸被稀释。

(3) 蛙趾每次接触硫酸的深度应一致。

(4) 电刺激时,避免皮肤干燥使电阻增大。另外要区别是通过皮肤刺激了传出神经或肌肉引起的局部反应,还是引起的反射性反应。

六、思　考　题

(1) 反射时的长短主要由哪些因素决定的?用两种浓度的硫酸测得的反射时间为什么不同?

(2) 为什么反射空间范围可随刺激强度的增强而扩大?

(3) 为什么反射的持续时间可随刺激强度的增强而延长?

(4) 为什么不能引起反射的单个阈下刺激,而在同时或相继给予 2 个或以上阈下刺激时可以引起反射?

(5) 钳夹前肢后,后肢的反射时间是否延长了?兴奋传入中枢后其发展过程与作用是否都一样?

(6) 在反射弧分析实验中,分析损伤前与损伤后产生反应的原因,并分析每一步是损伤了反射弧的哪一(些)部分。

(张犁)

第十一章 病理生理学基础性实验

实验一 家兔实验性肺水肿

一、目的与原理

1. 目的

(1) 学习复制实验性肺水肿的方法。

(2) 了解肺水肿的表现及其发生机制。

2. 原理 正常肺毛细血管流体静压平均为0.93kPa (7mmHg)。当大量输液时可使毛细血管中流体静压升高,组织液生成增多;给予肾上腺素等物质可使静脉等血管收缩,静脉压升高也使流体静压增大。当压力大于3.33~4.00kPa (25~30mmHg) 时,组织液生成速度大于回流代偿能力,就有可能发生压力性肺水肿。若毛细血管流体静压过高,达到6.67kPa (50mmHg) 时,还有可能使毛细血管内皮过度牵拉裂隙增大,从而继发通透性肺水肿。

二、实验材料

1. 动物 家兔2只。

2. 器材 婴儿秤,天平,计算机及PcLab数据信号处理系统,手术器械一套,气管插管,呼吸流量换能器,张力换能器,静脉导管及静脉输液装置,恒温水浴箱,听诊器,烧杯,纱布,线,滤纸,兔台。

3. 药品与试剂 1%普鲁卡因(或20%乌拉坦),生理盐水,肾上腺素生理盐水(0.1%肾上腺素1ml+生理盐水9ml)。

三、观察指标

呼吸频率、深度、呼吸流量、肺啰音、肺外观、肺系数

四、方法与步骤

本次实验分实验组和对照组,实验过程中对比观察两组动物表现和结果。

1. 实验组

(1) 取兔一只,称体重后仰卧固定于兔台上,剪去颈部被毛,在1%普鲁卡因局麻(或耳

缘静脉注射20%乌拉坦5ml/kg全麻）下切开颈部皮肤，按常规操作，分离气管和一侧颈外静脉，在下面穿一线，切开气管，插入气管插管并结扎固定，连接呼吸流量换能器接电脑，用PcLab程序测定呼吸流量；剑突部位用缝合针穿一线连接张力换能器描记呼吸。把静脉导管连接静脉输液装置，注意排除管道内气体。结扎颈外静脉远心端，在近心端靠近结扎处剪一小口并插入静脉导管，结扎固定。打开静脉输液装置的螺旋夹，进行输液，缓慢输入生理盐水（5~10滴/分）。

（2）记录一段正常呼吸，并用听诊器听肺的呼吸音，然后输入37℃生理盐水（输入总量按100ml/kg，输液速度为180~200滴/分），待滴注接近完毕时立即向输液瓶中加入肾上腺素生理盐水（按肾上腺素0.5mg/kg），继续输入。

（3）密切观察呼吸改变和气管插管内是否有粉红色泡沫液体流出，并用听诊器听诊肺部有无湿性啰音出现，当证明肺水肿出现时，则夹住气管，处死动物，打开胸腔，用线在气管分叉处结扎以防止肺水肿液流出，在结扎处以上切断气管，小心将心脏及其血管分离（勿损伤肺），把肺取出，用滤纸吸去肺表面的水分后称取肺重，计算肺系数，然后肉眼观察肺大体改变。并切开肺，观察切面的改变，注意有无泡沫液体流出。

2. 对照组　实验步骤与实验组不同之处是不输肾上腺素生理盐水。其余步骤与实验组相同。

肺系数计算公式：$\text{肺系数}=\dfrac{\text{肺重量(g)}}{\text{体重(kg)}}$

正常兔肺系数为4~5。

五、注意事项

（1）实验兔与对照兔的输液速度应基本一致，输液不要太快，以控制在180~200滴/分为宜。

（2）解剖取出肺时，注意勿损伤表面和挤压肺组织，以防止水肿液流出，影响肺系数值。

六、思考题

根据实验组和对照组的不同结果，联系理论，分析肺水肿发生的机制。

（金春华）

实验二　肝性脑病及其治疗

一、目的与原理

1. 目的

（1）采用肝大部分切除术，造成急性肝功能不全的动物模型，并以十二指肠插管灌注氯化胺溶液,观察血氨升高在肝性脑病发病机制中的作用。

(2) 用谷氨酸钠治疗,探讨其疗效的病理生理机制。

2. 原理 肝脏具有重要的生物转化功能,能对肠道来的药物毒物(如氨、胺类、酚类等)进行代谢解毒。当肝功能严重损害时,对氨的清除能力降低,使血氨浓度升高,干扰脑的能量代谢和中枢神经系统递质代谢,使谷氨酸和乙酰胆碱等兴奋性递质减少,引起病人(及动物)神经精神异常,甚至发生昏迷。

二、实验材料

1. 动物 家兔3只。

2. 器材 手术器械一套,台秤,兔台,5ml、30ml、50ml注射器,细导尿管,粗棉线,细丝线。

3. 药品与试剂 1%普鲁卡因,生理盐水,复方氯化铵溶液,复方谷氨酸钠溶液。

三、观察指标

家兔一般情况、角膜反射及对疼痛刺激反应。

四、方法与步骤

(1) 取家兔一只,称重后,仰卧固定于兔台上,剪去腹壁正中的毛,在上腹正中用1%普鲁卡因局麻。

(2) 从胸骨剑突起,做上腹正中切口,切口长约8cm。打开腹腔后,即可见位于右上腹的红褐色肝脏,向下压肝,剪断肝与横膈之间的镰状韧带。再将肝叶向上翻,用手剥离肝胃韧带。

(3) 用粗棉线结扎肝左外叶、左中叶、右中叶和方形叶的根部,使之血流阻断,剪去4叶肝脏(仅留下右外叶和尾状叶),完成肝大部分切除手术。

(4) 沿胃幽门找出十二指肠,用眼科小剪刀在肠壁做一小切口,将导尿管插入肠腔约5cm,做荷包缝合固定,以皮钳对合夹住腹壁切口,关闭腹腔。

(5) 观察家兔一般情况、角膜反射及对疼痛刺激反应等。

(6) 每隔五分钟向十二指肠插管中注入复方氯化铵溶液5ml,仔细观察动物情况,有无反应性增强,直至痉挛发作为止,记录所用的复方氯化铵溶液总量,并计算每千克体重的用量。

(7) 自耳缘静脉缓慢注入复方谷氨酸钠溶液30ml/kg,观察并记录治疗后症状有无缓解。

(8) 另一家兔称重后,在局麻下于腹正中线做同样切口和分离肝脏的手术,但不做肝切除术,作为假手术对照。同上找出十二指肠后,做肠腔插管,观察动物一般情况,每隔5分钟向十二指肠内注入复方氯化铵溶液5ml,直至痉挛发作为止,记录所用总量及千克体重的用量。接着按实验步骤(7)方法进行抢救治疗。

(9) 再取一家兔称重后,在局麻下做肝切除术及十二指肠插管,术后每隔 5 分钟,向十二指肠注入生理盐水 5ml,观察动物有无异常,并与以上 2 只家兔进行比较。

五、注意事项

(1) 剪镰状韧带时,谨防刺破横膈。游离肝脏时,动作应轻柔,以免肝叶破裂出血。结扎线应扎于肝叶根部,避免拦腰勒破肝脏。

(2) 复方氯化铵溶液切勿漏入腹腔。

(3) 动物未做全麻,有时会挣扎,要与氨中毒所引起的强直性痉挛相鉴别。

(4) 一旦出现抽搐,停用复方氯化铵溶液,并立即注射复方谷氨酸钠溶液抢救。

六、思考题

动物出现的症状和体征的病理生理学机制是什么?

【附】　溶液配制

1. 复方氯化铵溶液　氯化铵 25g,碳酸氢钠 15g,溶于 5%葡萄糖溶液 1000ml 中。
2. 复方谷氨酸钠溶液　谷氨酸钠 25g,溶于 5%葡萄糖溶液 1000ml 中。

(金春华)

实验三　肝细胞性黄疸

一、目的与原理

1. 目的

(1) 了解四氯化碳(CCl_4)中毒性肝细胞损伤模型的复制,学习肝功能和胆色素代谢的常用生化指标测定。

(2) 观察肝细胞性黄疸动物的一般状况及血、尿改变,掌握此型黄疸胆色素代谢障碍的特点。

2. 原理　四氯化碳引起肝细胞损伤,受损的肝细胞处理胆红素的能力减弱,导致正常代谢所产生的非结合胆红素不能全部转化为结合胆红素,引起血中非结合胆红素增加。而未受损的肝细胞,仍能将非结合胆红素转化为结合胆红素而输入毛细胆管;但这些结合胆红素可经坏死的肝细胞流入血液中,或因肝细胞肿胀、汇管区渗出性病变与水肿,以及小胆管内胆栓形成,使胆汁排泄通路受阻,而致较多结合胆红素反流入血循环中。其特点是血中非结合和结合胆红素均增高;尿中胆红素阳性,尿胆原常增加。

二、实验材料

1. 动物 家兔2只。

2. 器材 注射器,小试管,滴管,吸管,移液器,手术器械一套,导尿管,张口器,烧杯,兔台。

3. 药品与试剂 CCl_4,生理盐水,20%乌拉坦, 0.1mol/L NaOH 溶液,黄疸指数标准比色管,95%乙醇,0.962mol/L $BaCl_2$溶液,浓盐酸,浓硫酸,0.0725mol/L 亚硝酸钠溶液,醛试剂,重铬酸钾。

三、观察指标

黄疸指数,尿胆红素,尿胆原。

四、方法与步骤

1. 动物模型复制方法 动物两只,一只为对照,另一只为实验动物,分别称重。实验动物用CCl_4灌胃,CCl_4剂量为2.5~3.0ml/kg;对照动物以同量生理盐水灌胃。

2. 观察与采血、尿 CCl_4剂量为3.0ml/kg的家兔及对照兔在模型复制后48小时左右;如果剂量为2.5ml/kg的家兔及对照兔则在造模后72小时左右进行观察及采血和尿。

动物用20%乌拉坦,5ml/kg耳缘静脉注射麻醉,手术分离颈动脉、插管取血1ml,置清洁干燥试管中。2000r/min离心5分钟,分离血清于另一干试管中。下腹部做正中切口3~5cm,找到膀胱,注射器穿刺取尿约6ml。

3. 测定黄疸指数,尿胆红素,尿胆原 测定方法如下:

(1)血清黄疸指数测定(目视比色法):取血清0.1ml置于与标准管口径相同之试管内,加生理盐水0.5ml稀释后与标准管比色,直至与某一单位标准管颜色相同时记录所用盐水毫升数,按公式求出黄疸指数单位。

$$黄疸指数=\frac{血清毫升数+盐水毫升数}{血清毫升数}\times 标准管单位$$

(2)尿胆红素定性试验:取尿1~2ml,置小试管中,加浓盐酸1滴,混匀后加0.0725mol/L亚硝酸钠溶液1滴,摇匀立即观察颜色。深绿色为胆红素强阳性,绿色为阳性,淡绿色为弱阳性,尿液黄色消退为可疑,尿色不变为阴性。如尿液很少,用0.5ml也能同样显色,但要用直径小的试管。

(3)尿胆原定性试验:取尿液2ml于小试管中,加0.962mol/L $BaCl_2$ 4~5滴,3000r/min离心3分钟沉淀,以去除胆红素。吸取上清尿液1ml,用蒸馏水稀释成1∶10,然后取5ml稀释成1∶20,并依次稀释成1∶40,1∶80,1∶160共五管。取各稀释之尿液5ml加入醛试剂0.5ml,于室温下静置10分钟后,自管口向底部察看,观察时试管底部垫一张白纸。尿液呈樱红色即为尿胆原阳性,以最高阳性稀释倍数报告结果。

【附 1】　黄疸指数标准管配制

(1) 0.2% (6.8mmol/L) 重铬酸钾溶液：精确称取 $K_2Cr_2O_7$ 200mg，置于 100ml 烧杯内，加蒸馏水 90ml 及浓硫酸 0.1ml，溶解后再移入 100ml 容量瓶中加蒸馏水至刻度。

(2) 取直径 6mm 左右的 5ml 小试管 12 支，按下表配制标准比色管，各管配制完后摇匀，密封管口，标明相当的黄疸指数单位。

黄疸指数标准管制作

相当黄疸指数单位	1	2	3	4	5	6	8	10	12	14	16	20
0.2% $K_2Cr_2O_3$(ml)	0.2	0.4	0.6	0.8	1.0	1.2	1.6	2.0	2.4	2.8	3.2	4.0
蒸馏水(ml)	3.8	3.6	3.4	3.2	3.0	2.8	2.4	2.0	1.6	1.2	0.8	0

【附 2】　测定尿胆红素的试剂配制

(1) 浓盐酸：一般的发烟盐酸即可。

(2) 0.5% (0.0725mol/L) 亚硝酸钠溶液：亚硝酸钠 0.5g，溶于 100ml 0.1mol/L NaOH 溶液中，棕色瓶保存。

【附 3】　测定尿胆原的试剂配制

醛试剂：对二甲氨基苯甲醛 2.0g，溶于 20ml 浓盐酸中，加水至 100ml。

五、注意事项

家兔必须健康、成熟、体重适宜，否则易死亡，尤其是以 3.0ml/kg CCl_4 灌胃的家兔，三天死亡率可高达 30%。

六、思 考 题

肝细胞性黄疸胆色素代谢的特点是什么？

(金春华)

实验四　阻塞性黄疸

一、目的与原理

1. 目的

(1) 复制阻塞性黄疸模型，熟悉诊断阻塞性黄疸的血、尿常用生化指标测定。

(2) 观察阻塞性黄疸动物的状况及血、尿、粪改变，掌握此型黄疸胆色素代谢障碍的特点。

2. 原理 肝内小胆管或肝外的肝胆管、胆总管、壶腹等任何部位发生阻塞，则阻塞上方的胆管内压力不断增高、胆管扩张，导致胆小管与毛细胆管破裂，胆汁中的结合胆红素反流入血中，从而出现黄疸。其特点是血中仅结合胆红素增高；尿中胆红素阳性，尿胆原减少。

二、实验材料

1. 动物 家兔。

2. 器材 手术剪，刀片，小圆缝针，中三角针，细丝线浸泡于器械消毒液中；有齿镊，无齿镊，血管钳，持针钳，皮肤钳，手术刀柄，注射器，针头，弯盘，孔巾，纱布，棉球，兔台，小试管。

3. 药品与试剂 20%乌拉坦，2. 5g/dl 碘酊，75%乙醇，消毒生理盐水，3g/dl 戊巴比妥钠溶液，青霉素，0. 4mol/L NaOH 溶液，黄疸指数标准管，95%乙醇，0. 962mol/L $BaCl_2$溶液，浓盐酸，0. 0725mol/L 亚硝酸钠，醛试剂，0. 05mol/L HCl。

三、观察指标

黄疸指数，尿胆红素，尿胆原。

四、方法与步骤

1. 模型复制

(1) 动物称重后，经耳缘静脉注射无菌 20%乌拉坦 5ml/kg，麻醉动物。

(2) 将动物固定于兔台上，剃去上腹部毛，手术部位用碘酊、酒精消毒。

(3) 术者刷手，新洁尔灭泡手 5 分钟，带手套，手术部位铺孔巾。

(4) 切开剑突下腹正中皮肤和皮下筋膜，切口长约 6cm，钝性分离肌层暴露腹膜，用血管钳提起腹膜后剪开(避免损伤内脏)，切开的腹膜用血管钳夹住并向两侧拉开，使手术视野充分暴露。直视下轻轻提出胃幽门部和十二指肠，于幽门下约 1cm 处可见稍隆起的胆道口壶腹，与壶腹相连有一条约 2mm 宽的淡黄色(有的呈粉红色)半透明管在肠系膜中穿行并伸向肝门，即为胆总管。

(5) 连有丝线的小圆针穿过距壶腹 1~2cm 处的胆总管底部，并结扎之。缝扎时要避开周围血管。有出血时应彻底止血，然后将脏器回纳。

(6) 分三层(腹膜，肌层，皮肤)连续缝合关闭腹腔。

2. 喂养和管理 术后动物应单笼喂养，饲以混合饲料和自来水。每日肌注青霉素 5 万单位，连续 2 天。

3. 观察和采血、尿

(1) 术后 3~5 天观察动物巩膜、黏膜和皮肤的颜色，并与正常兔对照。

(2) 分别取实验和正常兔的血、尿(方法与肝细胞性黄疸家兔相同)。

(3) 比较实验与正常兔，观察血清、尿、粪、皮下脂肪颜色，肝脏与胆总管的外观和形态。

4. 血、尿生化指标测定 颈动脉插管取血 0. 5ml，下腹部正中切口分离膀胱，注射器穿刺取尿 6ml,分别测定实验和正常兔的黄疸指数,尿胆红素,尿胆原(方法参见肝细胞性黄疸)。

五、注意事项

(1) 准确掌握麻药用量,切忌麻醉过深。当手术时间过长,麻醉浅时,可辅以普鲁卡因局麻,不宜追加乌拉坦。

(2) 手术操作要轻柔,以免损伤动物腹内脏器及血管,减少动物术后并发症。

(3) 手术野、器具消毒要严密,以防感染。

六、思考题

阻塞性黄疸尿胆色素变化的特点及其发生机制是什么?

【附】 阻塞性黄疸以大白鼠为实验的方法

大白鼠用 3%戊巴比妥钠 0.1ml/kg,腹腔注射麻醉或吸入乙醚麻醉。大白鼠胆总管为一纤细的淡黄色透明管,穿行于肠系膜,开口于距幽门约 3~4cm 的十二指肠,易辨认。做剑突下上腹正中切口,长约 3cm。术前处理、手术要求及方法与家兔相同。关腹前,在手术局部滴入青霉素 2 万单位。分二层缝合关闭腹腔(先将腹肌与腹膜全层缝合,然后连续缝合皮肤)。

术后动物置代谢笼中,单笼喂养,饲以颗粒饲料和自来水。术后 3~5 天采血,采血方法参见肝细胞性黄疸家兔。采血前一天开始收集 24 小时尿液。

(金春华)

实验五　急性肾衰时内生肌酐清除率与滤过钠排泄分数测定

一、目的和原理

1. 目的

(1) 复制中毒性肾功能衰竭模型。

(2) 测定血和尿中钠离子和肌酐含量,计算出内生肌酐清除率(CCr)和滤过钠排泄分数(FENa),判断急性肾衰的性质和程度。

2. 原理　肾毒性物质可引起肾小管上皮细胞坏死脱落、堵塞肾小管,也能引起肾血管收缩,导致肾小球滤过率(CCr 可以较准确地反映肾小球滤过率的变化)降低和肾功能障碍。当肾脏仅为功能性肾衰时,肾小球滤过率虽下降,但肾小管对水和钠离子的重吸收功能降低不明显,因此,尿钠离子浓度低(<20mmol/L)、肌酐浓度高(尿/血肌酐比值>40∶1),

FENa<1;器质性肾衰时,则肾小管对水和钠离子的重吸收功能显著降低,尿钠离子浓度高(>40mmol/L)、肌酐浓度低(尿/血肌酐比值<20∶1),FENa>1。

二、实验材料

1. 动物 家兔。

2. 器材 婴儿秤,手术器械一套,兔台,5ml注射器,电解质分析仪,全自动生化分析仪,试管,台式离心机。

3. 药品与试剂 20%乌拉坦,无水乙醇,氢氧化钙,1%氯化汞($HgCl_2$)溶液。

三、观察指标

尿量,血和尿中钠离子和肌酐浓度,滤过钠排泄分数和内生肌酐清除率。

四、方法与步骤

(1) 动物在实验前24小时称重后,肌肉(或皮下)注射1%$HgCl_2$(1.2ml/kg,一次注射)以造成急性中毒性肾衰模型。

(2) 动物从耳缘静脉注射20%乌拉坦5ml/kg麻醉,手术分离颈动脉并插管,取血2ml,经离心(2000r/min,5分钟)分离血清。下腹部正中切口打开腹腔,分离输尿管,插管收集尿液1ml。

(3) 用电解质分析仪测定血清和尿中钠离子含量。尿钠测定前,需对尿液做预处理:吸取尿液5ml,移入含有0.2g氢氧化钙的试管中,用玻棒搅拌混匀,放置15分钟后离心(2000r/min,5分钟),吸出上清尿液(已除去磷酸盐类)至另一试管供作钠测定。

(4) 在全自动生化分析仪上,测定血清和尿中肌酐含量。测定前用蒸馏水以1∶50稀释尿液。

(5) 将上述测定的血清、尿钠和肌酐(Cr)含量,按下列公式计算:

$$\text{FENa} = (\text{尿 Na}/\text{血 Na}) / (\text{尿 Cr}/\text{血 Cr}) \times 100$$

$$\text{CCr} = \frac{\text{尿中肌酐含量}(\%)}{\text{血中肌酐含量}(\%)} \times \text{尿量}(\text{ml/min}) = \text{ml/min}$$

(6) 另取一只正常家兔,按上述操作步骤测定FENa和CCr,与肾衰动物进行比较。

五、注意事项

(1) 试管、吸管等器材要求清洁,血清、尿液标本和标准液等试剂量必须准确,所有操作均应按生化要求严格进行。

(2) 凡FENa>3表明为急性肾小管坏死,FENa<3为功能性急性肾衰。正常动物FENa<1或3。

六、思 考 题

肾衰时,Ccr 和 FENa 改变的病理生理学机制是什么?

（金春华）

实验六 家兔高钾血症

一、目的与原理

1. 目的

(1) 掌握家兔高钾血症模型的复制方法。

(2) 观察高钾血症时家兔心电图变化的特征。

(3) 自行设计和实施抢救治疗方案。

(4) 了解血钾升高后,对心肌细胞的毒性作用。

2. 原理 细胞内外钾离子浓度比值是影响细胞静息电位高低的决定因素。血钾升高时,心肌细胞静息膜电位减小,离阈电位距离近,去极化速度降低。因此,心肌细胞兴奋性先升高后降低,传导性、自律性和收缩性都降低。心电图则由于3期复极化速度加速而主要表现为T波高尖,Q—T间期缩短。还可由于传导性降低出现P波压低、增宽,P—R间期延长,R波降低,QRS波增宽等变化。

二、实 验 材 料

1. 动物 家兔,雌雄不拘,体重2~3kg。

2. 器材 计算机,PcLab生物信号采集处理系统,心电记录与转换设备,一般手术器械,静脉输液装置,5ml、10ml、20ml注射器,小儿头皮针,抗凝试管,电解质分析仪。

3. 药品与试剂 20%乌拉坦,0.2%肝素生理盐水溶液, 2%、5%、10%氯化钾生理盐水溶液,10%氯化钙溶液,4%碳酸氢钠溶液,葡萄糖胰岛素溶液(每4ml 20%葡萄糖加1U胰岛素)。

三、观 察 指 标

精神神经状态(是否兴奋、躁动、昏迷、痉挛),呼吸频率、深度和节律,心电图变化,血浆钾浓度。

四、方法与步骤

1. 动物的麻醉与手术 动物称重后,用20%乌拉坦,按5ml/kg剂量由耳缘静脉缓慢注入。注射期间注意观察动物肌张力、呼吸频率和角膜反射的变化,防止麻醉过深。麻醉后动物仰卧固定在家兔手术台上。

颈部剪毛,沿甲状软骨下正中切开皮肤约4~5cm,分离左侧颈总动脉和右侧颈外静脉并插管。颈动脉导管用于取血;颈外静脉导管用三通管连接静脉输液装置,缓慢输入生理盐水(5~10滴/分),以保持管道通畅。

2. 测血钾 用抗凝试管通过颈总动脉取血1ml,2000r/min离心5分钟,取上清。用电解质分析仪测量动物实验前的血浆钾浓度。

3. 心电描记 将针型电极分别插入四肢踝部皮下。导联线按右前肢(红)、左前肢(黄)、左后肢(蓝)、右后肢(黑)的顺序连接,通过计算机和心电记录系统描记实验前的心电图波形。

用头胸导联可描记出比普通导联更为高大清晰的心电图波形。方法是将胸导联电极插入胸部皮下,将头部导联电极插入下额部皮下,将心电转换盒上的导联旋钮旋到头胸导联位置。这样记录的心电图高大清晰,高血钾的异常心电图波形出现早而清晰。

4. 高钾血症的复制 通过颈外静脉和输液装置,缓慢滴注2%的氯化钾生理盐水溶液,同时密切观察和记录心电图变化。出现P波低平、增宽,QRS波群低压变宽和高尖T波后,立即取血1ml作血钾测定,并开始实施抢救。

如果用2%的氯化钾生理盐水溶液滴注不出现典型心电图改变,可改用5%的氯化钾生理盐水溶液滴注,并密切观察,及时记录。

5. 高钾血症的抢救 在滴注氯化钾生理盐水溶液之前,必须选择和准备好抢救药物(1%氯化钙2ml/kg,或4%碳酸氢钠5ml/kg,或葡萄糖胰岛素溶液7ml/kg),并用头皮针准备好耳缘静脉输注通道。在心电图出现典型高血钾改变后立即实施抢救,通过耳缘静脉快速推注抢救药物(氯化钙要缓慢推注)。如果10s内无法输入抢救药物,救治效果欠佳。

待心电图基本恢复正常时再次由颈总动脉采血1ml,测定救治后的血浆钾浓度。

最后,注入致死剂量的10%氯化钾8ml/kg,开胸观察心肌纤颤及心脏停搏时的状态。

五、注意事项

(1) 动物麻醉深浅要适度,麻醉过深易抑制呼吸,过浅时动物疼痛则易引起肌肉颤动,对心电图记录造成干扰。

(2) 保持动、静脉导管的通畅,确保各种液体能及时、准确地输入。

(3) 心电干扰波的处理。实验前要接好心电转换盒的地线;针形电极刺入部位要对称,位于皮下;安置导线时避免纵横交错;实验台上的液体要及时清除。

(4) 由于动物的个体差异,有时T波会融合在ST段中而不呈现正向波。此时要通过更换导联方式,如改用头胸导联、肢体标Ⅱ导联或aVF,务求在正常时描记出正向T波,否则很难观察到典型的高尖T波,需要更换动物。

六、思考题

高钾血症时,动物心电图的变化特征是什么?并用相关理论加以说明。

(黄巧冰 金春华)

实验七 不同类型缺氧

一、目的与原理

1. 目的

(1) 通过复制不同类型缺氧,了解缺氧的分类原则。

(2) 观察不同类型缺氧时呼吸节律和皮肤黏膜颜色的变化规律,了解不同类型缺氧的表现特征。

2. 原理 氧在体内代谢必须通过四个环节,即肺从外界环境摄取,与红细胞中血红蛋白结合,通过血液循环的运输,以及被细胞线粒体的利用。任何一个环节出现异常,都可能导致机体氧的供应减少或利用障碍而发生缺氧。不同类型的缺氧,其血氧分压、血氧饱和度、血氧含量、动静脉氧差等指标变化是不同的,因而引起机体出现的代偿反应和表现也是不同的。

二、实验材料

1. 动物 成年小鼠,雌雄不拘。

2. 器材 密封广口瓶2个,一氧化碳(CO)发生装置,5ml、10ml刻度吸管,1ml注射器及针头若干,酒精灯,剪刀,组织镊。

3. 药品与试剂 钠石灰(NaOH·CaO)、甲酸、浓硫酸、氢氧化钠、5%亚硝酸钠、1%亚甲蓝、0.1%氰化钾、10%硫代硫酸钠,生理盐水。

三、观察指标

动物一般状况,呼吸频率和深度,存活时间,皮肤黏膜和肝脏颜色改变。

四、方法与步骤

1. 乏氧性缺氧

(1) 取钠石灰少许(约5g)和1只小鼠放入密封广口缺氧瓶内。观察和记录动物缺氧前的一般状况、呼吸频率(次/10s)和深度、皮肤和口唇颜色。随后塞紧瓶塞,记录时间,以后每3分钟重复观察上述指标1次,如有其他变化,随时记录,直至动物死亡,记录动物存活时间。

(2) 动物尸体留待其他缺氧实验完成后,再依次打开腹腔,观察和比较血液和肝脏颜色。

2. 血液性缺氧

(1) 一氧化碳中毒性缺氧:①准备一氧化碳发生装置。②将1只小鼠放入广口瓶中,观察其正常表现,然后与一氧化碳发生装置连接。③用刻度吸管取甲酸3ml放于试管内,沿试管壁缓慢加入浓硫酸 2ml($HCOOH \xrightarrow{浓 H_2SO_4} H_2O+CO$),塞紧(可用酒精灯稍加热,加速 CO 的产生,但不可过热,以免液体沸腾)。如果 CO 产生过多过快,则动物迅速死亡,而血液颜色改变不明显。④观察指标与方法同上。

(2) 亚硝酸钠中毒性缺氧:①选取体重相近的小鼠 2 只,观察正常指标。分别通过腹腔注射 5%亚硝酸钠 0.3ml,随后立即取其中 1 只动物腹腔内注入 1%亚甲蓝溶液 0.3ml,另 1 只立即注入生理盐水 0.3ml。②观察指标方法同上。比较 2 只小鼠的表现及死亡时间。

3. 氰化物中毒性缺氧

(1) 取体重相近小鼠 2 只,观察正常指标后,分别腹腔注射 0.1%氰化钾 0.2ml。

(2) 观察上述指标。

(3) 动物出现四肢软瘫时,立即取其中 1 只腹腔注射 10%硫代硫酸钠 0.4ml,另 1 只腹腔注射等量生理盐水。

(4) 观察 2 只小鼠上述指标的变化及死亡时间。

4. 尸检 依次打开上述实验动物的腹腔(氰化物中毒和注射亚甲蓝的小鼠不解剖),观察比较和记录血液和肝脏颜色。

五、注意事项

(1) 广口瓶一定要密闭,用凡士林涂在瓶口外面,防止外界空气渗透入广口瓶内。

(2) 进行亚硝酸钠和氰化钾中毒实验时,要事先用注射器准备好抢救药品,以便及时解毒。

(3) 氰化钾(钠)有剧毒,勿沾染皮肤、黏膜,特别是有破损处。实验后,将物品洗涤干净。

(4) 给小鼠腹腔注射时,应稍靠左下腹,勿损伤肝脏,但也应避免将药液注入肠腔或膀胱。

六、思考题

(1) 各类型缺氧时,动物呼吸变化形式有何不同?为什么?

(2) 各类型缺氧时,动物口唇和皮肤黏膜颜色变化有何不同?为什么?

(黄巧冰 金春华)

实验八 各种因素对缺氧耐受性的影响

一、目的与原理

缺氧对机体的影响主要与缺氧的原因、缺氧发生的速度、程度和持续时间有关,此外,机体的功能和代谢状态、个体的差异、年龄和适应性锻炼都能影响机体对缺氧的耐受性和反应性。本实验的目的就是要了解种属、年龄、神经系统和代谢状况对动物缺氧耐受性的影响。

二、实验材料

1. 动物　成年小鼠 2 只,新生小鼠、蟾蜍各 1 只。
2. 器材　减压装置(真空泵、干燥瓶、减压计等),1ml 注射器及针头。
3. 药品与试剂　20%乌拉坦。

三、观察指标

动物的一般状态和存活时间。

四、方法与步骤

(1) 取成年小鼠 1 只,用 20%乌拉坦溶液(0.2ml/100g 体重)腹腔注射麻醉。
(2) 将正常成年小鼠、麻醉的成年小鼠、新生小鼠和蟾蜍各 1 只放入减压装置的干燥瓶内,将瓶口密闭。
(3) 用真空泵进行抽气减压,直至正常成年小鼠死亡。观察各组动物的一般状况,记录和比较动物死亡时间。

五、注意事项

(1) 干燥瓶瓶口注意用凡士林密封。
(2) 抽气速度不要太快。

六、思考题

不同年龄状态下的实验动物对缺氧的耐受性有何区别?并解释其原因。

(黄巧冰)

实验九　家兔失血性休克及微循环变化

一、目的与原理

1. 目的
(1) 复制家兔失血性休克模型。
(2) 观察失血性休克时动物的一般表现、主要生理学指标及肠系膜微循环变化。

(3) 了解失血性休克发病机制及各种急救治疗的方法和效果。

2. 原理 血液大量丢失使血容量减少、心输出量降低和血压下降,引起交感神经兴奋,血管收缩、外周阻力增加和组织器官血液灌流量减少。微循环可出现小血管收缩,血流速度减慢,真毛细血管关闭等表现。当长时间缺血缺氧后,可由于微循环局部代谢产物蓄积、发生酸中毒及细胞因子释放等原因,出现微血管扩张、红细胞聚集、白细胞嵌塞毛细血管、微血管血流停止等变化。

二、实验材料

1. 动物 成年家兔,体重2.0~3.0kg,雌雄不拘。

2. 器材 PcLab计算机生物信号采集处理系统,压力换能器,手术器械一套、输液输血装置,中心静脉压测定装置,动脉和静脉导管和三通管,微循环观察槽及微循环观察用体视显微镜,恒温灌流设备,1ml、5ml、20ml、50ml注射器。

3. 药品与试剂 20%乌拉坦、0.2%肝素生理盐水、生理盐水、克氏液。

三、观察指标

1. 一般指标 皮肤黏膜颜色,一般状态。

2. 血流动力学指标 血压、中心静脉压,心率、脉压差(间接获得)。

3. 肠系膜微循环观察指标 血管口径、流速、毛细血管开放与否、细胞流态和白细胞黏附的情况。

4. 呼吸系统观察指标 呼吸频率、深度、节律。

四、方法与步骤

1. 动物的麻醉与手术

(1) 麻醉:动物称重后,用20%乌拉坦溶液5ml/kg由耳缘静脉缓慢注入。注射期间注意观察动物肌张力、呼吸频率和角膜反射的变化,防止麻醉过深。麻醉后动物仰卧固定在家兔手术台上。

(2) 手术:颈部剪毛,沿甲状软骨下正中切开皮肤约4~5cm,分离左侧颈总动脉和右侧颈外静脉。插入颈动脉导管,连接血压换能器用于记录血压。从右侧颈外静脉插入5~6cm长的静脉导管,导管用三通管连接测中心静脉压的压力换能器和输液装置。不测压时,将导管与输液装置连通,缓慢输入生理盐水5~10滴/分,保持导管通畅。

左侧或右侧股三角区剪毛,在触及股动脉搏动处沿动脉走向做长约3cm切口;游离股动脉。经股动脉插入导管,将血管导管连接到三通管上以备作取血用。

(3) 微循环标本制备:腹部剪毛,在腹部正中做长约4~5cm的纵行切口,沿腹白线剪开腹壁,打开腹腔,找出一段游离度较大的小肠肠袢(回肠游离度最大,一般位于左侧胃下方),轻轻从腹腔拉出,放置在微循环恒温灌流盒内,用克氏液保持观察部位的温度、湿度、渗透压和 pH。

2. 实验记录

（1）正常状态：放血前各项指标的观察记录。

（2）异常状态：放血后各项指标的观察记录。

3. 模型复制

（1）打开股动脉插管与注射器相通的开关，使血液自然流入装有肝素生理盐水的注射器内。一直放血至血压 5.33kPa（40mmHg），调节注射器内放出的血量，使血压维持在该水平。

（2）维持动物血压在 5.33 kPa（40mmHg）水平约 10～30 分钟，观察失血期间动物上述各项指标的变化。如果时间允许，可以延长观察时间。

4. 抢救措施

（1）用注射针头针刺家兔水沟穴若干次，观察各项指标的变化和持续时间。

（2）通过输血输液装置，经右侧颈外静脉滴注原血，进行回输血抢救，在 8～10 分钟内输注完毕。于输注后立即 15 分钟和 30 分钟分别记录各项指标。如果没有完全恢复，可以继续输注生理盐水，继续观察。

五、注 意 事 项

（1）动物麻醉深浅要适度，过深会严重抑制呼吸；过浅时动物疼痛挣扎，影响观察结果，甚至引发神经源性休克。

（2）本实验手术多，要尽量减少手术性失血，以免过早造成失血性休克。

（3）各导管和注射器均应用肝素抗凝，并注意各导管通畅，随时缓慢推注，以防凝血。

（4）牵拉肠袢时动作要轻，以免引起动物低血压，造成外周循环衰竭。观察微循环时，分清动脉、静脉和毛细血管，选好标志血管，固定视野。

六、思　考　题

家兔失血性休克不同时期血压、微循环口径有何变化？为什么？

（黄巧冰　金春华）

第十二章　药理学基础性实验

实验一　体液 pH 对药物吸收的影响

一、目的和原理

大多数药物均为弱酸性或弱碱性电解质,在体液内均有不同程度地解离。分子状态药物疏水而亲脂,易通过细胞膜;离子状态药物极性高,不易通过细胞膜的脂质层,这种现象称为离子障。弱电解质的解离程度在 pH 变化较大的体内对药物吸收有重要的影响,胃液 pH 变化范围为 1.5~7.0,尿液为 5.5~8.0,如此大的 pH 变化范围对脂溶性适中的药物可能产生显著的临床意义。

本实验通过大鼠惊厥发生的时间、死亡率及惊厥症状来反映药物的药效,惊厥发生时间早、死亡率高、惊厥症状明显者说明药物的药效较强,药效强者说明药物吸收率较高。

通过本实验:

(1) 掌握大鼠捉拿及灌胃方法。

(2) 了解体液 pH 对药物吸收影响的原理和测定方法,并结合原理对实验结果进行分析判断。

二、实验材料

1. 动物　大鼠。

2. 器材　大鼠灌胃器、鼠笼、天平。

3. 药品与试剂　0.15mol/L $NaHCO_3$溶液、0.2mol/LHCl 溶液、2%士的宁溶液。

三、观察指标

观察甲、乙鼠惊厥发生时间,动物死亡率及惊厥症状。

四、方法与步骤

(1) 取大鼠两只,称重,随机分为甲鼠与乙鼠。

(2) 甲鼠由胃灌入 0.15mol/L $NaHCO_3$和 2%士的宁的等量混合液(pH=8.0)30ml/kg;乙鼠由胃灌入 0.2mol/LHCl 和 2%士的宁的等量混合液(pH=1.0) 30ml/kg。

(3) 观察甲、乙鼠惊厥发生时间、死亡率及惊厥症状,并汇总整个实验室各组数据(并算出平均值)，然后对实验结果进行统计学处理。

五、注意事项

(1) 大鼠容易激怒咬人，捉持时左手应戴防护手套或用厚布盖住大鼠，注意不要用力过大，切勿捏其颈部，以免窒息致死。

(2) 固定动物要牢固，不能随意变动动物的体位。

(3) 动物的头部和颈部应保持在一条直线的位置。

(4) 进针方向要正确，一般是沿着右口角进针，再顺着食管的方向插入胃内，决不可盲目进针，更不能硬性将导管推入。防止由此将导管送入到肺内造成动物死亡。

六、思考题

(1) 弱酸性环境下弱酸性药物易被吸收还是弱碱性药物易被吸收？为什么？

(2) 体液 pH 对弱酸性药物及弱碱性药物跨膜转运的影响有何临床意义？

(徐江平　孙莉莎　李琳　蒋毅萍)

实验二　全血水杨酸二室模型药物代谢动力学参数测定

一、目的和原理

药物代谢动力学(Phamacokinetics)是研究机体对药物的作用过程及体内药物浓度随时间动态变化的规律，包括药物在体内吸收、分布、代谢(转化)和排泄的特点及影响因素，以及运用数学方法定量地阐明机体内药物浓度随时间变化的规律，求出药物的药代动力学参数如半衰期、分布容积、生物利用度、吸收速率常数、消除速度常数等，为临床用药方案的制定、用药剂量的调控、治疗效果及不良反应的监测等提供理论依据，有利于更好地发挥药物的防治作用，尽量减少和避免不良反应。

药物在体内的变化过程可以用药-时曲线来表示，即以时间为横坐标，血药浓度为纵坐标绘出曲线。利用曲线可以分析并最终阐明该药的药动学特征。从单次口服后时量曲线，可以看出该药物的体内过程对血浆浓度变化的影响。曲线升段反映药物吸收与分布过程，坡度反映该过程的速度。坡度陡，则吸收快、分布慢，曲线的峰值反映给药后所达到的最高血药浓度。曲线降段反映药物的消除速度，坡度陡消除快，坡度平则消除慢。当然，在药物吸收过程中药物消除过程已经开始，血药浓度达到峰值时吸收过程也未完全停止，只是在曲线升段时吸收快于消除，在曲线降段时消除快于吸收。峰浓度表示吸收与消除速度相等。

半衰期(half-life time，$t_{1/2}$)指血浆药物浓度下降一半所需的时间，是表示药物消除速度的参数。药物的半衰期长表示它在体内消除慢，滞留时间长。绝大多数药物是按一级动力学的规律消除,其血浆半衰期的数值是固定的;而半衰期的任何变化,可反映消除器官(肝、肾)的功能状态。半衰期可从血药时间曲线上查到,即血浆浓度下降一半所对应的时间,也可以应用公式 $t_{1/2}=0.693/Ke$ 求出。半衰期是药动学参数中最基本的参数,它对制订和调整给药方案具有重要作用。一般情况下,一次给药后经过 5 个 $t_{1/2}$,约有 96%以上的药物被消除;每隔一个半衰期给药 1 次,约经 5 个 $t_{1/2}$ 可达稳态浓度。

房室模型:药物分子分布于各器官、组织的特点各不相同,为便于分析,可将分布特点相同,且药物浓度同步增减的器官、组织简化为一个或几个"房室",这种数学分析模式称房室模型。

一室模型:将机体看做一个房室,给药后药物可立即均匀地分布在整个房室,并以一定速率从该室消除。将属于一室模型的药物单次静脉注射,用血药浓度对数值与时间作图可得到一直线,即药-时曲线呈指数消除。

二室模型:将机体看做两个房室即中央室与周边室,并有两种转运速率,药物进入体内几乎立即分布到中央室,然后缓慢地分布到周边室。中央室包括血液与能瞬时取得平衡的组织,如心、肝、肾、脑、腺体、肌肉等组织即细胞外液,周边室包括血液灌注贫乏的难以瞬时取得平衡的组织,如骨、脂肪、皮肤等。将属于二室模型的药物单次快速静脉注射后药物进入中央室,一面消除,一面向周边室分布,称之为 α 相(分布相)。分布平衡后,曲线进入下降较慢的 β 相(消除相),主要反映药物的消除过程。

二、实验材料

1. 动物 家兔,体重 2.0~3.0kg。

2. 器材 10ml 试管,10ml 离心管,1ml、2ml、5ml 刻度吸管,1ml、2ml、5ml 注射器,移液吸管,普通剪刀与手术刀,弯血管钳,坐标纸,粗天平,分光光度计,离心机,计算器(Casio fx-180P),兔手术台,纱布,滤纸,

3. 药品与试剂 三氯化铁,三氯醋酸,10%水杨酸钠,0.04%水杨酸标准液,1%盐酸普鲁卡因等。

三、观察指标

(1) 给药完毕后的第 1,3,5,10,20,50,80 和 110 分钟从颈外静脉分别采血 0.6ml,依次加入 1~8 号管中,在分光光度计上用 510 nm 测定 0~10 号管光密度。

(2) 按测得的血中水杨酸钠浓度取对数,以对数值为纵坐标,对应时间为横坐标作点图或直接以浓度对数值与时间在半对数纸上作图。

四、方法与步骤

1. 分光光度计测定全血水杨酸钠浓度

(1) 取离心管 11 支,编为 0~10 号。每管加入三氯化铁和三氯醋酸液 2ml,9 号管再加

0.04%水杨酸标准液 0.6ml,10 号管另加蒸馏水 0.6ml。取家兔 1 只称重,将其于仰卧位固定在兔手术台上,于兔颈部皮下注射 1%盐酸普鲁卡因溶液 1~2ml。待兔局部麻醉后,分离一侧颈外静脉,并在其下方横穿一根细线,供采血时固定静脉用。

(2) 用 0.1 U/L 肝素(溶液为 0.9%氯化钠注射液)润湿的 1ml 注射器采集该侧颈外静脉血 0.6ml 加入 0 号管中,用干棉球轻压针孔处以防止出血。从已分离出的颈外静脉的对侧耳缘静脉注射 10%水杨酸钠溶液 2ml/kg。准确记录给药完毕时间。给药完毕后的第 1 分种,3 分种,5 分种,10 分种,20 分种,50 分种,80 分种和 110 分钟从颈外静脉分别采血 0.6ml,依次加入 1~8 号管中(每次采血后要洗净注射器,并以 0.1U/L 肝素润湿备用)。

(3) 用小玻棒搅拌 0~8 号管各 1 分钟,分别加入蒸馏水 5ml 并搅拌 1 分钟,以 3000r/min 离心 10 分钟,用移液吸管各取上清液 6ml 备用。9 号和 10 号两管各加蒸馏水 5ml,摇匀待用。

(4) 在分光光度计上用波长为 510nm,光径为 1cm 比色皿,蒸馏水调零,测 0~10 号管光密度 $d_0 \sim d_{10}$。各测试管水杨酸钠光密度与水杨酸钠浓度按下列公式计算:

标准管水杨酸钠光密度 $D_9 = d_9 - d_{10}$

测定管水杨酸钠光密度 $D_n = d_n - d_0$

测定管水杨酸钠浓度 $c_n(mg/L) = \frac{D_n}{D_9} \times 400$

2. 给出药-时曲线　按测得的血中水杨酸钠浓度取对数,以对数值为纵坐标,对应时间为横坐标作点图,或直接以浓度对数值与时间在半对数纸上作图。结果可见首段对数血药浓度下降很快(α 相),后段下降缓慢(β 相),则呈直线关系符合二室模型。

五、注意事项

(1) 采血量要准确。

(2) 以开始采血时间为血样本时间,若未能按时采血,则以实际采血时间参数计算。

(3) 注射水杨酸钠溶液时动物会挣扎,注意固定兔头。注射要一次成功,否则影响 α 相结果。

六、思考题

(1) 说明实验中测定药物代谢动力学参数的意义。

(2) 房室模型的含义是什么?

(徐江平　孙莉莎　李琳　蒋毅萍)

实验三　药物半数致死量(LD_{50})的测定

一、目的和原理

通过实验了解 LD_{50}的测定方法、步骤、计算过程,并理解其药理学意义。

半数致死量(LD_{50})是某一药物使动物总体死亡一半的剂量。衡量药物的急性毒性大小,一般是以该药物致死的剂量(lethal doses)为指标,通常求其LD_{50}。因为动物的生死较其他反应容易判断,且LD_{50}是根据动物试验结果经统计学处理后求得的计算值,它不受试验中存在敏感性特别高特别大的动物的影响,剂量-反应关系比较灵敏,容易测得,且准确性高、误差小和易重复。LD_{50}值愈小,表明该药的毒性愈大;反之,LD_{50}值愈大,表明该药的毒性愈低。同样,也可用半数有效量(ED_{50})来衡量一个药物药效的强弱。同一种动物、同一给药方法求得LD_{50}与ED_{50}之比为治疗指数,可用来衡量一个药物的安全性。治疗指数越大,则药物越安全。测定LD_{50}与ED_{50}的实验方法基本相同。

LD_{50}是通过量-效关系的试验测得的。Clark 证实,剂量对数值与质反应之间的量-效关系为对称的 S 形曲线,为便于数学回归分析,需要将 S 形曲线转化为直线。Bliss 提出了剂量对数值与死亡概率单位之间的量-效关系为一直线,即可以剂量的对数值为横坐标,死亡概率单位为纵坐标作图,找出死亡 50%的相应剂量;也可通过剂量对数值与死亡概率单位直线回归求出LD_{50}。

二、实验材料

1. 动物 小白鼠,体重 18~22g。

2. 器材 小动物电子秤,小白鼠鼠笼,1ml 注射器,5 号针头,计时器,Bliss 统计法软件包(含计算机及打印机)。

3. 药品与试剂 戊巴比妥钠(pentobarbital sodium),苦味酸。

三、观察指标

1. 预试验 分别用 0/4 与 4/4 致死组剂量,递增或递减一定比例的剂量,找出 0%和100%死亡剂量的所在范围。

2. 正式实验 以呼吸停止为观察指标,分别记下各组 24 小时内动物的死亡鼠数,计算死亡率。

四、方法与步骤

1. 预实验 小白鼠 20 只, 4 只/组,分为 5 组。10 倍稀释系列戊巴比妥钠溶液,每组 0. 2ml/10g 腹腔注射。分别用 0/4 与 4/4 致死组剂量,递增或递减一定比例的剂量,找出 0%和 100%死亡剂量的所在范围(参考剂量:最小 75mg/kg,最大 150mg/kg)。

2. 正式实验 戊巴比妥钠LD_{50}的测定。

(1) 动物分组:取小白鼠 40 只,随机分为 4 组,每组 10 只(雌雄各半)。腹腔注射给药(0. 2ml/10g 体重),剂量分别为 77mg/kg、96mg/kg、120mg/kg 和 150mg/kg。以呼吸停止为观察指标,分别记下各组的死亡鼠数。室温为 20~24℃,给药后观察 15 分钟,详细记录各组动物的情况。统计数据以 24 小时内组内总死亡数为准,小白鼠按正常生活条件喂养一天。

(2) 给药后24小时,清点各组的死亡动物数,将结果填入表12-1内:

表12-1 戊巴比妥钠 LD_{50} 的测定结果

组别	动物数/只	剂量/(mg/kg)	死亡动物数/只		死亡率
			雌	雄	
1	10	77			
2	10	96			
3	10	120			
4	10	150			

注:数据处理按Bliss法的要求输入组数、各组剂量、各组动物数和各组死亡数进行统计,得 LD_{50},打印结果。

五、注意事项

预试时药物剂量的配制要准确,以防影响后续实验的进行。

六、思考题

什么叫 LD_{50}? 测定 LD_{50} 的药理学意义和依据是什么?

(徐江平 孙莉莎 李琳 蒋毅萍)

实验四 药物拮抗性实验——放射配体-受体结合试验

一、目的和原理

受体(receptor,R)是指细胞膜上或细胞内能专一识别生物活性分子并与之相结合的生物大分子,这些生物大分子多数是蛋白质,个别是糖脂,能与受体呈特异性结合的生物活性分子称为配基(ligand,L),配基有药物、毒素、神经递质、激素、抗原等。根据定义,受体的基本功能有二:其一是识别与结合某一特定的配基,识别与结合的基础可归结为受体与配基在结构上的相嵌互补,形成一相当大的相互接触面,以及相互间能形成众多的非共价键;其二是受体在结合配基后可通过受体构象的改变将化学信号转入细胞内并导致相应的生物学效应。对一个受体的鉴定,如果只有识别与结合的研究而无它所引起的生物学效应的研究,就不能获得肯定的结论。

进行受体的研究可采用不同的手段。传统的手段是通过生物学效应来研究受体的结合反应,例如用一系列结构类似的化合物去观察生物学效应的性质与强度,从而了解受体的性能,这种手段可以确定受体对配基结构上的要求,也就是受体的特异性。后来,由于放射性同位素标记配基的应用,受体与配基之间的结合反应就能直接定量研究了。放射配基受体结合法(radioligand receptor binding methods)的使用开始于20世纪60年代,但由于缺少高比放射性配基,它的真正普及是70年代的事,利用这一技术,70年代几乎完成了所有当时已知的神经递质和激素受体的结合特异性研究。此后,受体结合测定法被广泛应用并成为神经科学和药物开发研究中的一项重要手段。

这一方法的主要原理是利用放射性同位素标记的配体与含有受体的组织或细胞匀浆纯化的受体蛋白一起孵育,使受体与配体充分结合,形成复合物,直至达到平衡,然后除去未结合的游离配基,测定与受体结合的放射性配基。

二、实验材料

1. 动物 大白鼠,体重200~250g。

2. 器材 组织匀浆机,真空抽滤泵,多头细胞收集器,液闪记录仪。

3. 药品与试剂 ^{3}H-QNB(同位素标记配体),阿托品。

三、观察指标

(1) 制备大鼠脑膜蛋白,蛋白定量法测定蛋白浓度。

(2) 结合实验,闪烁计数结合点的cpm值,每一结合点均由双复管决定。

(3) 计算机拟合饱和曲线,计算高、低亲和力结合位点,求出IC_{50}值。

四、方法与步骤

1. 大鼠脑膜蛋白制备 将大鼠断头取脑,在小脑前缘切断脑干,取断面前部,称重,加10倍量0.32mol·L^{-1}蔗糖溶液匀浆,4℃ 1000r/min离心10分钟,上清液以20 000r/min离心20分钟,取沉淀以THB(50mmol·L^{-1}, pH7.4)匀浆,再以20 000×g离心20分钟,取沉淀用THB悬浮,用Lowry's蛋白定量法测定蛋白浓度,-20℃冻存,一周内使用。

2. 结合实验条件 总反应体积0.5ml,内含膜蛋白0.1mg·mL^{-1},放射配体体积100μl,非特异性结合管加阿托品(终浓度10μmol·L^{-1})以THB补足至500μl,摇匀后35℃孵育30分钟,立即置冰浴以终止反应,反应液经49型玻璃纤维滤纸负压抽滤,并用12ml冰冷THB分3次冲洗,取下滤膜,50℃烘干,放入盛有5ml闪烁液的闪烁内,置放一夜,闪烁计数测定cpm值,每一结合点至少由双复管决定。

3. 饱和实验和竞争抑制实验中放射性配基的浓度选择 根据实验的数据进行具体定量。

(1) 饱和实验中,放射配体的终浓度:^{3}H-QNB一般在0.1~6.0nmol·L^{-1}中进行5~8个浓度。

(2) 竞争抑制实验中,放射配体浓度为:^{3}H-QNB一般可在0.2~0.5nmol·L^{-1}浓度范围选择一个合适的浓度进行。

4. 实验记录(表12-2,表12-3,表12-4)。

表 12-2　M 胆碱受体饱和实验

管号	^{3}H-QNB(μl)终浓度约 0.1nmol/L	阿托品(μl)10^{-5}mol/L	补充 Tris 缓冲液(μl)	膜蛋白(μl)(1mg/ml)
1 号管	50	—	—	—
2 号管	50	—	750	200
3 号管	50	100	650	200
4 号管	约 0.25nmol/L	—	—	—

表 12-3　^{3}H-QNB 与大鼠脑组织 M 胆碱受体饱和实验

^{3}H-QNB (DPM/ml)	投入量 (nmol/L)	^{3}H-QNB 总结合[Br]	与蛋白结合量非特异性结合[B_{NS}]	特异性结合[B_S]	特异结合(B) fmol/mg 蛋白	特异结合量 B/游离量 F fmol/mg 蛋白·nmol/L

表 12-4　^{3}H-QNB 与大鼠脑组织 M 胆碱受体竞争结合实验

阿托品浓度(nmol/L)	^{3}H-QNB 总结合量	^{3}H-QNB 特异性结合量	^{3}H-QNB 特异结合(%)
总结合			

5. 数据处理　^{3}H-QNB 的饱和曲线经计算机曲线拟合，计算高、低亲和力结合位点，K_D 和 B_{max}。竞争物对^{3}H-QNB 的竞争抑制实验结果按计算机软件程序经曲线拟合，求出 IC_{50}值。

五、注意事项

(1) 同位素防护，遵循相关的条例规范。
(2) 选择适于实验的放射性标记的配基。

六、思考题

(1) K_D值和 IC_{50}的药理学意义是什么？
(2) 用放射配体-受体结合实验如何区别竞争性拮抗药和非竞争性拮抗药？

（徐江平　程玉芳）

实验五　有机磷酸酯类中毒及解救

一、目的和原理

观察实验动物在有机磷酸酯类中毒时的症状，以及中毒时血液胆碱酯酶活力的抑制情况。根据阿托品、解磷定对有机磷酸酯类中毒的解救效果及对血液胆碱酯酶活力的影响，分析两药的解毒原理。

有机磷酸酯类主要用于农、林业杀虫，对人和动物均有较强毒性。该药能通过机体各种途径吸收，与体内胆碱酯酶结合，使酶失去水解乙酰胆碱的能力，引起乙酰胆碱不被水解而大量堆积，产生中毒症状。时间稍长使胆碱酯酶活性难以恢复从而老化，造成抢救治疗困难。

急性中毒症状分为对胆碱能神经突触影响（M 样症状）、对胆碱能神经肌肉接头影响（N 样症状）、对中枢神经系统影响，解救药物主要有缓解 M 样症状的阿托品，复活胆碱酯酶药碘解磷定、氯磷定等。

阿托品通过竞争性和 M 受体结合，迅速阻断 M 受体兴奋而解除有机磷酸酯类中毒时的 M 样症状，如呼吸道和胃肠平滑肌的痉挛，心血管系统的抑制；也能解除部分中枢神经系统中毒症状，使昏迷患者苏醒。大量阿托品还具有神经节阻断效应，从而对抗有机磷酸酯类的神经节兴奋作用。

胆碱酯酶复活药能与胆碱酯酶的阴离子部位以静电引力相结合，使其肟基趋向磷酸化胆碱酯酶的磷原子；进而与磷酸基形成共价键结合，生成磷酸化胆碱酯酶和复活药三者的复合物；其后进一步裂解成为磷酸化碘解磷定或氯磷定，此时酶的结构恢复而活性亦恢复。该药还能与体内游离的有机磷酸类结合，由尿排出而解毒。其恢复酶活性时对骨骼肌震颤的效果产生最快，缓解 N 样症状。

两药单用时效果较差。如单用阿托品虽然能迅速缓解 M 样症状，但对抗 N_2 受体的兴奋作用差，不能有效制止骨骼肌震颤，对中毒晚期的呼吸肌麻痹也无效，且无胆碱酯酶复活作用，疗效不易巩固。而胆碱酯酶复活药则对中毒的 M 样症状疗效较差。

两药合用时则有机磷酸酯类的中毒症状得到全面改善，疗效大大提高。故而临床对有机磷酸酯类中毒的抢救治疗以阿托品加胆碱酯酶复活药联合应用。

二、实验材料

1. 动物 家兔 2.0～3.0kg。

2. 器材 家兔固定箱，注射器，预先加草酸钠的试管，试管架，刀片，干棉球，瞳孔尺与木夹。

3. 药品与试剂 30%敌百虫溶液，0.2%硫酸阿托品溶液，2.5%解磷定溶液，二甲苯。

三、观察指标

(1) 观察正常家兔活动情况和呼吸（频率、幅度、是否困难等）、瞳孔大小、唾液分泌、大小便、肌张力、有无震颤等。

(2) 密切注意给 30%敌百虫后，家兔各项生理指标的变化，加以记录，取血留待测定胆碱酯酶活力。

(3) 检查甲、乙两兔上述各项生理指标变化。至中毒症状明显消减后，取血测定血液胆碱酯酶活力。

四、方法与步骤

(1) 取家兔2只,以甲、乙编号,称其体重,观察活动情况和呼吸(频率、幅度、是否困难等)、瞳孔大小、唾液分泌、大小便、肌张力、有无震颤等,分别加以记录(表12-5)。

(2) 将2只家兔分别固定于箱内,以蘸有二甲苯的棉球涂擦耳壳,使血管扩张。当充血明显时,用刀片切割耳静脉(切口不要过大、过深),让血液自然流出,滴入预先置有少量草酸钾结晶的试管中,立即摇匀,供测定血液胆碱酯酶活力之用,如取血后切口流血不止,可用干棉球按住,再夹上木夹止血。

(3) 将2只家兔同样给予有机磷酸酯类。腹腔注射30%敌百虫1.0ml/kg,密切注意给药后家兔各项生理指标的变化,加以记录,中毒症状明显后,再按上述方法取血,留待胆碱酯酶活力测定。

(4) 立即给甲兔由耳缘静脉注射0.2%硫酸阿托品溶液1.0ml/kg,给乙兔由耳缘静脉注射2.5%解磷定2.0ml/kg,然后每隔5分钟,再检查各项生理指标1次,观察2只家兔的情况有无好转,特别注意甲兔和乙兔的区别。至中毒症状明显消减后,再由2只家兔的静脉取血,测定血液胆碱酯酶活力。

表12-5　实验结果记录

用药顺序	一般活动	呼吸(次/分)	瞳孔大小(mm)	唾液分泌	大小便失禁	肌张力	肌震颤	血胆碱酯酶活性
用药前								
敌百虫								
阿托品								
解磷定								

五、注意事项

(1) 敌百虫属于剧毒类杀虫剂,且可从皮肤吸收,如与手等接触后,应立即用水清洗。

(2) 给家兔实施腹腔注射敌百虫后,15分钟时仍未出现中毒症状,可再追加1/3剂量的敌百虫溶液。

(3) 本实验为分析阿托品和解磷定的作用机制而设。应切记,在临床实际中,须将阿托品与解磷定配合使用,才能获得最好的解毒效果。

六、思　考　题

根据本次实验结果,分析有机磷酸酯类的中毒机制及阿托品和解磷定的解毒原理。

(徐江平　孙莉莎　李琳　蒋毅萍)

实验六 不同剂型对药物作用的影响

一、目的和原理

观察不同剂型的戊巴比妥钠发生作用的差别,了解剂型对药物作用的影响。

药物可制成各种不同剂型,如溶液、糖浆、片剂、胶囊、颗粒、注射液、气雾剂、栓剂等。每种药物都有其适宜的剂型用于不同途径给药以产生理想的药效。同种药物的不同剂型对药效的发挥有影响,如片剂、胶囊、口服液等均可口服给药,但药物崩解、溶解速率不同,吸收快慢、多少也就不同。一般口服液体制剂吸收快于胶囊、片剂。因为片剂和胶囊的崩解及药物的溶解是其限速步骤,减慢了吸收速度。注射剂中水剂、乳剂、油剂在注射部位释放速度不同,扩散速度不同,药物的吸收情况和药效情况也有区别。溶解释放速率越快,扩散速率就越快,吸收越容易。而药物本身的黏度与扩散速度成反比,制剂黏度越高,则扩散释放速度越慢,吸收也越慢,产生疗效时间也越缓慢。油剂、乳剂较之片剂、胶囊吸收可能较快;较之水溶液,由于其为油溶液或混悬液在注射局部形成一个小型储库,则吸收较慢,但作用持久。因此,不同药物剂型所含药量虽然相等,然而药效强度不尽相同,临床应用时应注意区分选择。

戊巴比妥为巴比妥类药物,其中枢作用选择性较低,随剂量由小到大可相继出现镇静、催眠、抗惊厥和麻醉作用,剂量再加大则麻痹延髓呼吸中枢,表现为昏迷、反射消失、呼吸抑制甚至致死。因此,此类药物安全性较低,临床几乎不用于镇静和催眠,主要用于抗惊厥、控制癫痫持续状态。

二、实验材料

1. 动物 小白鼠,体重18~22g。

2. 器材 小鼠灌胃器(1ml),玻璃钟罩,天平。

3. 药品与试剂 0.25%戊巴比妥钠溶液,0.25%戊巴比妥钠胶浆液(含羧甲基纤维素钠4%)。

三、观察指标

观察给药后,两鼠翻正反射消失时间。

四、方法与步骤

(1) 取2只小鼠,称重、编号。甲鼠灌0.25%戊巴比妥钠溶液0.1ml,乙鼠灌0.25%戊巴比妥钠胶浆液0.1ml。观察两鼠翻正反射消失时间。

(2) 结果记录：将实验结果记录于表12-6中。

表12-6　实验结果记录

鼠号	给药时间	翻正反射消失时间	作用开始所需时间
甲			
乙			

五、注意事项

注意准确控制给药量。

六、思考题

剂型对药物作用有何影响？

（徐江平　孙莉莎　李琳　蒋毅萍）

实验七　不同给药途径对药物作用的影响

一、目的和原理

观察不同给药途径对药物作用的影响；掌握小白鼠的腹腔给药方法和灌胃法。

大多数药物需进入血液分布到作用部位才能发生作用。药物自给药部位进入全身血液循环的过程为吸收（absorption），吸收速度的快慢及吸收数量的多少直接影响药物的起效时间及强度。其中给药途径是决定药物起效时间及强度的重要因素之一。给药途径不同，则药物吸收快慢亦不同，其吸收快慢顺序除静脉注射外是：腹腔注射>吸入>舌下>直肠>肌内注射>皮下注射>口服>皮肤。给药途径不同，其吸收程度又不同，由此使药物作用强度不同。药物经不同给药途径所致的吸收程度是：吸入、舌下、直肠、肌内注射较为完全，口服次之，皮下较差；皮肤表面吸收程度最差，一定要脂溶性特别高的药物才能通过此途径较好地吸收。而胃肠道给药，影响因素较多，包括有首关消除的影响等，使药物吸收程度有所不同。

二、实验材料

1. 动物　小白鼠，体重18~22g。

2. 器材　1ml注射器，针头，灌胃针头，大烧杯，天平。

3. 药品与试剂　8%硫酸镁溶液，苦味酸。

三、观察指标

（1）观察小鼠正常活动情况。
（2）给药后观察两鼠的反应有何不同。

四、方法与步骤

（1）取健康小白鼠2只，称体重后，分别作标记，然后观察正常活动情况。

（2）甲鼠从腹腔注射8%硫酸镁溶液0.2ml/10g体重，乙鼠以同样剂量灌胃。给药后将鼠放入烧杯内，观察两鼠的反应有何不同？为什么？记录实验结果于表12-7中。

表12-7 实验结果记录

鼠号	体重	药物及剂量	给药途径	动物反应
甲				
乙				

五、注意事项

注意准确控制给药量。

六、思考题

不同给药途径在哪些情况下使药物的作用产生质的不同？在哪些情况下则使药物的作用只产生量的不同？

（徐江平　孙莉莎　李琳　蒋毅萍）

实验八　药物的基本作用

一、目的和原理

本实验的目的是观察和了解药物的兴奋作用、抑制作用、局部作用和吸收作用。

药物的基本作用除包括药物作用（drug action）和药理效应（pharmacological effect）外，还包括局部作用（local action）和吸收作用（absorptive action）。药物作用结果又包括治疗效果（简称疗效，therapeutic effect）和不良反应（untoward reaction）两方面。

总之药物基本作用的本质是使机体器官原有功能水平发生改变，表现为机体功能提高或降低。功能提高称兴奋（excitation）或亢进（augmentation），功能降低称抑制（inhibition）或麻痹(paralysis)。具有兴奋作用的药物称为兴奋药,具有抑制作用的药物称为抑制药,但有些药物可作用于不同器官,引起性质完全相反的效应。

此外,药物还可产生局部作用、吸收作用。药物未吸收之前,在用药局部发生的作用为局部作用;药物如果被机体吸收入血,随体液分布到各组织、器官后发生作用,为吸收作用。

普鲁卡因是最常用的局部麻醉药,通过局部给药可阻断神经细胞膜上的钠通道而抑制神经冲动的传导,由此产生局部麻醉作用。当其进入血液后可引起心肌、骨骼肌细胞膜钠通道阻断而导致心血管抑制毒性,以及中枢脱抑制的兴奋反应,出现兴奋不安、骨骼肌震颤,进一步出现意识错乱和全身强制痉挛性惊厥,最后转为昏迷和呼吸麻痹而死亡。

地西泮是苯二氮䓬类常用的镇静催眠药。其中枢神经系统作用是通过增强氨酪酸(γ-氨基丁酸,GABA)对中枢的抑制作用而产生。其作用机制是与中枢相应部位的苯二氮䓬受体结合,由此激活蛋白激酶(protein kinase, PK),解除 GABA 调控蛋白(GABA modulin,GM)对 GABA 受体的掩盖,使更多的 GABA 受体易于与之结合,氯离子通道开放增加,突触后抑制效应增强。同时该药还可组织中枢异常放电向皮质下中枢扩散而终止或减轻惊厥发作。

二、实验材料

1. 动物　家兔 2.0~3.0kg。

2. 器材　注射器(5ml)。

3. 药品与试剂　5%盐酸普鲁卡因溶液、0.5%地西泮溶液和 2%硫喷妥钠溶液。

三、观察指标

(1) 观察家兔正常活动情况,如四肢站立和行走姿态,并用针刺其后肢,测试有无痛觉反射。

(2) 由一侧坐骨神经周围注入 5%盐酸普鲁卡因溶液,2~3 分钟后观察和测试同侧后肢有无运动和感觉障碍,并与对侧相比较。

(3) 待局部作用明显后,肌注 5%盐酸普鲁卡因,观察中毒症状(惊厥)出现与否。

(4) 出现明显中毒症状时,立即注射 0.5%地西泮溶液或 2%硫喷妥钠溶液,观察肌松作用。

四、方法与步骤

(1) 取兔 1 只称重,先观察其正常活动情况,如四肢站立和行走姿态,并用针刺其后肢,测试有无痛觉反射。

(2) 由一侧坐骨神经周围(使兔做自然俯卧式,在尾部坐骨棘与股骨头间摸到一凹陷处)注入 5%盐酸普鲁卡因溶液 1ml/kg。2~3 分钟后观察和测试同侧后肢有无运动和感觉障碍,并与对侧相比较。

(3) 待局部作用明显后,肌内注射 5%盐酸普鲁卡因 1ml/kg,观察中毒症状(惊厥)出现与否。

(4) 待出现明显中毒症状时,立即由耳缘静脉注射 0.5%地西泮溶液 0.5ml/kg 或 2%硫喷妥钠溶液0.5~1ml/kg，至肌松为止。

(5) 记录观察结果，并分析其作用机制。

五、注意事项

观察要仔细，注意动物的细微变化。

六、思考题

(1) 本实验中，药物兴奋作用、抑制作用、局部作用、吸收作用与选择作用表现在哪些方面，你是否观察到药物间的对抗作用？

(2) 本实验中，哪些是普鲁卡因和地西泮的治疗作用，哪些是它们的不良反应？

(徐江平　孙莉莎　李琳　蒋毅萍)

实验九　影响药物作用的因素

一、目的和原理

本实验的目的是观察肝功能改变对药物效应的影响，同时加深对药物之间相互作用的理解。

影响药物作用的因素很多，同样剂量的某一药物对不同的患者不一定都能达到相等的血药浓度，相等的血药浓度也不一定都能达到等同的药效。产生这种差异的原因包括药物剂型、药物代谢动力学、药物效应动力学、个体差异及临床病理等机体和药物两方面因素，这些因素可以影响药物产生效应的任何一个环节。

机体方面的因素包括年龄、性别、遗传异常、疾病病理情况、心理因素以及机体对药物反应的变化等。若排除机体方面的影响，即使在动物实验上选用同性别、同种属、同年龄、同体重、健康状况良好、营养良好的合格动物，各种指标基本一致，药物方面的因素也可影响药物作用，如药物剂型、联合用药及药物相互作用等。药物间可以通过协同作用以增加疗效，或利用拮抗作用以减少不良反应。药物代谢动力学研究中，若空腹服药吸收较快，饭后服药则系数较缓慢，促胃排空的药物可加速药物的吸收，抑制胃排空的药物能延缓药物吸收；此外，药物间竞争与血浆蛋白结合也影响药物作用；而在肝的生物转化过程中，由于肝药酶活性有限，数种药物会产生竞争性抑制现象。若与肝药酶诱导剂或抑制剂相互作用，亦会使药物的效应相应减弱或加强；排泄过程中，利用离子屏障原理碱化尿液可加速酸性药物自肾排泄，反之酸化尿液则可加速碱性药物排泄。药物间的相互作用包括生理性拮抗或协同，会加强或减弱疗效；受体水平也可能有协同与拮抗作用；干扰神经递质的转运，也可能没明显影响药物间的疗效。

若要达到最大疗效和最小不良反应的治疗目的，就必须了解这些因素，结合患者具体情况对药物加以调整。氯霉素为广谱抗生素，半衰期为2.5小时，属于肝药酶抑制剂。若与其他药物合用则可能导致后者血药浓度升高，引起疗效增加，甚至出现毒性反应。反之若使用肝药酶诱导剂如苯巴比妥，能增加在肝转化药物的消除而使药效减弱。四氯化碳可能损害肝功能。戊巴比妥为巴比妥类药物，有中枢抑制作用。

二、实验材料

1. 动物　大白鼠，体重200～250g。

2. 器材　1ml和2ml注射器，5号针头，棉手套。

3. 药品与试剂　1.5%戊巴比妥钠溶液，2%苯巴比妥钠溶液，氯霉素注射剂(0.125g/ml)四氯化碳，苦味酸(做标记)。

三、观察指标

(1) 记录大鼠体重，观察其一般状况、行为、呼吸等特征及对刺激的反应。

(2) 记录各鼠注射时间、麻醉开始时间、麻醉终止时间、潜伏期和作用持续时间。

四、方法与步骤

1. 实验前准备　取大鼠4只，编为1～4号，用苦味酸标记。鼠1：实验前2天，每日给予皮下注射四氯化碳0.5ml/kg；鼠2：实验前3小时给予皮下注射氯霉素0.25g/kg；鼠3：实验前3天给予皮下注射苯巴比妥钠80mg/kg；鼠4：实验前不给任何处理。

2. 正式实验

(1) 记录大鼠体重，观察其一般状况、行为、呼吸等特征及对刺激的反应。

(2) 每鼠给予戊巴比妥钠30～50mg/kg腹腔注射。

(3) 记录各鼠下列数据(表12-8)。

表12-8　实验结果记录

处理	性别	体重(g)	注射剂量(ml)	注射时间	麻醉开始时间	麻醉终止时间	潜伏期(min)	麻醉持续时间(min)
四氯化碳								
氯霉素								
苯巴比妥钠								
对照								

1) 注射时间。

2) 麻醉开始时间(以翻正反射消失为指标)。

3) 麻醉终止时间(以翻正反射恢复为指标)。

4) 潜伏期和作用持续时间。

(4) 将实验数据进行统计处理，求显著性，探讨用药物处理的与未处理的动物之间有无明显的差异(表12-9)。

表 12-9 统计表

处 理	N	s	$s\bar{x}$	P
	四氯化碳			
	氯霉素			
潜伏期(min)	苯巴比妥钠			
	对照			
	四氯化碳			
	氯霉素			
麻醉持续时间(min)	苯巴比妥钠			
	对照			

计算公式:

均值
$$\bar{x}=\frac{\sum x}{n}(x=\text{时间},n=\text{动物数})$$

自由度
$$df=n-1=N$$

标准差
$$s=\frac{\sqrt{\sum(\bar{x}-x)^2}}{n-1}$$

标准误
$$s\bar{x}=\frac{s}{\sqrt{n}}=\sqrt{\frac{\sum(\bar{x}-x)^2}{n(n-1)}}=\sqrt{V\bar{x}}$$

t 检验
$$t=\frac{|x_1-x_2|}{\sqrt{s_{\bar{x}_1}+s_{\bar{x}_2}}}=\frac{|x_1-x_2|}{\sqrt{\frac{s_1^2(n_1-1)+s_2^2(n_2-1)}{n_1-n_2-2}\cdot\frac{n_1+n_2}{n_1n_2}}}$$

t 值表见附录表 4。

五、注意事项

注意准确观察、及时记录动物的细微变化。

六、思考题

结合理论课内容,苯巴比妥钠的麻醉作用受哪些因素影响?

(徐江平 孙莉莎 李琳 蒋毅萍)

实验十 药物的镇痛实验(扭体法)

一、目的和原理

了解常用的镇痛实验方法,学习扭体法镇痛实验方法;用扭体法观察镇痛药如吗啡、杜冷丁、强痛定等的镇痛作用。

任何形式的刺激达到一定的强度，持续一定的时间都可以产生伤害，引起疼痛。伤害性刺激首先引起组织细胞释放体内致痛物质如 K^+、H^+、组胺、5-羟色胺、缓激肽、前列腺素等，而后这些致痛物质作用于痛觉神经末梢而引起疼痛。疼痛刺激种类很多，加之受刺激动物对疼痛的反应有明显的种属差异，因此疼痛反应具有多样性。疼痛刺激概括起来可分为物理性（如热、电、机械）和化学性（如强酸、强碱、钾离子、缓激肽、前列腺素等）刺激；疼痛反应概括起来有反射性退缩、逃避姿势、强行逃避行为（如跑、跳）、紧张和恐惧表现（如嘶叫、翘尾、肌肉抽搐）、保护缓解性行为（如舔、咬、扭体、挣扎）等等。在基础医学研究中观察镇痛药的镇痛作用常采用物理法（热、电、机械）和化学法疼痛模型。本实验采用化学法，致痛化学物质采用醋酸。将 0.7%醋酸直接给小鼠腹腔注射，刺激腹膜引起持久的腹痛，表现出“扭体反应”（即腹部内凹、躯干与后肢伸张、臀部高起）。镇痛药物可以抑制动物的“扭体反应”，本法敏感、简便、重复性好。

二、实验材料

1. 动物　昆明种小白鼠，18～24g。

2. 器材　注射器（1.0ml），天平。

3. 药品与试剂　0.7%醋酸，0.9%氯化钠注射液，盐酸杜冷丁（dolantin hydrochloride，50mg/ml）注射液或其他镇痛药如（0.1%）强痛定注射液、0.2%硫酸罗通定溶液。

三、观察指标

观察并记录 15 分钟内各小鼠出现“扭体反应”的次数。

四、方法与步骤

1. 随机分组　取 6 只小鼠，称重，编号，随机分为实验组和对照组，各 3 只。

2. 给药　实验组腹腔注射盐酸杜冷丁 0.1ml/10g（或强痛定 0.1mg/10g，或罗通定 0.1mg/10g）；对照组腹腔注射 0.9%氯化钠注射液 0.1ml/10g。20 分钟后，各组小鼠腹腔注射 0.7%醋酸 0.2ml/只。

3. 观察　记录 15 分钟内各小鼠出现“扭体反应”的次数。

五、注意事项

（1）0.7%醋酸溶液在临用时新配为宜，存放过久可使作用减弱。

（2）小鼠体重轻，“扭体反应”次数较低。

（3）室温以 20℃为宜，低温时，小白鼠扭体次数减少。

（4）动物的疼痛反应个体差异较大，因此实验用动物数越多结果越可靠。

(5) 将尽可能多的实验结果(全班或更多班级的实验结果)汇总起来列表,每组结果以均数±标准差($\bar{x}$±s)表示,对实验结果用分组 t 检验法进行统计学处理,判断实验组与对照组的"扭体反应"次数是否有显著性差异。

六、思 考 题

(1) 疼痛产生的机制如何?

(2) 镇痛药物有哪些?镇痛药物的镇痛机制有哪些?

(3) 本次实验结果是否与理论相符合?如不符合试分析原因。

(徐江平 孙莉莎 李琳 蒋毅萍)

实验十一 药物的抗惊厥作用

一、目的和原理

1. 目的 学习抗惊厥实验方法,了解实验性癫痫动物模型的制备方法;观察抗癫痫药对尼可刹米惊厥的作用。

2. 原理 癫痫患者的脑组织中存在着异常病灶,当这些病灶发出异常高频放电,并向周围正常脑细胞扩散而引起大脑的更广泛的异常兴奋时,患者就表现出癫痫症状。医学实验中常用电刺激、声刺激或化学法等方法建立实验性动物惊厥模型,用来筛选抗癫痫药物。化学法指使用大剂量的某些化学药品引起实验动物惊厥发作,以观察事先给予受试药物对癫痫的防止效果,是一种操作简便、不需要特殊仪器装置的抗惊厥实验方法。常用的化学药品有戊四氮、氨基脲、尼可刹米等。戊四氮为主要兴奋延髓的中枢神经兴奋药,基础医学研究中常用其制造癫痫小发作动物模型。本实验也可以另一延髓呼吸中枢兴奋药尼可刹米代替戊四氮。大剂量尼可刹米增强中枢神经系统兴奋性而致惊厥,这种惊厥与戊四氮惊厥类似。苯妥英钠、苯巴比妥可抑制这种病灶的异常高频放电,并可阻止其向周围脑阻止的扩散,因而具有抗癫痫作用。

二、实 验 材 料

1. 动物 昆明种小白鼠,体重 18~22g。

2. 器材 YSD-4 药理生理多用仪、注射器(1.0ml)、天平。

3. 药品与试剂 0.5% 苯巴比妥钠、0.25%苯妥英钠、0.9%氯化钠注射液(生理盐水,NS)、5% 尼可刹米。

三、观 察 指 标

观察各组小鼠惊厥发生情况(以后肢伸直为指标),发生惊厥动物数,计算百分率。

四、方法与步骤

1. 药物惊厥动物模型的实验步骤

(1) 随机分组:取6只小鼠,称重、编号,随机分为苯妥英钠组、苯巴比妥钠组和对照组,各2只。

(2) 给药:苯巴比妥组 ip(腹腔注射)给予0.5%苯巴比妥钠0.1ml/10g;苯妥英钠组 ip 0.25%苯妥英钠0.1ml/10g;对照组 ip NS 0.1ml/10g。10分钟后,各组小鼠均 sc(皮下注射)5%尼可刹米0.15ml/10g。

(3) 观察:观察各组小鼠惊厥发生情况(以后肢伸直为指标)。

(4) 将实验结果填入表12-10。

表12-10　抗癫痫药对尼可刹米所致小鼠惊厥的对抗作用

组　别	动物数(只)	发生惊厥动物数(只)	惊厥百分率
苯妥英钠组			
苯巴比妥组			
0.9%氯化钠注射液组			

2. 电惊厥动物模型的实验步骤

(1) 动物分组、用药和观察指标同上。

(2) 电惊厥动物模型的建立。YSD-4药理生理多用仪参数设置如下:刺激方式为单次,电压为110V,频率A为1Hz,刺激时间为0.125~0.25s,后面板开关选择“电惊厥”档。启动刺激前将输出线上的两只鳄鱼夹用0.9%氯化钠注射液润湿,分别夹住小鼠的两耳根部。按“启动”按钮,可使小鼠发生强直性惊厥。

(3) 将实验结果填入表12-11。

表12-11　抗癫痫药对电所致小鼠惊厥的对抗作用

组　别	动物数(只)	发生惊厥动物数(只)	惊厥百分率
苯妥英钠组			
苯巴比妥组			
0.9%氯化钠注射液组			

五、注意事项

将尽可能多的实验结果(全班或更多班级的实验结果)汇总起来填入以上表格,统计学用χ^2检验法,判断实验组与对照组惊厥发生率是否有显著性差异。

六、思考题

(1) 中枢兴奋药有哪些?医学研究中常用哪类中枢神经兴奋药制造惊厥模型?为什么?

(2) 苯巴比妥钠属于哪类药物？有哪些药理作用？

(徐江平 孙莉莎 李琳 蒋毅萍)

实验十二 药物对动物学习和记忆的影响 (小鼠跳台实验)

一、目的和原理

学习与记忆是脑的重要功能，是全脑的高级而极其复杂的整合的结果，这些过程中的许多环节和机制还远不清楚。现代研究表明，学习与记忆过程与中枢神经递质乙酰胆碱、去甲肾上腺素能、多巴胺、5-羟色胺、组胺等有关，反之这些递质传递障碍，可损伤学习与记忆功能。动物或人学习与记忆情况难以直接观察到，只能根据可观察的对刺激的反应来推测和评估脑内的一些变化。对学习与记忆的研究一般以人或动物学习学会的速度或学会后间隔一定时间后的重新操作的成绩或反应速度为评估指标。动物学习与记忆实验方法的核心是条件反射，各种方法均由此衍生而来。在研究学习与记忆的药效学实验中，目前有多种动物模型，但它们均有一定的局限性。常用的方法有跳台法、穿梭法、迷津法和避暗法等。用这些方法往往不易观察到药物对正常动物的药效作用，因而往往先制造学习与记忆损伤模型，在这些模型基础上观察药物对学习与记忆的改善作用，有时将这种改善作用又称"益智作用"。东莨菪碱可用于制作记忆获得障碍模型；电休克、缺氧、环己酰亚胺等可用于制作记忆巩固障碍模型；酒精常用于制作记忆再现缺失模型。

本试验小鼠跳台实验的目的是学习和了解观察药物对学习与记忆的影响的动物实验研究方法。

跳台实验属一次性刺激回避反应实验(one trail avoidance test)。跳台法的实验装置一般为一长方形反射箱，其长径被黑色塑料板隔为若干区间，底部铺以间距为5mm的铜栅，可通适当的电流。每个小的区间有一个高和直径均为4.5cm的小平台。实验时，首先将小鼠放在铜栅上，当铜栅通电时，跳在铜栅上的小鼠受到电击，其正常反应是躲避电击跳上平台，大多鼠有可能再次或多次跳下平台受到电击，受到电击时又会迅速跳回平台。如此训练5分钟，并记录每只鼠受到电击的次数(错误次数)，以此为学习成绩。24小时后重新测验，此次测验时，首先将鼠放在跳台上，记录第一次跳下的时间(潜伏期)、受电击的动物数和3分钟内的错误次数，以此反映记忆保持情况。

该方法的优点为：操作简便易行，一次可同时观察多只动物，能较客观地反映动物经过一次刺激后记忆获得的情况，尤其适用于药物筛选实验。因为不同的药物引起记忆障碍的机制不同，因而通过观察益智药物对这些模型的药效可分析益智药物的作用机制。缺点：动物的躲避性反应的个体差异较大。

东莨菪碱为胆碱M受体阻断药，进入中枢可阻断神经系统胆碱能神经通路，引起记忆获得障碍。东莨菪碱所致的记忆获得障碍动物表现为潜伏期缩短，实验期间错误次数增加。加兰他敏是胆碱酯酶抑制药，对神经细胞的胆碱酯酶有高度选择性，可拮抗东莨菪碱作用。本实验拟观察加兰他敏对东莨菪碱引起的记忆获得功能障碍的改善作用。

二、实验材料

1. 动物　小鼠。

2. 器材　小鼠跳台仪、鼠笼、天平。

3. 药品与试剂　加兰他敏、东莨菪碱、0.9%氯化钠注射液(NS)。

三、观察指标

将动物放入仪器内的跳台上，分别记录潜伏期和5分钟内小鼠跳下跳台受到电击的次数，即错误次数。

四、方法与步骤

1. 分组给药　取3只小鼠，称重，编为甲、乙、丙。甲鼠在实验前30分钟腹腔注射(ip)加兰他敏5mg/kg。乙鼠为模型对照，ip NS。实验前15分钟甲、乙两鼠均ip东莨菪碱1mg/kg。丙鼠为空白对照，仅ip等容量的NS。

2. 训练　先将跳台仪与可变变压器相连，将3只小鼠放入跳台仪底部电栅上，然后通电(AC，36V)。小鼠受到电击后跳上跳台，躲避电击。训练5分钟后，小鼠获得记忆，表现出在跳台上的时间延长，受到电击的次数减少。

3. 测试　实验时，将动物放入仪器内的跳台上，底部电栅通电(AC，36V)，实验时间设置5分钟，分别记录潜伏期和5分钟内小鼠跳下跳台受到电击的次数，即错误次数。其结果记录在表12-12中。

表12-12　小鼠跳台实验结果

组　别	腹腔注射用药	潜伏期	错误次数
空白对照	NS+NS		
模型对照	加兰他敏+NS		
给药组	加兰他敏+东莨菪碱		

将更多实验小组的实验结果汇总起来，算出平均值，进行组间比较。

五、注意事项

(1) 尽量避免给小鼠额外刺激，保持实验室安静，光线不宜过强。

(2) 实验中应及时清除铜栅上的粪便等杂物，以免影响刺激鼠的电流强度。

六、思　考　题

东莨菪碱和加兰他敏的作用机制是什么？

（徐江平　孙莉莎　李琳　蒋毅萍）

实验十三　药物对动物学习和记忆的影响（大鼠穿梭实验）

一、目的和原理

此实验在大鼠穿梭箱中进行，一般大鼠穿梭箱分为安全区和电击区，中间有一高1.2cm的挡板隔开，穿梭箱底部为可通电的不锈钢棒，实验时安全区不通电，电击区通电。箱内顶部有光源或（和）一定的声音。训练时，将大鼠放入箱内电击区，先给条件刺激如灯光或（和）一定声音，紧接着给电击（非条件刺激）。受到电击时，大鼠会逃向安全区躲避电击，这样一有条件刺激接着就发生电击，反复多次大鼠就会出现条件反射，即灯光或（和）一定声音一出现时立即逃避到安全区。经过数次训练后，大鼠可逐渐形成主动回避性条件反射，从而获得记忆。大鼠在条件刺激期间逃向安全区为主动回避反应，在电击后逃向安全区为被动回避反应。

东莨菪碱可抑制条件反射的形成，造成记忆获得障碍，加兰他敏可拮抗东莨菪碱的作用。

二、实验材料

1. 动物　大鼠。

2. 器材　大鼠穿梭程序自动控制仪，鼠笼，天平。

3. 药品与试剂　加兰他敏，东莨菪碱，0.9%氯化钠注射液（NS）。

三、观察指标

记录大鼠遭受电击的次数，刺激时间。

四、方法与步骤

1. 分组给药　取3只大鼠，称重，编为甲、乙、丙。甲鼠在实验前30分钟ip加兰他敏5mg/kg，乙鼠ip NS作为模型对照。于实验前15分钟甲、乙两鼠均ip东莨菪碱1mg/kg。丙鼠 ip 等容量 NS 作为空白对照。

2. 训练　将大鼠置于大鼠穿梭实验箱电击区。先给予条件刺激(灯光)15s,在亮灯 10s 时开始通电 5s(电击强度为 30V,50Hz)。如果在亮灯 10s 内大鼠逃向安全区为主动回避反应,电击后才逃向安全区为被动回避反应。每次训练 15s,共训练 30 次,即设定循环次数为 30 次。

3. 测试　做实验时,将大鼠置于穿梭箱电击区,记录遭受电击的次数(被动回避的次数),该值与设定循环次数之差即为主动回避次数;刺激时间(指动物在被动回避过程中受到电刺激的时间和),该值越小,说明动物主动回避反应越迅速。其结果记录在表 12-13 中。

表 12-13　大鼠穿梭实验结果

组别	腹腔注射用药	被动回避次数	主动回避次数	刺激时间	主动回避时间
空白对照	NS+NS				
模型对照	加兰他敏+NS				
给药组	加兰他敏+东莨菪碱				

将更多实验小组的实验结果汇总起来,算出平均值,进行组间比较。可能的话进行统计学分析。

五、注 意 事 项

(1) 尽量避免给小鼠额外刺激,保持实验室安静,光线不宜过强。

(2) 实验中应及时清除铜栅上的粪便等杂物,以免影响刺激鼠的电流强度。

六、思　考　题

东莨菪碱和加兰他敏的作用机制如何?

(徐江平　孙莉莎　李琳　蒋毅萍)

实验十四　药物对动物学习和记忆的影响(Morris 水迷宫实验)

一、目的和原理

Morris 水迷宫为一直径 120cm、高 50cm 的圆柱形水池,以池底圆心为中心将迷宫划分为四个象限,将一直径 12cm、高 30cm 的透明圆柱形有机玻璃平台置于某一象限中心,迷宫上方安置与电脑系统相连接的摄像机,可同步记录大鼠运动轨迹及寻找平台潜伏期等,实验期间迷宫外参照物及平台位置保持不变。实验时在池壁选择四个入水点,相邻两个入水点间距离不小于 25cm，向池内加自来水，用奶粉染成不透明的乳白色，水面约高于平台面 2cm，水温保持在 25℃左右。

二、实验材料

1. 动物 大鼠。

2. 器材 Morris 水迷宫。

三、观察指标

逃避潜伏期、轨迹图、各象限游泳距离。

四、方法与步骤

1. 训练 实验前一天让大鼠自由游泳 2 分钟以适应周围环境，从第一天开始，每天训练 4 次，每次随机选择一个入水点，将大鼠面向池壁放入水中，观察并记录大鼠寻找并爬上平台的路线图及所需时间(逃避潜伏期)。4 次训练大鼠分别从四个不同的入水点入水，如果大鼠在 120 秒内未找到平台，需将其引至平台。这时潜伏期记为 120 秒，每次训练间隔 60 秒，连续 7 天。

2. 测试 实验时，将大鼠置于水中，记录逃避潜伏期、轨迹图、各象限游泳距离。其结果记录在表 12-14 中。

表 12-14 大鼠 Morris 水迷宫实验结果

组 别	给药剂量	逃避潜伏期	轨迹图	各象限游泳距离
空白对照				
模型对照				
给药组				

五、注意事项

(1) 迷宫周围的物品必须保持固定不变，实验者尽量避免来回走动。

(2) 水温在实验期间应保持恒定。

(3) 实验过程中保持环境安静，光线不宜太强。

六、思考题

Morris 水迷宫用于空间学习和记忆检测的优缺点是什么？

（徐江平 程玉芳 孙莉莎）

实验十五　氢化可的松对二甲苯所致小鼠耳郭肿胀的作用

一、目的和原理

二甲苯为无色澄清液体，涂抹于小鼠耳郭两面后，由于其刺激作用，可引起鼠耳局部毛细血管充血，通透性增加，渗出增多，发生水肿，表现出红、肿、热、痛等症状。二甲苯的致炎作用又快又强，小鼠耳郭肿胀法不需特殊的设备，简便易行，实验时间短，模型复制成功率高，适用于抗炎药常规筛选。

氢化可的松为体内重要的糖皮质激素，药用剂量具有较强的抗炎作用，可增高血管张力，降低毛细血管通透性，明显缓解炎症的红、肿、热、痛等症状。本实验旨在观察氢化可的松对二甲苯所致小鼠耳郭急性炎症模型的抗炎作用，同时熟悉小鼠耳郭肿胀炎症模型的实验方法。鼠耳肿胀法常用的致炎剂有二甲苯、巴豆油、70%乙醇等。

二、实验材料

1. 动物　雄性小鼠(体重为20~24g)。

2. 器材　1ml 注射器，粗剪刀，打孔器(8mm)，扭力天平。

3. 药品与试剂　100%二甲苯，0.5%氢化可的松溶液，0.9%氯化钠注射液。

三、观察指标

在每鼠的左右两耳相同部位分别用打孔器取一耳片进行称重。

四、方法与步骤

取雄性小鼠2只，用二甲苯0.05ml涂于动物左耳前后两面，右耳不作任何处理，30分钟后于一鼠腹腔注射0.5%氢化可的松溶液0.1ml，另一鼠腹腔注射等容量0.9%氯化钠注射液。2小时后将动物断颈处死，在每鼠的左右两耳相同部位分别用打孔器取一耳片进行称重，每鼠的左耳片重量减去右耳片重量即为肿胀程度。将更多实验小组的对照鼠与给药鼠的实验数据汇总起来列表并进行统计学分析。

五、注意事项

(1) 对照组和给药组涂抹致炎剂的量和被涂抹的面积应一致。

(2) 涂致炎剂的部位应与取下的耳片相吻合，且对照组和给药组取下的部位应一致。

(3) 打孔器应锋利,取下的耳片面积应相同。

六、思 考 题

氢化可的松与其他糖皮质激素类药物比较有哪些异同点?

(徐江平 孙莉莎 李琳 蒋毅萍)

实验十六 地塞米松对实验性大鼠脚趾肿胀的抗炎作用

一、目的和原理

糖皮质激素具有抗炎、抗毒、抗免疫、抗休克作用(四抗作用),增加红细胞、血小板,减少淋巴细胞。糖皮质激素对各种因素(如感染性、物理性、化学性、免疫性及无菌性)所致的炎症及炎症的各不同阶段均有强大的抑制作用。对急性炎症,糖皮质激素可抑制毛细血管扩张,抑制充血、渗出、水肿、白细胞浸润和吞噬反应,从而缓解红、肿、热、痛。对慢性炎症可抑制毛细血管和成纤维细胞增生,避免、延缓或减轻肉芽组织生成,防止粘连及瘢痕形成,减轻炎症后遗症。糖皮质激素类药物的抗炎机制是复杂的。近年研究表明,糖皮质激素与其在细胞质内的受体结合,而干扰一些致炎因子的基因转录过程,进而使一些炎症有关因子如细胞因子(包括白介素类、肿瘤坏死因子、巨噬细胞集落刺激因子等)、炎症介质(如白三烯、前列腺素、血小板活化因子等)产生较少,最终产生抗炎作用。在糖皮质激素中,地塞米松抗炎作用较强,且作用持续时间长,为长效类糖皮质激素。

大鼠足趾肿胀法是经典的最常用的实验性炎症模型,致炎剂引起大鼠足趾肿胀,容积增大。本法利用毛细管放大原理,将动物足趾容积的变化,通过排水量增加,在毛细管的高度刻度上反映出来。为减小误差,保证结果的准确性,所使用的容器必须同一规格。本方法简便易行,结果较精确可靠,可进行定量研究。常用的致炎剂有角叉菜、鸡蛋清、酵母琼脂、甲醛、鹿角菜等。本实验用鸡蛋清致炎,观察地塞米松对抗渗出性炎症的作用,同时了解抗炎实验方法。

二、实 验 材 料

1. 动物 大鼠。

2. 器材 大鼠足趾容积测定装置,鼠笼,天平,1ml、5ml 注射器,1ml 或 2ml 刻度吸管,16 号针头。

3. 药品与试剂 0.5%地塞米松磷酸钠溶液,0.9%氯化钠注射液,新鲜鸡蛋清或 1%鹿角菜。

三、观察指标

以排水法测量两只大鼠致炎前左踝关节正常容积，测量2次，取其平均值作为致炎前自身对照。两组大鼠给致炎剂和盐水后，每隔30分钟测量两鼠左后脚之容积，共测三次，以左后脚给致炎剂前后容积之差，作为踝关节肿胀程度。

四、方法与步骤

取体重相近最好为同性别大鼠2只，称重，以排水法测量两鼠左后脚之正常容积值(以毫升表示)，测量2次，取其平均值作为致炎前自身对照。然后甲乙两鼠分别腹腔注射0.5%地塞米松磷酸钠溶液0.5ml/kg和等容量的0.9%氯化钠注射液。30分钟后，由两鼠左后脚掌腱膜下向踝关节周围注射新鲜鸡蛋清0.1ml或1%鹿角菜0.1ml。以后每隔30分钟测量两鼠左后脚之容积，共测三次。以左后脚给致炎剂前后容积之差，作为踝关节肿胀程度。

容积测定装置如图12-1所示，排水测量法步骤如下。

(1) 三路活塞，一端与5ml注射器相通，一端与倒置的刻度吸管相通，中间与一玻管相连，玻管内径2cm、长8cm，其内盛满水银(或水)。转动三路活塞D使A与B相通，将水推到吸管的“0”点，接着关闭B使A与C相通。

(2) 将注射器内的水推完，用吸管调节玻管内水量，使刻度吸管内液面与玻管上刻度平齐，并在玻管水面做以标记。

(3) 为使每次测量位置相同，可先用记号笔或黑漆在实验大鼠左后脚划一标记，然后将此左后脚置入玻管内，玻管内水面上升，抽动注射器针芯使足标记与玻管上的标记相平行。待玻管内液面与其标记相平行时，立即关闭C使A与B相通，随即取出大鼠后脚。

(4) 将注射器内液体全部推入吸管内，记录水柱高度。此时吸管内显示的水柱高度即为大鼠后脚的容积。

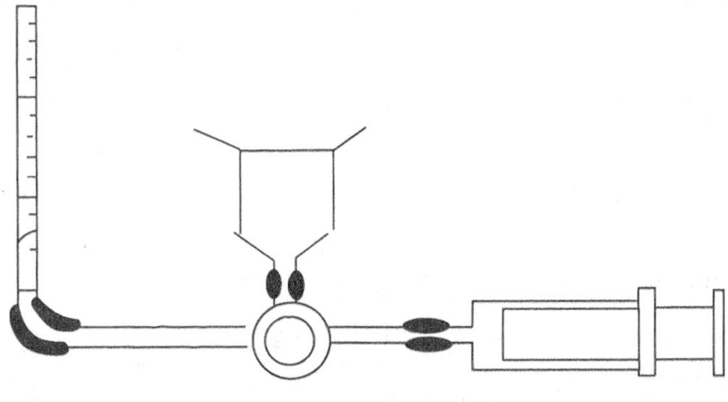

图12-1　大鼠后足容积测定装置

实验时要注意，在每一次测量前，都要调节C和B的液面到原标记点，因大鼠足会带走一些水分,最后将每次测量结果数据记录于表12-15中。

表12-15 结果记录

组 别	致炎前左踝关节正常容积(ml)			给致炎剂后左踝关节容积差值(ml)		
	第1次	第2次	平均	30min	60min	90min
地塞米松组						
0.9%氯化钠注射液组						

将本班或更多班级更多实验小组的实验结果算出平均值,绘制成坐标图形。纵坐标表示关节肿胀容积(ml),横坐标表示时间(min)。

五、注 意 事 项

注意操作的一致性和精确性。

六、思 考 题

糖皮质激素有哪些?其抗炎机制如何?临床有哪些用途?

(徐江平 李琳)

实验十七 强心苷对心力衰竭心脏的作用

一、目的和原理

心功能不全是指某种原因所致的心脏泵血功能低下。心脏不能泵出足够的血液以满足机体的需要,血液淤积于静脉系统,故又称慢性充血性心力衰竭(简称心衰)。兴奋收缩偶联在心肌收缩的关键环节,干扰 Ca^{2+} 利用的因素或药物可抑制心肌收缩力,反之增加心肌细胞内 Ca^{2+} 利用度的药物可增强心肌收缩力。常用于制造心衰模型的药物有β受体阻断药普萘洛尔、钙通道阻滞药维拉帕米、中枢抑制药戊巴比妥等。这些抑制性药物用到一定大的剂量,都可使心肌收缩力下降40%以上,左室 dp/dt_{max} 明显降低,心输出量减少30%~40%,中心静脉压显著升高。相反,强心苷类药物通过抑制心肌细胞膜 Na^+-K^+-ATP 酶,使细胞内 Na^+ 增加,进而增加细胞内外的 Na^+-Ca^{2+} 交换,结果心肌细胞内 Ca^{2+} 浓度增高,心肌收缩力增强,因此对心衰发挥治疗作用。

另一方面,由于强心苷抑制心肌细胞的 Na^+-K^+-ATP 酶而使细胞内失 K^+,并伴有 Na^+ 增多,这样可导致心肌细胞膜最大舒张电位降低,兴奋性增高,自律性提高,因此强心苷剂量过大可引起心律失常。强心苷可引起房室传导阻滞,出现心动过缓,也可以引起快速型心律失常。强心苷引起的缓慢型心律失常,可用阿托品对抗;快速型心律失常可用钾盐、苯妥英钠和利多卡因来治疗。

本实验旨在通过用戊巴比妥钠复制心力衰竭动物模型,观察心力衰竭时心脏功能及血流动力学的改变,并观察强心苷类药物对心力衰竭的强心作用及其过量时对心脏的毒性;同时,通过抗心律失常药物的使用,观察该类药对强心苷中毒的治疗作用。

二、实验材料

1. 动物　家兔(体重在3kg以上)。

2. 器材　生物信号采集分析系统,人工呼吸机,自动恒速推注机,颈静脉插管,压力换能器,中心静脉压测压装置,左心室插管,输液器,手术器械,注射器(5ml,10ml)。

3. 药品与试剂　3%戊巴比妥钠,20%氨基甲酸乙酯(乌拉坦),0.125g/L毒毛花苷K,1%肝素,0.9%氯化钠注射液,0.4%盐酸利多卡因。

三、观察指标

(1) 记录Ⅱ导联心电图。

(2) 记录给药前、给予3%戊巴比妥钠、毒毛花苷K、0.4%利多卡因后家兔的心率,LVSP(左室收缩压),LVDP(左室舒张压),LVEDP(左室舒张末压),LV-d*p*/d*t*(左室压变化速率),CVP(中心静脉压)及心电图的正常数据。

四、方法与步骤

(1) 取家兔1只,称重,耳缘静脉注射20%乌拉坦4ml/kg。麻醉后将其仰卧位固定,剪去颈胸部被毛。

(2) 做颈部正中切口,分离气管,经气管插管,连接呼吸机,调节潮气量为10ml/kg,频率为30次/分,呼吸时程比为1.25∶1。

(3) 在四肢近心端内侧皮下插入心电图电极针,记录Ⅱ导联心电图。

(4) 分离左侧颈外浅静脉,并插入静脉插管,插入深度约为2.5cm(进胸腔即可)。通过三通分别与输液装置、中心静脉压测压装置及恒速注药装置连接。打开输液开关,调节输液流量约为15滴/分。

(5) 分离右侧颈总动脉,从右颈总动脉稍向右向左心室插管,插入3~4cm后,一边徐徐插入,一边观察生物信号采集分析系统显示器上的压力变化情况,直至典型的左心室压波形出现,固定插管。

(6) 记录心率,LVSP(左室收缩压),LVDP(左室舒张压),LVEDP(左室舒张末压),LV-d*p*/d*t*(左室压变化速率),CVP(中心静脉压)及心电图的正常数据。

(7) 建立急性心力衰竭模型:从颈静脉插管以0.5ml/min的速度推入3%戊巴比妥钠溶液,当LVSP下降至给药前的40%~50%时(造模成功),停止推注,稳定10分钟,再次记录上述各项指标。

(8) 观察强心苷的强心作用:以0.3ml/min的速度静脉滴注0.125g/L毒毛花苷K。每5分钟记录一次上述指标,直至心电图出现心律失常(中毒)。

(9) 治疗强心苷所致的心律失常:如出现缓慢型心律失常如心动过缓时,可推注0.2%阿托品1ml/kg,然后记录用药后心电图变化。如出现快速性心律失常,经颈静脉推入0.4%盐酸利多卡因3ml/min,记录用药后心电图变化。

(10) 分析结果:数据经计算处理后填入表12-16中,如可能分别做出LV-dp/dt_{max},LVSP,LVDP,LVEDP随毒毛花苷K剂量而变化的量效关系线形图;从图中找出药物对兔的最大有效量、治疗量(1/2最大有效量)、最小中毒量(引起心律失常的最小值)。

表12-16 药物对心功能的影响

	LVSP (kPa)	LVDP (kPa)	LVEDP (kPa)	CVP (cmH_2O)	心率 (次/分)	LV-dp/dt	
						上升	下降
给药前							
3%戊巴比妥钠							
0.125g/L毒毛花苷K							
0.4%利多卡因							

五、注意事项

(1) 滴入戊巴比妥时要密切观察,防止剂量过大引起动物死亡。

(2) 做左心室插管前应在插入管上涂抹液状石蜡,以减小摩擦;插管时手法要轻,如遇阻力可轻柔旋转插管,有时可退后一点,再向前插,切勿用力过猛。

六、思考题

(1) 急性心力衰竭时血流动力学有何改变?为什么?
(2) 强心苷对心肌有哪些作用?其机制是什么?
(3) 强心苷引起的房室传导阻滞为什么可以用阿托品治疗?
(4) 具有强心作用的药物有哪些?

(徐江平 孙莉莎 李琳 蒋毅萍)

实验十八 抗菌药物体外抑菌试验

一、目的和原理

通过体外抑菌试验初步了解抗菌药物的药理作用。

观察抗菌药物的抗菌活性,有体外和体内实验两种方法。一般先进行体外实验,如发现药物有抑菌或杀菌作用,再进一步做体内实验观察。体外实验主要用以筛选抗菌药物,或测试细菌对药物的敏感性。实验主要在盛有培养基的玻璃皿中进行,培养基可分为液体、半固体及固体3种。国内常用于筛选抗菌药物的细菌和临床分离鉴定的有金黄色葡萄球菌、肠杆菌科细菌株及铜绿假单胞菌等,而链球菌、肺炎链球菌较少应用。

抗菌药物能够抑制培养基内细菌生长的最小浓度称最低抑菌浓度(MIC),而能杀灭细菌的最小浓度称最低杀菌浓度(MBC)。判定细菌对各种药物的敏感性或耐药性,临床上称为药物敏感性实验。试管法即稀释法是根据含有不同抗生素的培养基,依次分装在一系列的容器里,并且于各个容器内加入对该抗生素有高度敏感性的试验菌,在一定的温度内经过一定时间培养,观察其MIC。由于在不同浓度抗生素的培养基中试验菌生长的速度不同,则混浊程度不同,可以用观察法观察混浊程度,但可因多种因素造成误差,用透光度等可校正以上误差。稀释法可分为液体培养基稀释法(即包括试管法)和固体培养基稀释法。纸片法为扩散法中的一种(可用塑料泡沫或牛津杯替代纸片),是微生物实验中灵敏度较高、广泛采用的一种方法。应用抗生素白纸片接种在有细菌的培养基内的扩散作用,有效药物可致纸片周围出现一圈不长菌的区域,称抑菌圈。抑菌圈越大,表示药物抑菌作用越强,即此菌对该药敏感度越高。实验时可同时以有效抗菌药物做对照,借此可由二者抑菌圈的大小,测知待测药物与某一已知抗菌药物抑菌作用相似与否。纸片法可参考以下标准记录结果:抑菌圈<10mm,表示不敏感;10mm表示轻度敏感;11~15mm,表示中度敏感;16~20mm,表示高度敏感。

青霉素为细菌快速繁殖期杀菌剂,其抗菌谱主要为G^+菌,对抗G^+菌作用强大。四环素、氯霉素为广谱抗生素,抗菌范围广,包括G^+菌、G^-菌、立克次体、支原体、衣原体、螺旋体、阿米巴原虫等,为快速抑菌剂,对抗G^+菌的抗菌力较青霉素低,对G^-菌也有较强的抗菌作用,但作用较青霉素略低。碘酊为消毒用药,对细菌无选择性,作用很弱。

本实验的目的在于学习测定抗生素抑菌试验的一般方法(试管法及纸片法),掌握各类抗生素抗菌作用等方面的不同。

二、实验材料

1. 动物　不用。

2. 器材　灭菌小试管,试管架,吸管(0.5ml、2ml),灭菌小棉签,小镊子,圆形滤纸(直径为6mm),培养皿,肉汤琼脂平板。

3. 药品与试剂　灭菌牛肉膏汤,金黄色葡萄球菌209-P标准株,青霉素,链霉素,四环素,氯霉素,红霉素,碘酊。

三、观察指标

1. 试管法　孵育24小时后,观察细菌生长情况并将结果记录于表中,细菌不生长的最小浓度为青霉素对金黄色葡萄球菌的MIC。

2. 纸片法 孵育24小时后,观察纸片周围有无抑菌圈,测量抑菌圈的直径,比较各药的抗菌效力。

四、方法与步骤

1. 试管法

(1) 取灭菌小试管10只,按1~10编号,排列于试管架上。无菌操作,分别加入牛肉膏汤0.5ml。用吸管吸取40 U/ml的青霉素药液0.5ml放入第1管,并反复吸匀。从第1管吸出0.5ml放入第2管,吸匀后吸出0.5ml放入第3管,依此法逐管进行稀释至第9管。第10管不加药液作为对照管。

(2) 各试管加入0.5ml新鲜配置的稀释浓度为10^{-4}的金黄色葡萄球菌209-P菌液,放入孵箱内于37℃孵育24小时后取出,观察细菌生长情况并将结果记录于表12-17中。细菌不生长的最小浓度为青霉素对金黄色葡萄球菌的MIC。

表12-17 结果记录

管号	1	2	3	4	5	6	7	8	9	10
稀释倍数	1	1/2	1/4	1/8	1/16	1/32	1/64	1/128	1/156	0
稀释浓度	10	5	2.5	1.25	0.625	0.313	0.16	0.08	0.04	—
有无混浊										

2. 纸片法

(1) 以灭菌小棉签蘸取金黄色葡萄球菌液,以刚浸湿整个棉签为度,轻轻地从4个不同方向平行交叉划线,使菌液均匀涂布于整个琼脂平板表面。

(2) 取2000 U/ml的青霉素、2000 μg/ml的链霉素、四环素、氯霉素、红霉素、2.5%的碘酊各2ml分装于试管中。用无菌小镊子取圆形滤纸12张,每两张浸于同一种药液中,浸透后取出,沥去过多的药液。将2片含一种药液的滤纸分别放在已接种细菌的琼脂平板表面的不同区域。为了位置间隔准确,最好事先在皿底用标记笔做上记号。

(3) 将培养皿放入孵箱内于37℃孵育24小时,观察纸片周围有无抑菌圈,将结果记录于表12-18中。测量抑菌圈的直径,比较各药的抗菌效力。

表12-18 结果记录

药 物	抑菌圈直径(mm)
青霉素	
链霉素	
四环素	
氯霉素	
红霉素	
碘酊	

五、注 意 事 项

注意无菌操作。

【附】　牛肉膏汤液体培养基的制备

培养基组成：牛肉膏 0.3%，蛋白胨 1%，氯化钠 0.5%。

配制时先用加热的蒸馏水将上述 3 种物质溶化，再加蒸馏水至 100ml，然后用 20% 氢氧化钠调节 pH 值至 6.9～7.0（适用于金黄色葡萄球菌等培养）。用三角烧瓶包装好，以 15～20Pa 压力灭菌 20 分钟。

六、思　考　题

通过本实验，你对青霉素、链霉素等抗生素的抗菌谱差异有何进一步的认识？

（徐江平　孙莉莎　李琳　蒋毅萍）

实验十九　抗菌药物体内抗菌试验

一、目的和原理

观察宿主、细菌、药物三者相互作用，以加深对抗菌药物药理作用的认识。

药物的体外抗菌试验只能说明药物对细菌的直接抑菌或杀菌作用。体外试验是在培养基上，即在相对的静止条件下进行的，因此对于初步认为有抗菌作用的药物，还必须进行体内试验，这样可以观察宿主、细菌、药物三者相互作用的动态条件，并可观察某些药物通过机体生化代谢，其中间或最终产物具有抑菌或杀菌作用。因此，某药是否有化疗效果，能否推荐试用于临床，尚需在较为完整的动物实验的基础上才能肯定。体内实验结果与动物的种属、菌株的毒力、接种菌量和感染途径密切相关，进行实验时宜注意。

动物实验是抗菌药物化疗筛选的基本操作技术，利用动物感染制成的病理模型，不但可以进行药物筛选，同时还可以观察药物的毒副作用。常用实验动物有小白鼠、豚鼠、家兔等。

二、实验材料

1. 动物　小白鼠，18～22g。

2. 器材　1ml 注射器。

3. 药品与试剂　常用菌种（金葡菌、痢疾杆菌、大肠杆菌、变形杆菌、绿脓杆菌、肺炎球菌或链球菌）碘酒，75%酒精，硫化钡，淀粉。

三、观察指标

1. 预试　观察各组小鼠注射各稀释度菌液后的动物死亡数，计算死亡率，以感染后引起小白鼠80%~100%死亡的菌悬液浓度为正式实验浓度。

2. 接种后 观察动物的食欲、活动情况，必要时检查体温、体重、局部反应及血液学指标，并仔细注意其病情变化。

3. 感染接种后24小时(48小时) 观察各组小鼠死亡数(死亡百分率)，并与对照组比较。动物在观察期死亡，应立即进行解剖。如预订观察时间已到，动物仍未出现病变，应将其处死，进行解剖观察时间可根据接种细菌的毒力及接种量而定。

四、方法与步骤

1. 接种法 接种部位应用碘酒、酒精消毒，必要时剪去腹部的毛，或使用脱毛剂(以硫化钡、淀粉等量混合，用少量水调成糊状)，应用时宜新鲜配制。

(1) 接种途径：有多种途径，常用的有皮下、肌肉、腹腔、静脉等，必要时可经脑、心、鼻、气管内接种。小白鼠常多用腹腔感染。

(2) 菌种及菌量

1) 按细菌对小白鼠的毒力可分为：高毒力细菌如溶血性链球菌、肺炎球菌、巴氏杆菌等；低毒力细菌如金葡菌、奈瑟氏脑膜炎球菌、大肠杆菌、痢疾杆菌、变形杆菌、绿脓杆菌等。

取保存的典型菌株或临床分离出来的致病菌，宜选择毒力强的细菌，否则宜强化毒力(可加5%胃膜素)；最好选择已知对该药物较敏感的菌株，否则不易找到保护量。将选好的菌株移种于培养基中，于37℃培养16~18小时。

2) 将菌液用生理盐水以10倍顺序稀释为10^{-1}、10^{-2}、10^{-3}……。各无菌试管内放稀释好的不同浓度的菌液1ml另加5%胃膜素9ml，即分别为10^{-2}、10^{-3}、10^{-4}……的菌悬液备用。

选健康小白鼠进行预试，每组3~5只，每鼠腹腔注射不同浓度菌液0.5ml，观察其死亡情况。实验时宜选最小致死量(MLD)，即感染后引起小白鼠80%~100%死亡的菌悬液浓度。

常用病菌稀释度与死亡时间见表12-19。

表12-19 常用病菌稀释度与死亡时间

菌 株	金葡菌	痢疾杆菌	大肠杆菌	变形杆菌	绿脓杆菌	肺炎球菌或链球菌
稀释度	10^{-2}, 10^{-3}	10^{-1}	10^{-4}, 10^{-4}	10^{-4}, 10^{-5}	10^{-3}, 10^{-4}	不稀释
死亡时间(小时)	24	24	24	24~48	48~72	24~48

2. 实验治疗 取小白鼠，雌雄均可，随机分组，每组5只，以预试中选定的适当稀释的菌悬液感染各组小白鼠，每鼠腹腔注射0.5ml；另设不给药对照组。实验组以待试药物治疗，给予药物的剂量应不超过小白鼠的最大耐受量。一般在感染接种后1、6及12小时以灌胃或腹腔注射给药一次。也可在感染接种前预先给药。

结果判断：通常于感染接种后24小时(48小时)，计数各组小白鼠死亡数，并与对照组比较作统计处理。如治疗组小白鼠的死亡率显著小于对照组，即说明该药有效，可考虑重复试验或用其他动物验证。

亦可以动物反应(死亡百分率)作纵坐标,以药物的对数剂量作横坐标绘制“量-效反应曲线”,即可求出该药的半数有效量(ED_{50})。并可根据下式计算其疗效指数。

$$疗效指数=\frac{LD_{50}}{ED_{50}}\left(或=\frac{LD_{5}}{ED_{95}}\right)$$

求得疗效指数后,即可对所试药物作大概的了解和估价。并可用以和其他抗菌药物做比较。疗效指数愈大,表示药物疗效的安全幅度大。

3. 接种后观察　感染完毕,将动物隔离与喂养,并逐日观察。注意饲养管理情况是否适合,编号标志有无失落或错误,隔离与消毒是否符合常规要求。

接种后,应根据实验要求经常观察动物的食欲、活动情况,必要时检查体温、体重、局部反应及血液学指标,并仔细注意其病情变化。

发现动物在观察期死亡,应立即进行解剖,暂时不能解剖的应冷藏,但搁置时间不易过久;如预订观察时间已到,动物仍未出现病变,也应将其处死,进行解剖。

观察时间可根据接种细菌的毒力及接种量而定,一般观察 5~7 天。

4. 结果评价　一般以生存时间或生存率评价,亦可以死亡率做评价。此外,还应检查脏器有无细菌。Dalorenzo-Schnitzer 于 1959 年证实,小白鼠感染后即使给予大剂量磺胺类制剂,于治疗开始后的 12 小时内,脏器内的细菌数并不减少,因此对某一药物做出早期疗效评价,除生存率外,还应做细菌学检查。若脏器有细菌,即使量少,仍有患病死亡的可能。

5. 动物解剖法　动物经接种后,可因患病而死亡,由于肠道菌丛的繁殖,可使组织腐烂,从而使内脏污染,动物尸检应在死后尽早进行,必要时可暂存冰箱中。

解剖时注意肉眼观察,体表(特别是接种部位)有无病变,再按一定顺序切开皮肤、胸腹腔,肉眼观察内脏变化情况,其步骤如下:

(1) 待解剖的动物以 5%石炭酸消毒 10 分钟。取搪瓷盘,内铺消毒浸过的纱布,动物胸腹朝上,用大头针固定四肢,碘酒消毒;以有钩镊子提起皮肤,用剪刀伸入,沿正中线剪开,四肢皮肤用剪刀剪开(勿伤及肌层),将皮肤向两侧剥离,暴露出整个胸腹部,观察皮肤组织及淋巴结有无水肿、出血及肿大等病变。

(2) 另取无菌剪刀沿正中线自阴部至横膈肌为止剪开,观察腹腔液多少及性质,并做涂片、培养,再横行切开,观察腹部脏器,切取部分脏器,分别置于无菌平皿中,供培养或做涂片标本;切开横膈肌,剪开胸骨两侧软肋骨,翻起胸骨,观察胸部脏器及胸腔液有无变化,并取胸腔液、心包液、心脏血或凝块、肺块做涂片或培养。

(3) 取重要脏器部分组织固定于 10%甲醛溶液内,做病理切片观察。

(4) 必要时切开颅骨,刮取脑组织做有关检查。

(5) 解剖完毕,用垫在尸体外面的纸包好,将其焚烧或深埋,或高压灭菌。所用器械均应煮沸消毒,解剖台用消毒剂擦洗干净。

五、注意事项

预试验中,小鼠感染浓度的确定需准确无误,一般应重复 3~5 次,以防影响下步实验的进程和实验结果的判定。

接种时注意菌液应充分摇匀，注意整个操作应尽可能无菌操作，防止假阳性结果的出现。

六、思 考 题

通过本实验，你对宿主、细菌、药物三者相互作用的关系及其形成的动态条件有什么认识？

（徐江平　李琳）

第十三章　中医药学基础性实验

实验一　麻黄桂枝合剂对大鼠足跖部汗液分泌的影响(着色法)

一、目的与原理

学习用定性的方法观察辛温解表药对汗液分泌的影响。利用碘与淀粉遇汗液产生紫色反应的机制,观察和测定汗液的变化。

二、实验材料

1. 动物　大鼠。

2. 器材　大鼠固定器、固定架、医用胶布、注射器、针头、棉签、放大镜、秒表。

3. 药品与试剂　麻黄桂枝合剂(麻黄 60g,桂枝 40g 共煎成 100ml)毛果芸香碱溶液(10mg/ml)、蒸馏水、苦味酸液、75%乙醇、和田-高垣试剂。

三、观察指标

足跖部汗液分泌点数。

四、方法与步骤

取体重相近的大鼠 12 只,用棉签蘸取乙醇轻轻擦除足底部污物,随机分为 3 组(雌、雄各半,用苦味酸标记),分别灌服麻黄桂枝水煎液、蒸馏水(1ml/100g 体重)以及腹腔注射毛果芸香碱溶液(3.5mg/100g 体重)。给药后分别置大鼠于固定器内固定,暴露双下肢(用胶布条固定,避免活动时下肢缩回固定器内)。给药 30 分钟,将大鼠的足跖部用干棉签轻轻拭干,然后分别于每鼠足跖部皮肤涂上和田-高垣试剂 A 液。待充分干燥后,再薄薄涂上 B 液,然后用放大镜观察深紫色着色点(即汗点)出现的时间、颜色和数量。待汗点出现后,连续观察 30 分钟,约 5 分钟记录 1 次。实验结束后,将各组结果汇总,列表 13-1 比较。

表 13-1　麻黄配桂枝煎液对大鼠足跖部汗液分泌的影响($\bar{x}$±s)

组　别	动物数	给药途径	5 分钟内汗点数
蒸馏水			
麻桂水煎液			
毛果芸香碱			

五、注意事项

(1) 本实验宜在室温 26±1℃下进行,湿度也应控制。
(2) 固定大鼠时,操作要轻柔,应尽量避免挣扎。
(3) 观察记录汗点的出现时间,在一次实验中应一致。
(4) 大鼠足跖部汗腺主要分布在肉垫上,足掌心则缺乏。
(5) 本实验也可用小鼠进行。
(6) 麻黄桂枝剂量比例为 3∶2。

六、思考题

(1) 麻黄配伍桂枝对发汗有何影响?
(2) 如何改进汗液分泌量化指标?

【附】 和田-高垣试剂的配制方法

A 液:取碘 2g 溶于 100ml 无水乙醇即成。

B 液:取可溶性淀粉 50g、蓖麻油 100ml,两者均匀混合即成。

实验二　柴胡注射液对发热家兔的解热作用

一、目的与原理

观察柴胡对发热家兔体温的影响,了解柴胡解热作用的特点。采用伤寒副伤寒二联菌苗作为致热原,做成实验性家兔发热模型,并以正常兔作为对照,观察柴胡的解热作用。

二、实验材料

1. 动物　家兔。

2. 器材　SHARP MT-20 数字显示测温计、磅秤、兔固定架、注射器、棉球。

3. 药品与试剂　伤寒副伤寒二联菌苗、柴胡注射液(2g/2ml)、生理盐水、液状石蜡、标记液、酒精。

三、观察指标

肛温。

四、方法与步骤

取健康家兔，雌雄不拘，标记称重，随机分为3组，即给药组、模型组、空白组。兔架上固定，分别测肛温两次，以均值作为正常体温。给药组、模型组家兔耳缘静脉注射伤寒副伤寒二联菌苗，1ml/kg体重，空白组注射等体积生理盐水。1小时后（给菌苗动物体温升高约1℃）给药组家兔肌肉注射柴胡注射液0.5ml/kg体重，模型组和空白组分别注射等体积生理盐水。分别于给药后30、60、90、120分钟测试肛温。实验结束后，将各组结果汇总，列表13-2比较。

表13-2　柴胡注射液对家兔体温的影响（$\bar{x}\pm s$）

组别	动物数（只）	正常	致热后1小时	给药后（分钟）			
				30	60	90	120
给药							
模型							
空白							

五、注意事项

（1）所选家兔体温正常（38.5～39.5℃），雌兔无孕。

（2）测温时操作应尽可能轻柔，每次测温前在测温计前部涂以少许液状石蜡。

（3）使用测温计时，先按下开关按钮，插入肛门深度为4～5cm。当显示器上的“℃”标记停止闪烁时（约需1分钟）取出。记录体温后关闭电源。注意勿使任何液体接触显示器和开关等部位。实验结束后用中性洗涤剂浸过的抹布擦净感温部位。待测温计干燥后再放回盒内保存。

六、思考题

柴胡注射液解热作用有何特点，其作用机制可能是什么？

实验三　生大黄、制大黄和大承气汤对小鼠排便时间和数量的影响（炭末法）

一、目的与原理

观察生大黄、制大黄、大承气汤对小鼠肠道炭末推进时间、数量的影响。以黑色炭末为指示剂，可直接观察不同大黄制剂和复方对肠道推进功能的影响。生大黄制剂泻下通便，可使肠蠕动加速，炭末推进快，排黑便时间短，次数多，成形差。制大黄制剂则因其致泻成分分解破坏，作用减弱，排黑便慢，少而成形。大承气汤所含芒硝软坚润燥，枳实、厚朴行气散结，有助硝、黄加速积滞排泄之功效。

二、实验材料

1. 动物 小鼠。

2. 器材 小鼠灌胃器、1ml 注射器、钟罩、滤纸、鼠笼、台秤、棉签、计时钟、镊子。

3. 药品与试剂 生大黄水浸液 1g/ml(含炭末 0.1g/ml)、制大黄水煎液 1g/ml(含炭末 0.1g/ml)、大承气汤水煎液 1g/ml(含炭末 0.1g/ml)、炭末生理盐水混悬液 0.1g/ml 和苦味酸液。

三、观察指标

排黑便的时间、性状和数量。

四、方法与步骤

取体重相近的小鼠,雌雄不拘,禁食 16~20 小时,随机分成生理盐水组、生大黄组、制大黄组、大承气汤组。4 组动物分别灌服上述 4 种炭末混悬液,0.4ml/10g 体重。各鼠分置于铺有滤纸的钟罩内进行观察,记录小鼠出现黑便的时间、性状和数目,以及稀粪沾染肛门情况。连续观察 4 小时。实验结束后,将各组结果汇总,列表 13-3 比较。

表 13-3 生大黄、制大黄和大承气汤对小白鼠排便的影响($\bar{x}\pm s$)

组 别	开始排黑便时间(min)	4 小时内排黑便数(粒)	黑便性状
生理盐水组			
生大黄组			
制大黄组			
大承气汤组			

五、注意事项

(1) 吸药液前,应将药液摇匀,以保证药量及炭末量准确。

(2) 排黑便的计数和计时,以开始排出黑便为准。

(3) 记数黑便时,应随时将小鼠排出的已记数的黑便清除,以免影响记数的准确性。

(4) 实验小鼠在禁食与实验过程中不禁饮,否则影响实验结果。

六、思考题

(1) 以上不同制剂对小鼠排便时间和排便数有何不同,为什么?

(2) 临床应用大黄致泻时应注意什么?

【附】 实验制剂制法

1. 生大黄制剂的制备　取生大黄100g，砸成小块后，以水浸没。冷浸24小时后，过滤(三层纱布)，40℃水浴浓缩至1g/ml。

2. 制大黄制剂的制备　取制大黄100g，加水煎沸1.5小时以上，过滤，药液水浴浓缩至1g/ml。

3. 大承气汤制剂的制备　取枳实30g、厚朴30g，加水煎沸30分钟后，加入大黄24g，再煎沸10~15分钟过滤，弃渣。滤液溶入芒硝18g，微沸，40℃水浴浓缩至102ml，即1g/ml。

实验四　大黄及与芒硝配伍对小鼠小肠运动的影响(炭末法)

一、目的与原理

了解生大黄对肠蠕动的影响及大黄、芒硝配伍的药理意义。利用炭末作为指示剂，观察炭末在肠道的推进距离。口服生大黄可刺激肠蠕动加速，有泻下作用，故对胃肠实热有“釜底抽薪”之功。芒硝在肠内不易被吸收，使肠内渗透压升高，大量水分保留在肠腔，机械性刺激而致泻。故生大黄与芒硝配伍有“增水行舟，润燥软坚”之功效，致泻作用增强。

二、实验材料

1. 动物　小鼠。

2. 器材　手术剪、眼科镊、直尺、注射器、小鼠灌胃器、天平、烧杯、搪瓷盘或蛙板。

3. 药品与试剂　炭末生理盐水湿悬液0.1g/ml、生大黄水浸液1g/ml(含炭末0.1g/ml)、生大黄水浸液加芒硝(生大黄1g/ml、芒硝0.5g/ml、炭末0.1g/ml)、苦味酸液。

三、观察指标

炭末推进距离，炭末推进率。

四、方法与步骤

取体重相近的小鼠，雌雄不拘，禁食16~20小时，随机分成生理盐水组、大黄组、大黄芒硝组。3组动物分别灌服上述3种炭末混悬液，0.4ml/10g体重。给药30分钟后脱颈椎处死，打开腹腔分离肠系膜，剪取上端至幽门，下端至回盲部的肠管置搪瓷盘上。轻轻将小肠拉成直线，测量肠管长度作为“小肠总长度”。从幽门至炭末前沿的距离作为“炭末在肠内推进距离”,用下列公式计算炭末推进百分率。实验结束后,将各组结果汇总,列表13-4比较。

$$炭末推进率=\frac{炭末在肠内推进距离(cm)}{小肠全长(cm)}\times 100\%$$

表13-4 大黄及大黄加芒硝对小鼠小肠蠕动的影响($\bar{x}\pm s$)

组　别	小肠总长度(cm)	炭末推进距离(cm)	炭末推进率(%)和肠容积变化
生理盐水			
大黄			
大黄加芒硝			

五、注意事项

(1) 开始给药至处死动物的时间必须准确,以免时间不同而造成误差。
(2) 牵拉肠管必须轻柔。

六、思　考　题

(1) 大黄致泻的主要成分及作用机制是什么?
(2) 大黄加芒硝为何致泻作用增强?

实验五　秦艽对二甲苯致小白鼠耳郭肿胀的影响

一、目的与原理

学习致炎剂致小鼠耳郭肿胀的实验方法,并观察秦艽的抗炎作用。二甲苯涂擦小鼠耳郭有明显的致炎作用,可使小鼠耳郭发生急性炎性肿胀。秦艽具有抗炎作用,其抗炎有效成分秦艽碱甲等生物碱易溶于乙醇,实验用秦艽醇浸液观察对二甲苯致小鼠耳郭肿胀的影响。

二、实验材料

1. 动物　小鼠。

2. 器材　5号注射针头、1ml注射器、棉签、50ml小烧杯、直径6mm打孔器、分析天平。

3. 药品与试剂　秦艽醇浸液(1g/ml)[秦艽粗粉加95%乙醇冷浸24小时,过滤,滤液每100ml加蒸馏水20ml,常压回收乙醇,浓缩液用2%HCl调pH4~5,加蒸馏水至1g/ml(含生药),再用2%NaOH调pH至7备用]、醋酸氢化泼尼松25mg/ml注射液(9用蒸馏水稀释至2.5mg/ml)、二甲苯。

三、观察指标

耳郭肿胀度。

四、方法与步骤

选体重18~22g雄性小鼠，随机分为秦艽组、氢化泼尼松组、生理盐水组。分别腹腔注射秦艽醇浸液、醋酸氢化泼尼松注射液和生理盐水，均按0.2ml/10g体重。给药30分钟后，于小鼠右耳两面涂二甲苯0.1ml/只致炎，左耳不涂。1小时后脱颈椎处死小鼠，用6mm打孔器冲下左耳和右耳同一部位的耳郭圆片，于分析天平上称重。右耳重量减去左耳重量为肿胀度，比较药物的抗炎作用。实验结束后，将各组结果汇总，列表13-5比较。

表13-5　秦艽醇浸液对二甲苯致小鼠耳郭肿胀的影响（$\bar{x}\pm s$）

组　别	剂　量	耳郭肿胀度(mg)
生理盐水组	20ml/kg	
秦艽组	50ml/kg	
氢化泼尼松组	50mg/kg	

五、注意事项

每组小鼠在给药、致肿、处死及耳片冲下至称重的时间均应一致，否则会增加误差。

六、思考题

(1) 本实验为何宜选用雄性小鼠？
(2) 秦艽和醋酸氢化泼尼松的抗炎作用有何不同？

实验六　鱼腥草对小鼠腹腔毛细血管通透性的影响

一、目的与原理

学习测定腹腔染料通透量的实验方法，观察药物对毛细血管通透性的影响。采用低浓度醋酸作致炎因子，引起急性炎症反应。通过静脉注射染料伊文思蓝，测定腹腔染料通量，可判定炎性渗出的多少。

二、实验材料

1. 动物　小鼠。

2. 器材 分光光度计、离心机、小鼠固定筒、注射器(1ml、2ml)、4号针头、小鼠灌胃器、试管、离心管、解剖剪、眼科镊。

3. 药品与试剂 鱼腥草注射液、2%伊文思蓝生理盐水溶液、0.6%醋酸、生理盐水。

三、观察指标

腹腔洗出液光密度值。

四、方法与步骤

取体重18~22g小鼠,随机分为给药组和对照组。给药组皮下注射鱼腥草注射液0.2ml/10g体重,对照组皮下注射等量生理盐水。给药后1小时,尾静脉注射染料伊文思蓝生理盐水溶液0.1ml/10g体重,立即腹腔注射0.6%醋酸0.2ml/10g体重,20分钟后断头放血处死小鼠,剪开腹腔,用5ml生理盐水洗涤腹腔数次,收集洗涤液,1000r/min离心5分钟,用分光光度计在590nm处测定吸光度(OD值)。实验结束后,将各组结果汇总,列表13-6比较。

表13-6 鱼腥草对小鼠腹腔毛细血管通透性的影响($\bar{x}\pm s$)

组 别	剂量(mg/kg)	动物数(只)	腹腔洗出液光密度值(OD值)
对照组			
鱼腥草组			

五、注意事项

(1) 注入的染料量、醋酸量及自注射醋酸至处死时间必须严格掌握。
(2) 冲洗腹腔时应避免液体外溢。
(3) 解剖时应避免腹腔出血。

六、思 考 题

(1) 影响本实验的因素有哪些?
(2) 鱼腥草抗炎作用的可能机制是什么?

实验七 金钱草对家兔的利尿作用(导尿管法)

一、目的与原理

学习导尿管法观察药物的利尿作用。采用直接插入导尿管方法,判断金钱草对家兔尿液生成量的影响。

二、实验材料

1. 动物　家兔。
2. 器材　兔手术后、注射器、针头、兔开口器、导尿管、灌胃管、量筒、烧杯、漏斗、婴儿秤。
3. 药品与试剂　金钱草水煎液 2g/ml、葡萄糖盐水、生理盐水、液状石蜡。

三、观察指标

尿液生成量。

四、方法与步骤

取雄性家兔，随机分为给药组和对照组。将家兔背位固定在兔台上，耳缘静脉注入 5%葡萄糖盐水 10ml/kg。由尿道插入导尿管(尖端先用液状石蜡涂抹)至膀胱内，并压迫下腹部排空膀胱。然后收集并记录正常 5~10 分钟内尿量 2 次(集尿期间应经常转动导尿管)。取灌胃管(可以导尿管代用)按 10ml/kg 体重灌服金钱草水煎液，对照组灌等体积生理盐水，60 分钟后开始收集尿液。每隔 30 分钟 1 次，连续 3 次。实验结束后，将各组结果汇总，列表 13-7 比较。

表 13-7　金钱草水煎液对家兔的利尿作用($\bar{x}\pm s$)

组　别	剂量(ml/kg)	给药后尿量(ml)		
		60min	90min	120min
对照组				
给药组				

五、注意事项

灌胃管切勿插入气管，检验方法可将导尿管外端置于盛水的烧杯中，如有气泡溢出，即判为插入气管，应拔出重插。

六、思　考　题

金钱草的利尿作用有何临床意义？

实验八　茵陈蒿汤对大鼠胆汁分泌的影响

一、目的与原理

学习大鼠胆瘘制备方法，观察药物对大鼠胆汁分泌的影响。胆汁由肝细胞分泌后储存于胆囊中,经胆总管流入十二指肠。胆汁的分泌排泄与消化功能以及黄疸的形成有密切关系。大鼠为无胆囊动物,采用大鼠胆管插管法制备胆瘘,可以动态观察药物对肝分泌胆汁的影响。

二、实验材料

1. 动物 大鼠。

2. 器材 大鼠固定板、胆汁引流管(外径 1mm 的塑料管)、粗剪刀、手术剪、眼科镊、止血钳、注射器、血细胞比容管。

3. 药品与试剂 茵陈蒿汤水煎液 2g/ml(茵陈 18g、栀子 12g、大黄 6g)、3%戊巴比妥钠液。

三、观察指标

胆汁分泌量。

四、方法与步骤

取雄性大鼠,称重后分为给药组与实验组。实验前 12 小时禁食不禁水。实验时每鼠以 3%戊巴比妥钠 60mg/kg 体重腹腔注射麻醉,仰位固定,沿腹正中线切开 2cm,打开腹腔,找到胃幽门部,翻转十二指肠,在十二指肠降部肠系膜中找到白色有韧性的胆管,在其下穿 2 根丝线,结扎乳头部,向肝脏方向作"V"形切口,插入塑料管,即可见有淡黄绿色胆汁流出,结扎固定塑料管,用血细胞比容管收集胆汁。手术后用止血钳夹闭腹壁,以盐水纱布覆盖。待稳定 20 分钟后,先收集 30 分钟胆汁,然后各组大鼠分别由十二指肠给予茵陈蒿汤水煎液各 1ml/100g 体重,对照组注入等容量生理盐水。给药后每隔 30 分钟收集胆汁 1 次,共 3 次,记录各组大鼠不同时间段胆汁流量及给药后胆汁总量。实验结束后,将各组结果汇总,列表 13-8 比较。

表 13-8 茵陈蒿汤对大鼠胆汁分泌的影响($\bar{x}$±s)

药 物	胆汁流量(ml/30min)				胆汁总量(ml)
	给药前	给药后(min)			
		30	60	90	
生理盐水					
茵陈蒿汤					

五、注意事项

(1) 切开皮肤及腹膜时若出血较多,应先止血。

(2) 剪"V"形切口时勿将胆管切断,并应保持引流管通畅,勿弯曲堵塞。

六、思 考 题

(1) 胆汁的成分主要有哪些,有何生理作用?
(2) 茵陈蒿汤利湿退黄的药理基础是什么?

实验九 延胡索对大鼠实验性胃溃疡的影响（幽门结扎法）

一、目的与原理

学习幽门结扎复制大鼠实验性胃溃疡方法,观察延胡索抗大鼠实验性胃溃疡的作用。延胡索具有行气活血止痛之功,可抑制胃液分泌,降低胃液酸度,对幽门结扎法所致动物溃疡的形成具有保护作用。

二、实 验 材 料

1. 动物 大鼠。

2. 器材 大鼠固定板、钟罩、手术剪、手术刀、镊子、缝针、持针器、缝合线、注射器、纱布、蜡板、大头针,放大镜。

3. 药品与试剂 延胡索水煎醇沉液 2g/ml、乙醚、生理盐水。

三、观 察 指 标

溃疡的个数、溃疡程度、溃疡面积。

四、方法与步骤

实验前,将大鼠分笼禁食 48 小时,禁食期间可以自由饮水。实验时,将大鼠置钟罩内,用乙醚麻醉后,固定在鼠板上。自胸骨剑突下沿腹中线切开腹壁,切口约 2~3cm。在左侧肋缘部位,用手指轻轻往上一推,胃即暴露于切口。于胃幽门下穿一线(勿伤及血管),将幽门结扎(不能将临近的其他血管结扎),然后缝合腹壁切口,用生理盐水清洗,用纱布包扎切口。手术后将大鼠随机分为给药组和对照组。实验组腹腔,按 1ml/100g 体重注入延胡索水煎醇沉液;对照组按同法给予等量生理盐水。幽门结扎后,继续禁食禁水 18 小时,然后处死大鼠,打开腹腔,在近膈肌处结扎食道,将胃摘出。沿胃大弯切开胃壁,洗清胃内容物,将胃壁展开,用大头针固定在蜡板上。用肉眼或放大镜检查胃黏膜面,记录每组产生的溃疡个数、溃疡程度、溃疡面积。

1. 溃疡程度 按病变情况,分为4级:

一级(糜烂):d(溃疡直径)<1mm。

二级(小溃疡):1mm<d<3mm。

三级(大溃疡):d>3mm。

四级(有穿孔)。

2. 溃疡面积 通过溃疡中心量取最大纵径和横径,用公式 $S=\pi\times(d_1/2)\times(d_2/2)$ 计算。式中 S 为溃疡面积,π 为圆周率,d_1 为通过溃疡中心量取的最大纵径,d_2 为通过溃疡中心量取的最大横径。实验结束后,将各组结果汇总,列表13-9比较。

表13-9 延胡索抗大鼠实验性溃疡的作用

组别	鼠号	体重(g)	给药量(ml)	溃疡程度及溃疡数					溃疡面积(mm^2,$\bar{x}\pm s$)
				一级	二级	三级	四级	总计(个)	
给药组									
对照组									

五、注意事项

(1) 所用大鼠如体重超过180g,则禁食时间要延长为72小时。

(2) 整个实验过程中,每只大鼠要单笼饲养,笼底丝网眼大小以使粪便容易排出为宜,以防止因动物互相咬伤或吞食粪便等而影响溃疡的形成。

(3) 在手术操作中,勿伤及胃壁血管,勿牵扯幽门和用器械钳夹胃壁。因器械对胃的刺激易形成溃疡,干扰实验。

六、思考题

分析延胡索抗大鼠幽门结扎法所致胃溃疡的可能机制是什么?

实验十 血府逐瘀汤对小鼠耳郭微循环的影响

一、目的与原理

学习小鼠耳郭微循环观察方法及血府逐瘀汤对其影响,揭示血府逐瘀汤活血化瘀作用的部分实质。采用微循环显微镜(或显微电视放大系统),选择小鼠耳郭部位,直接观察微循环状态的一种方法,包括血管口径、血流速度、毛细血管开放量,直接了解组织的血流灌注情况。

二、实验材料

1. 动物 小鼠。

2. 器材 微循环显微镜(或解剖显微镜)、冷光源、小鼠微循环观测台、天平、1ml 注射器、眼科镊子。

3. 药品与试剂　血府逐瘀汤水煎醇沉液2g/ml(当归10g、生地黄10g、桃仁12g、红化10g、枳壳6g、赤芍6g、柴胡3g、桔梗5g、川芎5g、牛膝10g、甘草3g,共煎成40ml),液状石蜡、20%乌拉坦溶液微循环显微镜(或解剖显微镜)、冷光源、小白鼠微循环观测台、天平、1ml注射器、眼科镊子。

三、观察指标

血管口径、血流速度、毛细血管开放量。

四、方法与步骤

取18~22g的小鼠,随机分为给药组和对照组。实验时肌肉注射乌拉坦溶液0.7ml/100g体重麻醉后,固定在观察台上。耳郭去毛,调节耳托高度,使耳郭平展在耳托上,耳郭表面滴加液状石蜡。将观察台置于显微镜载物台上,调节冷光源适当亮度。在透射光下,用50~100倍镜观察小鼠耳郭微循环在给药(腹腔注射血府逐瘀汤水煎醇沉液0.4ml/10g体重)前后的变化。对照组给生理盐水。分别记录给药后10、20、30分钟耳郭微循环细动脉(A_3)、细静脉(V_3)血管口径、血流速度和毛细血管开放量,以判断微循环改善情况。各组进行给药前后比较。实验结束后,将各组结果汇总,列表13-10~表13-12比较。

表13-10　对小鼠耳郭A_3血管口径的影响($\bar{x}\pm s$)

时间(min)	A_3口径(μm)		A_3口径前后变化值(μm)	
	对照组	给药组	对照组	给药组
给药前				
给药后10				
给药后20				
给药后30				

表13-11　对小鼠耳郭V_3血管口径的影响($\bar{x}\pm s$)

时间(min)	V_3口径(μm)		V_3口径前后变化值(μm)	
	对照组	给药组	对照组	给药组
给药前				
给药后10				
给药后20				
给药后30				

表13-12　对小鼠耳郭毛细血管开放量的影响($\bar{x}\pm s$)

时间(min)	开放量(个/mm)		开放量前后变化值(个/mm)	
	对照组	给药组	对照组	给药组
给药前				
给药后10				
给药后20				
给药后30				

五、注意事项

(1) 麻醉深浅对耳郭微循环的影响较大,应按小鼠体重严格计算麻醉药量。

(2) 保持小鼠体温38±1℃至关重要。麻醉小鼠体温明显下降(下降3~4℃),有时会造成耳郭微循环障碍,产生误差。保持小鼠体温的办法可利用电热垫或循环恒温水浴。

(3) 鼠毛会影响观察效果,透射光观察时应去掉耳郭毛,简单方法是利用胶布贴拔。

(4) 血管口径采用显微测微尺测量。毛细血管开放数量采用毛细血管与1mm横线相交的交叉点来表示;血流速度分别用线流、线粒流、粒线流、粒流、粒摆流、停滞共7级来表示。

(5) 给药前后应尽可能观察同一视野。

(6) 本实验亦可观察小鼠或大鼠肠系膜微循环。

六、思考题

(1) 影响外周微循环的因素有哪些?

(2) 血府逐瘀汤活血化瘀作用的药理基础有哪些?

实验十一 紫菀对小白鼠的止咳作用(二氧化硫引咳法)

一、目的与原理

学习二氧化硫引咳法,观察紫菀的止咳作用。二氧化硫(SO_2)为一化学刺激性物质,其气雾吸入呼吸道后,刺激呼吸道上皮下的感受器,可引起咳嗽。紫菀有化痰止咳的功效,用于咳嗽气喘,咯痰不畅,以及肺虚久咳等多种类型咳嗽,对二氧化硫引咳有抑制作用。

二、实验材料

1. 动物 小鼠。

2. 器材 蒸馏瓶(250ml)、分液漏斗、球胆、注射器(1ml、10ml)、针头、灌胃针头、秒表、止血钳、橡皮管、软木塞、铁架台、弹簧夹、铁圈、广口瓶(250ml)、爪形夹。

3. 药品与试剂 亚硫酸钠(CP)、浓硫酸、生理盐水、磷酸可待因、紫菀水煎醇沉液(1g/ml)。

三、观察指标

咳嗽潜伏期、镇咳率。

四、方法与步骤

二氧化硫的制备：用250ml蒸馏瓶，瓶口配一有孔的软木塞，插入分液漏斗，蒸馏瓶的侧管用橡皮管与球胆连接，瓶内盛亚硫酸钠。分液漏斗内放浓硫酸。打开分液漏斗的活塞，慢慢滴入浓硫酸，在蒸馏瓶内立刻产生二氧化硫气体。气体收集于球胆中，用止血钳夹紧，应用时，用注射器吸取4～10ml。

取18～22g的小鼠，随机分为紫菀组、可待因组和对照组。紫菀组灌服紫菀小煎醇沉液20ml/kg体重，对照组灌服等容积生理盐水，可待因组腹腔注射磷酸可待因0.03g/kg体重。灌胃给药1小时，腹腔注射给药半小时后，将小鼠放入250ml的广口瓶内，注入二氧化硫。观察小鼠咳嗽动作（腹肌收缩、张大嘴、有时可有咳声），记录小鼠咳嗽的潜伏期（由注入二氧化硫开始至发生咳嗽所需的时间为潜伏期），并计算镇咳率。实验结束后，将各组结果汇总，列表13-13比较。

$$镇咳率(\%)=\frac{用药组咳嗽潜伏期-盐水对照组咳嗽潜伏期}{盐水对照组咳嗽潜伏期}\times 100\%$$

表13-13　紫菀对小鼠的止咳作用（$\bar{x}\pm s$）

组　别	剂　量	给药途径	咳嗽潜伏期（秒）	镇咳率（%）
生理盐水组	20ml/kg体重	ig		
紫菀水煎醇沉液	10g/kg体重	ig		
磷酸可待因	0.03g/kg体重	ip		

五、注意事项

（1）每次做完实验，小鼠取出后，广口瓶用湿抹布擦净，使余气散尽，否则会影响下一只小鼠咳嗽潜伏期时间。

（2）注入二氧化硫后，广口瓶要迅速盖紧，否则会影响实验结果。

六、思　考　题

紫菀止咳的可能机制有哪些？

实验十二　远志对小白鼠的化痰作用（气管段酚红排泌法）

一、目的与原理

学习酚红从呼吸道排泌的实验方法，观察远志对小鼠气管段酚红排泌量的影响。小鼠腹腔注射酚红后,酚红可以部分地从气管分泌排出。远志能增强呼吸道的分泌功能,使黏膜排泌的酚红量增加。将气管段放入定量生理盐水中,加碳酸氢钠使其显色,用分光光度计测出酚红的排泌量,用以反映药物的化痰作用。

二、实验材料

1. 动物 小鼠。

2. 器材 注射器(1ml、0.25ml)、试管架、小试管、小鼠灌胃针头、手术剪、眼科镊、蛙板、大头针、721型分光光度计、小烧杯。

3. 药品与试剂 远志水煎液1g/ml、酚红溶液0.5g/dl、NaOH1.0mol/L、生理盐水。

三、观察指标

气管酚红排泌量。

四、方法与步骤

1. 酚红溶液制备 精密称取酚红0.5g,溶解于0.5mol/L的碳酸氢钠溶液中,加生理盐水至100ml,摇匀。

2. 酚红标准曲线制定 用分析天平准确称取一定量酚红,以5g/dl碳酸氢钠溶解,使1ml含酚红100μg。然后依次稀释,配成每ml含1、2、3、4、5、6、7、8、9、10、15、20μg的标准比色管,每管容量3ml,用分光光度计测OD值。以酚红剂量为横坐标,OD值为纵坐标,制定标准曲线。根据所测量的OD值,即可从标准曲线上查出酚红含量。

3. 取18~22g的小鼠随机分为给药组与对照组,给药组灌服远志水煎液20ml/kg体重,对照组灌服同体积生理盐水。30分钟后,腹腔注射酚红0.1ml(5mg)/10g体重。半小时后处死动物,剥去气管周围组织,剪下自甲状软骨下至气管分支处的一段气管,放进盛有2ml生理盐水的试管中,再加0.1mlNaOH,用分光光度计在波长546nm处测OD值,计算酚红含量(μg/ml)。实验结束后,将各组结果汇总,列表13-14比较。

表13-14 远志对小鼠气管段酚红排泌量的影响($\bar{x}\pm s$)

组别	剂量(g/kg体重)	气管酚红排泌量(μg/ml)
远志水煎液		
对照组		

五、注意事项

(1) 解剖和除去气管周围组织时动作要轻柔,以免损伤血管。

(2) 剪下的气管段黏附的血液应立即用滤纸吸净。

（3）一定要按时处死动物。

六、思　考　题

远志化痰作用的可能机制有哪些？

实验十三　三拗汤的平喘作用(喷雾致喘法)

一、目的与原理

学习用喷雾致豚鼠哮喘法，观察三拗汤对支气管平滑肌的松弛作用。实验采用磷酸组胺喷雾造成豚鼠哮喘模型，三拗汤系平喘名方，可延长哮喘潜伏期，减轻哮喘症状。

二、实验材料

1. 动物　豚鼠。
2. 器材　台秤、注射器、喷雾装置、秒表。
3. 药品与试剂　1g/ml 三拗汤煎液（麻黄、杏仁、甘草各等份），1mg/ml 磷酸组胺。

三、观察指标

哮喘潜伏期。

四、方法与步骤

实验前一天准备体重 150～200g 幼年豚鼠若干只，分别置喷雾箱内，以 53.3～66.6kPa（400～500mmHg）压力喷入 1mg/ml 磷酸组胺 1ml（必要时将浓度提高到 2mg/ml）喷入装置箱内，动物在吸入以上药液后经过一定的潜伏期，即产生哮喘反应，哮喘反应按程序可分为四级，Ⅰ级呼吸加速，Ⅱ级呼吸困难，Ⅲ级抽搐，Ⅳ级跌倒。多数动物在 90s 以内即可出现Ⅲ级或Ⅳ级反应；一般不超过 150s，超过 150s 者可认为不敏感，不予选用。动物一出现抽搐，立即取出，必要时辅以人工呼吸，以免窒息死亡。

次日将预选的哮喘敏感豚鼠随机分为给药组和对照组，给药组灌胃三拗汤 10ml/kg，对照组灌胃等容积的生理盐水，间隔 15 分钟重复给药一次，给药后 30 分钟，分别放入喷雾装置内按预选时的同样条件分别喷雾磷酸组胺。记录喷雾开始至哮喘发作的时间（以抽搐、跌倒为准）作为哮喘潜伏时间，如潜伏时间延长一倍认为有效。实验结束后，将各组结果汇总，列表 13-15 比较。

表 13-15 三拗汤的平喘作用($\bar{x}\pm s$)

组 别	给药剂量(ml/kg 体重)	有效率
生理盐水组	等容量	
三拗汤组	10	

五、注意事项

(1) 每鼠每天只能测定一次引喘潜伏期,同一天多次测定会影响实验结果。

(2) 一般观察 360s,不跌倒者引喘潜伏期以 360s 计算。

(3) 豚鼠实验性哮喘发作所表现的呼吸加深加快(Ⅰ)、呼吸困难(Ⅱ)、抽搐(Ⅲ)和跌倒(Ⅳ)的四级反应中,Ⅰ、Ⅱ、Ⅲ级之间没有明显界限,因而对出现反应的时间,用此法难以确判断。Ⅳ级指标较明确,但一旦出现,动物较易因严重窒息而死亡。

(4) 本实验结果受药液的浓度、喷雾的压力大小、吸入时间、动物个体差异及气雾喷头结构、喷雾颗粒直径等因素的影响,如喷雾颗粒直径小于 5μm 者能吸入肺泡,稍大者在支气管吸收,更大者就在气管在上呼吸道凝聚,作用出现慢而效力弱。

六、思考题

分析三拗汤平喘作用的可能机制。

实验十四 酸枣仁对小鼠的镇静作用(活动计数法)

一、目的与原理

学习安神药对小鼠自发活动的影响,观察酸枣仁的镇静作用。利用红外探测方法记录小鼠在活动记录仪中位移信号,确定额定时间内小鼠的自发活动数,以反映药物的中枢兴奋或抑制作用。

二、实验材料

1. 动物 小鼠。

2. 器材 小鼠自主活动记录仪、小鼠灌胃器、天平。

3. 药品与试剂 酸枣仁水煎液 1g/ml、生理盐水。

三、观察指标

小鼠自主活动数。

四、方法与步骤

取 18~22g 的小鼠随机分为给药组与对照组，给药组灌服酸枣仁煎液 20ml/kg 体重，对照组灌服同体积生理盐水。给药 30 分钟后将各组小鼠分别放入活动箱中，稳定 10 分钟后开始记录小鼠活动数 20 分钟。比较给药组与对照组小鼠活动数。实验结束后，将各组结果汇总，列表 13-16 比较。

表 13-16　酸枣仁水煎液对小鼠自主活动的影响（$\bar{x}\pm s$）

组　别	给药途径	剂量（ml/kg）	20 分钟活动数
酸枣仁	ig	20	
生理盐水	ig	20	

五、注意事项

（1）注意控制实验环境特别是声音、光线对实验动物的影响。
（2）灌胃操作要熟练，灌胃对小鼠的自主活动有一定影响。

六、思考题

酸枣仁镇静作用的主要成分是什么，可能机制有哪些？

实验十五　天麻对小白鼠入睡个数的影响

一、目的与原理

观察天麻对中枢神经系统的抑制作用。采用戊巴比妥钠阈下剂量与天麻合用，观察天麻与戊巴比妥钠的协同作用，如有协同作用，则可使小鼠入睡个数增加。由此来反映天麻对中枢神经系统的抑制作用。

二、实验材料

1. 动物　小鼠。
2. 器材　天平。
3. 药品与试剂　天麻注射液 0.12g/ml，戊巴比妥钠 4mg/ml。

三、观察指标

小鼠入睡个数。

四、方法与步骤

取 18～22g 的小鼠随机分为给药组与对照组,给药组先腹腔注射天麻注射液 20ml/kg 体重,对照组注射同体积生理盐水。30 分钟后,由对侧腹腔注射戊巴比妥钠 32mg/kg,比较给药组与对照组的入睡鼠数。以小鼠翻正反射消失 1 分钟以上为入睡指标。实验结束后,将各组结果汇总,列表 13-17 比较。

表 13-17 天麻对小鼠入睡个数的影响($\bar{x}$±s)

组 别	剂量(ml/kg 体重)	入睡动物数/试验动物数
生理盐水	20	
天麻注射液	20	

五、注 意 事 项

(1) 戊巴比妥钠溶液要新鲜配制,久置室温低,易析出结晶,则需加热,溶解后使用。

(2) 每次实验前,都要预试,找出戊巴比妥钠的阈下剂量。

六、思 考 题

天麻对中枢神经系统的影响有哪些?

实验十六 人参对小鼠游泳时间的影响(抗疲劳试验)

一、目的与原理

学习小白鼠游泳实验方法,研究人参的抗疲劳作用。人参有大补元气、益血生津之功效。人参促进机体对糖原和三磷酸腺苷(ATP)等能源物质的合成利用,并使剧烈运动时产生的乳酸转化为丙酮酸进入三羧酸循环,为机体提供更多能量,因此人参可减轻体力劳动时的疲劳。

二、实 验 材 料

1. 动物 小鼠。

2. 器材 一定容量且深度为 25cm 玻璃缸、负重物、温度计、1ml 注射器。

3. 药品与试剂 人参水煎液 0.1g/ml、生理盐水。

三、观 察 指 标

小鼠游泳时间。

四、方法与步骤

取 18～22g 的小鼠随机分为给药组与对照组，给药组小鼠腹腔注射人参水煎液 3g/kg 体重(0. 3ml/10g 体重)，对照组注射等体积生理盐水。注射后 30 分钟将小鼠分别放入玻璃缸内游泳，玻璃缸内水深 20cm，水温保持在 20±0. 5℃。记录游泳时间。当小鼠头部沉入水中 10s 不能浮出水面者判为体力耗竭，即刻计时为小鼠的游泳时间。实验结束后，将各组结果汇总，列表 13-18 比较。

表 13-18　人参水煎液对小鼠游泳时间的影响($\bar{x}$±s)

组　别	剂量(g/kg 体重)	小鼠游泳时间(min)
生理盐水	－	
人参水煎液	3	

五、注意事项

(1) 最好是小鼠单只游泳，如果 2 只以上同时游泳，应注意观察，不使小鼠彼此靠近，否则会影响实验结果。

(2) 水温如果升高到 28～30℃或小鼠负重物较轻(5%体重)均会使小鼠游泳时间明显延长。

六、思考题

简述人参抗疲劳作用的机制及临床意义。

实验十七　人参对小白鼠耐常压缺氧的影响

一、目的与原理

学习小鼠耐常压缺氧的实验方法，研究人参增强机体耐常压缺氧能力。缺氧对机体是一种劣性刺激，影响机体各种代谢，特别是影响机体的氧化供能，最终会导致机体的心、脑等重要器官供氧不足而死亡。人参可提高机体的血氧利用率，降低机体耗氧量。同时人参可扩张血管(特别是冠脉和软脑膜血管)，改善微循环，增加供血供氧量，从而改善机体的缺氧状态，显示人参大补元气，益气生血之功效。本实验以小鼠在常压缺氧条件下呼吸停止死亡为指标，研究人参的耐缺氧作用。

二、实验材料

1. 动物　小鼠。

2. 器材 200ml 磨口瓶、1ml 注射器、秒表。

3. 药品与试剂 人参水煎液 0.1g/ml、钠石灰(或等量氢氧化钠和碳酸钙)、生理盐水、凡士林。

三、观察指标

小鼠缺氧死亡时间。

四、方法与步骤

取 18~22g 的小鼠随机分为给药组与对照组,给药组小鼠腹腔注射人参水煎液 3g/kg 体重(0.3ml/10g 体重),对照组小鼠腹腔注射等量生理盐水。注射后 30 分钟将小鼠放入盛有 10g 钠石灰的广口瓶内(每瓶放 1 只小鼠),用凡士林涂抹瓶口盖严,使之不漏气,立即计时。以呼吸停止为指标,观察小鼠死亡的时间。实验结束后,将各组结果汇总,列表 13-19 比较。

表 13-19 人参水煎液对小鼠常压耐缺氧能力的影响($\bar{x}\pm s$)

组 别	剂量(g/kg 体重)	存活时间(min)
生理盐水	–	
人参水煎液	3	

五、注意事项

(1) 每瓶内最好只放 1 只小鼠,以防互相扰动影响耐缺氧时间测定。
(2) 瓶盖一定要密闭封严,以防漏气。
(3) 广口瓶容积选用 150~200ml。
(4) 具有镇静作用的药物也能延长缺氧的存活时间。

六、思 考 题

人参为何能延长小鼠在常压缺氧条件下的存活时间?

(余林中)

第十四章　综合性实验

实验一　正常心血管功能调节和急性心力衰竭

一、目的与原理

动脉血压是心血管功能活动的综合指标。正常心、血管系统的功能活动在神经、体液因素的调节控制下，保持相对稳定，动脉血压的相对恒定对于保持各组织、器官正常的血液供应和物质代谢是极其重要的，动脉血压的剧烈变化会显著影响各组织、器官的正常活动。

心脏受交感神经和副交感神经（迷走神经）的双重支配。交感神经兴奋通过其末梢释放去甲肾上腺素与心肌细胞膜上的 β_1 受体结合，引起心率加快、心肌收缩力增强，心输出量增加，血压升高。迷走神经兴奋通过其末梢释放的乙酰胆碱与心肌细胞膜上的 M 受体结合，引起心率减慢、心房肌收缩力减弱，心输出量减少，血压降低。

绝大多数血管受交感神经支配。交感缩血管神经兴奋通过其末梢释放的去甲肾上腺素（NE）与血管平滑肌上的 α 受体结合，引起血管收缩，循环外周阻力增大，血压升高。反之，交感缩血管神经的紧张性降低，血管舒张，循环外周阻力减小，血压下降。

实验中通过刺激支配心、血管的神经以及给药或体液因素等方法，除可直接观察心率、心脏收缩力及缩血管效应外，还可通过观察动脉血压的变化间接了解正常心、血管活动的变化情况及其调节。

另外，通过给家兔静脉快速大量输液使回心血量增多，以及静脉注射栓塞剂造成肺毛细血管栓塞，引起右心前、后负荷升高，导致右心衰竭。右心衰竭时心脏功能及血流动力学方面的变化主要表现为：右心房压和右心室舒张末期压（RVEDP）升高，为右心衰竭时的重要血流动力学改变，反映了右心功能衰竭、容量负荷过度。常用中心静脉压（CVP）来反映右心房压和 RVEDP；由于左心室舒张期充盈血量减少，外周血管来不及充分代偿时，可导致动脉血压降低；体循环淤血和压力升高，出现颈静脉怒张、肝脾肿大和外周水肿等征象。

本实验目的是：①以动脉血压、中心静脉压、心率等为指标，观察整体情况下某些体液因素对心血管活动的调节；②通过急骤过度增加右心室的前、后负荷的实验技术，造成家兔急性右心衰竭，观察急性右心衰竭时血流动力学的主要变化；③通过对实验的观察分析，加深对心血管活动神经体液调节的认识，加深对心力衰竭发病机制的理解。

二、实验材料

1. 动物　家兔。

2. 器械

(1) 一般器械:家兔手术台,哺乳动物手术器械,注射器(1ml、2ml、5ml、10ml),多色丝线,纱布,脱脂棉,听诊器,输液装置,小儿头皮针。

(2) 仪器设备:PcLab 数据采集系统,压力换能器(40kPa,10kPa 各一),动脉和静脉插管,三通管,刺激电极,恒温水浴锅。

3. 药品与试剂 20%乌拉坦,生理盐水 0.1%肝素生理盐水,蒸馏水,液状石蜡,1∶10 000去甲肾上腺素,5∶100 000 肾上腺素,1∶100 000乙酰胆碱。

三、观察指标

动脉血压、脉压差、中心静脉压、心率,等容收缩期心室内压力上升的最大速率(dp/dt_{max})、呼吸频率和深度。

四、方法与步骤

1. 麻醉与手术

(1) 动物麻醉:家兔称重后,用20%乌拉坦(5ml/kg 体重)由耳缘静脉缓慢注入。注射期间注意观察肌张力、呼吸频率和角膜反射的变化。麻醉后仰卧固定在兔台上。

(2) 手术:家兔颈部剪毛,沿甲状软骨下正中剪开皮肤 6cm,分离左侧颈总动脉和右侧颈外静脉。

1) 经右侧颈外静脉插入心导管:游离一段 2~3cm 的颈外静脉,插入约 5~6cm 长的静脉导管直到右心房,经压力换能器与 PcLab 数据采集系统相连。

2) 分离颈部动脉和神经:用止血钳沿正中线分离肌肉(胸舌骨肌),暴露出气管。即可见到气管两侧与气管平行的左、右颈总动脉及与其相伴而行的一束神经,这束神经中包括迷走神经、交感神经和减压神经。由于神经被包绕于动脉鞘中,所以应小心分离颈动脉鞘,仔细辨认三条神经。迷走神经最粗,交感神经较细,减压神经最细且常与交感神经紧贴再一起,分离双侧减压神经和迷走神经穿线备用。游离右侧颈总动脉下穿一条线备用,游离左侧颈总动脉,远心端结扎,用动脉夹夹住动脉的近心端,在尽可能长的靠远心端处用眼科剪将动脉剪开一斜口,约剪开管径的一半,然后将动脉插管向心脏方向插入,用已穿好的线结扎紧插入动脉的插管,并将同一结扎线固定插管壁,记录动脉血压。

2. 神经体液调节实验 手术完成后,让动物安静 5 分钟,描记正常动脉血压、中心静脉压、心率,用听诊器听心音和呼吸音,以做对照。

(1) 牵拉颈总动脉:手持左侧颈总动脉远心端的结扎线,向心脏方向牵拉,持续 5~10s,观察各项指标的变化。

(2) 夹闭颈总动脉:用动脉夹夹闭右侧颈总动脉 5~10s,观察各项指标的变化。

(3) 刺激减压神经:用保护电极刺激完整的左侧减压神经,观察血压变化。

(4) 刺激迷走神经:用保护电极刺激迷走神经,观察分别刺激右侧和左侧颈迷走神经时各项指标的变化特点。

(5) 静脉注射去甲肾上腺素：由耳缘静脉注入1∶10 000去甲肾上腺素0.2ml，观察各项指标的变化。

(6) 静脉注射肾上腺素：由耳缘静脉注入5∶100 000肾上腺素0.3ml，观察各项指标的变化。

(7) 静脉注射乙酰胆碱：由耳缘静脉注入1∶100 000乙酰胆碱0.3ml，观察各项指标的变化。

3. 急性右心衰竭实验　上述实验完成后，让动物安静15min，描记正常动脉血压、中心静脉压、心率，用听诊器听心音和呼吸音，并做肝静脉反流实验（轻轻推压动物右肋弓3s，记录中心静脉压上升的数值），以上指标用作急性右心衰竭实验的对照。

(1) 复制急性右心衰竭模型：用2ml玻璃注射器抽取预先加温至38℃的液状石蜡，按0.5ml/kg体重，以每分钟0.2ml的速度缓慢注入耳缘静脉，同时密切观察血压、呼吸等变化。如有血压明显下降或中心静脉压明显上升，即停止注射。待血压和中心静脉压又恢复到原对照水平时，再缓慢注入液状石蜡，直至血压有轻度下降（降低10～25mmHg），或中心静脉压有明显升高为止（一般液状石蜡用量为0.5～1.0ml，不超过0.5ml/kg体重），然后记录各项指标。

待动物呼吸、血压稳定后，以每分钟约5～10ml/kg体重的速度快速由静脉导管输入37℃生理盐水，输液过程中密切观察各项指标的变化（呼吸、血压、心率、心音强度、胸背部有无水泡音、中心静脉压以及肝静脉反流实验等）。

(2) 急性右心衰竭的抢救：根据实验室提供的药品，自行选择和设计抢救方案。

实验室提供药品为：① 0.2mg/ml的洋地黄溶液（用量0.3～0.5ml/kg体重）；②5∶100 000肾上腺素；③1%呋塞米（速尿，用量0.4ml/kg体重）；④山莨菪碱（654-2，用量0.4ml/kg体重）。

4. 动物解剖　完成实验后，解剖观察项目：

(1) 挤压胸壁，观察气管内有无分泌物溢出。

(2) 剖开胸腔观察：①有无胸水及其量；②心脏各腔体积；③肺脏外观和切面观。

(3) 剖开腹腔观察：①有无腹水及其量；②肠系膜血管充盈情况，肠壁有无水肿；③肝脏体积和外观。

五、注意事项

(1) 进行神经体液调节实验时，在每项实验后，应等待血压基本恢复并稳定后再进行下一项。每次注射药物后应立即注射0.5ml左右生理盐水，防止药液残留在针头内及局部静脉中，影响下一种药物的效应。

(2) 注入栓塞剂的量是急性心衰复制是否成功的关键，注入过少往往需补充输入大量液体，而注入过量时又会造成动物的立即死亡。故一定要缓慢注入，首次给总量的1/2，余下1/2分再按半量两次给。并在注入过程中仔细观察血压、静脉压的变化。

(3) 长时间耳缘静脉注射容易刺穿静脉壁，可用带翼小儿头皮输液针穿刺耳缘静脉，用胶布固定翼片，并通过三通接头与1ml注射器相连，然后进行各种静脉注射。

六、思 考 题

(1) 解释动脉血压调节实验中各项结果的发生机制。
(2) 试比较肾上腺素和去甲肾上腺素的作用有何不同？为什么？
(3) 本实验是什么原因引起的右心衰竭？判断右心衰竭模型复制成功的指标有哪些？
(4) 肝静脉返流实验说明什么问题？

(张犁)

实验二 家兔实验性气胸对呼吸、循环功能及酸碱平衡的影响

一、目的与原理

肺通气(pulmonary ventilation)是肺与外界环境之间的气体交换过程。实现肺通气的器官包括呼吸道、肺泡和胸廓等。气体进入肺取决于两方面因素的相互作用：一是推动气体流动的动力；一是阻止其流动的阻力。

肺通气的动力包括有呼吸运动和胸膜腔负压。呼吸肌的舒缩是肺通气的原动力，它引起胸廓的张缩。胸膜腔负压具有：①维持肺的扩张状态；②促进心室的充盈和静脉血及淋巴液的回流等作用。由于胸膜腔和肺的结构功能特征，肺便随胸廓的张缩而张缩，肺容积的这种变化又造成肺内压和大气压之间的压力差，此压力差直接推动气体进出肺。肺之所以能随胸廓而运动，是因为胸膜腔的密闭性和两层胸膜间浆液分子的内聚力，当胸膜腔破裂，与大气相通，形成气胸，这时尽管呼吸运动仍在进行，肺却减小或失去了随胸廓运动而运动的能力，静脉回流减少，肺通气/血流比值异常，进而影响肺循环的气体交换过程，临床表现为循环功能障碍和酸碱平衡失调，其程度和具体改变视气胸的程度和类型而异。

胸膜腔内压可用两种方法进行测定。一种是直接法，将与检压计相连接的注射针头斜刺入胸膜腔内，通过压力换能器即可直接指示胸膜腔内的压力。另一种方法是间接法，让受试者吞下带有薄壁气囊的导管至下胸部的食管，由测量呼吸过程中食管内压变化来间接地指示胸膜腔内压变化。

本实验目的是学会实验性气胸模型的制备方法；了解家兔发生闭合性气胸、张力性气胸和开放性气胸时机体呼吸功能不全的一般表现、发生机制及其后果；通过对实验性气胸家兔的动脉血压检测和血气分析结果，学会分析气胸时循环功能和酸碱平衡调节中可能发生的变化和特征。

二、实验材料

1. 动物 家兔。

2. 器材　医用计算机记录系统，压力换能器（40kPa，10kPa各一），呼吸换能器，动脉插管，胸膜腔插管，三通管，血气分析仪，家兔手术台，哺乳动物手术器械，注射器（1ml、2ml、5ml、10ml），带有橡皮块的针头4个，丝线，纱布，脱脂棉，听诊器，输液装置，小儿头皮针。

3. 药品与试剂　20%乌拉坦，0.1%肝素生理盐水。

三、观察指标

1. 动物一般表现　有无呼吸困难、口唇发绀。

2. 肺通气情况　呼吸曲线幅度及频率的改变。

3. 胸膜腔内压的改变。

4. 血气分析　pH，$PaCO_2$，PaO_2，BB，BE，SB等。

5. 动脉血压、心率的变化。

四、方法与步骤

1. 动物的麻醉与手术　动物称重后，用20%乌拉坦（5ml/kg体重）由耳缘静脉缓慢注射。注射期间注意观察动物肌张力、呼吸频率和角膜反射的变化，防止麻醉过深。麻醉后动物仰卧固定在家兔手术台上。

颈部剪毛，沿甲状软骨下正中切开颈部皮肤，分离气管，插入气管插管，连接呼吸换能器，描记一段正常呼吸曲线，观察动物一般状态、嘴唇颜色及呼吸运动情况；分离左侧颈总动脉，插入颈动脉导管，描记血压，记录心率。

2. 穿刺胸腔　在右腋中线第6、7肋间处用连接压力换能器的胸膜腔插管穿刺胸腔，若插管已进胸膜腔，在计算机记录系统显示器上可见压力曲线在负压水平下随呼吸而波动，即可测定正常胸膜腔内压，记录其数值。

3. 血气分析测量方法　用2ml注射器抽出动脉插管内的死腔液。然后，用填充有肝素生理盐水的1ml注射器取血0.2ml，迅速套上带橡皮块的针头送血气分析。

4. 实验观察

（1）描记一段正常状态下的呼吸曲线，记录上述各项观察指标，采血做血气分析。

（2）模拟闭合性气胸：关闭检压计，用注射器注入空气约50～75ml到胸膜腔，打开检压计测量胸内压，使胸膜腔内压接近正压水平，维持约10分钟后观察各项指标的变化。

（3）模拟张力性气胸：再次关闭检压计，继续注入空气，打开检压计测量胸膜腔内压，使胸膜腔内压大于正压水平（20～30cmH_2O），维持约10分钟后，观察各项指标变化，并第二次取动脉血作血气分析。

（4）气胸的救治：在模拟张力性气胸过程中呼吸停止时，或张力性气胸维持10分钟后，立即进行抢救。可分别通过锁骨中线第2肋间做指套针穿刺，或利用胸膜腔插管连接三通管抽出胸膜腔内的空气，使胸内压维持负压10分钟后。观察抢救后各项指标的变化，并第三次取动脉血作血气分析。

（5）模拟开放性气胸：剪开右侧胸廓，直接观察纵隔的摆动，然后用纱布密盖胸腔的伤口,10 分钟后观察记录各项指标变化。

五、注意事项

穿刺胸腔时插管应与胸壁垂直,顺肋骨上缘插入,以免损伤肋间动脉,注意不要插得太深或太浅(约 0.5 cm)。插管时不可用力过猛,以免穿破胸膜脏层。

六、思考题

(1) 在本实验中,胸膜腔穿刺成功的标记是什么?

(2) 动物在气胸后出现哪些代偿活动?何类型气胸的临床后果最严重?为什么?

(3) 气胸发生机制是什么?最有效的治疗措施是什么?

(4) 根据实验的观察,说明依据什么症状及体征来诊治临床上的气胸?

(5) 在血气分析结果中,有些家兔表现为呼吸性酸中毒,而另一部分家兔则表现为呼吸性碱中毒,在同一实验中,为什么会出现相反的结果?试分析原因。

(张犁)

实验三　家兔急性弥散性血管内凝血

一、目的与原理

弥散性血管内凝血(DIC)是指在某些致病因子作用下凝血因子或血小板被激活,大量可溶性促凝物质入血,致弥漫性微血管内血栓形成,继之因凝血因子及血小板被大量消耗及纤维蛋白溶解亢进而发生的出血综合征。在临床上,DIC 患者主要表现为出血、休克、脏器功能障碍和贫血。

实验室检查是 DIC 诊断的一项重要依据。有确诊意义的化验应该能直接反映凝血酶或纤溶酶活性,但目前临床上采用的大多数是这两者作用的间接反映。DIC 的实验室检查分为两部分:①初步的实验室检查项目包括血小板计数,活化凝血活酶凝结时间(APTT)及凝血酶原时间和纤维蛋白原的含量测定;②进一步的凝血功能和纤维蛋白溶解的实验室检查,包括 a. 有关纤维蛋白单体的检查(血浆硫酸鱼精蛋白副凝固试验—3P 试验、乙醇胶试验);b. 有关纤维蛋白降解产物的化验(凝血酶时间、红细胞凝集抑制试验、葡萄球菌聚集试验、乳胶凝集试验、FDP 酶联免疫吸附试验);c. 有关纤溶活性的检测(优球蛋白溶解时间测定、纤维蛋白平板溶解试验);d. 有关 DIC 诊断的其他的一些检查(抗凝血酶Ⅲ及蛋白 C 系统中成分的测定、纤溶酶原抗原的含量及纤溶酶原激活物和纤溶酶测定、D-二聚体测定)等。

DIC 的实验室诊断标准为同时有以下三项以上异常:

①血小板 $<100\times10^9/L$，和(或)进行性下降。

②血浆纤维蛋白原含量<1.5g/L(白血病及其他恶性肿瘤<1.8g/L，肝病<1.0g/L)，或进行性下降。

③3P 试验阳性或血浆 FDP>20mg/L(肝病 FDP>60mg/L)，或 D-二聚体水平升高(阳性)。

④凝血酶原时间缩短或延长 3s 以上或呈动态变化(肝病时凝血酶原时间延长 5s 以上)。

⑤纤溶酶原含量及活性降低。

⑥AT-Ⅲ含量及活性降低(不适用于肝病)。

⑦血浆因子Ⅷ:C 活性<50%(肝病必须具备)。

本实验的目的是初步掌握复制急性实验性 DIC 动物模型的方法；通过本实验所测的几项血液学试验结果，讨论急性 DIC 的发病机制；初步了解检查急性 DIC 的几项血液学的常规方法。

二、实验材料

1. 动物　家兔。

2. 器材　电热恒温水浴锅，秒表，小试管架，12mm×75mm 和 12mm×100mm 试管，0.5ml 吸管，血细胞计数板，血红蛋白吸管，离心机，721 型分光光度计，显微镜。

3. 药品与试剂　牛凝血酶，4%狗(兔)脑粉生理盐水浸液，K 试液，P 试液，1%硫酸鱼精蛋白液，0.025mol 氯化钙溶液，血小板稀释液，20%乌拉坦，0.1%肝素生理盐水，生理盐水，饱和氯化钠溶液。

三、观察指标

(1) 白陶土部分凝血活酶时间(KPTT)。

(2) 凝血酶原时间(PT)。

(3) 凝血酶时间(TT)。

(4) 血浆鱼精蛋白副凝试验(3P 试验)。

(5) 血清纤维蛋白原降解产物(FDP)。

(6) 纤维蛋白原定量。

四、方法与步骤

(一) 家兔 DIC 模型复制

1. 实验兔　牛凝血酶用量按 50～60U/kg 体重计算，将总量用生理盐水稀释至 10ml，以 1.0ml/min 的速度由耳缘静脉均匀注入，10 分钟注完。在注入牛凝血酶悬液前 5 分钟、注入开始后 10 分钟及 40 分钟，分别由颈总动脉取血样本一次。也可用 4%兔(狗)脑粉代替牛凝血酶，按每公斤体重 3ml 剂量，从静脉缓慢注射，注射速度为 1～2ml/min。

2. 对照兔 不注牛凝血酶,而注入生理盐水,其途径、总量和速率以及取血样本时间等均与实验兔相同。

【附】 各试剂制备方法

1. *适宜浓度的牛凝血酶悬液* 将牛凝血酶悬液以正常人血浆作基质,将凝固时间调至 15~18 秒。

2. *K 试液* 试验前将 2%白陶土生理盐水悬液 1 份与兔脑磷脂悬液等量混合,作 KPTT 测定用。

3. *P 试液* 试验前称取 200mg 狗或兔脑粉,加入 5ml 生理盐水,充分混匀后放入 37℃恒温水浴箱内孵育 1 小时。在此过程中,用玻棒搅拌 3~4 次,并颠倒混匀。然后离心(1000r/min)5 分钟,吸取上清液,再加入等量的 0.025mol/L 氯化钙溶液,用前摇匀,作 PT 试验用。

4. *1%硫酸鱼精蛋白液* 取硫酸鱼精蛋白 1g,用生理盐水配制成 100ml,再以 2%碳酸钠溶液调 pH 至 6.5,用滤纸过滤后,置普通冰箱保存、备用(或用市售的 1%鱼精蛋白注射液)。

(二) 实验项目

1. 白陶土部分凝血活酶时间(KPTT)测定

(1) 取被检血浆 0.2ml,加入小试管内,置 37℃水浴中,然后加入 K 试液 0.2ml,混匀,孵育 3 分钟。

(2) 加入 0.025mol/L 氯化钙 0.2ml,同时开动秒表,10 秒钟后从水浴中取出。轻轻地反复侧向倾斜试管,直至液体停止流动或出现粗颗粒时,即为凝固终点。

(3) 重复 2~3 次,取平均值。

正常值:人 31~43 秒,兔约 30 秒,狗 15.6~20.7 秒。

2. 凝血酶原时间(PT)测定

(1) 取被检血浆 0.1ml,置于小试管内,放入 37℃水浴中。

(2) 加入 P 试液 0.2ml,开动秒表,观察方法同上,测定凝固时间。

(3)重复 3 次,取平均值。

正常值:人 12±1 秒,兔 6~8 秒,狗 7.0~10 秒。

3. 凝血酶时间(TT)测定

(1) 取被检血浆 0.2ml,置于小试管内,放入 37℃水浴中。

(2) 加入适宜浓度的凝血酶悬液 0.2ml,开动秒表,观察方法同上,测定凝固时间。

(3) 重复 3 次,取平均值。

正常值:狗 14.7± 0.19 秒(此值可随凝血酶的单位高低而改变)。

4. 血浆鱼精蛋白副凝试验(3P 试验)

(1) 取血浆 0.5ml(兔 0.9ml),置于小试管内。

(2) 加入 1%硫酸鱼精蛋白液 0.5ml(兔 0.1ml),混匀,在室温下放置 30 分钟,于观察终点前,将试管轻轻地摇动,有白色纤维或凝块为阳性,均匀混浊、无白色纤维为阴性。

5. 血清纤维蛋白(原)降解产物(FDP)测定(比浊法) 取血 1.5~2.0ml 置于一小干净试管内,放入 37℃水浴孵育 30 分钟,然后离心(3000r/min)10 分钟,吸出血清 1.0ml 置于另一小试管内,加入牛凝血酶悬液 0.1ml(100U/ml),在 37℃水浴中孵育 5 分钟,离心(3000r/min)10 分钟。再吸取血清 0.5ml 与 1.25ml 抗狗(兔)纤维蛋白原血清(简称抗血清)相混合,在室温下放置 30 分钟,以正常血清 0.5ml 加抗血清 1.25ml 作为空白管调零点。用 721 型分光光度计(波长 605nm)测其光密度(E_1),然后将此混合物离心(3000r/min)10 分钟,去除絮状物,再测光密度(E_2)。

$\Delta E=E_1-E_2$,参照标准曲线将 ΔE 换成纤维蛋白原相关抗原(mg)/每升血清。标准曲线是以每批抗血清分别加到不同浓度的纤维蛋白原溶液中,测其 ΔE 而绘制的。

用此法,血清 FDP 正常值为零。

6. 纤维蛋白原定量(饱和盐水法)

(1) 取血浆 0.5ml 置于 12mm×100mm 的试管中,加入饱和氯化钠溶液 4.5ml,充分混匀,置 37℃水浴中孵育 3 分钟,作为样品管。

(2) 以生理盐水代替饱和氯化钠溶度,进行同样操作,作为对照管。

(3) 以对照管调零点,测出光密度(波长 520nm)后,按下式计算纤维蛋白原含量:

测定管光密度/0.5×1000=mg%

正常值:狗 354.2± 40.5mg%。

7. 血小板计数(BPC) 吸血小板稀释液 0.38ml 于一小试管内,用血红蛋白吸管取血 20μl,立即加入血小板稀释液内,充分摇匀后,用滴管将上述混悬液一小滴滴入计数板内,静置 15 分钟后,用高倍镜计数。数五个中方格内之血小板数,乘以 1000;即得每立方毫米血小板数。

正常值:人 10 万~30 万/mm^3,兔 30 万~60 万/mm^3,狗(19.64±4.67)万/mm^3。

五、注意事项

(1) 本实验中,狗或兔脑浸液的制备及注射速度对实验成败影响较大。

1) 狗或兔脑浸液的制备:称取狗或兔脑粉[其活力(PT)不得大于 12 秒]400mg,加入生理盐水 10ml,充分搅匀后放入 37℃恒温水浴箱内孵育 60 分钟,每隔 15 分钟充分搅拌一次,然后离心(1000r/min)5 分钟,取上清液过滤后,供静脉注射用。

2) 在注入狗(兔)脑浸液的过程中,密切观察动物呼吸情况,必要时酌情调整注射速度。

(2) 如室温较低(20℃以下),血浆应在 37℃水浴锅内保温 1 分钟。

(3) 血浆样本如暂时不用,应置于冰箱中保存。做学生实验用,可保存一周。

六、思考题

(1) 正常机体是怎样维持凝血与抗凝血平衡的?

(2) 什么是弥散性血管内凝血?它是怎样发生的?

(3) 试述 DIC 与休克之间的相互关系及其机制。

（4）根据 DIC 的病理生理学特点，解释其治疗原则为什么要抗凝？

（金春华　张犁）

实验四　急性内毒素性休克

一、目的与原理

休克(shock)是指机体在各种有害因子侵袭时发生的一种以全身有效循环血量下降，组织血液灌流量减少为特征，进而有细胞代谢和功能紊乱及器官功能障碍的病理过程。休克按其病因和病理生理特点可分为低血容量性休克、心源性休克、神经源性休克、血管源性休克(感染性休克和过敏性休克)。细菌内毒素引起的休克属于感染性休克，以组织灌流不足为特征。

感染性休克常出现体温骤升或骤降；微循环观察毛细血管痉挛、血流迟缓失去均匀性；动脉血压低于 10.64/6.65kPa(80/50mmHg)；白细胞黏附贴壁，血液循环内白细胞数量迅速减少；FDP(纤维蛋白溶解产物)超过正常，纤维蛋白原含量减少。

感染性休克的治疗原则为在去除病因的前提下采取综合措施，以支持生命器官的微循环灌流和防治细胞损害为目的。①对因治疗：积极防止休克的原发病，去除休克的原始病因，如及时地止血、止痛、控制感染、及时扩创、防止和治疗败血症、正确及时使用有效的抗生素、恢复血容量等；②改善微循环，提高组织灌流量，纠正酸中毒；③防治细胞损伤；④防治器官功能衰竭，如一旦发生 MODS，除采取一般的治疗措施外，还应针对不同器官功能障碍采取不同的治疗措施。

二、实验材料

1. 动物　家兔。

2. 器材　PcLab 医用计算机实验系统、家兔手术台、一般手术器械、注射器(2ml、1ml、5ml、20ml 各一支)、Ependorf 管若干、洁净试管 6 支、2000ml 烧杯若干、试管架、水浴锅、分光光度计、显微镜、血细胞计数板、盖玻片、移液器、枪头(1ml、100μl)、离心机、肛温计。

3. 药品与试剂　20%乌拉坦、0.1%肝素盐水、生理盐水、饱和盐水、白细胞稀释液、粗制大肠杆菌内毒素、5%碳酸氢钠、山莨菪碱(654-2)注射液、多巴胺注射液。

三、观察指标

1. 一般指标　皮肤黏膜颜色、肛温、尿量。

2. 呼吸系统　呼吸频率、深度、节律。

3. 循环系统　血压、脉压差、心率。

4. 血液系统 白细胞计数、纤维蛋白原含量。

四、方法与步骤

1. 粗制内毒素制备 营养琼脂按4g/100ml蒸馏水比例混匀，置于三角烧瓶中高压加热融化，无菌条件下制备琼脂平板。将0111B4大肠杆菌接种到琼脂平板上，放置37℃恒温箱中培养24小时。用生理盐水冲洗生长的细菌制成细菌悬液，悬液过滤后用细菌浓度比浊管调节细菌浓度为(5~10)×10^{10}/ml。然后将细菌悬液于沸水浴中煮15分钟，在反复冻融三次，即为粗制内毒素。

2. 麻醉与手术

(1) 动物麻醉：家兔称重后，用20%乌拉坦(5ml/kg体重)由耳缘静脉缓慢注入。注射期间注意观察肌张力、呼吸频率和角膜反射的变化。麻醉后仰卧固定在兔台上。

(2) 左颈总动脉插管：家兔颈部剪毛，沿甲状软骨下正中剪开皮肤6~7cm，分离皮下组织，用止血钳沿正中线钝性分离肌肉(胸舌骨肌)，暴露出气管。在气管左侧辨认、游离颈总动脉，远心端结扎，用动脉夹夹住动脉的近心端，在尽可能长的靠远心端处用眼科剪将动脉剪开一斜口，约剪开管径的一半，然后将动脉插管向心脏方向插入动脉，用已穿好的线结扎紧插入动脉的插管，并将同一结扎线固定于插管壁，用于记录动脉血压、心率、脉压差以及取血做白细胞记数和纤维蛋白原含量测定。

(3) 输尿管插管：在耻骨联合上缘上0.5cm处，沿正中线剪开皮肤4~6cm，自腹白线剪开腹壁肌肉及腹膜，在膀胱底部找出两侧输尿管，分别把已充满生理盐水的输尿管插管插入双侧输尿管，结扎固定，用一试管收集尿液。手术完毕后，用生理盐水纱布覆盖腹部创口。

3. 实验项目

(1) 观察正常指标：

1) 自耳中央动脉取1.5ml动脉血，测正常白细胞数量和纤维蛋白原含量(如中央动脉取血失败，也可自颈动脉插管处取血)。

【附】 白细胞记数和纤维蛋白原含量测定方法

1. 白细胞记数

(1) 用移液器往Ependorf管中加入380 μl白细胞稀释液，再加入20 μl全血，混匀后加到血细胞计数板中，静置5~15分钟。

(2) 在低倍镜(10倍)下观察，并计数周边4大格中白细胞总数X。

(3) 白细胞浓度(个/mm^3)=X×50。

2. 纤维蛋白原含量测定

(1) 取完用作白细胞记数的20μl全血后，将剩余血离心。

(2) 吸取上清血浆(≥0.6ml)至一洁净的试管中。

(3) 吸取0.3ml血浆加入装有2.7ml饱和生理盐水的洁净试管中；另外吸取0.3ml血浆加2.7ml生理盐水作为对照。

(4) 将其放入 37℃水浴锅中温浴 3 分钟,取出摇匀。

(5) 于 520nm 波长处比色,以对照调零。

(6) 血浆纤维蛋白原浓度(g/L)=(OD520nm/0.5)×10

2) 观察并记录一般指标、呼吸系统指标、循环系统指标。

(2) 复制急性内毒素性休克模型:经耳缘静脉缓慢注入粗制内毒素 0.5ml/kg 体重,并用 0.5ml 生理盐水将导管内残留药液推入血液循环,给药后 15 分钟开始观察记录各项指标,确认休克模型复制成功。

(3) 急性内毒素性休克的救治:救治过程中,根据实验过程中观察记录到的一般指标、呼吸系统指标、循环系统和血液系统各项指标特点,利用实验室提供的药品(5%碳酸氢钠,右旋糖酐-40,氢化可的松琥珀酸钠,山莨菪碱),自行设计抢救方案。

(4) 救治后疗效观察:救治后 15 分钟观察记录一般指标、呼吸系统指标、循环系统和血液系统各项指标各项指标。

五、注意事项

(1) 动物麻醉深浅要适度,过深会严重抑制呼吸;过浅时动物疼痛挣扎,影响观察结果。

(2) 本实验手术多,要尽量减少手术中失血,以免造成失血性休克。

(3) 粗制内毒素注射勿过量,并密切注意血压变化。

(4) 各导管和注射器要肝素化,并注意各导管通畅,每次取完血后用 0.3~0.5ml 肝素充满导管,防止血凝块堵塞。

六、思考题

家兔内毒素性休克时呼吸、循环、血液等指标有何改变?试分析其作用机制?

(张犁 金春华)

实验五 家兔酸碱平衡紊乱及其实验性治疗

一、目的与原理

酸碱平衡是机体自稳态的重要组成部分。机体的组织、细胞必须处于适宜的酸碱度的体液环境中,才能进行正常的生命活动。正常人血液的酸碱度即 pH 始终保持在一定的水平,其变动范围很小,血液酸碱度的相对恒定是机体进行正常生理活动的基本条件之一。机体每天在代谢过程中,均会产生一定量的酸性或碱性物质并不断地进入血液,都可能影响到血液的酸碱度,尽管如此,血液酸碱度仍恒定在 pH7.35~7.45 之间。机体之所以能使血液酸碱度如此稳定，是因为人体内有一整套完整的酸碱平衡调节机制，体液缓冲系统、肺和肾是调节酸碱平衡的三个主要系统。机体酸碱负荷过度或调节机制障碍可引起体液酸碱度发生改变，出现酸碱平衡紊乱。因血浆 HCO_3^-浓度原发性降低或升高引起的酸碱平衡紊乱称为代谢性酸中毒或代谢性碱中毒；因血浆 H_2CO_3浓度原发性升高或降低引起的酸碱平衡紊乱称为呼吸性酸中毒或呼吸性碱中毒。

分析判断体内酸碱平衡状况，主要是通过测定血气指标，经综合分析来判断。①pH 和 H^+浓度：pH 只是反映酸碱度的指标，决定 pH 的是 HCO_3^-/H_2CO_3比值，当其比值为 20/1 时，pH=7.4。仅依靠 pH 不能完全判断是否有酸碱平衡紊乱的存在，更不能判断其类型，属于呼吸性还是代谢性酸碱失衡。②呼吸指标：动脉血二氧化碳分压（$PaCO_2$），指血浆中物理溶解状态的 CO_2分子所产生的张力。它是惟一的呼吸指标，其正常值范围为 33～46mmHg，平均 40mmHg。③代谢指标：碳酸氢盐（AB）指隔绝空气的血液标本，在实际 $PaCO_2$，体温和血氧饱和度条件下所测得的血浆 HCO_3^-浓度。它没有排除呼吸因素的影响，当 $PaCO_2$升高或降低，都会使 AB 发生改变，AB 反映了呼吸和代谢两方面因素。标准碳酸氢盐（SB）指全血在标准条件下（T 38℃，血氧饱和度 100%，$PaCO_2$ 40mmHg）测得的血浆 HCO_3^-浓度。它排除了呼吸因素的影响，仅反映代谢因素。缓冲碱（BB）指在标准状态下，血液中一切具有缓冲作用的负离子的总和。其反映代谢性因素的指标，实际上应用较少。碱剩余（BE）指在标准条件下（T38℃、血氧饱和度 100%、$PaCO_2$ 40mmHg），用酸或碱滴定全血标本至 pH=7.40 时所需的酸或碱的量（mmol/L）。④阴离子间隙（AG）：指血浆中未测定的阴离子（UA）与未测定的阳离子（UC）的差值，即 AG=UA-UC。其意义在于当乳酸酸中毒、酮症酸中毒、尿毒症、水杨酸中毒等引起的代谢性酸中毒时，AG 升高。

酸碱平衡失调的治疗应随失调的类型而定。总的治疗原则是解除病因、补充血容量，以及纠正酸碱平衡失调等。

本实验目的是学会复制酸碱平衡紊乱的实验动物模型，观察并学会分析各型酸碱平衡紊乱时血气分析参数指标的变化，对急性代谢性酸中毒进行实验性治疗。

二、实验材料

1. 动物 家兔。

2. 器材 医用计算机记录系统，家兔手术台，哺乳动物手术器械，压力换能器，动脉和静脉插管，1ml 和 10ml 注射器及针头，小软木塞，手术器械，血气分析仪。

3. 药品与试剂 20%乌拉坦，0.2%肝素生理盐水，12%磷酸二氢钠或 0.5mol/L 盐酸，5%碳酸氢钠，0.1%肾上腺素。

三、观察指标

（1）呼吸频率、深度和节律。

（2）动脉血压、脉压差、心率。

（3）血气指标：血液 pH、动脉氧分压（$PaCO_2$）、二氧化碳分压（$PaCO_2$）、标准碳酸氢盐

SB、实际碳酸氢盐 AB、剩余碱、缓冲碱 BE 等。

四、方法与步骤

(一) 动物的麻醉与手术

1. 动物称重、麻醉 将兔称体重,向腹腔内缓慢注射 20%乌拉坦 5ml/kg 体重。将其仰卧固定在固定台上。颈部剪毛。

2. 分离颈部动、静脉 沿颈部正中线切开皮肤 6cm。分离出左颈总动脉和右颈外静脉,各放置两根结扎线。之后:①结扎左颈总动脉远心端,用血管夹夹住近心端,在靠近结扎处,用眼科剪呈 15°角剪开动脉(约为口径的 1/3~1/2),插入内充肝素溶液的塑料动脉导管,并用线结扎固定牢。连接压力换能器用于测定动脉血压。②用血管夹夹住右侧颈外静脉近心端,待静脉充盈后结扎远心端,在靠近结扎处,用眼科剪呈 45°角剪开静脉(约为口径的 1/3~1/2),插入充有肝素溶液的塑料静脉导管,并用线结扎固定,待输液给药时用。

3. 气管插管与呼吸描记 在颈部正中分离开肌肉找到气管,然后在气管的第三或第四软骨环处作"⊥"形切开,迅速插入气管套管并用线结扎固定(防止血液流入气管内)。气管插管用于复制呼吸性酸碱中毒用。在胸部穿线连接张力换能器用于描记呼吸。

4. 股三角区剪毛,纵向切开皮肤,分离一侧股动脉供采血用

5. 用 1ml 注射器吸取肝素少许,湿润注射器壁后推出,使注射器死腔和针头内都充满肝素溶液。在股动脉内取血 0.5~1ml(注意勿进入气泡),套针头立即插入小软木塞内以隔绝空气(也可套上眼药水瓶的小帽),用手搓动,进行实验前的动脉血气指标的测定。

(二) 实验项目

1. 测定实验前各项指标

2. 选择下列中的数项进行实验

(1) 代谢性酸中毒及其补碱治疗

1) 自耳缘静脉注入 12%磷酸二氢钠 5ml/kg 体重或 0.5mol/L 盐酸 3ml/kg 体重。描记呼吸和血压。

2) 输完后 10 分钟,由股动脉取血 0.5~1ml,测定血气和酸碱参数。

3) 根据注入酸后测得的 BE 值,按下式进行补碱治疗:

BE 绝对值×体重千克数×0.3=所需补充碳酸氢钠的量(mmol)(0.3 是 HCO_3进入体内分布的间隙,即体重 × 30%)

5%碳酸氢钠 1ml=0.6mmol

所需补充的 5%碳酸氢钠 ml 数=所需补充碳酸氢钠的 mmol 数/0.6

4) 注入碳酸氢钠治疗后 10 分钟,再取血测定血气指标,观察是否恢复到接近正常。

(2) 呼吸性酸中毒:将上述补碱治疗以后测得的酸碱参数作为本实验的对照值,进行呼吸性酸中毒的实验。

用手堵住气管插管管口 1~1.5 分钟,描记呼吸血压。在这 1~1.5 分钟之末,迅速从股动脉取血0.5~1ml,然后解除堵塞。观察血气酸碱参数变化。

注意气道阻塞或窒息时间不可过长,否则引起的将不是单纯的呼吸性酸中毒而是呼吸性酸中毒合并缺氧所致的代谢性酸中毒。

(3) 呼吸性碱中毒:

1) 气管阻塞解除10分钟后,从股动脉取血0.5~1ml作为本实验前的对照值。

2) 在气管插管口上安上皮球式简易人工呼吸器。用60次/分的速度用力挤压人工呼吸器的气囊30秒~1分钟,每次约挤出囊内一半的空气,造成过度通气,在此期之末抽股动脉血测定动脉血气酸碱参数。

若兔因通气过度而出现呼吸停止,术者可对着插管口呼出自己的肺泡气,使兔的吸入气内 PCO_2 增加而恢复呼吸运动。轻度的可稍待片刻自行恢复。

(4) 代谢性碱中毒:取股动脉血测定酸碱参数表明呼吸性碱中毒已恢复后,从耳缘静脉注入5%碳酸氢钠(3ml/kg),10分钟后由股动脉取血测定酸碱参数。这些数值在短时间内不会恢复正常,故不便继续进行其他实验。

(5) 代谢性酸中毒合并呼吸性酸中毒:

1) 取股动脉血测定酸碱参数表明在正常范围后,由耳缘静脉注入0.1%肾上腺素0.3~0.5ml/kg体重。造成急性肺水肿。待动物出现呼吸困难、躁动不安、发绀、口鼻流出粉红色泡沫液体时,再抽股动脉血测定酸碱参数。

2) 动物死亡后,进行尸检。若未死亡,可静脉注射10%氯化钾致死,然后进行解剖。在气管分叉处用粗线扎住气管,取出两肺。可见肺体积明显增大,有出血水肿。切开时,切面有粉红色泡沫状液体流出。

五、注意事项

实验前动物不能过分饥饿和剧烈运动,否则会导致酸中毒。

六、思考题

你所复制的几种酸碱平衡紊乱中血气和酸碱参数有什么变化?是怎样发生的?

(金春华 张犁)

实验六 肠缺血-再灌注损伤

一、目的与原理

在缺血的基础上恢复血流后,组织器官的损伤反而加重的现象称为缺血再灌注损伤。在缺血阶段,大量细胞储存的ATP被逐步水解成5′-二磷酸腺苷、单磷酸腺苷、腺苷,而后者可被转化为次黄嘌呤,因此细胞内黄嘌呤氧化酶的底物浓度增加,缺血也同时促进黄嘌呤脱氢酶通过蛋白水解或组胺途径转化为黄嘌呤氧化酶。在胃肠道上皮细胞及内皮细胞的黄嘌呤氧化酶作用下,催化次黄嘌呤转化成黄嘌呤,黄嘌呤转化成尿酸,产生大量的过氧化氢和超氧离子等。在再灌注过程中,随着缺氧条件的改善,通过上述过程产生大量的氧自由基。同时由于缺血缺氧的诱导和组织坏死产物的刺激,有大量炎症介质的释放,炎症介质使血管内皮细胞收缩,血管壁通透性升高。因此,胃肠黏膜损伤不仅发生在缺血阶段,更主要在恢复灌注之后。

肠缺血再灌注损伤病理生理学评价以动物全身血流动力学改变和肠管水肿、出血为指标。实验室评价以丙二醛(MDA)含量变化作为观察氧自由基产生的指标。其治疗原则是①尽早恢复血流,尽量减少缺血时间;②注意再灌注时的低流、低压、低温;③改善缺血组织的代谢;④清除自由基等措施对缺血-再灌注损伤有防护作用。

本实验目的是学会建立肠缺血-再灌注损伤的实验动物模型;观察小肠缺血-再灌注损伤时家兔的血流动力学改变及肠系膜微循环变化;了解 MDA 含量的测定方法。

二、实验材料

1. 动物 家兔。

2. 器材 医用计算机记录系统,家兔手术台,哺乳动物手术器械,压力换能器,动脉和静脉插管,三通管,注射器(1ml、2ml、5ml、10ml),多色丝线,纱布,脱脂棉,听诊器,输液装置,小儿头皮针,显微镜,微循环恒温灌流盒,分光光度计,恒温水浴箱,离心机。

3. 药品与试剂 20%乌拉坦,0.2%肝素,生理盐水,丙二醛(MDA)试剂盒,右旋糖酐-40,氢化可的松琥珀酸钠,山莨菪碱,异博定,5%葡萄糖液。

三、观察指标

呼吸、动脉血压、心率、肠系膜微循环、肠管肉眼观察、MDA 含量变化。

四、方法与步骤

1. 麻醉与手术

(1) 动物麻醉:家兔称重后,用 20%乌拉坦(5ml/kg)由耳缘静脉缓慢注入。注射期间注意观察肌张力、呼吸频率和角膜反射的变化。麻醉后仰卧固定在兔台上。

(2) 手术:家兔颈部剪毛,沿甲状软骨下正中剪开皮肤 6cm,用止血钳沿正中线分离肌肉(胸舌骨肌),暴露出气管。在气管左侧辨认分离左颈总动脉,远心端结扎,用动脉夹夹住动脉的近心端,在尽可能长的靠远心端处用眼科剪将动脉剪开一斜口,约剪开管径的一半,然后将动脉插管向心脏方向插入动脉,用已穿好的线结扎紧插入动脉的插管,并将同一结扎线固定于插管壁,记录动脉血压。

(3) 微循环标本制备:腹部剪毛,沿腹白线开腹,找出一段游离度较大的小肠肠袢,轻轻从腹腔拉出,放置在微循环恒温灌流盒内,用克氏液保持观察部位的温度、湿度、渗透压和 pH。

2. 实验项目

（1）观察正常指标：观察正常家兔的呼吸、动脉血压、心率、肠系膜微循环，肉眼观察肠管外观，抽 0.5ml 动脉血做 MDA 含量测定。

【附】 MDA 含量测定方法

（1）配制甲、乙液。

甲液配制方法：1 号试剂∶2 号试剂∶3 号试剂 = 0.1ml∶3ml∶1ml 混合备用。

乙液配制方法：1 号试剂∶2 号试剂∶双蒸水 = 0.1ml∶3ml∶1ml 混合备用。

（2）测定方式：见下表。

MDA 测定步骤

	标准管 ml	标准空白管 ml	测定管 ml	测定空白管 ml
标准品	0.1			
测试样品			0.1	0.1
甲醇		0.1		
甲液	4.1	4.1	4.1	
乙液				4.1
旋涡混匀器混匀，置沸水浴 40 分钟，4000 转/分钟、离心 10 分钟，吸取上清液蒸馏水调零、1cm 杯子、532nm 处比色				

（3）计算：测定管吸光度－测定空白管吸光度÷标准管吸光度－标准空白管吸光度×10nM/ml＝测定样品中丙二醛含量 nM/ml。

（4）参考值：人血清（浆）7.1 ± 1.2nM/ml

标准管参考吸光度：当标准品取样量为 0.1ml 时，则吸光度为 0.060-0.070。

（2）复制家兔肠缺血再灌注模型：

1）找到肠系膜上动脉，用无创动脉夹夹闭兔肠系膜上动脉（SMA）45 分钟造成缺血，第 45 分钟时观察以上各项指标，抽 0.5ml 动脉血作 MDA 含量测定。

2）松开动脉夹再灌注制作肠缺血-再灌注损伤模型，在再灌注的第 15、45、60 和 90 分钟分别观察各项指标的变化。并在 90 分钟时抽 0.5ml 动脉血作 MDA 含量测定。

（3）肠系膜缺血-再灌注损伤的预防和治疗：根据实验室提供的药物，自行选择治疗。实验室提供的药品有：右旋糖酐-40、氢化可的松琥珀酸钠、山莨菪碱、异博定、5%葡萄糖液。

1）预防组在再灌注的同时进行治疗。

2）治疗组在再灌注后 1 小时进行治疗。

五、注意事项

（1）分离肠系膜上动脉和上静脉动作要轻，切勿损伤血管。夹闭血管时，要用带有橡皮套的动脉夹夹闭。

（2）拉肠袢要轻，以免引起出血和创伤性休克。

(3) 手术过程中尽量减少出血。分离组织时，要钝性分离，并注意结扎小血管，以免注射肝素后手术部位渗血。

六、思 考 题

(1) 简述缺血-再灌注损伤的发生机制。
(2) 简述缺血-再灌注损伤时氧自由基产生过多的机制。
(3) 根据目前的认识，对缺血-再灌注损伤应采取哪些防治措施？

（张犁）

实验七 急性呼吸窘迫综合征及其药物治疗

一、目的与原理

急性呼吸窘迫综合征(acute respiratory distress syndrome, ARDS)，是多种原因引起的急性呼吸衰竭，临床上以呼吸窘迫，顽固性低氧血症和非心源性肺水肿为特征。ARDS 不是一个独立的疾病。作为连续的病理过程，其早期阶段为急性肺损伤(ALI)，重度的 ALI 即 ARDS。ARDS 晚期多诱发或合并多脏器功能障碍综合征(MODS)，甚至多脏器功能衰竭(MOF)。

ARDS 导致呼吸衰竭的主要表现为进行性动脉血氧分压(PaO_2)降低，伴有动脉血二氧化碳分压($PaCO_2$)增高而出现一系列病理生理紊乱的临床综合征，辅助检查动脉血氧分压(PaO_2)<8.0kPa (60mmHg)、动脉血二氧化碳分压($PaCO_2$)>6.7kPa(50mmHg)。血流动力学监测平均肺动脉压(mPAP)增高>2.67kPa (20mmHg)，肺动脉压和肺毛细血管楔压差(PAP-PCWP)增加>0.67kPa (5mmHg)，肺系数明显高于正常对照组。

本实验目的是学会家兔油酸型急性呼吸窘迫综合征模型制备；观察家兔油酸型急性呼吸窘迫综合征 (ARDS) 不同时间动脉血压、平均肺动脉压、血气分析以及肺系数的测定，与山莨菪碱、糖皮质激素治疗组进行比较，对 ARDS 的药物治疗作用进行评价。

二、实验材料

1. 动物 家兔。

2. 器材 医用计算机记录系统，压力换能器，动脉和静脉插管，三通管，血气分析仪，家兔手术台，哺乳动物手术器械，注射器(1ml、2ml、5ml、10ml)，带有橡皮块的针头 4 个，丝线，纱布，脱脂棉，听诊器，输液装置，小儿头皮针。

3. 药品与试剂 20%乌拉坦、0.1%肝素生理盐水、蛋白标准液、染色液、生理盐水、油酸、山莨菪碱注射液、氢化可的松琥珀酸钠、参麦注射液。

三、观察指标

动物一般状况、呼吸频率、动脉血压、平均肺动脉压、血气分析（pH、PaO_2、$PaCO_2$）、肺系数、肺泡支气管灌洗液中蛋白含量。

四、方法与步骤

1. 麻醉与手术

（1）动物麻醉：家兔称重后，用20%乌拉坦（5ml/kg）由耳缘静脉缓慢注入。注射期间注意观察肌张力、呼吸频率和角膜反射的变化。麻醉后仰卧固定在兔台上。

（2）手术：家兔颈部剪毛，沿甲状软骨下正中剪开皮肤6cm，分离左侧颈总动脉和右侧颈外静脉。

1）经右侧颈外静脉插入肺动脉导管：沿颈部正中线切开皮肤6~7cm，沿正中线分离皮下组织，游离一段2~3cm的颈外静脉，挑选一段15cm长，质地相对偏硬的输液器PVC塑料管，前端管壁上开2~3个窗口，并在1.5cm处向内侧临时固定成约60°弯折，放入65°热水中烫10分钟，松开临时固定，使其前端成一约120°夹角的弧形，最后在准备好的心导管上标上粗略的刻度。当心导管插入到颈静脉时，需要平行地继续推送导管至心导管上所作标记处，此时应借助血压波形的变化，判断心导管是否已进入右心房、右心室，当心导管进入右心室后让其自然漂浮约5~10分钟，然后在心脏收缩的时候尝试继续插管，直至血压出现肺动脉压波形特征，测定记录mPAP。

2）分离颈部动脉和颈动脉插管：用止血钳沿正中线分离肌肉（胸舌骨肌），暴露出气管。在气管左侧辨认分离左颈总动脉，远心端结扎，用动脉夹夹住动脉的近心端，在尽可能长的靠远心端处用眼科剪将动脉剪开一斜口，约剪开管径的一半，然后将动脉插管向心脏方向插入动脉，用已穿好的线结扎紧插入动脉的插管，并将同一结扎线固定于插管壁，记录动脉血压。

手术完成后，观察记录上述各项指标，从颈动脉取0.5ml血做血气分析。

2. 家兔ARDS模型复制 从耳缘静脉注射油酸0.08ml/kg体重，注射后每隔10分钟记录一次呼吸频率，于15、30、60、90分钟时从颈动脉取血0.5ml，测定血气变化，与注射油酸前相比较。

3. ARDS的救治 ARDS 15分钟后开始药物救治，各组利用实验室提供的药品（参考注射液、氢化可的松琥珀酸钠、山莨菪碱），自行设计抢救方案。救治后观察记录结果至90分钟。

4. 肺系数和肺泡支气管灌洗液中蛋白含量测定 实验后处死动物，立即开胸取肺，将全肺称湿重量后，以生理盐水9ml分3次行左肺灌洗并回收，3000r/min离心15分钟，离心取上清用于蛋白测定。

$$肺分数=\frac{肺湿重(g)}{体重(kg)}$$

【附】 蛋白浓度测定方法

考马斯亮蓝 G-250 在酸性溶液中为棕红色，当它与蛋白质通过疏水作用结合后变成蓝色。最大光吸收从 465nm 转移到 595nm，在 0.01~1.0mg 蛋白/L 范围内，蛋白质浓度与 595nm 的光密度值成正比。

按下表绘制标准曲线及测定样品中蛋白含量：

	样品		蛋白标准曲线						
试管号	正常	衰竭	No. 1	No. 2	No. 3	No. 4	No. 5	No. 6	No. 7
肺泡灌洗液 μl	60	60							
蛋白标准液 μl			0	10	20	30	40	50	60
H_2O μl	0	0	60	50	40	30	20	10	0
染色液 ml	3	3	3	3	3	3	3	3	3
	室温 15 分钟，595nm 处比色测光密度 A595								
	以标准蛋白含量为横坐标，A595 值为纵坐标作图，从图中查出样品的蛋白含量								

五、注意事项

(1) 肺动脉插管过程中动作要轻、准确。

(2) 注射油酸复制模型时，要注意油酸用量，注射完后用生理盐水缓慢推入。

六、思考题

(1) 何谓呼吸衰竭？在实验中的哪些指标能确定模型复制成功？

(2) 分析各实验结果在 ARDS 的诊断和治疗中的意义。

(张犁)

实验八 药物及生物活性物质对豚鼠离体气管条的作用

一、目的与原理

离体实验方法对于医学研究十分重要，特别是在细胞、亚细胞水平上进行深入的机理研究，没有细致的体外分析是难以实现的。其优点在于方法比较简单，所需样品量较少，实验条件比较容易控制，实验效率高。离体气管平滑肌的制作简单，常用作药理学中传出神经实验中的选择和作用于胆碱受体和肾上腺素受体的药物实验，基本原理是通过不同的药物经直接或间接途径激动不同的受体，使离体气管条产生收缩或松弛效应。

本实验目的是学习豚鼠离体气管条标本的制备；观察异丙肾上腺素、氨茶碱、乙酰胆碱、组胺等生理活性物质对支气管平滑肌的作用；掌握支气管平滑肌舒缩机制和影响因素；巩固和掌握支气管扩张药的作用机制和临床应用。

二、实验材料

1. 动物 豚鼠，体重300g。

2. 器材 PcLab医用计算机实验系统、张力换能器哺乳类动物手术器械一套、培养皿、恒湿平滑肌槽、注射器(1ml)、量筒(50ml)。

3. 药品与试剂 10^{-3}mol/L硫酸异丙肾上腺素、10^{-2}mol/L氨茶碱、10^{-3}mol/L氯化乙酰胆碱、10^{-3}mol/L磷酸组胺、10^{-2}mol/L盐酸苯海拉明、克-亨液。

三、观察指标

观察气管螺旋条的收缩功能变化曲线图。

四、方法与步骤

1. 豚鼠离体气管条标本的制备 取豚鼠1只，击头处死，立即切开颈部皮肤，剥离周围组织，迅速分离出气管，自甲状软骨下剪下全部气管。从气管的一端向另一端螺旋形剪成宽4cm，长3~4cm的螺旋条，放入盛有冷克-亨生理溶液玻璃皿中备用。

2. 实验装置的调试 在气管螺旋条标本两端穿线，下端固定在浴槽内，上端固定于张力换能器，记录收缩曲线。浴槽内盛37℃(用自动恒温装置保持)克-亨生理溶液30ml，克-亨生理溶液连续供氧，pH稳定在7.3左右。使气管条预先负重2.0g，气管条无自发节律收缩，在恒温浴槽内稳定30分钟，待收缩基线平稳后开始进行实验。

3. 实验观察项目

(1) 记录一段正常基线。

(2) 10^{-3}mol/L硫酸异丙肾上腺素0.2ml。

(3) 10^{-2}mol/L氨茶碱0.2ml。

(4) 10^{-3}mol/L磷酸组胺0.1ml。

(5) 10^{-3}mol/L氯化乙酰胆碱0.2ml。

(6) 10^{-3}mol/L氯化乙酰胆碱0.2ml。待作用达高峰后，加入10^{-3}mol/L硫酸异丙肾上腺素0.2ml。

(7) 10^{-3}mol/L氯化乙酰胆碱0.2ml。待作用达高峰后，加入10^{-2}mol/L氨茶碱0.2ml。

(8) 10^{-3}mol/L氯化乙酰胆碱0.2ml。待作用达高峰后，加入10^{-2}mol/L盐酸苯海拉明0.2ml。

(9) 10^{-3}mol/L磷酸组胺0.1ml。待作用达高峰后，加入10^{-3}mol/L硫酸异丙肾上腺素 0.2ml。

(10) 10^{-3}mol/L 磷酸组胺 0.1ml。待作用达高峰后,加入 10^{-2}mol/L 氨茶碱 0.2ml。

(11) 10^{-3} mol/L 磷酸组胺 0.1ml。待作用达高峰后,加入 10^{-2} mol/L 盐酸苯海拉明 0.2ml。

每加入一种药,在医用计算机监视屏上观察气管螺旋条的收缩功能变化,记录药物反应曲线图 5 分钟后,用 37℃ 克-亨液冲洗 3 次,待基线基本恢复正常后再给下一种药物。

五、注意事项

(1) 气管螺旋条不能在空气中暴露过久,应避免过度牵拉。

(2) 必须用新鲜蒸馏水配制克-亨液,实验前用氧饱和。

六、思 考 题

(1) 所用药物哪些可引起气管螺旋条收缩?哪些引起松弛?其机制是什么?

(2) 支气管扩张药物的作用机制是什么?临床实际应用有哪些须注意的事项?

(张犁)

实验九 多器官功能不全的动物模型复制

一、目的与原理

严重创伤、烧伤、大手术、休克和感染等过程中，同时或相继出现 2 个以上的器官损害以至衰竭，称为多器官功能不全综合征(multiple organ dysfunction syndrome, MODS)。MODS 包括器官损害由轻到重的过程，轻者发生器官的生理功能异常，重者达到器官、系统衰竭的程度称为多器官衰竭(multiple organ failure, MOF)。

确定各系统器官发生衰竭，除依据临床表现外，主要是根据实验室检查指标。目前尚无统一的标准,比较共同的有如下方面:①肺衰竭:发生急性呼吸窘迫综合征(ARDS)。患者有明显呼吸困难，动脉血氧分压(PaO_2)低于 6.65 kPa (50mmHg)。②肝衰竭:出现黄疸或肝功能不全。血清总胆红素>34.2μmol/L(2mg/100ml)，血清丙氨酸氨基转移酶、天门冬氨酸氨基转移酶、乳酸脱氢酶或碱性磷酸酶在正常值上限的 2 倍以上。③肾衰竭:血清肌酐浓度>177μmol/L(2mg/100ml)。④胃肠道衰竭:发生胃肠黏膜应激性溃疡。⑤凝血系统:血小板计数<50×10^9/L，凝血时间和部分凝血活酶时间延长达对照的 2 倍以上。纤维蛋白原<200mg/100ml,有纤维蛋白降解产物存在。⑥心功能衰竭:突然发生低血压。心指数<1.5L/min·m^2。对正性肌力药物不起反应。

本实验目的是学会多器官功能不全实验模型的复制方法;了解多器官功能不全和衰竭

的概念及其发生原因；了解肺、肝、肾脏功能不全的检测方法。

二、实验材料

1. 动物　大鼠。

2. 器材　PcLab 医用计算机实验系统，哺乳类动物手术器械一套，兔手术台，气管插管，万能支架台，20ml 注射器一只，1ml、5ml 注射器各 2 只，小试管，小三角烧瓶，滴管，血管钳，手术剪，干棉球，分光光度计，恒温水浴锅、草酸钠抗凝试管，1ml 奥氏吸管，1ml 容量吸管，10ml 刻度吸管，试管，15ml 离心管，4000r/min 离心机，752 型分光光度计 。

3. 药品与试剂　粗制内毒素，磷酸盐缓冲液，0. 4mol/L NaOH 溶液，谷丙转氨酶基质液，2，4-二硝基苯肼溶液，丙酮酸钠标准液，0. 04mol/L 苦味酸溶液，0. 75mol/L 氢氧化钠，2%草酸钠溶液，肌酐标准储存液，肌酐标准应用液、马斯亮蓝 G-250，95%乙醇，85%磷酸，牛血清白蛋白，蒸馏水。

三、观察指标

动脉血压和脉压、血浆谷丙转氨酶、血浆肌酐、肺泡支气管灌洗液中蛋白含量。

四、方法与步骤

（一）多器官功能不全的模型复制

1. 粗制内毒素制备　见本章实验四。

2. 内毒素休克大鼠多器官损伤复制　大鼠禁食 12 小时，自由饮水。1%戊巴比妥钠 33mg/kg 体重腹腔麻醉，固定于实验台上。分离左颈动脉，插管连接生理记录仪测血压；分离右侧颈外静脉，插管用于输液和给药。实验中静脉输入粗制内毒素 0. 3ml/100g 体重，20 分钟内注完，2～5 小时取材。

（二）实验项目及相关实验室操作技术

1. 肝功能不全

（1）试剂配制：

1）谷丙转氨酶基质液：称取分析纯 α 酮戊二酸 29. 2mg（2 毫克分子/L）和 DL-α 丙氨酸 1. 78g（200 毫克分子/L），加 0. 4N 氢氧化钠 0. 5ml 及 pH7. 4 磷酸缓冲液约 50ml 溶解，校正 pH 至 7. 4，再以 pH7. 4 磷酸缓冲液稀释至 100ml，加氯仿数滴，置冰箱中备用。可保存半年。

2）2，4-二硝基苯肼溶液（1 毫克分子/L）：取分析纯 2，4-二硝基苯肼 19. 8mg，加 10N 盐酸 10ml 溶解，溶解后加水稀释至 100ml。此溶液溶解较慢，宜置暗处，不时摇荡，待全部溶解后置于棕色瓶中，冰箱保存备用。

3）丙酮酸钠标准液(2 毫克分子/L)：丙酮酸钠 22mg，溶于 100ml pH7.4 磷酸缓冲液内。此溶液须新鲜配制，冰箱中最多保存三天。

(2) 实验方法：

1）SGPT 标准曲线制作：取试管 6 支，编号，按表 14-1 加样。加样完毕后，以 520 nm 波长比色，用水调"0"，测定管减去空白管光密度，取光密度做纵坐标，以相当于每 100ml 血清的 SGPT 单位数为横坐标绘制标准曲线。

表 14-1 SGPT 标准曲线制作

	空白	1	2	3	4	5
丙酮酸钠标准液(ml)	—	0.05	0.10	0.15	0.20	0.25
相当于 100ml 血清 SGPT 单位	0	28	57	97	150	200
谷丙基质液(ml)	0.50	0.45	0.40	0.35	0.30	0.25
水(ml)	0.10	0.10	0.10	0.10	0.10	0.10
2,4-二硝基苯肼(ml)	0.5	0.5	0.5	0.5	0.5	0.5
混匀，在 37℃水浴保温 20 分钟						
0.4mol/L NaOH (ml)	5.0	5.0	5.0	5.0	5.0	5.0
混匀，5 分钟后 520nm 比色测光密度						

2）样品测定：取试管 4 支，分别标明实验动物空白，测定管和对照动物空白、测定管。按表 14-2 加样。

表 14-2 SGPT 活性测定

	实验动物		对照动物	
	空白管	测定管	空白管	测定管
血清(ml)	0.1	0.1	0.1	0.1
谷丙基质(37℃预温 5min)	—	0.5	—	0.5
摇匀，在 37℃水浴保温 30 分钟				
2,4-二硝基苯肼(ml)	0.5	0.5	0.5	0.5
谷丙基质(已预温)(ml)	0.5	—	0.5	—
混匀，在 37℃水浴保温 20 分钟				
0.4mol/L NaOH(ml)	5.0	5.0	5.0	5.0

加样完毕，摇匀各管液体，室温放置 5 分钟，用 520nm 波长比色，用水调"0"，测定管减去空白管光密度，查标准曲线求 SGPT 的单位数。

2. 肾脏功能不全——血浆肌酐测定

(1) 配制试剂：

1）0.1mol/L 碳酸缓冲液(pH 10.6)：精确称取 10.5g(AR)碳酸钠和 0.9g 无水碳酸氢钠(AR)，用蒸馏水稀释至 1000ml。

2）0.4mol/L 氢氧化钠：取 1mol/L 氢氧化钠 200ml 加水至 500ml。

3）0.1mol/L 氢氧化钠。

4）测定用缓冲液：取碳酸缓冲液 700ml 加 0.4mol/L 氢氧化钠 300ml。

5）空白用缓冲液：取碳酸缓冲液 700ml 加 0.1mol/L 氢氧化钠 300ml。

6）苦味酸（12g/L）：取苦味酸 20g 加蒸馏水 1000ml，煮沸冷却，待结晶析出后，倾出上清液进行滴定。滴定时取苦味酸上清液 5ml，加 1%酚酞 1 滴，用 1mol/L 氢氧化钠溶液进行滴定，到呈橘红色为止（每毫升 1mol/L 氢氧化钠相当于 0.2292g 苦味酸），计算后其浓度常超过 12g/L，最后用蒸馏水稀释至 12g/L 后，按下法配成下述“7”、“8”溶液。

7）测定用苦味酸：取测定用缓冲液加等量的 12g/L 苦味酸液。

8）空白用苦味酸：取空白用缓冲液加等量的 12g/L 苦味酸液。

9）肌酐标准储存液（1g/L）精确称取肌酐 100mg，加 0.1mol/L 盐酸溶液，加水至 100ml。

10）肌酐标准应用液（0.02mg/ml）取肌酐标准储存液 2ml 加 0.1mol/L 盐酸至 100ml，冰箱保存。

（2）操作步骤：按表 14-3 步骤操作。

表 14-3　肌酐测定

	标准管（S）	标准空白管（SO）	测定管（R）	测定空白管（RO）
肌酐标准应用液 ml	0.25	0.25		
血清或血浆 ml			0.25	0.25
测定苦味酸 ml	5.0		5.0	
空白苦味酸 ml		5.0		5.0

混匀，置 37℃水浴中 20 分钟，再放到冷水盆中迅速转动 1 分钟使冷却。在 520nm 波长处以各空白管调零比色。

计算：$2\times\frac{R-0.1}{S-0.1}-0.23=mg\%$

正常值：0.5～1.4mg%

3. 肺功能不全——肺泡支气管灌洗液中蛋白含量的测定

（1）试剂配制：

1）染色液：取考马斯亮蓝 G-250 100mg 溶解于 50ml 95%乙醇中，加入 85%磷酸 100ml，加蒸馏水稀释到 1L。

2）蛋白标准液：取牛血清白蛋白 100mg，溶解于 100ml 蒸馏水（或 0.05mol/L NaOH）中，配成 1mg/ml 的标准液。

（2）方法：见本章实验七“附”。

五、注意事项

高浓度 Tris、EDTA、尿素、甘油、蔗糖、丙酮、硫酸铵、去垢剂对测定有干扰；考马斯亮蓝染色能力很强，测定后要立即将比色杯清洗干净。

六、思 考 题

(1) 试述Ⅱ型呼吸衰竭患者给低浓度氧吸入的病理生理基础。

(2) 试述肝功能衰竭患者氨生成增多的机制,肝功能衰竭患者为何发生氨清除不足?

(3) 急性肾功能衰竭的原因有哪些?少尿型急性肾衰分为哪几期?少尿期主要代谢紊乱有哪些?

(金春华 张犁)

实验十 磺胺类药物在正常与肾衰兔体内的药代动力学参数测算

一、目的与原理

药物代谢动力学主要研究药物的体内过程及体内药物浓度随时间变化的规律。零级消除动力学特点是,药物消除速率与血药浓度无关,血药浓度按恒速(恒量)消除;一级消除动力学特点为药物消除速率与血药浓度成正比,药物消除按一定比例进行,是恒比消除,当血药浓度高时,单位时间里药物消除量大。极少数药物(如苯妥英、水杨酸、乙醇等)在用量大时,超过机体的消除最大速率(极限),单位时间内体内药物浓度只能按恒定的极限量消除,即零级动力学消除。随着血药浓度的降低,零级动力学消除可转为一级动力学消除。而大多数药物属一级动力学消除。

血中磺胺类药物能与某些试剂发生反应,生成有色物质,通过比色对磺胺血浓度进行定量分析。具体过程为:①磺胺类药物在酸性环境下使其苯环氨基($-NH_2$)离子化生成铵类化合物($-NH_3^+$);②铵类化合物($-NH_3^+$)与亚硝酸钠发生重氮化反应生成重氮盐($-N=N-$);③盐酸重氮苯磺胺与麝香草酚在碱性溶液中发生偶联反应生成橙黄色的偶氮化合物;④该化合物在525nm波长下比色,其光密度与磺胺类药物浓度成正比;⑤根据家兔体内不同时间点磺胺嘧啶的血药浓度,绘制血药时量曲线,计算半衰期。

本实验目的是学会急性肾衰的动物模型制备;掌握药代动力学的基本原理以及半衰期的计算方法;了解肾衰对家兔体内磺胺类药物消除速率的影响。

二、实验材料

1. 动物 家兔。

2. 器材 家兔手术台,哺乳动物手术器械,注射器(5ml、10ml、20ml)721型分光光度计,离心机,婴儿秤,吸管(0.1ml、0.2ml、0.5ml、1ml、2ml、5ml),吸球,试管架,半对数坐标纸,记号笔,纱布,具有回归功能的计算器或进行程序处理的微型计算机。

3. 药品与试剂 10%磺胺二甲嘧啶(sulfamethazine,SM_2)或以等浓度的磺胺嘧啶(sulfadiazine,SD)、磺胺噻唑(sulfathiazole,ST)、磺胺甲基异噁唑(sulfamethoxazole,SMZ)代替,7.5%三氯醋酸,0.1%SM_2标准液,0.5%麝香草酚(用20%NaOH配制),0.3%肝素(用生理盐水配制),20%乌拉坦,1%$HgCl_2$溶液,蒸馏水。

三、观察指标

动脉血不同时间段的磺胺血药浓度。

四、方法与步骤

1. 家兔肾功能损伤模型制备 于实验前24小时造模,取家兔两只,称重后1只后肢肌肉注射1%$HgCl_2$溶液1.2ml/kg体重,造成急性肾功能衰竭模型;另1只在相同部位注射等量的生理盐水作为正常对照。

2. 实验前准备

(1)标记试管:取试管12只,分别标记(标记方法:血空白对照管、标准管、1、3、5、15、30、45、60、90分钟;尿空白对照管和90分钟管)并加入7.5%三氯醋酸2.7ml。

(2)动物麻醉:家兔称重后,用20%乌拉坦(4ml/kg体重)由耳缘静脉缓慢注入。注射期间注意观察肌张力、呼吸频率和角膜反射的变化。麻醉后仰卧固定在兔台上。

(3)手术:家兔颈部剪毛,沿甲状软骨下正中剪开皮肤6cm,分离左侧颈总动脉和右侧颈外静脉。

1)右侧颈外静脉插管:沿颈部正中线切开皮肤6~7cm,沿正中线分离皮下组织,游离一段2~3cm的颈外静脉,插入静脉插管,供给药和输液输血使用。

2)左侧颈总动脉插管:用止血钳沿正中线分离肌肉(胸舌骨肌),暴露出气管。在气管左侧辨认、游离颈总动脉,远心端结扎,用动脉夹夹住动脉的近心端,在尽可能长的靠远心端处用眼科剪将动脉剪开一斜口,约剪开管径的一半,然后将动脉插管向心脏方向插入动脉,用已穿好的线结扎紧插入动脉的插管,并将同一结扎线固定于插管壁,用于取血,作血药浓度测定。

3)全身肝素化:耳缘静脉注射0.3%肝素1ml/kg体重。

4)输尿管插管:在耻骨联合上缘上0.5cm处,沿正中线剪开皮肤4~6cm,自腹白线剪开腹壁,在膀胱底部找出两侧输尿管,分别把已充满生理盐水的输尿管插管插入双侧输尿管,结扎固定,用一试管收集尿液。手术完毕后,用生理盐水纱布覆盖腹部创口。

3. 药代动力学实验

(1)动脉取正常血0.4ml,对照管和标准管各加0.2ml。

(2)静脉快速注射10%SD 2ml/kg体重。

(3)定时取血于注射后1、3、5、15、30、45、60、90分钟,由动脉各取血0.2ml。

(4)取完第5分钟血后按表14-4顺序加入试剂测定(顺序不能错)。

表 14-4 磺胺测定步骤

试管(编号码)	三氯醋酸(ml)	血样(ml)	蒸馏水(ml)		亚硝酸钠(ml)	麝香草酚(ml)	光密度
给药前	2.7	0.2	0.1		0.5	1	
给药后							
1 分钟	2.7	0.2	0.1		0.5	1	
3 分钟	2.7	0.2	0.1	充分摇匀离心 5 分钟取上清液 1.5ml	0.5	1	
5 分钟	2.7	0.2	0.1		0.5	1	
15 分钟	2.7	0.2	0.1		0.5	1	
30 分钟	2.7	0.2	0.1		0.5	1	
45 分钟	2.7	0.2	0.1		0.5	1	
60 分钟	2.7	0.2	0.1		0.5	1	
90 分钟	2.7	0.2	0.1		0.5	1	
标准管	2.7	0.2	标液 0.1		0.5	1	

(5) 尿 SD 测定:收集 60~90 分钟尿液 0.2ml,测定方法同血标本。

(6) 显色:将上述各管离心 5 分钟(1500~3000r/min),取上清液 1.5ml,加 0.5%亚硝酸钠 0.5ml 摇匀,再加入 0.5%麝香草酚 1ml 摇匀后为橙色,在 525nm 波长测定光密度 OD525。

(7) 计算磺胺血药浓度

样品浓度 =[样品管光密度(OD)×标准管光密度(OD)]×标准管浓度(μg/ml)

(8) 绘制血药时量曲线:在半对数纸上以时间为横坐标,实测浓度的对数值(lgC)为纵坐标,将所得数据在坐标纸上作点连线,可得到二房室模型特征的药时曲线。

(9) 计算半衰期:半衰期 $t_{1/2}$ = logC0/Ct×2.303/ke

= log2×2.303/ke

= 0.693/ke

= 0.301/斜率

= ? 分钟

(注:ke 表示消除速率常数,斜率为对数浓度的回归直线斜率)

五、注意事项

(1) 手术应尽量减少出血,插管固定要牢固。

(2) 取血方法:先用注射器抽出导管内残血,再打开三通管滴出相应量的血液置于微量离心管内。每次取完血后,要用肝素生理盐水冲导管。

(3) 加样:将血样加入含有三氯醋酸的试管中后,应立即摇匀,否则会出现血凝块。

(4) 保证标本不混淆:实验前试管和取血用微量离心管一定要标记好。

(金春华 张犁)

第十五章　探索性实验

一、探索性实验的性质

近年来,随着我国高等教育改革不断深入,培养高素质医学创新性人才成为新世纪对大学生提出的更高要求。原有的医学实验教学模式不利于学生创新意识和综合实验能力的培养。因此,机能实验教学中设置探索性实验内容正是为此做出的改革尝试。

机能学探索性实验是在通过前一阶段基础性实验和综合性实验的学习,同学们掌握了一定的实验基本知识和基本技能的基础上,实施的一种模拟科研过程以调动和培养同学们创新思维能力的实验教学项目。

在探索性实验过程中,同学们以小组为单位自行选择实验题目,根据实验目的,自行设计实验方案,自主确定实验动物模型、方法步骤及观测指标。通过学生自主设计实验,初步培养学生创新意识和综合运用医学理论知识的能力。通过探索性实验使学生能比较系统地了解科学研究的整个过程,初步掌握医学科学实验的基本方法,培养学生们从事科学研究的基本素质,锻炼和培养同学们的实验创新精神和实验综合能力。

探索性实验与基础性实验、综合性实验有着本质上的区别。基础性实验和综合性实验都是学生完全被动地跟着教师的实验方案和思路去做实验,只要照着去做就行,目的是学习实验知识和技能,验证医学理论,侧重点在于知识的学习和积累;而探索性实验则由同学们应用已学过的医学理论和实验知识,充分发挥同学们的聪明才智和想像力、创造力,去自主设计的一种研究性实验,侧重点在于培养知识的灵活运用能力。因此,探索性实验是一类要求较高、难度较大的实验项目。

二、探索性实验的实施过程

探索性实验安排4次课来完成。

第一次课进行理论介绍,就实验选题要求、选题方法、如何查阅文献及实验设计三要素、三原则等进行理论讲解,课后要求同学们去查阅文献,并在一周内写出实验方案和开题报告。一般要求每个实验小组设计2个实验项目。

第二次课进行课题论证答辩。每个小组派一个同学在讲台上用powerpoint幻灯形式,介绍所在小组选择的实验题目,选题依据和创新性是什么,实验方法步骤如何以及检测哪些指标,实验中需用到哪些试剂和仪器设备。然后由老师和同学就课题的合理性、可行性进行提问。课后该小组根据所提意见和建议进行修改和完善实验设计。一般来说,每个实验方案都要经过多次反复修改,才能得到最终确定。

第三次课进行实验前准备:一般在上课前,每组先上交一份详细的实验材料清单,包括实验动物的品种及所需数量、试剂、手术器械、仪器设备等，以方便教师提前做好实验准备。同学上课时，确定实验所需试剂器材是否准备好。各小组同学配制自己所需特殊试剂，常规试剂由教师准备。有些组的动物模型也需要提前复制。在第二次课未通过答辩的小组，需最终确定实验项目，并进行实验前准备。

第四次课进行正式实验。由各小组同学按照自己设计的实验方案实施，教师只负责提供所需器材，对实验过程不加干预和指导。实验中同学们要注意观察动物表现和生命体征的变化情况，及时准确记录实验数据。课后以科研论文方式撰写实验报告。

三、探索性实验选题要求

由于探索性实验是模拟科研的过程，因此，实验选题也应符合科研选题的原则。即创新性原则、科学性原则、需要性原则、可行性原则和合理性原则。就科研而言，最强调的是课题的创新性。但对在校本科学生而言，由于他们与研究生不同，选题能力较弱，加上学校实验教学经费数量、科室仪器设备种类等各种条件的限制，使得对探索性实验选题的创新性要求不能太高，其选题范围也不宜太宽。否则，实验准备困难，难以实施。因此，我们对学生选题的要求，不过分强调实验的先进性，而是把重点放在实验设计的科学性、合理性和可行性方面。作为教学实验，我们认为探索性实验选题需符合以下要求：

（1）必须是与生理学、病理生理学和药理学教学内容相关的问题。

（2）必须是医学上或临床中目前尚没有完全搞清楚的问题，要有一定的理论或临床意义。

（3）课题必须有一些新意，即不能完全模仿文献中的实验设计方案，需做一些改进和创新。

（4）选题必须以教研室的实验条件为基础，以教研室所能提供的仪器设备和试剂为前提，否则实验实施会有困难。

同学们客观、理性的选题是探索性实验顺利实施的重要因素。以往同学们的选题范围和形式主要有以下几种：

（1）复制一种新的动物疾病模型，观察这种疾病对动物机体的影响，以探讨其发病机制。并对这种模型的实用性、科学性进行评估。

（2）研究某种药物、毒物对机体的影响。这方面的选题比例较高，有的是观察药物对机体某个器官系统生理功能有什么影响；有的是观察药物/毒物对机体有什么损害作用；有些是研究观察药物对疾病的预防和治疗效果如何。这些药物有的是临床新药，有些是中药单体或复方成分。

（3）观察不同理化因素对机体的病理生理学影响。

（4）探讨对某种疾病模型或病理过程新的治疗或预防方法。利用不同的（物理、化学、生物等）措施探索预防和治疗疾病的方法及效果观察。

（5）对原有综合性实验方法加以改进：有部分同学难以选定合适的实验题目，则可以考虑对以往做过的综合性实验项目进行改进的实验设计思路。即对原实验中的动物模型、观察指标、影响因素等方面加以改变，以探讨和研究新的问题。例如，综合性实验有“肾功能衰竭对磺胺药代动力学的影响”这个实验内容，有同学就将肾功能衰竭模型改为肝功能衰竭模型或改为肝肾联合衰竭对磺胺药代动力学的影响。

在探索性实验的选题和实验设计过程中，要注意以下问题：

(1) 选题要有科学性和实际意义，必须是从临床工作或实验研究中引出的问题，不能随心所欲任意设计一个题目。

(2) 整个实验内容应围绕解决一个问题，不要在一个实验中研究多个问题。

(3) 实验设计中尽量考虑到实验的对照、重复和随机三原则和统计分析原理，使实验设计得尽量科学严谨。因此，可以考虑多组联合设计 1 个实验项目，或选用多个小白鼠等小动物进行实验。

(4) 实验观察指标不要太多、时间间隔不要太密。反映一个指征变化或反映相同意思的观察指标 1~2 个就可以，不要包罗万象；时间间隔一般以半小时至 1 小时设 1 个观察点为宜。指标重在能说明问题，否则费工费时，还引起试剂器材浪费。

(金春华)

附　　录

表1　常用实验动物的正常生理、生化参数

指　标	犬	兔	豚　鼠	大　鼠	小　鼠	蛙
体重(kg)	6~15	1.5~3	0.5~0.9	180~250g	20~25g	30g
体温(℃)	37.3~38.8	37.7~38.8	37.3~39.5	38.5~39.5	37~39	变温
心率(次/分)	90~130	150~240	144~300	286~500	520~780	30~60
呼吸(次/分)	12~28	50~100	80~130	110~150	140~210	70~120
血压(mmHg)	120~160	80~130	70~80	100~130	100~104	20~60
总血量(%体重)	5~8	5.4	5.8	7	7	4.2~4.9
Hb(g%)	13~20	12.4	13	16	11.2~16	7.2~10.5
红细胞($10^6/mm^3$)	4~8	4~6.4	5	5.31~11	8~11	0.382~0.64
白细胞($10^3/mm^3$)	5~15	3.8~12	8~10	5~25.6	7~15	2.4~39.1
血小板($10^4/mm^3$)		12.6~30	5.4~10	43~100	10~40	0.85~3.9
血糖(mg%)	78~110	112~156	95~151	91~124	147~171	11~74
血浆总蛋白(g%)	6.3~8.1	6~8.3	5.0~5.6	6.9~7.9	5.2~5.7	3.46~7.9
血浆白蛋白(g%)	3.4~4.5	4.1~5	2.8~3.9	2.6~3.5	1.6~1.7	
血浆球蛋白(g%)	2~3.7		1.8~2.5	3.3~5	3.5~4.1	
血清氯(mmol/L)	104~117	92~112	94~110	94~110	109~118	
血清钾(mmol/L)	3.7~5.0	2.7~5.1	6.5~8.7	3.8~5.4	7.5~7.7	
血清钠(mmol/L)	129~149	155~165	158	126~155	145~161	
尿量(ml/24h)	65~400	40~100/(kg·d)	15~75	10~15	1~3	1/3体重
寿命(年)	10	8	7	3~4	2~3	10

表2　常用生理溶液成分表

成　分	任氏液(Ringer)两栖类用	乐氏液(Locke)哺乳类心脏等用	台氏液(Tyrode)哺乳类肠肌等用	克氏液(krebs)哺乳类及鸟类组织	生理盐水	
					两栖类	哺乳类
NaCl	6.5	9.0	8.0	6.9	6.5~7.0	9.0
KCl	0.14	0.42	0.2	0.35	—	—
$NaHCO_3$	0.20	0.1~0.3	1.0	2.1	—	—
NaH_2PO_4	0.01	—	0.05	—	—	—
KH_2PO_4	—	—	—	0.16		
$MgCl_2$	—	—	0.1	—	—	—
$MgSO_4 7H_2O$	—	—	—	0.29		
葡萄糖	2.0	1.0~2.5	1.0	2	—	—
$CaCl_2$	0.12	0.24	0.2	0.28	—	—
加蒸馏水至(ml)	1000	1000	1000	1000	1000	1000
pH	7.2	7.3~7.4	7.3~7.4			

表内各药物均以g为单位，$CaCl_2$要在其他试剂溶解之后加入，防止Ca^{2+}与HCO_3^-产生沉淀。

表 3 t 值表

		概率(P)		
	显著性检验	0. 05	0. 01	0. 001
	可信限	0. 95	0. 99	0. 999
自由度	1	12. 7	63. 65	636. 62
	2	4. 3	9. 93	31. 6
	3	3. 18	5. 84	12. 9
	4	2. 78	4. 60	8. 61
	5	2. 57	4. 03	6. 87
	6	2. 45	3. 71	5. 96
	7	2. 37	3. 50	5. 41
	8	2. 31	3. 36	5. 04
	9	2. 26	3. 35	4. 78
	10	2. 23	3. 17	4. 59
	12	2. 18	3. 06	4. 32
	14	2. 15	2. 98	4. 14
	16	2. 12	2. 92	4. 02
	18	2. 10	2. 88	3. 92
	22	2. 07	2. 82	3. 79
	26	2. 06	2. 78	3. 71
	30	2. 04	2. 75	3. 65
	40	2. 02	2. 70	3. 55
	60	2. 00	2. 66	3. 46
	120	1. 98	2. 62	3. 37
	无限大	1. 96	2. 58	3. 29

表 4 配对比较(t 检验)时所需样本含量

δ	单侧:$\alpha=0.005$					$\alpha=0.01$					$\alpha=0.025$					$\alpha=0.05$					δ
$\left(\frac{\mu}{\sigma}\right)$	双侧:$\alpha=0.01$					$\alpha=0.02$					$\alpha=0.05$					$\alpha=0.1$					$\left(\frac{\mu}{\sigma}\right)$
	$1-\beta=0.99$	0.95	0.9	0.8	0.5	0.99	0.95	0.9	0.8	0.5	0.99	0.95	0.9	0.8	0.5	0.99	0.95	0.9	0.8	0.5	
0.05																					0.05
0.10																					0.10
0.15																				122	0.15
0.20										139					99					70	0.20
0.25					110					90				128	64			139	101	45	0.25
0.30				134	78				115	63			119	90	45		122	97	71	32	0.30
0.35			125	99	58			109	85	47		109	88	67	34		90	72	52	24	0.35
0.40		115	97	77	45		101	85	66	37	117	84	68	51	26	101	70	55	40	19	0.40
0.45		92	77	62	37	110	81	68	53	30	93	67	54	41	21	80	55	44	33	15	0.45
0.50	100	75	63	51	30	90	66	55	43	25	76	54	44	34	18	65	45	36	27	13	0.50
0.55	83	63	53	42	26	75	55	46	36	21	63	45	37	28	15	54	38	30	22	11	0.55

续表

δ ($\frac{\mu}{\sigma}$)	单侧:α=0.005 双侧:α=0.01 1-β=0.99	0.95	0.9	0.8	0.5	α=0.01 α=0.02 0.99	0.95	0.9	0.8	0.5	α=0.025 α=0.05 0.99	0.95	0.9	0.8	0.5	α=0.05 α=0.1 0.99	0.95	0.9	0.8	0.5	δ ($\frac{\mu}{\sigma}$)
0.60	71	53	45	36	22	63	47	39	31	18	53	38	32	24	13	46	32	26	19	9	0.60
0.65	61	46	39	31	20	55	41	34	27	16	46	33	27	21	12	39	28	22	17	8	0.65
0.70	53	40	34	28	17	47	35	30	24	14	40	29	24	19	10	34	24	19	15	8	0.70
0.75	47	36	30	25	16	42	31	27	21	13	35	26	21	16	9	30	21	17	13	7	0.75
0.80	41	32	27	22	14	37	28	24	19	12	31	22	19	15	9	27	19	15	12	6	0.80
0.85	37	29	24	20	13	33	25	21	17	11	28	21	17	13	8	24	17	14	11	6	0.85
0.90	34	26	22	18	12	29	23	19	16	10	25	19	16	12	7	21	15	13	10	5	0.90
0.95	31	24	20	17	11	27	21	18	14	9	23	17	14	11	7	19	14	11	9	5	0.95
1.00	28	22	19	16	10	25	9	16	13	9	21	16	13	10	6	18	13	11	8	5	1.00
1.1	24	19	16	14	9	21	16	14	12	8	18	13	11	9	6	15	11	9	7		1.1
1.2	21	16	14	12	8	18	14	12	10	7	15	12	10	8	5	13	10	8	6		1.2
1.3	18	15	13	11	8	16	13	11	9	6	14	10	9	7		11	8	7	6		1.3
1.4	16	13	12	10	7	14	11	10	9	6	12	9	8	7		10	8	7	5		1.4
1.5	15	12	11	9	7	13	10	9	8	6	11	8	7	6		9	7	6			1.5
1.6	13	11	10	8	6	12	10	9	7	5	10	8	7	6		8	6	6			1.6
1.7	12	10	9	8	6	11	9	8	7		9	7	6	5		8	6	5			1.7
1.8	12	10	9	8	6	10	8	7	7		8	7	6			7	6				1.8
1.9	11	9	8	7	6	10	8	7	6		8	6	6			7	5				1.9
2.0	10	8	8	7	5	9	7	7	6		7	6	5			6					2.0
2.1	10	8	7	7		8	7	6	6		7	6				6					2.1
2.2	9	8	7	6		8	7	6	5		7	6				6					2.2
2.3	9	7	7	6		8	6	6			6	5				5					2.3
2.4	8	7	7	6		7	6	6			6										2.4
2.5	8	7	6	6		7	6	6			6										2.5
3.0	7	6	6	5		6	5	5			5										3.0
3.5	6	5	5			5															3.5
4.0	6																				4.0

表 5 两样本均数比较(t 检验)时所需样本含量

δ ($\frac{\mu_1-\mu_2}{\sigma}$)	单侧:α=0.005 双侧:α=0.01 1-β=0.99	0.95	0.9	0.8	0.5	α=0.01 α=0.02 0.99	0.95	0.9	0.8	0.5	α=0.025 α=0.05 0.99	0.95	0.9	0.8	0.5	α=0.05 α=0.1 0.99	0.95	0.9	0.8	0.5	δ ($\frac{\mu_1-\mu_2}{\sigma}$)
0.05																					0.05
0.1 0																					0.10
0.15																					0.15
0.20																				137	0.20

续表

δ $\left(\frac{\mu_1-\mu_2}{\sigma}\right)$	单侧：α=0.005 双侧：α=0.01 1-β=0.99	0.95	0.9	0.8	0.5	α=0.01 α=0.02 0.99	0.95	0.9	0.8	0.5	α=0.025 α=0.05 0.99	0.95	0.9	0.8	0.5	α=0.05 α=0.1 0.99	0.95	0.9	0.8	0.5	δ $\left(\frac{\mu_1-\mu_2}{\sigma}\right)$
0.25															124					88	0.25
0.30										123					87					61	0.30
0.35					110					90					64				102	45	0.35
0.40					85					70				100	50			108	78	35	0.40
0.45				118	68				101	55			105	79	39		108	86	62	28	0.45
0.50				96	55			106	85	45		106	86	64	32		88	70	51	23	0.50
0.55			101	79	46		106	88	68	38		87	71	53	27	112	73	58	42	19	0.55
0.60		101	85	67	39		90	74	58	32	104	74	60	45	23	89	61	49	36	16	0.60
0.65		87	73	57	34	104	77	64	49	27	88	63	51	39	20	76	52	42	30	14	0.65
0.70	100	75	63	50	29	90	66	55	43	24	76	55	41	34	17	66	45	36	26	12	0.70
0.75	88	66	55	44	26	79	58	48	38	21	67	48	39	29	15	57	40	32	23	11	0.75
0.80	77	58	49	39	23	70	51	43	33	19	59	42	34	26	14	50	35	28	21	10	0.80
0.85	69	51	43	35	21	62	46	38	30	17	52	37	31	23	12	45	31	25	18	9	0.85
0.90	62	46	39	31	19	55	41	34	27	15	47	34	27	21	11	40	28	22	16	8	0.90
0.95	55	42	35	28	17	50	37	31	24	14	42	30	25	19	10	36	25	20	15	7	0.95
1.00	50	38	32	26	15	45	33	28	22	13	38	27	25	17	9	33	23	18	14	7	1.00
1.1	42	32	27	22	13	38	28	23	19	11	32	23	19	14	8	27	19	15	12	6	1.1
1.2	36	27	23	18	11	32	24	20	16	9	27	20	16	12	7	23	16	13	10	5	1.2
1.3	31	23	20	16	10	28	21	17	14	8	23	17	14	11	6	20	14	11	9	5	1.3
1.4	27	20	17	14	9	24	18	15	12	8	20	15	12	10	6	17	12	10	8	4	1.4
1.5	24	18	15	13	8	21	16	14	11	7	18	13	11	9	5	15	11	9	7	4	1.5
1.6	21	16	14	11	7	19	14	12	10	6	16	12	10	8	5	14	10	8	6	4	1.6
1.7	19	15	13	10	7	17	13	11	9	6	14	11	9	7	4	12	9	7	6	3	1.7
1.8	17	13	11	10	6	15	12	10	8	5	13	10	8	6	4	11	8	7	5		1.8
1.9	16	12	11	9	6	14	11	9	8	5	13	9	7	6	4	10	7	6	5		1.9
2.0	14	11	10	8	6	13	10	9	7	5	11	8	7	6	4	9	7	6	4		2.0
2.1	13	10	9	8	5	12	9	8	7	5	10	8	6	5	3	8	6	5	4		2.1
2.2	12	10	8	7	5	11	9	7	6	4	9	7	6	5		8	6	5	4		2.2
2.3	11	9	8	7	5	10	8	7	6	4	9	7	6	5		7	5	5	4		2.3
2.4	11	9	8	6	5	10	8	7	6	4	8	6	5	4		7	5	4	4		2.4
2.5	10	8	7	6	4	9	7	6	5	4	8	6	5	4		6	5	4	3		2.5
3.0	8	6	6	5	4	7	6	5	4	3	6	5	4	4		5	4	3			3.0
3.5	6	5	5	4	3	6	5	4	4		5	4	4	3		4	3				3.5
4.0	6	5	4	4		5	4	4	3		4	4	3			4					4.0

表 6　两样本率比较时所需样本含量(双侧)

上行:α=0.05,1-β=0.80

中行:α=0.05,1-β=0.90

下行:α=0.01,1-β=0.95

较小率	两组率之差(%),δ													
(%)	5	10	15	20	25	30	35	40	45	50	55	60	65	70
5	420	130	69	44	31	24	20	16	14	12	10	9	9	7
	570	175	93	59	42	32	25	21	18	15	13	11	10	9
	960	300	155	100	71	54	42	34	28	24	21	19	16	14
10	680	195	96	59	41	30	23	19	16	13	11	10	9	7
	910	260	130	79	54	40	31	24	21	18	15	13	11	10
	1550	440	220	135	92	68	52	41	34	28	23	21	18	15
15	910	250	120	71	48	34	26	21	17	14	12	10	9	8
	1220	330	160	95	64	46	35	27	22	19	16	13	11	10
	2060	560	270	160	110	78	59	47	37	31	25	21	19	16
20	1090	290	135	80	53	38	28	22	18	15	13	10	9	7
	1460	390	185	105	71	51	38	29	23	20	16	14	11	10
	2470	660	310	180	120	86	64	50	40	32	26	21	19	15
25	1250	330	150	88	57	40	30	23	19	15	13	10	9	
	1680	440	200	115	77	54	40	31	24	20	16	13	11	
	2840	740	340	200	130	92	68	52	41	32	26	21	18	
30	1380	360	160	93	60	42	31	23	19	15	12	10		
	1840	480	220	125	80	56	41	31	24	20	16	13		
	3120	810	370	210	135	95	69	53	41	32	25	21		
35	1470	380	170	96	61	42	31	23	18	14	11			
	1970	500	225	130	82	57	41	31	23	19	15			
	3340	850	380	215	140	96	69	52	40	31	23			
40	1530	390	175	97	61	42	30	22	17	13				
	2050	520	230	130	82	56	40	29	22	18				
	3480	880	390	220	140	95	68	50	37	28				
45	1560	390	175	96	60	40	28	21	16					
	2100	520	230	130	80	54	38	27	21					
	3550	890	390	215	135	92	64	47	34					
50	1560	390	170	93	57	38	26	19						
	2100	520	225	125	77	51	35	24						
	3550	880	380	210	130	86	59	41						

表 7　随机数字表

编号	1~10	11~20	21~30	31~40	41~50
1	22 17 68 65 81	68 95 23 92 35	87 02 22 57 51	61 09 43 95 06	58 24 82 03 47
2	19 36 27 59 46	13 79 93 37 55	39 77 32 77 09	85 52 05 30 63	47 83 51 62 74
3	16 77 23 02 77	09 61 87 25 21	28 06 24 25 93	16 71 13 59 78	23 05 47 47 25
4	78 43 76 71 61	20 44 90 32 64	97 67 63 99 61	46 38 03 93 22	69 81 21 99 21
5	03 28 28 26 08	73 37 32 04 05	69 30 16 09 05	88 69 58 28 99	35 07 44 75 47
6	93 22 53 64 39	07 10 63 76 35	87 03 04 79 88	08 13 13 85 51	55 34 57 72 69
7	78 76 58 54 74	92 38 70 96 92	52 06 79 79 45	82 63 18 27 44	69 66 92 19 09
8	23 68 35 26 00	99 53 93 61 28	52 70 05 48 34	56 65 05 61 86	90 92 10 70 80
9	15 39 25 70 99	93 86 52 77 65	15 33 59 05 28	22 87 26 07 47	86 96 98 29 06
10	58 71 96 30 24	18 46 23 34 27	85 13 99 24 44	49 18 09 79 49	74 16 32 23 02
11	57 35 27 33 72	24 53 63 94 09	41 10 76 47 91	44 04 95 49 66	39 60 04 59 81
12	48 50 86 54 48	22 06 34 72 52	82 21 15 65 20	33 29 94 71 11	15 91 29 12 03
13	61 96 48 95 03	07 16 39 33 66	98 56 10 56 79	77 21 30 27 12	90 49 22 23 62
14	36 93 89 41 26	29 70 83 63 51	99 74 20 52 36	87 09 41 15 09	98 60 16 03 03
15	18 87 00 42 31	57 90 12 02 07	23 47 37 17 31	54 08 01 88 63	39 41 88 92 10
16	88 56 53 27 59	33 35 72 67 47	77 34 55 45 70	08 18 27 38 90	16 95 86 70 75
17	09 72 95 84 29	49 41 31 06 70	42 38 06 45 18	64 84 73 31 65	52 53 37 97 15
18	12 96 88 17 31	65 19 69 02 83	60 75 86 90 68	24 64 19 35 51	56 61 87 39 12
19	85 94 57 24 16	92 09 84 38 76	22 00 27 69 85	29 81 94 78 70	21 94 47 90 12
20	38 64 43 59 98	98 77 87 68 07	91 51 67 62 44	40 98 05 93 78	23 32 65 41 18

续表

编号	1~10	11~20	21~30	31~40	41~50
21	53 44 09 42 72	00 41 86 79 79	68 47 22 00 20	35 55 31 51 51	00 83 63 22 55
22	40 76 66 26 84	57 99 99 90 37	36 63 32 08 58	37 40 13 68 97	87 64 81 07 83
23	02 17 79 18 05	12 59 52 57 02	22 07 90 47 03	28 14 11 30 79	20 69 22 40 98
24	95 17 82 06 53	31 51 10 96 46	92 06 88 07 77	56 11 50 81 69	40 23 72 51 39
25	35 76 22 42 92	96 11 83 44 80	34 68 35 48 77	33 42 40 90 60	73 96 53 97 86
26	26 29 13 56 41	85 47 04 66 08	34 72 57 59 13	82 43 80 46 15	38 26 61 70 04
27	77 80 20 75 82	72 82 32 99 90	63 95 73 76 63	89 73 44 99 05	48 67 26 43 18
28	46 40 66 44 52	91 36 74 43 53	30 82 13 54 00	78 45 63 98 35	55 03 36 67 68
29	37 56 08 18 09	77 53 84 46 47	31 91 18 95 58	24 16 74 11 53	44 10 13 85 57
30	61 65 61 68 66	37 27 47 39 19	84 83 70 07 48	53 21 40 06 71	95 06 79 88 54
31	93 43 69 64 07	34 18 04 52 35	56 27 09 24 86	61 85 53 83 45	19 90 70 99 00
32	21 96 60 12 99	11 20 99 45 18	48 13 93 55 34	18 37 79 49 90	65 97 38 20 46
33	95 20 47 97 97	27 37 83 28 71	00 06 41 41 74	45 89 09 39 84	51 67 11 52 49
34	97 86 21 78 73	10 65 81 92 59	58 76 17 14 97	04 76 62 16 17	17 95 70 45 80
35	69 92 06 34 13	59 71 74 17 32	27 55 10 24 19	23 71 82 13 74	63 52 52 01 41
36	04 31 17 21 56	33 73 99 19 87	26 72 39 27 67	53 77 57 68 93	60 61 97 22 61
37	61 06 98 03 91	87 14 77 43 96	43 00 65 98 50	45 60 33 01 07	98 99 46 50 47
38	85 93 85 86 88	72 87 08 62 40	16 06 10 89 20	23 21 34 74 97	76 38 03 29 63
39	21 74 32 47 45	73 96 07 94 52	09 65 90 77 47	25 76 16 19 33	53 05 70 53 30
40	15 69 53 82 80	79 96 23 53 10	65 39 07 16 29	45 33 02 43 70	02 87 40 41 45
41	02 89 08 04 49	20 21 14 68 86	87 63 93 95 17	11 29 01 95 80	35 14 97 35 33
42	87 18 15 89 79	85 43 01 72 73	08 61 74 51 69	89 74 39 82 15	94 51 33 41 67
43	98 83 71 94 22	59 97 50 99 52	08 52 85 08 40	87 80 61 65 31	91 51 80 32 44
44	10 08 58 21 66	72 68 49 29 31	89 85 84 46 06	59 73 19 85 23	65 09 29 75 63
45	47 90 56 10 08	88 02 84 27 83	42 29 72 23 19	66 56 45 65 79	20 71 53 20 25